"走出去"的法律问题与实践

（第二版）

郑之杰　主编

法律出版社
LAW PRESS · CHINA

序　　言

“登高而招，臂非加长也，而见者远；顺风而呼，声非加疾也，而闻者彰”，荀子劝学中的论述，正是目前中国经济积极参与国际合作与竞争，逐步融入世界经济体系，发挥中心作用，顺势而为的必然趋势。

受国际金融危机和主权债务危机持续影响，自2013年以来，各国更加关注结构调整和经济增长。欧美等发达国家已进一步采取措施降低债务危机的影响，转向关注就业并特别注重实体经济的发展；俄罗斯、印度、巴西等新兴市场和发展中经济体则瞄准刺激内需，以促进国际收支平衡，实现经济的可持续发展，成为世界经济增长的动力和源泉。纵观中国经济，在外需继续疲软、国内劳动力等生产成本不断提高和人民币汇率等综合因素影响下，唯有进一步拓展“走出去”的深度与广度，加强与发达国家、新兴市场经济体的合作与交流，成为今后中国企业发展的主要方向。

中国经济应培育一批国际水平的跨国公司，加快实施“走出去”战略，鼓励各类企业开展对外投资和跨国经营，拓展经济发展的新空间。自中国实施“走出去”战略十多年来，中国海外投资的规模呈不断增长态势，已跃居全球前五位。中国企业已成为全球经济格局中不容忽视的重要力量。

车尔尼雪夫斯基曾经写道：“历史的道路不是涅瓦大街上的人行道，它完全是在田野中行进的，有时穿过尘埃，有时穿过泥泞，有时横渡沼泽，有时行经丛林。”中国“走出去”战略是改革开放基本国策的逻辑发展和必然要求，是新时期的国家发展战略，也是中国长期发展的内在需求。对于在更大范围、更广领域和更高层次上参与国际竞争和合作，充分利用国内国外两个市场、两种资源，进一步拓展经济发展空间，具有重要意义。

中国企业能否抓住这个稍纵即逝的历史机遇，能否适应这个瞬息万变的经济全球化趋势，能否改善中国企业“走出去”的健康程度，是后危机时代一项重要而紧迫的任务。中国要在全球经济发展中掌握主动，就要在企业“走出去”的同时,充分凭借中国金融的力量实现国家安全和发展的目标,通过融资推动,解决发展的瓶颈问题,用开发性金融等先进的金融理论和方法把政府、市场和企业的力量结合起来,构造市场出口,实现中国企业自身发展和东道国经济发展的双赢格局。

今天的中国企业已不同以往,经过十几年的历练,已经成为有胆略、有经验的业内佼佼者,但仍缺乏对“走出去”的适应能力,尤其是对不同国家法律环境的适应与了解。不断披露的投资失败案例就可证明,一些企业在“走出去”之前,没有深入研究他国的法律政策环境,没有进行科学的分析和决策,冒失投资,结果蒙受巨大的损失,导致形象受损,机会流失。

海外投资的法律风险与商业风险不同之处在于,商业风险可通过企业自身行为的调整逐渐改善,但法律风险的影响却难以控制,动辄影响企业正常经营,且有可能造成投资的不可持续。因此,中国企业应首先熟悉国际游戏规则和市场惯例,不仅要成为规则的遵守者,也要逐渐成为规则的创造者。同时,中国企业应把了解当地法律规定、政府及行业的要求作为优先要务,逐渐适应国际竞争环境,而不是照搬国内经验。在日益复杂的法律法规制约面前,中国企业应开始重视并建立法律风险防范体系,运用国际惯例和现有法律手段,树立大风险观,把业务发展与风险防范相结合,管理好境外投资,使企业获得长期持续的盈利。

作为定位于服务国家中长期发展战略的金融机构,国家开发银行以服务国家“走出去”战略为己任,站在国家和全局的角度,积极开展国际合作业务,推动建设平等互惠、互利共赢的全球化市场体系。在这一过程中,开发银行也逐渐形成一套有效的法律风险防范体系,积累了实战经验,实现了推动业务发展与防范法律风险的统一。

潮平两岸阔,风正一帆悬。在当今全球经济格局继续发生深刻变化的时候,中国经济应加紧谋划,掌控风险,积极争取赢得主动和优势,探索出一条适应国际规则、独立自主的发展道路。

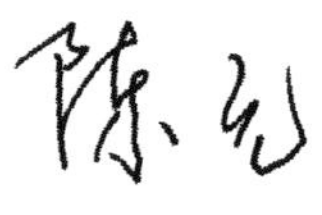

2013 年 6 月

再版说明

2013 年 6 月，我们出版了《“走出去”的法律问题与实践》。这本书总结了国家开发银行多年来服务国家经济外交、能源资源战略和中资企业“走出去”的实践经验和做法，为中国企业“走出去”提供了有建设性和指导性的借鉴与参考，受到业界好评。当前，“一带一路”建设深入推进，国际形势深刻变化，中国企业和中国金融机构“走出去”有了许多新实践，也面临一些新的法律问题，有必要作进一步的研究总结。

2013 年的秋天，习近平总书记提出共建丝绸之路经济带和 21 世纪海上丝绸之路的倡议，得到国际社会的广泛关注和积极响应。“一带一路”建设进一步拓展了“走出去”的深度与广度，开创了全方位对外开放新格局。在支持“一带一路”建设实施中，如何加强国别法律状况的跟踪、分析和研判，有效地识别与防范投融资法律风险，是摆在中国企业面前的重要课题。今年是中国“十三五”规划开局之年，也是“一带一路”建设承前启后的重要一年，为支持“一带一路”建设实施，我们新增“一带一路”相关国家法律法规变化及政策趋势分析的有关内容，介绍有关国家的法律体系、司法效率、对外投资保护、投融资主要模式、司法互助等方面情况，并针对海外投资实践中遇到的典型法律问题，提出应对策略和建议。

近年来，由于世界经济复苏远不及预期，国际金融危机的阴云尚未消散，全球投资贸易增长低迷，地缘政治、经济发展等因素相互交织影响，发达国家和新兴经济体走势及各国货币政策持续分化，相关国家发展水平、利益诉求、法律政策规定的差异带来的矛盾日益显现。各国面对防风险促复苏的艰巨任务，协商与合作成为交流的主要方式，《避免双重征税协定》《多边税收征管互助公约》《联合国气候变化框架公约（巴黎协定）》等国际条约发挥着越来越重要的作用。中国参加的这些条约对于中国企业开拓国外市场、维护合法权益来说，具有十分重要的意义。为此，我们增加了全球国际规则的最新变化,包括税收监管、国际争端解决机制(ICISD)、司法互助协定、多边投资担保机构(MIGA)等方面的最新趋势。

党的十八届三中全会以来,经济体制改革成为全面深化改革的重点,核心问题是处理好政府和市场的关系,使市场在资源配置中起决定性作用和更好发挥政府作用。近3年来,国家发改委、商务部、国家外汇管理局等部门坚持内外统筹,修改和调整了境外投资审批、外汇管理等多项制度,进一步下放审批权限,着力解决市场体系不完善、政府干预过多和监管不到位问题。在简政放权的同时,进一步优化政府管理和服务,推动境外投资的便利化,提高境外投资的效率和质量,企业“走出去”的自主性和市场化行为明显增强。为此,我们较为全面地更新了国内关于“走出去”的法律规定,反映了对外投资监管的最新动向,为中国企业掌握最新政策法规提供有力支持。

此外,为更好反映2013年6月以来全球法律法规变化最新情况,我们更新了相关信息、典型案例、图表等,涉及70多个国家及地区、20多个政府部门及国际组织、200余个国际多双边贸易协定,共有2000多条信息点的核实更新。其中,对66个典型案例、46个图表、24个附表进行了修改和完善。

再版修订过程中,开发银行法律事务局白映福、武靖人同志做了大量协调工作,赵佳星、赵晶、丁绪瑞、王晨琛、钱晞、贾文婷、燕林、孙吉、姜玲、温肖峰、王聪、杨艳、周宁、刘沫含、孙成伟、关涵之同志分别承担了不同章节的修订工作。李闽、彭图曦、郭东同志为本书的修订提供重要帮助。另外,还要感谢法律出版社的专业人士为本书及时再版提供的大力支持。

郑之杰

2016年7月

目　录

第一章　综述
——“走出去”的必然选择与法律规则 /1
第一节　“走出去”的历史沿革与法律政策变迁 /1
一、“走出去”——中国的必然选择和内生需求 /1
二、相互促进——“走出去”发展与法律政策变迁 /3
（一）萌芽阶段（1979～1986年）——“摸着石头过河” /3
（二）起步阶段（1987～1990年）——管制严格 /4
（三）起飞阶段（1991～2001年）——战略确立与管制放松 /4
（四）发展阶段（2002～2012年）——制度框架逐渐形成 /4
（五）转型升级阶段（2013年以后）——“一带一路”战略引领 /5
三、“走出去”的特点分析 /6
（一）投资数量增势强劲，再创新高 /6
（二）投资行业相对集中 /7
（三）投资方式多样化，跨国并购地位日益凸显 /8
（四）投资主体以国有企业为主，但多元化趋势明显 /8
（五）投资国别覆盖和区域分布广泛、聚集度较高 /9
第二节　“走出去”与法律风险——必须深谙游戏规则 /10
一、中国企业“走出去”因忽视法律风险而教训惨痛 /10
二、“走出去”应熟知法律生态环境 /12
（一）国内法、国际私法、国际商法、国际公法相互交织 /12
（二）两大法系日渐融合，但特点和差异仍很明显 /13
（三）大部分法律风险来自项目所在地 /14

(四)合同具有极端重要性 /15
(五)非法律因素对法律政策和争议具有影响力 /15
三、中国企业“走出去”的法律支持和保障体系 /16
(一)国内法渊源现状分析 /16
(二)国际法渊源现状分析 /20

第二章 知己知彼的现实价值
——当代主要国家投资法律政策及趋势 /26
第一节 各国法律政策与投资的主要目标 /26
一、全球化背景下的各国投资法律政策 /26
(一)发达国家的投资法律政策——谨慎的欢迎 /26
(二)发展中国家的投资法律政策——更强的灵活度和适应性 /28
(三)欠发达国家的投资法律政策——稳定性、健全度值得关注 /29
二、投资者应特别关注东道国法律变化 /30
第二节 如何寻找合适的投资领域 /30
一、外资进入的门槛 /30
(一)行业准入 /31
(二)投资主体准入 /32
二、投资审查的重要性 /33
(一)审查机构 /33
(二)审查标准 /34
(三)审查程序 /34
三、投资、经营与本地化策略 /35
(一)外资的比例 /35
(二)本地化经营策略 /36
(三)通过国家增信的方式保障自身权益 /37
第三节 东道国对外国投资的法律政策趋势分析 /39
一、外国投资政策的历史演变趋势 /40
二、投资方式的演变趋势 /40
(一)个别地区仍主要采取绿地投资模式 /40
(二)跨国并购模式已逐渐成为主流 /41
(三)非股权经营模式可作为降低敏感度的投资方式 /41

三、经济发展程度不同的国家逐渐呈现趋同的态势 /42
(一)发达国家近年演变的趋势 /42
(二)发展中国家近年演变的趋势 /42
四、政治、法律成为影响投资的重要因素 /43
(一)滥用审查标准 /43
(二)应急立法 /44
(三)事后立法 /44
第四节 关注最新立法动态,把握未来发展方向 /45
一、不同地区立法情况呈现不同的发展方向 /45
(一)非洲仍然是外资的目的地 /45
(二)东亚、东南亚、南亚呈现局部投资优势 /46
(三)拉丁美洲和加勒比海地区仍有风险存在 /47
(四)东南欧、独联体国家投资分化现象较明显 /47
(五)欧洲、北美洲和澳大利亚等发达国家成为投资热点 /47
二、各行业未来投资发展方向 /48
(一)石油、矿产等采掘业 /48
(二)电力、电信、钢铁等基础行业 /48
(三)金融行业 /49
(四)农业领域 /49
三、中国企业如何应对各国立法的新动向 /49
(一)中国企业应把握投资政策的大方向 /51
(二)中国企业应做好法律政策预警,寻找合适契机 /52
(三)抓住机遇,中国企业应制定新的投资策略 /53

第三章 迈出国境的第一步
——审批制度 /54
第一节 审批制度概览 /54
一、什么是审批制度 /54
(一)审批制度由法律确定 /55
(二)审批制度遵循严格的法律程序 /55
(三)审批执行贯穿项目始终 /56
(四)审批制度蕴含着东道国的丰富信息 /57

二、审批制度的作用 /57

(一)审批制度的保护作用 /57

(二)审批制度的引导作用 /58

(三)审批制度对中国企业成长的促进作用 /59

第二节 走出国门——中国企业“走出去”的境内审批 /60

一、发展和改革委员会的监管 /60

(一)境外投资项目的核准 /60

(二)境外投资项目的备案 /62

(三)核准或备案的变更 /63

(四)境外收购、竞标项目的报告机制 /63

(五)发改委监管的发展方向 /64

二、商务部门的监管 /65

(一)商务部和地方商务部门的审查权限 /65

(二)审查条件 /65

(三)具体审查流程 /66

(四)省级商务主管部门对境外投资规制的补充规定 /67

三、外汇管理部门的监管 /68

(一)境外投资外汇登记 /68

(二)投资资金汇出手续 /69

(三)境外直接投资前期费用汇出 /69

(四)企业境外并购的前期报告制度 /70

四、国资委的监管 /71

(一)境外投资管理制度的备案 /71

(二)关于重点投资项目 /71

(三)非主业投资的核准 /72

第三节 走向世界——中国企业“走出去”的境外审批 /72

一、境外审批制度千差万别 /73

(一)境外审批制度体系与内容千差万别 /73

(二)境外审批制度与东道国国情紧密相关 /74

(三)境外审批制度承载了东道国的文化特质 /75

二、一般境外审批制度概述 /76

(一)准入审批 /76

(二)反垄断审查制度 /77
(三)国家安全审查 /78
(四)外汇管理措施 /78
(五)环境保护审批制度 /78
(六)工程建设许可制度 /80
(七)行业审批 /81
三、审批制度对企业的启示 /82
(一)充分重视,提前研究 /82
(二)借助审批制度,把握东道国政策趋势 /82
(三)尊重、信任、改变 /83

第四章 公司法律制度
——境外企业设立与公司治理的基础 /84
第一节 量体裁衣——选择合适的投资方式 /84
一、绿地投资与跨国并购 /84
(一)绿地投资与跨国并购各有优劣 /85
(二)企业如何选择 /87
二、战略选择——合资还是独资 /89
(一)合资公司的优势 /89
(二)独资公司的好处 /89
(三)如何取舍 /90
三、选择恰当身份——子公司与分公司 /90
(一)子公司与分公司的特点 /91
(二)企业应当如何选择 /92
第二节 明确要求——境外公司设立法律分析 /93
一、公司设立制度的意义及设立原则 /93
二、各国对外资公司设立法律规定的主要做法 /94
三、境外设立公司的主要组织类型 /95
(一)公司组织形式的一般类型 /95
(二)各国公司的特殊形式 /96
四、境外设立公司的实体条件和程序条件 /98
(一)境外设立公司的实体条件 /98

(二)境外设立公司的程序条件 /102
(三)公司设立瑕疵的法律责任 /103
第三节 公司治理——境外企业健康运营的基础 /105
一、全球公司治理机制概述 /106
(一)英美法系国家(地区)的公司治理要求 /107
(二)大陆法系国家(地区)的公司治理要求 /108
二、境外公司治理机制关键法律要点分析 /109
(一)公司信息披露机制的要求 /109
(二)对高级管理人员的监督和约束要求 /110
(三)公司审计制度及审计独立性的要求 /112
(四)内幕交易的处理方式 /113
(五)揭开公司面纱法律规定 /113
(六)股东派生诉讼的相关情况 /114
(七)跨国公司关联交易的限制规定 /115
三、公司治理的外部监管模式 /116
四、中国“走出去”企业的公司治理面临考验 /117
(一)各国日趋严厉的公司治理要求成为更大挑战 /117
(二)“走出去”企业公司治理存在的问题 /119
(三)“走出去”企业公司治理完善方向 /120
第四节 离岸公司——境外投资的宠儿 /121
一、离岸公司的产生及其优势 /121
二、我国企业设立离岸公司的目的分析 /123
(一)通过造壳实现境外上市 /123
(二)便利风险投资退出 /124
(三)转变为外资企业 /124
(四)避税 /124
(五)其他方面 /125
三、离岸公司的设立及公司治理制度 /125
(一)离岸公司的设立 /125
(二)离岸公司的公司治理情况 /126

第五章 可持续发展的关键
——来自东道国的考验 /130
第一节 环境保护:海外投资不容忽视的责任 /130
一、环境与投资的关系 /131
(一)环保责任是普遍存在的问题 /131
(二)从民族利益的高度理解东道国对环保的重视 /131
(三)环保责任需得到我国企业特别重视 /131
二、环境保护应纳入投资全流程的关注范畴 /132
(一)规划阶段应注重环保的重要性 /132
(二)生产运营中应遵守环保规则 /133
(三)避免环保问题社会化 /134
三、环保与投资的平衡,遵守法律责任,履行社会责任 /134
(一)环境保护的实质是法律责任 /134
(二)社会责任的承担 /138
四、中国企业的思考与选择 /138
(一)大事业要有大担当 /138
(二)倡行绿色信贷理念,重视融资中的环保推动 /139
第二节 土地问题:脚踏实地才能大步远行 /140
一、如何取得外国土地 /140
(一)美国:多元所有制 /141
(二)巴西:严格限制外国人持有土地 /142
(三)新西兰:重视农业用地保护 /143
(四)南非:国有土地的申请和招标 /145
(五)越南和缅甸:土地所有权属于国家 /146
(六)俄罗斯:土地的私有化改革 /146
二、土地征用补偿制度 /147
(一)北美洲 /147
(二)欧洲 /148
(三)亚洲 /149
(四)征收风险 /150
三、土地权利的分解与社会责任 /152
(一)土地权利的分解 /152

(二)土地权利下的社会责任 /152
第三节 劳动力及就业政策 /153
一、“入乡随俗,知规守矩”——劳动就业法律风险及案例分析 /153
(一)至关重要的用工制度 /154
(二)宽严不一的解雇规定 /157
(三)各国管理理念的差异 /157
(四)工会组织的影响 /158
(五)不容忽视的安全风险 /160
二、“因势利导,因地制宜”——劳动就业问题的解决思路 /161
(一)充分调研,深入了解 /161
(二)转变观念,主动适应 /161
(三)重视工会,尊重权利 /161
(四)企业责任,社会担当 /161
第四节 社区及土著权益保护 /162
一、“守彼之法,和睦相处”——土著权益法律问题及案例分析 /162
(一)重于泰山的土地权利 /162
(二)事关重大的矿产保护 /165
(三)不可复制的知识和文化遗产 /167
(四)以人为本的族群政策——南非黑人经济地位 /168
二、“坦诚相待,和谐共赢”——土著权益问题的解决之道 /171
(一)企业优秀实践案例 /171
(二)中国企业的应对措施 /172
第五节 外汇管制:流动中的障碍与化解 /173
一、正确看待外汇管制风险 /173
(一)什么是外汇管制 /173
(二)外汇管制的方式 /173
(三)外汇管制的主要内容 /174
二、热点投资国家外汇管制制度 /176
(一)严格外汇管制国家 /176
(二)宽松的外汇管制国家 /178
(三)由宽松转入严格的国家 /179
三、中国企业如何应对外汇管制风险 /179

(一)合理认识外汇管制风险 /180
(二)积极投保汇兑险 /180
(三)修好国内国外两堂课 /180
第六节 扬帆出海,"税"与争锋——国际税收法律风险防范 /181
一、扬帆出海,"税"与争锋 /181
(一)如何正视国际税收 /181
(二)国际税收法律制度的运行规则 /182
(三)国际税收法律风险产生的原因与表现 /184
二、因"税"利导,善于优惠 /186
(一)国际税收政策的基本类型 /186
(二)利用税收优惠的要点 /187
三、避税与反避税,国际税收永恒的主题 /188
(一)国际避税的含义与主要方式 /188
(二)利用国际避税港进行避税 /188
(三)关注反避税的法律规制 /189
四、长路漫漫,用好"协定"护身符 /189
(一)国际税收协定概述 /190
(二)合理利用双边税收协议保护企业利益 /191
(三)滥用税收协定的法律风险 /192
第七节 "知"在千里 "权"力以赴——"走出去"与知识产权保护 /193
一、正视知识产权保护 /193
(一)知识产权保护的内涵与意义 /193
(二)国际知识产权保护体系 /195
二、重点国家知识产权法律规定及企业"走出去"的法律风险 /196
(一)重点国家有关知识产权的法律规定 /196
(二)与知识产权相关的标准壁垒 /197
(三)企业"走出去"面临的知识产权方面的法律风险 /199
三、中国企业"走出去"的知识产权应对之道 /201
(一)建立知识产权管理机构 /201
(二)增强企业自主创新能力 /201
(三)加快知识产权人才的培养管理 /201
(四)积极维护自身的知识产权 /202

(五)积极应对国际知识产权侵权之诉 /202

第六章 “走出去”权益保护与争端解决 /203
第一节 合同是企业保护自身利益的基础工具 /203
一、不能忽视合同的重要价值 /203
二、合同风险无处不在 /204
(一)合同订立阶段的风险 /204
(二)合同履行阶段的风险 /206
(三)法律变化导致的风险 /207
三、企业应建立科学合理的合同管理体系 /208
(一)有针对性地进行系统开发 /208
(二)制定科学合理的合同管理体系 /208
(三)合同管理体系应关注的重点 /209
第二节 国际商事诉讼制度 /210
一、国际商事诉讼制度的特点 /210
二、国际商事诉讼管辖权 /211
(一)何为国际商事诉讼管辖权 /211
(二)确定国际商事诉讼管辖权的一般原则 /211
(三)国际社会解决商事诉讼管辖权冲突的努力 /213
三、主要国家或地区商事诉讼程序介绍 /213
(一)美国法院特点——两个体系,三层审级 /213
(二)英国法院特点——商事法院的专业性 /215
(三)中国香港地区法院特点——中国境内的普通法系司法管辖法院 /216
(四)新加坡法院特点——亚洲较为中立、金融较为发达地区的管辖法院 /217
(五)主要法院各自的特点和选择 /218
第三节 国际商事仲裁制度 /218
一、国际商事仲裁——新兴的国际商事争议解决方式 /218
(一)从杭州娃哈哈集团公司与法国达能公司国际商事仲裁案说起 /218
(二)何为国际商事仲裁 /219
二、国际商事仲裁协议 /220

（一）何为国际商事仲裁协议 /220
（二）国际商事仲裁协议的形式要件和实质要件 /220
（三）国际商事仲裁协议效力的认定 /223
三、主要仲裁机构及其各自的特点 /223
四、国际民商事仲裁裁决的承认与执行 /225
（一）《承认及执行外国仲裁裁决公约》 /225
（二）我国仲裁裁决在外国的承认与执行 /226
（三）外国仲裁裁决在我国的承认与执行 /227
第四节 ICSID 争端解决机制 /228
一、ICSID 的基本情况 /228
二、ICSID 的仲裁机制 /229
（一）ICSID 对争议的管辖权：从 Amco 公司诉印度尼西亚投资纠纷案说起 /229
（二）ICSID 仲裁的准据法适用 /231
（三）ICSID 的调解和仲裁程序 /231
（四）ICSID 裁决的承认与执行 /232
（五）ICSID 裁决的监督机制 /233
三、ICSID 机制与中国 /233
第五节 “善借外力”的智慧——国际民商事司法协助制度 /235
一、从“中国判决在美执行第一案”说起 /235
二、国际民商事司法协助的基本问题 /236
（一）国际民商事司法协助的途径 /236
（二）国际民商事司法协助的法律适用 /237
（三）国际民商事司法协助的拒绝 /237
三、我国开展国际民商事司法协助的现状 /238
（一）我国开展司法协助的法律依据 /238
（二）我国开展司法协助的中央机关及程序 /239
（三）近年来我国开展司法协助的情况 /240
（四）我国司法协助工作的发展趋势 /240
四、“走出去”企业开展国际民商事司法协助需要注意的法律风险和防范措施 /241
（一）开展国际民商事司法协助需要注意的法律风险 /241

(二)开展国际民商事司法协助需要采取的风险防控措施 /243
第六节 未雨绸缪:争议解决方式的选择 /247
一、选择争议解决方式应遵循的原则 /247
(一)综合选择原则 /248
(二)适用法律与争议解决方式的协调原则 /248
(三)可执行性优先原则 /249
二、不同争议解决方式的比较 /249
(一)以诉讼方式解决争议的利弊分析 /249
(二)以仲裁解决争议的利弊分析 /251
(三)诉讼与仲裁比较的相对性 /253
三、影响争议解决方式选择的其他因素 /253
(一)国别法律环境 /253
(二)适用法律 /253
(三)经济成本 /254
(四)国际关系 /255
四、争议解决地点的比较与选择 /255

第七章 银行与“走出去” /259
第一节 银行“走出去”的机遇与法律挑战 /259
一、大踏步走向世界——银行业的历史机遇期 /259
(一)银行“走出去”正当其时 /259
(二)银行应成为企业“走出去”的助推器 /260
(三)银行“走出去”是金融全球化背景下的内生需求 /261
二、银行要学会应对“走出去”的法律风险与挑战 /263
(一)银行与企业互连共存,都要应对好法律风险 /264
(二)现代银行业的特点日益凸显出法律风险管控的必要性 /265
(三)银行首先要遵守东道国法律,才能“走得稳” /265
(四)银行要掌握国际金融规则与惯例,才能拿到国际“通行证” /266
第二节 银行准入的门槛有多高——主要国家准入法律制度与对策 /267
一、银行准入的主要门槛 /267
(一)明确最低资本金或总资产要求 /267
(二)限制外资参与的股权比例 /268

(三)满足双重许可与母国监管要求 /268
(四)合格的银行管理层 /269
(五)加入存款保险体系 /269
(六)不设机构情况下需取得开展业务的审批或登记 /270
二、主要国家外资银行准入概览 /271
(一)美国——双重监管与对社区的重视 /271
(二)欧盟——“欧盟通行证”让跨境经营更便利 /271
(三)日本——严格的金融监管 /274
(四)加拿大——银行业渐进开放 /275
(五)印度——监管较宽松的新兴国家 /275
(六)新加坡——银行分类监管 /276
(七)我国香港地区——三级牌照制 /277
三、准入制度对银行“走出去”的启示与对策 /278
(一)做好战略规划和地区布局,分步实施 /278
(二)慎选机构形式,逐步巩固“走出去”业务的海外支点 /278
(三)区分业务品种,通过创新和法律设计达成目标 /280
(四)政策鼓励,国内立法支持银行“走出去” /280
第三节 银行贷款支持“走出去”的法律设计 /281
一、借款人与担保人的法律设计 /281
(一)合格的境内借款人——各类证书和手续齐备合规 /282
(二)借助境外律师确认境外借款人合法性 /282
(三)担保人设计更具多样性 /283
二、担保结构的法律设计 /285
(一)境内机构和个人提供境内担保 /285
(二)跨境担保 /286
三、融资结构的法律设计 /289
(一)解决好贷款的结构次级问题 /289
(二)厘清贷款的借用还是否一致 /289
(三)看透复杂的 SPV 结构 /290
(四)提前研究资金支付与还款 /290
(五)人民币结算账户的管理 /291
(六)东道国税收政策的影响 /291

(七)外汇管制不容忽视 /291
四、信贷合同的适用法律与争议解决 /292
(一)选对适用法律 /292
(二)慎选争议解决方式和地点 /296
五、律师意见和尽职调查的运用 /298
(一)律师意见使用应注意的原则 /298
(二)律师使用应注意资质和质量管理 /299
(三)使用好律师意见事半功倍 /299
(四)注重法律尽职调查,揭示项目风险 /300
六、案例研究:从B国燃煤电站项目看融资结构的法律设计 /302
(一)项目概况及贷款模式 /302
(二)合同结构 /302
(三)主要审查要点及风险防控措施 /303

第八章 “走出去”的助推器
——银行融资的法律分析 /307
第一节 支持企业“买资产”——境外并购贷款 /307
一、境外并购贷款及其特点 /308
(一)境外并购资金来源:以吉利并购沃尔沃为例 /308
(二)什么是境外并购贷款 /309
(三)境外并购贷款的特点 /309
二、境外并购贷款法律风险详解 /311
(一)国内复杂的审批手续可能导致境外并购的夭折 /311
(二)东道国捉摸不定的外资并购审查制度可能将中国资本拒之门外 /312
(三)反垄断审查成为限制境外并购的利器 /314
(四)境外并购交易结构设计攸关并购成败 /316
(五)东道国的法律环境影响目标企业的公司运营 /316
(六)境外并购贷款业务本身的法律风险 /317
三、境外并购贷款法律风险防范 /317
(一)加强尽职调查,深入了解项目法律风险 /317
(二)加强贷款结构与信用结构整体设计,有效缓释项目法律风险 /319

（三）加强合同条款约束，扎实构筑法律保护屏障　/320
（四）加强风险评估和贷后管理，及时掌握风险处置的主动权　/321
第二节　以项目为中心的融资与风险分担——国际项目融资　/322
一、项目融资定义及国际项目融资的特点　/322
（一）涉及两个或两个以上法域，法律关系和法律文件体系比较复杂　/323
（二）以项目本身的经济强度为信用基础　/323
（三）对投资人或发起人无追索权或只有有限追索权　/323
（四）通过多样化的信用结构分散风险　/324
（五）注重发挥税务结构的作用　/324
二、国际项目融资的分类及对各方利益的影响　/324
（一）按项目投资结构，分为公司型、契约型、合伙型等不同形式　/324
（二）按对项目发起人或投资者的追偿范围，分为无追索权、有限追索权、有限追索向无限追索转化三种　/327
三、国际项目融资的法律结构及风险　/328
（一）国际项目融资的法律结构　/328
（二）国际项目融资的主要风险　/329
四、国际项目融资贷款的法律文件体系及风险防范　/333
（一）以法律文件实现风险分担——控制对银行的不利影响　/333
（二）投资协议——投资人与银行利益的平衡　/334
（三）贷款协议——实现对项目的控制及银行利益保护　/335
（四）担保协议——风险分担与第二还款来源　/336
（五）项目建设协议——控制项目建设风险　/338
（六）原材料及能源供应协议——确保上游供应安全　/339
（七）产品购买协议——锁定下游市场风险　/340
（八）特许经营协议——东道国的政策支持　/340
（九）直接协议（direct agreement）——银行的介入权　/341
第三节　国际飞机融资相关法律问题　/343
一、国际飞机融资的特点及主要模式　/344
（一）国际飞机融资的特点　/344
（二）国际飞机融资的主要模式　/345
二、国际飞机融资需关注的主要法律问题及风险防控措施　/349
（一）借款主体选择及其股权质押　/350

(二)购机协议及其转让 /351
(三)飞机引进的备案核准及权利登记 /352
(四)飞机抵押 /356
(五)飞机保险及其权益转让 /358
(六)开普敦公约及飞机国际利益登记 /359
三、飞机融资法律文本体系及风险防范 /360
(一)爱尔兰SPV飞机租赁贷款模式简介 /360
(二)飞机融资法律文本体系分析及风险防控 /361
第四节 国际船舶融资相关法律问题 /363
一、国际船舶融资的主要模式 /363
(一)国际船舶融资的特点 /363
(二)多元化融资途径 /364
二、国际船舶融资需关注的主要法律问题及风险防控措施 /366
(一)单船公司的设立及其股权质押 /366
(二)船旗国的选择及方便旗船融资的风险 /367
(三)船级及船级社 /369
(四)船舶抵押担保的法律问题与融资实践 /370
(五)船舶优先权相关法律问题 /370
(六)船舶融资保险 /372
(七)船舶融资租约设计 /372
(八)船舶融资账户安排 /373
三、国际船舶融资的法律文件体系及风险防范 /374
(一)国际船舶融资操作惯例 /374
(二)国际船舶融资法律文件的法律特点 /374
(三)国际船舶融资法律文件应关注的主要风险点 /376

第九章 “走出去”遇到的国际法问题 /379
第一节 国家豁免原则与商业利益保护 /379
一、从FG基金诉刚果(金)案谈起 /380
(一)案件审理过程及判决要点 /381
(二)案件焦点及评述 /382
二、国家豁免原则及主要国家的实践 /382

(一)国家豁免的概念 /382
(二)绝对国家豁免与限制国家豁免 /383
(三)主要国家关于国家豁免的立法与实践 /383
(四)从刚果(金)案看我国奉行的国家豁免政策 /385
三、国家豁免的相关法律问题 /385
(一)享有国家豁免的主体 /385
(二)国家豁免商业交易例外 /386
(三)国家豁免的放弃 /387
(四)仲裁与国家豁免 /388
四、面对国家豁免的商业利益保护 /389
(一)对义务人是否享有国家豁免有所预判 /389
(二)在合同中明确约定放弃国家豁免 /389
(三)审慎选择诉讼管辖地或执行地 /390
(四)优先选择国际商事仲裁 /390
(五)香港的豁免政策及注意事项 /390
第二节 国有化与征收:外商直接投资面临的风险 /392
一、国有化与征收风险较难防控 /392
(一)征收风险难以预测 /392
(二)投资者不应寄希望于外交保护 /393
(三)“充分、及时、有效的补偿”在实践中难以实现 /393
(四)重视国际公约及双边投资保护协议 /394
二、双边投资保护协定及其适用 /395
(一)双边投资保护协定一般为国际仲裁的先决条件 /395
(二)从 Saipem 案理解双边投资保护协定的重要作用 /396
(三)审慎分析我国对外签署的双边投资保护协定 /397
(四)从“谢业深诉秘鲁共和国”案看双边投资保护协定的局限性 /399
三、海外投资保险制度对国有化与征收风险的防范作用 /400
(一)我国海外投资保险制度的作用 /400
(二)典型案例:中信保赔前迅速介入以减少损失 /402
(三)多边投资担保机构的作用 /403
第三节 利用世贸规则,善用贸易救济措施 /404
一、世贸组织和世贸规则 /404

(一)世贸组织和国际贸易 /404
(二)WTO 的规则体系和机构设置 /405
(三)WTO 争端解决机制 /406
(四)贸易救济措施 /407
(五)中国面临的国际贸易环境 /409
二、美国对华贸易救济措施分析 /409
(一)中美贸易的重要性 /409
(二)美国对华贸易救济措施 /410
(三)美国的歧视性反倾销和反补贴政策 /411
(四)案例:美对我国光伏产业“双反”措施案 /411
三、欧盟对华贸易救济措施分析 /412
(一)中欧贸易的重要性 /412
(二)欧盟对华贸易救济措施 /413
(三)欧盟的歧视性反倾销和反补贴政策 /413
(四)案例:欧盟对华光伏“双反”措施案 /414
四、贸易救济措施和 WTO 争端解决程序 /415
五、我国企业应对贸易保护的措施建议 /415
(一)认清国际贸易形势 /415
(二)积极推进自由贸易区建设 /416
(三)积极参与国际规则的制定 /416
(四)积极利用 WTO 争端解决机制 /416
(五)了解规则,培养人才 /417
第四节 正确认识经济制裁及其对“走出去”的影响 /417
一、经济制裁概述 /418
(一)经济制裁的目的 /418
(二)经济制裁的分类 /418
(三)经济制裁的方式 /419
(四)联合国、美国、欧盟经济制裁的特点 /420
二、贸易制裁对受制裁国企业的影响 /421
(一)制裁的幅度 /421
(二)受制裁国的经济损失 /422
(三)影响制裁时限的因素 /422

三、经济制裁国设定的第三方义务及违反后果(以美国为例) /423
(一)经济制裁规定的第三方义务 /423
(二)从 Stolt Sheaf 案了解违反第三方不作为义务的司法后果 /425
(三)违反制裁义务可能导致第三方制裁 /426
(四)企业应如何应对第三方义务 /428
四、总结 /428

第十章 “一带一路”背景下的热点法律问题 /430
第一节 “一带一路”国家整体法律特点及风险防范 /430
一、“一带一路”国家整体法律特点 /431
(一)法律环境差异较大,国别法律风险值得关注 /431
(二)各国外资保护水平整体较好,EPC、BOT 等项目模式可在大多数国家运作 /431
(三)中国与大多数国家建立了法律合作纽带,各国较为重视投资保护 /432
(四)政治、经济发展不平衡,风险不容忽视 /433
二、“一带一路”国家开展融资项目的主要法律问题与风险 /434
(一)部分国家尚不健全的法律体系对项目开展难以提供足够、有效的保证 /434
(二)政治风险错综复杂导致法律风险加大 /434
(三)司法效率偏低,法律执行力不足 /435
(四)法律变动频繁,稳定性较低 /435
(五)东道国政府可提供的财力及政策支持相对有限 /435
三、创新风险控制机制,积极应对挑战 /436
(一)引导企业结合项目特性和法律环境选择恰当的项目模式 /436
(二)早期介入,构建合理的交易结构和风险控制措施 /437
(三)强化以合同安排控制风险的机制 /438
(四)结合项目及国别特点设计担保结构,创新项目风险分担模式 /439
(五)充分发挥保险作用,合理转移风险 /439
(六)与政府多层次合作,防范风险 /440
(七)针对不同行业领域采取不同的风险防范机制 /441
第二节 海外并购中的国家安全审查 /441

一、海外并购中的“一道坎”——国家安全审查 /442
(一)法律意义上的国家安全 /442
(二)倒在国家安全审查门前的热点案例 /443
(三)闯过国家安全审查关的成功案例 /446
二、全球主要的国家安全审查的比较法分析 /447
(一)国家安全审查背后的考量因素 /447
(二)国家安全审查制度比较法分析 /450
三、应对海外并购国家安全审查的对策与建议 /458
(一)创造确定性:建立信任关系 /459
(二)捕捉确定性因素:目标国法律政策研究 /459
(三)规避不确定性领域:充分预见投资的敏感行业 /460
(四)把握含糊性国家安全标准的实质核心:了解目标国的政治、历史和文化 /460
(五)注重沟通技巧:提高宣传与游说的策略性 /461
(六)淡化身份怀疑:实现投资多元化 /461
(七)建立确定性的国内制度:我国国内立法的保护 /462
第三节 谨防秃鹫基金——从阿根廷军舰被扣押事件谈起 /463
一、阿根廷军舰扣押事件 /463
二、秃鹫基金概述 /465
(一)秃鹫基金的概念 /465
(二)秃鹫基金的特点 /465
(三)秃鹫基金的发展 /465
三、秃鹫基金的诉讼攻击 /466
(一)秃鹫基金的诉讼活动 /466
(二)秃鹫基金的诉讼分析 /467
四、秃鹫基金对中国企业及银行“走出去”的影响 /469
(一)秃鹫基金对中国企业境外投资的影响 /469
(二)秃鹫基金对中国银行境外贷款的影响 /470
五、国际上对秃鹫基金的防范措施 /470
(一)积极倡议对秃鹫基金的防范 /471
(二)成立专门的法律机构应对攻击 /471
(三)通过立法予以限制 /472

（四）进一步完善市场规则 /472
（五）通过国家豁免原则予以规避 /473
六、对我国企业和银行“走出去”的建议 /473
（一）树立秃鹫基金的风险防范意识 /473
（二）积极参与国际组织的相关倡议和行动 /473
（三）推动相关国家立法予以限制 /473
（四）加速市场规则变化 /474
（五）充分利用相关国家的立法成果，谨慎选择准据法、争议解决方式及地点 /474
（六）合理设计合同条款内容 /474
（七）积极投保相关保险和取得相关担保 /474
第四节 美国长臂管辖的影响与反制措施 /474
一、美国“长臂管辖”制度的含义与发展 /475
（一）“长臂管辖”制度的确立 /475
（二）“长臂管辖”制度的发展 /476
二、美国“长臂管辖”制度对我国企业的影响 /476
（一）美国制定与反恐、反洗钱相关的法案，确认对相关案件的域外管辖权 /477
（二）美国制定经济制裁相关法案，限制或禁止外国机构的经济贸易行为 /477
（三）美国反托拉斯法的域外效力可能影响我国企业跨境交易 /481
（四）其他对我国企业有域外管辖作用的美国法案 /482
（五）美国通过行政命令限制外国机构资金交易 /483
（六）诉讼及跨境取证和执行的风险 /486
三、应对美国“长臂管辖”的策略建议 /489
（一）积极应对跨境取证、执行案件 /489
（二）做好尽职调查，避免美国相关法案及行政措施的影响 /490
（三）通过合同条款避免“长臂管辖” /491
第五节 非洲——后金融危机时代投资“热土”，法律环境待臻 /491
一、非洲市场特点简介 /492
（一）市场建设相对落后，以农业、小微和外资企业为主，对外依赖严重 /492

(二)调节机制不够健全,多数国家市场由少数垄断企业或外资控制,国家只能发挥辅助作用 /493
(三)非洲各国总体发展水平较低,但各国之间差异显著 /493
二、非洲国家经济制度建设有所改善,但法律环境相对不健全 /494
(一)非洲国家近年市场规则有所完善 /494
(二)非洲立法灵活度较高、相互交叉情况时有发生 /495
(三)非洲各国在汇率政策、投资环境等方面存在较大差异 /497
三、多数非洲国家坚持绝对主权豁免原则 /497
(一)世界各国在主权豁免上的不同主张 /497
(二)绝对主权豁免原则对项目可能会造成影响 /498
四、风险防范的建议 /501
第六节 关注境外碳排放立法,绿色金融服务“走出去” /503
一、境外碳排放立法及对我国企业“走出去”的影响 /503
(一)国际法层面:确立控制二氧化碳等温室气体排放的法律准则 /503
(二)国内法层面:主要集中在发达国家,运用碳税、碳排放权交易等一种或多种手段减排 /506
(三)境外碳排放立法对我国企业“走出去”的影响 /509
二、支持绿色经济、助力可持续发展是我国银行的必然选择 /511
(一)支持绿色经济是我国银行的法定义务 /511
(二)《绿色信贷指引》对银行支持绿色经济提出了更高的管理标准和要求 /512
(三)支持绿色经济是银行义不容辞的社会责任 /513
(四)支持绿色经济是银行新的业务增长点 /514
三、我国银行开展绿色金融的现状及问题 /514
(一)绿色信贷增速明显,金融模式初步形成 /514
(二)影响绿色金融发展的法律及政策问题 /517

附录

附表1:我国对外投资主要法规目录 /520
附表2:我国对外签订双边投资保护协定(BITS)一览表 /524
附表3:我国对外签订避免双重征税协定一览表 /529
附表4:我国与有关国家签订的国际民、商事司法协助条约一览表

(已生效) /535
附表5:《承认及执行外国仲裁裁决公约》(《纽约公约》)成员国名单 /538
附表6:《关于解决国家与他国国民之间投资争端公约》(《华盛顿公约》)正式缔约国名单 /542
附表7:《关于向国外送达民事或商事司法文书和司法外文书公约》(《海牙送达公约》)成员国名单 /544
附表8:《关于从国外调取民事或商事证据的公约》(《海牙取证公约》)成员国名单 /545
附表9:各国禁止外资进入领域一览表 /546
附表10:各国限制外资进入领域一览表 /549
附表11:有关国家投资比例规则 /552
附表12:各国允许外资进入的方式及相关措施 /555
附表13:非洲国际组织一览表 /558
附表14:非洲区域性金融机构一览表 /561
附表15:其他可利用的担保及信用保险机构 /564
附表16:"一带一路"沿线及世界主要国家投资法律政策变化情况分析 /566
附表17:省级商务主管部门对境外投资规制的补充规定 /651
附表18:我国对外签署的税收协定中利息条款有关规定一览 /653
附表19:可执行英国法院判决的国家和地区情况 /656
附表20:英国法院、美国法院、中国香港法院、新加坡法院及中国法院的特点与区别 /658
附表21:最高人民法院、外交部、司法部等部门颁布的与国际民商事司法协助有关的通知、司法解释或规定 /660
附表22:签署《移动设备国际利益公约》及生效的国家和组织名单列表 /662
附表23:签署《移动设备国际利益公约关于航空器设备特定问题的议定书》及生效的国家和组织名单列表 /665
附表24:伊朗、古巴、朝鲜、委内瑞拉受制裁状况概览 /668

后 记 /671

第一章　综　　述

——“走出去”的必然选择与法律规则

英国邓宁教授认为一个国家的对外直接投资规模和这个国家的经济发展水平有密切的关系，当人均 GNP 大于 2000 美元而小于 5000 美元时，内流的投资增速会逐渐降低，而外流的投资速度却会逐渐加快。我国的对外直接投资阶段，基本上符合邓宁的投资发展周期理论。① 2014 年，中国全年国内生产总值（GDP）达到 643972 亿元，人均 GDP 达到 4.72 万元，中国对外直接投资流量名列全球国家（地区）排名的第 3 位。中国对外直接投资快速发展反映了中国经济的迅速崛起，是适应经济全球化发展的必然选择，是合理配置资源和更好地利用国外资源的内生需求。中国企业“走出去”步伐很大，成效显著，但也因不熟悉国际市场的法律法规和市场惯例、不重视法律风险而教训惨痛。企业“走出去”必须法律先行，了解清楚国际市场的法律规则和法律风险并采取应对措施，才能乘风破浪、扬帆远航。

第一节　“走出去”的历史沿革与法律政策变迁

一、“走出去”——中国的必然选择和内生需求

“走出去”直译为“going global”，是对中国企业走出国门对外直接投资形象而生动的称呼。“走出去”与“引进来”相互对应，构成了中国对外开放的两个重要方面。在改革开放之初，“引进来”是重点。1992 年邓小平南方谈话将中国改革开放推向了新的高潮，中国吸引外资额突破 100 亿美元大关，并逐年递增。1992 年和 1993 年吸引外资额分别为 110.08 亿美元和

① 尹德先、杨志波：“中国对外直接投资发展阶段研究”，载《商业研究》2013 年第 1 期。

275.15 亿美元,年增长率分别达到 152.13% 和 149.95% ;1996 年吸引外资额首次突破 400 亿美元,达到 417.26 亿美元,此后中国吸引外资规模一直保持在 400 亿美元以上。① 在此后的 10 年中,与中国吸引外资相比,中国对外直接投资发展较为缓慢,且总体规模比较小。但是,随着一国经济水平的不断发展,该国吸引外资与对外投资之间应该呈现相互依赖、相互补充促进的关系。吸引外资是对外投资的重要基础,对外投资是吸引外资的必然结果。因此,必须要坚持“引进来”与“走出去”相结合的方针,特别是加快实施“走出去”战略。

在中国企业“走出去”中,传统的对外直接投资方式主要是绿地投资和跨国并购。绿地投资又称创建投资,可以直接促进东道国生产能力、产出和就业的增长。早期跨国公司的海外拓展基本上都是采用这种方式。跨国并购近年来日益活跃。对战略资源的迅速获取、资产的多样化和分散风险是企业选择跨国并购的主要动机。近年来,对外直接投资的新方式——非股权经营模式在发展中国家日益兴起。非股权经营模式包括合约制造、服务外包、订单农业、特许经营、许可经营、管理合约及其他类型的合约关系。跨国公司通过这些关系协调其在全球价值链的活动并影响东道国公司的管理,但并不拥有其股份。②

“走出去”是中国经济发展到一定阶段的必然选择和内生需求。面对 21 世纪国际市场新挑战,能否在利用国外资源和市场方面取得新的突破,是关系到中国今后发展全局和前景的重大战略问题。经济全球化的发展把整个世界变成了一个“地球村”,中国只有把视野扩展到全球,参与经济全球化的进程,在新的国际分工格局中占据有利地位,才能确保中国现代化目标的实现和长期持续发展。

“走出去”战略的重要作用表现在:第一,保证资源供给,缓解资源瓶颈的约束。以原油资源为例,2014 年我国原油消费量 51546.95 万吨,原油生产总量为 30240.00 万吨,原油进口数量达到 30837.45 万吨,进口数量超过国内消费量的 50% 。③ 近年来,对外直接投资,尤其是资源寻求型海外投资

---

① 张洛民、王增涛:“中国吸引外资和对外投资的比较分析”,载《经济问题》2009 年第 12 期。

② 联合国贸发会议:《世界投资报告 2011——国际生产体系中的非股权经营模式》,第 17 页。

③ 数据来源:国家统计局国家数据官方网站。

的快速发展,很大程度上缓解了我国经济快速发展所面临的资源短缺。第二,绕过贸易保护主义壁垒,促进海外市场的开拓。中国的出口商品不仅在欧美日等发达国家或地区,而且在印度、巴西等发展中国家或地区都频繁遭到以反倾销和反补贴为代表的贸易保护主义的限制。中国部分企业(如海尔)通过对外直接投资,设立海外企业,实现生产和销售本土化,绕过反倾销、反补贴等各种贸易壁垒,保护和开拓了海外市场,并直接带动国内的机械设备和原材料出口。第三,成为推进国内产业结构调整升级的有力杠杆。一方面,通过市场寻求型对外直接投资转移过剩产能;另一方面,通过技术寻求型对外直接投资发展高新技术产业,共同促进产业结构升级。第四,提升中国跨国公司的国际竞争力。对外直接投资的发展,使中国企业更加积极主动地融入经济全球化和国际分工体系,提升中国企业的跨国经营指数和国际竞争力,促进中国跨国公司的成长和壮大。

二、相互促进——"走出去"发展与法律政策变迁

20 世纪 50 年代,为了支持进出口贸易,中国政府开办了一批贸易、金融和海洋运输企业,比较著名的有在香港设立的华润公司。当时这些企业数目有限,投资领域窄,投资规模不大。真正意义的"走出去"始于改革开放后,从经济统计数据来看可分为萌芽、起步、起飞、发展和转型五个阶段。与此同时,随着中国企业"走出去"步伐的加快,"走出去"法律政策变迁经历了从粗放式管理到加强管制,再从管制到放松管制的过程。"走出去"的实践激发了法律政策的变迁,反过来,法律政策的变迁又促进中国企业"走出去"的发展。

(一)萌芽阶段(1979~1986 年)——"摸着石头过河"

改革开放之初,邓小平同志就曾指出:"经验证明,关起门来搞建设是不能成功的,中国的发展离不开世界。"但这一阶段"引进来"是对外开放的重点,包括引进国外资本、先进技术、设备和人才,提升出口购买力和供给能力。在此期间参与海外投资活动的企业很少,不仅投资项目少,而且规模不大,投资领域主要集中于航运服务、金融保险、承包工程和餐饮业等。在法律政策方面,仅有外经贸部 1981 年《关于下达在国外开设合营企业的暂行规定的通知》、1985 年《关于在国外开设非贸易性合资经营企业的审批程序和管理办法》,规范外贸部部属贸易公司在国外开展合营企业试点工作,对非贸易性合资经营企业的设立和审批提出要求。企业在对外直接投资的过

程中虽部分“有章可循”,但基本是“摸着石头过河”。

(二)起步阶段(1987～1990年)——管制严格

1987年,中国企业的海外投资出现了前所未有的跃升态势,当年兴办的海外企业数量为124个,协议投资总额和中方海外投资度分别增加了13亿美元和3.5亿美元。在法律政策方面,1989年外汇管理局《境外投资外汇管理办法》、1991年国家计划委员会《关于加强海外投资项目管理的意见》等形成了最早期的海外投资管理制度,对企业“走出去”进行了严格的项目审批和外汇资金管理。中方投资额达100万美元的项目需报国家计委会同有关部门审批,投资形式仅限于设立企业或购股、参股并从事生产、经营活动;外汇管制非常严格,需缴存汇回利润保证金,利润或其他外汇收益限期调回。这种严格的管制框架扼杀了企业“走出去”的生机或活力,一定程度上限制了中国企业对外直接投资的发展。

(三)起飞阶段(1991～2001年)——战略确立与管制放松

在1992年邓小平南方谈话和十四大“积极扩大中国企业对外投资和跨国经营”精神的鼓舞下,“走出去”进入起飞阶段。1991年至1996年间,共批准新办境外企业1151家;1991年至1995年间,中国海外投资年平均值约为全球对外直接投资流量的1.3%。

1996年,“走出去”思想首次被明确提出。江泽民同志在河北省唐山市考察工作时指出:要加紧研究国有企业如何有重点、有组织地走出去,做好利用国际市场和国外资源这篇大文章。2000年全国人大九届三次会议期间,我国正式将企业“走出去”作为国家战略提出。2000年党的十五届五中全会上,实施“走出去”战略被明确写入《国民经济和社会发展第十个五年计划纲要》。法律政策方面,从20世纪90年代末我国开始放松管制,外汇管理局对严格的外汇管理制度进行了一系列修改,不再收取汇回利润保证金,核准权下放,不再对各分局核定境外投资购汇额度,有利于促进企业“走出去”。

(四)发展阶段(2002～2012年)——制度框架逐渐形成

随着中国改革开放的深入和2001年的“入世”,国家在政策层面放宽对海外投资的限制,拓宽投资渠道,参与海外投资的中国企业明显增加,海外投资的规模迅猛发展。党的十六大报告和党的十七大报告均明确提出“走出去”战略,如“实施‘走出去’战略是对外开放新阶段的重大举措”“坚持对外开放的基本国策,把‘引进来’和‘走出去’更好结合起来”。党的十八大强调全面提高开放型经济水平,“加快走出去步伐”。

在法律制度方面,“走出去”制度框架正逐渐形成,管制措施不断放松。2004年以后,商务部、国家发改委多次制定、修改境外投资审批办法,总体思路是下放审批权限,简化核准程序,突出管理重点,强调引导服务,积极促进企业境外直接投资的发展。例如,在项目审批方面,2004年《关于境外投资开办企业核准事项的规定》《境外投资项目核准暂行管理办法》等规定,形成了各所有制企业平等的对外投资审批制度,下放审批权限,简化程序。

(五)转型升级阶段(2013年以后)——“一带一路”战略引领

2013年,习近平总书记提出了“一带一路”战略。“一带一路”横跨亚欧大陆,东接东亚经济圈,西连欧洲经济圈,沿线分布六十多个国家,其中多数为发展中国家和新兴市场经济国家,人口众多、自然资源丰富、市场潜力巨大,在产业发展上与中国具有高度的互补性。随着中国与“一带一路”沿线地区之间的互联互通建设,中国在“一带一路”沿线国家的直接投资快速增长。“一带一路”政策提出后,中国海外投资的发展迎来了前所未有的新局面。

2015年3月,经国务院授权,国家发改委、外交部和商务部联合发布了《推动共建丝绸之路经济带和21世纪海上丝绸之路的愿景与行动》。在对外投资合作方面提出:将基础设施互联互通作为“一带一路”建设的优先领域,加强交通、能源、通信干线网络建设等基础设施领域合作;研究解决投资贸易便利化问题,消除投资和贸易壁垒;加强海关合作;加强双边投资保护协定,拓展相互投资领域,推动产业合作。

在“一带一路”战略构想提出后,对于海外投资,相关部门对有关法规进行了修改和调整,进一步下放审批权限,简政放权,规范管理,为中国企业走出国门,对外投资提供更大的便利。以国家发改委和商务部为例,国家发改委2014年4月印发《境外投资项目核准和备案管理办法》,大幅下放境外投资项目管理权限,并于2014年5月发布《关于实施〈境外投资项目核准和备案管理办法〉有关事项的通知》,明确关于境外投资项目核准、备案和信息报告申请文件及附件的要求,提高境外投资项目管理的便利化和透明度。2014年10月,商务部开始实施新的《境外投资管理办法》,把提高境外投资便利化水平作为重要的政策目标,确定备案为主、核准为辅的境外投资管理模式,仅对涉及敏感国家(未建交国家和受联合国制裁的国家)和敏感行业(国家限制出口、影响第三方利益的行业)的境外投资实行核准。新的《境外投资管理办法》实施后,商务部减少了约98.5%的核准事项,极大地提高了企业的经营决策效率和政府的管理效率。[①] 2014年12月,国家发改委印发《国家发展改革委关于修改〈境外投资项目核准和备案管理办法〉和〈外商投资项目核准和备案管理办法〉有关条款的决定》,进一步下放境外投资项目管理权限,对于境外投资项目,除涉及敏感国家和地区、敏感行业的项目外,一律不分限额,实行备案管理。2015年5月,商务部办公厅印发《关于境外投资备案实行无纸化管理和简化境外投资注销手续的通知》,对企业境外投资备案实行无纸化管理,并简化了境外投资注销手续。

三、“走出去”的特点分析

进入21世纪尤其是加入WTO后,中国企业“走出去”呈现勃勃生机,中国从对外直接投资的潜在大国正逐步成为资本输出大国。近年来我国对外投资流量和存量趋势如图1-1所示。

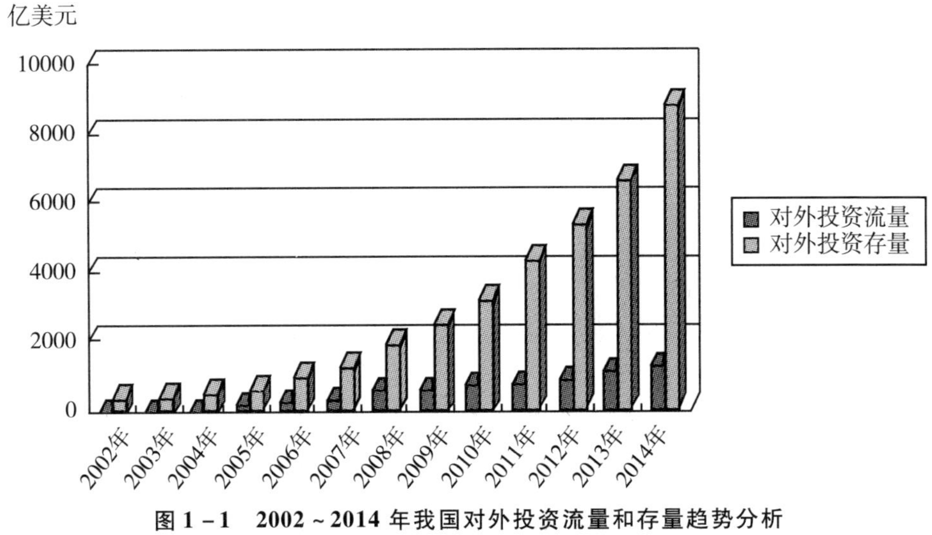

图1-1 2002~2014年我国对外投资流量和存量趋势分析

(一)投资数量增势强劲,再创新高

自2002年来,我国对外直接投资一直处于高速增长中。尤其是在2006年后,我国对外直接投资流量的增长率迅速提高。2002年至2014年我国对外直接投资流量和存量情况如表1-1所示。

---

① 商务部:《中国对外投资合作发展报告2015》,第32页。

表 1－1　2002～2014 年中国对外直接投资流量和存量

年份	流量			存量	
	金额（亿美元）	全球位次	同比（%）	金额（亿美元）	全球位次
2002	27.0	26	－	299.0	25
2003	28.5	21	5.6	332.0	25
2004	55.0	20	93.0	448.0	27
2005	122.6	17	122.9	572.0	24
2006	211.6	13	43.8	906.3	23
2007	265.1	17	25.3	1179.1	22
2008	559.1	12	110.9	1839.7	18
2009	565.3	5	1.1	2457.5	16
2010	688.1	5	21.7	3172.1	17
2011	746.5	6	8.5	4247.8	13
2012	878.0	3	17.6	5319.4	13
2013	1078.4	3	22.8	6604.8	11
2014	1231.2	3	14.2	8826.4	8

（数据来源：商务部、国家统计局、国家外汇管理局《2014 年度中国对外直接投资统计公报》。）

2014 年，中国对外直接投资净额（流量）1231.2 亿美元，较上年增长 14.2%。其中非金融类对外直接投资流量 1072.0 亿美元，同比增长 15.6%；金融类对外直接投资流量 159.2 亿美元，其中货币金融服务类（原银行业）对外直接投资流量 74.2 亿美元，占 46.6%。根据联合国贸发会议发布的《2015 年世界投资报告》，2014 年全球外国直接投资流出流量 1.35 万亿美元，年末存量为 25.87 万亿美元。按此计算，2014 年中国对外直接投资分别占全球当年流量、存量的 9.1% 和 3.4%，2014 年中国对外直接投资流量名列全球国家（地区）第 3 位，占比较上年提升 1.5 个百分点，存量居第 8 位，排名较上年前进 3 位。

（二）投资行业相对集中

2014 年，中国对外直接投资涵盖了国民经济的 18 个行业大类。其中，流向第一产业 15.9 亿美元，占当年流量总额的 1.3%；第二产业 311.1 亿美元，占 25.3%；第三产业 904.2 亿美元，占 73.4%。从第三产业的行业构成情况来看,流向租赁和商务服务业368.3亿美元,占当年流量总额的29.9%;批发和零售业182.9亿美元,占14.9%;金融业159.2亿美元,占12.9%;房地产业66亿美元,占5.4%;交通运输、仓储和邮政业41.8亿美元,占3.4%;信息传输、软件和信息技术服务业31.7亿美元,占2.6%。2014年中国对外直接投资流量行业数据如图1-2所示。

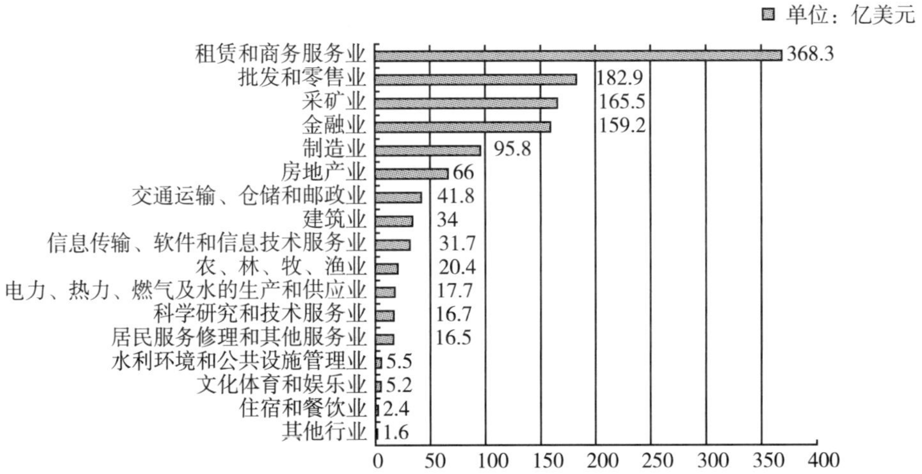

图1-2 2014年中国对外直接投资流量行业分布

(数据来源:商务部、国家统计局、国家外汇管理局《2014年度中国对外直接投资统计公报》)

(三)投资方式多样化,跨国并购地位日益凸显

2014年,新增股权投资557.3亿美元,占当年流量总额的45.3%,较上年上升16.8个百分点;收益再投资444亿美元,较上年增长0.6个百分比,占36.1%。2014年,中国企业共实施对外投资并购项目595起,涉及69个国家(地区),实际交易总额为569亿美元;其中直接投资324.8亿美元,占并购交易总额的57.1%,占当年中国对外直接投资总额的26.4%。2014年中国企业对外投资并购领域涉及采矿业、制造业、电力/热力/燃气及水的生产和供应业、信息传输/软件和信息技术服务业、农/林/牧/渔业、租赁和商务服务业、批发和零售业等17个行业大类。①

(四)投资主体以国有企业为主,但多元化趋势明显

从2014年流量来看,对外投资主体的多元化趋势日渐明显,虽然国有

① 数据来源:商务部、国家统计局、国家外汇管理局《2014年度中国对外直接投资统计公报》。

企业在对外直接投资中仍占有相当高的比例，但是民营企业等其他投资主体在对外直接投资中所占比例逐渐提高。2014 年年末，在对外非金融类直接投资 7450.2 亿美元存量中，国有企业占 53.6%，非国有企业占 46.4%，较上年增加 1.6 个百分点，其中有限责任公司占 33.2%，较上年增加 2.4 个百分点；股份有限公司占 7.7%；私营企业占 1.6%；股份合作企业占 1.5%；外商投资企业占 1.2%；港澳台投资企业占 0.3%；集体企业占 0.1%；其他占 0.8%。[①]

（五）投资国别覆盖和区域分布广泛、聚集度较高

根据商务部公布的 2014 年对外直接投资流量数据统计，2014 年我国流向发达经济体的投资为 238.3 亿美元，占当年流量的 19.4%；流向发展中经济体的投资存量为 976.8 亿美元，占当年流量的 79.3%；流向转型经济体的投资为 16.1 亿美元，占当年流量的 1.3%。对外直接投资存量上，2014 年我国对外直接投资存量分布在全球 186 个国家（地区），占全球国家（地区）总数的 79.8%，对外直接投资存量的八成分布在发展中经济体。2014 年末，中国在发展中经济体的投资存量为 7281.68 亿美元，占存量总额的 82.5%；在发达经济体的投资存量为 1352.51 亿美元，占存量总额的15.3%，较上年提升 1.1 个百分点；在转型经济体的投资存量为 192.21 亿美元，占存量总额的 2.2%。[②] 从地区分布情况看，2014 年中国对外直接投资存量各洲分布如图 1－3 所示。

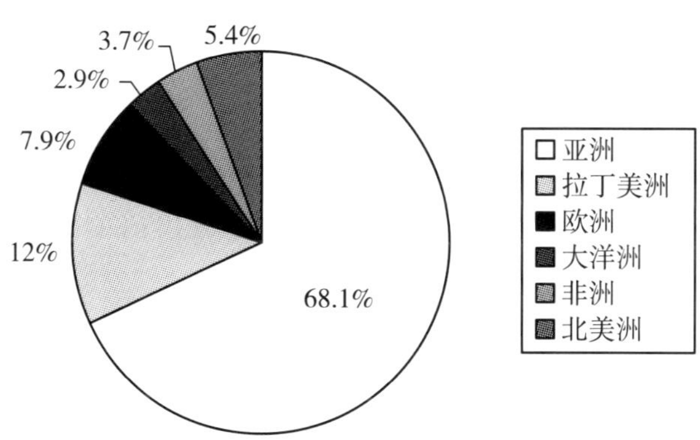

图 1－3　2014 年中国对外直接投资存量各洲分布

① 数据来源：商务部、国家统计局、国家外汇管理局《2014 年度中国对外直接投资统计公报》。

② 经济体划分标准同联合国贸发会议《世界投资报告》。

2014年,我国对外直接投资流向前十名的国家(地区)是:中国香港、美国、卢森堡、英属维尔京群岛、开曼群岛、澳大利亚、新加坡、英国、德国、印度尼西亚。具体数额如表1-2所示。

表1-2　2014年中国对外直接投资流量前十位的国家(地区)

序号	国家(地区)	流量(亿美元)
1	中国香港	708.67
2	美国	75.96
3	卢森堡	45.78
4	英属维尔京群岛	45.70
5	开曼群岛	41.92
6	澳大利亚	40.49
7	新加坡	28.14
8	英国	14.99
9	德国	14.39
10	印度尼西亚	12.72

(数据来源:商务部、国家统计局、国家外汇管理局《2014年度中国对外直接投资统计公报》)

第二节　“走出去”与法律风险
——必须深谙游戏规则

一、中国企业“走出去”因忽视法律风险而教训惨痛

近年来,中国企业“走出去”步伐很大,成效显著,但也因不熟悉法律、法律尽职调查不充分或合同签订草率而教训惨痛,有较多失败或惨淡经营的案例可作为前车之鉴。

国内某企业收购某国外公司时,当时有机会修订或重新谈判集体劳动协议,但由于中方人员对当地法律了解不够,基本上将该国外公司原国有时期的集体劳动协议承接下来,再加之该外国公司工会势力强大,运营期间不断受到罢工的影响,导致成本增加,难以盈利。

国内某企业在并购欧洲某企业一业务时,认为该项业务情况简单,整个

部门不到1000人，且只有研发和营销体系，没有工厂，便认为交易结构相对简单，没有聘请中介机构进行尽职调查和策划，而是自己设计了收购方案。看起来省了几百万欧元的咨询费，但是因小失大。其中之一就是并购成交后，该企业才知道欧洲并购裁员的补偿常常需要加倍，导致在整个重组过程中，付出的人工费用远远超出集团预期。

国内某企业曾经拟以5.6亿美元独资收购某国外公司，在签署排他性的谅解备忘录时，没有意识到应该增加附加条款，以便用法律手段限制对方再提价。结果该公司的最大债权银行在债权人会议上提出要抬价至8.5亿美元，超出了该中国企业的承受能力，最终导致并购失败。

国内某综合性集团公司收购某境外集团在美国的某产品研发项目，由于该境外集团与美国另一公司之间关于该产品存在交叉协议和授权协议，双方承诺不对第三方公开。这种承诺并不会随着境外集团研发部门转让而改变。因此，该国内公司无法间接获得境外集团拥有的该产品专利技术，致使其渴望通过并购提高核心技术的愿望落空。

国内某公司从某外国公司手中购得南美某项目的开发经营权，但未充分了解当地社区搬迁困难的情况及法律规定。虽然目前该项目已获该国政府批复，但由于地方居民的强烈抗议，甚至爆发暴力事件，难以达成社区搬迁协议而不得不推迟建设。

中国某海外联合体中途放弃其承建的某国高速公路项目且面临高额索赔。由于急于拿下订单，该联合体在没有事先仔细勘探地形及研究当地法律、经济、政治环境的情况下，就与该国公路管理局签下总价锁死的合约，而且合同条款对承包商极为不利，以致成本上升、工程变更及工期延误都无法从业主方获得补偿。

从上述案例可见，法律先行是中国企业“走出去”投资成功的关键。中国企业在对外直接投资过程中面对的是各国错综复杂、不断变化的法律环境，必须在投资前研究中国对外投资政策、东道国法律法规、市场惯例、国际条约和国际惯例，聘请专门的法律专家团队来识别、评估、管理和控制法律风险。这个团队应由企业内部法务人员、中国本土律师和东道国律师组成，提前对东道国与对外直接投资相关的体制和法律体系、东道国政治环境的稳定性、政策的一致性，以及涉及的利益团体可能作出的反应等进行透彻的研究。另外，近年来由于中国对外直接投资的蓬勃发展，“中国威胁论”有所蔓延，我国企业对外投资遇到的各种障碍明显增多，政策法律障碍趋向严格,各国利用国家安全审查、产业安全审查、市场垄断审查和国有企业审查等手段,对企业“走出去”的法律风险管理提出了更高的要求。

因此,充分研究法律问题、熟知国际市场规则、控制法律风险是中国企业“走出去”的成功保障。法律不应只是事后解决问题的工具,也是事先保障企业“走出去”合法权益的利器。通过事先了解、识别、管理和控制法律风险,让法律为企业创造价值。

二、“走出去”应熟知法律生态环境

中国企业“走出去”会面临与国内截然不同的法律生态环境,各层面、各法域的法律法规、市场规则令人眼花缭乱,各种政治风险、商业风险和法律风险错综复杂、相互交织。如果在“走出去”之前不把将要面临的法律生态环境摸清楚,未知的法律问题和法律风险犹如海面下的冰山,将给企业“走出去”造成严重障碍并带来危险。因此,我们需要识别哪里会有冰山,哪些航道可以安全顺利通行;如果遇上冰山,如何绕过;如果未能绕过,如何了解船体损失的原因和程度,如何行驶到港口进行修理,还是说已经没有解决方案,面对导致“全损”的“海难”而只能坐以待毙。在国际业务的法律生态环境中,企业所要遵循的交易规则(按照对企业的影响从具体到普遍的顺序排列)包括:交易双方达成的合同条款;商业运营所涉及的法律法规,包括国内法和国际法;行业及市场惯例(含国际惯例);社会对市场的期望——不成文的潜规则。中国企业在“走出去”中,应重点关注法律生态环境及交易规则的以下特点。

(一)国内法、国际私法、国际商法、国际公法相互交织

国内法是由某一国家制定或认可,并在本国主权管辖内生效的法律,调整一国国内的各种关系。中国企业“走出去”在东道国投资设厂就需要遵循东道国的国内法。国际私法是调整涉外民事法律关系的法律,在大陆法系习惯于称其为“国际私法”(Private International Law),而英美普通法系则更多地称其为“冲突法”(Conflict of Laws)。国际商法,是指调整国际商事主体和国际商事行为的各种法律规范的总称。它是规范各国商事主体之间从事跨国境的商业活动,尤其是跨国境贸易和投资活动的法律规范。[①] 国际公

---

① 沈四宝、王军编著:《国际商法》(第2版),对外经济贸易大学出版社2010年版,第1页。

法又称国际法,是在国际交往中形成的,用以调整国际关系(主要是国家间关系)的,有法律约束力的原则、规则和制度的总称。掌握和了解上述各部门法的学术分类,有助于对法律生态环境有整体、宏观的概念。中国企业"走出去"时,要根据业务特点看需要遵守哪些层面的法律,受哪些国家的国内法调整,是否涉及国际私法、国际商法或国际法,了解清楚背景、条件,避免卷入他国国内纠纷,避免违反国际组织决议。

一般而言,按照条约必须信守的原则①以及属地管辖权优先于属人管辖权的国际法惯例,海外投资活动中,投资者应遵照的法律效力优先顺序一般依次为:国际法、东道国国内法/其他相关法域国内法、投资者母国国内法、第三国国内法、国际惯例。其他相关法域国内法一般是母国和东道国以外但与投资又有一定联系的其他国家和地区的法律。例如,投资融资担保来源于东道国和投资母国以外的国家或地区,而当地担保法又有强制性法律适用要求,则会涉及其他相关法域国内法。第三国国内法一般为母国和东道国以外与投资无联系的其他国家和地区的法律,往往被投资相关当事人协议选用。在没有国际法和国内法依据时,相关当事人往往选择采用国际惯例,如通过在合同协议中约定,经当事方签署后具备法律效力。上述法律渊源的效力优先顺序如图1-4所示。

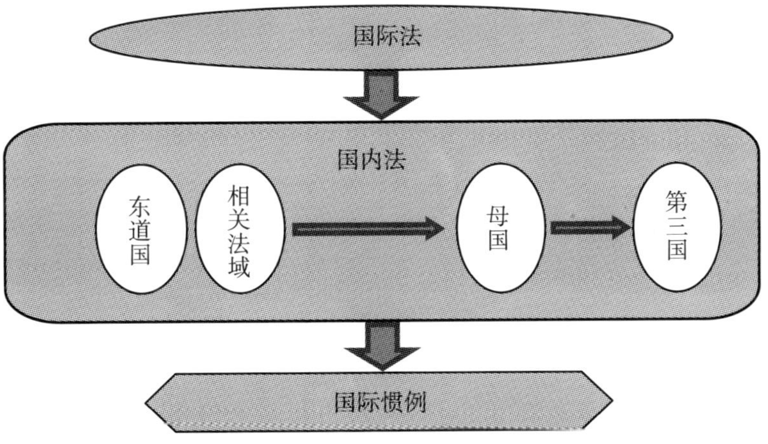

图1-4 各法律渊源的效力优先顺序

(二)两大法系日渐融合,但特点和差异仍很明显

虽然大陆法系、英美法系有日渐融合的趋势,但两大法系的特点和差异

① 1969年《维也纳条约法公约》第26条。

仍然很鲜明。两大法系差异如表1－3所示。

表1－3 大陆法系、英美法系对比分析

不同点	大陆法系	英美法系
主要法律渊源	制定法,以法典为主, 体现“法学家造法”	判例法,用单行法规代替法典, 体现“法官造法”
审判制度	“讯问制”	“对抗制”
陪审制度	没有陪审团参加诉讼, 而是由陪审员与法官组成合议庭	有陪审团,但陪审团只认定事实问题, 法律问题由法官决定
法律推理方法	演绎法	归纳法
典型国家/地区	法国、德国、意大利等欧洲国家, 以及拉丁美洲和部分亚洲国家	英国、澳大利亚、加拿大等英 联邦国家,以及美国、中国香港地区等

同一法系内部,各国国内法因历史文化、政治经济的不同导致各自法律千差万别。同时,各国法律又在不断变化的动态发展过程中,可能会因某国法律的变化而带来不可预知的风险。因此,中国企业在“走出去”的过程中,要了解各大法系的差异以及各国法律的特点,不能照搬中国法的经验来处理国际业务问题,同时也要关注法律的变化情况,及时应对风险、调整策略。

(三)大部分法律风险来自项目所在地

企业“走出去”中项目所在地(一般是投资东道国)的法律环境非常重要,大部分的法律风险及法律问题来自于项目所在地。例如,(1)如何进入东道国?——哪些行业是鼓励外商投资的,哪些行业是禁止和限制的。如果是限制行业,如何取得批准而进入东道国。(2)如何在东道国设立企业或者参与企业运营?——东道国的企业法律制度允许外资参与设立何种形式的企业或法律实体,按哪种方式组建企业或参与企业运营更为便捷且利于后期运作。(3)如何在东道国可持续地健康运营?——环保、土地、劳动力及就业、社区及土著权益保护、外汇管制、税收、知识产权等都是需要充分关注的问题,一招不慎就可能满盘皆输。(4)如何用合同保护自身权益?——摸清当地的法律规定和国际市场惯例,签订尽可能完备的合同。(5)如何选择争议解决方式?——是诉讼、仲裁还是通过ICSID解决。在对外投资前,首先应对该国的法律环境、历史文化传统、政治经济情况进行全面的考察,对其法律健全程度、法律法规的执行情况、司法体系的运行有初步的认识和评估;其次要了解拟投资领域的法律法规和市场惯例、成功和失败的案例。

（四）合同具有极端重要性

在对外投资中，合同处于核心的位置。在境外投资的跨国交易中，合同经各方协商谈判、达成一致签署生效后便具有法律效力，各方都应严格按合同执行，如有违约则按合同赔偿，产生纠纷也往往按合同约定的方式解决争议。因此，经过慎重研究和谈判，签订条款清晰完备的合同非常必要，否则就会带来不必要的麻烦和损失。在国内交易中，中国企业往往对合同不重视，严格依合同履约的“契约精神”不足，即使合同约定有偏差，也通过双方协商等办法解决。但“走出去”的跨境交易因所处的法律生态环境不一样、交易对手不一样，跨境合同更须审慎对待。在海外投标项目中，有的中国企业采用了国内投标时的常用做法，即低价竞标成功签订合同之后，执行中再向业主要求增加合同价款。但实践证明这种方式使中国企业失利失信，外国业主要求严格按照合同履约，否则就高额索赔。有的前期调研不充分，未估算项目可能产生的所有成本和费用，就签下总价锁死的合同，导致严重亏损也不得不咬牙坚持。还有的在合同谈判时考虑不周全，对合同计价等关键要素未做清晰明确的约定，结果在执行中形成争议，不得不中途诉至法院，带来不可预知的损失和风险。

（五）非法律因素对法律政策和争议具有影响力

在网络力量巨大的信息化时代，选民、媒体、利益集团等对法律政策的出台和重要法律争议裁决的影响日益明显。由于不同的国家有不同的政治体制和法律环境，在西方民主制国家，如美国、英国和法国等，选民、媒体和利益集团的影响作用尤其不能忽视。这些国家的利益集团除了直接对国会议员、政府官员表达观点，影响政策制定外，还通过影响选民并左右选情，造成一定声势，推动和阻止某一项法律政策的出台，甚至为达到目的不惜采取法庭诉讼的手段。比如 1997 年，中国还未加入 WTO，美国每年对中国的贸易地位在国会进行表决。当时，以微软为首的一些软件公司不满中国软件盗版的情况，大力游说国会议员，反对给予中国最惠国待遇。但以波音公司为首的另一利益集团不希望看到欧洲的空中客车独占中国市场，除了游说国会议员以外，还调动了近 20 万名员工影响政策出台。最后“波音派”战胜了“微软派”，国会表决通过给予中国一年的最惠国待遇。近年来，欧美诸多的“双反”等贸易保护措施和法案的出台，都是不同利益集团在背后通过内外部游说，利用媒体、选民的力量，甚至通过法院诉讼等方式大造声势，进行多方博弈，影响立法机构和政府决策的结果。

在跨国交易以及在东道国开展的投资项目中,媒体和利益集团也往往推波助澜对项目的开展造成影响。例如,媒体通过有立场的报道来影响舆论,影响跨国能源交易的谈判策略和进展,影响重大项目收购进程,影响政府部门对外国并购国家安全审查的审批,影响法院的判决结果,甚至影响收购完成后的相关立法。逐渐也有律师事务所提供专业的游说服务或提供影响性诉讼,如在并购等重大交易中帮助客户向相关政府和国会人员进行游说以获得政府审批,代理本国企业对外国的竞争性企业进行反垄断诉讼,以打击外国企业竞争力。

因此,中国企业在“走出去”中还必须关注这些非法律因素,如选民、网络等各种媒体、利益集团等对法律政策、争议和项目的影响,做好预案,防控风险。

三、中国企业“走出去”的法律支持和保障体系

中国企业“走出去”的法律支持和保障体系的演变经历了从粗放式管理到加强管制,再到放松管制的过程。目前,法律支持和保障体系已基本成型,可分为国内法渊源和国际法渊源两个层面。这两个层面的法律种类丰富、功能齐全,可以为企业“走出去”保驾护航。

(一)国内法渊源现状分析

改革开放以来,中国已经颁布了不少调整对外投资的法律、法规和规范性文件,从项目审批、外汇管理、税收管理、国有资产管理、监管和服务等方面形成了多层次、较为齐全的对外投资法律制度。我国对外投资主要法规目录参见附表1。

1. 分工管理的对外投资项目审批制度

国家发展和改革委员会(以下简称国家发改委)负责涉及敏感国家(地区)、敏感行业的境外投资审批和央企实施的境外投资项目或地方企业实施的中方投资额3亿美元及以上的境外投资项目备案;商务部负责企业境外投资的核准与备案,核发《企业境外投资证书》。近年来,国家发改委和商务部多次下放审批权限、简化程序。2014年4月,国家发改委颁布了修订后的《境外投资项目核准和备案管理办法》,进一步简政放权,国家发改委核准的境外投资项目仅包括:(1)中方投资额10亿美元及以上的境外投资项目;(2)涉及敏感国家和地区、敏感行业的境外投资项目;(3)对于中方投资额20亿美元及以上,并涉及敏感国家和地区、敏感行业的境外投资项目,由国

家发改委提出审核意见报国务院核准。除上述三种核准情况外，其余境外投资项目实行备案管理。央企实施的境外投资项目和地方企业实施的中方投资额3亿美元及以上的境外投资项目，由国家发改委备案；地方企业实施的中方投资额3亿美元以下的境外投资项目，由省级政府投资主管部门备案。2014年12月27日，国家发改委发布《关于修改〈境外投资项目核准和备案管理办法〉和〈外商投资项目核准和备案管理办法〉有关条款的决定》，对境外投资项目的核准情形进一步简化为涉及敏感国家和地区、敏感行业的境外投资项目，由国家发改委核准。其中，中方投资额20亿美元及以上的，由国家发改委提出审核意见报国务院核准。

2014年9月，商务部颁布了修订后的《境外投资管理办法》，规定商务部和省级商务主管部门按照企业境外投资的不同情形，对企业境外投资分别实行备案和核准管理。企业境外投资涉及敏感国家和地区、敏感行业的，实行核准管理；企业其他情形的境外投资，实行备案管理。对属于核准情形的境外投资，中央企业向商务部提出申请，地方企业通过所在地省级商务主管部门向商务部提出申请。对属于备案情形的境外投资，中央企业报商务部备案，地方企业报所在地省级商务主管部门备案。

2. 对外投资外汇管理制度

中国实行了较长时间的严格外汇管制，从20世纪90年代开始逐渐放松管制。在外汇资金进出境管理方面，2009年《境内机构境外直接投资外汇管理规定》进一步扩展了境内机构可以使用的外汇资金形式，对境外直接投资外汇登记和资金汇出、境外直接投资前期费用汇出等做了详细规定。2012年《关于进一步改进和调整直接投资外汇管理政策的通知》取消部分直接投资项下管理环节，简化现有管理程序，进一步放松直接投资项下资金运用限制，放宽账户开立个数、异地开户及向其境外母公司放款等限制。2014年，国家外汇管理局出台《关于进一步改进和调整资本项目外汇管理政策的通知》，放宽境外直接投资前期费用管理和境内企业境外放款管理。境外直接投资前期费用累计汇出额低于300万美元的，可在办理前期费用登记手续后到银行办理购付汇手续；取消境内企业向境外与其有股权关联关系的企业放款额度2年有效期限制，允许境内企业使用多种资金进行境外放款。2015年2月，国家外汇管理局印发《关于进一步简化和改进直接投资外汇管理政策的通知》，简化和改进直接投资外汇管理政策，规定自2015年6月1日起取消境外直接投资项下外汇登记核准、境外再投资外汇备案和境外直接投资外汇年检,实行境外直接投资存量权益登记,放宽登记时间、简化登记内容,允许企业通过多种渠道报送相关数据。

在对外担保方面,由于中国境内主体对境外主体提供担保会形成或有外债,我国也实施了严格的管理制度。但随着我国涉外经济的快速增长,国际收支交易规模的不断扩大,跨境担保行为也日趋多样化和复杂化,相关对外担保的法律政策也在不断进行调整,逐步放开限制。1996 年《境内机构对外担保管理办法》、1997 年《境内机构对外担保管理办法实施细则》确定了我国对外担保的基本制度框架。2005 年《关于调整境内银行为境外投资企业提供融资性对外担保管理方式的通知》对指定外汇银行的对外担保实行余额管理,2010 年发布《关于境内机构对外担保管理问题的通知》放宽被担保人的资格条件,扩大对外担保业务范围,放宽担保人财务指标限制,降低被担保人的盈利要求等,并按不同的担保主体和不同担保类型进行差异化管理,一定程度上缓解了对境内担保资源的限制和约束,有利于促进企业“走出去”。2014 年,国家外汇管理局颁布了《跨境担保外汇管理规定》和《跨境担保外汇管理操作指引》,大幅缩小跨境担保数量控制和登记范围,取消担保签约和履约的事前审批和核准事项,代之以比例自律和登记管理,并取消大部分业务资格条件限制,并明确国家外汇管理局的汇兑登记不作为担保生效或对抗第三人的要件,体现简政放权、转变职能、强化风险防范、从事前审批转向事后监管的管理思路。针对内保外贷,主要管理内容包括:第一,取消内保外贷的事前审批或指标核定;第二,取消不必要的资格条件限制,除普遍适用于所有机构的一般性限制条款外(如担保资金用途限制),针对特定主体(担保人、被担保人资产负债比例或关联关系要求)或特定交易(如非融资性担保)的资格条件限制全部取消;第三,取消担保履约核准;第四,担保履约形成对外债权,按相关要求办理对外债权登记。对于外保内贷,主要管理内容包括:第一,明确业务资格,债权人须是境内金融机构,债务人须是非金融机构,被担保的债务只能是本外币普通贷款或信用额度;第二,债权人集中登记,由境内金融机构向国家外汇管理局集中办理数据报备;第三,债权人自行办理担保履约收款,境内金融机构可直接与境外担保人办理担保履约收款;第四,担保履约后债务人办理外债登记。

3. 明确境外税收抵免的税收管理制度

对外直接投资税收管理制度主要由《企业所得税法》《企业所得税法实施条例》及相关法规和出口退税制度组成。2008 年《企业所得税法》明确了境外税收抵免制度的适用范围和抵免方法，包括直接抵免和仅适用股息的间接抵免。《企业所得税法实施条例》进一步明确了境外抵免的计算公式、境外所得税税额、分国不分项原则、五年抵免起始的计算、间接抵免20%的控股条件等。2009年《关于企业境外所得税收抵免有关问题的通知》、2010年《企业境外所得税收抵免操作指南》明确了境外税收抵免计算的具体操作，使境外所得税收抵免更具操作性。2015年8月，国家税务总局颁布《关于公布已取消的22项税务非行政许可审批事项的公告》，取消了22项税务非行政许可审批事项。这22项审批事项中包括企业境外所得适用简易征收和饶让抵免的核准。2015年10月，国家税务总局颁布《关于企业境外所得适用简易征收和饶让抵免的核准事项取消后有关后续管理的公告》，以加强审批事项取消后的后续管理。

4.确保对外投资保值增值的国有资产管理制度

国有企业是中国企业"走出去"的主力军。出于对国有资产保值增值的要求，我国对国有企业境外投资有特殊的管理制度。1999年《境外国有资产管理暂行办法》规定了境外企业和境内投资者所负的信息报告义务，以及追究境内投资者和境外机构中方负责人经济、行政、刑事责任的内容。2011年《中央企业境外国有资产监督管理暂行办法》《中央企业境外国有产权管理暂行办法》和2012年《中央企业境外投资监督管理暂行办法》，构成了国务院国有资产监督管理委员会（以下简称国资委）对中央企业境外国有资产监督管理的制度体系；明确中央企业境外出资、企业管理、重大事项管理、监督管理的职责及法律责任，中央企业及其重要子企业收购、兼并境外上市公司以及重大境外出资行为应报国资委备案或者核准，央企原则上不得在境外从事非主业投资，有特殊原因确需投资的，应当经国资委核准等，加强国资委对央企境外投资的监管和审核力度。

5.较为完善的对外投资监管和服务制度

为加强对对外投资的有序管理，我国已形成了较为完善的对外投资监管制度，包括统计制度、联合年检制度、综合绩效评价制度和国别投资经营障碍报告制度等。此外，通过颁布《境外投资产业指导政策及目录》《对外投资国别产业指引》《对外投资合作环境保护指南》《"走出去"国别（地区）指南》等指引、政策、指南，有针对性地为中国企业"走出去"提供境外投资的国别、产业方向指导，并引导企业在"走出去"中重视环境保护等方面的政策。

综上所述,“走出去”的法律支持和保障体系已初步建立,但与我国蓬勃发展的“走出去”实践相比,还存在以下可改进的方面。一是立法相对滞后,立法层级不高。我国至今尚未出台一部专门调整海外投资法律关系的基本法,对海外投资中的基本概念、法律关系、各主管部门的权限划分等进行统一规范。现有行政规章立足点低、全局观不强。二是有些部门职能交叉重叠,对外投资审批周期长。三是海外投资保险制度薄弱。海外投资保险是主权国家保护、鼓励本国私人海外投资的重要工具,具有明显的官方性质,有别于一般民间商业保险。① 我国专门的、完整的国内海外投资保险制度尚未建立,也未跟我国加入的《多边投资担保机构公约》相衔接。

(二)国际法渊源现状分析

中国企业在“走出去”中可以用于保障和维护其权益的国际法渊源主要是双边投资保护协定、避免双重征税协定、关于争议解决和执行的协定和公约、国际投资保险制度以及 WTO 协定等。

1. 双边投资保护协定(BIT):国别覆盖广,但部分 BIT 需更新

当前,世界各国保护本国企业的海外投资主要采用双边投资保护协定(Bilateral Investment Treaty,BIT)方式。自 1982 年与瑞典政府签订第一个双边投资保护协定以来,中国已经与 132 个国家达成了 BIT,其中中国—加拿大促进和相互保护投资的协定于 2014 年 10 月 1 日起生效,是中国迄今为止缔结的内容最为广泛的一个双边投资协定。② 截至 2015 年 8 月,根据商务部信息显示,中国签署的 BIT 中已有 104 个生效(参见附表 2)。

三十多年来,中国签署的各 BIT 之间存在较大差异,但通常包含以下主要内容:(1)受保护的投资者及受保护的投资。近年来签署的中外 BIT 中对“投资”主要采用广义的以资产为基础的开放式定义方式,即“非穷尽列举式”投资定义。但签署于 20 世纪 80 年代的 BIT,如中国—澳大利亚 BIT 则采用了封闭式定义,主要反映了改革开放初期中国对投资定义的立场。(2)关于外国投资待遇的标准。所有的中外 BIT 均包含了最惠国待遇条款,但给予最惠国待遇的范围和具体表现形式不同。我国在加入 WTO 后签署的 BIT 一般都给予国民待遇,且不承认准入前的国民待遇。(3)关于国有

---

① 根据保险或担保主体不同,保险制度可划分为:私营性保险制度、国家保险制度及国际保险制度。

② 商务部:《中国对外投资合作发展报告 2015》,第 41 页。

化及征收问题。中外 BIT 一般均规定基于公共利益目的、正当法律程序、不歧视、合理公平补偿四项要件。不同的 BIT 在具体表述上存在差别,主要区别在于公共利益和补偿价值的要件中。(4)损失和损害的赔偿。中外 BIT 一般规定,缔约另一方投资者在东道国的投资因各类政治风险遭受损失时,应当依据相关原则给予相应的赔偿。如果中国—利比亚 BIT 已经生效,则中国企业在 2011 年利比亚内乱中遭受损失的索赔就有了国际法依据。① (5)关于代位权的规定。除个别中外 BIT 如与澳大利亚、哈萨克斯坦签订的 BIT 外,一般都规定了代位权条款:如果外国投资者在其本国的指定机构投保了政治风险,该等投资保险机构在作出保险理赔后,可以取得代位权向东道国政府进行索赔。(6)投资争端解决。近年来中外 BIT 中投资争端仲裁解决的规定发生了显著的变化,主要体现在日益倾向于选择采用 ICSID 仲裁庭或按照《联合国国际贸易法委员会(UNCITRAL)仲裁规则》成立的专设仲裁庭解决投资争端,东道国法院司法解决方式在投资争端解决中的地位有一定下降的趋势;②同时,中国自 1998 年起已经全面接受国际投资争端解决中心 ICSID 仲裁管辖。③

BIT 具有"双刃剑"的作用。中国吸引外国直接投资和进行海外投资都有需要考虑的国家利益,在签署 BIT 时,中国既要考虑作为投资国的利益也要站在东道国的立场,在两种利益之间寻求平衡点。由于我国较多的 BIT 都签署在加入 WTO 之前,更侧重保护中国作为东道国的利益,现在需要对一些过时的 BIT 进行重新谈判和签署,在吸引外资的同时也要有利于中国企业"走出去"。

2. 避免双重征税协定(DTT):有一定覆盖面,还须提高其互惠作用

避免双重征税协定(Double Taxation Treaty, DTT)是指国家间为了避免和消除向同一纳税人对同一所得重复征税,根据平等互惠原则签订的国际

---

① 中国—利比亚 BIT 于 2010 年 8 月 4 日签署,但未生效,其中规定:如果由于发生在缔约另一方领土内的战争、全国紧急状态、叛乱、暴乱或其他类似事件而遭受损失,该缔约另一方给予其恢复原状、赔偿、补偿或采取其他措施的待遇。

② 梁咏:《中国投资者海外投资法律保障与风险防范》,法律出版社 2010 年版,第 300 页。

③ 中国对《华盛顿公约》第 25 条第 4 款做了保留,中国政府仅同意将因征收和国有化产生的赔偿款额提交 ICSID 管辖,与 BIT 协议中约定全面接受 ICSID 管辖有冲突。《华盛顿公约》第 25 条第 1 款规定,合格当事方之间的投资争端管辖,须以双方同意为前提,中外 BIT 中全面接受 ICSID 管辖的规定可视为中国已经作出了"同意"。

税收协定。截至2015年12月底,我国已经对外签署101个避免双重征税协定以及与港、澳的两个税收安排(参见附表3),其中97个协定以及与港、澳的安排已经生效执行。这些协定已基本覆盖了我国主要的投资来源地和对外投资目的地,为企业开展对外投资合作提供了税收权益制度保障;但随着“走出去”的进一步深化,还须扩大DTT的覆盖面和提高互惠作用。

3. 关于投资争议解决和执行的协定和公约:可选方式齐全,需提高可执行性

中国企业“走出去”中投资争议的解决与执行是关系投资能否顺利收回的关键环节。基于国际投资跨法域的特点,投资者可以选择的争端解决方式有三种:一是根据双边民商事司法互助协定或其他司法执行安排,采用在东道国或投资国等相关法域诉讼的方式;二是如果相关国家都是1958年《承认和执行外国仲裁裁决公约》(The New York Convention on the Recognition and Enforcement of Foreign Arbitral Awards,简称《纽约公约》)的成员,则可选择仲裁方式;三是如果相关国家都是1965年《关于解决国家与他国国民之间投资争端的公约》(Convention on the Settlement of Investment Disputes between States and Nationals of Other States,简称《华盛顿公约》)的成员,则可在解决投资争端国际中心(ICSID)通过外国投资者—东道国投资争端解决机制解决争议。2012年,斯里兰卡的同一案例分别采用上述三种方式,却有三种完全不同的裁决结果。在此案中,三家国际银行(分别是德意志银行、渣打银行和花旗银行)与斯里兰卡国有Ceylon石油公司均签署了石油衍生交易合同,由于经济危机造成的石油价格下跌导致Ceylon石油公司须向三家银行支付高额赔偿金,但其并未支付。渣打银行遂诉至一英国法院,英国法院判决Ceylon石油公司因违反合同向渣打银行赔偿1.62亿美元;德意志银行向ICSID提请仲裁,仲裁庭裁决斯里兰卡政府赔偿德意志银行6000万美元及700万美元的利息;然而,伦敦国际仲裁中心(LCIA)仲裁庭却未支持花旗银行要求Ceylon石油公司赔偿1.92亿美元的请求,认为根据斯里兰卡法律对冲交易是投机行为,Ceylon石油公司无权签署该协议。从此案可见,在国际交易中争议解决方式的选择非常重要。中国企业“走出去”中的争议解决主要受以下协定和公约的影响。

(1)民商事司法互助协定:数量有限,覆盖面不够

根据中国司法部信息显示,自1987年中国与法国签署第一个民商事司法协助协定以来,截至2016年1月,中国与36个国家签订的民商事司法协

助条约已生效(参见附表4),但数量比较有限,而且在实践中执行效率低,远不能适应中国企业“走出去”后跨境解决争议和执行财产的需要。对于那些尚未与中国签订司法互助协定的国家的当事人而言,若要与中国相互承认和执行法院判决,除非该国与中国有互惠关系,中国法院在审查中国与申请人所在国之间是否存在“互惠”关系时,会审查两国之间是否存在相互承认和执行对方法院判决的先例。如果有先例,则视为两国之间存在互惠关系,否则即视为不存在互惠关系,其判决难以在中国得到承认和执行。如果既无司法互助协定,也不存在互惠关系,一般需要通过外交途径来递交相关的承认和执行判决请求。

(2)《纽约公约》:为外国仲裁裁决的执行提供便利

1986年,我国决定加入1958年《纽约公约》,该公约1987年4月22日对我国生效。目前世界上已有156个国家和地区加入了《纽约公约》(参见附表5),这为承认和执行外国仲裁裁决提供了保证和便利。

(3)《华盛顿公约》:有利于解决中国投资者与东道国政府之间的投资争端

为解决外国投资者与东道国政府之间的最难解决的投资争端,在世界银行主持下1965年3月18日在华盛顿通过《关于解决国家与他国国民之间投资争端公约》(成员国名单参见附表6),并于1966年10月14日生效。中国政府于1990年2月9日签署了公约,于1993年2月6日对中国生效。根据《华盛顿公约》设立的“解决投资争端国际中心”(International Center for Settlement of Investment Disputes, ICSID)是处理外国投资者与东道国之间因投资而引发的法律争端的专门机构。自1966年10月16日成立至2015年10月1日,ICSID总共受理了539件投资争端。截至2015年10月1日,ICSID受理了两宗外国投资者对中国提起的投资争议仲裁,一宗是马来西亚公司Ekran Berhad援引中国—马来西亚双边投资保护协定向ICSID提起仲裁,另一宗是韩国Ansung HousingCo. , Ltdz在ICSID对中国提起仲裁。截至2015年年底,中国投资者共向ICSID提起五宗仲裁,包括居住在香港的中国公民Tza Yap Shum援引中国—秘鲁双边投资保护协定向ICSID提起仲裁;中国平安保险援引中国—比利时双边投资保护协定,就比利时政府富通集团间接征收案向ICSID提起仲裁;渣打银行(香港)有限公司于2010年对坦桑尼亚电力供应有限公司向ICSID提起仲裁;北京城建集团有限责任公司于2014年对也门共和国就萨那国际机场航站楼项目工程向ICSID提起仲裁;渣打银行(香港)有限公司于2015年对坦桑尼亚联合共和国就购售电合同向ICSID提起仲裁。

(4)海牙公约:执行效率有待提高

我国加入的海牙公约为《关于向国外送达民事或商事司法文书和司法外文书公约》(以下简称《海牙送达公约》)、《关于从国外调取民事或商事证据的公约》(以下简称《海牙取证公约》)。根据海牙国际私法会议HCCH官网的数据,截至2016年6月13日,《海牙送达公约》已有71个国家加入(参见附表7)。我国在加入该公约时对送达方式做了保留,只允许外国法院、驻华使领馆、律师事务所等机构通过中国司法部和法院系统进行送达,中国对于外国常用的邮寄等送达方式不承认其合法性。根据海牙国际私法会议HCCH官网的数据,截至2016年3月16日,《海牙取证公约》已有59个国家加入(参见附表8),旨在协调大陆法系与英美法系国家之间在域外取证方面的冲突,主要规定请求书取证、外交代表和领事取证、特派员取证。我国在加入该公约时对特派员取证做了保留,只承认请求书取证及一定条件下的领事取证。在实践中,按海牙公约进行域外取证和送达的效率并不高。

4.多边投资担保制度

1985年,世界银行年会上通过了《多边投资担保机构公约》(Convention Establishing the Multilateral Investment Guarantee Agency),该公约1988年4月12日正式生效。至2012年7月10日,公约共有177个会员国。中国于1988年4月30日批准了该公约,是公约的创始会员国,认购了其中3138股股份,占全部认缴股份的3.358%,在所有成员国中居第六位,超过许多发达国家。依公约规定成立了“多边投资担保机构”(Multilateral Investment Guarantee Agency,MIGA)。MIGA承保范围包括发展中国家的货币汇兑险、征收或类似措施险、(东道国政府)违约险、战争和内乱险(包括革命、暴乱、叛乱和军事政变等)。如果合格的海外投资者投保了相应的险种且在东道国遭遇了相应风险导致损失,MIGA则依保险合同予以赔付。根据MIGA官网数据,至2016年6月底,MIGA总共承保了40项外国投资者在中国投资的项目,大部分涉及在中国开展BOT的投资项目。涉及中国投资者向MIGA投保的项目共有两件,一个是东道国为孟加拉共和国的Ghorasal 3rd Unit Repowering能源项目,另一个是东道国为肯尼亚的Triumph Power Generating Company Limited能源项目。

5. 自贸协定与 WTO 协定:构建良好的外部投资环境

虽然中国企业在“走出去”过程中不能直接援引自贸协定和 WTO 协定,但自贸协定和 WTO 协定为中国企业境外投资创造良好的投资环境,提供了借助和推动政府进行争端解决的途径。截至 2015 年年底,中国共签署了 14 个自贸协定。WTO 协议中直接调整和涉及海外投资关系的多边协议主要有《与贸易有关的投资措施协议》(Agreement on Trade Related Investment Measures,TRIMs)、《服务贸易总协议》(General Agreement on Trade in Service,GATS)、《与贸易有关的知识产权协议》(Trade Related Aspects of Intellectual Property Rights,TRIPs)以及《争端解决规则和程序谅解协议》(Understanding on Rules and Procedures Governing the Settlement of Disputes,DSU)等。其主要内容涉及海外投资的市场准入、投资和投资者的待遇标准、与投资有关的数量禁止、投资争端解决以及投资种类和形式等。

由上可见,中国为促进海外投资签署了众多双边条约、多边协定,形成了较为完备的国际法体系,但是这些国际法如何在国内执行往往没有国内法依据,即没有将国际法转化为国内易于操作和执行的国内立法和规定。例如,国内立法未明确规定《海牙取证公约》《海牙送达公约》、司法互助协定等在国内的具体操作程序和要求,只是在《民事诉讼法》中有原则性的规定,将导致执行效率低;同时,如何申请 MIGA 的投资保险,如何按《华盛顿公约》《纽约公约》进行争议解决、公约中有哪些保留、如何操作等,国内立法尚无配套的程序性规定。

第二章　知己知彼的现实价值

——当代主要国家投资法律政策及趋势

近年来，国内企业“走出去”的增势不减，海外投资逐步涵盖自然资源开发、基础设施建设、生产制造及服务等多个行业和领域。目前，越来越多的“走出去”项目聚焦在如何改善中国能源缺口、加强资源类合作方面，而这些正是各国重点保护的领域和外商投资的主要目标。

第一节　各国法律政策与投资的主要目标

一、全球化背景下的各国投资法律政策

在当今经济全球化的大背景、大趋势下，世界各国都把吸引外资进入本国市场作为政府部门的主要工作之一。各国都在充分利用自身资源优势、政策优势、税收优势等，吸引拥有大量资金的投资者，尤其是来自中国的投资者。从前章的数据不难看出，中国企业已经成为投资世界的主要经济力量。如何选择合适的国家、合适的行业，成为中国企业“走出去”的必修课。

（一）发达国家的投资法律政策——谨慎的欢迎

发达国家因其政治稳定、法律法规透明，一直以来是各国投资者的主要选择对象，但这些国家对待外国投资持较为谨慎的态度。

1. 以立法形式重点保护本国核心战略产业

如德国法律就规定，对德国社会非常重要的行业或设施进行投资保护。其他发达国家与德国的法律政策较为类似，它们认为有些行业、设施如果不存在，或者因为被损害造成持续的供应短缺，将会对社会秩序产生重要破坏或其他重大不利后果。因此，诸如银行、金融服务和保险、能源供应、通信和

交通、自然资源开发等商业领域是限制外资进入的。[①] 此外,同属欧盟的法国,其金融保险行业一直处于被保护状态。[②]

2. 把国家安全摆在首位

美国作为全球最主要的市场,很多投资者会以在美国开展业务作为实力的证明或成功的典型,许多中国企业也把赴美投资作为企业重点战略。但越来越多的投资失败案例让我们必须认清或重估以美国为首的发达国家在投资方面的法律政策与策略。

美国对外国投资主要关注以下几点:(1)外资进入后可能会对美国国家安全构成影响的领域;(2)是否会影响美国在国家安全领域的技术领先地位;(3)安全相关问题对关键基础设施/技术的影响;(4)项目是否受外国政府的控制;(5)针对外国国有企业拟开展的并购,会特别考虑该国在不扩散、反恐、技术转移等方面的记录;(6)对美国长期能源/关键资源需求的影响等。[③]

因此,中国企业前往一些把安全利益摆在首位的国家进行投资,必须首先清楚地认识其法律政策的具体要求与投资审批程序,另外还要充分评估企业自身在行业、机构、股权关系等方面是否满足东道国的要求。中国企业在没有获得明确信息、掌握法律政策的前提下,切忌盲目投资。被东道国政府否决还算损失小,一旦成为影响其他东道国的负面案例进而影响决策,则不利于企业的全球化布局。

3. 有限制地吸引外资

以澳大利亚为代表的一些资源类发达国家一直以来都是中国投资者的主要选择目标,特别是这些国家与中国在经济方面有着很强的互补性,这些国家也乐于吸引外资,提振本国经济。

澳大利亚在多部法律中[④]把敏感类资产以及符合申报标准并被澳政府认定为重大国家利益相关的资产作为投资禁区。但澳大利亚并没有采用绝对禁止的方式,而是给投资者一定信心,只要政府批准,投资者还是可以进入相关市场,投资政策相对灵活。

---

① 德国《对外贸易法修订案》(2005 年)、《反对限制竞争法》(1998 年)。

② 法国《公开标价收购法案》(2006 年)。

③ 美国《埃克森—弗劳里奥修正案》(1988 年)、《外国投资与国家安全法案》(2007 年)。

④ 澳大利亚《外资并购与接管法》(1975 年)、《外资并购条例》(1989 年)、《金融机构股权法》(1998 年)以及《广播服务法修正案》(2006 年)。

在澳大利亚,对于投资能源矿产、房地产、金融、保险、航空、媒体、电信、机场等行业的外资项目需要进行申报和审批,政府对投资这些敏感行业的外资项目设定了限制措施。

因此,中国企业在这些有预审或审批程序的国家进行投资时,应首先摸清审批程序、难易程度和具体法律要求。

(二)发展中国家的投资法律政策——更强的灵活度和适应性

近年来,一大批新兴市场和发展中国家走上发展的快车道,十几亿、几十亿人口正在加速走向现代化,多个发展中心在世界各地逐渐形成,经济发展的主要推动者正逐步以发展中国家为主。长期以来,发展中国家把吸引外资作为发展经济的主要方式之一,因此与发达国家相比,其法律政策有很大的灵活度和适应性。

1. 做原则性要求

如越南、印度尼西亚、巴基斯坦、印度、巴西等国均处于经济高速发展阶段,对引入外资有较强需求。因此,这些国家只是原则性地规定了某些行业在吸引外资方面的要求。

如越南在金融、文化、通信、报纸、出版、自然资源考察、勘探、开采等方面对外资有一定的要求。① 印度尼西亚针对无线电广播与电视广播、公路设备、含酒精饮料工业、糖精工业和黑锡金属工业等方面有规定。② 巴基斯坦的所有经济领域均向外资开放,外资同本国投资者享有同等待遇,允许外资拥有100%的股权;但在武器、高强炸药、放射性物质、证券印制和造币、酒类生产(工业酒精除外)等行业有一些约束性的规定。③ 印度主要对核能、电信服务业、私人银行业、航空服务业、基础设施投资、广播电视转播等行业有特殊的要求。④ 巴西限制外资投资核能开发、医疗卫生、养老基金、海洋捕捞、邮政、报纸、电视、无线通信网络、国内特许航空服务以及航天工业等

---

① 越南《投资法》(2005年)和《关于落实政府总理有关外商在越南证券市场持股比例规定的通知》(2005年)。

② 印度尼西亚《投资法》(2007年)、《关于有条件的封闭式和开放式投资行业的标准与条件的第76号总统决定》(2007年)以及《关于有条件的封闭式和开放式行业名单的第77号总统决定》(2007年)。

③ 巴基斯坦《私有化委员会法令》(2000年)。

④ 印度《公司法》(1952年)、《外资(发展与管理)法案》(1996年)。

行业。[1]

2. 强调对国家安全、本国文化的保护

在吸引外资的同时，一些国家也特别关注对自身国家安全稳定、文化风俗的保护，这些国家在制定法律时会将本国的核心行业或重要行业加以保护，确保本国经济、文化在一定区域内保持独立性。

如泰国规定，涉及国家安全稳定或对艺术文化、风俗习惯、民间手工业、自然资源、生态环境有影响的领域为限制性行业。[2] 沙特阿拉伯则特别重视保护自己的石油资源和文化习惯，对于石油资源的勘探和生产、麦加和麦地那不动产投资、与朝觐和小朝觐相关的导游服务、劳务服务、鲜活水产捕捞、毒剂中心、血液银行及卫生检疫机构有一定的限制。[3]

3. 强调对战略资产的保护

以俄罗斯为代表的政治强国，对外资既保持引进的态度，也进行严格审查，同时在本国一些核心领域加强保护。

如俄罗斯法律明文规定，对保障俄罗斯国防和国家安全具有战略意义的资产或领域为战略资产领域，并明确了具体行业，包括水文气象、地球物理、核工业、密码工业、武器工业、航空航天、公共电力传输、邮政通信服务、通讯、矿产勘探和开采、印刷出版等 42 大类。[4]

(三) 欠发达国家的投资法律政策——稳定性、健全度值得关注

前往欠发达国家投资是中国企业的主要目标之一。这些国家由于政治稳定性、法规健全度等因素，投资环境一直不理想。中国企业在基础行业、基础设施建设等领域有较强优势，在这些地方投资应特别关注法律的执行与变化。

如尼日利亚没有明确限制的行业，仅对涉及武器和公务人员服装生产的行业加以限制。[5] 肯尼亚特别重视农业用地的投资与交易，除非得到总统批准，否则严禁外资企业及外籍人士与非本地居民、企业进行农业用地的交易；但肯尼亚官方未就如何获得总统批准公布任何程序或指南。此外，在肯

① 巴西《外国投资法》(1962 年)。
② 泰国《投资促进法》(2001 年第三次修正)和《外商经营企业法》(1999 年)。
③ 沙特《投资总局外国投资法及其执行条例》(2000 年)。
④ 俄罗斯《战略领域外国投资法》(2008 年)。
⑤ 尼日利亚《出口加工区法令》(1991 年)和《矿物和开采法案》(2007 年)。

尼亚,与非本地居民进行不动产交易也需要获得政府的审批。①

二、投资者应特别关注东道国法律变化

投资者应特别关注东道国法律政策的变化,但实践中,中国投资者经常忽略这一点。对一个国家来说,其吸引外资的策略不会一成不变。中国投资者应在组织内部设置相关的法律预警部门,时时关注各国政策变迁,并加强风险的分析与评估。

如俄罗斯联邦在加入世界贸易组织之后,已承诺在诸多产业,包括银行业、保险业、商业服务业、电信业和分销业等,减少对外国投资的限制。此外,随着德国私有化进程的发展,原来禁止投资者进入的水电供应、基础设施、能源、医药等领域现在也对境内外投资者放开,但需对投资者个人的经济实力和技术能力等进行调查,并对投资项目进行审核。②

因此,无论是投资发达国家,还是投资发展中国家、欠发达国家,中国企业都应在投资之初对东道国的法律环境、投资环境进行细致的研究与评估,避免盲目跟风。

第二节　如何寻找合适的投资领域

大多数国家对外资进入本国相关行业或领域都采取了特别措施,对外资进入的条件和方式都进行了一定的限制,并且要求外资在进入该领域前必须通过特别的审查程序。

一、外资进入的门槛

任何国家都不会无限制地吸引外资,即便在全球化背景和 WTO 规则下,各国都会在某些行业或领域采取一定的限制性措施,并设置准入条件。这些要求和条件是中国企业“走出去”应掌握的基本信息。

一般来说,外资的准入包括行业准入、投资主体准入等。行业准入,是

① 肯尼亚《竞争法》(2010 年)。

② 商务部国际贸易经济合作研究院、商务部投资促进事务局、中国驻德国大使馆经济商务参赞处:《对外投资合作国别(地区)指南——德国》(2015 年版)。

指东道国通过法律法规或者政策指南，禁止外资进入本国的某些生产、服务领域。投资主体准入，是指东道国对进入本国某些行业或领域的投资主体进行限定，特别是对具有政府或者军方背景的投资主体进行限制，以避免本国的核心资源被外国政府掌握和控制。

（一）行业准入

大部分国家对外资进入本国的部分行业都采取了禁止或限制措施，中国企业应结合自己的经营范围或行业优势，有选择地开展投资业务。

1. 禁止性领域

虽然各国禁止外资进入的行业或领域不完全一致，但是较多集中于国防、军事领域，也有部分国家禁止外资进入本国的传统领域，如捕鱼、养殖业等。

（1）涉及国家安全的行业。如德国禁止外资进入军事和国防工业，其《战争武器控制法》第2条至第4条规定，生产、购买、出售、进口、出口及运送战争武器需经批准。但如果申请人是非德国居民，一般均会被拒绝，主管部门可随时撤销批准证书。巴基斯坦《投资政策指南》规定武器弹药、烈性炸药、放射性物质为禁止领域。

（2）对农牧业的保护。如韩国《外国人投资促进法》规定，普通作物栽培、肉牛饲养业、近海渔业、沿岸渔业等行业禁止外资进入。泰国《外商经营企业法》规定，种稻、旱地种植、果园种植、牧业、林业、原木加工以及在泰领海、泰经济特区的捕鱼等领域不欢迎外资进入。

（3）对传统文化的保护。如越南《投资法》规定，危害越南文化历史遗迹、道德和风俗的项目禁止外资进入。泰国《投资促进法》规定，涉及泰国古董或具有历史价值文物的经营和拍卖等行业禁止外资进入。

（4）对传媒的保护。如印度尼西亚《投资法》禁止外资进入无线电广播与电视广播行业。

此外，各国也有不少特别的行业禁止外资进入，如巴基斯坦禁止外资进入证券行业，日本禁止外资进入原油、天然气行业，美国禁止外资进入国内航空运输行业，肯尼亚禁止外资获得工业矿产的采矿权等。中国企业在对外投资时应特别关注各国禁止外资进入的行业（参见附表9）。

2. 限制性领域

各国限制外资进入的领域一般由本国经济环境和自然资源条件决定，既有共性，也有差异。

(1)重点保护与国家经济息息相关的行业,如金融行业、电力行业等。俄罗斯、巴西的金融、电信行业,澳大利亚的金融、保险行业等均通过法律规定限制外资进入。

(2)保护本国的能源行业。俄罗斯、委内瑞拉、巴西的矿产、能源领域,越南自然资源的考察、勘探、开采,肯尼亚的能源及其基础设施领域等均是有条件地吸引外资。

(3)交通运输领域。如印度尼西亚的港口、海运、航空领域,印度的航空领域,澳大利亚的民用航空、机场领域等均有一定的保护措施。

(4)本国文化、习惯中特别重要的领域。这些领域比较特殊,往往是根据各国的政治、传统加以限制,一般具有一定的历史基础。如法国的博彩行业、越南的房地产行业、泰国传统工艺品的制造和加工、新西兰渔业等,均是富有地区特色的限制性投资领域。

限制性的投资领域虽然允许外资进入,但开放程度有限。各国的限制措施通常分为两种:一是制定专门的外商投资产业目录或投资负面清单,列举限制外资进入的行业,通过“总目录制度”限制外资进入,如韩国的交通、红参、新闻等领域。二是通过行业或产业法规对外资进入加以限制,如美国各类行业法规对通信、能源、金融、农业用地等领域的外资进入均有严格的限制(各国限制外资进入情况参见附表10)。

(二)投资主体准入

投资主体的准入限制是东道国保护本国重要经济领域的必要手段,主要通过以下几种方式进行约束:

1. 针对特定行业的准入主体限制。金融业、电信业等行业对外资主体准入的限制较多。以金融行业为例,各国通常都对外资的主体资格有严格限制,包括资本实力要求、管理层的素质要求、盈利要求、母国的监管水平要求等。

2. 对外国主权基金或政府、国有背景的限制。近年来,一些国家(尤其是发达国家)在并购审查时,更多地考虑投资主体是否具有政府背景。如澳大利亚颁布的《外资投资指导原则》,就要求考虑投资者的政治独立性等因素。

3. 对外资军方背景的限制。一些国家对外资是否有军方背景有较多考虑,如果外资具备军方背景,则不能进入东道国战略资产领域。如美国财政部对收购美国敏感资产的外国投资者,会要求提供股东的详细信息,以核查是否有军方背景。

4.特殊条件的要求。对于投资主体,除上述背景的限制外,对投资主体本身的能力也有要求。这些要求往往较为宽泛,给予各国外资审查部门较大的裁量权。如马来西亚《资产收购、合并与接管管理规则》规定,外资拟开展的资产交易或任何股权收购、合并或接管必须符合以下条件:(1)直接或间接导致马来西亚人更加平等地拥有所有与控制权;(2)在经济发展方面直接或间接带来净利益;(3)不应对国防、环境保护或区域发展等方面的国家政策产生负面影响,不应与新经济政策相抵触。

二、投资审查的重要性

各国通过设置审查机构、审查方式和审查程序等程序性规则来控制外资进入相关领域。这些审批程序中,政府的审批部门往往具有较大的自由裁量权,可以根据特定时期本国的特殊需要,对外资进行过滤和筛查,有时不排除这种审查带有一定的主观性和政治倾向。

(一)审查机构

各国政府都设置了相应的部门对外资进入本国相关行业或领域进行审查。如澳大利亚法律规定,外商对澳大利亚公司的某些投资计划,须经过外国投资审查委员会(FIRB)审查,并有权禁止任何对国家利益有害的要求。中国企业主要投资国家的审查机构情况①如表2-1所示。

表2-1 部分外商投资审查机构

国家	外商投资审查机构
欧洲国家	
德国	联邦卡特尔局负责反垄断审查
亚洲国家	
越南	计划投资部
印度尼西亚	印度尼西亚投资协调委员会(BKPM);财政部、能矿部
马来西亚	马来西亚投资发展局(制造业)、总理府经济计划署及国内贸易、合作与消费者事务部等有关政府部门

① 商务部《对外投资合作国别报告(地区)指南》(2015)。

续表

国家	外商投资审查机构
巴基斯坦	联邦政府负责投资事务的部门
非洲国家	
尼日利亚	尼日利亚工业、贸易与投资部,尼日利亚投资促进委员会
肯尼亚	肯尼亚投资促进局、肯尼亚国家投资委员会、肯尼亚竞争管理局
埃塞俄比亚	埃塞俄比亚投资委员会、埃塞俄比亚投资局
津巴布韦	津巴布韦投资局
刚果(金)	国家投资促进署;矿产、石油、天然气、金融、保险、军工以及政府间的重大投资合作由其他相关政府部门单独管理,投资者需要向政府主管部门单独提出申请
美洲及大洋洲国家	
美国	美国对外国直接投资没有专门的审批程序,外国投资的事宜适用所有设立本土公司的法律法规,依照相关法规办理。外国投资一般不需要审批,按照一定的程序直接到所在地区的投资主管部门(一般是州和地方的经济发展主管部门)申报即可。但由美国财政部、商务部等部门组成的跨部门“外国投资委员会”(CFIUS)进行监督审查,如果CFIUS认为某笔涉外并购交易可能影响美国国家安全,有权对该并购事项进行审查
澳大利亚	国库部(Treasury),国库部外国投资和贸易政策处负责政策制定,外国投资审查委员会(FIRB)进行个案审查
巴西	联邦投资促进机构:不同行业的外资政策一般由负责该行业的政府部委具体负责,如能矿部、通信部、交通部、发展生产外贸部、中央银行、农业部等,一些重大项目的外资政策还需总统最终批准;地方投资促进机构

(二)审查标准

各国政府对外资进入都有专门的审查标准,部分审查标准比较原则和主观。例如美国的《埃克森—弗罗里奥修正案》(Exon Florio Amendment,1988)就规定,美国政府有权中止或禁止外国企业的收购,如其认为:(1)有可靠证据证明,实施控制的外国实体有可能采取威胁国家安全的行为;(2)除《国际紧急经济权利法案》(International Emergency Economic Powers Act,1977)外,其他条款无法提供足够和适当的授权保护国家安全。

(三)审查程序

对于外资进入,东道国通常要求投资者事前向监管当局进行申报,有的还要求进行事后申报。东道国对特定项目的外国收购抱有谨慎或怀疑态度时，除可借助程序限制外，还可借助临时立法来加以约束。如英国为阻止默多克对英国电视领域的收购，推出新的媒体并购法，禁止类似默多克的新闻集团拥有占英国本土报纸市场20%份额的公司。

上述程序性规则的作用是双方面的。一方面，它为东道国拒绝某些不确定的外国投资提供了途径；另一方面，在审批过程中审查标准的不透明，有时甚至是任意性，也增加了跨国投资的风险。

三、投资、经营与本地化策略

外资通常通过直接投资的方式取得经营控制权，视情况选择采取绿地投资或跨国并购。绿地投资(Green Field Investment)即新建投资，是指跨国公司等投资主体在东道国境内依照东道国的法律设立的部分或全部资产所有权归外国投资者所有的企业。① 主要投资模式如图2－1所示。

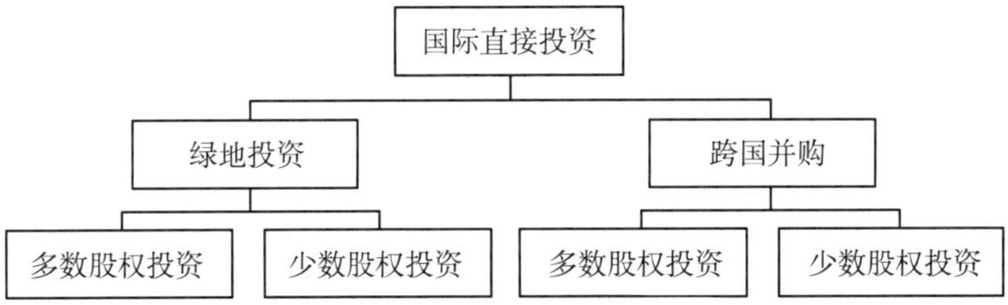

图2－1　国际直接投资主要模式

中国企业在“走出去”的过程中，可以选择适合自身经营发展与行业特性的方式开展投资，投资过程中应关注各国对外资比例的要求以及保障项目合法的具体问题，逐步适应当地法律环境。

(一)外资的比例

东道国为了确保本国对外国投资的控制权，往往通过限制外国投资者的股权比例，以保护本国重要行业不被外资控制。这种限制模式分为一般性要求和特殊性要求两种。前者主要规定股权的具体比例，如上下限的标准；后者主要规定本国公司或公民控股比例，一般行业越重要，本地控股的比例就越高。

1. 一般性要求

一般性要求普遍存在于各国，是东道国投资法律的一般规定。几乎每

① 王佳林：“绿地投资与跨国并购的比较研究”，载《商场现代化》2007年第17期。

个国家都规定了外资持有某一行业的比例要求。有些比例是设定外资持股的最高限额,而有些国家则规定外资持股的最低限额,应区别对待。这些要求一般是硬性的,中国企业在投资时应当注意,避免出现投资资金进入后才发现无法掌控企业经营的情况。

(1)上限的要求。印度法律规定,源自矿物、私有银行、电信服务业、卫星制造外资持股比例上限为74%,多品牌产品零售(需外国投资促进局批准)持股上限为51%,空运服务、资产重整公司、电视、基础设施建设(电信除外)持股上限为49%,新闻电视频道、军工产品、保险、新闻时事报纸为26%,调频广播为20%。菲律宾法律规定,投资银行业的外资持股比例不超过30%,投资自然资源的外资不超过40%,投资先驱性工业的外资可占100%,但30年后不超过40%。

(2)下限的要求。乌克兰投资法律规定,根据乌克兰法律成立的任何法律组织形式的外国投资企业,其法定基金中的外国投资不得低于10%。越南规定外资企业的法定资本不得少于投资资本的30%;政府的外国投资管理机关规定的特殊项目,比例可低于30%。

2. 特殊性要求

一般国家会在某些重要领域设置特殊的要求,控制外资持股的比例,以保障本国一些特殊行业。

如津巴布韦法律规定,津巴布韦所有企业必须实现本土居民控股51%以上,特别是外国人和当地白人拥有的企业必须将51%的股份出售给当地黑人或津巴布韦政府;新投资企业必须为本土居民预留51%以上的股份才能获准经营;对控股股权进行兼并、分拆收购、重组、投资和放弃时,须经本土化和经济授权部批准。

东道国通过外资投资比例的限制,既能引导外资进入本国需要的行业或领域,又能保护本国战略资产。其他国家关于投资比例的要求参见附表11。

(二)本地化经营策略

无论以何种方式进入,中国企业都应以战略眼光进行长远规划,包括考虑日后经营中企业能否上市,能否获得国民待遇及商业化运作。

1. 外资企业能否上市

上市是企业良性发展、吸引更大投资的一种途径。一般来说,中国企业愿意从国内携带资金在外投资,后续资金也来自国内,但这种模式比较单一,并且存在一定的外汇管制风险。企业做大做强应充分利用国内市场与东道国市场,并充分利用国内和东道国的融资渠道,拓展资金来源。

对于外资企业能否上市,各国均无明确的禁止性规定,只要符合相关的上市规定,就允许上市,如德国、越南等。但个别国家对上市的外资企业有特殊规定,如印度尼西亚要求上市公司中通信、商业空运外资所占股份最高不超过45%,非基础服务领域最多可占股95%。

2. 能否进行商业化运作

商业化运作是企业本地化的一种手段,各国对外资本地商业化的规定差异较大。例如,美国允许成立合资企业或外商独资企业,可以拥有其他美国企业的股票、有价证券,可以通过购买股份或融资方式参加投资活动的管理,可以通过合并、并购企业的方式进行投资等;德国允许外资发行股票、股权转让;俄罗斯允许成立合资企业或外商独资企业;巴基斯坦允许外资出售、公开发行股票;越南允许外资采取独资、合资、合作经营、BCC、BOT、BTO等直接投资方式,也可采取购买股份、股票、债券等间接投资方式进行商业化运作。

关于各国允许外资开展商业化运作的具体模式参见附表12,中国企业可根据自身情况进行选择。

(三)通过国家增信的方式保障自身权益

国家增信的方式是以国家信用为基础,以市场业绩为支柱,以建设市场来实现政府目标,是中国企业“走出去”寻找蓝海领域的主要办法。中国企业为保障自身权益,可在当地市场寻求国家增信,增强跨境投资与本地化经营的保障力度。

许多国家对关键性行业都强调国有股权比例,同时为鼓励投资,欢迎私人资本及外资进入并给予国家增信。例如,俄罗斯对投资者面临的非商业性风险提供担保;越南可对重要投资项目的贷款、原料供应、产品销售、结算及履行其他合同义务进行国家担保,并指定国家职能部门作为担保人;印度尼西亚对采矿业采取与政府机构合作的方式提供增信;乌兹别克斯坦则提供政府担保,制定特别关税、税收和支付优惠,实行国家对引资项目的监控,将投资项目列入国家引资纲要,协助解决国家拨款问题,等等。关于各国的国家增信方式参见附表12。

1. 如何在非洲等赤贫国家获得有效法律保障

近年来,越来越多的投资者看准了非洲丰富的自然资源,我国每年也有大量的资金投向非洲。但是大部分非洲国家经济比较落后,政府财力很弱,不足以为投资者提供充分的国家担保。投资者需要探索新的增信方式,并用法律手段加以保障。对此,可以尝试通过非洲地区经济组织构建超国家信用联合体,为中国企业提供保护及救济措施。

活跃在非洲的国际组织既有政治类的,也有经济类的。前者包括非洲联盟(非盟)、法语国家组织等;后者包括非洲开发银行、中部非洲国家经济共同体、南部非洲发展共同体(南共体)、西非国家经济共同体(西共体)、大湖国家经济共同体、东部和南部非洲共同市场(东南非共同市场)、东非共同体、西非经济货币联盟等。中国企业可以参见附表 13 对各组织的介绍,选择与企业投资契合的组织开展洽谈,寻求帮助。

2. 有针对性地利用国际组织为项目提供增信

上面介绍的各类非洲组织中,有 8 家明确提供对外担保业务,并集中于成员国基础设施、农业、工业、矿业和服务业等领域。这些领域也恰恰是中国企业热衷的投资领域。

如非洲开发银行(African Development Bank, AfDB)提供部分信贷担保和部分风险担保。部分信贷担保的对象为私营贷款的部分还款,其目的是防范政府及商业风险。部分信贷担保可以用于公共和私营领域投资项目(如项目融资)以及金融中介活动。部分风险担保能使贷款人防范因政府或政府所属机构在私营项目中未能履行义务而造成的风险。这类担保可以防范各种类型的政府风险,包括政府合同付款义务、外汇可得与可兑换、法律变更、征用和国有化等风险。部分风险担保项下的商业风险完全由私营投资者承担。

此外,其他经济组织也在各自法律认可的范围内提供一定增信措施,如西共体投资与发展银行的优先担保行业有基础设施、农村地区开发、社会领域、工业和服务业。东南非贸易和开发银行则关注东部和南部非洲的农用工业、能源、基础设施、运输、通信、制造业、矿业、服务业和旅游业的项目融资。

有关各经济组织提供的增信方式、担保条件及注意事项参见附表 14。

3. 其他可提供增信的国际担保机构

不仅是非洲,中国企业在全球各地都可以利用国际组织为项目提供增信,以抗衡各国因法律变更、征收征用等措施带来的风险。

如多边投资担保机构(MIGA)是世界银行集团的一个机构,自成立以来，已有181个成员国。2014年，多边投资担保机构为发展中国家项目提供了总计32亿美元的担保，由多边投资担保机构管理的信托基金提供了180万美元的担保；2015年，多边投资担保机构为发展中成员国的40个项目提供了总计28亿美元的担保，由多边投资担保机构管理的信托基金提供了320万美元的担保。① 多边投资担保机构提供的担保可以防范以下风险：汇款限制（当投资人不能将当地货币兑换成外汇，汇至自己的母国时产生的损失）；征用（由于当地政府征用导致的损失）；战争和内乱（由于改革、起义和政变等具有政治动机的行动导致的损失）；违约（因东道国政府违反或拒绝与投资人的契约协议而产生的损失）。

GuarantCo 也是一个较为活跃的多边组织，由英国国际发展部、瑞士国家经济事务秘书处、荷兰外交部、瑞典国际发展合作署、世界银行和奥地利开发署支持。GuarantCo 能提供各类担保产品，包括部分信贷担保和部分风险担保、第一损失担保、展期或流动性担保，并能提供特定项目可能要求的连带担保或反担保。GuarantCo 可以为非洲、亚洲、拉丁和中美洲以及加勒比地区的所有低收入和中低收入国家的项目提供支持。

此外，中国企业在境外开展业务时，也可考虑中国出口信用保险公司。该机构通过政策性出口信用保险手段，支持中国企业向海外投资，为企业开拓海外市场提供收汇风险保障，并在出口融资、信息咨询和应收账款管理等方面为企业提供服务。

其他担保及信用保险机构提供的服务、范围、期限以及费用情况，参见附表15。

第三节　东道国对外国投资的法律政策趋势分析

各国境外投资法律政策的发展趋势并非一成不变，一般会随着经济发展周期不断调整与更新。因此，在预测经济周期的同时，也应保持对各国投资法律政策的分析与研判，做到尽早预警、尽早防范，逐步形成企业内部的大风险观。

① 数据来源于多边投资担保机构的官方网站《年度报告》中文版：https://www.miga.org/resources/reports/annual-reports，2016年7月19日访问。

一、外国投资政策的历史演变趋势

总的来看,各国对外投资法律及政策演变可分为三个阶段。第一阶段为“二战”以后至20世纪六七十年代,以联合国《关于自然资源永久主权的决议》《各国经济权利和义务宪章》为代表,确认了各国管理外资的权利;第二阶段为20世纪八九十年代至20世纪末,以双边投资保护协定、区域性投资政策、WTO协定为代表,掀起了全球性的投资自由化浪潮,各国对外资的限制有所削弱;第三阶段为21世纪初至今,在投资自由化的大背景下,各国在特定行业形成了一些新的限制性措施,具体调整的法律规则数量如表2-2所示。

表2-2 2003~2015年国家法律规则调整(措施数量)

项目 \ 年份	2003	2004	2005	2006	2007	2008	2009	2010	2011	2012	2013	2014	2015
发生变化的国家数	59	80	77	74	49	41	45	57	44	54	59	37	46
规制调整数	126	166	145	132	80	69	89	112	67	86	87	63	96
利于投资的调整	114	144	119	107	59	51	61	75	52	61	61	47	71
不利于投资的调整	12	20	25	25	19	16	24	36	15	20	23	9	13
中性/不确定的规制调整	0	2	1	0	2	2	4	1	0	5	3	7	12

(数据来源:联合国贸发会议《2016年世界投资报告》)

由上表可以看出,2003~2006年是规则变动的高峰期,其中绝大部分是有利于投资的规则调整。2007年以后规则调整数量相对减少,2007~2013年不利于投资的法律规则调整比例有所上升,2011~2015年有利于投资的政策一直占据规则调整数的较大比例。这与全球经济形势的变化有一定关联性。

二、投资方式的演变趋势

作为传统的投资模式,绿地投资是20世纪90年代以前外资投资的主要形式。20世纪90年代以后,伴随经济全球化,跨国并购逐渐成为主流方式。就具体的投资方式而言,不同地区、不同行业有不同的特点。

(一)个别地区仍主要采取绿地投资模式

绿地投资虽然不再是主流外资投资的方式,但在一些国家和行业依然扮演着较为重要的角色。例如，在拉丁美洲和加勒比地区，绿地投资正再度兴起，并以投资当地制造业、采掘业、电信业等重要的战略资产领域为主流。例如珠海格力空调股份有限公司投资格力电器（巴西）有限公司项目，就为中国制造业企业的“走出去”提供了很好的模板。格力电器（巴西）有限公司是珠海格力电器股份有限公司在巴西玛瑙斯自由贸易区内投资2000万美元建设的空调生产基地，于2001年6月顺利竣工并投产，是在巴西投资设厂的第一家中国家电企业，也是巴西首家分体空调生产企业。截至2015年11月，格力在巴西的销售网点已遍及24个州，共有300多家代理商、1000多家零售商及300多个服务网点和安装公司。①

此外，在乍得、赤道几内亚和马里等最不发达的国家，由于新矿床的发现带动了采掘业的发展，绿地投资成为各主要经济大国进入这些国家战略资产领域较为直接的方式。

（二）跨国并购模式已逐渐成为主流

20世纪90年代，发达国家作为跨国并购的母国或东道国，其并购额占据了全球并购总额的90%。但21世纪以来，新兴国家和发展中国家也纷纷加入了国际并购的行列。我国许多大型、成熟的龙头企业通过并购的方式进入发达国家市场，且并购金额越来越大。

从行业上来说，并购最初以制药、汽车和航空等制造业为主。进入21世纪后，电信、石油、保险、电力、天然气、化学及相关产品、零售、电子与电气设备及商业服务等十余个行业的并购规模在不断扩大，保险、银行、金融服务等领域的并购交易数量呈明显上升趋势。

我国企业开展的跨国并购，主要集中在能源、电信、电子、石化、家电和纺织等行业。大致分为两大类：一是资源类并购，如中石油、中石化、中海油三大石化企业对境外油气田权益的收购，以及国内矿产煤炭企业对境外矿区权益的收购等。二是家电、机械、电信、石化等优势产业的国内名牌企业对国外同行业企业的并购。

（三）非股权经营模式可作为降低敏感度的投资方式

非股权经营模式主要包括采取特许经营、产品分成协定、管理合约和服务合同等方式。这种投资方式与传统的绿地投资和跨国并购相比，主要区

---

① 数据来源于网络：http://www.0745news.cn/2015/1117/893704.shtml，2016年7月18日访问。

别是投资方通过这些形式参与东道国公司的经营管理,而并不拥有其股份。

非股权经营模式的一个关键优势在于其是与本地公司之间的灵活安排。在存在一些敏感因素的情况下,非股权经营模式可能比直接投资更为适宜。例如,在农业领域,订单农业比大规模土地收购更易于解决社会责任的承担问题,即尊重本地权利、农民的生计和资源的可持续利用。

此外,采掘业一般采用特许经营、产品分成协定的方式进行合作。产品分成协定是最常使用的形式,占主要生产石油和天然气并有外资参与的发展中经济体所有合同的50%以上。这类合同是印尼、卡塔尔、越南等国采用的主要合同形式。特许经营与合资企业的形式,在阿尔及利亚、巴西、哈萨克斯坦、俄罗斯、委内瑞拉占主要地位。

三、经济发展程度不同的国家逐渐呈现趋同的态势

国际投资政策主要是资本输出国与资本输入国之间的矛盾,特别是由于国际投资不平衡的发展状况,发达国家与发展中国家在如何制定国际投资政策问题上存在不同的立场和处理方式。

(一)发达国家近年演变的趋势

发达国家因其司法体制和经济制度较为完备,一直以来奉行较为自由开放的投资政策,对外资进入的总体限制或审查力度相对较小,限制的领域和范围也相对较小。

但自美国“9·11”事件之后,出于反恐需求和全球“次贷”危机等因素的综合影响,发达国家如美国、澳大利亚、德国等,基于对政治、经济、国防等多方面问题认识的加深,在事关本国重要行业或领域时采取了一种更为谨慎的态度,即在总体开放的同时,加强对关键战略行业的管制力度。近年来,发达国家出台了一系列限制性规范,对金融市场投资作出更为严格的要求。

(二)发展中国家近年演变的趋势

发展中国家对维护国家安全的民族经济独立性有更多的担忧,对外资进入有更严格的标准。

20世纪末,这种情况有所变化。一是随着新兴经济体的崛起及更多的发展中国家加入WTO,这些国家的开放程度不断提高。二是对于最不发达国家,经济发展仍是重中之重,最大限度地争取外资成为重点考虑的问题,较弱的经济实力也不足以建立起对相关行业的充分保护。与此同时,经济

及金融危机使发展中国家打开大门，西方国家往往以开放行业领域作为提供经济资助的条件。因此，放松管制仍是发展中国家近年来的总体趋势。

然而，许多发展中国家认为它们以往的规定对于外国投资者过于宽松，从而修改了其财政制度、法律规定，以加强对重点领域的管制力度，提高本国企业竞争力。

因此，虽然发达国家和发展中国家的动因不同，但对于外资进入的态度和法律政策，均呈现出在投资自由化背景下保护主义抬头的趋势。

四、政治、法律成为影响投资的重要因素

由于一些行业或领域对一个国家的安全和经济稳定具有十分重要的作用，各国尤其是发达国家对外资进入这些行业怀有较高的警惕性和抵抗情绪，因此会常常出现一些因政治目的而借用法律手段来阻止特定国家进入特定领域的情况。

（一）滥用审查标准

受“经济爱国主义”思潮的影响，发达国家为保护其战略利益，常常采取双重审查标准：在需要外资进入其重要行业时，大谈自由贸易；不需要时，便找出各种理由为自己的保护主义行为进行辩护。如美国、澳大利亚等国审查外资的标准缺乏足够的客观性，自由裁量空间大，并且审查机构往往受到政治因素的干扰，将经济问题政治化，从而禁止一些特定国家的外资进入本国战略资产领域。

如 2001 年 4 月，澳大利亚国库部拒绝了皇家壳牌公司以 100 亿澳元取得 Woodside 公司绝对控股权的方案，理由是该项并购方案有违澳大利亚的国家利益。此后，澳大利亚的相关法律政策经常处于无法明确判断的状态，使得不少中国企业赴澳投资受到各种各样的刁难。可以看出，澳大利亚外资政策的目标就是在外资带来的巨大经济利益及其所引发的公众担忧之间寻求平衡，而这种平衡有时会使一些投资者损失惨重。

有时收购并不会因金额小而被东道国监管部门忽视。2010 年，中国某公司拟以 200 万美元收购美国某 IT 公司的特定资产，其中包括若干涉及计算机领域的核心专利技术。2011 年，美国外国投资委员会以收购的专利将对美国国家安全构成威胁为由，要求中国公司剥离收购所获得的全部科技资产。迫于美国政府方面的压力，中国公司最终宣布弃购。

(二)应急立法

一些国家较为灵活的法律制度,决定了其决策机制的机动快速,对一些外资进入的动向,可基于国家政治经济利益迅速出台新法案,阻止外资收购。

2005年中国海洋石油有限公司并购美国优尼科石油公司一案中,中国海洋石油有限公司计划斥资130亿美元,收购美国第九大石油公司优尼科。这一并购计划随即遭到来自全球第四大石油公司雪佛龙的挑战。3个月后,雪佛龙宣布将以180亿美元现金加股票、债务承担的方案,“友好收购”优尼科。6月23日,中海油向优尼科全体股东发出收购要约,以185亿美元的全现金方式并购优尼科。然而,美国参众两院最终通过了能源法案新增条款,迫使中海油退出竞购优尼科。8月3日,在重重政治压力障碍下的中海油宣布退出竞购优尼科。

因此,外资进入这些国家的变数较大,政治和外交因素都会影响收购行为。

(三)事后立法

一般来说,通过开放的证券市场进行并购融资,可以绕过东道国较为严格的审查程序与限制措施,对其资产进行并购。然而,东道国的事后立法也可能会影响并购结果,2008年2月中国铝业公司收购澳大利亚力拓公司就是一个典型案例。2008年2月1日,中国铝业宣布,通过在新加坡的全资子公司,联合美国铝业获得了矿业巨头力拓12%的现有股份。2009年2月,中国铝业与力拓公司签署了合作协议。

但是在收购后不久,2009年3月中旬,澳大利亚外国投资审查委员会决定,为使政府能够“充分考虑”这笔交易而延长审查时间。2009年6月,力拓公司向中铝发出决定撤回与其交易的通知,并支付了1.95亿元的违约金。澳大利亚政府颁布了新的外资投资指导原则,主要包括投资者的政治独立性、对国家安全的影响及是否符合澳洲经济和大众的利益等六个方面。该指导原则带有很强的政治倾向,并且在适用中较多针对中国,使中国国有企业进入澳大利亚战略资产领域的不确定性大为增加。

近年来,随着中国综合实力的不断提升和中国企业跨国投资的步伐加快,一些国家对中国的戒备日益加深,从而导致中国资本进入他国遭遇更多的政治和法律障碍。

第四节　关注最新立法动态，把握未来发展方向

自2008年以来，各主要国家有关投融资、外汇管制等方面的法律制度发生了较大变化，共有240余项相关的法律措施及有关政策出台，涉及37个国家。其中，有利于境外投资的法律政策或监管事件有143项，占59.7%；不利于境外投资的政策或事件有97项，占40.2%。总体来看，各主要国家对外资进入本国兼有放宽和收紧两种方向（相关情况参见附表16）。

一、不同地区立法情况呈现不同的发展方向

全球金融危机之前，全球的对外直接投资处于高速发展时期。2005～2007年间的平均年投资额为1.472万亿美元，2007年直接投资总额达到最高值，为1.971万亿美元。但在金融危机期间，以及金融危机后的2009～2012年间，各国的外国直接投资额均受到不同程度的影响，全球的总体投资额遭遇了大幅度下滑，并曾于2009年下半年跌至谷底。2015年全球对外直接投资的形势恢复显著，对外直接投资数额增长至1.76万亿，增幅为38%，达到金融危机以来最高水平。

影响经济的不仅是全球整体情况，地缘关系也是重要参考因素，一些地理面积不大的国家往往会通过地缘经济，互相影响，互相制约。

（一）非洲仍然是外资的目的地

非洲是中国主要的原油出口来源地、承包工程市场和投资目的地，对非洲的服务业和制造业投资与日俱增，非洲也是中国经济可持续发展不可或缺的海外支撑。根据《世界投资报告》（2016年），2015年外资进入非洲的投资额为541亿美元。

1.能源优势与制度空白

从《世界投资报告》（2016年）统计数据看，安哥拉是所有非洲国家中最主要的资本接收国，主要行业为采矿、石油。由于非洲大部分国家都有一定的能源资源，且法律制度相对不健全，已经成为外资投资的热点地区。

2.政局不稳是外资考虑的重要因素

近年来，尽管非洲的整体局势趋稳，但局部动荡时有发生，尤其是非洲

大陆自 2011 年北非动荡开始,部分地区进入新一轮激烈变动期。部分非洲国家和地区发生局部战争、冲突和恐怖袭击,给整个非洲地区的和平与安全带来挑战。中国企业对非投资面临更多的安全风险。

3. 面临的国际竞争压力增大

根据《中国对外投资合作发展报告》(2015 年),中非关系持续快速发展,合作领域不断扩大,成果丰硕。与此同时,发达国家和新兴经济体争相加大对非投资,中国对非经贸合作面临更加激烈的竞争。欧美大型国际承包商积极调整业务布局,对非洲投资兴趣增加;韩国、日本企业在政府的支持下,也在增加在非洲的活动;俄罗斯和巴西也都表现出参与非洲区域运输网络的兴趣。中国企业在非洲面临的国际竞争压力增大。

4. 其他行业也成为投资的重点

除了能源领域,一些西亚、非洲国家采取私有化和自由化政策,吸引外资在更大范围内提振本国经济。因此,部分外国直接投资流向了金融服务业、电信业、农业和基础设施领域。这些领域也恰恰是中国企业“走出去”的重点行业。如埃塞俄比亚唯一的电信运营商埃塞俄比亚电信公司与中兴通讯签署了总额 15 亿美元、为期 3 年的一揽子项目合作协议。此后,中兴在埃塞俄比亚设立了子公司,设立了覆盖全国的电信网络,成功进入埃塞俄比亚的电信行业,并凭借埃塞俄比亚电信公司的垄断地位占有其全国的电信市场。

(二)东亚、东南亚、南亚呈现局部投资优势

自 2007 年金融危机爆发以后,东亚、东南亚和南亚的直接外资流量经历了 2001 年以来最大幅度的下滑,这些地区大部分国家都未能在全球范围的经济危机中幸免。

2010 年起,东亚、东南亚的外资流入总量有较大规模的上升。法律政策适应新的投资形势不断进行完善和调整,是这些地区的主要特点。外资流入主要面向高技术产业和服务业,也是这些地区的主要优势。根据《世界投资报告》(2016 年),亚洲发展中国家 2015 年的外资流入增幅为 16%,增加至 5410 亿美元,创造了一个新的纪录。这一巨大的增长主要归因于东南亚良好的经济表现。

根据《中国对外投资合作发展报告》(2015 年),亚洲不同国家和地区之间经济发展水平差异较大,对外资的开放度也有所不同。按照营商环境排名,亚洲排名靠前的有新加坡、中国香港、马来西亚、韩国等国家和地

区，其中新加坡连续多年位居第一，而缅甸、老挝、泰国等国家则排名靠后。各经济体的发展不平衡性、内生的结构性经济矛盾等因素导致各国的外资政策存在较大差异，部分亚洲国家对外资限制较多，营商环境也各有优劣，增加了企业的投资难度。此外，部分国家还存在一定的政治风险。近年来，部分亚洲国家和地区不断出现动荡，使外国投资面临一定的政治风险，给企业投资造成直接的经济损失甚至是人员伤亡。企业在“走出去”的过程中，要做好东道国市场调研，尽量减少政治风险给投资合作造成的损失。

（三）拉丁美洲和加勒比海地区仍有风险存在

拉丁美洲各国和地区是我国充分利用“两个市场、两种资源”，实施“走出去”战略的重要合作对象。2015 年，拉丁美洲和加勒比海地区的外国直接投资进入量为 1680 亿美元。

根据《中国对外投资合作发展报告》（2015 年），对该地区的投资仍然存在一些风险。拉丁美洲部分国家经济衰退，传统政治格局有所改变，影响了经济政策的持续性与稳定性。有些国家的投资政策环境还存在一些不利因素，如税收种类多，税率高；生产成本高，运输服务不完善，收费高；办事时间长；法令、法规繁多复杂，且经常颁布一些临时措施，外资企业难以很快适应；雇用和解聘雇员困难，劳资纠纷时有发生。中国企业在投资前应做好风险防控预案。

（四）东南欧、独联体国家投资分化现象较明显

罗马尼亚、保加利亚因加入欧盟产生了一系列国有行业私有化交易，并逐步放开电信、基础设施等领域，成为今后投资的主要方向。但由于这些国家没有石油、天然气等自然资源优势，在今后一段时间，中国企业应找准切入点，寻求符合企业发展方向的投资领域。

一些以自然资源为基础的经济体继续加强对重要行业的控制。例如，俄罗斯增加了矿产、邮政、电信等行业的审批程序，限制外资的自由进入。随着俄罗斯加入 WTO，这一趋势也在逐步缓解。此外，俄罗斯对国内的采掘业、公用事业、银行业和电信业提出新的私有化方案，从而改善投资环境，这些领域的直接投资金额可能继续增加。

（五）欧洲、北美洲和澳大利亚等发达国家成为投资热点

拥有丰富自然资源的发达国家，如澳大利亚、加拿大和美国，吸引了石油和天然气特别是非传统矿物燃料方面的直接投资，以及煤、铜和铁矿石等

矿产方面的外资。近年来,我国也增大了对欧洲、北美洲和澳大利亚的投资力度。根据商务部2016年报道,欧盟、澳大利亚、美国、日本已经成为中国主要投资目的国,高技术领域和高端制造业正成为我国“走出去”的新引擎。

二、各行业未来投资发展方向

2011年以来,一些国家由于国内失业率高,对直接外资流入的行业采取了更为审慎的措施。主要措施及政策目标包括稳定外汇汇率和改善国际收支平衡等,并体现在各重要行业的政策中。根据2016年世界投资报告,直接投资服务业占比64%,制造业占比27%,第一产业占比7%。外商直接投资增长较大的五个行业是采掘业(采矿、采石与石油)、化工、公共事业(电力、天然气与供水)、运输和通信业,以及由油、气田服务推动的其他服务行业。目前,全球外商直接投资的行业结构发生显著变化,第一产业外商直接投资大幅减少,制造业外商直接投资则有所增长。从全球外商直接投资的存量数据来看,服务业占比继续保持在60%以上的水平。这些行业基本都是中国企业“走出去”的主要行业。

(一)石油、矿产等采掘业

俄罗斯、赞比亚、厄瓜多尔等国家进一步加大限制外资进入本国采掘业的政策调控,甚至采取国有化措施,以限制外资比例。如赞比亚颁布法令限制外国人拥有小型矿山采矿权,但允许赞比亚公民、企业与国外投资者结成联营体申请采矿权,唯一条件是国外投资者股权不得超过49%。

哥斯达黎加、墨西哥、加纳、印尼等国家则进一步放开外资进入本国采掘业市场。如2014年8月,墨西哥国会批准通过石油、天然气和电力改革在内的能源改革法案,并由总统培尼亚·涅托签署,结束了墨西哥的能源垄断体制,私营和外国投资可进入墨西哥进行能源开发。①

(二)电力、电信、钢铁等基础行业

俄罗斯、印度、委内瑞拉等国家加大了外资进入本国基础行业的限制,国有化趋势明显,投资难度加大。如委内瑞拉对包括奥里诺科钢铁公司等在内的多家本国钢铁公司实施国有化,进而扩展到其他领域,如水泥行业

---

① 王琳:“墨西哥能源改革法案获批76年国企垄断体制将终结”,载http://www.yicai.com/news/4006662.html,2016年7月19日访问。

等。印度政府颁布规定，把使用本土制造的电力设备作为外国公司参与印度电力项目招标的前提。

保加利亚、罗马尼亚、巴基斯坦等国则放宽了外资进入的限制。如保加利亚修改国家财产法案，进一步放宽私人投资国家基础设施项目和租用国有土地的限制。

（三）金融行业

俄罗斯、德国对外资进入本国金融市场提出了更高的要求。如德国出台法律限制外国主权基金，对威胁国家安全或公共秩序的外国主权基金收购项目进行审核和行使否决权，但欧盟成员国的主权基金将不受该法律限制。俄罗斯则在2013年3月批准了一项涉及禁止外国银行在其境内设立分行的法律，外国银行必须在俄境内设立子公司或外资参股和控股的企业。

但乌克兰、越南、尼日利亚等国家则在进一步开放本国的金融市场。如乌克兰允许国际金融机构从事本币证券交易，尼日利亚允许任何国外个人或机构投资者投资该国现有银行，只需要遵守议定的股本比例要求。

（四）农业领域

农业属于关系国计民生的重要领域。目前由于世界粮食价格的不断攀升，各国均在考虑粮食安全与国民经济发展的关系，农业及相关产业将有可能被更多的国家列入重点投资领域，并成为新的投资热点。各国也正根据本国需求，逐步开放农业领域。如尼日利亚政府重新制定其农业政策以吸引外国投资者；澳大利亚颁布新的小麦出口法案，废除已实施60年的出口垄断机制，引入出口竞争机制，小麦生产者将可以自由选择有资质的出口商。

三、中国企业如何应对各国立法的新动向

随着经济全球化的发展，各国经济往来联系加强、对外开放的程度加大，各国都不同程度地放开其对于经济领域的管制；但在一些国家的特定领域，国家干预的趋势还将在一定期限内存在。近年来，“一带一路”国家及各大洲国家的投资政策趋势分析如图2-2至图2-6所示。

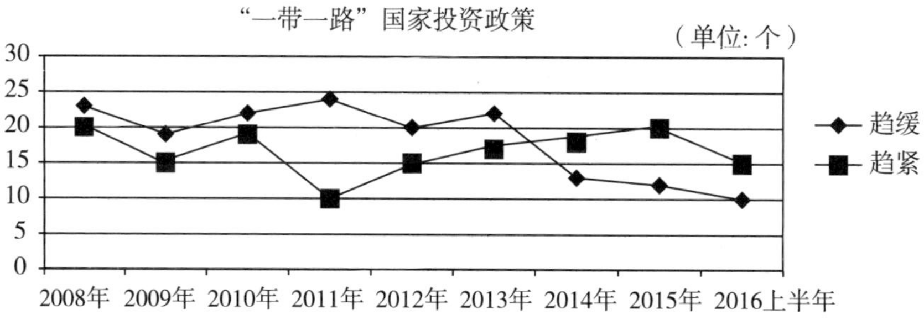

图 2-2 “一带一路”国家投资政策趋势分析

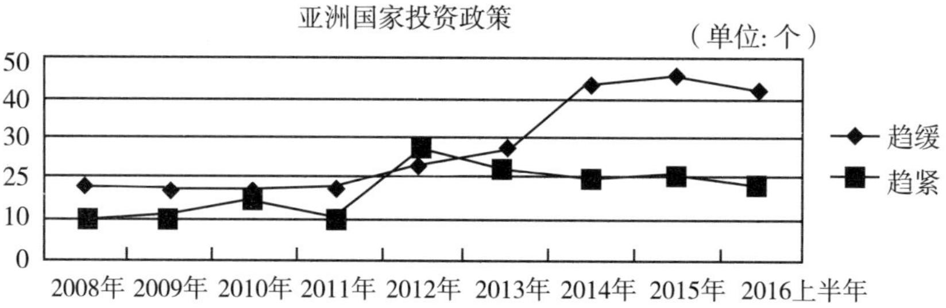

图 2-3 亚洲国家投资政策趋势分析

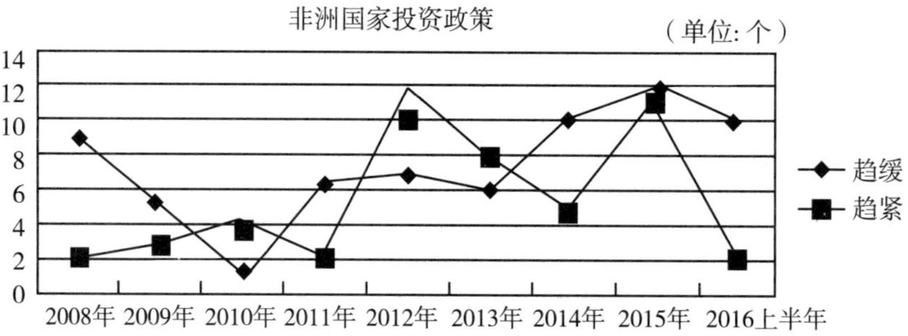

图 2-4 非洲国家投资政策趋势分析

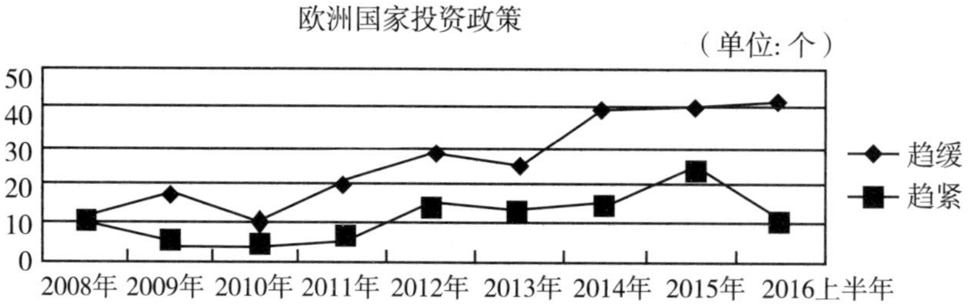

图 2-5 欧洲国家投资政策趋势分析

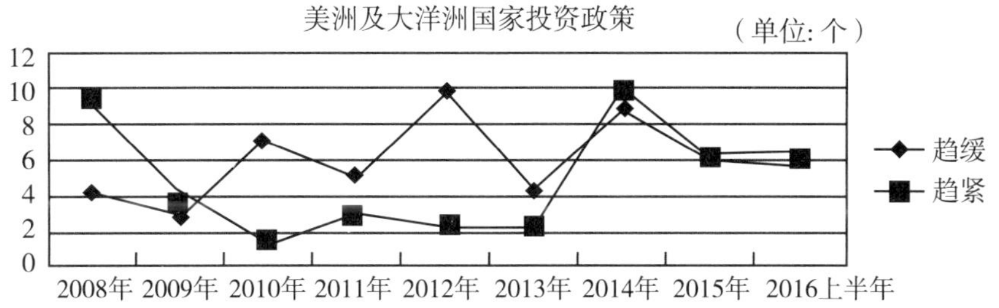

图 2－6　美洲及大洋洲国家投资政策趋势分析

(一)中国企业应把握投资政策的大方向

总体来讲,各国的投资政策倾向于投资自由化和促进投资,且越来越多地锁定特定行业,尤其是部分服务行业,如电力、燃气及水的供应行业,运输和通信行业。

1. 后经济危机时代各国更加关注本国经济发展

在世界经济仍处于低速增长和调整分化阶段的背景下,世界各国立法政策会继续将松绑和促进外国投资作为促进经济增长和发展的主要目标,陆续出台政策激励境外资本投资。

在调控方面,为防止外国资本与本国经济的不良互动,各国主要通过立法引导投资,并进一步细化审批的流程。主要措施包括:(1)通过建立新的保护措施或强化甄别程序,如农业领域、公共服务领域等,对直接外资的流入政策进行调整。(2)针对采掘业等重要的国家支柱行业,制定更多监管法律政策,包括可能的国有化、征用或撤资要求等。(3)提高外资的税收,反哺本国经济。通过制定新的企业所得税率和特许使用费的法律规定,达到资本收益的再分配,避免本国经济对外的过度依赖。这些政策在一定程度上都是各国目前考虑的主要方向和执行的主要趋势。

2. 多边关系日趋复杂,区域投资合作加强

2015 年,各国缔结了 31 个新协定,全球国际投资协定总数达到了 3304 项。尽管每年新增国际投资协定数量持续下降,但由于协定涉及更多国家,其经济和政治影响力均有所增强。最新签订的国际投资协定遵循了不同的范本,同时,区域协定往往规定签约方的双边条约继续有效,从而使得投资规则体系更加复杂。最新数据显示,截至 2016 年 5 月底,近 150 个经济体

正围绕至少57个新的国际投资协定进行谈判。①

从目前来看,国际投资政策的新方向是中国企业应特别关注的。

首先,国与国之间的投资关系日趋复杂。国际投资协定的谈判侧重点从双边向区域转移,新签订的双边投资协定数量继续减少,而越来越多的国家加强了在区域层面的投资政策制定,组团加强投资与保护的情况成为各国法律政策的新动向。

其次,可持续发展在国际投资政策制定过程中起着越来越重要的作用,越来越多的协定增加了对环境、社会发展以及企业社会责任方面的内容。中国企业历来较为欠缺对环境的保护和社会责任的承担,这需要中国企业做好投资、收益与东道国责任的平衡,适应可持续发展的大方向。

最后,市场与政府之间的争端与协调机制越来越受到关注,出现了不少改革设想。中国企业应关注各国政策的调整,把握市场先机,在市场化运作与政府调控中寻求合适的发展模式和融资渠道。

(二)中国企业应做好法律政策预警,寻找合适契机

中国企业能否抓住机遇,不仅需要考虑资金、市场和回报,也要充分关注法律政策及其带来的影响。因此,应因地制宜,知己知彼,充分了解东道国的法律政策情况,了解企业自身发展规划,制定“走出去”战略。

1. 对于能源、矿产资源丰富、国家法律制度限制少、急需外资的非洲、南美以及“一带一路”沿线等发展中国家,中国企业可以多采取绿地投资的方式直接进入其能源、矿产和基础设施领域。

2. 对于发达国家、新兴经济体或跨国公司控制的能源、矿业类战略资源等法律关系复杂,涵盖法域较多的行业,中国企业应考虑采用并购方式进入,并可探索创新模式,尽可能回避政治干扰因素,绕过东道国审批和监管壁垒。

3. 中国企业应与国内金融机构共同研究,设计有效、可靠的商业模式,通过“雪中送炭”、互利共赢的方式建立长期的发展关系。跨国投资的成功只是企业做大做强、成为国际标准企业的开端,更多的中国企业是在投资完成后,因不能很好地整合各类资源,使得经营变得日益艰难,陷入沉重的负担之中。近年来这样的例子不胜枚举。中国企业一定要广泛借鉴国际、国

---

① 数据来源于世界银行官方网站《世界投资报告2016》,载 http://unctad.org/en/PublicationsLibrary/wir2016_en.pdf,2016年7月19日访问。

内企业的经验教训，做好对所在国法律政策的充分调研，实现共赢。

（三）抓住机遇，中国企业应制定新的投资策略

从近十年中国企业的海外投资情况看，中国企业往往喜欢依托当地政府拿项目，做“攻关”，并不注重和善于与当地社区、NGO、媒体等的沟通，也不善于了解当地的投融资法律政策。有些中国企业虽然进入了外国市场，但是思维还停留在国内。于是，违反当地法律、破坏自然环境、破坏生物多样性、劳资矛盾等问题时有发生。

但这种局面已经发生了变化，这种变化值得所有中国企业进行研究。2012 年中海油收购尼克森就是十分成功的案例。中海油充分吸取了以往的教训，采取了新的收购策略。新策略力求从各方面证明收购的合理和善意，包括在发出正式要约前先与目标企业进行友好接触、表明诚意，详细掌握对方及其所在市场的情况，并把了解当地法律规定、政府及行业的要求作为优先要务。最终，加拿大政府批准中国海洋石油有限公司以 180 亿美元收购加拿大尼克森公司的申请。

未来的对外投资，尤其是资源类项目，法律政策因素对项目成败的影响可能会越来越大。中国企业要加强沟通交流，加强对境外投资政策、所在国法律环境的了解与掌握，减少信息失真和信息不对称。只有这样，建立可靠稳定的风险意识与化解应对方案，才能适应不断变化的国际竞争环境。

第三章　迈出国境的第一步

——审批制度

“审批”这个词对任何中国人来讲都不陌生，一般人对“审批”的常识性理解是：权力的束缚、复杂的程序以及漫长的等待。而这种有些消极的理解则会成为企业领导者面对政府审批时的心理背景，进而产生畏惧、回避的负面情绪，导致难以对这一政府管理手段作出全面、正确和理性的认识。尤其是对于准备“走出去”的中国企业来讲，不仅要面对境内各有关部门的审批，更要准备好应对东道国繁杂细致的审批要求。

本章的目的不在于详细介绍不同国家的投资审批制度，或提供一种具备高度操作性的指南，而是向读者宣传一种积极的态度，即在正确理解审批制度的意义和作用的基础上，全面审慎地开展相关工作，实现一种由消极向积极的转变，让中国企业在“走出去”的道路上踏出坚实的第一步。

第一节　审批制度概览

一、什么是审批制度

“审批”的实质在于审批机关对审批申请人主体资格或行为的合法性、合规性、真实性等信息进行审查或认可，从而决定审批申请人是否具备从事特定行为的法律资格。实践中可以表现为批文的发放、许可证的发放、登记的完成等多种形式。而“制度”，宽泛地来说，是指以法律、规则或运作模式来规范个体行为的一种结构或体系。这些制度蕴含着特定的价值，其运行彰显着一种社会秩序。综上所述，所谓“审批制度”，就是以审批规则（法律）为核心，用以规范审批事项参与主体行为的一种规则体系。审批制度具备几个明显的特点。

（一）审批制度由法律确定

图3－1所示的是加拿大并购项目所需的部分审批事项，通过它可以清楚理解审批的“法定性”。

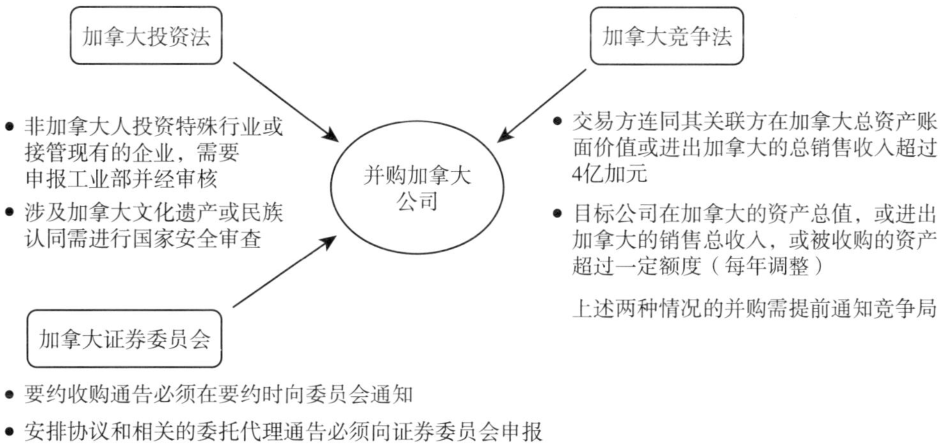

图3－1　加拿大并购项目部分审批事项

从上图看出，全部的审批要求都表现为法律的要求，包括加拿大投资法、加拿大竞争法和加拿大证券法。当然，法律要求不仅限于审批的具体事项和条件，还体现在对审批主体、权限、程序和时限的各种要求之中。

一般而言，审批权是一个主权国家行政权力的重要组成部分，担负着社会中重大政治、经济或公共活动的管理和服务职能。因此，世界大部分国家都通过立法的方式对审批权予以严格的规范。在投资领域，相关法律一般都会对审批权的行使主体、审批权限、审批程序、审批时限、政府责任等基本内容进行详细规定。

（二）审批制度遵循严格的法律程序

从法律分类的角度来讲，可以将法律分为程序法和实体法两大类。而规范审批制度的法律往往是两者的结合，其中的程序法要素就体现在对审批程序的严格设定上。审批程序可以理解为审批机关实施审批行为所应遵循的方式、步骤、时限和顺序。也就是说，它是审批主体及审批申请人依照一定的步骤、方式、时限和顺序完成审批行为的过程，以及在这一过程中各主体间的相互关系。虽然审批程序同时规范着全体审批参与者，但对审批机构和审批申请人而言，其作用和意义截然不同。

作为申请人,一般情况下只在审批流程的入口和出口处有所体现,而整个过程几乎都是在规范审批机构的行为。所以,从企业的角度来看审批程序的时候,应当看到更多积极的因素。第一,程序公开透明,即对于如何取得审批明确了法定的路径。程序保证着申请人不必为谁来管理和找谁办事而烦恼。第二,程序限制了公权力的主观随意性。程序对审批机构的要求是严格的,审批程序的作用是服务申请者,规范和约束审批机构。在程序面前,公权力是程序义务人,而申请者才是权利人。由于程序的设置,程序义务人没有选择行为手段的自由。当程序所预先确定的要件满足时,程序义务人必须按照程序的规定作出既定的行为,而无法随意加速或者阻挠程序目标的实现。第三,程序具有高度的权威性和约束力。现代行政程序对于保障行政权沿着民主、法治、科学的轨道健康运行发挥着重要作用,因而现代行政程序不容违反。大多数国家均赋予其行政程序相当高的权威性和约束力,如经行政程序认定的事实不得轻易推翻,违反行政程序规定的时效可以导致实体权利义务的消灭,以及当事人可以行政主体违反强制性行政程序为由主张实体行政行为无效等。

上面说得更多的是审批程序的积极价值。当企业走出国门,面对不同国家五花八门的审批要求的时候,在遵守法律和制度的前提下,也要意识到程序也是一把“双刃剑”,既可用来促进程序目标的实现,又可起到阻碍程序目标实现的作用。特别是在那些法制建设欠发达、政治环境不安定的国家,审批程序很容易成为一种事实上剥夺或侵占当事人合法权益的手段。不过,无程序即无权利。当面对完全陌生的投资环境时,程序是最可信赖的指引,也是权利的基本保障。

(三)审批执行贯穿项目始终

人们经常将审批比喻为一种“门槛”,认为跨过这个门槛就可以一马平川。但在国际投资的实践中,审批的含义是广泛的,不仅包括事前的批准、核准或登记,也包括在项目执行中的报告义务、阶段检查义务等事项。更重要的是,很多人错误地认为审批的完成是基于一个时点,只要取得了审批文件,企业在审批事项上的义务就终结了。但事实上,很多审批的条件都是承诺性的,它要求企业在整个项目期间都能按照一定的标准和要求行动,而不仅仅是准入条件的满足。如果审批真的是一种门槛的话,那么在一个项目中必定要走过很多道门。

以加拿大《环境评估法》(The Canada Environmental Assessment Act)为

例。该法的目标在于确保各种项目在实施之前经过全面的审查，以避免引起重大环境事故。澳大利亚政府对环保的管理程序包括：调研与监测、风险评估、风险管理和督促遵守与执行。在项目开始之前，建设方需要向政府提交环境影响评估报告并制定环境风险监控与管理的详细计划，并在政府批准后严格执行。如果政府在日后的检查中发现严重问题，整个项目的建设都将面临危机。也就是说，环境许可或审批的取得只是万里长征的第一步，对审批条件的严格遵守与执行，才真正体现着审批制度的主旨。

（四）审批制度蕴含着东道国的丰富信息

不管审批制度如何法律化、程序化和规范化，它所能反映出来或蕴含的信息远比它本身所表达的内容丰富得多。审批是中国企业“走出去”的第一步，这不仅是从企业海外发展的程序角度来讲，更是从一种战略分析的层面来认识审批的价值。

各国的审批制度均蕴含着东道国的价值判断。这种价值判断的成因是十分复杂的，包含着社会、经济、政治、文化、宗教、历史等各种各样的元素。通过对一种制度的解析，我们或多或少都会发现制度背后的一些东西，而这些发现将帮助我们更好地理解、熟悉和融入一种陌生的文化，更快地适应所处的环境并找到发展的有效道路。

二、审批制度的作用

（一）审批制度的保护作用

审批制度意在防范审批机关对公权力的滥用，从而保护申请人的利益。这种保护是正当法律程序必然具备的。境外投资审批制度的重要组成部分之一，就是企业的准出、准入控制制度。走出国门的第一步先要解决“准出”的问题，进入他国的第一步则要解决“准入”的问题。先来看看下面的几条规定：

1. 符合国家法律法规和产业政策、境外投资政策；

2. 符合互利共赢、共同发展的原则，不危害国家主权、安全和公共利益，不违反我国缔结或参加的国际条约；

3. 符合国家资本项目管理相关规定；

4. 投资主体具备相应的投资实力。

上述这些规定是国家发改委在核准对外投资项目时适用的条件。在核准前往香港特别行政区、澳门特别行政区、台湾地区以及未建交国家、敏感地区投资的项目前,国家发改委还会征求相关部门的意见,例如外交部、我国驻外使领馆及因项目具体性质而涉及的相关主管机关或部门等。这些安排不仅是在执行国家的宏观经济政策,更可以向企业反馈很多有用的信息。比如,规定要求企业“具备相应的投资实力”,也就是说国家发改委会根据自己掌握的信息和情况衡量投资主体是否有能力完成其计划完成的项目。这并不是代替企业做决策,而是在为企业的决策提供一种核查把关,从而避免因信息不对称而导致的决策失误。

换个角度来看,从东道国的角度出发,审批制度自然是以维护本国的利益为重。东道国往往会对投资企业的资质、规模、投资领域、环境影响等各方面提出要求。这是一国政府维持自身稳定、安全的应有举措,也从另一个侧面说明,从事海外投资的企业提前了解东道国审批制度并遵守相关制度的重要性。当然,当东道国的有关审批机关批准中国企业进入投资时,企业的投资行为在法律上就得到了东道国的认可。在法律上和道义上,东道国作为规则的制定者和执行者也就要承担起保护中国投资者利益的责任。

(二)审批制度的引导作用

制度本身是带有价值判断的,而这种内在的价值判断会产生一种引导的效果。对审批制度而言,审批条件和程序的区别设计就是为实现引导作用。

印度尼西亚总统于2012年2月26日颁布总统令,对在印尼投资开发矿业的合资企业的股权比例作出规定,其基本内容为:矿业企业外资的持股比例应在企业运营五年后逐步降低,并在五年内降至49%(含)以下。具体操作方式为:(1)在第一个五年内,外资持股比例最高不超过80%;(2)在第二个五年内,印尼方持股比例按照23%、30%、37%、42%、51%的比例逐年增加;(3)每年需出售的股权应按照下列顺序进行股权报价:中央政府、省级政府、县级政府、印尼国有企业和私人企业,其中后两者应以公开招标作为出卖股权的方式,如果在本年内没有任何人接受该股权,则延期到下一年继续进行;(4)政府和国有企业对股权的估价仅考虑外资的投资成本,而不考虑矿权或企业发展前景的价值。印度尼西亚这一政策的出台,明确地表明了该国政府保护本国资源,增加本国政府和企业矿产资源开发利益的政策态度。对拟进行相关投资的中国企业而言,其远期利益已被提前制约。在政策不变的前提假设下,中国企业投资印度尼西亚矿业,就需作出更为因地制宜、审慎和有效的规划。这也可能会导致部分投资矿业的中国企业转而去其他国家寻找机会，直接体现了制度变化对企业投资的导向作用。

（三）审批制度对中国企业成长的促进作用

“走出去”为中国企业提供的不仅仅是全球化的市场、机会和竞争，更是一次难得的学习和成长的机会。特别是在树立、提升国际形象，履行社会责任等软实力方面，部分发达国家的审批要求可以给中国企业带来不少有益的启示。

先来看一个清单：

- Atomic Energy Act（《原子能源法》）
- Clean Air Act（《清洁大气法》）
- Clean Water Act（《清洁水法》）
- Comprehensive Environmental Response，Compensation and Liability Act（《综合环境反映补偿和责任法》）
- Emergency Planning and Community Right to Know Act（《紧急计划和社区权利法》）
- Endangered Species Act（《濒危物种法》）
- Energy Policy Act（《能源管理法》）
- The Ocean Dumping Act（《海洋保护研究和保护区法》）
- National Environmental Policy Act（《国家环境政策法》）
- Oil Pollution Act（《燃油污染法》）
- Pollution Prevention Act（《防治污染法》）
- Resource Conservation and Recovery Act（《资源保护和恢复法》）

这个清单所列的是在美国取得环境评价审批需要参考的一部分法律法规，既不是全部的联邦环境法律，也不包括各州更为严格和细致的地方法律要求。这些法律覆盖了能够想到的几乎一切环保问题的细节，从土地、森林、动植物保护，到水体、大气的污染防治，再到环保事故的应急处理和赔偿。申请人需要制定详细的环境保护计划和采取减轻环境影响的措施，并对周边的社区进行充分的说明，听取各种不同的意见。经历过这一过程的企业必然会对环保问题有一个新的认识。尽管不可能将这些做法直接搬回国内，或在其他落后地区使用，但它起码提醒着企业相关问题的重要性，对提升企业的社会责任感是有帮助的。特别是，如果企业有意在落后地区使用这些先进经验，在发展自身的同时帮助当地社会进步，这种良好的国际形象必然会换回更为巨大的发展空间。

第二节 走出国门——中国企业“走出去”的境内审批

中国企业在“走出去”时,首先要解决的,就是中国境内的审批问题。一般而言,中国企业进行境外投资时,可能涉及的审批(或核准、备案)机关主要包括:发展与改革委员会、商务部门和外汇管理部门等。如果中国企业在境外设立或并购的为金融企业,则上述商务部门的审批不适用,取而代之的是金融监管部门的监管,如银行业监督管理委员会(或保险业监督管理委员会、证券监督管理委员会等,根据具体投资企业的行业或被投资项目的具体性质有所不同)的监管。

一、发展和改革委员会的监管

根据国家发改委 2014 年 4 月 8 日颁布的《境外投资项目核准和备案管理办法》(以下简称发改委办法),中华人民共和国境内各类法人(以下简称投资主体)以新建、并购、参股、增资和注资等方式进行的境外投资项目,以及投资主体以提供融资或担保等方式通过其境外企业或机构实施的境外投资项目,均由国家发改委监管。这里的“境外投资项目”指投资主体通过投入货币、有价证券、实物、知识产权或技术、股权、债权等资产和权益或提供担保,获得境外所有权、经营管理权及其他相关权益的活动。根据该办法,发改委只对涉及敏感国家和地区或涉及敏感行业的项目施行核准管理,其他境外投资项目一律适用备案管理。同时,对海外投资核准的权力统一收归中央(包括国务院及国家发改委)行使。

(一)境外投资项目的核准

1. 核准权限

根据投资项目的性质、投资地区以及投资金额的不同,发改委对境外投资项目核准的级别也相应有所不同,详见表 3-1。

表 3-1　发改委对境外投资项目的核准权限划分

项目类型	申请人	海外投资额	审批机关		
			省级发改委	国家发改委	国务院
涉及敏感国家、地区和行业的项目①	中央及地方企业	≥20 亿美元	—	审核意见	核准
		<20 亿美元	—	核准	—

2. 核准条件

根据发改委办法的规定，国家发改委核准项目的条件为：(1)符合国家法律法规和产业政策、境外投资政策；(2)符合互利共赢、共同发展的原则，不危害国家主权、安全和公共利益，不违反我国缔结或参加的国际条约；(3)符合国家资本项目管理相关规定；(4)投资主体具备相应的投资实力。

3. 核准流程

(1)申请文件

由国家发改委核准或由国家发改委提出审核意见报国务院核准的境外投资项目，地方企业直接向所在地的省级政府发展改革部门提交项目申请报告，由省级政府发展改革部门提出审核意见后报送国家发改委；中央管理企业由集团公司或总公司向国家发改委报送项目申请报告。向国家发改委报送的项目申请报告主要包括项目名称、投资主体情况、项目必要性分析、背景及投资环境情况、项目实施内容、投融资方案、风险分析等内容。对于项目申请报告及附件不齐全或内容不符合规定要求的，国家发改委在 5 个工作日内一次性告知申报单位予以补正。

(2)征求意见

在核准前往香港特别行政区、澳门特别行政区、台湾地区以及未建交国家、敏感地区投资的项目前，国家发改委应征求相关部门的意见。相关部门在接到上述材料之日起 7 个工作日内，向国家发改委提出书面意见。对于上述“相关部门”具体为哪些部门，国家发改委并无明文规定。在实践中，一般会包括外交部、我国驻外使领馆及因项目具体性质而涉及的相关主管机关或部门等。

---

①　敏感国家和地区包括：未建交和受国际制裁的国家，发生战争、内乱等国家和地区；敏感行业包括：基础电信运营，跨境水资源开发利用，大规模土地开发，输电干线、电网，新闻传媒等行业。

(3)委托评估

国家发改委在受理项目申请报告之日起5个工作日内,将其认为需要进行评估论证的重点问题委托有资质的咨询机构进行评估。接受委托的咨询机构应在规定的时间内向国家发改委提出评估报告。评估时限原则上不超过40个工作日。

(4)审核时限

对于核准管理的项目,国家发改委在受理项目申请报告之日起20个工作日内,完成对项目申请报告的核准,或向国务院提出审核意见。如20个工作日不能作出核准决定或提出审核意见,由国家发改委负责人批准延长10个工作日,并将延长期限的理由告知项目申请人。需要指出的是,上文讨论的委托咨询机构进行评估的时间并不包括在这一审批时限内。

(5)核准结果

经过内部的审核,以及必要时委托专业咨询机构进行评估等环节之后,发改委形成核准意见,对于给予核准的项目,向项目申请人出具书面核准文件;对不予核准的项目,以书面决定通知项目申请人,说明理由并告知项目申请人享有依法申请行政复议或者提起行政诉讼的权利。

(二)境外投资项目的备案

1. 备案权限

中央管理企业实施的境外投资项目、地方企业实施的中方投资额3亿美元及以上境外投资项目,由国家发改委备案;地方企业实施的中方投资额3亿美元以下境外投资项目,由各省、自治区、直辖市及计划单列市和新疆生产建设兵团等省级政府投资主管部门备案。

2. 备案条件

国家发改委对申请备案的境外投资项目,主要从是否属于备案管理范围,是否符合相关法律法规、产业政策和境外投资政策,是否符合国家资本项目管理相关规定,是否危害国家主权、安全、公共利益,以及投资主体是否具备相应投资实力等方面进行审核。

3. 备案流程

(1)申请文件

中央管理企业由集团公司或总公司向国家发改委报送备案申请表及有关附件。对于备案申请表及附件不齐全或内容不符合规定要求的,国家发改委在5个工作日内一次性告知申报单位予以补正;地方企业应填报《境外投资项目备案申请表》并附有关附件，直接提交所在地的省级政府发展改革部门，由省级政府发展改革部门报送国家发改委。

（2）备案时限与结果

国家发改委自收到符合条件的备案材料之日起7个工作日内出具备案证明。对不予备案的境外投资项目，国家发改委将以书面决定的方式通知申报单位并说明理由；投资主体享有依法申请行政复议或者提起行政诉讼的权利。

（三）核准或备案的变更

对于已经核准或备案的境外投资项目，如出现下列情况之一的，应向国家发改委申请变更：（1）项目规模和主要内容发生变化；（2）投资主体或股权结构发生变化；（3）中方投资额超过原核准或备案的20%及以上。

（四）境外收购、竞标项目的报告机制

境外投资的报告机制主要适用于境外收购项目和竞标项目。境外收购项目，即国内企业直接或通过在境外设立的子公司或控股公司以协议、要约等方式收购境外企业全部或者部分股权、资产或其他权益的项目。境外竞标项目，即国内企业直接或通过在境外设立的子公司或控股公司参与境外公开或不公开的竞争性招标，以投资获得境外企业全部或者部分股权、资产或其他权益的项目。

实践中，投资主体进行境外收购或竞标项目时，在签订具有最终法律约束力的正式文件之前，均需与交易对方进行多轮前期接触、洽谈，甚至需要在较短的时间内向交易对方提交报价或投标文件等。报告机制的建立，正是为了应对这种前期接触和洽谈情形，从而使得投资主体在履行较为简单的报告程序后，即可与其境外的交易对方进行前期洽谈活动，包括提交报价或投标文件等。

1. 报送标准

对于中方投资额3亿美元及以上的境外收购项目与境外竞标项目，投资主体在对外开展实质性工作之前，应向发改委报送项目信息报告。

2. 报送时间

有关投资主体在项目对外开展实质性工作之前即应进行报告。所谓开展“实质性工作之前”，对境外收购项目而言，指对外签署约束性协议、提出约束性报价及向对方国家（地区）政府审查部门提出申请之前；对于境外竞标项目而言，是指在对外正式投标之前。

3. 报送部门

中央管理企业由集团公司或总公司向国家发改委报送项目信息报告；地方企业通过所在地的省级政府发改委向国家发改委报送项目信息报告。提交国家发改委的信息报告材料应包括信息报告报送函和项目信息报告。项目信息报告中,应说明投资主体基本情况、项目投资背景情况、收购或竞标目标情况、已开展的前期工作、收购或竞标的基本方案和时间安排等。

4. 时限要求

国家发改委收到项目信息报告后,对符合国家境外投资政策的项目,由业务主管司在7个工作日内出具确认函。投资主体凭确认函对外开展实质性工作。如项目存在重大不利因素,国家发改委将在确认函中作出特别备注,进行风险提示。对于此类项目,国家发改委在项目核准或备案时将严格审查,投资主体和有关金融机构应慎重决策。

取得确认函后,企业还应当注意以下事项:第一,取得确认函的投资主体就其境外投资项目向国家发改委报送正式的项目申请报告时,应同时报送该确认函。第二,确认函上均会标明有效期。投资主体应在有效期内对外开展前期的实质性工作,如在此有效期间无法完成前期工作,则应根据情况办理确认函延期,或者重新报送项目信息报告。第三,投资主体在完成前期实质性工作以及项目必要前期工作后,应按照法定程序向国家发改委报送项目申请报告,履行境外投资项目核准或备案手续。

(五)发改委监管的发展方向

《国家发展改革委有关负责人就〈关于鼓励和引导民营企业积极开展境外投资的实施意见〉答记者问》中提道:“国务院发布的《关于鼓励和引导民间投资健康发展的若干意见》(国发〔2010〕13号)明确提出要鼓励和引导民营企业‘走出去’积极参与国际竞争。这是从全局和战略的高度来对鼓励和引导民营企业境外投资进行部署和安排,对于全面做好民营企业境外投资的服务保障和风险防范,保障境外人员和资产安全,具有十分重要的现实意义。国家发展改革委员会同十二家国务院有关部门共同研究和联合出台《实施意见》,就是具体贯彻落实国务院的工作要求,采取切实措施推动民营企业境外投资又好又快发展。”

随着2013年国务院发布并实施《关于发布政府核准的投资项目目录(2013年本)的通知》,以及2014年国家发改委陆续颁布实施《境外投资项目核准和备案管理办法》《关于实施〈境外投资项目核准和备案管理办法〉

有关事项的通知》,发改委对境外投资项目的核准或备案流程进行了改革,使核准或备案的程序更加便捷,体现了依法行政和简政放权的理念,体现了我国深化投资体制改革和行政审批制度改革的重要趋势。从目前发改委实行的核准与备案制度来看,发改委对国内企业境外投资的监管程序是相对全面和具体的,企业在进行境外投资项目核准与备案时,应关注不同层级的发改委的具体规定。

由此可见,对有意愿“走出去”的中国企业而言,发改委的政策对其是十分有利的,发改委发布的一系列规范性文件均旨在扶持、鼓励国内企业到海外投资。企业只要认真履行核准与备案手续,发改委的审批并不构成其境外投资的障碍。

二、商务部门的监管

根据商务部2014年颁布的《境外投资管理办法》(以下简称商务部办法),我国企业通过新设、并购等方式在境外拥有非金融企业的所有权、控制权、经营管理权等权益的行为,均适用该《境外投资管理办法》,需报送商务部门核准或备案。

(一)商务部和地方商务部门的审查权限

根据商务部办法第6条规定,商务部和省级商务主管部门按照企业境外投资的不同情形,分别实行备案和核准管理。企业境外投资涉及敏感国家和地区、敏感行业的,实行核准管理。企业其他情形的境外投资,实行备案管理。根据商务部办法第7条规定,实行核准管理的国家是指与中华人民共和国未建交的国家、受联合国制裁的国家(必要时,商务部可另行公布其他实行核准管理的国家和地区的名单)。实行核准管理的行业是指涉及出口中华人民共和国限制出口的产品和技术的行业、影响一国(地区)以上利益的行业。

虽然在核准与备案权限上,商务部和地方商务主管部门做了明确的划分,但是,在具体的流程上,中央企业所有的境外投资申请都应向商务部直接提出;而地方企业的境外投资申请均应首先向省级商务主管部门提出,其中需要商务部核准的,由省级商务主管部门转报商务部。

(二)审查条件

商务部办法在第4条中明确规定了企业境外投资不得有以下情形:(1)危害中华人民共和国国家主权、安全和社会公共利益,或违反中华人民共和国法律法规;(2)损害中华人民共和国与有关国家(地区)关系;(3)违反中华人民共和国缔结或者参加的国际条约、协定;(4)出口中华人民共和国禁止出口的产品和技术。

(三)具体审查流程

1. 备案项目

(1)申请文件

中央企业和地方企业通过“管理系统”按要求填写并打印《境外投资备案表》,加盖印章后,连同企业营业执照复印件分别报商务部或省级商务主管部门备案。

(2)审查时限与结果

《境外投资备案表》填写如实、完整、符合法定形式,且企业在《境外投资备案表》中声明其境外投资无本办法第4条所列情形的,商务部或省级商务主管部门应当自收到《境外投资备案表》之日起3个工作日内予以备案并颁发《企业境外投资证书》。企业不如实、完整填报《境外投资备案表》的,商务部或省级商务主管部门不予备案。

2. 核准项目

(1)申请文件

企业申请境外投资核准需提交以下材料:①申请书,主要包括投资主体情况、境外企业名称、股权结构、投资金额、经营范围、经营期限、投资资金来源、投资具体内容等;②《境外投资申请表》,企业应当通过“管理系统”按要求填写打印,并加盖印章;③境外投资相关合同或协议;④有关部门对境外投资所涉的属于中华人民共和国限制出口的产品或技术准予出口的材料;⑤企业营业执照复印件。

(2)征求意见

核准境外投资应当征求我驻外使(领)馆(经商处室)意见。涉及中央企业的,由商务部征求意见;涉及地方企业的,由省级商务主管部门征求意见。征求意见时,商务部和省级商务主管部门应当提供投资事项基本情况等相关信息。驻外使(领)馆(经商处室)应当自接到征求意见要求之日起7个工作日内回复。

(3)审查结果

①中央企业境外投资

商务部应当在受理中央企业核准申请后20个工作日内[包含征求驻外

使（领）馆（经商处室）意见的时间］作出是否予以核准的决定。申请材料不齐全或者不符合法定形式的，商务部应当在3个工作日内一次告知申请企业需要补正的全部内容。逾期不告知的，自收到申请材料之日起即为受理。中央企业按照商务部的要求提交全部补正申请材料的，商务部应当受理该申请。

②地方企业境外投资

省级商务主管部门应当在受理地方企业核准申请后对申请是否涉及商务部办法第4条所列情形进行初步审查，并在15个工作日内［包含征求驻外使（领）馆（经商处室）意见的时间］将初步审查意见和全部申请材料报送商务部。申请材料不齐全或者不符合法定形式的，省级商务主管部门应当在3个工作日内一次告知申请企业需要补正的全部内容。逾期不告知的，自收到申请材料之日起即为受理。地方企业按照省级商务主管部门的要求提交全部补正申请材料的，省级商务主管部门应当受理该申请。商务部收到省级商务主管部门的初步审查意见后，应当在15个工作日内作出是否予以核准的决定。

（四）省级商务主管部门对境外投资规制的补充规定

根据商务部办法规定，部分投资项目的管理权限属于省级商务主管部门。商务部办法中规定的省级商务主管部门包括：全国32个省、直辖市、自治区的商务主管部门，新疆建设兵团商务主管部门，以及5个计划单列市（包括大连、青岛、宁波、厦门、深圳）的商务主管部门。一般而言，省级商务主管部门对于境外投资的核准程序，尤其是申请需要提交的材料以及申请流程等方面一般均会作出变通性规定（省级商务主管部门对境外投资规制的补充规定参见附表17）。

审批流程上，国内企业要严格按照各部门以及各地方规定的核准程序办理审批手续。在商务部《境外投资管理办法》施行的前提下，各省级商务主管部门一般会根据自身情况，作出补充或变通规定。而地方企业进行境外投资审批，不论核准或备案，均需首先向省级商务主管部门进行申请。因此，可以看出企业在进行境外投资申请时，不能只局限于商务部《境外投资管理办法》的相关规定，一定要仔细研究所在省商务主管部门对于申请的要求，只有符合这一要求才能够顺利通过审批。

三、外汇管理部门的监管

我国实行较为严格的外汇管制。根据2008年《外汇管理条例》的规定，境内机构、境内个人向境外直接投资或者从事境外有价证券、衍生产品发行、交易，应当按照国务院外汇管理部门的规定办理登记。国家规定需要事先经有关主管部门批准或者备案的，应当在外汇登记前办理批准或者备案手续。

目前关于中国企业境外投资审批流程的主要规定集中于2008年修订的《外汇管理条例》、2009年发布的《境内机构境外直接投资外汇管理规定》、2012年发布的《关于进一步改进和调整直接投资外汇管理政策的通知》及2015年发布的《关于进一步简化和改进直接投资外汇管理政策的通知》。近年来，外汇规定在程序上已有大幅简化，审批机构权力下放，审批时限大幅缩短。

(一)境外投资外汇登记

1. 登记部门

根据国家外汇管理局2009年发布的《境内机构境外直接投资外汇管理规定》的规定，境内机构境外直接投资获得境外直接投资主管部门核准后，应当持相应的报批材料到境内机构所在地的外汇管理局(以下称为国家外汇管理局)(或管理部)办理境外直接投资外汇登记。其中，境内机构是指中华人民共和国境内的国家机关、企业、事业单位、社会团体、部队等，外国驻华外交领事机构和国际组织驻华代表机构除外。多个境内机构共同实施一项境外直接投资的，各境内机构应当向各自所在地国家外汇管理局(或管理部)分别办理“境外直接投资外汇登记证”，各自所在地国家外汇管理局(或管理部)还应在相关业务系统中登记有关情况。

自国家外汇管理局2015年发布的《关于进一步简化和改进直接投资外汇管理政策的通知》生效后，改由银行按照该通知及所附《直接投资外汇业务操作指引》直接审核办理境外直接投资项下外汇登记，国家外汇管理局及其分支机构通过银行对直接投资外汇登记实施间接监管；同时取消境外再投资外汇备案；取消境外直接投资外汇年检，改为实行境外直接投资存量权益登记，并放宽登记时间、简化登记内容，允许企业通过多种渠道报送相关数据。

2. 审批时限

由于国家外汇管理局2012年《关于进一步改进和调整直接投资外汇管

理政策的通知》简化了外汇程序，取消了境外直接投资资金汇出核准，国家外汇管理局受理申请材料后在 5 个工作日内核发外汇登记证，不再需 20 ~ 25 日之久。由于目前境外投资外汇登记由各银行办理，各地银行实际操作不一，应具体参照各地及各家银行的规定或案例。

（二）投资资金汇出手续

1. 投资资金汇出手续办理机构

境内机构应凭境外直接投资主管部门的核准文件和境外直接投资外汇登记证，在外汇指定银行办理境外直接投资资金汇出手续。外汇指定银行进行真实性审核后为其办理。具体来说，境内机构应当直接联系机构账户的开户行，由开户行指导完成开立外汇账户，通过外汇账户进行资金的汇出。

外汇指定银行是指经人民银行批准经营结汇、售汇业务的金融机构，包括中资金融机构和外资金融机构。中资金融机构是指政策性银行、国有独资商业银行、股份制商业银行及其分支机构，城市、农村商业银行以及其他经批准的金融机构；外资金融机构是指《外资金融机构管理条例》中所称外资银行、外国银行分行、合资银行以及其他经批准的金融机构。外汇指定银行为境内机构办理境外直接投资资金汇出的累计金额，不得超过该境内机构事先已经国家外汇管理局在相关业务系统中登记的境外直接投资外汇资金总额。

2. 办理投资资金汇出的材料

每一个银行对资金汇出都有不同的要求，甚至境内机构所在地的开户行也各有自己的审核要求，因此需要境内机构提前与开户行沟通，以了解具体信息。但一般来说，办理投资资金汇出应主要携带以下材料去外汇指定银行：（1）外汇资金申请书；（2）组织机构代码证正本；（3）境内机构公章；（4）境内机构有效的营业执照正本；（5）境外直接投资主管部门的核准文件；（6）境外直接投资外汇登记证。

（三）境外直接投资前期费用汇出

1. 境外投资前期费用的范围

根据《境内机构境外直接投资外汇管理规定》，境外直接投资前期费用是指境内机构在境外投资设立项目或企业前，需要向境外支付的与境外直接投资有关的费用，境内机构已汇出境外的前期费用，应列入境内机构境外直接投资总额。也就是说，在有关部门正式批准之前，境内机构可以向所在地国家外汇管理局（或管理部）提出申请，提前获得资金用来作为境外投资

的先期投入,这部分资金算入境内机构境外直接投资总额。前期费用包括但不限于:

(1)收购境外企业股权或境外资产权益,按项目所在地法律规定或出让方要求需缴纳的保证金;

(2)在境外项目招投标过程中需支付的投标保证金;

(3)进行境外直接投资前,进行市场调查、租用办公场地和设备、聘用人员,以及聘请境外中介机构提供服务所需的费用。

2. 申请境外投资前期费用手续

向境外汇出的前期费用,一般不得超过境内机构已向发改委、商务部申请的境外直接投资总额的15%(含)。前期费用累计汇出额不高于10万美元(含)的,或者超过10万美元但未超过中方投资总额15%的,由境内机构注册地国家外汇管理局办理。10万美元以上的前期费用汇出,原则上累计汇出额不得超过中方投资总额的15%,如超过15%需由境内机构注册地国家外汇管理局分局(外汇管理部)审核。另外,根据2012年《国家外汇管理局关于进一步改进和调整直接投资外汇管理政策的通知》,前期费用外汇账户资金因直接投资而发生的境内外汇划转不再核准。国家外汇管理局2014年出台《关于进一步改进和调整资本项目外汇管理政策的通知》,在放宽境外直接投资前期费用管理方面,境外直接投资前期费用累计汇出额不超过300万美元的,在注册地国家外汇管理局办理前期费用登记手续后,即可到银行办理购付汇手续;自2015年6月1日起,相关境外直接投资前期费用登记可由银行按照外汇管理有关规定直接审核办理,境内机构境外直接投资的便利化程度进一步提高。

(四)企业境外并购的前期报告制度

1. 报告对象

报告制度针对的是企业境外并购类投资项目,即“国内企业及其控股的境外中资企业通过购买境外企业的股权或资产的方式(包括参股、股权置换等)获得该企业的资产或经营控制权的投资行为”。根据商务部、国家外汇管理局于2005年3月31日发布的《企业境外并购事项前期报告制度》(以下简称报告制度),企业在确定境外并购意向后,须及时向商务部及地方省级商务主管部门和国家外汇管理局及地方省级外汇管理部门报告。

国务院国有资产监督管理委员会(以下简称国资委)管理的企业直接向

商务部和国家外汇管理局报告;其他企业向地方省级商务主管部门和外汇管理部门报告,地方省级商务主管部门和外汇管理部门分别向商务部和国家外汇管理局转报。

2. 报告内容

企业提交境外并购事项进行前期报告时,应填写《境外并购事项前期报告表》。该表格主要包含以下几大项:境内投资主体的相关情况;实施具体并购行为的子公司的相关情况;境外并购目标企业的基本情况;并购背景;拟并购的资产、股权或业务情况;预计投资总额;交易方式(现金、股票及混合方式);资金筹措方案;初步时间安排;潜在风险及应对方案;需政府提供的服务等。

四、国资委的监管

根据我国国有资产监督管理的相关规定,如进行境外投资的企业为国有企业或国有控股企业,则其境外投资活动,同时还处于国有资产监督管理部门的监管之下。具体的监管程序,则根据具体的投资主体(为中央企业还是地方国有企业)及投资项目的性质和金额等而不同。

中央企业是指由国资委履行出资人职责的企业,其进行境外投资须就下列事项向国资委履行备案、审批等手续。

(一)境外投资管理制度的备案

中央企业须就境外投资管理制度向国资委备案:(1)境外投资指导方针和原则;(2)境外投资管理机构及其职责;(3)境外投资决策程序和管理流程;(4)境外投资风险管理制度;(5)境外投资评价、考核、审计及责任追究制度;(6)对所属企业境外投资的监督管理制度。

此外,中央企业应当根据境外投资规划编制年度境外投资计划,并按照有关要求按时报送国资委。年度境外投资计划应当包括下列主要内容:(1)境外投资总规模、资金来源与构成;(2)重点投资项目基本情况(包括项目背景、项目内容、股权结构、投资地点、投资额、融资方案、实施年限、风险分析及投资效益等)。

(二)关于重点投资项目

重点投资项目是指中央企业按照内部境外投资管理制度规定,由其最高投资决策机构研究决定的中央企业及其各级子企业投资的项目。列入中央企业年度境外投资计划的主业重点投资项目,国资委实行备案。对境外投资项目有异议的,国资委应当及时向企业出具书面意见。未列入中央企业年度境外投资计划,需要追加的主业重点投资项目,中央企业应在履行企业内部投资决策程序后报送国资委备案。对项目有异议的,国资委应当在20个工作日内向企业出具书面意见。境外收购项目应在签署具有法律效力的文件前不少于12个工作日正式向国资委报告。

(三)非主业投资的核准

中央企业原则上不得在境外从事非主业投资。有特殊原因确需投资的,应当经国资委核准。核准内容包括:(1)非主业投资项目实施的必要性;(2)对企业发展战略和主业发展的影响程度;(3)企业投资承受能力和风险控制能力等。国资委应在20个工作日内出具书面意见。另外,根据国家境外投资管理有关规定,需要由国务院或国务院有关部门决定、批(核)准的境外投资项目,中央企业应当将有关报批文件同时抄送国资委。

总体而言,无论是对中央国有企业,还是对地方国有企业,国有资产监督管理部门均首先进行“年度投资计划”的管理,从而凸显了国有企业“年度投资计划”的重要性。因此,计划进行境外投资的国有企业必须做好提前规划,将下年度希望进行的投资项目等提前列入年度投资计划,以避免被动。另外,需要提醒的是,从各省市的现有规定看,地方国有企业要进行境外投资,除了需提前将投资项目纳入年度投资计划外,还需要针对具体的投资项目另行履行审批等相关手续。从现有规定可以看出,国有资产监督管理部门严格控制国有企业进行境外非主业投资。因此,国有企业在作出投资决策时,需要特别注意这一点。

第三节 走向世界——中国企业“走出去”的境外审批

境外投资不仅涉及中国法律,还涉及投资目的地国的法律甚至第三国的法律(例如交易资产在第三国,或者法律文件适用第三国法律)。特别是审批制度,是外资进入他国的必经之路。

一、境外审批制度千差万别

(一)境外审批制度体系与内容千差万别

不同国家都有着自己独立的法律体系和制度结构。无论在法律体系的分类上它们是否属于同一类别,比如大陆法系、英美法系或者其他任何分类,在具体的审批制度细节上都会有十分不同甚至截然相反的规定。部分国家投资审批框架如表3－2所示。

表3－2　部分国家投资审批框架

国家	审批制度
澳大利亚	1. 投资者属于外国政府及其相关实体的,无论投资的价值几何,无论投资人是外国的政府机构还是商业实体,无论投资形式是开办新的企业,还是进行收购,在进行直接投资时,都必须获得澳大利亚政府的预先批准。
	2. 外国政府及其相关实体包括:外国的各级政府;外国政府、外国政府机构或相关实体合计拥有15%以上权益的公司或其他实体;由外国政府、外国政府机构或相关实体通过其他方式控制的公司或实体。
	3. 非外国政府及其相关实体的外国投资者,根据其投资的额度和领域也需要履行预先批准程序。外国投资者收购澳大利亚企业或公司,如果收购的价值达到2.48亿澳元,或者收购的权益超过目标公司15%或以上的,必须提前向澳大利亚政府报告。
	4. 如果收购的目标企业是澳大利亚的境外公司,但是该境外公司在澳大利亚的分公司或总资产的价值超过了2.48亿澳元,也需要向政府报告。
	5. 在确定收购目标的价值时,澳大利亚采用就高不就低的原则,以公司发行的总股本的价值和资产总额两者中数额较高的为准。
加拿大	1. 在加拿大的外国投资,无论是收购当地企业,还是设立新的公司,所涉及的程序包括备案或审核。
	2. 备案是一个比较简单的程序,包括按照特定的表单提供外国投资者和拟收购的加拿大企业的基本情况。备案程序并非必要的前置程序,并不影响投资收购的交易完成,相反通常是在交易完成后履行该义务,但是需在完成的30日内进行。
	3. 审核程序则要求投资者和合作的加拿大方提供比较详细的资料,包括商业计划,并且必须在交易完成前提请审批。
	4. 在审核制度适用的情形下,只有当工业部长或文化遗产部部长确信投资能够"对加拿大有利"时,投资者才可以进行计划的投资。

续表

国家	审批制度
南非	南非没有外资准入的预先审批程序,公司注册成为在南非投资的主要环节。
安哥拉	私人投资由安哥拉财政部负责审批,不论内资或外资,只有投资额在 100 万美元以上,才享有该法规定的财税及关税优惠待遇。
巴西	1. 外国企业在巴西设立分公司或代表处,以及对其营业或许可进行变更时,都需要向巴西联邦政府进行申请。只有联邦政府核发许可后,才能在各州申请注册登记。完成时间至少为 1 年。
	2. 外国公司在巴西设立分公司时,均需由主管机关许可,但外国公司申请设立分公司的程序、审核过程繁复,且在税赋上受到一定歧视性待遇。
	3. 在巴西设立子公司的方式主要为申请设立巴西国内公司,由两个外国股东合资(自然人或法人),或是由一个巴西股东和一个外国股东设立。该种设立方式审批相对较快,一般在申请后 3 个月内可完成。但需要有一位巴西当地负责人,该负责人应为巴西公民或持有巴西永久居留证的外国人。该负责人将具有公司股东所有权利,包括公司股份买卖、公司动产及不动产买卖及公司银行账户的所有商业往来行为。
	4. 审批程序按照投资方式的不同,巴西规定了相应的外国投资的审批制度。投资巴西的方式包括:外国货币投资、外国信贷转化的投资、以实物投资或股权收购等。

从表 3－2 列举的内容可以看出,五个国家的境外投资审批框架尽管有部分类似之处,但存在的差异更为明显。不同国家根据自身的国情考虑的重点也是不同的。比如发达国家就更关注投资是否能给自己的国家带来“净利益”,而发展中国家更在意引进的投资能否带来发展机遇。所以,审批制度包含着社会、经济、政治、文化、宗教、历史等各种各样的元素,不同国家的审批制度与法律体系之间的千差万别也就是必然的结果了。

(二)境外审批制度与东道国国情紧密相关

这一特点与前一点有着紧密的联系,可以说是互为因果的。因为国情的不同,所以制度自然是不同的。所谓国情,是指一个国家的文化历史传统、自然地理环境、社会经济发展状况以及国际关系等各个方面的总和,也是指某一个国家某个时期的基本情况。国情可以具体分为七个方面,包括自然环境和自然资源、科技教育状况、经济发展状况、政治状况、社会状况、文化传统以及国际环境和国际关系。这些因素都会对审批制度的形成和实际运作产生重大影响。

1. 发达国家

发达的法治国家一般都具备比较健全的审批制度。无论是在法律体系的完整性、执法的效率、制度的合理性、政策的稳定性等方面都有着良好的表现。特别是法律的透明度很高，只要中国投资者准备充分，一般都可以获得审批制度的全部必要信息。但是，发达国家的审批制度也并非是十全十美的。悠久的法制文化也导致了程序的高度专门化和复杂化，没有专业人士（比如律师）的帮助将使得审批成为耗时费力的工作。特别是在中国经济的影响力不断提升的今天，发达经济体越来越觉得自己的传统优势地位正在不断遭到中国等新兴经济体的挑战。为了保护本国的利益，表面上又不违背自由市场经济原则，发达国家的审批制度正在逐渐转变成一种隐性的贸易壁垒。无论是环境保护标准的提高、国家安全因素的介入还是行业投资的限制，都可以理解为一种贸易保护政策的延伸。

但总体而言，发达国家在秉持法治精神、严格执行法律程序方面有着良好的制度保障。只要中国企业能够认真地了解相关制度，依法律程序完善各项审批手续，在一般情况下都能得到东道国法律的有效保护。

2. 发展中国家

发展中国家的法律体系一般都处在建设的过程中，尽管各国所处的阶段不同。但这也意味着，发展中国家在审批制度上存在相当的不足。例如，发展中国家在审批程序的设计上往往比较复杂，空白或者权限划分不清的问题时有发生，而且审批时间较长，即使有法定要求，执行率也往往较低。然而，就是在这样的地区，投资企业才需要更为谨慎的前期调查。根据有关数据，我国的境外投资大多分布在发展中或者落后地区，这些国家作为我国投资的主要目的地国，其审批制度是必须面对的实际问题。遵守现有的法律程序，取得合法的投资资质，都应当成为最基础的工作。

3. 欠发达国家

一方面，欠发达国家的开发历史较短，未开发的土地、矿产、能源等各类资源非常丰富，开发潜力巨大；另一方面，这些国家处于政治、经济和社会的持续动荡或者不稳定状态下，政府管理混乱，没有行之有效的法律体系，外国投资者的权益几乎处于没有保护的状态。就审批制度而言，这种情况也是司空见惯的。在这种国家进行投资活动所面临的政治和法律风险是不言而喻的，并不是靠一家企业能以一己之力来克服的，这需要政府之间的有效合作来保障。

（三）境外审批制度承载了东道国的文化特质

审批制度承载着不同国家的文化缩影，要全面加以认识，才能更好地理解和实现我们的目的,并为未来在东道国的发展打好基础。比如说在沙特阿拉伯,外国人和外国资金是禁止进入或参与开发麦加和麦地那两座城市的土地和房产的。当然,有些审批制度也不是写在纸面上的,而这些隐性的许可一般都与当地的文化习俗有关。比如在非洲某些地区,部族或者说部落的概念往往比国家更为深入人心。取得国家审批只是第一步,取得当地部族的许可和支持,对项目的进展往往影响更大。这些问题也许不是法律上的,但它的实际影响力却一点不比法律逊色,所以充分地与当地社区和居民沟通,也是海外投资不可或缺的一步。

二、一般境外审批制度概述

(一)准入审批

准入审批一般是指一国政府或其授权机构规定投资人进入市场从事商品生产、经营活动所必须满足的条件和必须遵守的制度与规范的总称,是国家为保护社会公共利益而对市场进行监管的基本制度。当然,不同的国家根据自身的情况对准入制度有不同的规定。

1. 事先申请制度

事先申请制度是目前大多数国家采用的审批制度,澳大利亚是这一制度典型的代表。澳大利亚的外国投资审批机构为国库部,外国投资者必须向国库部外国投资审查委员会提出书面投资申请。澳政府鼓励外国投资,但如果外资主管机构认定投资项目会损害国家利益,则有权拒绝批准。政府一般考虑的标准包括:(1)国家安全;(2)对竞争环境的影响;(3)与政府其他政策的关系(如税收等);(4)对经济和社会的影响;(5)投资人的性质;(6)与外国政府及相关实体的关系,等等。

2. 没有专门的准入程序

美国就是一个典型的代表。所谓的没有专门的准入审批程序并不是说没有审批程序的完全自由式的开放,而是指外国投资事宜适用于所有设立本土公司的法律、法规。在美国,外国投资一般无须审批,按照一定的程序直接到所在地区的投资主管部门(一般是州和地方的经济发展部门)申报即可。但由美国财政部、商务部等部门组成的跨部门外国投资委员会(CFIUS)如认为某笔涉外并购交易可能影响美国国家安全,有权对该交易进行审查。

此外,印度也可算作这一制度的代表。印度除了在少数特定的需要政府预先审批的领域之外，其他外国直接投资都是按照自动生效的模式进行。在自动生效模式下，外国投资既不需要政府审批，也不需要印度国家储备银行审批。自动生效模式所未包含的外国投资均需要政府预先审批。审批许可由外国投资与促进委员会（FIPB）负责。

（二）反垄断审查制度

反垄断审查制度是在国际并购交易领域经常出现的一种审批、审查制度。各国对于垄断的构成条件都有着各自不同的规定，但一般都涉及并购的规模、价格、企业的影响力、盈利能力、并购后对市场竞争的影响等因素。在欧洲的并购交易一般会涉及欧盟层面的反垄断审查。如果一些法定门槛被满足，任何一项对决定一个企业的商业战略具有决定性影响的收购将被纳入到欧盟并购控制体系。这些门槛包括：

1. 适用于大公司之间交易的门槛。

（1）相关企业的全球合并总营业额达到 50 亿欧元。

（2）至少两个相关企业中的每一家企业在欧盟范围内的总营业额达到 2.5 亿欧元；除非其中任意一家企业欧盟范围内的年度营业额的 2/3 以上都是在同一个成员国中产生。

2. 适用于影响到几个欧盟成员国交易的门槛。

（1）相关企业的全球合并总营业额达到 25 亿欧元。

（2）至少两个相关企业中的每一家企业在欧盟范围内的总营业额超过 1 亿欧元。

（3）相关企业在至少 3 个欧盟成员国的总合并营业额超过 1 亿欧元。

（4）相关企业中至少两个企业的单一营业总额在上述所含的至少 3 个欧盟成员国内超过 2500 万欧元；除非所有相关企业中的每个企业在同一欧盟成员国内各自达到的营业额占其在欧盟范围内总营业额的 2/3。

如果上述两个门槛之一得到满足，必须向欧盟通知相关交易。当然，除了欧盟层面的反垄断审查以外，各国也有国内层面的审查。例如在德国，如果交易各方的营业额达到一定程度，则必须就该交易向位于波恩的德国联邦卡特尔局进行申报。联邦卡特尔局在收到相关材料后须在 4 个月内进行审理，在正式否决期内，必须给企业一次申辩机会，裁决需告知企业否决的充分理由。如企业不服，有权上诉至杜塞尔多夫等地方法院或柏林上诉法院，若不满二审判决，还可以继续上诉至联邦最高法院。

(三)国家安全审查

国家安全审查并不是一个全新的概念,甚至可以说是审批制度的应有之义。毕竟危害国家安全的事项理应要被挡在国门之外。不过,这一概念的应用已经越来越表现出一种贸易壁垒色彩,对于任何准备投资海外的中国企业来说,都是必须认真应对的事项。举例来说,美国外国投资委员会(CFIUS)审查的基本内容为:

根据1988年美国国会通过的《埃克森—弗罗里奥修正案》,美国总统有权通过CFIUS调查确定外国人士的合并、兼并和收购活动对国家安全的影响,而此类并购活动可能导致外国对在美国从事跨州商务的人士的控制。如果相关各方自愿向CFIUS通报拟议中的收购,该项交易有90天的审查期:CFIUS将用30天来确定是否需要展开调查,另用45天完成调查,然后总统将在15天内宣布是否暂停或禁止这项交易。属于该法案管辖范围的拟议收购相关各方可自动通报CFIUS,否则,如果总统按规定进行调查后发现,有权下令出售资产。如果外国政府或受外国政府控制或代表外国政府行事的实体参与任何合并、兼并或收购,并可能导致对在美国从事跨州商务人士的控制,则必须进行调查。

虽然CFIUS的审查范围一般限于并购交易,但国家安全审查的范围一般更大一些,而且缺乏明确的标准。因为明确的标准将降低政府在这一核心问题上的灵活度,但反过来也就为投资者设定了一道模糊的障碍。一般而言,发达国家出现这一问题的情况相对较多,中国企业最好以一种积极的态度去寻求东道国政府在国家安全领域的许可,避免采取被动的事后救济措施。

(四)外汇管理措施

一般的发达市场经济国家和部分发展中国家,如加拿大、德国、爱尔兰、印度、马来西亚等,都不存在外汇管制,不过有少数国家出于数据统计的需要保留了一些非审查的报告制度,如法国、荷兰、新西兰等。

当然,有些国家也制定了具体的外汇管理措施。例如,南非具有对资本(或资本权利)输出(无论以何种形式)施加限制的外汇管理法规体系。根据相关规定,向非南非居民汇出与当地生产无关的特许经营权使用费、许可费和专利权使用费,要得到南非储备银行的批准;生产性(非销售性)特许经营权使用费的汇出,要得到贸工部的批准。

(五)环境保护审批制度

环境问题已经成为当今时代的一个世界性课题,环境对于人类的重要价值早已获得了人们的普遍认可。因此,世界各国对于环境保护方面的要求正在逐渐变得更加严格。但总的来说,发达国家(如美国和欧盟国家)大多已经有了一套较为成熟的国内环保法律,大多数发展中国家和欠发达国家、地区在环保的国内立法上还有所欠缺。

以加拿大为例,所有外资项目在决策前都必须经过环境可行性评估。评估的范围从时间上考虑,要跨越项目寿命期后数十年。评估内容包括对人、社会和其他物种的生存和发展的影响;从空间上考虑,要评估项目对所在地区、周边及人类健康和生态环境的影响。只要企业的生产经营活动涉及环境问题,该企业必须得到环境部长签发的环境许可证书才能进行生产。企业除了遵守联邦政府的环保法规外,还要遵守项目所在地的环保法规。加拿大各省都有自己的环保法律和规定。此外,工程必须明确该项目会否影响原住民居住地环境,如与此有关,还必须与原住民进行协商。

再来看安哥拉的情况:根据安哥拉法律规定,承包商应采取一切适当措施,保护现场内外环境,限制由其施工作业引起的污染、噪声和其他后果对公众和财产造成的损耗和妨害。但目前,安哥拉没有一个明确的环保评估部门以及完善的环保评估规定。通常是承包商和业主达成共识,按照业主的相应环保要求进行工程作业。

通过上面的两个例子,可以感受到各国在环境保护上的差异。为克服这一问题,同时也为了促进不发达国家的可持续发展,一些国际组织如国际金融公司(IFC)、经济合作与发展组织(OECD)等都提出了自己的环保标准,赤道原则就是著名的一例。该原则是一套有关在项目融资中评估、管理和监测环境问题的基本原则和规范,根据IFC标准和世界银行的环境、健康和安全准则(World Bank Group Environmental, Health and Safety Guidelines)制定。赤道原则适用于资产规模1000万美元以上的项目,其要求选择适用赤道原则的金融机构在相关项目融资借款人不符合赤道原则中有关环境和民生政策的情况下,不得向该等借款人发放贷款。赤道原则旨在对环境监测、评估、报告等设定一套最基本的要求,因此各金融机构尽可根据自己内部的要求,实施更严格的环保要求。赤道原则将其适用的项目根据IFC标准按照环境风险从高到低分为A、B、C三类——不同类别项目所适用的环境民生评估要求有所不同。此外,项目所处的国家(如处于OECD成员国或非成员国)不同,对项目所适用的要求也会有所区分。各金融机构可选择是否加入并实施赤道原则。目前共有来自35个国家的84家金融机构加入并实施赤道原则,涵盖了活跃于项目融资市场的绝大多数商业银行。兴业银行为中国首家加入并实施赤道原则的银行。

在环保这个问题上,特别是在法律不完善的国家或地区,中国企业所要做的不仅仅是达到东道国的法律标准,而是要秉承一种坚实的社会责任感,以对当地社会和东道国负责任的态度,更有效地保护环境,为自己树立一个良好的国际形象。

(六)工程建设许可制度

在国外承揽工程一般要经过获取信息、投标、获得许可这个程序。以下将讨论属于审批制度范畴之内的工程建设许可制度。

1. 预先的资格审查

预先的资格审查是工程许可的一种常见制度,也就是对于准备参加大型或重要工程项目的投标者进行资格的预审。越南采用的就是这种制度。根据越南《投标法》的规定,投标商须符合以下条件才可以参加投标:一是有所在国职能部门颁发的营业执照;二是有独立经济核算资格;三是财务状况健康。资格预审一般在业主发布招标公告之后,承包商投标之前。资格预审的内容很广,比如承包商以往的业绩与信誉、设备与技术状况、人员的技术能力、管理水平和财务状况等。承包商应提供投标意向书、公司章程、公司技术和行政管理人员名单、机械设备清单、过去五年承揽的项目合同清单等。

阿联酋也采用这种预审制度,但与越南不同的是,资格预审通过邀请或登报的方式进行。如属于邀请方式,则由业主或受业主委托的部门发函给被邀请的公司,资格预审材料由业主提供。参加预审的公司在规定时间内向业主提交填写好的预审文件,经业主或专门评委审议决定。

2. 合资要求

部分发展中国家为了在吸引和利用外资的同时能够促进本国相关产业的发展,或者创造就业、提高收入,会要求承揽工程的外国公司与当地公司组成合资公司才能参与投标。例如,在阿根廷,承揽公共工程需要参加国家组织的招标,同当地一家公司组成联合公司并向国家有关部门递交意向书后,方可参加投标。

3. 招标后的许可

有的国家并不要求企业在投标时接受事前的审批,甚至对于是否招标都没有硬性的法律规定,但在企业中标之后会提出相关的许可要求。例如在印度，外国公司中标后需在印度注册一个临时性的项目公司才能实施工程项目，而且这个项目公司只能实施与项目有关的商务活动。

（七）行业审批

“走出去”的中国企业，无论是以直接投资还是并购控制的方式，从事最多的就是能源和矿业类的项目。但是，这些领域往往关系到一国的国计民生，特别在发展中国家，可谓是一国的经济命脉。所以，对于外资进入这些领域一般都有着严格的审批制度，也就是对投资行业的限制。部分国家禁止或限制投资的领域如表 3－3 所示。

表 3－3　部分国家禁止\限制投资行业

国家名称	禁止领域	限制投资
巴西	核能开发、医疗卫生、养老基金、海洋捕捞、邮政、报纸、电视、无线电通信网络、国内特许航空服务、航天工业等	石油、天然气、矿产、电信、电力、近海航运、高速公路建设、新闻媒体、海关保税仓库、民航业、再保险、外国投资者投资购买土地、公路货物运输、巴西国内公共航空领域等
印度	风险基金、雪茄及烟草业、核能、赌博博彩业	电信、私人银行、多品牌零售业、航空服务、基础设施投资、房地产、广播电视转播等
越南	危害国防、国家安全和公共利益的项目；危害文化历史遗迹、道德和风俗的项目；危害人民身体健康、破坏资源和环境的项目；处理从国外输入越南的有毒废物、生产有毒化学品或使用国际条约禁用毒素的项目	对国防、国家安全、社会秩序有影响的项目、财政、金融项目、影响大众健康的项目、文化、通信、报纸、出版、娱乐、房地产、自然资源的考察、寻找、勘探、开采及生态环境项目、教育等
澳大利亚		能源矿产、房地产、金融、保险、航空、媒体、电信、机场等
加拿大		铀的生产、金融服务、交通服务及文化产业

通过表 3－3 可以发现，各个国家对行业进入的限制是不同的，而且采用的限制方式也有很大的差异。比如说澳大利亚和加拿大，虽然在法律上两个国家没有禁止外资进入任何领域，但因为有着国家安全审查制度或其他制度的安排，想要随意进入某些领域是不可能的。再如越南，该国并没有列出限制进入的领域，却给出了限制进入的条件，比如危害国家安全、社会秩序、公序良俗等。而对于限制领域来说，差异也是巨大的。在加拿大和澳大利亚，即使是限制行业，也只需要履行一些必要的审批手续；而在印度，不

仅要通过漫长复杂的审批程序,在外资持股比例上还有着严格的限制。

因此,审批制度与一国的国情紧密相关,更反映出这个国家自身的许多特点。企业在决定投资之前,必须对这些规定和限制有清晰的认识,否则损失将是无法挽回的。

三、审批制度对企业的启示

(一)充分重视,提前研究

审批制度对海外投资项目的影响是重大且显而易见的。任何疏忽或不小心,都可能导致大量资金和时间的浪费,甚至危及项目的整体进展和可行性。然而,要有效应对各个国家如此不同、繁杂、细致的审批制度,最有效的办法就是开展谨慎细致的前期调研工作。

另外,对别国审批制度的研究将有助于企业避免惯性思维带来的不必要的麻烦。也就是说,企业不能以国内经验或者自己熟悉的其他国家的经验,不假思索地套用在新的东道国身上。这不仅仅因为制度本身在规定上就有差异,更因为同样的制度也有着不同的理解和执行方式。

(二)借助审批制度,把握东道国政策趋势

审批制度是一个国家自我保护的一种机制。它在调节本国市场与世界市场的关系,保障本国经济稳定发展上有着十分重要的作用。也正因为如此,审批制度就像一本高浓缩的政治文化经济手册,足以反映出一个国家方方面面的信息和趋势。当然,分析出这些趋势不是一件容易的工作,但任何对未来趋势的把握都将更加有利于企业在东道国的发展。

首先,可以从审批制度上看出东道国投资政策的变化趋势。不论是审批程序的简单化或复杂化、审批门槛(比如对公司资产规模的要求)的提高或降低还是审批权限的收紧或下放,都在释放出相关领域投资政策变化的明显信号。对于准备进入的企业来讲,这是一个重新评估投资风险的窗口;对于已经进入的企业来说,则是制定未来发展战略的参考指标。

其次,可以通过审批制度了解东道国的文化环境。一家外资企业在东道国的良好发展要依赖很多因素,文化因素是不可忽略的一环。笼统地说,文化是一种社会现象,是人们长期创造形成的产物,又是一种历史现象,是社会历史的积淀物。文化可以包括一个国家或民族的历史、地理、风土人情、传统习俗、生活方式、文学艺术、行为规范、思维方式、价值观念等众多的内容。因此,文化的影响必是有力而深远的。

中国是一个有着五千年历史的文明古国，我们的文化有着显著的特点，也就可能与他国存在显著的差异。这种差异可能给中国企业在海外的发展带来一种“水土不服”的不适感。为克服这种负面影响，有效了解东道国的文化就成为一种必然的需求，而审批制度可以从侧面提供一些帮助。例如，南非对黑人经济地位的鼓励政策，反映了南非人民对那段种族隔离历史的一种态度，任何可能被理解为种族歧视的行为（即使实际上并非如此），都有可能带来严重后果。再如，印度冗长的审批程序和较低的审批效率都在提示我们，这是一个悠闲的民族，用中国节奏来安排生产可能是很不明智的。

（三）尊重、信任、改变

境外投资需要在全球经济的大背景下建立共同的利益体，实现共同的发展。因此，认真积极地履行一个投资者的法定义务，当然包括遵守当地审批制度，是表现出尊重东道国政府和人民的第一步。不能仅仅将它理解为一种法律的制度要求，而是更应该把它视为增进信任、解除心理防线的一把钥匙，是东道国对新朋友的一次考验。既然作为投资者，就是主动伸出双手的一方，诚意和尊重自然是必不可少的。

尊重的达成就意味着信任的开端。即使是在商场如战场、资源紧缺和竞争白热化的现代世界，没有坦诚、开放和合作，也就不可能有真正的成功和可持续的发展。一方的成功完全不必建筑在另一方的失败之上。中国企业“走出去”之后，应当在当地做一个好的企业公民，要承担起应尽的责任。海外投资从本质上来说是一种纯粹的商业行为，盈利是它的最高追求，但商业行为的评价标准不应仅仅是经济指标，更包含着道德责任。负责任的商业行为才能赢得认同，才是真正意义上的成功，也才能换来新朋友的信任，赢得更高远的未来。

中国企业“走出去”输出的不仅是资本、技术，能得到的也不仅是资源和利润，这更是一种文化的交流。不同文化的碰撞将渐渐走向融合，而这种融合必然是建筑在尊重与信任的基石之上的。中国企业的使命是让中国的资本走向世界，更要让中国的文化走向世界。认识到这一点，中国企业才能在“走出去”的道路上踏出坚实的第一步。

第四章　公司法律制度
——境外企业设立与公司治理的基础

不论是希望从澳大利亚获取原材料，在中欧建立销售网络，在北美设立科研中心，还是要参与非洲基础设施建设，我国企业在作出走出国门的决定后，都需要考虑是否在境外建立法律实体。企业应在充分了解相关投资方式特点的基础上，结合东道国法律环境、自身业务特点等因素选择合适的方式进入东道国。投资者在公司设立时应充分了解东道国关于外资公司设立的要求，特别是特殊性法律规定，以保证设立合法有效及避免相关公司设立责任。在公司成功设立后，为了自身健康运营及符合当地监管的需要，投资者应充分认识公司治理相关要点问题及其要求，在各国加强公司治理监管的趋势下，提高对企业集团公司治理缺陷的认识，完善相关结构及制度。本章还将对投资者普遍选择的离岸公司在公司法层面的特殊性做专门分析，供投资者选择时参考。

第一节　量体裁衣——选择合适的投资方式

我国企业境外投资尽管起步较晚，但发展迅速。随着经济全球化发展，境外投资逐渐成为我国企业参与经济全球化的重要方式。我国跨国企业在取得更广阔市场的同时也面临着更为激烈的竞争环境。选择合理的对外投资方式对我国跨国企业在海外投资取得成功至关重要。本节将从多个角度分析我国企业境外投资相关方式的优势、劣势，探讨影响方式选择的因素，为企业作出适当的投资方式决策提供建议。

一、绿地投资与跨国并购

如前所述，国际上对外直接投资主要分为绿地投资和跨国并购两种投资方式。在全球范围内,跨国并购已成为企业境外投资更愿意采用的方式。近年来,我国对外投资增长迅速,更多的中国企业选择通过绿地投资方式开展境外投资。然而从表4－1我国绿地投资和跨国并购在全球项目中的比重可以看出,我国跨国并购在全球跨国投资中所占的比重明显上升,跨国并购在我国境外投资中正扮演着越来越重要的角色。两种投资方式各具特色、互有利弊,恰当理解两种方式对企业带来的影响是作出适当选择的前提。

表4－1　2003～2015年中国及全球绿地投资及跨国并购项目数对比(单位:个,%)

年份	全球绿地投资数	中国绿地投资数	中国占比	全球跨国并购数	中国跨国并购数	中国占比
2003	9494	103	1.08	6908	106	1.53
2004	10404	96	0.92	7751	114	1.47
2005	10800	129	1.19	9407	118	1.25
2006	12822	128	1.00	10363	118	1.14
2007	12951	220	1.70	12044	159	1.32
2008	17179	277	1.61	11106	154	1.39
2009	14755	337	2.28	8691	187	2.15
2010	15425	363	2.35	9938	245	2.47
2011	16783	446	2.66	10187	258	2.53
2012	15107	365	2.42	9630	287	2.98
2013	16523	390	2.36	8990	316	3.52
2014	15022	484	3.22	9944	348	3.50
2015	14381	527	3.66	10044	348	3.46

(数据来源:《2016年世界投资报告》:http://www.unctad.org/wir)

(一)绿地投资与跨国并购各有优劣

1.绿地投资

绿地投资又称新建投资,指由跨国公司依照东道国法律,出资在东道国设立新企业,产生新的生产能力的投资方式。早期跨国公司海外业务拓展基本都使用此种方式。企业选择绿地投资主要可以取得以下几方面的优势:

(1)企业可以在较大程度上把握项目,掌握更多主动性。选择绿地投资的企业通常会根据投资国环境、企业自身特点等因素,在周密分析后进行区位选择。同时,新建企业允许母公司依据长远发展预期合理安排企业的规模和布局。在实践中,尤其在市场相对不发达的发展中国家,企业往往很难找到一个规模和定位完全符合自身意愿的目标企业,因而难以通过并购方式取得上述优势。

(2)容易获得东道国政府和社会各界的支持。由于绿地投资将直接产生新的生产力,带来更高的投资额度,提供更多的就业机会,因此往往受到东道国政府和社会各界的欢迎和支持。相比之下,基于反垄断或国家安全等方面的顾虑,世界各国政府都对跨国并购实行一定限制,造成投资成本上升。

(3)费用较低、成功率较高。跨国并购的目标公司价值以及并购后管理费用等相对难以估算,且由于目标公司往往具备一定竞争能力,导致交易价格常常高于同等规模的企业投资。此外,由于企业文化、管理制度上不易兼容等原因,跨国并购的失败率通常高于新建子公司的方式。以美国为例,1951～1995年间180家美国跨国公司通过收购建立的5914家国外子公司中有35.5%被清理或出售,而同期这些跨国公司通过绿地投资创设的子公司的失败率仅为25.6%。①

(4)母公司投资形式限制较少。投资者可以通过技术、机器设备、原材料等形式投资,从而更少地受到外汇资金不足的限制。

2. 跨国并购

跨国并购是指跨国公司通过一定的程序,以取得东道国现有企业全部或部分资产所有权为目标而进行的投资行为。与绿地投资相比,跨国并购在以下几方面的优势也十分明显:

(1)通过跨国并购,企业可以快速进入市场,形成生产力。跨国并购省去了绿地投资所必需的建设时间和人员、技术调配时间,使企业可以迅速进入生产状态。另外,绿地投资中跨国企业需要面临与当地竞争对手重新分配市场份额的问题,而跨国公司可以通过并购取得目标公司在东道国的市场资源。

(2)企业可以取得目标公司的战略性资产。战略性资产是指对企业生存和长远发展具有战略意义的资源,主要包括研究与研发能力、商标、商誉、技术、管理、销售渠道等。战略性资产是一个企业拥有的最重要的所有权优

---

① 杨多友:“对外直接投资方式的比较和选择”,载《决策咨询通讯》2003年第36期。

势，一般难以在外部获得，而内部形成通常需要较长时间。通过跨国并购，收购方企业能够在极短的时间内取得或加强在相关领域的优势，这也成为跨国公司选择并购的主要原因之一。[①] 由此可见，绿地投资和跨境并购呈现互补的特点。

（二）企业如何选择

我国企业在选择对东道国的投资方式时，首先应当充分理解绿地投资和跨国并购的各自特点、优势和弊端，在此基础上结合对外投资动因、东道国法律规定等多方面因素，选择恰当的投资方式。

1. 当地法律规定、政策倾向

一般而言，由于新建企业能够增加东道国投资量，同时带来更多就业岗位，各国政府普遍比较欢迎，因而其法律规定也往往给予新建企业相对优惠的条件，而对收购当地现有企业设置较多门槛。但各国关于外商投资形式的偏好各有差别，例如，在一些发展中国家，国家为了避免某些行业生产力过剩，鼓励外国企业通过收购的方式进入这些领域，给予其政策优惠。还有一些东道国政府对本国的特殊产业采取保护政策，通过外商投资类法律对一些行业采取限制外资企业进入的措施，例如，法国在媒体、通信、资源等行业针对新设企业设置障碍。在这种情况下，即使实力雄厚的大型跨国公司也很难通过绿地投资进入这些领域。在东道国存在这类法律规定和市场政策限制的情况下，并购能够使我国企业更容易地进入目标市场。

2. 我国企业对外投资动因

（1）寻求市场为目的

寻求市场是我国企业对外投资的一个重要动力，具体表现在两个方面：一是通过在出口市场设立企业，能够及时获取市场信息，直接扩大出口；二是可以规避东道国的贸易壁垒。通常这类企业具备较为成熟的技术和知识优势，如我国纺织、轻工和家电等企业，在面对国内市场饱和的情况下，希望向境外转移其优势资源。这种情况下，企业可以考虑在东道国新建企业的投资方式，一方面可以更为自主地确定企业规模，另一方面省去与目标企业管理文化相适应的成本。但是如果东道国市场存在激烈竞争，新建企业可能导致竞争升级，这时并购可以起到迅速占有市场的作用，特别是收购一些

---

① 叶程程："跨国并购、绿地投资比较及其对企业的效应"，载《社会科学学科研究》2010年5月刊。

知名品牌,可以使我国企业在当地取得知名度。

(2)获取资源为目的

以获取资源为目的的对外投资通常具有两个特性。首先,自然资源具有不可再生特性,且大多数自然资源存在于发展中国家。大多数这类国家通常不允许国外公司独占自然资源,政府或公众更容易接受共同开发,因此新建企业阻力很大。此外发展中国家基础设施建设较为落后,政府效率低下,绿地投资将会使成本大为增加,因此企业多倾向于通过并购进入。[①]

(3)取得技术经验为目的

如果企业境外投资是为了获取先进技术和管理经验,由于这类战略资源在外部很难取得,因此并购是最直接和快速的方法。加上通常这类行为发生在发达国家,拥有更健全的并购法律作为保障,有利于并购完成。考虑到并购成本较高且需一次性投入的局限性,规模较小和实力相对薄弱的企业较不适合通过企业并购取得技术和管理经验,但可以考虑通过收购实验室或者新建研究中心的方法达到相应目的。

海尔跨国投资的成功范本

海尔集团自1996年在印尼雅加达建立海外第一家以生产电冰箱为主的合资生产企业开始,先后在东南亚、南亚、北美、中欧和西欧建起了7个工业园、7个海外工厂、10个ICM(即国际合作)工厂、6万余个营业网点。[②] 其中,1999年在美国南卡罗来纳州建设的海尔冰箱制造中心是海尔集团在国外最大的生产基地。

为规避投资风险,海尔集团首先通过产品出口、售后服务,树立自己的企业形象,之后再建设工厂。海尔集团在展开全球化的“绿地投资”战略之前,首先用4~5年时间在海外建立了几十家贸易公司和数万个销售网点,累计投资超过1亿美元。这对其“绿地投资”起到了促进作用,也减少了海外建厂的市场风险。[③]

---

① 李洋:“我国企业对外直接投资进入方式的选择”,载《经济师》2009年第4期。

② 数据来源于网络:http://www.haier.net/cn/about_haier/haier_global/global/,2016年7月20日访问。

③ 李立等:“海尔海外投资的战略成本与收益”,载《青岛科技大学学报》(社会科学版)2007年第1期。

二、战略选择——合资还是独资

合资与独资是从境外企业股权结构的角度对投资方式的分类。不论绿地投资还是跨国并购，投资者都需考虑在东道国设立企业采用合资还是独资的方式。跨国公司到另一个国家或地区进行投资，首先要确定自己的股权战略。对合资企业股权比例的规定也是各国政府尤其是发展中国家政府管理境外投资的重要内容。目前我国的非贸易性对外直接投资多以合资企业的投资方式为主。总体上，合资建立的境外企业约占70%，其中中方控股51%以上的约占中国境外合资企业的60%。①

(一)合资公司的优势

合资公司指两个或者两个以上国家的投资者依据东道国法律，在东道国境内设立企业，由各合资方共同投资、共同经营、共担风险、共负盈亏的投资方式。

合资公司主要具备以下优势：

其一，与东道国当地合资者合作，企业能够更好地了解东道国政治体制、法律政策、商业运作、社会文化等方面的信息，有利于企业与当地交易对手和客户的交流合作，从而更顺利地开展企业本土化发展。

其二，当东道国政策透明度较差时，投资成本和风险较高，当地合资者不仅能够分担部分成本和风险，还能在与政府部门沟通的过程中起到积极作用。

其三，便于企业充分利用合资方的销售网络和市场知名度，有利于外国投资者尽快提高市场占有率。

(二)独资公司的好处

独资公司是指根据东道国法律，在东道国境内设立的全部资本由外国投资者所有的投资方式。建立独资公司既可以通过新设企业的方式，也可以通过兼并当地现有企业完成。

与合资公司相比，独资公司的优势来源于其股权的独立和统一性：首先，采用独资的投资方式，有利于外国投资者对境外投资企业的控制、运营和管理。在一些情况下外国投资者可能基于全球战略，需要牺牲某个东道国企业的眼前利益，而当地合资方很可能拒绝贯彻这样的战略，导致管理矛

---

① 刘天永：《中国企业境外投资纳税指南》，中国税务出版社2011年版，第25页。

盾和效率低下的情况。在独资方式下,投资者对企业运营具有充分的控制权和自主优势,母公司可以依据其在全球的经营利益和战略目标支配企业的投资规模和方向。其次,对于拥有技术优势的投资企业来说,采用独资方式有利于防止技术和商业秘密的泄露。

(三)如何取舍

公司的股权比例直接与利益分配和责任分担相联系,一般成为分享公司控制权的依据,因而成为影响投资方对企业控制程度的最直接因素。其他控制手段,如关键职位的任命、预算、资源分配等,大多是股权的衍生物。① 因此境外设立企业的股权结构对投资者十分重要,选择合适的股权组成方式需要综合考虑以下因素:

1. 东道国法律规定关于股权比例的要求。外资企业的股权构成要求,是许多国家尤其是发展中国家控制和管理外商投资企业的重要手段。出于保护本国行业成长的考虑,政府部门通常对进入这些领域的外国投资者提出与本国企业合资的要求,并规定最高合资比例。在一些发达国家,出于国家安全考虑,对一些敏感行业,也存在这样的规定。以澳大利亚为例,《1996年机场法》在关于联邦出售机场的规定中,对外国所有权的限制为49%,澳大利亚电讯公司的全部外国权益则不得超过非上市股份的35%。

2. 东道国投资环境也对股权方式选择产生影响。一般来说当东道国政府透明度较低时,跨国公司倾向于利用当地合资方资源,以减少政府腐败给公司带来的负面影响。

3. 从投资项目的性质来看,在一些新兴工业领域,当投资额较高时,投资者倾向于选择独资,这主要是从保持技术领先地位,防止技术外溢的角度考虑。当然技术型企业也存在合资的空间,通常来说,掌握核心技术的投资方会取得企业的绝对控制权。如果跨国公司对东道国当地资源的依赖性不强,且产品以出口为主,则应当考虑选择独自经营。例如,韩国跨国公司在我国大陆开办的一些加工企业大多选择独资方式。

三、选择恰当身份——子公司与分公司

子公司和分公司的投资方式分类,主要是从投资者在东道国投资实体

---

① 李维安、李宝权:“跨国公司在华独资倾向成因分析:基于股权结构战略的视角”,载《管理世界》2003年第1期。

的法律地位角度来看的。基于各自法律地位的不同，投资实体承担法律责任的程度、东道国及投资者母国对其监管要求特别是税负缴纳方法上存在很多不同。这也是投资者在选择时主要考虑的问题。

（一）子公司与分公司的特点

1. 子公司

子公司是指部分或全部股权由另一公司（母公司）持有，或根据协议安排被其实际控制或支配的公司。由此可见，子公司是相对于母公司而言的。

（1）公司法方面的特点

相对于分公司而言，子公司最重要的特点是具备独立法人资格。这意味着子公司人格独立、财产独立，对外独立开展业务并承担责任。

子公司日常经营决策相对独立。母公司对子公司的控制主要基于其持有股权所对应的决策权，并通常限于通过对子公司董事会成员的任免加以体现，子公司章程中规定需由股东会决策的重大事项也是母公司影响子公司生产、经营和决策的主要途径。

子公司具有独立承担法律责任的能力。由于子公司具有独立的法人地位，母公司作为其股东，仅就其出资额对子公司的债务承担责任。在子公司经营过程中所发生的债权债务由子公司自己承担，母公司所受的影响通常仅限于其所持股份对应的股东收入。只有在母公司被认定滥用子公司有限责任，损害子公司权益相对方合法利益的情况下，母公司才需要为子公司债务承担责任。但这属于刺破公司面纱的特殊情形，在本章第三节中会详细阐述。

（2）税法方面的特点

由于子公司具有独立法人地位，在东道国被视为居民纳税人，除在一些离岸中心存在特殊规定的情况外，子公司与东道国其他公司承担相同的纳税义务，通常也能够享受东道国关于免税期限、税收优惠的优惠政策。子公司因为需要独立核算和申报纳税，其利润和亏损与母公司是相互独立的，不存在合并计算的问题。①

2. 分公司

分公司在概念上与总公司相对，指在业务、资金、人事等方面受总公司管辖而不具备法人资格的分支机构。许多跨国企业由于业务分布全国各地

① 刘天永：《中国企业境外投资纳税指南》，中国税务出版社2011年版，第31页。

甚至许多国家,直接从事这些业务的是公司所设置的分支机构,也就是所谓的分公司。分公司在法律上和经济上都不具有独立性。

(1)公司法方面的特点

分公司没有独立法人资格,没有独立的公司名称、章程,也不是以自己的名义进行经营活动。分公司的日常经营决策都需要听从总公司的指令。由于没有独立资产,分公司与总公司在经济上需要统一核算,因此其在经营活动中产生的债务需要总公司负责清偿。

(2)税法方面的特点

分公司在东道国不被视为居民纳税人,因此仅承担有限的纳税义务。分公司不进行独立核算,不论产生盈利或亏损,均需与总公司的账目合并核算,相互抵扣后再缴纳所得税。相应的,分公司不能享受东道国的税收优惠措施。

(二)企业应当如何选择

关于设立子公司和分公司的选择,企业需要结合自身需要从设立成本、其法人地位特点和税收特点等几方面综合考虑。

子公司设立成本较高,设立后东道国关于财务制度的要求也更为严格。但子公司分红可能被当作母公司的再投资,从而使资本利得能够留在子公司,得到额外的税收利益,特别在东道国税率低于母公司所在国时,这一优势更为明显。但如果在东道国的投资,尤其是在投资初期盈利的可能性较小,那么分公司更能体现优势。因为分公司与总公司盈亏合并计算,分公司的亏损可以相应地减轻总公司在母国所得税压力,降低整体税负。

从经营业务的关联度上看,一般选择分公司体制适合经营同类或相关性强的业务,选择子公司体制则更适合经营领域跨度较大的业务。对子公司的管控,难度相对比分公司大。但子公司有充分的自主权,在经营模式选择上相对灵活,适应性好。而分公司直接受控于总公司,缺乏独立决策权,激励性和创造性不如前者明显。为了加强对子公司的积极引导和适度管理,可以考虑建立子公司经理、财务负责人向母公司高级管理人员的定期述职制度,或者建立母子公司对应部门之间定期述职制度。同时,集团本部对子公司开展定期审计也应当制度化。

从有限责任的角度看,子公司独立法人的资格对母公司起到保护作用,子公司能以其自身财产独立承担民事责任,与母公司互不相关。因此,一般情况,成立子公司后,母公司不再承担子公司之责。但存例外涉诉情形:出资人（子公司的股东）出资不实或有抽逃资金，以及由于母公司滥用子公司有限责任导致公司人格否认的情形等。分公司业务开展过程中，出现债务履行不能情形时，因分公司无独立法人资格，债权人可以要求设立公司（总公司）承担清偿义务，提起诉讼时，可以直接把设立公司列为共同被告要求承担责任，分公司不能承担时，由总公司承担全部责任（事实上，分公司的财产亦属总公司）。在承担责任的内部分配机制上，通常优先执行分公司的财产，其财产不足以清偿时，再由总公司以自身财产承担补充责任。据此，成立子公司则集团涉诉的法律风险较小，设立分公司则不然。

第二节　明确要求——境外公司设立法律分析

由于不同国家的立法模式以及对外商投资的态度和立法不同，中国企业在“走出去”的过程中，首先应当明确东道国公司设立相关法律制度的构成，确认在东道国设立公司是否存在特殊的法律规范和程序要求，做到知法、守法。

一、公司设立制度的意义及设立原则

公司设立是指企业设立人为取得公司的生产、经营资格，依照法定程序所实施的创办企业行为的总称。由于公司设立是公司取得独立主体资格和有效运行的开端，是境外投资经营的基础，因而成为企业“走出去”过程中首要关注的事项。同时，由于多数公司具有有限责任的特征，公司股东对公司债务承担的责任以不超过其明确承诺的出资额为限，实质上将公司经营的部分风险从股东转嫁给了公司的债权人。如何保护债权人利益，平衡股东和债权人之间的责任和风险，成为各国公司法的主要关注点之一。公司设立制度就是为了使债权人在与公司进行交易之前，确保公司具备基本的交易条件，并保证债权人能够发现公司的基本信息而设置的制度，因而现代各国法律均认为，公司必须严格依照公司制定法来设立，不允许当事人根据契约来设立公司。如英国《2006 年公司法》第一部分第 1（1）条规定，所谓公司是指根据该法注册设立的公司。我国台湾地区“民法典”第 25 条规定，法人非依本“法”或其他“法律”（“公司法”或其他相关“法律”）之规定，不得成立。在美国，亦普遍认为公司只能根据公司制定法的规定而设立。因

而,要设立公司、取得公司的独立法人资格,就必须根据东道国的公司法登记而成立。

综观世界各国的公司设立制度,所确定的设立原则主要包括四类,即自由设立原则、特许设立原则、核准设立原则和准则设立原则。公司设立原则的不同,决定了公司这种市场主体的设立条件和设立基本程序的不同,实际上也就形成了不同的市场主体准入制度。自由设立原则指政府对公司的设立不施加任何干预,公司设立完全依设立者的主观意愿进行。特许设立原则是指公司须经特别立法或基于国家元首的命令方可设立。核准原则指公司的设立需首先经过政府行政机关的审批许可,然后再经政府登记机关登记注册方可设立。准则原则是指法律规定公司设立要件,公司只要符合这些要件,经登记机关依法登记即可成立,而无须政府行政机关的事先审批或核准。目前,各国主要采取的公司设立原则是核准原则和准则原则,其中很多国家对公司设立采取了严格准则原则,即法律严格限定公司设立的法定条件,加重设立人的法律责任并加强司法机关、行政主管机关对公司的监管。部分国家对于外商在该国投资设立公司的态度更为严格,采取核准原则,即要求外商投资设立公司应当经过政府行政机关的事先审批或核准,方可到登记机关依法登记成立。

二、各国对外资公司设立法律规定的主要做法

通常而言,各国对外资在本国设立公司的法律规定主要有两种做法:

一部分国家对外资在本国设立公司的程序没有特别法律规定和要求,外资在该国设立公司主要遵循其本国的公司相关法律法规。例如澳大利亚针对本国及外资的公司设立相关的法律法规包括《商业行为法》《公司法》《公平交易法》以及相关税收法律规定等;在英国,外商投资设立企业与本国投资者一样,需遵守《普通法》《1986 年破产法》《1985 年公司法》和《2006 年公司法》的规定。

另一部分国家则针对外资在本国设立公司的程序出台特别法律制度,对外资和本国投资适用不同的法律规定。这部分国家具体又存在两种情况:一种情况下本国公司与外资公司的设立要求完全被规定在不同的法律中,外国投资者只需遵守针对外资公司出台的公司法律即可满足要求。例如在英属维尔京群岛,依据其《普通公司法》(Companies Act)成立的居民公司,在该岛内可以开展合法的经营活动。而依据《国际商务公司法》

(International Business Companies Act)成立的就是离岸公司,其一般由非居民成立,而且只能在岛外开展业务。外国企业多注册为国际商务公司,即离岸公司。另一种情况也是大多数国家法律规定的情况下,外资公司的设立既要遵守东道国普通公司法的规定,又要符合外资公司特别法律的特殊要求。在新加坡,规范公司设立的法律规范主要是新加坡《公司法令》以及《有限责任合伙法令》(2005 年)的有关规定,而外资投资方面的法律规范体系则主要由《经济发展法》《经济发展奖励法》《豁免所得税法》《资本援助法》等组成。德国《商法典》对公司类型的划分、成立、组织、运作、解散、转让和变更等事宜进行了规定,《对外经济法》(2009 年修订)和《对外经济条例》(2009 年修订)则规定了投资者在德国投资的自由权利,以及某些需要加以限制的领域和行业的特别规定。韩国没有单独的公司法令,韩国公司法相关规范集中于其商法典第三部分中。《外国人投资促进法》是韩国关于外商投资的基本法律,该法对外商投资的范围、允许投资类型、投资程序、投资支援、外商投资地区、投资的事后管理以及技术引进合同等方面进行了规定。

三、境外设立公司的主要组织类型

(一)公司组织形式的一般类型

综观世界各国的公司组织形式,普遍为各国所接受的公司形式主要有有限责任公司、股份有限公司、分公司、代表处或办事处等。从公司能否公开发行股票和债券的层面来划分,各国公司形式主要包括私人公司和公众公司。

1. 私人公司

私人公司是指限制其股份转让的权利并且限制成员人数并禁止公开发行股票和债券的公司。私人公司的主要特征是公司具有封闭性,不公开发行股份、不上市,因而在注册条件、设立程序以及披露义务方面的要求比较低。在美国、英国、新加坡、中国香港特区、南非、泰国、印度、刚果、坦桑尼亚等国家和地区均有私人公司的组织形式。

2. 公众公司

公众公司是一个相对于私人公司的概念,指除个人、家族或合伙人外还具有一定数量的社会公众股东的股份有限公司;公众公司通常股东人数较多,资产规模较大,但各国和地区对股东人数和资产规模达到多少才属于公众公司有不同的标准。在美国,公众公司是指必须履行公开信息披露义务的公司,又称“报告公司”(Reporting Company)。英国公司法规定,公众公司需要公司自愿要求注册成为公众公司(Public Limited Company)并满足公司注册备忘录、法定股本金、实收股本比例的相关条件。相关条件包括:(1)在公司注册备忘录及公司名称中说明本公司是公众公司。公司注册备忘录中必须有一个条款说明本公司是公众公司,公司名称必须以“Public Limited Company”或“PLC”结尾;(2)公司注册备忘录必须按公众公司的格式要求制作;(3)公司的法定股本金必须在5万英镑以上;(4)在公司开始经营前,实收股本金必须至少达到1/4以上,实收金额至少包括面值的1/4加股票溢价。

成为公众公司的好处很多,一是可以接触到更多的潜在投资者,增加公司的融资机会;二是有利于提高公司知名度,改善公司形象;三是股东的股票更容易变现,公司可以通过具有明确市场价值的股票期权、奖励或其他激励手段吸引和留住高素质人才。但是,成为公众公司的成本也不容忽视,首先公司必须公开披露经营业务、财务状况及管理层情况,从而产生额外成本;另外公司管理方面也可能丧失一定的灵活性。

除上述两类独立法人公司外,不具有独立法人资格的公司设立形式还包括分公司和代表处(办事处)。

3. 分公司

如前所述,分公司不具有独立法人资格,只是其总公司在境外的延续,以总公司名义在境外开展业务、进行运营,由总公司承担相应的法律责任。分公司具有设立程序简单、运营成本低、管理方便等优点,但其业务范围会受到法律限制,同时无法独立承担对外债务,而需要总公司承担相应的法律责任。

4. 代表处(办事处)

投资人还可以通过设立代表处(办事处)的方式拓展境外业务。代表处的主要功能是联络业务、搜集商业信息、分析所在地市场情况等。但代表处一般不能开展正式的商业活动。①

(二)各国公司的特殊形式

个性化的公司组织形式多是在一般公司类型基础上衍生而来,在股东

① 郭小明、郭建军主编:《中国海外投资法律风险指引》,法律出版社2012年版,第3~4页。

责任和董事责任方面具有不同于普通有限责任公司或股份有限公司的独特特征，主要存在于尼日利亚、澳大利亚与墨西哥等国家。

1. 保证有限责任公司。尼日利亚、澳大利亚均有保证有限责任公司。澳大利亚的保证有限责任公司在设立时股东无须任何出资，如公司解散，股东仅有义务对公司承担责任，承担份额是先前平均每个股东所保证的额度，通常是 2 美元或 4 美元。保证有限责任公司通常是公众公司，公司法对其设立的条件更加严格，不适合以营利为目的的公司选择。

2. 无限责任公司。澳大利亚可设立无限责任公司。无限责任公司股东责任不受限制，公司由股份资本组成，公司解散时股东有责任以自己财产为公司清偿债务。但无限责任公司仅限于为采矿目的而设立的公司，且必须为公众公司。

3. 个人责任公司。南非存在个人责任公司，公司董事对其任职期间该公司所产生的任何债务承担连带责任。

4. 合资公司（Sociedad en Comanditapor Acciones）。墨西哥存在此种特殊公司形式，合资公司由无限责任合伙人、有限责任合伙人和有限责任股东共同组成。无限责任合伙人对公司债务负连带无限责任，有限责任股东和有限责任合伙人对公司债务仅以其出资额为限承担有限责任。合资公司出资人持有的出资额以股份形式表示。

5. 投资促进公司（Sociedad Anonima Promotora de Inversion，SAPI）。这是墨西哥 2006 年 6 月之后出现的新型公司，其组织形式与股份有限公司类似，但是给予股份持有者更多经济权益和公司权力。根据墨西哥新证券法，投资促进公司这一组织形式尤其适用于合资项目及未来打算上市的公司。

除了上述公司类型外，一些国家将由外国投资者设立的公司看作特殊主体，规定了不同的权利义务。例如，在泰国，外国人开展投资经营活动的方式可分为两类：一是按照泰国法律在泰国注册为某种法人实体，具体形式有合伙企业、有限公司和大众有限公司等；二是成立合资公司，通常指根据协议为从事某项商业活动而组建的实体。根据泰国《民商法典》，合资公司不是法人实体，但是根据《税法典》（1938 年颁布），合资公司在缴纳企业所得税时被视为单一实体。在俄罗斯，外国投资者可以创建有外国资本的公司（外资企业或合资企业）、分公司或者外国公司代表处。外资企业或合资企业是有外国投资的法人机构，分为有限责任公司、封闭式股份公司、开放式股份公司,其中外国资本不少于10%,创立人可以是外国自然人或法人。

四、境外设立公司的实体条件和程序条件

(一)境外设立公司的实体条件

各个国家和地区关于公司设立的实体条件规定差异较大,但基本都包括发起人(股东)主体资格、公司注册资本、公司董事和高级管理人员、外资参股比例、公司经营范围和经营地点等,以下就相关方面的主要内容进行分析说明。

1. 发起人(股东)主体资格

公司发起人的概念在不同法系的国家(地区)有不同的界定。大陆法系的很多国家(地区)公司法中仅在股份有限公司中使用“发起人”概念,在其他类型的公司中均使用“股东”概念,原因是其他类型的公司,包括无限公司、两合公司以及有限责任公司等具有封闭性和人合性特征,其发起人往往成为公司成立后的股东。但无论如何称谓,发起人本质上是指参与公司设立行为并承担公司设立责任的主体。

目前不同的国家(地区)对发起人的认定标准不完全相同,主要有形式认定、实质认定和综合认定三种做法。大陆法系很多国家(地区)采取形式认定的方式,将是否在公司章程上签字盖章作为认定发起人身份的依据。如1965年德国《股份公司法》第28条规定,“订立公司章程之股东为公司之发起人”;我国台湾地区“公司法”(1929年颁布及其后续不时修订)第129条规定,发起人应以全体之同意订立章程,并签名或盖章。该种做法具有较强的可操作性,但仅依据形式认定发起人资格过于僵硬,可能与公司实质设立过程不符,容易引发争议。英美法系国家通常采取实质说,只有参与公司设立的策划,为公司设立尽力的人才能成为公司的发起人,而不论其是否在公司章程上签章。如英国《1985年公司法》第43条第5项规定,“发起人是指指定募股书(或其中包含部分不真实的说明)的当事人,但不包括那些因职业关系,在职业范围内从事公司组建行为的为当事人提供服务者”。实质认定的方式尊重公司设立的实际情况,但在实践中存在认定困难的情况。还有一部分国家采用实质和形式相结合的方式,即发起人不仅应该在公司章程上签章,还要实际参加设立行为,日本即采取该种方式。中国企业在“走出去”的过程中,清楚认识东道国对发起人的认定标准和认定方式,

有利于确定承担出资义务、制定公司章程以及承担公司设立责任的主体，明确风险和责任的承担者。

2. 公司资本要求

公司资本是指公司全部股东所缴纳的出资之和。公司股东缴纳的出资所构成的公司资本为公司起步和初期经营奠定了经济基础，同时公司资本相关制度也为公司债权人提供了基本的风险预防资金支持，为公司信用提供了安全阀。公司资本制度具有重要的意义，因而也是各国公司设立制度的重要内容。但各国（地区）的态度和规定不同，形成了不同模式的公司资本制度，主要包括法定资本制、授权资本制和折中资本制。

法定资本制也是确定资本制，是指在公司章程中对公司的资本总额作出明确规定，并由股东全部认足，否则公司不能成立。这种资本制度在大陆法系国家（地区）早期运用较多，如德国、日本以及我国台湾地区早期都有这样的规定。这种资本制度有利于保障社会交易的安全，但同时过于严格、缺乏灵活性，在一定程度上制约了公司的发展。

授权资本制是在公司设立时，资本总额虽记载于公司章程，但并不要求发起人全部认缴，只认足并缴付资本总额的一部分，公司即可成立；未认足部分授权董事会根据需要，随时发行新股募集。这种资本制度主要应用于英美法系国家，有利于克服法定资本制的缺陷，方便公司设立，但该种资本制弱化了公司资本对交易安全的保护作用，因而需要以发达的信用制度、“揭开公司面纱”制度和“资本充实原则”等作为制度基础。

折中资本制则吸收了法定资本制和授权资本制的优点，是指在公司设立时，资本总额记载于公司章程，但并不强求发起人或股东在公司成立时全部认足或缴足；未予认购的部分，授权董事会根据公司需要随时发行新股进行募集。现代大陆法系国家（地区）的公司法都相继改为折中资本制，既坚持了公司必须具有法定最低资本额的原则，又使公司适应经营的需要，适时发行股份，补充资本。德国 1937 年的股份法就已采用了折中资本制，日本于 1950 年商法修改时采用，随后法国、我国台湾地区也采取了这种注册资本制度。

注册资本在不同的资本制下具有不同的含义，在法定资本制下注册资本是指公司设立时的实缴资本或者认缴资本，即在公司章程中载明并在登记管理机关登记的资本总额。该资本总额必须在公司成立时或成立后的特定期限内缴足，非经法定程序不得随意变更。授权资本制下注册资本是指公司依据章程规定有权发行的资本总额。资本总额虽记载于章程并在登记管理机关登记,但不要求发起人或者股东在公司设立时全部认足或募足,未予认购的部分,授权董事会根据需要随时发行,也可不予发行。折中资本制下注册资本是指公司法既明确规定资本的总额又规定缴足资本的期限。其中在法定资本制和折中资本制下的注册资本,通常有最低注册资本要求,即首次缴纳出资的最低限额。

目前,大陆法系国家(地区)基本上都在公司法中明确规定了公司最低资本数额。英美法系国家则不规定最低资本数额或规定得很少,国家不过多干预公司设立及经营活动。交易对方在与公司进行交易前,为防范交易风险,应当想方设法进行自我保护。

此外,出资的方式可以分为现金出资方式和实物出资方式。由于货币本身具有确定的价值,因而各国都将货币作为最主要的出资方式,对货币出资的限制性规定很少。实物出资的类型较多,包括土地、实物、知识产权、债权和其他可计价可转让的财产等。

但每个国家允许的实物出资的类型存在较大差别。1965 年德国《股份公司法》规定:实物出资或实物接收只能是可以确定经济价值的财物;劳务不能算作实物出资或实物接收。1942 年意大利《民法典》规定:股份公司的出资在设立文件未另行规定的情况下,应当以现金出资。以实物或债权出资的情况下,应当遵守本法相关规定,代表上述出资的股份应当在认股时全部缴足。劳务或服务不得作为出资的标的。由此可以看出,德国、意大利的股份公司均允许实物出资,禁止劳务出资。此外意大利还允许一定条件下的债权出资。而英国、美国对于现物出资或非货币财产出资大多采取宽松认定方式,没有严格限制。有学者将美国示范公司法中的规定解读为“一切有形或无形财产,或者能使公司享受的利益,均可视为资本”。

3. 公司章程

公司章程对公司的组织形式、运营、解散、公司名称与目的以及股东和董事的权利义务等内容均进行明确规定,是公司最重要的法律文件,也是公司设立的必备条件。不同国家的公司章程的构成不同,英美国家采用复合式结构,大陆法系国家采用单一式结构。

(1)在英美法系国家,章程性的文件分为两个部分,分别具有不同的性质和内容。在英国这两部分称为公司组织大纲和组织章程,在美国则称为公司章程和章程细则。公司组织大纲与公司章程主要是指导公司与外界关系的，被称为公司的外在宪章，内容包括：公司的名称、公司的目的、股东的责任、公司的资本、公司的注册地、公司董事的人数、发起人的姓名和地址等。公司组织大纲或公司章程必须向政府注册机构递交，所以它们的内容大多数是法定的，属于强制性的规定。公司的组织章程或章程细则的内容和作用不同。它是用以规范公司内部事务的，主要规定公司与股东的关系，被视为公司的内部宪章，美国各州公司法大都不要求将其提交州务卿备案。公司组织章程或章程细则的内容不得与法律以及公司组织大纲或章程相抵触，如果发生矛盾，则以外部章程为主。公司设立时的组织章程或章程细则由公司发起人或董事会通过，此后经过公司的董事会或股东会可以修改、废除或重新制定。

（2）在大陆法系国家（地区），公司章程是一个统一的概念，其内容不仅包括了用于指导公司与外界关系的条款，还包括了一些内部管理规则，将对外事项与公司的内部管理事项混合在一起。采取这种方式的如日本、法国和我国台湾地区。

此外，部分国家要求在公司设立时将公司章程进行公证，目的是提高公司章程的公信力和公示性。采取公司章程公证的国家有秘鲁、新加坡、卢森堡、德国、澳大利亚、南非、韩国和日本等。德国《有限责任公司法》（1981 年颁布）规定，章程须用公证形式。韩国《商法典》（1990 年颁布）规定，章程经公证人公证方能生效。

4. 公司董事及高级管理人员

将公司董事、监事及高级管理人员作为公司设立条件的立法目的是对内保护公司财产的安全和股东权益，对外保障公司债权人的利益和交易安全。各国从公司董事及高级管理人员的国籍、人数以及主体资格等方面作出要求。如部分发达国家对于董事的国籍与身份有一定限制。美国对特殊行业的公司董事身份有特别限制，如航空公司董事长、不少于 2/3 的董事必须是美国公民。新加坡规定，董事及高级管理人员必须有本国居民且全资子公司的董事必须有新加坡就业准证。加拿大联邦法律要求公司董事的 25% 须为加拿大居民；若公司董事少于 4 人，则至少 1 名董事须为加拿大居民。

5. 外资参股比例要求

对于外商在本国设立公司，很多国家都对参股比例作出了限制要求，目的是保护本国特定行业或领域的产业安全，防止被外资过度控制，或者设定外商享受外资优惠贷款的最低参股比例要求。企业境外设立公司应当充分重视东道国对外资参股比例的规定。如美国规定外国公司持有美国航空公司具有表决权的股份不得超过25%。澳政府对投入到某些敏感行业的外资项目设定了相应的参股限制。例如在澳注册的船只必须由澳大利亚人拥有大部分所有权;澳电讯公司的全部外国权益不得超过非上市股份的35%等。日本《外汇法令》(2000年修订)规定,外国投资者获取日本非上市企业股权或上市企业股份超过10%时,在农林水产业、矿业、石油业、皮革及皮革产品制造业、航空运输业等保留行业,实施提前申报手续等。

(二)境外设立公司的程序条件

境外设立公司,在具备相应实体条件的情况下,履行相应的设立程序后可完成公司设立行为。各国(地区)公司设立制度规定的程序条件基本都包括如图4-1所示的几个主要步骤:

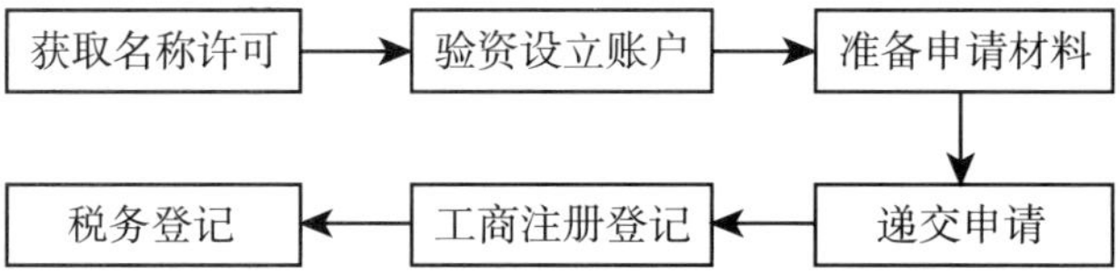

图4-1 各国公司设立的基本程序步骤

除上述主要设立程序外,部分国家有特殊的程序要求,如巴拿马、卢森堡、墨西哥、哈萨克斯坦等要求社保登记与劳务登记/申报;卢森堡要求特定行业的环保经营许可;卢森堡和美国要求雇主登记程序;韩国和墨西哥要求外商投资申报程序等。

综观各国(地区)的公司设立制度,公司设立登记均处于公司成立中的核心地位。各国(地区)法律一般都规定公司从设立登记时成立并取得法人资格。虽然有的规定了公告程序,但它并不影响公司的成立;有的其登记部门在公司登记注册后发给公司注册证书,作为公司注册成立的证明;有的则不颁发此种设立证书,而只需在登记机关登记即可。因此,各国(地区)在公司成立中只有设立登记才是必需的。与我国不同的是,其他国家(地区)中颁发营业执照只是个别现象,与公司主体资格没有直接关系。例如,在英国只有开始设立时是公众公司的,才要求取得营业执照,但这种要求在实践中并没有发挥很大作用;我国台湾地区以前也要求公司取得营业执照,但其新修订的“公司法”则明确放弃了这一要求。

各国的工商注册登记制度中,企业登记的性质和作用基本一致,将登记作为一种确认行为，登记机构负责对提交材料的完整性进行审查，并负责对登记资料进行整理、记录和公开。一方面，通过登记使企业的权利和义务产生社会公示力，并具有对抗第三人的效力；另一方面，通过登记机关披露所有与市场交易安全相关的登记信息，增强企业的透明度，便于公众和交易相对人审慎地进行市场选择，降低交易风险；同时，也将企业置于政府和社会监督之下，约束企业自觉维护自身的信誉。

此外，各国（地区）在实践中关于公司设立登记所需时间的规定存在较大差异，部分国家（地区）的有限责任公司设立所需时间如表 4－2 所示：

表 4－2　部分国家（地区）有限责任公司设立所需时间

国别	设立登记所需时间	国别	设立登记所需时间
美国	2 周；如果额外缴纳 150 美元可在 2 小时内完成审批，75 美元可在当天完成审批，25 美元则在 24 小时内完成	土耳其	约 10 个工作日
英国	注册一般在 24 小时内完成；如在当天下午 3 点前将有关材料寄至公司注册署，可花 100 英镑申请当天完成注册	加拿大	28 个工作日（普通）或者 60 分钟（加急，收取额外加急费用）
英属维尔京群岛	2～3 个工作日	德国	1～2 个工作周
塞浦路斯	8～10 个工作日	意大利	约 2 个工作周
新加坡	7～10 个工作日	澳大利亚	约 2 个工作周
中国香港特区	电子申请约 1 小时，印本申请约 4 个工作日	法国	约 3 个工作周

（三）公司设立瑕疵的法律责任

投资者应当关注在东道国违反公司设立法律要求设立公司所可能导致的法律后果。由于各国法律对公司设立均规定了实体条件和程序条件，因此如违反公司法规定的实体条件和程序条件完成了公司设立，则可能构成公司瑕疵设立的行为。导致公司瑕疵设立的主要原因包括：公司的发起人（股东）不具有行为能力，或设立公司中发起人（股东）的意思表示不真实、设立行为违反法律的强制性规定（包括设立目的违法或违背社会公共利益、注册资本不符合法定要求以及发起人数量不足及公司章程缺乏必要记载事项等）以及未履行法定设立程序。

各国(地区)公司法对公司设立瑕疵的法律态度有三种,即公司瑕疵设立有效、公司瑕疵设立无效和公司设立可撤销。公司瑕疵设立有效理论认为,即便公司设立存在瑕疵,所设立的公司也是完全有效的,无论是公司股东还是公司债权人都不得以公司设立存在瑕疵为由向法院提起诉讼,要求法院宣告公司设立行为无效。此种原则为日本和英美法系国家所实行。公司瑕疵设立无效理论认为,如果公司设立存在瑕疵,则公司的设立行为是无效行为,公司股东或董事等可以提起公司设立无效之诉。此种规则为大陆法系国家的公司法所实行。欧洲共同体在 1968 年 3 月 9 日颁发的有关公司方面的指令明确要求欧洲共同体成员国在其公司法中规定公司设立无效制度;在公司设立的实体方面和程序方面如果存在瑕疵,则公司可以被人提起无效的诉讼。公司瑕疵设立可撤销理论认为,公司设立如果存在瑕疵,则公司的设立行为不应当是无效行为而仅仅是可撤销行为。此种原则为我国台湾地区“公司法”所采取。根据我国台湾地区“公司法”第 9 条的规定,如果公司负责人在进行设立登记时有违法的问题,如果公司股东没有实际缴付股款,而公司负责人以申请文件表明已经缴付,则有关公司登记部门可以撤销公司登记,从而使公司消灭。

对于存在设立瑕疵的公司,各国大都通过相应补救措施,允许继续保留其法律人格;但是英美法系和大陆法系的具体做法不尽相同。英美法系主要采取原则承认主义。例如,在英国,对于已成立的公司,原则上并不存在是否无效的问题,也不存在被公司债权人等利害关系人申请撤销的问题。但是,该原则也存在判例法上的例外。如代表王室的检察总长有权申请法院撤销存在违反法律或道德目的的公司注册;从事违反法律或公共政策目的的公司应予撤销;对于以不法目的而设立的公司,法院还可依债权人或股东的申请,在确认解散公司属于公平合理的前提下,责令解散公司。而大陆法系绝大多数国家或地区的公司法基本确立了公司设立无效或者撤销制度,因而虽然在制度表层,普遍采取的是公司瑕疵设立法律人格原则否定主义,但在深层次上,通过一系列限制性制度,包括法律明确限定提起诉讼的原因,必须通过诉讼渠道才能否定瑕疵设立公司的法律人格,限定提起诉讼的期限,设置公司瑕疵设立诉讼的阻却与迟延制度等,实现只有在难以弥补或者瑕疵严重时才宣告其设立无效或将其撤销。

除上述关于公司设立瑕疵情况下公司法律人格方面的法律责任外,发起人对公司设立瑕疵主要承担丧失股权责任、清算责任、资本充实责任以及对公司的连带赔偿责任等。如德国《股份公司法》第 64 条规定:“对没有及时支付所要求款项的股东,可以确定一个有警告的延长期限,期满后将宣布他们不再拥有其股票或者支付款项。”此外,“对于为设立公司所做的有关认购股票、支付股款、对已支付款项的使用、特殊利益、设立经费、实物出资和实物接受的报告性的准确性,发起人作为总债务人向公司负责……发起人应在不妨碍履行另行发生的损失赔偿义务的情况下,支付所缺少的投资和给付并非列入设立经费中的报酬”,“当股东现物出资的价值没有达到所认缴的基本出资的数额时,该股东必须对亏欠的数额缴付货币出资。并且,当发起人或股东通过出资故意或因重大过失使公司受到损害时;当股东无支付能力或不能提供实物出资致使公司发生亏损,而该股东在认购股票时,发起人知其无支付能力或无提供能力;或者为设立公司的目的做虚假说明时,股东均需作为总债务人或连带地对公司损失进行赔偿”。日本商法规定公司发起人或董事对出资应当承担四种资本充实责任,即认购担保责任(股份有限公司设立而发行股份时,其发行股份未被认购或认购后又取消的,由发起人共同认购)、缴纳担保责任(其他股东未实际缴纳出资或缴纳不足时,发起人承担连带缴纳股款责任)、差额填补责任(公司设立时实物出资显著低于章程定价时,发起人对不足的差额部分承担连带填补责任)以及损害赔偿责任(因出资不实给公司造成损失时,应当承担损害赔偿责任)。

第三节 公司治理——境外企业健康运营的基础

公司治理产生于西方发达市场经济国家。公司治理结构的安排依赖于特定的社会环境、经济特征和文化背景,因此公司治理结构的模式及相应的制度安排在不同国家、不同的历史时期各具特色。我国企业往往对公司治理缺少重视,这与其他主要国家不断提高对公司治理要求的趋势不相适应。本节将从公司治理监管模式、合规要点等角度分析我国企业对外投资中公司治理方面的缺陷,并提出完善建议。

一、全球公司治理机制概述

公司治理结构又称法人治理结构,是现代企业制度内部治理的基石,是一种对公司进行管理和控制的体系。资本的所有权与经营权的分离是公司发展的重要特点之一,这种分离造成的重要后果是将企业的经济权利集中至经营管理者手中,而将“所有者贬到单纯出资人的地位”。[①] 因此,公司治理这一对公司相关主体相互组织关系进行规范的制度,对公司本身以及与公司利益相关的主体而言显得尤为重要。

公司治理有广义和狭义之分,狭义的理解将公司治理界定为公司所有者、董事会和高级管理人员三者之间的关系,即企业的法人治理结构,或有关董事会的功能、结构、股东的权利等方面的制度安排,或所有者对经营者的有效监督与制衡。[②] 广义的公司治理是指一种用于分配若干在企业中有重大利益关系的团体——投资者、经理人、职工——之间关系的制度安排,内容包括如何配置和行使控制权,如何监督和评价董事会、经理人员和职工,如何设计和实施激励机制。[③] 经济合作与发展组织(Organization for Economic Co - operation and Development,OECD)在1999年5月的《公司治理原则》(Principle of Corporate Governance)序言中指出,“公司治理机制明确了董事、经理和其他利益相关者之间的权利与责任的分配,规定了公司决策目标的组织机构,以及达到这些目标的监督绩效的手段”。

公司治理的核心是研究所有者与经营管理者的控制、监督与制衡问题。通过一套既分权又能相互制衡的制度来降低代理成本和代理风险,防止经营管理者对“所有者”利益的背离,从而达到保护“所有者”的目的。由于历史和法律渊源的差别,以及经济社会发展状况的不同,世界主要国家和地区的公司结构和状况亦不尽相同。概括而言,可以分为英美法系和大陆法系两大类情形,表4-3简要概括了两类国家在股东会、董事会、监事会设置方面的异同:

---

① A. A. Berle, G. C. Means, *The Modern Corporations and Private Property* (1932), Harvourt, Brace and World Inc., revised edition(1967).

② 余劲松:《跨国公司法律问题专论》,法律出版社2008年版,第39页。

③ [美]钱颖一:《转轨经济中的公司治理结构》,中国经济出版社1995年版,第78页。

表 4－3　英美法系、大陆法系国家在股东会、董事会、监事会设置方面的异同

	英美法系国家	大陆法系国家
股东会	股东会是公司的最高权力机构,选举产生董事会	
董事会	董事会由经营董事与独立董事组成,下设若干委员会	董事会几乎全部由内部董事构成,一些国家允许雇员进入董事会
监事会	不设监事会,由外部董事行使监督职能	设立监事会,负责监督公司的日常经营活动以及对董事、经理等人员违反法律、章程的行为

（一）英美法系国家（地区）的公司治理要求

英美法系,包括英国、美国、澳大利亚、加拿大（魁北克除外）、中国香港特区等均为判例法国家和地区,包括公司治理的一些重要原则都是从判例中发展而来。其公司治理结构包括股东会和董事会,而不设监事会。

1. 股东会的设置

股东会是公司最高权力机构,选举组成董事会,由董事会成员集体对股东会负责,保障和监督公司的正常运作,董事会行使经营决策权。

2. 董事会的设置

对董事会的法律规范比较完善也更具体,主要是因为董事会在公司经营管理中掌握了更大的权力。以美国为例,董事会成员由经营董事与独立董事组成,在美国公司中独立董事比例较高。美国的证券法要求现代大型公司均有一定比例的独立董事,以使公司董事会切实履行监督权。独立董事不直接参与公司的经营业务,仅具有监督作用。董事会负责任命经理人员,并监督和评价经理人员的工作,对于经理人员的失误,由董事会集体承担责任。董事会下设若干主管委员会,如执行委员会、监察委员会等分工处理公司内部事务。一般独立监察委员会由独立董事组成。

香港公司则表现出较强的董事会中心主义,但在制定法和判例法上却对董事设定了受信托义务、竞业禁止义务、注意义务、忠实义务及其认定规则。这对于加强董事责任保护公司、股东、债权人的利益均为必要。对董事的职责,不仅《公司条例》（2014 年 3 月 3 日生效版本）中有很多规定约束,而且董事还负有信托关系中的受委托人的职责。

3. 不设监事会

英美法系国家（地区）基本不设置监事会。如美国公司的监督职能一般由董事会特别是外部董事兼任,公司设立以外部董事组成的审计委员会负责监督董事会的经营活动。英国股份有限公司的董事会成员可分为一般董事和执行董事,前者参加董事会会议并监督公司财务,后者与公司订立服务合同并且全力管理公司业务。对公司会计事务的审计核查则交由股东会或董事会聘请的专业人员如会计师进行。而证券市场、董事和经理市场的竞争与选择机制也无形中对公司的董事、经理等人员产生监督和压力。由此可见,英美法系国家(地区)公司立法中尽管未规定设置专门的公司监督机构,但董事会中的外部董事制度或独立董事制度、股东的代表诉讼制度以及公司账目的专门审计制度,在相当程度上弥补了这一缺陷,与大陆法系国家的公司监事会制度有殊途同归之效。

(二)大陆法系国家(地区)的公司治理要求

大陆法系国家(地区)关于公司治理的主要特征体现为,治理原则和结构主要来源于成文法的明确规定,注重公司的社会属性、保护职工利益,设立监事会等。在公司治理结构上,包括股东会、董事会和监事会。

1. 股东会的设置

一般认为,股东会是公司的最高权力机关,它由全体股东组成,对公司重大事项进行决策,有权选任和解除董事,并对公司的经营管理有广泛的决定权。股东大会既是一种定期或临时举行的由全体股东出席的会议,又是一种非常设的由全体股东所组成的公司制企业的最高权力机关。它是股东作为企业财产的所有者,对企业行使财产管理权的组织。德国、日本法律的公司治理结构中就有相似的规定,以明确股东会的地位。我国法律与此类似。

2. 董事会的设置

根据大陆法系公司法,董事会实质是股东会的执行机关,负责公司或企业的业务经营活动的指挥与管理,对公司股东大会或职工股东大会负责并报告工作。股东大会或职工股东大会所做的有关公司或企业重大事项的决定,董事会必须执行。

根据日本公司法,董事会几乎全部由内部董事构成,而且大多数董事是从公司内部提拔上来的。而在德国公司法下,董事会是公司的领导机关,其成员中有全职的执行管理者,他们管理公司日常事务并对此负个人责任,同时他们也是公司的法定代表人。德国公司法还有一个重要的特点,即工人参与公司决策。这是德国企业治理的一大特点,雇员可以选派代表进入监事会和董事会。因而职工可以参与公司重大经营决策维护自身权益,也可以持有公司股票分享公司利润。这和我国公司法关于管理层的职工代表的规定类似。

3. 监事会的设置

在大陆法系国家(地区),监事会是公司的常设机构,负责监督公司的日常经营活动以及董事、经理等人员违反法律、章程的行为。公司内部设立由股东大会选出的监事会,作为专门的监督机关,负责监督公司的业务执行情况和检查公司的财务状况。

即使在设有监事会作为公司监督机关的大陆法系国家(地区),监事会的法律地位和职能也有着很大的差异。这主要分以下两种情况:一是监事会作为与董事会地位平行或独立于董事会的机构,负责对公司事务以及董事会执行业务的监督工作,向股东会负责并汇报工作,如法国部分公司、日本、我国台湾地区采用这种体制。二是监事会作为董事会的领导机构,对公司业务和财务状况以及董事会执行业务进行监督,并行使一定的业务执行决定权,如德国、奥地利是采用这种体制的典型国家。

在同属大陆法系的越南,则体现为"检查员"制度。越南公司法规定,股东大会选出两名检查员,其中一名检查员必须具有会计专业知识。检查员有以下任务和权限:在认为必要时,检查公司的会计账本、财产、各种财政年度总结表以及召开公司大会;向大会报告审查公司年度财政的情况;报告公司所发生的财政特别事件和董事会在财政管理中的优缺点。"检查员"制度类似于我国法律中的监事制度。

二、境外公司治理机制关键法律要点分析

尽管各国针对公司治理的要求与机制建设由于各自文化、政治、经济等多方面因素的影响而不尽一致,但在监督制约公司做好公司治理的措施手段或要求上却存在共同点。进入21世纪,主要国家相继爆发公司治理危机。为改善公司治理、维护投资者利益,多国均出台了公司治理改革法案,在完善信息披露机制、加强高级管理人员的监督和约束以及完善审计制度、强化审计独立等多个方面形成共识。这些方面应成为中国"走出去"企业最先关注与积极应对的问题。

(一)公司信息披露机制的要求

一般认为信息披露制度,是针对公众公司或上市公司而言的,是上市公司为保障投资者利益、接受社会公众的监督而依照法律规定必须将其自身

的财务变化、经营状况等信息和资料向证券管理部门和证券交易所报告,并向社会公开或公告,以便使投资者充分了解情况的制度。它既包括发行前的披露,也包括上市后的持续信息公开,它主要由招股说明书制度、定期报告制度和临时报告制度组成。各国法律对此基本都有较为全面的规定。

澳大利亚法律要求上市公司必须建立信息传播渠道,以便投资者可以从公开渠道获得这些信息。在日本,上市公司的主要披露载体是有价证券申请上市登记书,公司需要借此披露已募集和准备出售的证券信息。

一向把信息披露作为重要监管理念并且引以为豪的美国,面对安然等公司长期欺诈而未被发现的事实,不得不承认其在信息披露制度上的缺陷。美国吸取证券市场信息披露的一系列教训,制定相关改革法案,对信息披露提出了更高的要求。例如,要求美国证券交易委员会(Securities and Exchange Commission,SEC)至少3年一次复查发行人包括其财务报表在内的披露信息;发行人迅速和及时披露关于财务状况和运营的重要变化的信息;预测的财务信息不应有误导性,并应与发行人根据一般公认会计原则(Generally Accepted Accounting Principles)要求所发布的财务状况及运营结果一致;及时披露公司内部控制机制;在定期报告中披露高级管理人员道德准则的遵循情况及没有充分遵循的理由,等等。这些措施既便于公司利益相关者透过财务信息“表面”理解公司“实质”,也便于通过披露增加媒体舆论对管理层的监督和约束。①

德国也提出了完善公司信息披露制度的一系列措施:强制执行国际会计准则,建立完善的公司财务会计制度;要求经营者及时披露与公司有关的重大事件;要求公司董事会和监事会必须及时披露其成员所直接或间接持有股份的变化情况;要求公司在每年的财务说明书附录中列出支付给董事会成员的保险补偿金和股票优先认购计划的细节性问题,等等。严格的信息披露要求,尽可能地缩小了公司经营者不法会计操作的可能性,有利于投资者和政府机构对公司经营活动的有效监督,防范公司经营者通过内幕交易损害一般股东的利益;但同时也增加了公司的合规成本。

(二)对高级管理人员的监督和约束要求

公司高级管理人员因其特殊职务和工作地位,在掌握公司资源和交易

---

① 李茂年:“美国公司改革法案内容评介及其对中国的借鉴意义”,载《上海金融》2002年卷。

信息等方面，往往比公司所有者还具有更大的优势。为防止高级管理人员滥用其地位和权力谋取私利，寻求私下的交易机会，以关联交易或其他不当交易方式损害公司利益，各国法律中都有关于高级管理人员责任的规定。

相关法律明确了公司董事与公司自身在相关交易中的利益分配方法。在新加坡法律中，如果公司董事将自身利益置于公司利益之上，则须对公司由此受到的一切损失承担责任。如果在未得到公司同意时，公司董事因其职位而获得利益，该董事须向公司就其获利作出解释。在董事与公司订立合同时，例如将其资产出售与公司，如果该合同的订立违背了该董事对公司承担的受托义务，则公司可以撤销该合同。如果第三人在与公司订立合同时明知公司董事行为不当，公司也可撤销与该第三人之间的合同。

公司高级管理人员对于可能存在利益冲突的相关事项须承担信息披露义务。美国《示范公司法》规定利害关系董事具有法定公开义务，该义务规定利害关系董事需要公开关联交易的内容、性质及交易标的的其他重要情况。公开的时间为公司董事会或股东会表决此交易事项之前。对于需要提交董事会讨论和考虑的关联交易，需要经过没有利益冲突的董事进行表决，并且只有当多数无利益冲突董事批准时，该关联交易才是合法有效的。

针对美国所发生的一系列的财务丑闻无不与高级管理人员有关这一现实，美国公司改革法案从以下几个方面加强了对上市公司高级管理人员的监督和约束：一是法案要求公司的首席执行官和首席财务官保证公司提交的定期报告（不限于财务情况）的真实性，如果明知道是虚假的仍然提供保证，他们将要承担较为严厉的刑事责任；二是法案要求当报表与证券法要求存在实质性的不符时，公司的首席执行官和首席财务官应当返还奖金、其他形式的激励性报酬以及买卖股票所得收益；三是证券发行公司被禁止向董事或者高级管理人员提供私人贷款，在极为有限的情况下存在例外；四是公司高级管理人员、董事或者受益权人10%的股权变动必须在两个营业日内披露；五是在养老金计划管制期内，公司的董事和高级管理人员不能交易股票；六是如果有人违反了证券法的相关规定，并且他们的行为表明他们作为公司的管理人员或者董事是不适格的，SEC可以禁止他们成为证券发行公司的管理人员或者董事。

日本崇光公司高级管理人员利用职权进行非法交易被诉案

因负债累累而宣告破产的日本大型百货商店崇光公司2000年9月27

日向东京地方法院提出起诉,控告公司3名前高级管理人员利用职权进行非法交易导致公司破产,并要求这3人赔偿损失。这3名被告包括该公司前董事长和其他两名高级管理人员。他们被要求赔偿27亿日元(合2512万美元)。崇光公司还要求公司前董事长用个人资产和股票来抵销公司的部分债务。这3名被告近年来操纵公司财政大权,采用非法手段挪用公司资金,导致崇光出现许多坏账。2000年7月,崇光公司因负债总额高达1.87万亿日元,向东京地方法院申请破产法保护。

2005年3月29日,日本东京地方法院以逃避破产清算、非法转移资产、妨碍强制执行罪,判处崇光公司总裁水岛广雄有期徒刑18个月。东京地方法院认为,水岛明知崇光百货集团公司已经不可能依靠自身的力量实现重建工作,倒闭不可避免,所以在银行的账号被封存之前,先后从自己的银行账户以及信托投资账户中提取了1.5亿日元的资金。法院认为,水岛作为公司最高级管理人员,放弃了经营责任,只追求自己的利益,为了保留自己的财产,不惜非法转移资金,应当受到惩处。

(三)公司审计制度及审计独立性的要求

审计制度是公司治理制度得以遵守的重要保障,是各国公司法律都非常重视的内容。美国发生财务丑闻的上市公司的财务审计者都是享誉全球的会计师事务所,它们不可能没有能力发现审计的上市公司存在财务黑洞,但最终仍然出具了公司盈利的报告,其根本原因就在于这些会计师事务所同时承担了上市公司的财务咨询和审计业务,因而在审计时会受到上市公司的牵制,从而丧失了审计应有的独立性。鉴于此,美国公司改革法案一方面规定公司必须设立审计委员会,要求审计委员会必须完全由独立董事组成,其中至少有一名财务专家,而且由审计委员会负责任命审计师,为其发放报酬,并对其进行监督。另一方面为强化审计师的独立性,法案禁止会计师事务所在进行审计业务的同时提供其他非审计业务,要求审计委员会从事的所有实质性的审计业务和非审计业务都要事先得到批准,并在公司的定期报告中向投资者披露非审计业务。法案还要求审计小组的领导成员每5年轮换一次。

德国公司改革法案也把完善审计制度以及强化审计的独立性作为改革的重点:一方面,要求公司在监事会中设立专门的审计委员会,负责处理公司内部会计、判断经营风险、确定审计的重点和审计费用等工作;另一方面,为了保证审计机构和审计人员能独立地进行审计，法案也禁止审计机构为公司提供咨询服务，避免审计机构与被审计公司形成过于密切的经济联系。另外，法案还提高了审计人员的赔偿责任的最高限额，以保证审计人员更加勤勉独立地进行审计工作。[①]

（四）内幕交易的处理方式

内幕交易是指内幕人员和以不正当手段获取内幕信息的其他人员违反法律、法规的规定，泄露内幕信息，根据内幕信息买卖证券或者向他人提出买卖证券建议的行为。美国是最早将内幕交易相关规定纳入法律的国家，世界各国的立法中都将内幕交易列入法律禁止范围。

《1934 年证券交易法》第 10 条 b 款是美国禁止内幕交易的最早立法，规定“任何人直接或间接利用州际商业工具或方法或邮政，或利用任何国家证券交易所的任何设施，从事下列行为皆为非法：在购买或销售已在证券交易所注册、或未如此注册的任何证券时，违反证券交易委员会制定的为公共利益或保护投资者所必要或适当的条例和规则，使用或利用任何操纵性、欺骗性手段或计谋”。该条款是美国反内幕交易的基础立法。关于内幕交易行为的认定，前述法律第 14 条 e 款予以明确规定，对内幕交易的认定，控方不需要证明被告的行事意图，只要有内幕交易的事实，不管是谁，只要直接或间接、有意或无意得到这个内幕信息（初级举证责任在控方），都被假设为从事了内幕交易，被告必须提供所有证据来证明自己的清白（次级举证责任在辩方）。

在中国香港特区，内幕交易行为被纳入刑事犯罪，其属于市场失当行为的一部分，根据香港《证券及期货条例》第 245 条的定义，具体包括内幕交易、虚假交易、操控价格、操纵证券市场、披露关于受禁交易的资料及披露虚假或具误导性的资料以诱使进行证券及期货合约交易等。

（五）揭开公司面纱法律规定

揭开公司面纱制度又称“公司人格否认”，是指控股股东为逃避法律义务或责任而违反诚实信用原则，滥用法人资格或股东有限责任待遇、致使债

---

① 余剑伟、沈维涛：“美德公司治理改革法案比较分析”，载《现代管理科学》2004 年第 5 期。这里的德国公司治理法案是指 2002 年夏季提出的公司治理改革 10 点计划、2003 年 2 月 15 日德国联司法部长和财政部长共同提出的《联邦政府改善公司治理的措施目录》以及后续颁布的《德国公司治理准则》，合称为德国公司治理改革法案。

权人利益严重受损时,法院或仲裁机构有权责令控制股东直接向公司债权人履行法律义务、承担法律责任。这一制度旨在阻止公司独立人格的滥用和保护公司债权人利益及社会公共利益,是以实现公平、正义目标之要求而设立的一种法律措施。

在美国,这一制度一般被称为深石原则,即在破产程序中分配破产财产时,将债务人的关联公司作为债权人的求偿予以推迟,直到其他债权人得到偿付后,再将破产财产的余额用来清偿关联公司的债务。是否适用深石原则,取决于三个条件:母公司完全控制了子公司;母公司对子公司有欺诈、不当或不公平的行为;母公司行为损害了子公司债权人的利益。根据日本法律规定,支配公司的股东为达到违法不当的目的且恶意利用公司法人独立人格制度,以规避法律或合同上的义务的,则法院将会对其法人人格予以否认。

在德国法律中没有关于揭开公司面纱的专门规定,股东直接责任制度是否已经确认,或是否被司法判例所认可,还存有争议。有学者认为通过许多司法判例已逐步形成了准则,要求股东在特定情况下直接对公司债权人承担清偿责任的法律原则。但是根据联邦最高法院的其他判例,还不能肯定地说德国法律或司法实践中已经确立了揭开公司面纱的制度。

(六)股东派生诉讼的相关情况

股东派生诉讼是指当公司的合法权益受到他人侵害,特别是受到有控制权的股东、母公司、董事和管理人员等的侵害而公司怠于行使诉权时,符合法定条件的股东以自己名义为公司的利益对侵害人提起诉讼,追究其法律责任的诉讼制度。

在加拿大公司法下,股东派生诉讼又被称为股东压迫救济,加拿大《商事公司法》还授予申诉方(一般为公司小股东)在公司有压迫、不正当歧视或不正当地漠视申诉方权益时,可以对其持有股份的公司提起诉讼——比如因公司严重的管理不当、未能及时取得公司股东支付的资产,以及未经授权或不适当地支付红利,法院若认可,即可矫正不当行为。但是不同省区的规定又不尽相同,魁北克省的法律则无此项救济。

在美国的大部分州,提起派生诉讼的原告,必须在不当行为产生时和在诉讼过程中拥有股东身份。大多数州既允许登记股东也允许受益股东提起派生诉讼。尽管有学者认为债权人应该有权提起派生诉讼,但是法院通常拒绝给债权人提起派生诉讼的资格。对于如何决定一件诉讼究竟是直接诉讼还是派生诉讼，法院大都会综合运用一种称为“特别损害”的检验方法来判断一项诉求是直接的还是派生的。一般情况下，法院会要求股东证明他们遭受了其他股东造成的某种特殊或者明显的损害，从而提起一项直接诉讼。

韩国商法中股东提起派生诉讼的要件之一为持有发行股份总数1%以上的股东。提起派生诉讼而胜诉的股东可以对公司请求支付诉讼费用及其他因诉讼而支付的费用中的相当数额。日本商法规定，股东可以提起派生诉讼。股东代表诉讼的起诉费用与请求赔偿额无关，股东胜诉时还可以向公司请求偿还所需的调查及诉讼费用。

（七）跨国公司关联交易的限制规定

跨国关联交易，是指境内企业或经济体与存在或者可能会构成权益关系的境外关联方之间发生的，并能引起权益转移的法律后果的行为。企业进行跨国关联交易的目的必然是追求利益最大化，但这种利益诉求并不总是和国家管理政策和宏观经济整体效益相一致。跨国关联交易既为各国法律所认可，同时又受到各国法律的严格限制。

英国法律规定，若买卖双方存在控制与受控制关系，或者双方均受第三者所控制，并且该项交易的价格偏离正常独立交易价格，则应根据正常交易原则来重新计算英国当事人的课税所得。就是否属于不正当的关联交易的问题，须由英国稽查机关予以证明。

根据美国倡导的“正常交易准则”，在确认跨国公司某一项转移价格是否合理时，税务部门如果确认转移价格超越了“正常交易准则”确定的标准，则有权实施“转移价格审计”，调整并重新分配该公司的利润、税收扣除额及其他收入项目，按照调整后的数额确认纳税人的真实应税所得额，强制其交纳税款及罚款。跨国公司有举证义务证明其价格符合正常交易原则。

根据日本法律，跨国公司利用不正当的关联交易逃避税收等义务的，应对其予以惩罚，但稽查机关负有证明责任。

德国法律规定纳税人与其关联企业从事国际交易所得低于独立企业间的交易所得时，税务当局有权根据独立企业原则调整该纳税人的交易所得。此外，德国法律还规定了关联企业连带责任制度，即控股母公司原则上可以无限制地完全控制子公司，但与此相对应，母公司必须对归属子公司的债务承担连带责任，从而强化了对从属公司债权人的保护。德国股份公司法将关联公司分为合同型关联公司与事实型关联公司。对于合同型关联公司，控制公司享有支配被控制公司的权利,即使控制公司对被支配公司采取不利支配行为,被控制公司也不得拒绝,但是控制公司必须弥补被控制公司在合同有效期内的亏损,或对从属公司债权人提供担保。而就事实型关联公司而言,控制公司对从属公司需承担诚信义务,不得对从属公司施加不利影响,若给从属公司造成损害的,控制公司需对从属公司承担赔偿责任。

实践证明,并不存在任何一种理想的模式可以有效应对所有国家特别是发达国家的公司治理要求,但是通过对主流国家公司治理要求的比较与分析,可以梳理总结出它们的共通之处。美德两国的公司改革法案在全球范围内具有相当的代表性与典型性,都对公司治理、信息披露监管、审计会计控制等方面提出了极高的标准与要求。这些方面应该引起“走出去”企业的高度重视,积极应对,有效采取措施避免可能遭受的处罚与声誉风险。

三、公司治理的外部监管模式

无论何种公司治理机制,都只有被遵循才有意义。因此,各国均加强了相关法律机制如法院、监管机构和程序性规则的建设,以确保公司治理标准得到有效遵守。

一是监管执法,是指政府部门发起的所有执法和监管行动,包括政府相关机构提起的刑事和民事诉讼,以及对公司事项的审批机制。除了正式措施之外,政府的监管执法还包括遭受调查公司的信息披露所造成的声誉制裁。有权采取公共执行行动的政府机构范围十分宽泛,从当地检察机构到有权实时监督公司并采取干预行动以防止出现违约情形的监管机构,如美国证券交易委员会(SEC)。当地的自律监管机构和准监管机构也往往被纳入这类范围,如全国性股票交易所和英国的“财务报告理事会”(Financial Reporting Council)。这些机构在实践中能够要求事先遵守其规则,或者事后对违反规则的行为施加制裁。无论这些制裁是声誉制裁、合同约束还是民事诉讼,在制裁范围之内,这些机构均是明确的执法者。而当政府的干预强化了其监管功效时,这类机构与政府监管部门的区别就已经很小了。

二是私人监督。典型的“私人监督”是指私人主体提起的民事诉讼,如股东派生诉讼和集团诉讼。私人诉讼消息发布后所带来的声誉风险,往往会给公司带来股价下跌、市场信誉降低等多方面的损失。

与监管执法一样,私人监督也包括诸多制度安排,主要指支持集团诉讼和派生诉讼的一整套法律和制度架构。但与监管执法可以实现事先监管审批不同的是，私人监督主要依赖的是事后威慑，也就是说在发现不法行为之后施加处罚。

三是“看门人”的控制，是指通过聘用会计师和律师等第三方主体来监控公司主体的行为。“看门人”如果参与了公司的违规行为，或者未能防范、及时披露违规行为，往往面临着非常严厉的处罚。“看门人”的控制作用，无论是从遵守法律规定的角度，还是对于完成公司交易而言，都是非常重要的。现在大部分国家都积极强化“看门人”对公司交易所施加的控制，通过强大的激励措施来运用该控制权以防止发生公司的违规行为。

“看门人”的控制与前两种不同，它是一种受托干预行为。委托人可能是政府或个人，其并不审查公司主体，而是委托会计师或律师等“看门人”来完成。“看门人”通常是通过事先约束机制——如审计师拒绝签发不合格的报告等——而不是通过惩罚等事后机制来确保合规。

四、中国“走出去”企业的公司治理面临考验

（一）各国日趋严厉的公司治理要求成为更大挑战

从 1991 年开始，国际社会就掀起了一场声势浩大的公司治理结构运动。英国是这场运动的先行者；分别于 1992 年、1995 年和 1998 年发表的《卡德伯瑞报告》《格林伯瑞报告》和《哈姆派尔报告》成为这场运动的三个开创性的成果。随后，许多发达国家纷纷开始推进公司治理结构改革，制定相应的公司治理结构原则和指导方针。如 1997 年 9 月美国改善公共政策首席执行官联合会的商业圆桌会议发表《公司治理结构声明》。1999 年 5 月，经济合作组织（OECD）发布了《OECD 公司治理结构原则》，并成立了一个专门委员会，对 OECD 国家的公司治理结构进行系统的调查，并在欧洲境内的 7 个国家率先进行治理结构的改革。与此同时，它还广泛联络国际组织开辟国际公司治理结构论坛，通过培育企业精神和会计责任，促进公平、透明和责任感来帮助这些国家提高治理公司的水平。随后，OECD 又发表了《公司治理结构：提高竞争能力和联结全球资本市场》的报告，为全球化时代的公司治理机构运动提供了一个更为严肃的基调。这些实践和尝试极大丰富了公司治理机构的内涵，推动了公司治理运动的开展。

与此同时，一系列公司治理失效的案例给全球各国敲响了重视企业公司治理的警钟。继安然公司倒台之后，美国一些大公司如环球电讯、世界通信、施乐公司等纷纷出现了严重的违规行径和财务危机。就连通用电气这样

的企业巨头,也曾借助首席执行官韦尔奇的微妙手段对盈利报告和合并账目进行机会主义的处理。魏斯评级公司(Weiss Rating)在调查了7000家上市公司后发布的一份报告称,有多达1/3的美国上市企业可能存在捏造盈利报告的问题。这场从美国开始的公司治理危机,已经波及全球。欧洲和亚洲国家公司治理的问题也在不断地暴露出来,如瑞士银行和苏伊士金融服务公司的高级管理人员滥用职权、漠视股东权益的事件也被曝光。法国威望迪集团,一家拥有150年历史和27万员工、营业额高达291亿欧元、位列世界500强的大公司,也因虚报假账而陷于危局,被称为“欧洲的安然”。

面对严峻的公司治理危机,各国纷纷加强并联合推进经济全球化中的公司治理机制研究,出台全球性的会计审计标准等各类公司治理方面的要求与指引。继多年来在业界备受尊重的超级公司安然于2001年年底在资本市场投下一枚财务造假的重型炸弹之后,美国上市公司和中介机构丑闻越闹越大,股市连连受挫,投资者在一系列丑闻中损失数亿美元,很多公司养老金严重缩水,一向被视为资本市场和公司治理典范的美国,开始遭到全球的严重质疑,投资者持续恶化的信任危机严重威胁着美国经济。为扭转被动情形,美国政府开始对上市公司、中介机构相关的制度进行一系列改革,其中影响和争议最大的就是2002年《萨班斯—奥克斯利法案》,又称2002年美国公司改革法案。该法案从加强信息披露和财务会计的准确性、确保审计师的独立性以及改善公司治理等主要方面对现行的证券、公司和会计法律进行了重大修改。

德国联邦政府于2002年夏天提出了公司治理改革的10点计划。在此基础上,2003年2月15日,德国联邦司法部长和财政部长共同提出了《联邦政府改善公司治理的措施目录》,此后又颁布了《德国公司治理准则》。上述德国公司治理改革法案,从强化对股东权利的保护、加强对董事的约束和激励、强化监事会的监督职能、完善信息披露机制、完善审计制度以及设立独立的财务监控主体等主要方面对德国公司治理进行了一系列革新。①

中国企业“走出去”面临着越来越严格的境外公司治理要求,中国企业在对外投资过程中应当高度重视并积极应对,避免因为公司治理方面的违规问题而受到处罚,甚至被逐出当地市场。

---

① 齐树洁、陈文清:“德国公司治理改革的新动向”,载《福建政法管理干部学院学报》2003年第3期。

（二）“走出去”企业公司治理存在的问题

我国的公司立法和真正规范化的公司应该说仅有20年左右的时间，所以需要研究我国公司从原有的企业制度脱胎而来所带来的问题和困惑。对于这个问题，我国学者进行了很多研究，包括产权、董事会建设、信息披露等方面，但从“走出去”企业的视角出发，主要有以下问题：

第一，不少母公司还没有按照我国《公司法》的要求建立起公司治理结构，还没有董事会和监事会。① 而有的企业建立起来的法人治理结构又不完善，董事会与经理层高度重合，往往集决策权与经营权于一身，这种结构不利于相互监督。子公司治理结构和机制的建设也需要一个比较长的过程。

第二，母子公司的产权关系没有理顺。迄今为止，我国大企业集团的产生基本上是通过兼并、控股或联合的方式，使原来单个的企业成为一个控股的核心企业，以下部分为全资子公司、控股子公司，加上参股和联合企业，最终形成支配多达十几个甚至几十个企业资产的大集团。② 产权关系理顺起来比较困难，股东层、经营层和监督层难以分离。为了加强对子公司尤其是国外子公司的管理，集团公司往往强调决策权的集中，行政性管理色彩很浓，基本上采用粗放型管理，使海外子公司缺乏应有的独立性，削弱了业务发展的积极性与灵活的市场应变能力。

第三，监督力量薄弱。许多母公司还不具备条件可以有效地监督海外企业的资金运作状况，子公司的财务状况较为混乱。在经营上，许多母公司采取让子公司承包的办法，公司监督起来十分困难。另外对异地子公司的审计也存在相当大的难度，导致各个层次的监督不甚得力。

第四，董事会普遍缺乏一些辅助机构，如财务审计委员会、报酬与提名委员会等。在有些企业集团中，董事会虽下设了投资委员会、审计委员会等机构，但投资委员会作用很有限，很大程度上是一个专家议事机构；审计委员会几乎全部由内部人组成，因而成了集团公司审计子公司等成员企业的机构，对集团公司的高级管理层很难起到有效的监督作用。

第五，母子公司权限划分不清，引起决策程序上的混乱。有不少集团公司未确定辖属子公司对外担保、委托理财等行为的权限和操作流程，无法掌握子公司的异常情况。还有一些集团公司的管理部门较少参与子公司或投

① 周友苏：《新公司法论》，法律出版社2006年版，第46页。

② 博阳、魏昕：《中国企业跨国发展研究报告》，中国社会科学出版社2006年版，第85页。

资项目的运作与管理,对具体操作细节缺乏及时、充分的了解,也容易导致对子公司或投资项目的管理失控。

第六,母公司有时利用子公司来逃避外部监督从而引起集团公司治理问题。比如隐形担保问题,就是母公司利用子公司来为外围关联企业提供担保,以逃避信息披露等监管限制。更为严重的是还有一些母公司向子公司转移资产和利润,损害其他股东利益,甚至利用子公司搞账外账,进行违规操作,利用“小金库”进行财务造假,以逃避政策监管,等等。①

(三)“走出去”企业公司治理完善方向

“走出去”企业面对的公司治理问题,包含境外子公司与境内母公司各自及两者之间的治理关系与机制,也要满足来自境外与境内监管、社会等多个方面的监督。没有一劳永逸的治理模式与方法可以满足持续性的治理要求,但是公司治理的核心需要与目的是企业持续不断完善自身的重要方向。

第一,民主决策与有效制衡是公司治理的本质要求。公司要想正确决策、永续经营,不断创造价值,满足社会的需求,必须坚持民主决策与权力制衡,广泛听取各方的意见和声音,避免误判和独断专行。董事会应鼓励讨论、交流、碰撞和交锋,追求“和而不同”,让各位董事都畅所欲言,使重要的公司决策事项均得到充分讨论和深入分析,保障董事会的科学高效决策。

第二,董事会是公司治理的核心。在现代公司的委托代理关系链条中,董事会处于承上启下的环节,董事是受托人也是看管人,他们既要负责公司许多重要事项的决策,又要监督各项决策的执行。公司治理的改善很大程度上是董事会结构、决策水平和效率的改善。在选任董事时,要充分考虑被选任人员的素质、能力、责任感和独立性,实现董事会成员在政策理论水平、专业知识和实践经验等方面的互补,并通过系统的董事职业培训,持续提升董事的履职能力。

第三,科学决策是公司治理的要务。公司治理是手段,不是目的。从董事会层面来说,做好科学决策,研究解决好“公司向何处去”的问题至关重要。“不谋长远者不足以谋一时,不谋全局者不足以谋一域。”科学决策要讲究前瞻性和全局性。董事会只有在重大战略问题上保持了前瞻的眼光和全局的视野,才能真正带领企业走向战略的成功。

第四,社会责任是公司治理的要素。公司治理最早源于公司所有权与

① 张维迎:《企业理论与中国企业改革》,北京大学出版社 1999 年版,第 113 ~ 141 页。

经营权的分离，用以解决公司股东与经营管理者之间的委托代理问题，旨在确保公司和股东价值的持续增长。随着社会的发展和认识的深化，特别是随着利益相关者理论的兴起，公司治理融入了社会责任的内涵，兼具协调股东、客户、员工和环境等利益相关者利益关系的功能。

诚然，股东向公司投资是为了利润，而公司只有在同时满足利益相关者一定需求的基础上，才能实现公司的目标，使股东利益得到有效保障。这一理念越来越深入人心，进而使社会责任成为现代公司治理不可或缺的重要内容。在现代社会，公司的目标既要考虑股东价值最大化，也要考虑为社会做贡献。通过构建清晰有效的利益相关方参与机制，明确诉求担当，拓宽沟通渠道，促进和谐共赢。

第四节　离岸公司——境外投资的宠儿

近年来，世界上一些国家和地区培育出法律制度非常宽松的经济区域，吸引国际投资者建立国际业务公司——离岸公司。我国对外投资领域也悄然兴起一股企业离岸化发展热潮，许多企业特别是民营企业纷纷走出国门前往国际离岸金融中心设立离岸公司。作为一种特殊的对外投资主体，本节将从公司设立及公司治理等角度单独对离岸公司的公司法律问题进行分析。

一、离岸公司的产生及其优势

国际离岸金融中心是一些国家和地区，特别是加勒比和南太平洋地区资源匮乏的发展中微型岛国，通过立法手段培育和发展一些特殊的经济区，允许国际自然人或法人在其领土上从事各种离岸业务，并主要依靠低税率或免税政策大力发展离岸金融业来大量吸引逃避本国税收或基于其他目的的外国资本，以繁荣离岸金融市场，发展本国经济。[①] 国际上著名的离岸中心英属维尔京群岛（BVI）、百慕大群岛等，历史上都曾长期作为殖民地，没有税收自主权力或资本管制制度，即使在脱离宗主国之后，法律制度上也没有发生根本变化，保持了自由和宽松的特色。从地理上看，这些岛国都与强

---

①　何光辉、杨咸月："中国企业境外离岸化发展理性分析"，载《世界经济研究》2003 年第 9 期。

大的经济体系较为接近,与发达国家有着良好的经贸合作关系。另外离岸中心的政局都相对稳定,法制化程度较高,政府对离岸公司的经营管理基本上不予干预。这些都为离岸公司的聚集提供了良好环境。

离岸公司是指公司营业场所、经营业务不在注册国家或地区的有限责任公司或股份有限公司。它最早出现在1923年的巴拿马。巴拿马政府通过法律接纳来自世界各国的境外公司再次注册,给予种种优惠,除每年少量特许税外,在巴拿马境外活动的公司无须缴纳税金,只在延迟付款时需追缴附加罚款,因此许多轮船公司选择在巴拿马注册。① 离岸公司的投资主体可以是个人也可以是企业。企业包括跨国公司、大型联合企业、航运公司、金融公司、贸易公司等,一般以控股公司、外国直接投资公司、特许公司及资金管理公司等形式设立。

离岸公司与本土公司不同,具有鲜明的法律特征:(1)离岸公司的设立主体不是东道国本国的投资人,而均是外国投资者;(2)离岸公司的注册地必然是选择在离岸中心,基于其特殊且自由、宽松的法律制度而建立;(3)离岸中心的法律制度通常明确要求离岸公司在享受相关优惠政策的同时,只能从事域外经营活动,而不能在离岸中心本国有经营行为。

以离岸中心宽松自由的法律制度为基础,离岸公司具有不同于普通境外公司的特殊优势,这也是各国跨国企业竞相选择通过离岸公司实现跨国业务扩张的原因。一是便于利用税收优势,优化企业税收筹划。离岸中心与世界主要国家有着良好的经济贸易关系,较少成为各国使用税收壁垒的对象。出口企业可以通过经由离岸公司出口的方式避免进口国关税壁垒。此外,利用在低税收或无税收的国家或地区注册离岸公司进行投资控股,能够降低或免除资本收益尤其是红利收益的税收负担,从而降低企业的运营成本。二是离岸中心通常没有外汇管制,外汇兑换自由,便于企业在全球范围内自由调配和使用资金。三是通过离岸公司借壳上市,可以避免直接上市的严格审查限制,企业能够实现快速募集国际资本的目的。四是离岸中心对离岸公司投资者的信息和资料具有高度保密义务,这便于对投资者财产起到保护作用。

---

① 中国国际贸易促进委员会:“英属维尔京群岛、开曼群岛、萨摩亚群岛投资环境调研”,载 http://aaa.ccpit.org/Category7/Asset/2007/Jul/24/onlineeditimages/file71185263647368.pdf,2016年7月20日访问。

二、我国企业设立离岸公司的目的分析

根据《中国对外投资合作发展报告(2015 年)》,我国对外投资中,2014 年对拉丁美洲的直接投资为 105.4 亿美元,占对外投资总额的 8.6%,其中对英属维尔京群岛和开曼群岛这两个离岸金融中心的投资流量合计 87.6 亿美元,占中国对拉丁美洲直接投资流量的 83.1%。截至 2014 年年末,中国英属维尔京群岛和开曼群岛累计存量 935.6 亿美元,占对拉丁美洲存量总额的 88.2%。截至 2014 年年底,中国企业在拉丁美洲设立的境外企业为 1500 多家,占境外企业总数的 5.3%,主要分布于英属维尔京群岛、开曼群岛、巴西、墨西哥等国家。我国企业选择在集团的组织架构中采用离岸公司形式具有自身特点,通常基于以下目的通过离岸公司开展跨境投资。

(一)通过造壳实现境外上市

境外造壳上市是在准备上市的境外证券市场所在地或其允许的国家或地区成立一家中资控股公司,进而以控股公司的名义上市。国内公司获得上市资格往往十分困难,于是纷纷转向开曼、百慕大、BVI 等离岸金融中心。

由于离岸中心的法律一般属于英美法系,是公司在美国上市的合法注册地,而根据香港联交所 1999 年 7 月颁布的《香港创业板上市规则》中关于创业板上市公司注册地的第 1 条,除中国内地、香港之外,百慕大、开曼也在其中。在香港联交所上市,习惯上需要注册两家境外公司,尽管在开曼群岛注册的开曼公司通过控股内地产业可以在联交所直接上市,但在操作中企业往往选择在国内产业和开曼公司中间再加一家 BVI 上市公司,在重组过程中作为外商投资收购国内企业的主体控股国内企业,而开曼公司又拥有 BVI 公司百分百的股权。这种安排为日后上市的开曼公司开展业务提供较大弹性,在新设业务时可考虑在开曼公司下另设 BVI 公司,使从事不同业务的公司间彼此独立而不受牵累。在百慕大、开曼群岛注册的公司还可以在卢森堡、都柏林、温哥华申请挂牌上市。公开资料显示,选择开曼、百慕大为注册地的香港创业板上市公司远多于在中国内地和香港注册的公司。红筹公司中有将近一半的注册地在百慕大和开曼,如华晨中国、神州数码、TCL

国际、华润置地、光大国际等。①

这些上市公司之所以不选择证券市场所在地注册而要绕道遥远陌生的离岸金融市场,原因主要有四个:(1)注册程序简单。无须面对各种复杂的审批程序和规则要求。(2)避开外汇管制。我国属于外汇管制严格的国家,资本项目下的投资和筹资活动只有在获得政府相关部门的批准之后方能合法进行。(3)减少风险。宽松的法律环境和对公司业务的高度保密,使得上市公司自身的安全得到充分保障,极大减少了各种风险因素。(4)避免双重征税。国内企业投资所得需要交纳企业所得税,即 A 企业投资 B 企业,所获得 B 企业交纳 33% 营业税后的投资收益,还需要交纳投资收益这部分所得税,形成了双重征税;而百慕大、开曼群岛等对投资所得免税或只征收极低税收,基本上不存在双重纳税问题。

(二)便利风险投资退出②

尽管注册离岸公司是源于国内企业寻求境外上市的缘故,但目前与中国内地相关的数万家离岸公司中实际上只有一小部分与这个目的有关,真正的离岸公司主力军是国内许多接受境外风险投资的高科技企业。风险投资退出的最佳途径是接受投资的企业公开上市。此种方式因中国资本市场尚不完善而在国内难有可行性,因此只能通过境外上市来保证风险投资的撤离。

(三)转变为外资企业

中国企业注册离岸公司的另一个动机是借此转变成为外资企业以享受政策优惠。除了我国在一些领域给予外国企业的“超国民待遇”外,为了防止一些国家采取的反倾销措施,我国许多出口型企业选择通过离岸公司注册国外品牌与发达国家进行业务往来,降低发达国家对我国企业产品认定倾销的可能性。

(四)避税

由于离岸公司一般不允许在注册地开展业务,无来自注册地的利润,同时无须向注册地缴纳任何税款,因此国内企业可以通过转移定价和关联交易等方式将利润集中于注册地,从而减少在国内的应纳税款。企业可以通

① 何光辉、杨咸月:“中国企业境外离岸化发展理性分析”,载《世界经济研究》2003 年第 9 期。

② 李萍:“中国企业的离岸化发展”,载《现代企业》2006 年第 1 期。

过离岸公司进行投资节税,例如利用在低税收或无税收的国家或地区注册的离岸公司进行投资控股,能够降低或免去资本收益尤其是红利收益的税收负担,从而降低企业的运营成本。

(五)其他方面

此外,设立离岸公司方便快捷,费用合理;注册地监管松散,无须每年召开股东大会或董事会,即使召开,其地点也可任意选择;往往只要委托一个公司秘书即可保证公司的日常运作与当地法律没有冲突。

三、离岸公司的设立及公司治理制度

(一)离岸公司的设立

在英属维尔京群岛、开曼群岛等离岸金融中心设立公司主要包括两种方式,一是以个人或者公司为申请人申请设立一个新的公司,二是购买已经在当地注册的公司。在离岸金融中心有相当数量专门从事公司注册及出售的中介机构,它们将已经基本完成了注册程序但没有实际运作的公司——干净的壳公司——出售给跨国投资者。事实上,在离岸金融中心申请设立一家新公司,不论从注册条件还是注册程序的角度看,都是相对简单的。

1.申请设立公司的条件要求

大多数离岸公司法域对离岸公司的形式和设立的要求都非常宽松,对投资者没有具体的人数要求,并且离岸公司对设立人的国籍没有特别要求,任何人只要符合公司设立的条件即可设立公司。

通常,公司申请人只要满足以下条件,即可成功注册一家新的离岸公司:(1)在当地有一个由信托公司或企业管理公司提供的公司注册地址和注册代理;(2)新公司至少拥有一个股东和一名董事,股东和董事均可以由自然人或法人出任;(3)公司目的不被当地已生效的法律所禁止;(4)提交规定公司基本情况的公司组织大纲和规定公司活动规则的公司章程;(5)在当地长期设有注册办公室和长期有注册代理人;(6)公司名称中有“有限”“公司”“法人”“股份有限公司”等字样,名称不与在先公司的名称相同或相似,公司名称不含有“保证”“银行”“保险”“市政”“王室”“信托公司”“受托人公司”等字样或近似的意思字样。

离岸金融中心在资本制度上大多采取授权资本制。例如,英属维尔京群岛公司法规定,根据公司组织大纲或公司章程的任何限制性或例外性规定,基于该法成立的公司的未发行股票和库存股票应当由董事处置。根据该法成立的公司应在股票的对价被完全支付了以后才能发行股票,股票一经发行,则说明股票的对价已完全支付。公司法同时有关于最低注册资本的要求,标准法定股本5万美元,不区分公司形式。而且,其注册资本没有不可以挪用的限制。百慕大等离岸金融中心均对出资形式做了多样化的规定,公司发行股份的对价可以是货币、劳务、不动产、本票、债券等多种形式。①

2. 申请设立公司的程序

注册离岸公司通常要求由一个申请者,即注册代理,进行注册申请,由其向注册登记机关提交注册公司的公司章程或组织大纲。为防范将离岸公司用作洗钱等不法行为的工具,从20世纪90年代开始,主要的离岸金融中心相继开始要求在申请设立新公司时提交当地律师事务所或会计师事务所的介绍信,并确认该公司的组建完全符合当地公司法的要求。与此同时,一位拟任职该离岸公司的董事通常需要向公司注册处提交一份声明,确认该离岸公司的商务活动基本上在该离岸金融中心境外进行。离岸金融中心的公司注册程序效率较高,如开曼群岛的公司设立手续一般可在24小时内完成。

(二)离岸公司的公司治理情况

1. 离岸公司的公司治理特点

在英属维尔京群岛、开曼群岛和巴拿马等主要离岸金融中心,法律对公司治理结构没有特别的要求,规定往往比较原则和简单。离岸金融中心多属于英美法系,在公司治理模式上只设董事会,不设监事会,且会议制度比较灵活,往往股东会和董事会会议的地点可以在任意地方,出席人数可由公司自主大纲或章程规定,无规定时,有一半的董事或派代表人出席了会议即视为合法。对于会议形式,只要通过电话或其他电子方式参加了会议并可以互相听取发言就可以认定该代表出席了会议。比如在英属维尔京群岛,离岸公司可不必举行股东年度大会,股东大会也可以不在当地举行。在巴拿马,对股东和股东会的要求也十分简单,不少于一个自然人即可,对股东无国籍上的限制。

离岸金融中心对于离岸公司的财务制度和信息披露制度也非常宽松,

① 成先平:《中外外资投资企业法律制度重建研究》,郑州大学出版社2002年版,第137页。

通常并不要求公司承担信息披露义务，相反，公司股东资料、收益状况等都是保密的，公司无须进行年度财务报告。①

正是由于其法律环境有利于投资，因此离岸金融中心对投资的保护也体现在法律对公司高级管理人员的职责的规制上。如巴拿马公司法对公司高级管理人员的诚信义务就有较高的要求，规定公司董事和高级管理人员不能免除按公司章程管理公司业务而产生的个人责任；但如果他们为了公司的最大利益诚信地工作，可以要求公司赔偿其损失。

2. 离岸公司被广泛关注的监管重点

离岸公司的发展顺应了当代全球贸易与金融自由化的趋势，降低了国际资金的流动成本，加强了国际资本市场之间的竞争，具有一定的合理性和积极意义。但是，由于离岸公司的经营方式具有相当大的风险，这也给各国贸易管理、金融监管及货币调控带来了挑战。

一是关联交易问题。离岸公司与其子公司、实际投资人等之间关系十分复杂且隐蔽，由于没有信息披露义务，外界一般难以了解其实际资金运作状况，这就为离岸公司的一些规避管制甚至违规行为提供了便利。例如，子公司未经批准就为母公司垫付有关费用；通过关联交易掏空上市公司资产，隐蔽公司股权收购方的真实身份低成本侵占公司股权；将境内资产通过境外投资以及进一步的关联交易转移到境外，等等。这对经济金融市场秩序具有不利影响，因而成为各国监管的重点关注方向。

二是公司欺诈和财务风险问题。利用离岸金融中心的信息不透明、低税率甚至免税、注册成本低等宽松条件，企业虚增资产和经营业绩等不正当竞争行为较为容易实现。据媒体报道，近年来，多家海外上市的内地民营企业相继遭受财务造假质疑，甚至很多被逼退市。② 此外，借助离岸公司这一工具，一家集团公司可以在集团整体债务水平很高的情况下，将其控制下的信息披露义务较高的子公司账面账务水平保持在较低水平，而集团整体的高负债不为人所知，增大了企业的财务风险。③

三是资本外逃问题。我国资本外逃现象近年来较为严重，离岸公司设

---

① 吴勤学：《中国海外直接投资理论与实务》，首都经济贸易大学出版社 2006 年版，第 234 页。

② “民企海外上市造假风波不断 ‘金融造假学校’难脱干系”，载 http://finance.qq.com/a/20120426/006688.htm，2016 年 7 月 20 日访问。

③ 商德文：《中外著名企业国际投资案例分析》，经济日报出版社 1994 年版，第 197 页。

立的方便性与保密性,为逃脱监管的资本外流打开了方便之门。例如,以对外投资的名义,境内企业可以将资本大量转移到境外,以个人名义注册,化公为私;或低估对外投资资产的价值,将差额转移到个人账户;或在买壳上市、国际企业收购和兼并等投资活动中,大量国有资产向境外流失。持续的资本外逃将导致一国国际收支失衡,造成资本和金融账户逆差,减少外汇储备,并导致国内货币总量、利率、汇率等变得不稳定,货币政策的有效性也受到一定程度的影响。

3. 离岸金融中心公司治理制度的发展趋势

国际离岸金融中心的公司法律环境尽可能倾斜于投资者,以方便其前往投资设立公司。但是,国际社会对反洗钱、反恐、反偷逃税等行为逐渐呈现出加强监管的趋势,这一趋势也影响着离岸中心公司制度的改革。

以开曼群岛为例,近年来,开曼群岛面临越来越多的压力,比如美国证券交易委员会要求其披露公司更多信息。在 2013 年 1 月,开曼群岛金融管理局向该岛 15 个行业协会发出《致行业协会的公开信:公司治理提案》,拟就公司治理与监管相关规定的修订进行调研,同时公布“公司治理征询稿”“关于公司治理的指南说明征询稿”和“对国际管制标准的修订附录”,旨在通过完善公司治理、建立公开数据库等举措来提高金融信息透明度,强化公司监管。针对普遍存在的董事会虚置、董事只挂名不履行职责,甚至一人同时身兼一百多家公司董事的现象,法律拟规定董事应当召开定期董事会,且频率应足够高以确保董事会能有效履行其职责。提案建议要求所有拟在开曼群岛注册公司担任董事的人,应完成注册程序;注册时董事须提供详细的个人信息和联系方式,在 6 家以上公司担任董事则须获得特别许可。针对公司治理暗箱操作的现象,规定董事会和董事必须完全、准确和清晰地记录董事会会议。另外,金融管理局将计划创建一个在开曼群岛注册的基金及其董事的公开数据库。这一举措将打破开曼群岛实行了数十年的保密原则,也意味着开曼群岛将逐渐接受国际审查。

又如据英属维尔京群岛法律规定,无记名股票必须由托管机构集中保管,公司必须把最终受益人的资料提供给官方;如果政府认为某个公司或账户涉嫌洗黑钱,当地最高法院发出搜查令后,离岸公司的资料必须公开。

此外,为了扼制投资者利用离岸公司逃避国内纳税义务的行为,各国政府也开始逐渐加强对离岸公司的监管。以美国为例,美国于 2010 年 3 月制定、2014 年 7 月生效的旨在严厉打击逃税行为的《海外账户税务合规法案》

(FATCA 法案)受到广泛关注。该法案要求外国金融实体(Foreign Financial Institution)承担向美国政府税务部门汇报其掌握账户(账户的定义范围很广,包括股权利益、债券利益等)的信息的义务,并在一定情况下代为扣缴税款。法案将特殊目的公司(大多以离岸公司形式设立)作为外国金融实体看待,由此这类公司向股东分配的股权利益等信息都将受到法案的管辖和美国税务部门的监督。除此之外,各国政府也在加强国际合作,2013 年 7 月,二十国集团财长与央行行长会议支持经合组织将《多边税收征管互助公约》框架内的税收情报自动交换作为全球税收情报交换的新标准,该公约对于通过开展国际税收征管协作,打击跨境逃、避税行为,维护公平税收秩序有着积极的作用。①

---

① 参见 http://news. xinhuanet. com/world/2013 - 08/27/c_117116539. htm,2016 年 7 月 25 日访问。

第五章　可持续发展的关键

——来自东道国的考验

改革开放38年,中国经济迅速融入全球一体化进程。中国大量的海外投资,在为世界经济发展作出贡献的同时,也为自身及所在国提出了一系列发展中的问题,即“走出去”企业如何更好地面对移植后的生存与挑战,如何在“走出去”过程中获得更多、更快、更持久的发展。本章在借鉴各国相关案例的基础上,从“走出去”过程中容易出现争议的热点问题入手,从环保、土著、劳工、土地等非经营性风险,到税收、外汇、知识产权保护等经营性风险,对企业在东道国环境下面临的挑战和风险进行了系统的梳理,力求帮助我国企业树立正确的风险防范意识,在实践中有所裨益。

第一节　环境保护:海外投资不容忽视的责任

近年来,伴随着中国海外投资步伐的加快,“中国环境威胁论”被西方媒体不断热炒,环保问题成为我国海外投资整体策略中一个需要特别关注的方向。

毋庸讳言,我国迅速增长的对外投资确实在一定范围内对东道国的环境产生了一定程度的影响。2013年3月,商务部、环保部联合发布《对外投资合作环境保护指南》,这是我国第一个针对企业对外投资的专门性环境保护指南,其出台也反映了我国政府对海外投资环保问题的重视。

本节从分析环保与投资关系入手,从矛盾的一般性和特殊性剖析中国环境威胁论的根源,以历史纵向的眼光,来看待和分析中国海外投资中面临的环境挑战,寻其根源,探其本质。从案例中探寻怎么看,在法律中找到怎么办,帮助中国企业在对外投资过程中树立正确的环保观念,以法律责任和社会责任为区分,从投资者的立场出发,以可持续性经营的视角,提出切实可行的环保措施。

一、环境与投资的关系

环境与投资的矛盾历来相伴相生，并不仅限于海外投资，国内投资也会同样面临环境挑战。当这种挑战来自于海外投资时，环境与投资之间的冲突对抗就会变得尤为强烈。

（一）环保责任是普遍存在的问题

良好的自然资源有利于东道国更好地吸引外资，加快发展，但在加快发展的背后，必然是资源利用量、废物排放量和污染强度的急剧增加。然而，随着发展带来的经济条件的改善，民众对于清新、舒适环境的环保诉求也会越来越清晰、越来越强烈。因此，环境保护自身的复杂与流动性，使得传统意义上的一国所有的自然资源越来越成为全球经济活动的共同客体，引发国际社会的热切关注也在情理之中。于是，在吸引投资与环保需求的双重因素发酵下，海外投资与环境保护之间的矛盾就尤为凸显。

（二）从民族利益的高度理解东道国对环保的重视

越是经济发展水平相对落后的国家和地区，民众生活对自然资源和环境的依赖程度也就越高，往往会从民族和国家的高度来理解环保问题带来的社会影响。

以非洲为例，非洲国家尽管贫穷，但在环保和保护旅游方面却非常重视，这不得不归功于其根深蒂固的人与自然和谐共处的环保理念。在非洲，人们不会对其赖以生存的自然环境进行威胁和破坏，以换取经济条件的改善，因此，在此类地区的投资活动中，对环保的理解和践行，应尤为重视和加强。

（三）环保责任需得到我国企业特别重视

随着我国企业"走出去"步伐不断加快，"中国环境威胁论""新殖民主义"越来越多地出现在西方媒体上。分析现象背后深层次原因，主要有以下几个方面的考虑因素：

1. 我国投资的热点行业，诸如能源、基础设施等，多为对环境影响较大的行业，环保风险系数普遍较高。此外，受历史格局影响，我国的投资热点地区多为生态较为敏感脆弱的非洲、拉美和东南亚等地区。

2. 全球金融危机下，我国资本异军突起，逆势上扬，势必会引起西方对我国经济实力增长的忧虑与担心，借环保问题大打政治牌。而我国企业海外环保意识也相对薄弱，社会责任感有待提升。一方面，"走出去"的中资企业海外投资经验还较欠缺,与东道国文化、法制和社会环境的理解和磨合还有待于进一步加强;另一方面,受国内投资经验的局限,许多原本在国内不成为问题的问题,在新的人文社会环境下,由于缺乏相应的应对处置经验,短时间内风险较大,出现了意料不到的社会效果。

3. 东道国特别是欠发达国家客观准确、系统全面的环保政策的缺失,也是造成环境问题的一个不可忽视的原因。研究我国企业海外遭遇的多例环保事件,所有开工的项目都是经过东道国环评认定的,说明后期出现的问题,往往是由于东道国在环保政策标准的制定方面有待完善,或者一些非政府组织对于政府环评的不同意见而引发的。

我国企业海外的环保意识还普遍较弱,各种在经济利益驱动下的短视行为确实时有发生。但是,我们也应该客观地认识到,行业、地区开发特点,西方的忧虑心态也是矛盾不断升级的重要原因。环保意识的增强,本身也是一种认识逐步提高的过程。很多行为在没有相应的环保意识时,并无主观恶意,但仍需加强对相关法律制度的重视。

二、环境保护应纳入投资全流程的关注范畴

任何海外投资行为,都是要在成本和收益之间寻找最大的利差。对于任何投资者而言,环保成本确实是在基础成本之外的附加成本,如何做好附加成本最优化的考量,是所有海外投资者都要面临的难题。在投资的历史长河中,许多发达国家都走过同样的历程。

(一)规划阶段应注重环保的重要性

1984 年 12 月 3 日,位于印度中部博帕尔市北郊的美国联合碳化物(印度)有限公司的农药厂内,35 吨的剧毒化学气体发生泄漏,造成当地 2 万多人死亡,20 万人受到波及。该事故被称为人类历史上最为严重的环境灾难。

20 世纪后半叶,公害问题在发达国家得到广泛关注。发达国家对此制定的环境标准越来越高,但发展中国家对此认识尚浅,致使很多企业都把目标转向了所谓污染天堂[①]的发展中国家。

① “污染天堂”,是指企业利用一些发展中国家为获取较大的经济利益热衷于吸引外资,重视技术和设备,忽视安全和环境保护的心态,把一些发达国家几乎不允许设立的产业转移到发展中国家。这就是所谓的“工业的重新布局”——把污染企业从受控制区域向不受控制区域转移,被称为“污染天堂”理论。

博帕尔事件就是发达国家将高污染及高危害企业向发展中国家转移的一个典型恶果。事件发生后，人们发现，虽然有工人的操作失误，但在规划设计环节上，关键性环境安全保护设施的缺失才是事故的根本原因。将博帕尔农药厂的安全装置与美国本土类似工厂的安全装置相对比，美国本土的这类工厂都设有先进的电脑报警装置，并大都远离人口稠密区，而博帕尔农药厂只有一般性的安全措施，周围还有成千上万的居民。印度中央调查局在灾难发生后，曾对包括美国联合碳化物（印度）有限公司时任首席执行官沃伦·安德森和公司印度籍高管等 12 名相关人士提出刑事指控，但这桩案子最终以美国联合碳化物公司在 1989 年向印度政府支付 4.7 亿美元的赔偿金作为了结。该公司也在此次巨额赔偿后元气大伤，1999 年被陶氏化学收购。

目前，各国环保立法都会有严格的要求和措施，因此我国企业在规划设计阶段，应将环保提前打入预算，未雨绸缪，防患于未然。

（二）生产运营中应遵守环保规则

2010 年 4 月 20 日夜间，英国石油公司（BP）租赁的位于墨西哥湾的“深水地平线”钻井平台发生爆炸。追究事故责任时，专家发现，事件起因在于生产中一个关键性的环保设施“防喷阀”失效，加之后期对失效“防喷阀”的处理不当，造成钻井平台发生爆炸后漏油，致使美国 9900 平方公里的海面遭受油污污染，成为美国历史上最严重的油污灾难。

经过长达四天的协商和谈判，2010 年 6 月 16 日，美国总统奥巴马在白宫宣布，英石油公司将创建一笔 200 亿美元的基金，专门用于赔偿漏油事件的受害者。会谈结束后，BP 宣布取消今年对股东的分红。奥巴马在当天的声明中说，这笔基金的金额不是赔付的上限，而且这笔钱有别于 BP 应支付的环境破坏赔偿费用。

随后，美国法院经过审议，同意英国石油公司再支付创纪录的 4 亿美元罚款，终止英国石油公司因美国墨西哥湾漏油事件所受刑事犯罪调查。这项和解协议由法官萨拉·万斯在路易斯安那州新奥尔良地区法庭批准。除了结 11 项杀人罪指控，和解协议包括对英国石油公司违反《清洁水法》和《候鸟法》的问责，以及对妨碍国会议事罪的处罚。不过，协议无法了结联邦政府对英石油的民事指控。这家企业仍可能因为漏油引发的环境损失而额外支付罚金。

在生产中遵守环保规则是我国企业对外投资与经营的首要任务，从选择符合环保要求的原材料,到采用先进的安全生产技术与工艺,以及严格按照安全生产流程运行等。特别是能源行业、基础设施行业和农业领域,一旦任何环节中出现环保漏洞,造成的损失都是以让企业背上沉重的负担。

(三)避免环保问题社会化

土耳其奥维卡金矿案(Ovacik Gold Mind Case)是土耳其政府在20世纪90年代末吸引海外直接投资本国矿产领域的一个典型案例。1993年,土耳其真正意义上的环评体系形成后,奥维卡金矿的外国持有者通过土耳其的环境影响评价(EIA)获得了对氰化物提留技术的环保豁免。但这项豁免却被当地的反对者和非政府组织诉至法庭,反对此项没有给当地带来任何好处却造成极大环保隐患的环保豁免。此案件造成了极大的社会影响,土耳其总理亲自任命了科学家团队展开论证,最终取消了此项对氰化物提留技术的环保豁免。

从以上案例可看出,走出去的中资企业都要牢固地树立环保的风险意识。第一,环保无小事,一旦环保出现事故,它的危害、影响、责任、赔偿都是任何一个投资主体难以承受的;第二,环境保护环环相扣,贯穿于规划、生产、排放、经营等各环节,任何一个环节的纰漏都会造成难以弥补的环保事故;第三,环保既是环境问题,也可能演化为其他问题,这不仅来自于它影响的特殊性,更来自于东道国在社会压力下的政治选择。

三、环保与投资的平衡,遵守法律责任,履行社会责任

环保问题无小事,要想解决好,就要明白我们必须做的,完成我们应该做的,尽力做我们可以做的。所谓“必须做的”“应该做的”,是指法律项下的强制性义务的遵守和履行,即法律责任;所谓“可以做的”,则是从更高的层次,将矛盾消灭在萌芽状态。

(一)环境保护的实质是法律责任

法律责任源自法律体系,只有了解一国对于本国环境保护的法律体系,才能更清晰地明确责任。从国际法的角度来看,相比国际公约而言,投资者的环境保护的硬性义务主要来自于东道国国内自身立法及转化为国内法的国际公约。一般而言,一国环境保护法规主要由环保法律法规和环评法律法规两大部分构成。

1. 环保法律法规构成及关注方面

一是环境基本法。主要包括以政策法、纲要法、框架法和综合法等形式出现的各国环境保护的最高立法。就其内容而言，环境基本法主要涵盖对环境保护立法的基本价值理念、立法目的、适用范围等的规定，一般仅为原则性抽象性规定，缺乏具体的操作指引，但对单项法会产生根本性影响。日本的《环境基本法》、菲律宾的《环境法典》、加拿大的《环境保护法》等都属于此类立法。

二是资源保护类立法。主要侧重于从类环境资源保护利用的角度出发进行的专项立法。一般而言，针对环境资源的保护立法，可以分为土地、森林、矿产、动植物、水资源几大类，缅甸《缅甸森林法》、南非《国家森林法》、挪威《森林法》、加拿大《森林保护法》等都属于此类立法。

三是污染防治类立法。主要从环境污染防治的角度出发，侧重于禁止性立法。目前国际社会对污染防治类立法主要包括大气污染、环境噪声、固体废弃物、水污染及海洋环境等领域。肯尼亚的《大气污染防治法》、委内瑞拉的《噪声污染控制法案》《空气质量和大气污染控制规范》等都属于此类立法。

东道国的环保法律体系构成因司法传统、经济水平、环保认识、立法水平的不同，会呈现出形态各异的立法态势。对于投资者而言，应侧重关注以下方面：

（1）熟悉东道国的环保法律体系构成和立法形式

对于投资者而言，要熟悉一国环保法律，首先要对自己投资领域涉及的环保界限有清晰的界定。其次可凭借环保中介的力量，对相关领域涉及的环保法律进行系统梳理，包括基本法规定的原则、资源保护型单行法规定的保护性措施、污染防治单行法规定的禁止性规定、主管部门的实施细则、地方性的特殊规定等，建立一套完整的环保概念体系。

（2）尊重与遵守规则

阿根廷《环境法》要求，任何企业和个人如果从事对环境构成危险的生产活动，必须要购买生态保险；德国的《环境责任法》（1991 年）规定，存在重大环境责任风险的“特定设施”所有人，必须与保险公司签订损害赔偿责任合同，或由州、联邦政府和金融机构提供财务保证或担保；而意大利制定的环境保护政策是以鼓励环保者为主旨，以预防为主，不以惩罚为目的，在环保法案上另辟蹊径，在税收法律方面有鼓励在环境保护上的投入的措施。

(3)要明确了解法律限制的内容

为了对有毒有害物质进行有效管理,防止被当做污染天堂,各国在不同程度上,通过立法明确严格限制进口物品的清单,典型代表有美国、加拿大等发达国家,也有尼日利亚等发展中国家。例如,美国环境保护局监管的《有毒物质控制法》(1976 年)(Toxic Substances Control Act, TSCA),对约 58000 个品种的化学物质进行控制;阿联酋禁止进口某些特定产品,有些是遵守国际公约,有些是相关国内法规出于环保、卫生方面的考虑:《控制危险废料越境转移及处置的巴塞尔公约》(1992 年颁布及 1995 年修订的)、《关于在国际贸易中对某些危险化学品和农药采用事先知情同意程序的鹿特丹公约》(2004 年)、《危险物质、危险废料以及医疗废料处理的规定》等;塞拉利昂通过《环境保护局法案》(2010 年)规定了禁止在塞拉利昂从事的经济活动和行为,包括禁止进口有毒有害物质或废物,禁止向大气、土壤和水中排放有毒有害物质等。

对于这种环保法律特点,在海外投资中,中国企业首先要对相关法律的限制性规定有充分的认识和了解,避免因为生产工艺或者原材料不符合环保标准造成投资失败。

(4)关注各国对环保的特殊性要求

由于历史、地理和自然条件的原因,各国会对一些特定的区域有特别的立法要求,比如在新西兰,由于受地理孤岛因素的影响,对外来物种的控制较严;在肯尼亚,由于其丰富的野生动物资源,对森林、水资源以及生物多样性的保护较为严格;在科威特,作为传统海湾国家,一贯非常重视对海洋环境的保护。科威特发起参与了一系列针对海洋保护的国际公约:《保护海洋环境免受污染区域合作公约》《关于勘探和开发大陆架造成海洋污染的议定书》《保护海洋环境免受陆地资源污染的议定书》(1995 年)等,其中关于防止油类污染通航水域的法案就历经了 1968 年、1976 年和 1980 年 3 次修改,并且在最后一次修改汇总增加了对污染者最高罚款额的相关规定,反映了该国对海洋环境保护的重视。

2. 按环保法规做好环评

一般而言,一国环境评价体系对于投资活动具有重要的程序指示意义。环评要求的广度、深度和分析类型往往与项目本身的特性、规模有着密切的联系,因此,了解一国环评体系,分析一国法律对相应的行业和投资规模的

环评要求,对于顺利开展项目具有重要的意义。对环评体系的认知和了解,应该主要从以下几个方面着手:

(1)明确需要进行环评的范围、评价要求等。对环评范围的规定,各国立法形式不尽相同:有的国家是以正向列举法对环评的范围进行说明。例如,塞拉利昂《环境保护法》规定,在塞从事以下活动需要向塞环保局提交环境影响评估报告,经过审核并取得许可后方可进行:对可再生资源产生重大影响的(如开垦农田、森林砍伐等);对农业和渔业造成重大影响的活动;水利资源的开发和利用;公共设施;工业设施;矿业;萃取工业等。以德国、加拿大为代表的发达国家规定,所有的建设项目都要事先进行环评。坦桑尼亚则在《环保评估程序指南》中明确了该国的项目环评实行一事一议原则,坦桑尼亚国家环保委员会负责决定项目是否需要进行环评。

(2)明确环评的开展主体、报审机构,掌握环评报告应涵盖的主要内容等。环评报告的编写主体,从主体角度看,主要包括企业编写、有环评资质的第三方机构编写以及企业和政府机关联合编写三种模式。明确相应的编写主体,是环评程序发起的第一步。

以科威特为例,科威特的环评实行的是代理制,每个企业都需要有自己的代理,但最终的环保评估工作则需要由代理和科威特公共环境管理局KEPA共同完成。沙特阿拉伯在2011年以前规定,企业可自行编写环评报告提交隶属于沙特国防部的沙特气象与环境总署(PME)。但是2011年之后,PME要求不再受理企业自行编写的环评申请,必须由代理公司提出申请。委内瑞拉规定,对于国家项目,委内瑞拉环境部只接受委方业主申请。因此,我国在委内瑞拉的多数项目都是由中资公司向委方提供资料,由委方代为办理环境评估手续。在确定环评报告的编写主体后,相应的编写主体应根据环评要求准备材料。

(3)建议关注环评对公众参与度的要求。环评作为一项系统性工程,部分国家会对社会公众的参与程度有明确的要求。美国是世界上最早建立环评制度的国家,其环境评估制度一直非常重视公众的参与。美国《国家环境政策法》(1996年)规定,联邦政府的所有机构的立法建议和其他重大联邦行动建议,在决策之前都要进行环境影响评价,此外还要征求公众意见。公众评议是编制环评报告的必经程序和内容。

(4)建议关注环评从一次性批准到全程性监控的转变。比如挪威《环境影响评价法规》就明确规定,政府每年要对企业的环保工作进行检查,建立全流程的环评制度。

(二)社会责任的承担

从世界范围内来看,环保涵盖的内容越来越广泛,很多国家对环评的要求,已经从单纯保护水、大气、土壤等自然环境向综合考虑社会、文化、生态环境等全方面可持续性发展方向发展。保护人权、保护文化、消除贫穷、保护生态环境、促进社会发展越来越多地被纳入环评范围。

近年来,随着环保意识的持续升温,环保下的人文关怀诉求也被越来越多的国家重视。我国也相应出台了多项有益的探索和尝试。例如,1998 年 11 月 27 日国务院发布的《建设项目环境保护管理条例》确立了建设项目的环境影响评价制度;2007 年 8 月 24 日环境保护部(原国家环境保护局)发布的《关于开展生态补偿试点工作的指导意见》明确了对生态补偿制度及协议保护机制(Conservation Concession Assessment, CCA);2009 年 1 月 16 日修订的《建设项目环境影响评价文件分级审批规定》细化了环境影响评价审批的层级;2009 年 10 月 1 日施行的《规划环境影响评价条例》确立了我国规划环境影响评价(Environmental Impact Assessment, EIA),等等。建议中国企业在“走出去”的过程中,能重视法律之外的社会责任的承担。

在具体的实施路径上,建议可采用“政府—NGO(非政府组织)—企业”合作的模式,以 NGO 为纽带,促进与中国政府、东道国政府、中国对外投资企业的合作,保护当地环境,促进当地经济发展,增加中国企业的国际竞争力,达到生态效益、经济效益和社会效益的“多赢”。

四、中国企业的思考与选择

在承担环保责任上,不同的主体、不同的生产建设规模,承担的角色不同,承担的责任亦应有所侧重。

(一)大事业要有大担当

能源合作作为“走出去”一个非常重要的方面,在我国对外合作中占据重要地位,大型基础设施往往作为惠及能源建设和基础民生的重要措施,具有非常深远及重要的意义。但是受历史原因的影响,一些项目集中在生态环境脆弱、配套基础设施较差的地区。如何平衡发展与环保之间的矛盾,避免因环保问题处理不善影响投资效果,需要中国企业在投资中始终贯彻环保的理念。

饱受争议的苏丹麦洛维大坝就是一个典型的案例。该大坝一方面为苏丹的石油开发提供工业用电保障，另一方面其电力供应量超过目前苏丹全国供电量两倍以上。2005 年苏丹总统巴萨尔评价这个项目是苏丹贫穷的终结。2006 年联合国环境组织则认为苏丹政府的环评许可弱化了对环境的负面影响，认为这个项目存在数项重大的环境隐患，包括对 174 平方公里的原住民从尼罗河流域到沙漠地区的迁徙、对尼罗河鳄鱼等濒临灭绝生物物种的保护等。

对于此类项目，应把握两点：一是对于这种具有国计民生重要意义的项目，应在坚定不移支持建设的同时，对利益损失方尽量给予额外的援助和补偿；二是中国企业也应逐渐重视环保经验的积累，不断用先进的环保标准要求自己，做足社会责任的功课。

（二）倡行绿色信贷理念，重视融资中的环保推动

国际上，在长期的信贷实践中，国际机构和发达国家的银行针对信贷过程中出现的环境问题，都提出了一些适用于信贷领域的环境指南，形成了许多完善的体系和标准。

1. 国际金融公司（IFC）实施标准

IFC 实施标准于 2006 年正式发布。该标准建立了一系列关于评测、监控和管理环境风险的标准，包括社会和环境评估、劳动工作条件、污染预防和控制、可持续自然资源管理等。在 IFC 进行股权投资或者提供融资的项目中，项目公司或发起人必须按该标准进行环境评测和管理。此外，IFC 还设立了独立环保巡视官对项目的环保等进行监控。由于 IFC 主要投资于中低收入国家的项目，因此 IFC 标准往往比东道国的环保法律更严格。

2. 经合组织（OECD）推荐实施方案

该方案推荐 OECD 成员国家在进行支持出口信贷的交易之前进行一系列的环境影响评估。OECD 将据此方案确保项目能符合既定的国际环保标准。由于实施方案主要针对出口信贷交易，因此该方案主要被 OECD 成员国家的出口信贷机构（而非其他商业银行或多边机构）广泛使用。中国目前不是 OECD 成员国，而是其强化合作伙伴（Enhanced Engagement）。此外，《OECD 跨国企业指南》也把环境保护放在了重要位置，鼓励跨国企业通过改善内部环境管理、完善环境影响应急计划来

提高其环境绩效。

3. 赤道原则

赤道原则是一套有关在项目融资中评估、管理和监测环境问题的基本原则和规范,根据IFC标准和世界银行的环境、健康和安全准则制定。赤道原则旨在对环境监测、评估、报告等设定一套最基本的要求,因此各金融机构可根据自己内部的要求,实施更严格的环保标准。赤道原则将其适用的项目根据IFC标准按照环境风险从高到低分为A、B、C三类,不同类别项目所适用的评估要求不同。此外,项目所处国家(如处于OECD成员国或非成员国)不同,所适用的要求也不同。各金融机构可选择是否加入并实施赤道原则。

中国银监会于2012年发布了《关于印发绿色信贷指引的通知》,要求银行业金融机构应当从战略高度推进绿色信贷,加大对绿色经济、低碳经济、循环经济的支持,防范环境和社会风险,提升自身的环境和社会表现。我国的金融机构亦应进一步完善自己的环保信贷准则,适应国际潮流的要求,以实际行动推动海外投资对环保的重视。

第二节　土地问题:脚踏实地才能大步远行

英国古典经济学家威廉·配第曾有名言“土地是财富之母”,美国石油大王洛克菲勒也曾经发出“美国的主要财富都来源于土地”的感慨,土地的重要性不言而喻。它是人类赖以生存和发展的物质基础,是社会生产的劳动资料,是农业生产的基本生产资料,是一切生产和一切存在的源泉,是不能出让的存在条件和再生产条件。因此,任何国家、任何法律、任何制度对土地的保护都是非常严格的。而对于“走出去”的中国企业而言,掌握东道国的土地制度,有效取得土地权利,是企业发展的重要基石。

一、如何取得外国土地

土地产权制度是指以土地所有权为核心的土地财产权利的总和。由于国情及历史原因,世界各国的土地产权制度不尽相同。例如印度土地所有制分为私人所有制、国家所有制和游特瓦里制(Ryotwari)三种;而越南、安哥拉则均不承认土地私有制，土地所有权全部属于国家。

本节将分别选取六大洲的七个国家，简要介绍这些国家在外国投资者取得土地方面的制度。这些国家的土地制度都有各自的特点和差异，也都有一定的代表性。

(一)美国：多元所有制

美国实行多元化土地所有制，私人所有的土地占58%，主要分布在东部；联邦政府所有的土地占32%，主要分布在西部；州及地方政府所有的土地占10%。土地以私有制为主，国有土地只占其中一小部分。在联邦政府拥有的土地中，同样也存在多元化的所有形式，国家土地管理局、国家森林局、国防部、垦荒局、国家公园局都拥有各自的份额。

根据美国法律，土地所有权分为地下权(包括地下资源开采权)、地面权和地上空间权(包括建筑物容积率以及在容积率范围内空间设定的通过权)，这三部分权益可以分别转让。政府无权任意征用与拆迁。按照法律规定，国土资源包括土地、矿产、水、森林和海洋资源等，所有权属于联邦政府、州政府和私人所有。从本质上来说，美国国土资源是按照所有权进行分权独立管理的。美国地产市场十分发达，制度健全，所有的土地都实行有偿使用，在政策规定许可的范围内，土地可以自由买卖、出租和抵押。政府对私人土地的管理主要是通过登记收费和规划引导。私有土地买卖完全是私人之间的事，手续十分简单，在双方自愿签订协议之后，只需向政府缴足规定的税金，进行注册登记即可。土地买卖价格，则由买卖双方根据当时土地的市场价值进行估计，也可由私人估价公司帮助双方达成协议，并完成交易。

依照美国法律，美国联邦土地管理局所持有的土地不出售给外国企业或外国人。美国半数以上州的土地法都限制外国人拥有美国政府所有的土地和农业土地，但限制程度不同。但外国人可以购买美国私人所有的土地，手续也比较简单。在不动产方面，美国政府限制外国人对联邦不动产享有直接所有权，但美国许多州对外国人购买不动产都没有限制或要求履行报告的制度。

(二)巴西:严格限制外国人持有土地

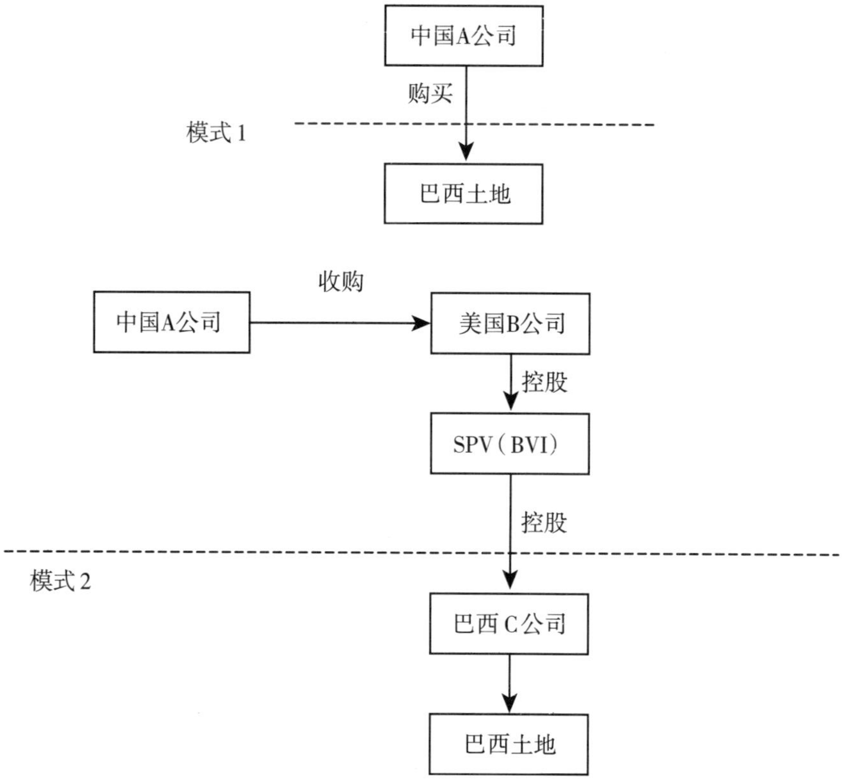

图5-1 中国公司巴西购买土地的交易

图5-1所示的两张交易结构图是同一家中国公司在巴西购买土地时采用的不同交易结构。大家可能会产生疑问,既然有模式1这么简单的方式,为什么还要设计出模式2这么复杂的结构呢?原因就在于巴西政府改变了对外国人持有土地的基本政策,禁止外国人持有巴西土地。

巴西现行调整土地买卖的法律众多,例如1971年5709号法案、1974年74965号总统令、1979年关于在边境地区购买土地的第6634号法案、关于外国人购买土地的第5709号法案等。

巴西现行法律规定,在涉及国家发展的关键领域,只有"巴资"(巴西国有资产)企业才有权购买土地。巴西《民法》规定,外国企业在巴西可以有三种存在形式:(1)巴西政府批准的外国股份公司及其子公司、分公司、机构或代表处;(2)巴西股份公司的股东;(3)巴西政府批准的总部迁到巴西的股份公司。

根据1971年第5709号法案第3条的规定,对不同类型企业购买土地的要求不同：一是100%的“巴资”企业买卖土地不受任何限制；二是合资企业51%以上（含51%）的表决权资本为“巴资”的，在购买土地时也没有任何限制；三是合资企业51%以上（含51%）的表决权资本为外资的，在购买土地时有限制；四是100%外资企业，在购买土地时有限制。

该法还规定，外国自然人购买的整块或分散的农村土地不得超过50MEI。MEI是巴西土地买卖的面积单位，特指没有确定用途的土地。根据土地的地理位置不同，1MEI相当于5～100公顷不等。查询一块土地的1MEI是多少公顷，需要通过巴西国家地理统计局查询这块土地所属的微型区域编号，再根据巴西国家垦殖和农业改革委员会INCRA第50号特别说明查询这块土地的类型和对应的公顷数量。外资企业购买巴西土地的限制如表5－1所示。

表5－1　外资企业购买巴西土地限制

3MEI以下	自由买卖（除非涉及国家安全或购买第二块土地）
3～10MEI	须批准，但无须申报项目
20MEI以上	须批准，并申报项目
50MEI以上（自然人）	国会特别审批
100MEI以上（法人）	国会特别审批

另外，巴西1979年第6634号法案对边境地区土地买卖的问题做了相关规定。如果购买的土地距边境150公里（该法案第1条规定，沿边境线内侧150公里宽的地带对国家安全至关重要，被称为边境地带）以内，或者距联邦公路100公里以内，必须经巴西国防委员会批准。

2010年以来，巴西政府对外国公司购买持有巴西土地的情况进行了全面普查，结果显示，大约有30%的土地被来自西方和中东的跨国公司购买和持有。因此，巴西政府对外资购地不断收紧。2011年，巴西政府出台新政，禁止外国人、外国企业及外资控股的巴西企业购买或并购拥有土地所有权的巴西企业。此项禁令强化了2010年巴西颁布的外资限购限租土地令。新政规定，今后不允许拥有巴西土地的企业将控股权转让给外国人、外国企业及外资控股的巴西企业。目前已经完成交易的有可能被司法机构勒令中止办理。

（三）新西兰：重视农业用地保护

新西兰有关土地所有权形式、所有权的取得、转让等内容的立法主要有

1948年《土地法》、1952年《土地转让法》、1952年《土地定居和土地取得法》、1964年《联合家庭法案》和1972年《单位土地所有权法案》等。根据法律规定,新西兰土地主要分为三类:毛利人管理和自由持有的土地、由服务性国家机构管理的土地及资源保护部管理的公有土地、私人所有的土地。土地所有权可以自由转让,但转让必须经政府管理部门登记注册。重要的是,无论是私人土地还是公有土地,都列入国家土地使用长期计划,确保土地的使用能最大限度地造福于土地所在地的整个地区。

海外投资涉及保留地和具有历史意义的敏感性土地以及耕地时,需事先获得海外投资办公室(OIO)批准。2005年《海外投资法》(“OIO”法)和《海外投资监管条例》(“OIO”监管条例)对外国人(包括外国企业)在新西兰投资取得土地所有权做了限制规定。

1. 敏感地带的海外投资

外国人直接或间接投资在“敏感”土地及其任何关联土地上或获取孳息的(总体超过3年)需获得批准,敏感土地如表5-2所示。组成包括海岸、海床、河床或湖底在内的土地必须首先要出售给政府,只有在政府不打算购买的情况下,海外投资者才可以购买。

表5-2 新西兰敏感土地

(1)超过五公顷且非城市用地,即耕地或除了城市区中用于商业、工业或居住目的之外的任何其他土地
(2)海滩和/或海床的一部分
(3)超过四千平方米且:①系湖底的一部分;②系特定命名岛屿的一部分;③为了环保和娱乐的目的,作为自然保护区、公园予以提供或作为私用休憩场地;④受制于传统风俗或传统风俗之要求,系古迹、历史遗迹、圣地(毛利人朝圣地)或根据《历史遗迹保护法》提出登记申请或提议的土地
(4)超过两千平方米并毗连海滩的地区
(5)超过四千平方米并毗连诸如湖床的特定地区

2. 耕地的海外投资

OIO法将“农场土地”定义为只用于或主要用于农业、园艺或牧场或用于养殖蜜蜂、家禽或畜牧的土地。农场土地允许在新西兰市场上挂牌20天以上供出售,如无人购买,OIO办公室才有权批准外国人购买。OIO办公室要考虑的因素如表5-3所示:

表5－3　OIO办公室批准外国人购买土地的参考因素

(1)投资人具备必要的商业经验和商业头脑、对投资具有足够的财政负担能力以及具有良好的品性	
(2)将或可能使新西兰(或新西兰的任何部分或新西兰人的任何团体)受益	为新西兰创造新的或维系已有的工作机会
	为新西兰引进新技术或商业技能
	给新西兰出口产品开发新的出口市场,为新西兰或新西兰出口商增加了出口收入
	提升了新西兰的市场竞争力、市场运作效率或生产力或国内服务水平
	为了开发目的向新西兰引进了额外投资
	增强了新西兰初级产品的加工水平
	协助新西兰在其敏感地上保持对具有战略意义的重要基础设施的控制

(四)南非:国有土地的申请和招标

在南非,土地所有人、中介公司、不动产开发公司等都是“南非不动产协会”的成员,它们愿意协助投资人寻找、租赁、购买或出售私人不动产,取得国有土地则需要经过一定的程序。

1. 国有土地的取得

在南非,国有土地的购买或租赁必须经过公开招标。取得国有土地的途径有两种:一是投资人或不动产开发商向政府申请购买某块特定的土地;二是投资人参加政府举办的国有土地招标。投资人购买特定的国有土地,必须提出申请,说明该土地的预定用途,并描述该土地的位置、面积、周围环境、投资计划及对促进地方经济发展的作用等信息,以及提供南非公民参与公司或项目所有权、管理与行销的计划报告。

南非公共行政部(Department of Public Works)负责国有土地对外出售或租赁的审批。公共行政部收到购买或租赁土地的申请后,一般按下列步骤进行审批:(1)评估该土地是否适合公开出售或长期租赁;(2)对外发布土地出售或租赁的消息,时间为6周,以招揽其他不动产业竞价者;(3)由独立评估师评估土地价格;(4)评审委员会对申请及其他后续申请者的申请进行评估;(5)签署批准文件。整个过程一般需时3～6个月。

2. 所有权过户

在南非,无论购买私人或国有土地,所有权过户手续都是一样的。南非的每一块土地都经过南非测量总署的测量、立界,并编以地籍号码。而地契办事处在转让过程中扮演两个角色,一是证明地契的正确性,二是保存地契的完整记录。投资人不需要和地契办事处打交道,有关事项全部委托土地代书(conveyancer)处理。依照惯例,卖方聘请代书代理买方办理一切过户事宜,代书有责任保护买卖双方的利益。

外国企业在南非取得土地,有多种不同性质的土地可供选择:私人土地、国有土地、省地、市地、半国有土地等。这些土地都可以通过正常渠道取得,作为商业用途。土地的种类不同,申请的手续也不一样。有关土地申请的程序和要求,由各相关单位自行决定并执行。

(五)越南和缅甸:土地所有权属于国家

越南和缅甸的土地所有权均归国家所有。因此,外国投资者在这两个国家是无法取得通常意义上的土地所有权的。但是,这并不意味着投资这两个国家的土地会遇到重大法律障碍。

1. 外资企业在越南获得土地的规定

按照越南的现行法律,外国投资者不能在越南购买土地,但可租赁土地并获得土地使用权,使用期限一般为50年,特殊情况下可以要求延期,但最长不超过70年。外国投资者需要租赁土地进行投资时,可与项目所在地的土地管理部门联系,办理土地交接和租用手续。投资者租用土地,当地政府部门可以协助其进行征地拆迁,但补偿费用由投资者承担。投资者获得土地使用权后,如在规定期限内未实施项目,或土地使用情况与批准不符,国家有权收回土地,并撤销其投资许可证。

2. 外资企业在缅甸获得土地的规定

外资企业在缅甸投资项目一般以BOT模式运营,缅甸政府批给外资企业一定规模项目建设开发用地进行项目建设和经营,经营期满后,缅甸政府将项目收归国有。缅甸荒地空闲地中央管理委员会于1998年颁布法令,宣布农业部有权批准由本国公民或外国人参与的组织提出的在规定非发展区内进行农业开发的申请,在批准的农业用地上,只能进行与农业有关的经济发展项目。根据缅甸最新外国投资法,外资企业可向农业部申请租用缅甸闲置土地进行农作物种植和开发利用项目投资,租用年限一般为50年,可根据项目情况进行协商,延长土地租用期限。

(六)俄罗斯:土地的私有化改革

2001年俄罗斯国家杜马通过土地法,允许俄罗斯人和外国人自由购买及出售该国都市及乡镇商业和住宅用地。俄罗斯《联邦土地法典》的出台标志着俄罗斯20世纪90年代的土地私有化改革的成果最终获得法律确认。

这部法律充分保障土地私人所有者的权利,但也规定了私人土地权利受限制的原则,这一原则是由土地作为自然资源的特殊性决定的。该法典第1条第11款确定了"对土地私有化采用国家调整原则"的总原则,包括限制私人取得地块的范围和限制利用方式。该法还规定,土地的私人所有人在法律规定的财产范围内行使其土地所有权的同时,还负有积极利用自己土地的义务,如不闲置土地,禁止对土地的滥用,保护耕地面积,不得擅自改变土地的专门用途等。土地法实施后,将通过拍卖来获得土地的使用和所有权,拍卖所得收入归国家和地方所有。需要特别注意的是,这部法律仅适用于俄罗斯的商业和住宅用地,而农业用地适用其他法律。同时,即使是商业或住宅用地,如果其具有战略重要性,也可以禁止外国人或外国企业购买。

俄罗斯《联邦外国投资法》规定,外国投资者应按照俄罗斯联邦和俄罗斯联邦主体的法律享有获得土地、其他自然资源、建筑物、设施和其他不动产的权利。如果没有其他法律限制,有外国投资的商业组织可以在招标(拍卖、竞买)中获得租赁土地的权利。目前,中国企业和其他法人租用俄罗斯的土地主要集中在农业和林业加工领域。不过,俄罗斯土地法禁止外国公民和公司以及外资股份超过50%的俄罗斯公司拥有俄罗斯农业用地。

二、土地征用补偿制度

当今世界上大多数国家和地区都建立了土地征用补偿制度,对给原土地权利人所造成的损失给予相应的补偿。一般来说,土地权利人可得到的合理的土地征用补偿大致包括两部分:一是土地征用费,相当于征用土地的价值,是土地所有权的经济实现;二是土地补偿额,是对因征地而造成的经济及其他损失的补偿。当然,各国的土地征用补偿制度不尽相同,下面结合我国学者的研究进行简要梳理。①

(一)北美洲

美国在成立初期,征用土地是没有补偿的。现在的美国,土地完全商品化,宪法明确规定,只有限于公共目的,而且需有合理的补偿,政府及有关机

---

① 陈和午:"土地征用补偿制度的国际比较及对我国的借鉴",载《调研世界》2004年第6期。

构才能行使征用权。根据美国财产法,“合理补偿”是指赔偿所有者财产的公平市场价格,包括财产的现有价值和财产未来赢利的折扣价格。美国土地征用补偿根据征用前的市场价格为计算标准,充分考虑到土地所有者的利益,不仅补偿被征土地现有的价值,而且考虑补偿土地可预期、可预见的未来价值;同时,还补偿因征用而导致相邻土地所有者、经营者的损失,充分保障了土地所有者的利益。土地征用在美国被称为“最高土地权的行使”。

加拿大的土地征用制度沿用的是英联邦的体制,在征用土地方面一直进展比较顺利,较好地解决了国家、征地机构和个人的利益关系。加拿大对土地征用的补偿是建立在被征土地的市场价格基础上,依据土地的最高和最佳用途,按当时的市场价格补偿。具体来看,加拿大的土地征用补偿包括:(1)被征用部分的补偿,必须依据土地的最高和最佳用途,根据当时的市场价格补偿。(2)有害或不良影响补偿(如严重损害或灭失价值),主要针对被征用地块剩余的非征地,因建设或公共工作对剩余部分造成的损害,还包括对个人或经营损失及其他相关损失的补偿。这种补偿不仅包括被征地,还包括受征地影响相邻地区的非征地。(3)干扰损失补偿,被征地所有者或承租人因为不动产全部或基本征用,因混乱而造成的成本或开支补偿。(4)重新安置的困难补偿。

(二)欧洲

英国对土地征用的补偿做了较详尽的规定,包括土地征用补偿原则、补偿范围和标准、土地征用补偿的估价日期、补偿争议的处理等。具体来看,土地征用补偿原则是:土地征用补偿以愿意买者与愿意卖者之市价为补偿的基础,补偿以相等为原则,损害以恢复原状为原则。

德国被征用土地的补偿价格计算与英国一样,也是以官方公布征用决定时的交易价格为准。在城市再开发区,为了防止利用预期的公共开发事业进行投机活动,政府规定,凡因预测土地将变为公共用地而引起的价格上涨,都不能计入补偿价格。对补偿金额有争议时,应依法律途径向辖区所在的土地法庭提起诉讼,以充分保障被征地所有权人的合法权益。同时各类补偿费由征收受益人直接付给受补偿人,且各类补偿应在征收决议发出之日起1个月内给付,否则征收决议将被取消。另外,德国的土地征用补偿方法,除了现金补偿,还有代偿地补偿、代偿权利地补偿等。英国和德国土地征用补偿范围和标准如表5-4所示。

法国的土地征用补偿价格是以征用裁判所一审判决之日的价格为基准

计算的。同时为了控制补偿，被征用不动产的用途以公布征用规定1年前的实际用途为准。而瑞典的土地补偿费中不包括预期土地将变为公共用地而引起的价格上涨的部分，以抑制通过改变土地用途提高土地补偿费的投机行为。瑞典对土地征用补偿价格的计算，以10年前该土地的价格为准。

表5－4　英国和德国土地征用补偿范围和标准

英国	土地(包括建筑物)的补偿，其标准为公开市场土地价格
英国	残余地的分割或损害补偿，其标准为市场的贬值价格
英国	租赁权损失补偿，其标准为契约未到期的价值及因征用而引起的损害
英国	迁移费、经营损失等干扰的补偿
英国	其他必要费用支出的补偿(如律师或专家的代理费用、权利维护费用等)
德国	土地或其他标的物损失的补偿，其标准为以土地或其他标的物在征用机关裁定征用申请当日的移转价值或市场价值
德国	营业损失补偿，其标准为在其他土地投资可获得的同等收益
德国	征用标的物上的一切附带损失补偿

(三)亚洲

以日本为例，其《土地征用法》规定，重要的公用事业都可运用土地征用制度，征用损失的补偿以个别支付为原则，而支付的财物，原则上以现金为主，补偿金额须以被征用的土地或其附近类似性质土地的地租或租金为准。日本的土地征用补偿是根据相当补偿的标准来定的，在大多数情况下以完全补偿标准确定土地补偿费。而韩国在建设部设立了中央土地征用委员会，在汉城特别市、直辖市及道设立地方土地征用委员会，对土地征用的区域、补偿、时期等进行裁决。日本和韩国土地征用补偿范围和标准如表5－5所示。

表5－5　日本和韩国土地征用补偿范围和标准

日本	征用损失补偿，对征地造成的财产损失进行补偿，按被征用财产的经济价值即正常的市场价格补偿
日本	通损补偿，对因征地而可能导致土地被征者的附带性损失的补偿
日本	少数残存者的补偿，对因征地使得人们脱离生活共同体而造成的损失的补偿
日本	离职者的补偿，对因土地征用造成业主失业损失的补偿
日本	事业损失补偿，对公共事业完成后所造成的污染对经济和生活损失等的补偿。另外，日本的土地征用补偿方法，除了现金补偿，还有替代地补偿(包括耕地开发、宅地开发、迁移代办和工程代办补偿等)

续表

韩国	地价补偿,为土地征收补偿的主要部分,1990 年以后韩国统一以公示地价为征收补偿标准
	残余地补偿,土地征用可能导致残余地价值减低或因残余地须修建道路等设施和工程应予以补偿
	迁移费用补偿,对被征地上的定着物,不是进行公益事业所必需的,应给予迁移补偿费用
	其他损失补偿,对土地征用致使被征者或关系人蒙受经济损失时,应给予相应的补偿

在新加坡,有关土地征用补偿的决定由土地税务兼行政长官作出,但补偿金额由专业土地估价师评估,以公告征用之日的市价为补偿标准。土地补偿的项目包括因土地征用造成土地分割的损害、被征用的动产与不动产的损害、被迫迁移住所或营业所所需的费用、测量土地、印花税及其他所需要的合理的费用等。

(四)征收风险

从上文可以看出,世界上的一些发达国家和地区都非常重视土地征用补偿制度,对补偿标准、补偿范围、补偿方式、补偿纠纷处理等都做了较详细的规定,以市场为基础,尽可能地体现效率、平等的原则。当然,并不是每个国家都有完善的征收补偿制度,即使有,它的执行也未必是严格有效的。所以征收风险作为一种政治风险,始终是存在的。

1. 投保政治保险

投保政治保险是一种比较积极的预防措施。通过对土地资产进行投保,企业可以将征收风险转移给保险机构。世界上很多国家都有类似的保险机构,如美国的海外私人投资公司。而在我国,中国出口信用保险公司承担的就是这一职能。

2. 签订特许权协议

很多发展中国家在吸引外国投资者时,为表示积极的支持态度和免除投资企业对政治风险的忧虑,会与投资企业签订特许权协议,列明企业在东道国享有的政策、保护、应遵守的义务和争议解决措施等,征收的补偿问题往往也是其中的一项重要内容。尽管有些时候,随着政权的更迭该类协议的效力不甚稳定,但毕竟这一措施可以为跨国企业提供某种法律保障,并赢得国际经济环境下的法律和道义支持。

3. 多元化融资

企业在考虑融资决策时,可以通过多元化的融资方式分散风险,加大东道国的征收难度。企业可以在东道国举债,将自身利益与东道国金融机构利益捆绑起来,也可以邀请国际银团、知名银行、大型财务公司、基金进入项目,形成资本的多元结构。这些机构代表着不同国家或集团的利益,自身也有一定的影响力,东道国自然要审慎考虑征用措施所带来的复杂影响。

4. 优先考虑在与中国已签订双边投资条约的国家投资

"双边投资条约"是两个国家之间订立的条约,通过该条约,两国达成一致,当对方的投资者在本国领土内进行投资时,向该投资者提供一定的保护。虽然双边条约一般不会限制东道国进行征收的权力,但都会约定实行征收的条件或征收后的补偿原则。当然,即使目的地国并没有与中国签订双边投资条约,也可以通过设计交易结构来规避这一问题,有效地利用第三国和目的地国之间的条约关系。

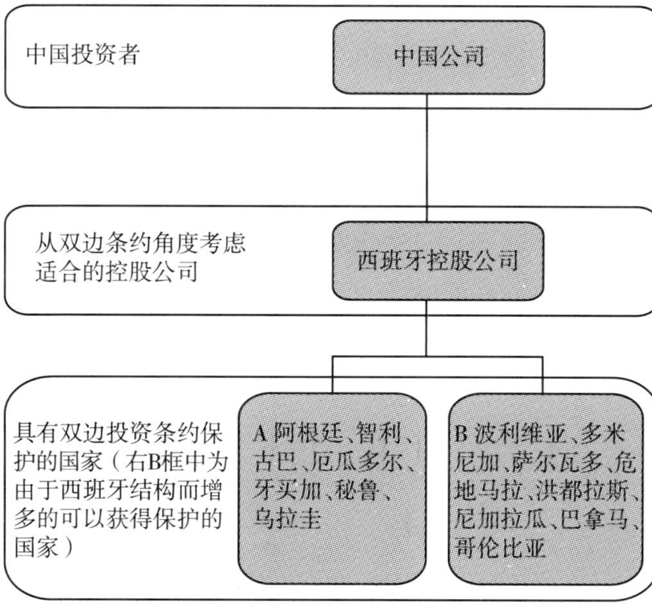

图 5-2　基于双边投资条约的投资决策

如图 5-2 所示,中国仅与 A 框中的国家签有双边投资条约,而西班牙则与 A、B 框中的国家均签有双边投资条约。为扩大中国企业获得投资保护的范围,通过在西班牙设立 SPV 公司进行再投资的方式,中国企业也可以间接取得 B 框中国家的投资保护利益。

三、土地权利的分解与社会责任

(一)土地权利的分解

直观来看,土地所有权原本是一种单一的权利,是为生产、交易和分配提供依据和基础。但是,随着人类的进步,土地始终被当作唯一的参照物,那么它的意义自然也就不仅仅与农业或建筑有关。就像将所有权分为占有、使用、收益和处分四项基本权能一样,土地权利也根据不同的标准不断地被分解,以满足新的交易需求。比如分解为地表权、开采权、通行权、发展权、水权等。以水权为例,法国的一家公司就在做这样的生意:如果权利人承诺放弃对土地下地下水的权利,这家公司会支付其一笔费用。如此,这家公司就有可能获得附近大片地区的地下水,从而在缺水的时候获得巨大的回报。因此,当取得一个国家的土地所有权或者相关权利时,一定要清晰地认识到这个权利的范围到底有多大。

如果权利人取得一块土地的所有权,并不意味着就拥有这块土地下面的所有矿产,需要根据该块土地在哪个国家来确定。一般认为,目前只有美国还在坚持一种以土地所有权为基础的矿产资源所有权体制,绝大多数国家早已采取了将两者分离的做法。

(二)土地权利下的社会责任

任何权利都不是绝对的,它必然与义务相对,而这种义务也就是该项权利的界限,或者说权利行使的限制。对于土地这一关系到人类生存发展的最重要资源而言,这种限制也必然是存在的。但是,不能将这种限制仅仅停留在法律的层面。中国企业在海外获得土地、使用土地都应遵守和理解更深层次的利益需求,在实现企业发展的同时,履行自己的社会责任,成为一个东道国的优秀企业公民。

1. 关注利益相关者

利益相关者是指那些会在土地使用过程中受到影响的群体。土地不是孤立的,在一块土地上的行为必然会对相邻的地区造成一定的影响。这些影响可以是环境上的和经济上的,也可能是文化和宗教上的,但一个来自其他国家的企业不可能对这些信息十分了解。这就需要建立一种沟通机制,一个公关信息服务平台。通过与周边的社区、群体进行沟通,并对相应的政治、经济、习俗、文化甚至宗教需求进行理性的评估,以制定出更可行的建设方案,提前避免不必要的困难。

2. 保护土地资源

土地是一种宝贵的自然资源，而生产活动将直接作用于这些资源，这就导致对资源的破坏和消耗是不可避免的。但对于海外投资的企业而言，从长远利益出发，加强对东道国资源的保护和重视，将赢得东道国居民的好感，而这种好感对于企业树立品牌形象和扩大地方影响力都有着积极的作用。

3. 将企业的利益与东道国的利益捆绑在一起

中国企业控制海外土地，一般是从事矿业、石油、天然气等资源开发项目。这些往往都是东道国的主要支柱。从长远来看，如果中国企业想在东道国扎根发展，长期为我国能源、资源引进作出贡献，就必须与东道国搞好关系，并将利益绑定在一起，这样就会处于母国与东道国的双重保护之下。

4. 积极参与东道国经济建设与发展

企业在异国开展生产的目的无疑是要追求利润，但同时也肩负着中华民族对外友好交流和国家资源战略实施的重任，如帮助居民脱贫致富、帮助东道国经济增长、关怀弱势群体并解决就业问题等，都是中国企业促进对外友好交流和完成国家战略的有效措施。外部良好的社会经济环境将有利于企业扩大东道国乃至世界市场、提高就业人员素质、提高企业形象和知名度。只要根据自身竞争优势，因地制宜地寻找适合东道国经济发展的途径，积极参与解决东道国面临的困难，实现和谐世界的目标，企业必将完成从公益导向到企业与社会价值最大化导向的社会责任建设与实践。

第三节　劳动力及就业政策

近年来，在“走出去”进程中，企业受制于东道国劳动力保护及就业政策的问题日益凸显。不同国家的劳动法律制度由于历史文化的差异，体现出了很强的法律多样性和异质性。当敞开境外投资的大门后，迎接中国企业的并不总是一路坦途，有时却是当地劳动法律制度的“沼泽”。如何科学规划，合理规避法律“沼泽”，实现预期收益，是企业“走出去”规划的重中之重。

一、“入乡随俗，知规守矩”——劳动就业法律风险及案例分析

在用工链上遇到的风险，以用工、解雇、工会维权、劳工安全等问题尤为突出，贯穿于企业“走出去”战略制定和操作运行的始终。因此，上述问题应

当引起企业决策层的充分重视,在策略制定的过程中,预估相关问题可能引发的负面影响,完善制度设计,并建立相应的应对机制。

(一)至关重要的用工制度

如何高效、充分地利用企业的人力资源,以便日后顺利开拓海外业务是中国企业进行海外投资时需要考虑的重要问题。因此,这就需要中国投资方充分了解目标国在用工方面的法律制度。在用工制度中涉及的主要问题可归纳为就业保护、劳动福利、劳动保障、本地比重以及公平原则五个方面,以下选取几个重点国家的法律规定进行介绍。

1. 就业保护

“走出去”企业应遵守当地法律对于劳动合同、雇佣方式等的规定。部分国家对于劳动合同、雇佣方式的法律规定如表5-6所示。

表5-6 部分国家对于劳动合同、雇佣方式的法律规定

日本	日本为劳动者制定了《劳动基准法》《劳动安全卫生法》及《最低工资法》三部基本法律。按照法律规定,雇主必须在用工合同中明确以下事项:合同期限;劳动地点和从事业务;工作时间起始、有无加班、休息日和休假;工资及其支付方法、工资截止时间和发放时间;退休有关事项(包括解雇理由等)。同时,劳动合同的规定不符合法令的用工是无效的,如因不履行劳动合同规定交付违约金属于违法行为
德国	雇主与雇员双方一旦达成一致,一般可签署一份书面劳动合同。口头的协议原则上也可以,但在出现争议时则很难得到证明。劳动合同原则上没有固定的形式,但有几点内容一定要包含其中:(1)工作范围及工作任务的具体表述;(2)合同生效日期;(3)每天或每周工作时间;(4)试用期限,如果是有时间限制的合同则必须标注合同有效期;(5)薪酬;(6)假期;(7)解除契约期限的规定;(8)保密义务的结束;(9)在某种情况下禁止竞业,即员工在辞职或被辞退后两年内不得为该公司的竞争对手工作;(10)允许从事的附加工作
加蓬	加蓬雇佣员工的依据是工作合同。工作合同分为试用(不超过半年)、定期(不超过2年)和无期限三种。一般而言,工作合同的解除必须由提出毁约的当事人书面申请,一方不得自行提前终止。外籍人员赴加蓬工作,须经劳动、就业和执业培训部等主管部门的劳务许可;对于加蓬本地可以提供的工种,如司机、建筑工等,加蓬劳动部门对其审查相对较严
越南	根据《投资法》与《越南的外资企业的劳动法》规定,外国投资企业可通过劳动中介机构录用当地越南员工,劳资双方必须签订劳动合同。劳动合同的内容应当包括:工作内容、工作地点、工作时间、休息时间、薪金、合同期限、劳动卫生、社会保障、保险等。外籍人员在越南就业的,雇主应在拟雇佣外国雇员的30日前向雇主公司所在地劳动荣军与社会厅提交外籍劳务雇佣需求书面报告;若有变化,雇主应在拟招聘或聘用新人替代前至少30日向雇主公司所在地劳动荣军与社会厅提交外籍劳务雇佣需求调整(书面)报告;劳动荣军与社会厅应在收到上述报告后15日内将其决定反馈给雇主;该程序于2014年3月10日起执行

2. 劳动福利

企业在测算人力资源运营成本时，应额外关注当地劳动法律规定的企业应为员工提供的保险和福利。比如，日本企业一般按月发放工资，每年还有夏冬两季的奖金，其特色是工资由基本工资和各种名义的补贴、奖金组成，非基本工资的部分所占比重较大。日本实行全民保险制，雇佣方有义务为满足一定条件的雇员投保以下五种保险，即劳动者灾害补偿保险、雇佣保险、健康保险、护理保险、公共福利保险。保费由企业全部承担或企业与员工按比例承担，员工应承担部分由工资中直接扣除。

3. 劳动保障

各国法律关于劳动者的工作时间、加班限制、最低工资等劳动保障的规定也不尽相同，企业很可能会因为操作不合规而面临法律风险。部分国家关于劳动保障的法律规定如表 5 – 7 所示。

表 5 – 7　部分国家关于劳动保障的法律规定

日本	根据地区和产业对最低工资有不同标准，当该岗位报酬同时适用于两个标准时，取较高一方作为最低工资标准
韩国	在《劳动基准法》中，规定劳动时间为每天 8 小时、每周 40 小时。涉及一般性加班、夜班、节假日加班等，须与本人协商，并经本人同意；涉及孕妇产后未满 1 年的女性劳动者、未满 18 岁劳动者加班的，须获得劳动部批准。工资与薪金、津贴等名称无关，指的是作为劳动代价被支付的所有钱财，它必须在每年劳动部长官规定的最低工资金额以上
南非	在雇员未同意的前提下，雇员每星期工作时间不超过 45 小时，每日工作时间不超过 9 小时。若雇员年收入超过 16500 美元则不受以上条件限制。南非政府按照不同的工种，根据各地方行政区经济发展水平，制定了详细的最低工资标准，并写入劳动法，强制在南非的所有单位、机构或公司按法律规定执行。普通工人最低工资标准因工种各异有所不同，按平均标准计算第一年最低月工资 135 美元，此后随工龄增长逐步增加
印度	劳工法规定最低红利为劳工薪资的 8.33%，最高为 20%，公司设立前 5 年发生亏损时可不发红利；未遵守规定者最高可处 6 个月有期徒刑并 1000 卢比罚金。一般为每日 8 小时，每周最高 48 小时；加班付双薪，每季加班不得超过 50 小时。亦有些地区每天 9 小时，每周最高 48 小时；加班付双薪，每季加班不得超过 75 小时
德国	雇员每天的工作时间一般不超过 8 小时，如果时间达到 10 个小时就必须给予相应休息时间补偿。法定每年最低假期为 24 个工作日，如果雇员生病，则可在出示医生证明后，向雇主要求 6 周的带薪病假。《劳动法》只有很少一部分必须遵守的最低薪酬规定，例如在建筑企业中针对盖屋顶的工人和电工有最低工资规定。而在另外几个行业中，即那些员工收入较低的行业，有所谓具有广泛约束力的劳资协定。劳资协定中的协议工资为该行业从业公司提供了一个工资底线。具体可从联邦劳动社会保障部网站上查询具有广泛约束力的工资合同列表。在没有规定最低收入的行业，雇员薪酬可与雇主自由协商

4. 本地比重

有些国家的劳动法要求公司中的本地雇员人数不能少于一定比例。部分国家关于劳工本地比重的法律规定如表5-8所示。

表5-8 部分国家关于本地比重的法律规定

沙特	2011年,为缓解沙特居民的就业问题,沙特阿拉伯劳工部出台了新的就业沙特化分级制度(Nitaqat System,又称“红绿灯制度”),要求所有行业企业的沙特员工雇佣率为30%,主要针对私营企业和外资企业。劳工部根据企业雇佣的沙特员工在全部员工中所占的比例,将企业划分为“绿色”“黄色”和“红色”三个等级。被列入“黄色”和“红色”等级的企业将分别被给予9个月和6个月的宽限期,在此期间必须雇佣更多沙特员工以提升等级,否则将面临处罚。2011年沙特化分级制度根据不同的行业和企业规模规定了205个不同的标准,①最新的标准可以在沙特劳工部网站上查询。2013年,沙特劳工部规定,10人以下的小微企业也必须雇佣1名沙特员工②
巴西	巴西劳工法规定,本国劳工在人数和工资收入上分别不得低于企业全部劳工人数和工资总额的2/3。外籍劳工必须有特殊技术专长,并有工作签证,才可在巴西企业工作
墨西哥	墨西哥《联邦劳动法》规定,在外资企业中,墨西哥人所占比例至少要达到90%,但在墨外资企业的管理层不受该比例限制;公司的技术或专业人员原则上必须为墨西哥籍,如果经认定该项工作没有合格的墨西哥人可雇用的,可雇佣临时性的外国人充任。公司设立两年以上者,允许雇用外国人为主管,对于特殊性质的工作或技术人员则不受上述限制
委内瑞拉	10人及10人以上的企业,至少90%的员工必须是委内瑞拉人,外籍员工的工资不能超过委籍员工工资总量的25%

5. 公平原则

当今各国都越来越重视劳动者的公平就业权,禁止企业因性别、年龄、种族、宗教信仰等原因对劳工进行就业歧视。对于一些弱势群体给予特殊的就业保护政策。例如,土耳其《劳动法》中有关于弱者保护的内容,即雇主在劳动合同实施和终止过程中不能歧视任何雇员。根据土耳其《劳动法》,雇员人数超过50人的私营公司必须雇佣一定比例的残疾人、有犯罪前科的人与恐怖活动受害者,这一比例每年1月初由土耳其内阁会议(Council of Ministers)决定。如果公司不遵守这项规定,将被处以行政罚款。

---

① 参见“沙特公布新制度促进本地就业”,载 http://intl.ce.cn/specials/zxgjzh/201106/30/t20110630_22513209.shtml,2016年7月26日访问。

② 参见“沙特新规:小企业也须雇当地人”,载 http://www.mofcom.gov.cn/article/i/jyjl/k/201303/20130300048949.shtml,2016年7月26日访问。

(二)宽严不一的解雇规定

中方企业还应注意东道国劳动及就业政策中关于解雇的规定(如条件、程序、经济补偿等内容)。由于各国秉承的劳工保护理念有很大不同,劳工解雇的法律规范也各不相同。某些国家和地区的法律对于解雇的要求很宽松,如美国、中国香港特区和巴西等实行"自由雇佣"制度,除非某些法定的特殊情况(如歧视),雇主可无须任何理由解除与员工的雇佣关系。相反,一些国家法律对解除的条件和程序却规定得极为严格。日本、韩国、德国、印度、坦桑尼亚等国家的劳动法对解雇雇员作出了明文规定,如表5-9所示:

表5-9 部分国家关于解雇的法律规定

日本	解除劳动合同时,若没有明确用工合同期时,辞职方需提前两星期通知雇主。解雇方一般应提前1个月通知雇员。企业如没有客观合理的理由,又不被社会通用观念认可时,其解雇行为被视作滥用解雇权,不发生法律效力
韩国	雇主无正当理由不得进行解雇、停职、调动、减薪及其他惩戒。如果要进行惩戒或解雇,必须被认定为有社会公共观念方面的相关事由。通常解雇等惩戒事由须要就业规则或团体合同中明确标明,惩戒时应按照相应就业规则或团体合同规定的程序进行。当要解雇时,必须在解雇前30日之前向劳动者预先告知解雇事实,否则必须支付30日以上的通常工资(解雇预告津贴)
德国	经济或私人原因都可导致雇主与雇员解除雇用劳动关系,只要遵守解雇相关规定,每个企业都可解雇员工。如果是有期限合同,雇佣关系终止可按照合同规定执行。对于无期限的劳动合同,解雇期限随员工工作年限增加而增加,如员工刚被聘用,则解雇期限为4周;如果员工已为公司工作了20年,则需要7个月。劳动关系的结束必须以书面形式体现,并且一定要注明解雇理由,电子形式不适用
印度	若解雇已连续为同一雇主工作1年以上的员工,在裁员之前,雇主应提前1个月以书面形式通知员工,陈述裁员的原因、截止日期及以及通告期内的员工工资水平,并向员工支付补偿。此外,雇主还须就此事事先通知相关政府机构。在某些特殊情况下,雇主甚至须在裁员之前取得相关政府机构的批准
坦桑尼亚	在解雇程序方面,坦桑尼亚劳工法规定,雇主解雇员工须经多次警告方可解除雇佣关系。如果雇主非因法律原因终止劳工工作须向其支付资遣费,按日基本工资×7日×服务年限计算

因此,中国企业对外投资时,若东道国对解雇员工有较高要求,则必须要熟悉该国有关解雇的法律规定,以规避因随意解雇而出现的高额诉讼赔偿或行政处罚。

(三)各国管理理念的差异

如果说上述问题都是投资东道国劳工法律的刚性要求,管理理念的差异则是海外投资、并购面临的劳工问题中重要的柔性要求。

由于各国历史、政治、人文等方面的不同,中国企业在海外并购过程中,会面临企业文化理念、管理方式的差异。这种差异可能会体现在员工管理的方方面面,如工作方式、工作时间、着装要求、薪酬结构、福利待遇设计等。这些都能直接影响到被并购企业员工对中方投资者的认可度和信任感。如果管理者不能适时适当地发现并解决这类企业管理文化差异,实现与员工的有效沟通,则很可能导致员工产生抵触不满情绪,甚至造成大量人才流失,使海外并购的成效和收益大打折扣。

2004 年,TCL 一举并购了法国汤姆逊彩电生产商和阿尔卡特的手机业务。但企业文化差异给其带来了很大困扰。TCL 并购阿尔卡特之后,新企业中的主要职位多由 TCL 人员来担任,并且强行在新企业中执行原 TCL 的薪酬方式与销售模式。这与原公司差异很大,直接导致了员工的抵制和不满,大量前员工选择离职而使 TCL 丧失了宝贵的人力资源财富。2006 年 11 月,由于这两项海外业务大规模亏损,TCL 在并购仅一年之余,便不得不开始重组欧洲业务并进行裁员。高额的人工成本和裁员补偿让困境中的 TCL 左右为难。最后,TCL 为欧洲业务重组支付了 2.7 亿欧元的费用,而其中绝大部分是裁员的人工安置费,人均裁员成本超过 10 万欧元。

可见,中国企业走出国门之前,还必须考察目标国的企业文化“软环境”,选择适当的方式将自身的企业管理和文化优势与目标国相融合,避免“走出去”后遭遇的“软硬件不匹配”,而致使“千里堤坝溃于蚁穴”。

(四)工会组织的影响

西方国家的企业工会组织历经百余年的演变,已经进入到政府强制立法保护的阶段。大多数西方国家的企业法都规定了工会的权利,往往涉及雇员社会福利、人事和经济等多方面内容,使工会在境外绿地投资或并购、企业经营,甚至企业搬迁、裁员和撤出投资的过程中均发挥重大影响。

1. 工会谈判

大多数国家的法律允许工会代表员工与企业进行集体谈判,并且赋予工会领导工人为争取劳动权益合法罢工的权利。

例如,秘鲁的法律规定矿业企业每年通过谈判为职工增加工资福利,其矿业工会历史长、势力大,工会领导脱产,靠企业支付工资,靠工人交纳会费生存。工会谈判不成功就会组织罢工,最后由秘鲁劳工部仲裁决定增资水平。1992 年,国内某钢铁企业收购了濒临倒闭的秘鲁某铁矿公司大部分股权。没想到的是,每年三四月份,收购后的公司都要集中精力应对强势的矿业工会。公司高管人员称“每次费尽心力解决完问题后,又面临下一波威胁。而每次罢工的目的几乎都是涨工资、加福利”。频繁的罢工给该公司带来巨额的经济损失。据不完全统计，矿工罢工带来的日平均损失在100万～200万元不等。

在南非，工会组织同样具有强势地位。南非有关劳工方面的法律包括《劳动关系法》《基本雇佣条件法》《平等雇佣法》《技能提高法》和《技能提高费用法》。上述法律赋予工会组织很大的权利。2012年8月10日，南非马里卡纳铂金矿厂的矿工们在当地工会的主导下发起了罢工运动，罢工工人提出了加薪要求。8月16日，工会组织同隆明铂族金属公司旗下的马里卡纳铂金矿管理层就涨薪问题的谈判破裂。当天下午，警方同抗议矿工发生枪战。枪战中共有34名矿工死亡，另有78人受伤，造成了南非自1994年结束种族隔离制度以来警方与抗议者发生的最血腥冲突之一。这场严重的暴力冲突震惊了南非和整个国际社会。南非政府在矿工和国际舆论的强大压力之下，出面对双方进行调停。2012年9月18日，马里卡纳罢工的矿工、矿工工会和隆明公司三方之间的工资谈判终于达成一个最终协议：将矿工工资提高22%，达到每月1200美元。

2. 多头协调

某些国家的法律往往允许多个组织体系互不相同的独立工会并存，工人可自愿选择加入任何一个工会或组织建立新的工会。此时，企业在经营中就需同时处理并理清和多个工会的关系。实践中，企业可在法律允许的范围内选择与代表绝大多数员工的一家工会进行谈判，并通过协商，将该谈判形成的条款条件适用于其他工会的员工。

3. 额外制约

一些国家的法律还规定，发生解雇、裁员时，需征求工会的意见。例如，德国企业组织法规定，在拥有5个以上员工的企业里，工人们可建立企业委员会，维护全体员工利益。企业委员会人数随着企业员工数增加而增加。该委员会不得干涉企业经营管理，但拥有知情和咨询权，在人事和社会问题上，他们代表全体职工拥有决策权。原则上每解雇一名员工之前都必须征求企业委员会意见，否则该解雇无效。加拿大法律中也有类似要求，即雇主在采取所有人事方面的个别措施时，原则上必须征得企业职工委员会的同意。企业职工委员会可在某些法律规定的前提下拒绝或同意这些措施。如果雇主在这种情况下仍然打算实施被拒绝的措施，他就必须取得劳工法庭对此事的判决。

4. 工会诉讼

如企业准备搬迁、裁员或关闭,也需衡量具体情况处理好与工会的关系,以免发生大规模纠纷、抗议或罢工。因为一些国家允许工会以自己的名义起诉或被诉,如工会认为企业在搬迁、裁员或关闭过程中存在任何不当行为,可以对企业提起诉讼。

(五)不容忽视的安全风险

由于中国产品对当地市场形成冲击,加上种族歧视以及对外经营企业在处理劳资关系问题上的不当等因素,国外针对中国企业以及员工的暴力事件不断涌现,企业财产和员工生命安全受到了严重威胁。

2009 年 5 月 8 日,南太平洋某岛国的当地工人突然袭击了中国某企业开发的镍矿建设工地。当地工人与中国工人发生冲突,造成中方 14 名员工受伤,另有 3 名当地工人受伤,30 余辆车和部分工地建筑被毁,工厂设备遭到毁坏。据报道,该工地此前也出现过当地工人袭击中国工人的冲突事件。

赞比亚也出现过类似的安全事件。2012 年 8 月 4 日下午,赞比亚南方省辛那桑圭地区的中资煤矿——科兰煤矿因劳资纠纷发生冲突事件,造成中方员工 1 人死亡,另有 2 人受伤。“工人罢工要求涨工资,我们也没办法。”赞比亚南方省锡纳泽镇科兰煤矿 2 号井的中国矿主许建群谈到他在当地的投资经历时说。徐建群的话在一定程度上代表了中资公司在赞比亚的一种困境。此前,赞比亚新政府为了兑现竞选承诺,出台新劳工法大幅提高工人工资,此举吊起了工人要求涨薪的胃口,从而引发了赞比亚劳资关系普遍紧张的状况。然而,这种紧张情绪于 8 月 4 日在几名中国人投资的科兰煤矿再次集中爆发了。中国是赞比亚的主要投资国之一,目前在赞中资企业超过 300 家,累计投资额超过 20 亿美元,主要涉及矿业、农业、电信和建筑等领域。在科兰煤矿任翻译的邢万里向记者介绍说,赞比亚 7 月 4 日颁布最新工资标准,科兰煤矿与工会 8 月 2 日达成协议,从 8 月 1 日开始执行最低工资标准,即到 9 月才能支付 8 月的工资。而工人无视工会,独自要求 7 月也须按照最低工资标准执行。这也是此次暴力事件爆发的根源。①

还有一些国家的腐败问题很容易引起民众对政府和在当地的外国公司的不满,发生绑架、袭击事件,这些事件或多或少威胁到我国在外企业员工

---

① 国际商报网:“中非互利的正路须主动构建”,载 http://intl.ce.cn/sjjj/qy/201212/03/t20121203_23900140.shtml,2016 年 7 月 17 日访问。

的人身安全。另外，随着中国的迅速崛起，许多国家对中国企业存在一定的敌视。像在马来西亚和印尼，当地华人的地位问题自然影响了中国企业的正常经营。又如我国的中兴和华为两家公司，在印度扩招员工、并购当地企业都遭遇过挫折。

二、"因势利导，因地制宜"——劳动就业问题的解决思路

（一）充分调研，深入了解

企业对劳动法律风险的正确评估和有效控制，能够为一次顺利的投资或并购保驾护航。只有事先调查评估目标国的劳工法律风险，并建立风险管理体系和应对策略，中国企业才能在投资或并购以及后续经营中"稳中取胜"。对目标国劳工状况和劳动法律环境的充分调研，是中国企业成功的必修课。

（二）转变观念，主动适应

企业的目标国国情不同，市场环境、劳工标准、法律等各方面均存在很大差异，而对于熟悉、适应国内环境的中国企业而言，到国外搞项目不一定能够马上适应国外的环境和要求，而将国内的一套观念照搬到国外，就会出现诸多不适应的问题。中国企业在外开展项目，必须与国际接轨，摒弃不合时宜的思维模式，在工作中应遵循国际惯例，积极学习当地法律，端正态度、更新观念，以合同为准绳，与项目各方相互理解，相互尊重，创造良好的合作氛围。

（三）重视工会，尊重权利

中国企业应妥善处理与目标国各行业工会的关系，全面掌握目标国《劳工法》等相关法律中有关劳动者权益保障的法规，与员工依法签订雇佣合同，缴纳各种税费，充分尊重员工应享有的权利，并掌握工会的发展动向。

（四）企业责任，社会担当

中国企业应积极宣传企业社会责任意识，建立健全社会责任治理结构，建立包括消费者、雇员、社区、NGO等利益相关方在内的企业社会责任治理委员会，使企业社会责任真正成为一项重大的企业战略决策。在经营中，要遵守当地劳工法律法规，尊重、适应当地风俗习惯，按照当地文化习惯处理劳动保护方面的社会责任问题。

第四节 社区及土著权益保护

随着我国企业“走出去”速度不断加快,范围不断扩大,程度不断深入,企业的投资经营领域已延伸到土著居民传统的生活居住地。

土著居民是指在殖民者从其他地方来到之前就住在他们土地上的人民。他们的祖先在不同文化或不同种族的人到来的时候,就已居住在一个国家或一个地理区域。目前,按照地理分布,土著居民大致被分为澳洲土著、美洲土著和非洲土著。土著居民拥有传统的文化和生活方式,他们基本依赖于土地和自然资源维持生计,有些土著居民还受到长期的压迫和驱逐。与其他社会团体相比,他们拥有更为强烈的民族精神和文化,对土地和自然资源的保护欲望和外来人员的抵触情绪也是最强的。同时,某些国家和地区的法律还对社区和土著居民的权益进行了特殊保护。理清不同国家和地区对社区与土著权益的法律保护,妥善解决与开发地土著居民的关系,直接关系到海外项目是否能够顺利进行。因此,企业在土著居民生活区域范围内进行投资经营时,会遇到更多的问题和挑战,应特别关注土地利用、资源开发、文化保护和族群利益四个方面的内容。

一、“守彼之法,和睦相处”——土著权益法律问题及案例分析

(一)重于泰山的土地权利

土地对于土著居民来说,不单是权力的象征、财富的表现,更是生计的依托和生命的依赖。所以,守土有责、人地相依的思想观念根深蒂固、深入人心。在某些国家的法律制定、制度设计中,都会将土著居民的土地权益纳入法律体系的保护范畴中。此外,还有部分国家的习惯法中也涉及上述问题的权利保障。因此,土地问题应当引起“走出去”国内企业的高度重视和深度关注。

1. 澳大利亚——土著人的土地权益

(1)土地权利取得的背景

土著人是澳洲大陆最早的定居者,对于他们来说,土地是生存、繁衍、发展的基本要素,没有土地就没有生命。但从18世纪下半叶以库克船长为首的欧洲白人发现了澳洲大陆并把它据为己有之后,土著人的家园被破坏,人

民被杀戮,他们赖以生存了几万年的土地也被剥夺了。直到1992年,澳大利亚高等法院对马博案件作出裁决,否定了澳大利亚是无主土地。这是澳大利亚法院第一次明确土著人对这些土地仍享有所有权。这次裁决首次对土著人的土地所有权予以合法承认。1993年,澳大利亚政府向议会提出给土著人以土地所有权的立法,同年年底,议会讨论并通过了《1993年土著人土地所有权法》,以法律的形式再一次承认了土著人的土地所有权,使土著人土地所有权的有关政策得以实施。

(2)土著人土地权益的内容

土著人土地权益是指土著人根据其传统法律和惯例,对土地和水域所拥有的权利和利益。如前所述,澳大利亚政府颁布《1993年土著人土地权益法》,以法律的形式承认了土著人的土地所有权。《1993年土著人土地权益法》是联邦立法,其正式将土著人土地权益的承认纳入澳大利亚的法律体制。该法适用于各州及领地,而且各州及领地也有其相应的地方立法。该法有以下三个立法目的,即承认和保护土著人土地权益;为将来可能影响土著人土地权益的交易设定可行的途径,并设定交易程序和交易标准;建立解决土著人土地权益索赔的机制。《1993年土著人土地权益法》适用于1994年1月1日后发生在土地和水域之上并且影响土著人土地权益的所有行为,以保护该等权益不受无效干预。

以矿业项目为例,授予保有权和采矿许可证统称为"未来行为"。未来行为在影响土著人土地权益的范围内无效,除非该法另有规定。很多时候,设立采矿权或强制收购土著人土地权益以使某一非政府主体使用土地,将引发"谈判权"。这是指相关州或领地、土地使用权申请人以及土著人土地权益登记权利人或宣称权利人三方之间依法就使用土地的相关条件进行强制性的善意磋商,通常涉及支付款项、向土著人土地权益团体成员提供就业机会及保护具有文化遗产重要意义的区域等。如果协商6个月后仍未能达成协议,可交由国家土著人土地权益仲裁委员会对争议进行仲裁。某些项目在未经签署土著人土地使用协议以确保该项目在土著人上地权益方面的有效性之前不得开展,此协议需要获得土著人土地权益相关各方的同意。

2. 加拿大——政府咨询责任的确立

同澳大利亚一样,加拿大也有本地原住民,主要包括印第安人(第一公民)、梅蒂斯人与因纽特人,统称为"原住民"。

加拿大法院裁定的一项法律义务规定:对任何影响原住民权利或其土

地的活动,政府都要向他们进行咨询。政府咨询原住民的职责范围和内容应与可能造成不利影响的严重程度相匹配。也就是说,项目不同,政府承担的咨询义务也有所不同。例如,若项目对原住民权利或条约权利有轻微影响,所要求的咨询程度为仅需发布通知,公布和共享信息,以及讨论该拟议项目与原住民社区有关的重要决定。如对原住民权利造成更大的潜在不利影响,政府咨询要求则应更具实质性,例如通过更加广泛的咨询来削减或调解不利影响。

虽然法院接到了许多原住民社区对政府咨询工作的挑战,但加拿大法院明确规定,政府不负有必须和原住民社区最终达成统一意见的法律义务。这意味着原住民在政府能做什么的问题上没有否决权。而政府履行咨询和调解的责任是确保作出公正的决策,任何情况下,政府都要诚信地提供与实地情况相适应的有意义的咨询。加拿大法庭也明确指出,原住民社区不得阻挠政府的诚信咨询。

3. 智利——马普切人的土地权利

智利有7个少数民族,其中马普切族的地位最为特殊。马普切族是印第安人的一个部落。“马普切”是西班牙语,意指“土地的主人”。马普切人以其为期350年的反抗西班牙人和智利人的统治而著名。目前,他们大多居住在智利南部,共有约40万人。

16~18世纪,马普切人为反抗西班牙人,重建其传统的生活方式,在一些相距很远的村庄组成了军事的、政治的和经济的各种联盟。19世纪初,智利脱离西班牙独立后,智利政府将马普切人安置在保留地,他们集体掌管并耕种这块土地达一百多年。20世纪80年代初,智利政府将保留地的所有权转到马普切人的个人名下。

马普切族之外的智利人拥有的土地,可以自由买卖;但法律规定,马普切人拥有的土地只能在马普切族内部流转。如果要在马普切人拥有的土地上建设一个水电站,政府就必须出资先购买比马普切人现有土地更好的土地,在马普切人新居住区建设比原来更好的交通、通信、生产、生活、教育和文化设施,才能动员马普切人搬迁。例如,智利政府最近决定在南方修建一条高速公路,其中一段必须通过原住民的土地。政府通过与原住民谈判,为原住民购买了比原来更好的土地,制定了10年生产生活发展规划,包括建设全新的农业灌溉体系、为原住民提供长达10年的免费农业新技术培训并承诺了政府投入后,才达成土地置换协议。

4. 非洲——习惯法的约束

在非洲,习惯法仍然在一些国家起着比较大的作用。例如,在赞比亚,由于大多数赞比亚人仍然生活在遵循习惯法的农村地区,赞比亚法律深受习惯法的影响。根据赞比亚《发展署法》的规定,外企企业在赞比亚投资取得土地使用权,只需获得代表国家的投资发展署的审批同意。但实际上,外资企业在部落酋长领地获得土地使用权,[1]还需取得当地酋长签发的同意书。

同样地,在刚果(金)购买土地只通过政府的审核是不够的,买方还必须请示当地的土著首领,通过特殊的仪式,得到批准后方能拥有。这些特殊的习俗常常会导致一些额外的资金和精力的投入,也会增加中资企业的投资风险。因此,在非洲投资的企业应对此类习惯法予以充分关注。

(二)事关重大的矿产保护

近年来,土著居民及其所在国在资源保护方面的意识逐渐增强,提高了对资源枯竭、环境恶化等问题的重视程度。

1. 澳大利亚

依照澳大利亚的法律,土著人领地内的地下矿产是国家的,地表使用权归土著人。这就意味着,采矿公司处理好与土著人的关系是其在澳大利亚成功开展采矿项目的关键。此外,澳大利亚法律中还涉及对土著人具有考古或文化遗产意义的区域或物体的特殊保护,大多数大型项目,尤其是矿产项目需要同时获得土著人土地权益和文化遗产的审批。

2. 加拿大

(1)政府咨询责任

在加拿大,政府采取任何与矿业活动有关的行动,如发放执照、批准环境影响评估及受理矿场关闭计划等,如果对原住民权利造成不利影响,并且政府未能履行咨询协商的职责的,这些行动都将受到阻挠。尽管该职责为政府职责,一旦政府未能履行该职责,矿业公司将面临法院批准无效的风险。因此,确保同可能受影响的原住民进行充分的协商对矿业公司来说是十分重要的。企业在同原住民进行协商或调解的问题上不具义务,咨询义务仅限于政府,但企业在政府与原住民协商过程中发挥重要作用。

---

① “部落酋长领地”是赞比亚传统社会的重要组织形式,遵从赞比亚习惯法。赞比亚土地的90%为部落酋长领地。

例如,政府通常将与拟议项目或基础设施建设项目程序方面的咨询事宜委托给项目发起人。这种情况下,政府一般会监督企业的行为及成果,以便确保拟议项目对确定或维护的原住民或条约权利造成的任何影响都会得到妥善解决。虽然最终的咨询调解责任落在政府身上,私营企业往往为原住民参与到协商过程中提供资助,并同原住民社区签订利害分担协议来促进原住民和解。

因此,在进行任何勘探和开发活动之前,矿业公司应先明确可能受到项目影响的原住民社区及其可能受到项目影响的权利的性质。矿业公司还应该尽早与可能受到影响的原住民协商,判定其计划的矿业活动对原住民权利的影响,以及采取哪些步骤可以削减或避免不良影响;明确可以向原住民社区所提供的经济益处,诸如培训、就业机会以及在劳务与供应合同上可提供给他们的机会;更多地关注原住民所关心的问题和文化差异;与受到影响的原住民社区的各方面进行实质性对话,为进行独立技术审查提供财务支持;将咨询过程成文备案,以便在出现纠纷时备用。

(2)项目申请者的责任

《安大略矿业法》规定,公司在申报矿场关闭计划时,必须提供该公司已与受项目影响的原住民进行了友好诚信协商的证明。《安大略矿业法》包括了对原住民权利及其条约权利的承认,以及矿业开发全过程中需要通知原住民并与原住民社区进行协商的要求。《安大略矿业法》项下的实施条例还对按照探矿权、采矿租约及土地占有许可证进行早期勘探活动时与原住民的调解作出了规定。拟议的勘探计划方法及许可如下:早期勘探活动应在矿场涉及关闭计划的地点进行并符合修改的计划进程。企业应将勘探计划提交给北安大略矿业林业开发部(MNDMF),该部门人员将对计划进行审查以决定是否要求需要与原住民进行协商。如有要求,MNDMF 将认定需要通知的有关原住民社区,并要求项目申请者将计划交送到该社区以便进行协商。

目前,和原住民咨询已成为在加拿大经营的常规程序之一。如开发活动对原住民权利造成不利影响,越来越普遍的情况是,自然资源开采公司和原住民社区协商签订关于拟议项目的利害分担协议来解决安排相关的就业、培训、企业合作或者对受影响的原住民提供补偿。利害分担协议是项目发起方和原住民社区之间单独谈判签订的协议,该协议旨在因拟议项目对社会环境造成了影响,而对原住民社区作出补偿。利害分担协议的签订有助于削减原住民诉讼、采取直接行动及负面宣传的风险。通过签订利害分担协议,原住民社区通常会接受对其某些传统权利和原住民土地权利的限定,允许矿业公司进入他们传统的土地,以此来表示对项目的支持。作为对原住民支持项目的交换回报,矿业公司往往通过为原住民提供一系列的好处来履行其义务。好处包括:第一,在项目的建造、开发和运营期间提供就业与签订合同的机会;第二,资助教育、培训,包括设立助学金和奖学金;第三,一旦达到某些里程碑意义的标志性事件(诸如签订正式利害分担协议、取得所有政府许可、融资及启动商业生产等),给予某种形式的特许权使用费、收益共享和/或参股;第四,成立由项目发起方及原住民社区双方代表组成的特定项目委员会以解决由该项目引发的问题;第五,一次性支付、年度性支付或以其他方式支付特定遗产项目或用于经济发展或其他用途;第六,在项目的发起方和原住民社区之间建立合营企业或合伙制企业。

综上所述,与原住民有关的风险是加拿大所有项目发起方都要面临的一个关键问题。因此,投资者和贷款方应获得专业建议确保进行有关的磋商与和解。如未能解决此问题,往往会面临重大诉讼、项目延迟、项目成本增加和负面曝光的风险。

(三)不可复制的知识和文化遗产

1. 土著人文化遗产

(1)澳大利亚文化遗产保护

在澳大利亚,对土著人具有考古或文化遗产意义的区域或物体将同时受联邦、州或领地法律的保护而不受侵害。无论是否登记在案或以其他形式为人所知、无论在何地发现、无论土地的保有权或所有权属性,该类遗产均受保护。各州及领地均有自己的土著人文化遗产保护法,但具体内容有很大差异。尤其是昆士兰州、维多利亚州和新南威尔士州设定了严格的审批义务,并对未经授权损坏土著人文化遗产的行为处以高额罚金。此外,如果受保护的遗产存在被侵害的风险,还可通过责令停止施工的方式叫停项目。《1984年土著人和托雷斯海峡岛民遗产保护法》也对即将受到侵害的具有特定遗产价值的区域或物体提供保护。该法律规定,当出现此类情况时,政府部长可要求停工。因此,在涉及土著人文化遗产问题的重大项目中,需及早对土著人文化遗产风险进行评估,否则将面临罚金、承担法定义务以及开工后被责令停工的风险,也可与项目地享有利益的土著人群体进行谈判,以便达成各方均能接受的结果。

(2)巴西土著为考古遗迹“占领”工地

2010年7月25日,巴西大约400名分属不同部落的印第安人身着“彩妆”,“占领”工地,扣押建筑工人,索要560万美元,以赔偿因修建水电站而蒙受的损失。按照当地印第安土著的说法,这座在建水电站坐落在当地一处考古遗迹上。建设水电站破坏了当地土著人的坟场和他们的狩猎场所。

2. 土著人知识产权

近年来,一系列涉及土著人知识产权侵权案的胜诉,一方面唤醒了土著社会,使土著人意识到现行的法律可以成为他们保护自己文化知识财产的有用工具;另一方面也使非土著社会对土著文化知识财产权给予了更多的尊重。

(1)智利马普切人的知识产权

2006年,智利的马普切人曾因为不满微软“未经许可擅自”将Windows翻译成Mapuzugun语,将微软告上法庭。Mapuzugun语是马普切人所说的一种语言。有趣的是,微软推出Mapuzugun版Windows完全是一番好意,原本是为了“帮助马普切人走进数字时代,并打开一扇窗口以便全世界了解该民族的文化”。不过马普切的部落首领并不领情,他们认为微软的做法侵犯了他们的部落文化和社会传统,是侵犯其知识产权的行为。

(2)澳大利亚土著人维权的胜利

1966年,澳大利亚联邦储备银行未经授权,将一位土著艺术家的树皮画作品印在当年发行的一元纸币背面,引发了人们对土著艺术作品知识产权问题的关注。1983年,一家公司因为在茶巾和桌布上运用了土著艺术家的树皮画作品而被告上法庭,最后被法庭判以1500澳元的侵权赔偿,并被责令收回所有印有该图案的商品。1989年,一家公司未经授权,在T恤衫上印上了土著人的树皮画作品而被告上法庭,最后双方在庭外达成和解协议,该公司支付1500澳元给作者,并收回所有印有该图案的T恤。1994年,8位土著艺术家起诉澳洲一家地毯生产厂家未经授权盗用他们的作品,最后8位土著艺术家胜诉,法庭判决地毯生产商支付70000澳元的文化损害费。

(四)以人为本的族群政策——南非黑人经济地位

随着种族斗争的胜利和民族意识的崛起,对于少数族群和弱势群体的政策倾斜和权利保护,取得了系统化和法制化的推进。

在南非从事商业活动的人士经常听到黑人经济振兴政策(Black Economic Empowerment,BEE)。BEE致力于在南非经济的各个方面去种族化，同时将边缘化的社区纳入主流社会的快车道。南非许多行业将 BEE 视为政府确保黑人（非洲黑人、印度裔和有色人）享有更大份额经济利益的必要策略。

1. 发展背景

受历史因素的影响，西方殖民者通过对南非的入侵和扩张，造成以白人为首的种族主义在南非持续长达 80 余年，从而造成以白人为主体的富有经济即“第一经济”和以黑人为主体，贫困、失业为特征的“第二经济”长期并存。这种“二元经济”体制导致南非贫富差距悬殊，经济发展不平衡。自 1994 年非国大（ANC）上台执政后，结束了南非长达 38 年的殖民统治和 46 年的种族隔离历史。尽管 ANC 在执政初期帮助黑人取得了政治独立，拥有了属于自己的民主地位，经济方面致力于提高黑人等社会弱势群体在社会经济中的地位和实力，促进黑人渐渐融入主体社会并逐步掌控经济，缩小黑人与白人之间的贫富差距，但由于黑人经济基础较弱，仍然不能成为带动就业以及推动南非经济发展的主要力量。南非统计部门发布的数据显示，南非新民主政府成立初期，占总人口 50% 以上的贫困人口仅拥有南非 6% 以下的财富，而占人口不足 10% 的富人阶层却拥有 50% 以上的财富。数据显示，白人家庭平均收入是黑人的 4 倍，白人更多处于社会管理者的身份，扮演着南非财富所有者的角色；相反黑人则更多为社会基层生产者和消费者。

2. BEE 法律环境的形成

通过何种手段打破种族隔离造成的在产权、管理、就业和经济利益分配方面的不平等格局，使得占南非总人口大多数的黑人在财富、知识、技能等方面获得更多机会，成为南非新民主政府长期而又艰巨的任务。1994 年 ANC 执政初期提出通过实施“黑人经济振兴”政策确保南非整体发展与提高黑人经济地位相结合，从而解决因南非社会贫富差距扩大以及失业人口持续增加造成的社会治安恶化等问题。1996 年南非宪法修正案第 217 条规定“政府可以采取倾斜的采购政策”，进一步奠定了南非政府实施 BEE 政策的法律依据。

3. BEE 法案确立

2003 年 11 月，议会通过了《全面提高黑人经济实力法案》即“广义基础的黑人经济振兴法案”（Broad—Based Black Economic Empower-Ment Act, BEE 法案）。2004 年 1 月，该法案由时任南非总统姆贝基签署生效，BEE 发展战略正式确立。该法案没有设置关于 BEE 的罪名或者处罚，因此，在南非的法律中并没有硬性规定,要求在南非的任何企业必须达到BEE的专门要求或者必须执行某项BEE政策。但是,在实务中,任何想在南非从事商业活动的公司必须考虑和明确自己的BEE立场,BEE测评不够好或者不努力提高自己BEE测评的企业将在和政府、政府部门、私营行业的消费者打交道时遇到阻碍。多数采购服务或者购买商品的私营行业需要满足BEE采购目标,因此,从进行了BEE测评的企业采购商品或者服务成为私营行业决定和谁做生意的考量因素之一。当前,南非政府非常重视BEE问题。公司重组、兼并被南非政府视为向某个行业的产权结构注入BEE成分的绝佳机会,南非政府不会同意没有BEE成分参与的任何交易,因此,在交易中要仔细考量BEE因素。

BEE法案中的BEE受益对象已经从之前的弱势群体变成了一个种族,这种转变使得更好认定受益人,同时也去除了早期BEE政策的某些条款和困扰。BEE法案将非洲黑人、有色人和印度裔视为受益对象。这种分类是种族隔离下的产物。BEE法案将BEE定义为:所有黑人的经济振兴,包括妇女、工人、年轻人、残疾人和生活在乡村的人。振兴黑人经济包括但不限于以下措施:增加管理、拥有和控制企业、生产资产的黑人数量;方便社区、工人、合作及其他合资企业拥有、管理企业和生产资产;人力资源和技能发展;实现黑人在所有工作行业的适当比例、增强黑人在从业人员中的等级;采购优惠;在黑人管理或者所有的企业投资。BEE法案与基础广泛的振兴措施及之前的优惠采购法中的振兴措施截然不同。先前的措施主要侧重于企业的所有权,而不是振兴企业。BEE法案第9条规定,贸易和工业部长可以发布规范BEE的良好行为准则,这些准则包括衡量BEE的指标以及这些指标的效力。BEE法案第10条对已经公布的良好行为准则地位做了规定:国家机关和公共实体必须重视这些准则,在可能的情况下,适用相关的准则决定被许可人的资格要件、特许权或者其他授权;决定和执行采购优惠政策;决定可出售的国有企业的资格要件;制定和私营行业缔结伙伴关系的要件。

4. BEE行业章程制定

在南非政府实施BEE政策的同时,各行业组织也在依据自身特点制定适合本行业的BEE章程,建立行业BEE规划。2000年11月,《南非石油和液体燃料业提高社会弱势群体经济地位章程》出台,规定10年内弱势群体在石油经济中的比重要达到25%;2002年10月,《南非矿业提高社会弱势群体经济地位章程》出台，规定10年内弱势群体在矿业和石油经济中的比重要达到26%，5年内弱势群体在管理层的比例达到40%，妇女在管理层的比例达到10%，以及加强弱势群体接受技能培训等；2003年10月，南非财政部又公布了《金融服务业BEE章程》，规定2010年前黑人至少要拥有金融业资产的25%，其中至少有10%是直接控制。

二、"坦诚相待，和谐共赢"——土著权益问题的解决之道

（一）企业优秀实践案例

案例一：在阿拉斯加州已有55年开发历史的BP公司，在过去几十年里，一直与北坡自治政府和当地的土著居民密切合作。1979年BP就在土著居民生活的巴罗地区设立了办公室，由一名高级管理人员负责代表公司与当地政府、部分科学家以及当地主要的社会团体进行沟通交流。BP还设立了多个突发事件应急小组，以应对阿拉斯加90000平方英里北坡地区的意外漏油事件。捕鲸行业是当地最重要的行业，当地的因纽特土著居民主要以捕杀鲸鱼为生，他们有高超的捕鲸技术，对在当地开发石油资源反应最为强烈的就是当地捕鲸的船长和船员。他们担心一旦北极油气资源开发发生泄漏将会直接对他们的捕鲸事业造成影响。对此，BP对当地村民进行漏油应急训练，教授他们遇到漏油时所采取的应急措施。培训直接在海洋生产平台上执行，内容包括原油泄漏时如何保护海洋鸟类和其他野生动物，以及如何减少泄漏原油对于海洋生态环境的破坏性影响。BP与当地居民形成一个团体，共同保护海洋生态环境，是一个成功的合作方式。漏油应急小组在培训过程中，还教授海洋石油开采知识和技术，并进行文化交流与沟通，推动土著地区的经济社会发展。

案例二：加拿大石油公司Nexen通过实施土著居民教育奖励计划和提供助学金，推进当地社区发展，形成良好的当地关系。加拿大的法律与相关公约规定加拿大土著居民享有特殊的权利和地位，因此，石油公司开采石油与天然气受到当地居民的监督与管理。该法律和公约提供了一个指导性意见，指导石油公司应该如何尊重土著居民的文化传统和风俗习惯。这方面，Nexen采取了全面系统的做法，注重发展与土著居民的全面互利关系。这包括：公司员工人数中包含当地土著居民员工人数的统计；给当地土著居民学员提供奖学金和助学金资助，满足土著居民全面发展的要求，推动社区的可持续发展；还包括与当地土著居民建立良好的伙伴关系，进行友好沟通和相

互学习,推动当地人员技术的提升。Nexen 的奖学金一般用来资助其他教育机构以及在公司内部实施土著居民教育援助计划——AEAP。AEAP 设立于 2002 年,先后已援助了一百多名土著居民的孩子。该计划还会时时关注土著学员的学业,选拔优秀毕业生到公司工作。AEAP 受助人可以参加 Nexen 的暑期学生就业计划。2010 年夏天,Nexen 选拔 12 名土著学生,为他们提供横跨加拿大西部和东部大学的暑期实习机会。Nexen 还与许多教育机构合作,比如加拿大卡尔加里大学、阿尔伯塔大学、北阿尔伯塔技术学院等,联合培养土著学员。Nexen 注重对土著居民区领导力和管理、建设方面的培训,使土著居民区更好地建设和管理自己的生活区域。目前已经在梅蒂斯人和因纽特人社区开展培训。同时,Nexen 还不断推动社区的信息化建设以及网络知识的学习,让土著居民更好地了解外部世界,开展艾滋病防治教育,并为当地培养计算机人才。Nexen 以文化的多元包容性为目标,鼓励员工支持和学习当地社区的不同文化传统,提倡员工的多元化,并为当地的居民提供就业机会。公司与土著居民社区建立长期互惠互利的关系,促进当地社区的可持续发展。

(二)中国企业的应对措施

为了更好地保持与开采地区土著居民的良好关系,造福土著居民,发展当地经济,提高土著居民的生活水平,企业应做好以下工作:

1. 知法守法,尊规重矩。公司应该遵守当地特定的法律法规,尤其是尊重对土著居民的一些特殊保护权利。土著居民受到当地法律的保护,拥有对于他们生活区域土地和自然资源的控制权,企业应该通过合理的方式去获取资源的开采权等。

2. 造福当地,平等相待。土著居民希望企业在当地经营时能够更好地尊重他们的权利,减少不良影响,并能够造福地区。如果一个公司不能够对当地的土著居民予以一定的支持,造福当地居民,就很难获得当地政府的生产运营许可,也很难顺利开展项目。同时,企业应当为土著居民提供一些工作机会。优先聘用符合员工标准的土著居民,给他们提供工作机会;提供一定的教育和培训,提高他们的生活技能;公司工作文化中要包容土著居民的文化和价值观,对土著和非土著居民员工进行多元文化的培训;与其他机构进行合作,获得更多的技术与资金支持,实现企业的规模经济;制定规定,防止任何形式的种族歧视发生。

3. 人地和谐,持续发展。在土著居住地不负责任地发展,会对企业的运营、声誉造成不良影响。持续发展包括企业和环境两方面。首先，企业应当给土著居民提供一个现金与非现金（比如提供就业机会）相结合的利益分享方式；与土著居民协商，制订合理的分配计划；就利益分享和安排为土著居民提供相应的能力构建和学习培训。此外，还应尽力保护当地环境，争取人与自然和谐共存可持续。

第五节　外汇管制：流动中的障碍与化解

外汇风险在企业“走出去”整个风险体系中占据越来越重要的地位。从投资者的角度来说，外汇的风险主要有两类：一类是经济学范畴内的风险，即汇率波动的风险；另一类则来源于法律，即外汇管制的风险。本节将对外汇管制涵盖的主要内容做一个系统归纳和梳理，结合投资热点国家有代表性的外汇管制制度，进行政策比较分析，归纳我国投资者在海外投资过程中，应该注意的外汇管制的风险，并提出应对之道。

一、正确看待外汇管制风险

（一）什么是外汇管制

外汇管制是指一国为防止资本逃避或流入，改善本国的国际收支，维护本国货币汇率稳定，对外汇买卖和国际结算采取的限制性措施，它是一国对外汇风险与国际结算管理的集中反映。

外汇风险根源于不同币种之间的兑换与选择。由于外汇的汇入和汇出对本国的货币的稳定以及国内经济安全都会产生重要影响，因此总体而言，当一国经济水平较为落后，外汇储备不充足，市场机构不发达时，一般都会实行较为全面的外汇管制制度，通过集中和分配使用外汇，达到促进经济发展的目的。反之，对于经济发达、外汇储备较为充足的国家而言，对外汇管制则相对较为宽松。所以，从根本上来讲，外汇管制的宽严是与一国的经济发展水平密切相关的。

（二）外汇管制的方式

从方式来分，外汇管制主要有两种：直接管制和间接管制。

直接管制是指国家外汇管理机构对外汇的供求直接从数量上进行控制。包括所有外汇收入，都要结售给国家指定的银行；所有外汇支出，都要经外汇管理机构的批准;禁止或者限制资本出入国境,所有或超过一定限额的资本转移都要经过批准,实行不由市场供求关系决定的汇率制度等。

相对于直接外汇管制,间接外汇管制是指国家通过政策干预,间接地影响外汇的供求,其具体管理措施有:(1)设立外汇平准基金,干预外汇市场。通过设立外汇平准基金,必要时参与外汇市场交易,通过间接调节外汇供求,以保持本国汇率的稳定;(2)进口配额制,即进口商向主管机构申请获得进口许可证,凭借许可证购买外汇,通过进口商品数量和品种的控制来间接调控外汇需求;(3)签订双边贸易和清算协议,通过双边贸易协定和清算协议,两国收支金额可以相互抵消而不动用外汇支付。

(三)外汇管制的主要内容

从广义上来讲,一国的外汇管制体制主要涵盖两大板块的内容——经常项目项下的外汇管制和资本项目项下的外汇管制。在每个板块下,主要包括对外汇账户的管理制度、结售付汇制度等具体内容,同时在顶层设计上,辅以汇率制度调控以及国际收支的统计管理。外汇管制制度基本要素如表5-10所示。

表5-10 外汇管制制度基本要素一览

<table>
<tr><td rowspan="7">经常项目外汇管制</td><td rowspan="6">贸易类外汇的管制</td><td rowspan="3">进口外汇管制</td><td>进口许可证</td></tr>
<tr><td>进口配额制度</td></tr>
<tr><td>进口预存制度</td></tr>
<tr><td rowspan="3">出口外汇管制</td><td>一般性出口外汇管制</td></tr>
<tr><td>指定银行全面负责出口收汇制度</td></tr>
<tr><td>中央银行对出口收汇进行直接管理</td></tr>
<tr><td>非贸易类外汇的管制</td><td colspan="2">主要指贸易收支之外,与贸易收支相关的从属费用,如佣金、运费的支出、承包工程和劳务费的支出等</td></tr>
<tr><td rowspan="4">资本项目外汇管制</td><td colspan="3">对资本的输出和输入实行严格的审批制度</td></tr>
<tr><td colspan="3">对外国投资股份实行比例管理</td></tr>
<tr><td colspan="3">对外国投资资本利润的调回进行有条件的限制</td></tr>
<tr><td colspan="3">对借用外债进行严格的管理</td></tr>
</table>

1. 对经常项目的外汇管制

通常把一国对外经济、政治和文化交往而经常发生的货币支付称为经常性外汇收支项目,[①]包含贸易项下外汇和非贸易项下外汇两项主要内容。由于进出口贸易产生的外汇收支通常在一国的国际收支中所占比例最大,所以,实行外汇管制的国家大多对贸易外汇进行严格管制,以增加出口外汇收入,限制进口外汇支出,解决贸易逆差,实现国际收支平衡。

(1)对贸易外汇的管制。进口外汇管制,主要是一国为节约外汇资金,防止大量资金支出,除结售汇和外汇审批外,对使用外汇采取的限制性措施。措施主要包括:进口许可制度、进口配额制度、进口预存制度等几种。

出口外汇管制,是指国家为了减少或防止逃汇,在出口方面,要求必须将货款及时调回国内或指定部门办理结汇。对出口的外汇管制,依照管制的宽严程度不同,一般可以分为:

①一般性出口外汇管制。即原则上要求出口货款必须调回国内,但允许出口商将货款存在商业银行账户上,自由支配或经有关部门批准存在境外。采用这种做法的国家和地区,大多数经济贸易较为正常,本国外汇储备稳定充足。这些国家实行外汇管制的主要目的在于稳定本国货币,保持国际收支平衡和国内经济的稳定发展。

②指定银行全面负责出口收汇管理。即由中央银行授权某个或某些指定经营外汇业务的银行负责出口收汇,要求出口商在出口前到指定银行办理登记,货款在货物出售后的规定日期调回国内,指定银行在办理结汇时,会对出口商登记的数额以及收回的货款的数额进行逐笔地核对并核销。实行指定银行负责出口收汇的国家,一般在管制机制上有以下几个特点:一是指定银行代理中央银行或其他政府部门负责对出口收汇进行全面管制,包括出口前的审批;二是一般都有较为严格的审批制度,有关部门对每笔商品的出口都会进行严格的审查,落实回收情况。出口商在办理出口前需以担保或有关部门出具证明的形式确保货款回收,才能办理出口和出关手续。

③中央银行对出口收汇进行直接监督管理。中央银行直接参与出口收汇管理是一些发展中国家为确保货款收回采取的一种较为严格的行政管理办法。它一般要求出口商在办理出口前向中央银行汇报出口收汇的金额和日期,在出口商办理结汇时凭单据办理核销。这种由中央银行直接办理的收汇制度有利于加强出口收汇的监督管理,建立相关的数据监测体系,在为一国宏观经济政策提供可靠分析的同时,加强国家对外汇管理的宏观监测

---

① 薛敬孝等主编:《国际经济法》,高等教育出版社 2000 年版,第 204 页。

职能。

(2)对非贸易外汇的管制。非贸易外汇收支,主要指的是贸易收支之外与贸易收支相关的从属费用,如佣金、运费的支出、承包工程和劳务费的支出等。

从目前各国的情况来看,一般来说,发达国家由于有较强的经济实力和外汇储备,对非贸易外汇收支管理较为宽松,如英国、加拿大等国家甚至不规定管理办法,而一些经济不太发达的国家和外汇比较短缺的国家,都会有较为具体和严格的限制。

2. 对资本项目的外汇管制

资本项目的外汇管制是指国家通过有关政策、法规及相应的方法,对资本项目实行的外汇管制。它主要包括对资本输出和资本流入的管制。

相比资本输入而言,资本输出的管制一般更为严格,各国对资本输出输入管制的主要措施包括:对资本的输出输入实行严格的审批制度。要求输出和输入资本都需向主管部门申报,批准合格后才能办理手续。审批的内容可能包括:对外借款和贷款的审批,对外直接投资的审批,在境内发行或者出售外币有价证券的审批等。对外国投资股份实行比例管理,为了保护自身的民族工业和本国资源,一些国家会对外国投资者在特定行业的持股比例进行严格的限制;对外国投资资本和利润的调回进行有条件的限制。如规定在一定期限内调出国外的外国资产和利润的最高限额等;对借用外债进行严格的管理和限制等。

二、热点投资国家外汇管制制度

(一)严格外汇管制国家

1. 安哥拉

安哥拉是较为典型的外汇管制类国家,在安哥拉,外汇的汇入不受限制,但是外汇的汇出则需提交相关的文件。

在外汇交易上,依照安哥拉《国家银行法》《金融机构法》的规定,只有特定的主体才能从事外汇交易,这些主体包括中央银行、国家银行和指定的商业银行。安哥拉对资本项下的外汇管制控制较严,尤其是对利润的汇出控制严格。

经常性项目项下的外汇交易,安哥拉规定,贸易外汇收支必须通过安哥拉国家银行的外汇管理部门和其他两家商业银行办理,所有的进出口交易都要受到进出口许可的管理。包括:(1)出口收入管理,出口商必须在发货后30天内收汇并将其结售给安哥拉国家银行。某些外国企业(如石油公司)可以将一部分出口收汇结售给国家银行,其余部分保留用于生产。(2)进口支付管理,一部分来自自留,另一部分来自经进出口主管部门批准后的中央银行的兑换。多数情况下,只有持有进口许可证的进口商才能申请用于进口的外汇,并得到国家银行的担保(向出口商出具保函),非许可证商品进口商每季度的进口限额是5万美元。

2. 莫桑比克

莫桑比克实行严格的外汇管制制度,根据莫桑比克《外汇法》,任何一种外汇交易的实现,都必须有莫桑比克银行的授权或莫桑比克银行授权机构的授权。所有外汇交易,都应该在莫桑比克银行或其授权的机构进行强制性的外汇登记。

在经常项目项下,进口方面,莫桑比克《外汇法》规定:(1)对进口商品的任何支付,除外国直接投资的进口货物及用于偿还外国贷款的进口货物以外,均要通过商业银行进行。(2)如果进口商不提供商品已进入莫国的单据证明,那么将不能进行对外支付。

在资本项目项下,企业所得的利润需要在完税或缴纳相关费用后才能汇出。

3. 委内瑞拉

委内瑞拉自2003年开始实行外汇管制制度,取消了外汇的自由兑换制度。其汇率制度近年来也几经调整,2005年实行的是固定汇率制度,2010年起,实行汇率的双轨制度,2011年起,又将汇率固定在1美元兑换4.3玻利瓦尔。

在外汇账户的开立上,委内瑞拉外汇管理法规定,外资企业在当地是不能开立外汇账户的。外汇一旦汇入委内瑞拉,将被强制兑换成玻利瓦尔。在资本项下的外汇控制较严,利润虽可汇出,但是审批时间过长,手续烦琐,这对我国企业在委内瑞拉的投资项目利润的及时汇回、安全结汇都有一定的影响。

经常性项目项下的外汇控制,委内瑞拉规定,外汇将优先用于食品、生活用品等必需品的支付,其他商品的进口用汇将不享有优先权,申请用汇的进口商必须到外汇管理委员会(CADIVI)进行外汇管理体系用户登记(RUSAD),由该委员会颁发进口商登记证,进口商必须凭证用汇。在没有获得用汇许可之前,进口商不能要求出口商发货等。

4. 巴西

巴西实行严格的外汇管制措施。在巴西,巴西中央银行是外汇兑换的管理部门,外汇的汇进汇出必须通过巴西中央银行。

在外汇账户的开立上,未经批准,任何人不得在巴西开立外汇账户,外国企业只允许开立雷亚尔账户,雷亚尔无法直接出境,也无法自由兑换和在境外使用。

在经常项目项下,巴西进口外汇兑换必须通过进口商和巴西央行授权的商业银行签署的“外汇买卖合同”进行。严格按照“外汇买卖合同”进行外汇交割,在央行逐笔登记,并且对外汇的交割日期有严格的要求。

(二)宽松的外汇管制国家

1. 坦桑尼亚

为了刺激外国投资者前来投资,坦桑尼亚实行的是比较宽松的外汇管制制度,金融管理部门对外汇兑换业务持开放态度,大多数坦桑尼亚银行都可以从事本国货币和外汇业务。

在经常性项目下的外汇交易,坦桑尼亚已经接受了国际货币基金组织第8条款的义务,实现了经常项目下的外汇可自由兑换。对于大宗贸易,相关贸易公司只要向银行递交申请并获得批准,就可以在结算时凭单据按当时市场价格兑换和汇出美元。在非贸易项下,坦桑尼亚规定,在企业中雇用的外籍人士的报酬和其他津贴,在缴纳所得税后的合法收入也可自由地汇兑汇出。

在资本项目项下,对投资或工程承包项目,坦桑尼亚政府保证可以通过任何经批准的商业银行无条件地以自由兑换货币汇出以下项目:投资和经营所得的净利润和红利;获得外国贷款所发生的费用;按照投资法登记的任何技术转让协议所发生的版税和费用;经营企业出售或清算所得的汇款(除去全部税收和其他债务之外的净收入)或投资所得的利息等。

2. 刚果(布)

在刚果(布),外汇管制由信用与货币总局(DGMC)负责。因此,在开设外币账户之前,必须得到该机构的许可。并且,该机构对每一笔转汇到国外的款项都收取手续费。在共同体的层面上,中非银行(BEAC)作为央行对所有的银行机构在外汇流通上行使监管的权力。

刚果(布)实行外汇使用登记制,对外贸易无外汇配额限制。《投资法》

规定,在偿清应缴税金、不拖欠银行债务的情况下,可以保证外国投资者将投资所获利润按刚果银行兑换规定汇出。

3. 南非

目前,南非实行一定程度的外汇管制。依据南非《外汇管理条例》及一系列外汇管理操作规则和标准,南非储备银行的外汇管理部门负责南非的外汇管制工作,并通过商业银行中的“授权经销商”负责执行。

在外汇账户的开设和管理上,进行国际贸易的南非公司可单独开设同时用于货物贸易和服务贸易的消费者外汇账户。另外,南非企业也可在不违背外汇管制相关规章制度的情况下,在境外开设账户。

1994 年以来,南非在放开外汇管制方面取得了明显成效。1995 年取消了金融兰特(南非货币)制度,对非南非居民的外汇管制大部分都予以取消。1997 年 6 月,对南非居民的外汇管制也都大大放松。事实上,目前对经常项目项下交易的限制都已经取消。

在资本项目项下,南非对股票投资的外国企业没有任何限制。一般来说,南非对非居民投资所得的汇出没有限制。企业的利润应首先归还当地银行的贷款,如果因为汇出利润使归还当地金融机构的贷款受到影响,南非储备银行不允许这些利润汇出或用于归还国外贷款。但由南非居民支付的外国货款在汇出前需要先行批准。企业在向非南非居民支付股息时不需要南非储备银行的批准,但需要有一个经过审计的证书,用以证明这份股息是税后交易所得或不受管理的资本、利润。南非居民向境外借款,事先要经过南非储备银行的批准。

(三)由宽松转入严格的国家

2008 年经济危机前,冰岛对外汇无管制措施,实行的是外汇的自由兑换和浮动汇率制度,个人和企业外汇自由流动。2008 年 10 月开始,冰岛实行临时外汇管制,除了正常的跨境贸易和少量特殊需求外,外汇交易和流出冰岛受到严格限制。

2008 年年底冰岛议会通过《〈银行法〉修正案》,授权央行在未来 1 ~ 2 年内采取严厉措施,强制要求出口企业汇回外汇收益,并限制国内市场金融衍生品交易,控制外汇大规模外流。目前,外汇现金交易仍受到严格限制。

三、中国企业如何应对外汇管制风险

从冰岛的例子可以看出,一国的外汇管制的宽严与一国的经济状况紧密相连,会随着外汇储备的高低而发生调整。对于投资者来说,全面认识和了解外汇管制的风险,采取相应的风险缓释措施是非常必要的。

(一)合理认识外汇管制风险

外汇管制的制度内容广泛,从外汇账户的开立、外汇资金的交易结算,到贸易项下的汇入汇出、非贸易项下对劳务费、承包工程费、佣金的支付汇出,企业投资获得利润的汇出等都会对企业投资利润的回报产生重要的影响,投资者海外投资之前,应先对东道国外汇制度进行全面的利弊分析,避免因外汇管制导致投资损失。

世界上所有的国家都实行某种程度的外汇管制,完全不受管制的自由外汇交易和转移是不存在的,即使是布雷顿森林体系和国际货币基金的创立国——美国,也会对特定的受制裁的国家和经济组织进行外汇管制的限制。各国在外汇管制的区别,只是宽严程度的不同。比较而言,发达国家的外汇管制制度较为宽松,发展中国家由于经济、政治或者国家安全的原因,对某些外汇交易仍实施各种限制。

(二)积极投保汇兑险

从本质上来说,外汇管制的风险属于因国家外汇政策的调整而出现的风险,虽然 IMF 协定对各国的外汇制度有一定的影响和限制,但是本质上,一国的外汇政策是属于一国内政范畴内的事务,因而,亦应属于政治风险的范畴之列。

随着我国企业对外汇风险越来越多的认识和了解,针对由于汇率变动引发的风险,企业可以通过积极做好货币选择,优化货币组合来控制风险,针对由于国家政策和制度引发的外汇管制风险,可以利用保险来屏蔽其中的不确定性,就是目前国际社会针对外汇管制的一种主流的风险防范措施,在我国,中信保的政治险中也含有针对外汇管制变化的汇兑险。

需要注意的是,汇兑险在使用中,有一个重要前提,即投保人与保险机构签订保险合同时,东道国法律并无禁兑规定。也就是说,在投保人签发保险单时,按照东道国的外汇管理法规,投资者的收益是可以兑换并转移的,反之,如果在签订保险合同时,东道国法令已存在禁兑规定,而投保者知道或理应知道的,事后遭受禁兑,不得向承保人索赔。也就是说,禁兑风险必须发生在建立保险关系之后。

(三)修好国内国外两堂课

对于任何一个“走出去”的中国主体来说,外汇管制对于投资的影响,都应该包括两方面的内容，即我国对外汇管制的相关规定，东道国关于资本和贸易项下汇入和交易结算的规定。严格地执行本国的外汇审批制度，合理地遵守东道国的外汇管制制度，凭借一定的经济手段和保险措施，确保自己的投资利益最大化，是每一个“走出去”的中国企业都要学会的必修课。

第六节　扬帆出海，“税”与争锋
——国际税收法律风险防范

税收是国家发展的支柱，是一国取得财政收入的主要方式，体现了国家为主体的特定分配关系。随着全球化的逐步深入，原属一国地域管辖范围的税收也逐渐交织着国际法律问题，牵扯着国与国税收管辖权的分配与企业跨国战略的规划。国际税收已成为中国企业能否成功扬帆海外的重要一环。“失之毫厘，谬以千里”，涉税的小差错，可能使企业付出不小的经济代价，甚至因高昂的税收成本和巨大的国际税收法律风险而被迫提前终止走出去的步伐。因此，国际税收法律风险不容忽视。

一、扬帆出海，“税”与争锋

西方有一句格言，在这个世界上，唯有死亡和税收是不可避免的。中国企业走出去不仅以产品、劳务、服务等形式进入国际市场，而且通过资本运作的方式参与国际化博弈，税收在这其中无疑是影响收益的重要因素。随着商品、资本、技术、劳动力等国际流动，各国政府的征税行为也跨越了国界，出现了国与国之间的税收活动，不同的税收制度、税收法律和征税实践必然存在冲突，这给纳税人带来额外的负担，随着跨国经济的发展，规范国际税收的法律机制也应运而生。

（一）如何正视国际税收

1. 国际税收的概念

伴随世界经济的发展和国际交往的增多，在开放的经济条件下，因纳税人的境外经济活动以及各国之间税收制度和税收法律存在差异或冲突而带来了国际税收的法律问题。具体而言，国际税收是指两个或两个以上国家政府，各自基于其税收管辖权，对同一纳税人进行征税从而发生的国家之间的税收分配关系。其实质是各国政府对各自主权管辖范围内的跨国纳税人征税而形成的税收权益分配。跨国纳税人的跨国所得,往往会被所得发生国按照属地原则征税,又同时被纳税人的所属国按照属人原则征税。随着国际经济的发展,调整处理这种国家之间重复交叉课税的矛盾已成为必然,而这就直接触及了各国税收利益的分配和协调。

2. 国际税收的实质

征税是一国的主权行为,在一国的领土范围内,一国完全可以决定征税对象、税基、税率等要素,对同一纳税人的同一纳税事项多征、少征,甚或不征完全由主权国家决定。然而,在经济全球化的今天,税收又是国际经济交往和发展的一种阻碍,它影响着商品的流通、资本的流转和技术的转让。一国并不能随意制定其税收制度和行使征税权,在国际税收法律问题上,必须考虑国与国之间税收权益的分配与经济关系的协调。如为了避免对跨国所得进行国际重复征税,纳税人的所属国可以放弃属人管辖权,由所得的来源地国单独行使征税权,或者由来源地国优先行使征税权,在其基础上,所属国对按税率计算的差额进行补征。这体现了来源地国和纳税人居住国税收管辖权和税收权益的分配和协调。再如,跨国公司将其在高税率国家子公司的一部分利润转移至低税率国家子公司,从而实现国际避税,这使得高税率国家和低税率国家之间必然发生税源的流转和税收权益的再分配。因此,国际税收的实质是国家之间税收权益的分配与协调。

(二)国际税收法律制度的运行规则

作为一种超越国境的国家税收分配关系,长期以来,通过国际公约、双边税收协定及国内税收立法,各国在国际实践中发展出一些国际税收法律制度的基本原则,如税收管辖权独立、税收分配公平、税收无差别待遇等原则。① 这些原则和特点可以帮助企业在“走出去”时更好地把握国际税收相关制度与机制。

1. 国家税收管辖权独立原则与管辖权重叠

管辖权是一个独立主权国家政府所拥有的对其管辖范围内的一切人与物进行管理、约束和依据本国法律进行裁决的权力。税收管辖权是国家管辖权的一种,是国家在税收领域所拥有的基本权力,是指在一国主权范围内,国家依法确定纳税人和征税对象以及纳税义务的权利,即确定由谁纳税、对什么征税、征多少税、怎样征税的权力。国家税收管辖权是国际税收

① 廖益新主编:《国际税法学》,北京大学出版社 2001 年版,第 20 ~ 22 页。

的最根本的问题。国家税收管辖权独立原则是指任何人、任何国家或国际组织都应尊重他国的税收主权,其中最重要的表现是涉外税收立法,任何一个国家不能要求他国必须实行某种涉外税收法律制度。

一般而言,税收管辖权有两种类型:一是基于属人原则的居民管辖权。根据此原则,一国政府有权对本国公民或居民依照本国法律实行税收管辖权。二是基于属地原则的地域管辖权,根据这一原则,一国政府可以对与本国有经济源泉关系的所得或财产行使税收管辖权。目前绝大多数国家都实行两种管辖权并用。

税收管辖权独立与两种管辖权并用导致了各国税收法律方面存在诸多重大差别,如两者管辖权重复征税或在避免双重征税时,有的实行免税制,有的实行抵免制等。总之,国际上并不存在具有法律约束力的统一规范或标准,规定各国究竟应该施行何种税收法律制度以及是否需要消除国际双重或多重征税。

2. 国际税收分配公平原则与权益划分博弈

国际税收分配公平原则是指各国基于自身的税收管辖权而平等参与国际税收权益分配,使得有关国家从经济因素国际流动中获得合理的税收份额。国际税收公平分配的最关键的因素在于国际税收管辖权的划分。而税收协定就是划分两个税收管辖权的主要方式。

在一项跨国所得中,至少涉及所得来源地国的税收地域管辖权和所得纳税人所属国的居民管辖权两种税收管辖权对同一纳税所得征税。为了鼓励经济资本的国际流动,避免双重征税的发生,必须对这两种管辖权进行划分。强调来源地课税对资本输入国或所得来源地国比较有利,反之,则对资本输出国或纳税人居住国比较有利。经合组织税收协定范本(以下简称OECD范本)较为强调居民税收管辖权,对资本净输入国较为不利。而联合国税收协定范本较之OECD范本扩大了来源地管辖权,而居民管辖权则有所缩小,在一定程度上实现了税收管辖权的公平分配。

3. 税收无差别待遇原则与税收优惠

税收无差别待遇原则又称为税收国民待遇原则,其目的是使跨国界进行经济活动的个人或企业能够在投资国得到不区分国籍和资本来源的同等纳税待遇,使得跨国经营者获得同等保护,避免受到排外性税收歧视政策。该原则一方面要求在同等条件下,外国居民或产品所享有的税收待遇应不低于本国居民或本国产品;另一方面规定外国居民不能要求享受任何高于本国国民的税收待遇。

税收国民待遇原则并不限制一国政府对外国居民或产品实施税收优惠,税收无差别待遇与税收优惠并不矛盾;但是否给予优惠,应完全由一国政府自主决定,任何国家无权干涉,但一国要吸引外国资本流入,扩大对外开放,会重视税收优惠政策的实施与鼓励外资流入的立法。

(三)国际税收法律风险产生的原因与表现

国际税收法律风险主要是指企业在“走出去”过程中,因其投资或经营活动不符合东道国、母国或第三国税收法律规定而导致企业承担经济损失或其他责任的风险。国际税收法律风险成因主要来自两个方面:一是法律环境因素,二是企业自身因素。具体来讲,“走出去”在国际税收方面主要面临如下风险:

1. 税收征管法律制度差异的风险

企业“走出去”涉税法律涉及多国立法,既有投资东道国、企业母国,也可能涉及第三国税收法律,这造成了相关税收法律规范性文件庞杂,甚至相互矛盾。一是税种、税率、纳税对象等方面实体规定的差异,如我国应缴纳增值税的交易类型,在其他国家可能需缴纳所得税。二是税务处理程序上的不同。如各国税务年度的截止日期不一样,不同于中国的纳税年度,英国和印度的税务年度是每年 4 月 1 日至次年的 3 月 31 日。但由于语言、人力及税法专业性等多方面因素的制约,企业在“走出去”的过程中,对国外税收相关法律规定及其与国内税法差异的了解往往难以满足企业经营的需要,这带来了不可忽视的法律风险。如企业不了解投资国在转让定价方面的法律规范,在国外经营时不注重关联企业交易定价时遵循公平原则,就可能导致其成为所在国税务机关转让定价的调查对象,从而带来经济损失与声誉损害。

2. 居民身份重复认定的风险

居民是国际税法中界定税收管辖权的最重要的概念。根据各国税法的相关规定,各国对法人居民身份的确认主要有四种模式:(1)注册登记地模式;(2)注册登记地与实际管理机构所在地相结合模式;(3)公司所在地与实际管理机构所在地模式;(4)公司注册地和总机构所在地相结合模式。由于各国主要通过国内税法来判定企业的居民身份,因此可能出现一个公司在不同国家都符合居民身份的情况。如我国《企业所得税法》采用选择性标准,使用“登记注册地”和“实际管理机构”两种方法来区分居民企业与非居民企业。中国企业“走出去”,不能想当然地认为在国外设立的公司就是外国居民企业,只在外国纳税。如果该外国公司的实际管理机构在国内,也可能构成中国的居民企业,从而既承担投资东道国的税负,还需在中国缴纳企业所得税,从而带来双重征税的风险。

3. 国际政治经济形势导致税收法律变化风险

投资东道国税收法律的变化可能导致企业税负增加,利润空间被压缩,甚至致使企业无法继续在所在国经营,是企业难以规避的法律风险。如2007 年,厄瓜多尔将石油超额所得税率从 50% 提高到 99%,即基础油价以上销售所得部分从原油企业与厄瓜多尔政府共享变为 99% 归厄瓜多尔国家,只有 1% 归企业,这使得我国石油企业在厄的经营面临巨大损失。

4. 后金融危机时期各国加大反避税法律规制的风险

为追求更多的利润,跨国投资者利用各国税法法律条文的漏洞或在法律允许范围内进行财务安排,使得整体财务利益减轻税负的国际避税现象成为一种客观存在。西方国家从 20 世纪 70 年代就开始立法,对跨境避税行为进行规范。如德国 1972 年颁布的《在国际关系中保证税收质量平等改善关于外国投资课税竞争状况的法令》(即通常所称“涉外税法”),英国1972 年税收法令第 482 节和第 478 节针对反避税制定专门条款,并在《2015 年金融法案》(*Finance Act* 2015)增设规定,对特定跨国公司转移利润的行为征收 25% 的“转移利润税”(Diverted Profits Tax),以防止避税带来的税基侵蚀。我国在企业所得税法中,也专设了特别纳税调整部分,明确了反避税规则与规范,逐步开始建立较为完备的反避税法律体系。金融危机加大了各国财务负担,各国纷纷加大了反避税的法律规制,防止企业滥用税收协定、滥用组织结构及不具有合理商业目的的安排等避税行为。

5. 税收争议解决的风险

中国企业在进行境外投资时,因为对当地税收法律规定或双边税收协定相关条款理解的不同以及税收征管和管理理念的差异,难免在境外会发生一些税收争议。如很多中国企业赴印度执行 EPC 项目,该类项目通常分为离岸设备采购合同及在岸服务合同。企业一般认为离岸设备采购合同无须在当地纳税,但印度则持相反观点,因此很多外国企业陷入长达数年的税务争议而迟迟没有结果,大大影响企业的正常财务表现和投资回报。

二、因“税”利导，善于优惠

基于国内经济发展水平、自然资源优势及国际化发展程度的差异，各国在制定国际投资税收法律制度与政策时各有侧重。在跨国投资与生产经营活动中合理地利用各国的税收优惠政策可以获得更低的税收成本和更大的税后收益，从而在全球商业竞争中累积优势。中国企业在“走出去”过程中，需慎重确定投资所在国的重点优惠行业与优惠地区，善于利用税收优惠政策，全面考虑我国与投资东道国之间的国际税收的协调性，规避法律风险，谋求整体收益最大化。

(一)国际税收政策的基本类型

纵观全球，国际投资税收法律的政策取向可分为以下三种类型：

1. 吸引外资

税收优惠政策是被大多数国家利用的，引导跨国经营活动的有力工具，其在国际税收法律体系中对国际资本、商品、劳务、资金流动的导向作用十分巨大。有些国家出于大规模引进外资的迫切需要，实行对外国纳税人全面的税收优惠，使其整体税收负担均明显低于本国纳税人。相对于税收普惠制，更多的国家采取的是特惠制，一是就某些特定类型的项目，给予外国纳税人一定程度的税收优惠，如为鼓励引进国外先进技术，对技术转让和技术服务所得的税收优惠；二是在某些特定的区域，给予外国纳税人一定程度的税收优惠，如在本国设立出口加工区、自由贸易区或经济特区等或针对本国境内经济落后的待开发区对外国投资者进行税收倾斜。

2. 限制外资

与税收优惠政策相反，一国出于经济、政治或国家安全考虑，规定外国纳税人在某些领域需承担高于本国纳税人的税负。如某些经济基础薄弱、工业化程度较低或政局不稳定的国家，为防止国际财团垄断和控制本国重要经济部门和战略资源，在上述领域通常采取限制外资的税收“歧视”政策。

3. 中性政策

出于本国自身经济实力和市场经济自由竞争的主张，很多国家对外国纳税人和本国的纳税人采取税收中性政策，在税收上实行无差别待遇。

各国在制定本国的国际投资税收法律规范时，一般有明确的政策目标，有重点地选择优惠对象，同时在税收优惠条款中阐明引导性的限制条件，使受惠人遵守政策导向。建议中国企业“走出去”之前，做好国际税收必修课，对投资东道国的税法规范导向进行研究，寻求获得合法优惠的途径。

（二）利用税收优惠的要点

在利用税收优惠政策时，除需要了解相关法律法规外，还应综合考虑和把握以下几方面的问题：

1. 全面比较和考量各国优惠政策倾向，合理确定投资地点

不论东道国实行的是上述何种税收优惠政策，其都会根据本国的实际需要和宏观经济政策导向，在某方面有所侧重，境外投资者很难享有各方面均等的税收优惠。如对外汇资金紧缺的国家，为从国际金融市场筹措外汇资金而在国际贷款利息方面提供减税或免税政策；而希望吸引境外投资的国家，在国际税收立法上会侧重于外国公司的企业所得税、境外股东的股息预提税以及投资相关的货物进口关税及其他流转税上提供优惠政策；在国家间重大合作项目中，税收优惠条款可在高层访问时直接写入双方合作的框架协议。出于本国经济发展考虑，某些国家也可能针对特定行业制定特殊的税法措施，如卢森堡对控股公司、荷兰对不动产投资公司、英国对国际金融业、希腊对海运业和制造业分别实行了特定的税收优惠，使前来投资的外国企业和个人享有低税负的利益。因此，企业在“走出去”前，应全面比较各国税收优惠政策，结合自身所处行业领域和投资需求，合理确定投资地点。

2. 考察投资国与东道国之间税收协定的协调性

就税收优惠的效果而言，其能否对外国投资者产生预期效果，取决于投资者母国是否也给予相应优惠，否则税收优惠将得不到很好的实现，难以发挥原有的激励效应。中国企业在选择海外投资地点时，首先应考察投资目标国与中国是否签订了避免双重征税协定以及该协定的实施情况。投资所在国是否与中国就双边税收协定存在良好的国际税收协调关系，这将直接影响着税收协定中的避免双重征税原则及税收优惠待遇能否落实。

3. 正确认识投资软环境

一般来说，在其他条件和投资环境相同的情况下，国际投资应流向奉行税收优惠原则的国家和地区。但如果就此推论，只要一国国际税收全免，税收负担最轻，就应投资该国，这样的结论显然是错误的。因为国际税收法律政策只是影响投资获利程度，进而影响投资意愿的一个因素，而并非决定因素。除了资源、交通等硬件，还应注重对投资整体软环境的考察，如政治局势、外汇制度、市场潜力、投资鼓励政策等，只有投资目标国的国际税收制度

政策与其他投资环境因素相配套,才能真正实现企业“走出去”的战略意图和目标。

三、避税与反避税,国际税收永恒的主题

众所周知,税轻则利厚,税重则利薄,税收是吸引国际投资者眼球的重要因素。为追求投资利润的最大化,税后利润率较高的国家往往成为外资的吸金石。因此,一国为了更多地吸引国际资本以扩大本国税基,促进本国经济增长,往往会降低对投资利润的适用税率。避税港就是较为极端的情况。跨国企业为追求利润的最大化,尽可能利用减税或免税政策,往往设计纷繁复杂的结构及令人眼花缭乱的关联交易达到避税的目的。而为了避免“肥水流了外人田”,各国针对避税的主要表现形式逐步建立起反避税的法律体系。避税与反避税就成为了一场永不落幕的猫捉老鼠游戏。

(一)国际避税的含义与主要方式

1. 国际避税的概念与法律性质

所谓国际避税一般指纳税人采取利用各国法律漏洞或含糊之处进行安排,以减少其本应承担的纳税数额。避税相对而言是个比较模糊的概念,国内外学者对国际避税的法律性质众说纷纭。国际避税和国际逃税有很大区别,国际逃税是指纳税人采取某种非法手段与措施,减少或逃避其就跨国所得应纳税负,两者最大的区别在于前者的合法性与后者的违法性,也正因为如此,两者的法律后果也有很大区别,国际社会对国际逃税主要是依法打击和处罚,而对国际避税一般采取弥补法律漏洞、依法纠正等措施。

2. 国际避税的主要方式

国际避税一般采取三种方式,一是通过纳税主体的跨国移动进行避税,如改变法人居所、住所地等税收连结点,达到选择对其更有利的国家的居民税收管辖权的目的。二是通过征税对象的跨国移动进行国际避税,如跨国集团通过内部关联企业转移定价和不合理分摊成本和费用进行避税,跨国纳税人利用避税港避税,投资人有意弱化股份投资进行避税等。三是通过滥用税收协定进行避税。在几种避税方式中,利用避税港进行避税的现象在过去十几年间一直呈增长态势,这种现象导致相关国家税收上的重大损失,也造成了资本转移的巨大经济扭曲效应。

(二)利用国际避税港进行避税

国际避税港,又称税收天堂、离岸中心等,通常指那些采取低税、免税或

税收优惠的国家或地区,可以为跨国纳税人提供避税的便利条件。加勒比和南太平洋地区某些微型岛国是典型的避税港,如百慕大、巴拿马、英属维尔京群岛等。避税港主要具有如下特点:国家政局稳定,货币兑换自由,政府限制小,公司法有利于控股公司的运作,对资本利得税或所得税等税收采取零税率或低税率等。避税港国家通常通过公司开办费、年检费等费用收入弥补所得税的税收,减免造成的政府收入的损失。

跨国纳税人利用避税港实现国际避税的主要形式是在避税港设立特殊目的公司(SPV)或称为“基地公司”“信箱公司”等。这些公司的全部或主要经营活动在避税港境外进行,跨国纳税人将位于避税港境外的收入或财产转移至避税港SPV的账户之上,以达到规避所在国高税负的目的,具体形式有:利用SPV虚拟中转销售,实现利润的跨国转移;以SPV作为控股公司,将集团在各国的子公司的利润以股息形式汇到该控股公司掌心,以规避集团母公司所在国对股息的征税;还可以利用SPV作为信托公司,将在避税港外的财产虚拟为SPV信托财产等方式规避所得税或资本利得税的纳税义务。

(三)关注反避税的法律规制

利用各种手段合法有效地进行避税,降低跨国经营活动的税收成本是国际税收的一种客观存在,各国为维护税法在筹措国家财政资金的权威,越来越重视对国际避税的打击,如在税收立法方面针对国际避税的主要方式设定反避税条款,或通过国际税收合作和情报交换打击国际避税行为等。G20会议明确传达了企业在进行海外投资税务筹划时,须对所在国反避税的相关法律规定和税收实践有所了解,如欧美发达国家一般对转让定价有非常严格的税务管理。中国企业利用转让定价进行避税时必须注意按照所在国税法的相关规定,准备充分的支持材料证明公平交易,在遭受调查时能进行充分举证从而降低被处罚的风险,维护企业利益。因此,中国企业在“走出去”的过程中,既要注重充分利用各国税法来合理降低企业的税负,但又不能一味只追求低税负而忽略国际税收的法律风险,否则将得不偿失。

四、长路漫漫,用好“协定”护身符

截至2015年12月,我国已对外正式签署101个避免双重征税协定,其中97个协定已生效,和我国香港、澳门两个特别行政区签署了税收安排,与我国台湾地区签署了税收协议(参见附表18),建立了全球范围的税收协定网络。对“走出去”企业来讲,税收协定一方面能为企业创造优惠的税收待遇,避免企业重复纳税,使企业享受到税收减免等切实的利益;另一方面,建立了国家税务机关之间的协调机制,企业在境外遇到税务纠纷时,可由我国税务机关出面与对方协商解决,事半功倍。随着中国企业“走出去”的步伐越来越大,税收协定的作用也日益凸显,中国企业须用好、用足税收协定这一护身符,以切实维护自身利益,提高搏击海外的竞争力。

(一)国际税收协定概述

1. 国际税收协定的含义

国际税收协定是指两个或两个以上的国家或地区,为协调相互之间的税收分配关系,本着相互尊重主权,按照平等互利原则,通过双边或多边谈判达成的一种书面协议。[①] 其主旨在于减轻跨国纳税人的税收负担,促进资本、商品和劳务国际流动的同时公平合理地分配国际税收权益。税收协定的主要功能是通过政府之间税收分配关系的协调,避免有关国家对跨国纳税人的跨国所得和财产进行交叉重叠征税。

2. 国际税收协定的主要内容

目前,各国之间缔结的避免双重征税协定的内容和条款安排主要参照《经济合作与发展组织关于避免双重征税协议范本》(以下简称 OECD 范本)及《联合国关于发达国家与发展中国家避免双重征税的协定范本》(以下简称联合国范本)。两个范本均由十部分组成,即协定名称、序言、范围、定义、对所得征税、对财产征税、避免双重征税的方法、特别规定、最后规定、结语。主要条款包括协定适用范围、常设机构规定、各类所得和财产的处理、消除双重征税的方法以及相互协商程序和税收情报交换等重要内容。

我国对外签订的税收协定的内容既有规律性,又有差异性。规律性在于我国对外签署的税收协定都参考了联合国范本和 OECD 范本,条款体例差别不大。差异性在于,我国针对不同的国家和地区,遵循不同的指导原则和出发点,协定的某些具体内容存在差异,如股息所得适用税率,我国与科威特、蒙古等国确定的税率是 5%,与阿联酋确定的是 7%,与日本、美国确定的是 10%。再如利息所适用税率,我国与巴西确定的税率是 15%,与委内瑞拉确定的是 5%,在与部分国家签订的税收协定中还明确列明我国某些银行或金融机构在对方可享有免税优惠(我国对外签署的税收协定利息条

---

① 张志超、李月平主编:《国际税收》,首都经济贸易大学出版社 2005 年版,第 202 页。

款有关规定一览表参见附表18）。正因为存在这种差异性，税收协定也成为进行国际税收筹划、降低税负的着力点。

（二）合理利用双边税收协议保护企业利益

1. 国际税收协定的法律性质和主要作用

国际税收协定是一种以调节各国税收权益分配为对象的国际法规范。从大多数国家的规定来看，在国际税收协定与国内税法发生冲突时，税收协定的条款原则上有优先效力。① 但缔约国国内有关反滥用税收协定的立法除外。

国际税收协定对推动国际经济交往和各国经济发展有着积极作用。主要表现在：（1）有效避免国际重复征税。国家间通过缔结税收协定，规范了缔约国各方的税收管辖权，有效地保证了各方的境外税收利益，同时减除国际重复征税。（2）通过税收饶让，使缔约国的税收优惠措施得以最终实现。（3）通过协议中的税务情报交换条款，可在一定程度上防止国际逃、避税。（4）确立税务机关的相互协商程序，有利于税务争端的解决及税收协定的顺利执行。

2. 合理运用税收协定保护企业利益

一是学习利用协定，合理降低自身税负。税收协定主要是对跨国税收问题的基本原则性规定，条款文字较生涩，对非专业人士来说，准确理解难度较大。建议企业借助律师、会计师等外部专家，准确把握税收协定的实质要义，如常设机构的确定、缔约国居民身份的认定、纳税环节的抵免等，能够切实享有税收协定的优惠政策。二是增强通过税收协定保护自身权益的意识。在遭受税收歧视或不履行税收协定时，充分利用税收协定规则，积极维护自身权益。此外，还可通过国家税务主管部门的磋商和谈判来处理税务争议。我国国家税务总局于2013年发布了《税收协定相互协商程序实施办法》，我国居民（国民）在与我国有税收协定的国家，如认为其已经或将要遭受不符合协定的征税行为，可以申请启动相互协商程序，借助政府的力量来维护自己的合法权益。如根据我国与前苏联签订的协定，互免双方国家航空公司运营中航线收入的一切税收，中俄延用该免税条款。2003年，俄罗斯税务部门突然提出否认该条款，要求国航补缴税款201万美元，并采取强制措施，冻结国航莫斯科营业部账户并强行划款，严重影响该营业部的正常

① 陈安主编：《国际经济法专论》，高等教育出版社2002年版，第900页。

运转与中俄航线的正常经营。中国国家税务总局得知这一情况后,致函俄税务当局,阐明我方立场,指出俄单方违反双边协定的错误做法。在与俄相关部门多次交涉、协商无果的情况下,为维护我国国家和企业利益,依据对等原则,国家税务总局决定对俄航空企业在华机构采取对等补征税措施。对俄企业相应采取强制措施后,我驻俄使馆收到俄税务当局关于妥善处理该税务纠纷的函件。经政府协调,最终使国航俄罗斯税案得到妥善圆满解决。

(三)滥用税收协定的法律风险

1. 滥用税收协定的含义

国际税收协定协调和分配了国家间的征税权,避免双重征税,对促进国际经济合作起到了非常积极的作用。然而,非缔约国居民为获取更多的投资利益而通过各种途径获取税收协定中本不该享有的优惠待遇从而达到跨国避税的目的即构成税收协定的滥用。实践中,国际税收协定滥用的通常做法是跨国纳税人母国与投资东道国未签署税收协定,但投资东道国与其他国家签署了税收协定,为谋求该协定的优惠,跨国纳税人在与东道国有税收互惠的国家设立导管公司,实现获取税收优惠的目的。

2. 滥用税收协定的法律风险

滥用税收协定的危害是多方面的:一是有悖于国际税收协定订立的初衷,使第三国的居民通过精心策划享有了本不应享有的税收优惠,从而使第三国受益,导致了缔约国税收利益的损失。二是缔约国给予税收优惠的前提是该居民已在缔约国另一方纳税,为避免双重征税,而采取免税或饶让等方式,税收协定滥用违背了这一前提。三是不利于税收协定的发展。因此,大多数国家都对滥用税收协定的行为持否定态度。国际上,为防止滥用税收协定的行为,一些协定加入了反滥用条款。美国、德国、瑞典等国在国内法中设有专门反滥用协定的条款。我国《企业所得税法》也引入一般反避税条款。《特别纳税调整实施办法(试行)》以及国家税务总局下发文件中也对滥用税收协定进行了规制。国际、国内反滥用税收协定的规定不断完善。中国企业需充分了解和掌握我国及投资东道国关于反税收协定滥用方面的规则,合理设计投资结构,避免给企业带来税收法律风险。

总之,企业在境外投资的过程中需面临很多风险,其中国际税收风险已成为影响企业境外投资收益的重要因素。对税收法律风险准备充分、应对得当,对企业在海外蓬勃发展具有重要意义。面对不同国家和地区的复杂税收环境，在确定投资架构时，既要充分了解投资国的税收法律政策，又要对国内税法有所掌握，更要用好税收协定，合法进行国际税务筹划，关注相关国家的各种反避税规定。知己知彼，方能百战不殆。

第七节　“知”在千里　“权”力以赴
——“走出去”与知识产权保护

创造是人类的天性，人类的文明史正是浸润着无穷创造的历史。创造，在社会进步中居于源泉与核心地位。知识产权制度，使得智力成果所有人在一定期限内，依法对其智力成果享有独占权，没有权利人的许可，任何人都不得擅自使用其智力成果。知识产权制度的产生和发展，起到了激励创新、保护人类智力成果并促进其转化为现实生产力的作用，在推动科技进步、经济发展和文化繁荣等方面发挥了重要作用。然而，由于各国经济发展水平的不平衡，不同类型国家在对待知识产权保护问题上的立场和政策存在着差距。西方发达国家坚持“全球保护主义”立场，主张在国际贸易中加强知识产权保护，对知识产权实行高标准的统一保护，并以此以及由其衍生的标准之争为发展中国家设置壁垒，谋求知识产权的最大收益。相比之下，发展中国家则积极倡导给予知识产权以相对灵活适度的保护政策，并主张知识产权保护的标准应当渐进提高，并与本国的经济和社会发展的状况相适应。对于最不发达国家而言，由于其缺乏科技创新能力，基本上不存在保护知识产权的内部需求。因此，“走出去”的中国企业应充分关注各国法律对知识产权的有关规定，准确把握目标国在知识产权审查标准、保护期限等方面的特殊规定，在运用好知识产权的同时积极防范法律风险，最终成功实现“走出去”这一战略目标。

一、正视知识产权保护

（一）知识产权保护的内涵与意义

知识产权，是由知识所创造出来的智力产品，并且受到一个国家的法律所保障的财产权。它的主要功能是保护知识拥有者和创新者的利益，它是法律赋予知识产品所有人对其智力创造成果所享有的某种专有权利。一般而言，知识产权主要包括四个方面的内容，即专利、商标、外观设计和版权。

知识产权是知识的创新、生产、传播和应用,而无论是构造维护知识创新者利益的氛围,还是有效地促进知识的传播和利用,都离不开知识产权制度,其积极意义主要表现在:

1. 激励知识创造

知识产权制度依法授予知识产权创造者或者拥有者在一定期限内的排他独占权,并保护这种独占权不受侵权,侵权者要受到法律的制裁。有了这种独占性,就使得知识产权创造者或者拥有者可以通过转让或实施生产取得经济利益、收回投资,这样才有继续研究开发的积极性和物质条件。因此,知识产权制度对发明创新起着极大的激励作用。此外,知识产权拥有者的同行或竞争对手想得到这一知识产权或者取得许可使用的权利,往往要付出高额费用,而在很多情况下,知识产权的拥有者不同意转让或许可。这就使得同行或者竞争对手为了取得市场竞争优势,必须在已有的知识成果的基础上进行创新,作出新的创造,并依法取得自主的知识产权,这种站在他人肩膀上不断前行的循环往复,有力地推动了科技的进步与发展。

2. 调节公共利益

知识产权制度虽然保护知识创造者的利益,但并不等于垄断。知识产权制度有两大功能:一是保护功能,这使知识创造者的正当权益能够得到保护,从而调动了人们从事创造活动的积极性;二是公开功能,也就是知识创造者在申请知识产权保护的同时,要向社会公开自己创造的内容。如对于技术发明来说,由于技术发明得到了法律保护,因此对技术发明内容向社会公开也就不必担心了。而这些智力成果信息,也能够起到避免重复研究、节约资源费用和研究时间的作用。

3. 保护投资行为

一项科技成果的取得需要经过基础研究、应用研究、开发研究的复杂过程,需要大量的投入和付出艰辛的劳动。例如,一种新药从研制开发到生产,需要花费十几年的时间和几亿美元的经费才能上市。而这种科技发明成果作为知识财产是一种无形财产,往往难以控制,因为复制这些知识几乎没有什么成本。在信息时代的今天,这种现象更加严重,越是有市场前景的智力成果,就越容易被任意仿制或剽窃。因此,这种无形财产的流通需要法制化、规范化,使知识产品的流通向着健康的发展方向,而知识产权制度的建立满足了这个需要。

(二)国际知识产权保护体系

目前,知识产权保护在国际上有两大平台,一是世界知识产权组织(WIPO),二是世界贸易组织(WTO),其保护范围如表5-11所示:

表5-11　WIOP和WTO知识产权保护范围

《世界知识产权组织公约》(WIPO公约)保护的主要内容	文学、艺术和科学作品;表演艺术家的表演以及录音制品和广播;人类一切活动领域的发明;科学发现;工业品外观设计;商标、服务商标以及商业名称和标志;制止不正当竞争;在工业、科学、文学及艺术领域内由于智力活动而产生的一切其他权利
WTO体制下的TRIPs保护的主要内容	版权及其邻接权、商标权、地理标志权、工业品外观设计、专利权、集成电路的布图设计、未经披露的信息(商业秘密)

1. WTO体制下的TRIPs

WTO法律框架下的知识产权协定(TRIPs)是当前世界范围内知识产权保护领域中涉及面广、保护水平高、保护力度大、制约力强的一个国际公约。TRIPs标志着WTO知识产权国际保护的全面强化,它提出了几项知识产权保护的重要原则,详见表5-12。

表5-12　TRIPs中保护知识产权的重要原则

最惠国待遇原则	要求平等对待所有的外国人,这一原则尤其可用于某些外国人在一国享有不同于或超出于当地人的特殊待遇时,其他外国人也想获得同样的待遇。TRIPs首次把国际贸易中对有形商品的贸易原则延伸到知识产权保护领域,对知识产权的国际保护产生深远的影响
透明度原则	要求相关的法律和司法或行政裁决可以获得并为人知悉,使其他国家的国民或企业能享受相应优惠,规避不必要风险,发现不合理要求,起到防止和解决争端的作用
国民待遇原则	要求确保各成员国在知识产权保护上对其他成员之国民提供的待遇,不得低于其本国国民

2. WIPO体制下的PCT和马德里协定

世界知识产权组织(WIPO)是联合国的一个专门机构,主要运行巴黎公约、伯尔尼公约、马德里协定、罗马公约和专利合作条约(PCT),涵盖了专利、商标、版权和商业秘密等知识产权的最主要方面。PCT和马德里协议是WIPO为全世界知识产权制度使用者提供支持援助的最具体形式,相关具体规定如表5-13所示。

表 5－13 PCT 和马德里协议的具体规定

PCT 专利合作条约	PCT 体系是专利申请体系。PCT 为发明者和企业获得国际化专利保护提供了一条既简便又具有成本效益的途径。通过提交一个单一的 PCT“国际”专利申请,可同时在 123 个国家中的每一个国家里对发明进行保护。不过,只有发明可以通过 PCT 申请专利、实用新型和其他类似的权利保护,外观设计和商标不能通过 PCT 途径获得保护
马德里协定	马德里体系是商标国际注册体系。为商标所有人简化行政程序,使其能在最短时间内以最低成本获得商标保护。马德里体系只能在成员国中使用,在一个国家注册后,可同时在多个国家发生效力

二、重点国家知识产权法律规定及企业“走出去”的法律风险

由于各国经济发展水平的不平衡,不同类型国家在对待知识产权保护问题上的立场和政策存在差距。总体说来,知识产权发展水平较高的发达国家基本采用了高标准的知识产权保护立场。不同于发达国家,发展中国家则积极倡导给予知识产权以低标准和灵活适度的保护政策。由于立场不同,所以各国法律在知识产权的法律规定方面也有一定的差异性。鉴于企业“走出去”主要涉及专利权方面的问题,且该问题更可能导致东道国与被侵权人的关注,因此,下文将主要围绕重点国家专利方面的制度进行探讨。

(一)重点国家有关知识产权的法律规定

1. 发达国家的知识产权保护

在知识产权的保护立场上,西方发达国家坚持“全球保护主义”,即主张在国际贸易中加强知识产权保护。这种策略的实质就是要对知识产权实行高标准的统一保护,使有利于发达国家的国际知识产权制度得以确立和发展,以此来谋求知识产权的最大收益。因此,以美国、德国为首的西方发达国家采取了较高的知识产权保护标准。

此外,发达国家的知识产权保护制度中,还有一些特别的规定,例如美国就针对其他国家可能对其所造成的知识产权侵害行为设置了严格的调查程序,其中最主要的是“301 条款”和“337 调查”。“特别 301 条款”专门针对那些美国认为对知识产权没有提供充分有效保护的国家和地区展开。美国贸易代表办公室(USTR)每年发布《特别 301 评估报告》,全面评价与美国有贸易关系的国家的知识产权保护情况,并视其存在问题的程度,分别列入“重点国家”“重点观察国家”“一般观察国家”,以及“301 条款监督国家”。对于被美国贸易代表办公室列入“重点国家”的,公告后 30 天内对其

展开6～9个月的调查并进行谈判，迫使该国采取相应措施检讨和修正其政策，否则美国将采取贸易报复措施予以制裁；一旦被列入"301条款监督国家"，美国可不经过调查自行发动贸易报复；而被列入"重点观察国家""一般观察国家"则不会立即面临报复措施或要求磋商。"337调查"是根据美国《1930年关税法》第337节的规定，其调查对象为进口产品侵犯美国知识产权的行为以及进口贸易中的其他不公平竞争。实践中，涉及侵犯美国知识产权的"337调查"大部分都是针对专利或商标侵权行为，少数调查还涉及针对版权、工业设计以及集成电路布图设计等的侵权行为。

2. 发展中国家的知识产权保护

与发达国家相比，发展中国家的知识产权保护力度相对较弱。发展中国家的首要目标是发展，而因其科技水平较之发达国家相对落后，掌握的知识产权较为有限，因此，在发展中国家实施高标准的知识产权保护水平会在一定程度上影响其经济发展与技术进步。因此，发展中国家主张，知识产权保护的标准应当是渐进式的提高，应当与本国的经济和社会发展的状况相适应。当人均国民收入和技术能力达到一定的临界点时，知识产权保护才有必要逐渐增加。其中，以土耳其、委内瑞拉等为代表的发展中国家对知识产权保护的标准相对较低。

（二）与知识产权相关的标准壁垒

作为技术性贸易壁垒手段之一的技术标准更是发达国家在国际贸易中采取的战略之一。贸易全球化、高新技术的迅猛发展，对国际标准的需求日益增长，采用国际标准，或者说是标准的国际化或标准的国际趋同，已成为全球普遍发展趋势。多年来，以英、法、德为主的欧洲国家和美国，一直将很多精力和时间放在国际和区域标准化活动上，努力推动本国标准向国际标准的转变，以谋求国际标准化领导地位。

欧盟是最先意识到国际贸易中技术壁垒的地区，欧盟成员国也是通过设置技术标准阻挡他国产品准入最多的国家，尤其在有关汽车、电机、机械和制药产业、家用电器方面更为明显。我国遭遇的温州打火机事件就证明了这一点。当时，温州每年生产打火机8.5亿只，出口达5亿只，在欧洲市场占有率达到80%，向欧盟国家出口额达到3000万美元，然而温州打火机出口价格多在1欧元左右，且绝大多数没有安装安全锁。根据2002年5月欧盟标准化委员会公布的关于打火机的安全标准（CR标准），出厂价或海关价低于2欧元的打火机必须安装防止儿童开启的安全锁（CR装置），并且须通过欧盟相关认证部门的实验。因此,温州打火机生产厂家2004年6月以后向欧盟出口1欧元以下打火机必须按照CR标准安装安全锁。然而需要采用的这些童锁专利基本多为欧洲和美国掌握,也就是说中国企业要想符合欧盟的童锁标准继续出口,一是向外国企业购买专利,支付巨额的专利费,但生产成本会大大提高,使温州打火机生产商失去价格优势,失去市场;二是温州企业自行研制,而研制需要很长的时间和巨大的开发费用,也可能失去欧盟市场。事件发生后,国家有关部门组织温州外经贸局及打火机协会、企业对打火机的定理、分类进行科学评估,对各类打火机的安全性能进行科学实验,并拿出哪些该加、哪些不该加安全锁的科学论据,将之提交欧盟参考。2003年10月,国家有关部门又带领温州尼博烟具公司等打火机企业负责人前往欧盟进行抵制CR标准的谈判和交涉。2003年12月9日,欧盟《通用产品安全规定指令》(GPSD)紧急委员会取消了欧盟原对打火机制造商从2004年6月起强制执行CR的决议,该决议不再生效,这标志着中国打火机抵制欧盟知识产权壁垒初战告捷。

当前,技术标准已经从过去主要解决产品零部件的通用和互换问题,更多地变成一个国家实行贸易保护的重要壁垒,这种壁垒从传统工业产品到高新技术产品无所不在。谁掌握了标准的制定权,谁的技术成为标准,谁就掌握了市场的主动权。技术标准可以划分为法定标准和事实标准。法定标准是指经过标准化组织的法定程序确定、公告、建立并管理的标准。比如ISO、IEC或者区域标准化组织建立的有关国际标准;政府标准化组织或政府授权的标准化组织建立的标准。事实标准是指没有任何官方或准官方标准设定机构批准的情况下成功地使业界接受它而形成的标准。虽然没有相关机构的选择,但是市场会像一个标准设定机构那样来筛选不同的技术,以实现各种技术之间的兼容性最优、标准化成本最小的目标。事实标准是企业在市场中通过大量使用而形成的公认的企业标准或行业标准。事实标准又可划分为两类:一类是单个企业或少数极具垄断地位的由于市场优势形成统一或单一的产品标准,典型的是美国微软公司的Windows操作系统和Intel公司的微处理器,得到世界公认。单个企业能够垄断当今市场的情况不多,所以这一类标准很少。但是,这类标准一旦占领市场形成垄断的后果比较严重,在美国思科公司诉我国华为公司一案中,思科的“私有协议”实际上就是这一类事实标准,由于思科在互联网设备上的垄断地位,其私有协议事实上已逐渐演化为行业标准和国际标准。在多数技术领域中,单个企业很难独霸核心技术,往往是实力相当的企业在竞争中不能彻底打败对方的时候,就开始合作,进行专利的交叉许可,最后形成企业联盟,对外发布联合许可声明,构成对整个行业的技术控制,从而形成另一类事实标准——企业联盟形成的事实标准,如 DVD 技术中的 6C 和 3C 集团形成的标准,其他企业很难突破这些大企业联盟形成的垄断。事实标准开始是企业标准,随着企业的发展而逐渐成为行业标准和国际标准。企业通过这些标准技术的使用许可实现专利实施的全球战略,标准的许可已经成为知识产权贸易的重要形式。

（三）企业“走出去”面临的知识产权方面的法律风险

目前,西方发达国家在经济、科学技术领域占有绝对优势,在注重知识产权保护的同时,也滋生出了负面的效应,发生了知识产权保护的异化。他们利用知识产权领域的优势,借助法律赋予的垄断地位,追逐利益的最大化,以高标准保护知识产权为手段改变本国在国际贸易中不利的地位,保护其国内产业的竞争优势。此外,中国企业在海外市场的搏杀中,也面临着自身知识产权被侵害的风险以及“专利门”“商标门”等狙击。

因此,如何充分预见可能出现的风险,做好知识产权风险防范,把知识产权侵权风险降到最低就成为首要任务之一。目前,企业“走出去”所面临的知识产权风险主要体现在以下四个方面:

1. 知识产权诉讼

2012 年,孟山都公司在控告杜邦公司和杜邦先锋“蓄意侵犯知识产权”案件中获得胜诉。孟山都公司控告杜邦公司旗下的全资子公司杜邦先锋专利侵权,称杜邦公司未经孟山都公司授权,擅自使用孟山都公司专利技术产品,即抗农达除草剂技术。最终,联邦法院陪审团判决杜邦公司和杜邦先锋侵权,并支付 10 亿美元赔偿金。

据不完全统计,截至目前,我国企业因在海外遭遇知识产权诉讼而支付的赔偿金已超 10 亿美元。数据显示,仅 2009 年中国遭受到各种贸易保护主义的案子有 116 个,涉案金额达 127 亿美元,其中为数不少涉及知识产权争议。

可以说,知识产权诉讼已成为国际经济活动中的常见情形,成为一些跨国公司打压竞争对手的利器,其动辄提出巨额的侵权赔偿,为竞争对手施加心理压力,或在国外多处法院起诉,利用各种手段拖延诉讼。究其原因,不外乎是为了获得高额赔偿标的、拖垮竞争企业,即使双方达成和解,跨国公司也可使对方企业让出相关市场,或使对方接受高价专利许可。

2. 商标、专利被抢注

中国企业在海外遭受商标、专利侵权的情况也时有发生。21 世纪的国际竞争,很大程度上是知识产权的竞争。而中国企业相对西方发达国家,缺乏境外知识产权保护意识,境外申请专利和注册商标数量较低。中国企业提交国际专利申请的数量尚少,同时,知名企业在境外注册商标比率相当低,曾有一项调查显示,中国 50 个最著名的品牌在调查的 5 个国家地区注册情况中,未注册的比率高达53% 。另外,由于中国企业知识产权保护意识不强,导致中国企业著名商标被外国企业抢注事件频频发生。2010 年,中国著名品牌“老干妈”的生产商贵阳南明老干妈风味食品有限责任公司,在美国市场发现有泰国生产的同类产品侵犯该公司商标权的现象,当时给侵权企业发过律师函,对方在当地停销了一段时间,更换了产品商标,但之后又转战纽约、芝加哥等地继续销售。“同仁堂”“王致和”等老字号驰名商标也都曾遭受海外侵权之痛。

3. 繁重的许可使用费

2009 年,巴西多家种植业协会提起集体诉讼,将全球生物科技巨头孟山都公司告上法庭,指责其通过收取过于高昂的特许使用费对农民进行压榨,并要求该公司予以返还,因为巴西作为世界第二大的大豆生产和出口国,种植户每年须重复向孟山都公司支付销售额的 2% 作为专利使用费。2012 年 7 月,巴西法院作出判决,禁止美国农业巨头孟山都公司对使用其专利在巴西生产的转基因大豆收取费用。按照巴西法律,农民享有留种权,即可以从购买种子(已支付一次专利费)产出的粮食中,自己留种再种植,不构成侵权。但孟山都依靠其技术垄断,在销售时签署协议,要求每年留种时再次支付专利费。因此,巴西法院一审判决孟山都停止收取专利使用费,并返还之前已收费用,或者最低赔偿 20 亿美元。目前,我国许多企业也面临着因缺少知识产权而不得不向发达国家的专利所有者缴纳巨额许可使用费。

4. 知识产权海外并购因调查不力导致的法律风险

海外并购是中国企业“走出去”的主要方式,其中一个重要的原因就是为了获取知识产权,但涉及知识产权的海外并购若没有进行充分调查准备,往往会事与愿违,“华立并购飞利浦 CDMA”就是其中典型。2001 年 9 月,中国最大的仪表生产厂商华立集团正式收购飞利浦集团所属的在美国 SanJose 的 CDMA 移动通信部门,获得了飞利浦在 CDMA 无线通信方面的全部知识产权、研发成果、研发设备、研发工具和一大批有经验的研发人员，并在此基础上设立组建了美国华立通信集团公司。然而，其并购后的现实情况并不如意。在技术研发方面，华立收购飞利浦的CDMA部门时没有得到飞利浦手中拥有的高通公司授权专利的所有权，而仅仅获得了“唯一使用权”，华立和高通之间对CDMA产品就没有任何授权协议，因此，如果华立要开发和销售CDMA芯片和客户端设备，就需要向高通缴纳专利使用费。相对于技术研发上的尴尬，资金的窘迫可能是华立面临的更为直接的压力。华立收购飞利浦CDMA部门时付出的资金并不多，但此后需要源源不断地投入研发资金，让华立应付不过来。因此，华立的知识产权并购不仅未能获得预想中的核心技术，反而背上了沉重的包袱。

三、中国企业“走出去”的知识产权应对之道

（一）建立知识产权管理机构

现代企业最主要的资产已并非厂房和设备，而是研究开发成果以及知名的商标、商誉等知识财产。它们是企业获得高额利润的源泉，是企业在竞争中成败的关键。这就要求企业必须有一个科学的管理机构，负责知识产权管理工作，制定企业知识产权策略，监督制度的实施，保证企业知识产权工作落到实处。

（二）增强企业自主创新能力

“打铁还需自身硬”，我国企业在知识产权方面受到境外公司的制约，主要原因是自主知识产权太少。因此，若要有所突破，关键在于技术创新和拥有自主知识产权。“走出去”的企业应重视自身的技术创新，认识到经济全球化的条件下知识产权的重要性，加大对技术研发的投入，形成企业的核心竞争力，不断增强企业的自主创新能力。依靠科技进步，提高产品科技含量和附加值、降低产品生产成本、提升产品品质，变“以量取胜”的战略为“以质取胜”的战略。加强对国际标准和质量认证体系的学习和借鉴，掌握本行业的标准前沿，加强与国内外企业的合作，结合自身特点和市场发展的状况，选取适当可行的技术标准，生产出高质量的产品。

（三）加快知识产权人才的培养管理

目前，企业间的竞争实际上是人才的竞争，谁占有的人才多，谁就能在竞争中获得优势。“走出去”的中国企业，面对知识产权壁垒，应加强对人才的培养，为占据国际市场储备“知识产权人才”。此外，“走出去”企业还应

加强知识产权保护宣传,加强对企业的管理人员和科技人员的知识产权培训,增强其知识产权保护意识。结合企业的实际情况,在公司内部开设知识产权及相关法律课程,对员工进行定期或不定期的培训,使其尽快熟悉和掌握专利法、商标法等知识产权法律,树立产权意识,懂得如何运用知识产权制度维护企业的合法权益。

(四)积极维护自身的知识产权

企业在打造品牌和专利技术的过程中,应当及时进行商标的国际注册,以防他人抢注,侵害自身利益。企业通过自主研发的知识产权,一旦遭遇他人侵犯,应具备足够的抗争意识,不应退让隐忍。遇有我国商标被抢注等侵权事项,要率先进行相关的调查取证,主动提起诉讼。

(五)积极应对国际知识产权侵权之诉

有些“走出去”的中国企业,自身并未实施侵权行为,但由于害怕诉讼会影响企业发展,常常放弃应诉的机会,失去了维护自身权益的机会,而存在侵权行为的企业,也出现过因消极应诉而支付了超过正常水平的侵权费用的情况,因此“走出去”的中国企业,应转变观念,改变以往消极对待知识产权纠纷的态度,积极应对国际知识产权侵权之诉。

第六章 “走出去”权益保护与争端解决

企业在境外开展业务，主要是通过签订与执行合同来确定各方的商业的权利和义务，形成企业间有法律效力的规则。这种规则虽不是法律条款，但因为有强大的争端保护机制和合同履约义务及商业道德约束，是企业“走出去”需首先遵循的规则，也是企业对外经营的重要管理工具。因此，中国企业在充分关注合同风险的同时，应树立合同风险管理的全局意识，同时加强对国际争端解决规则的了解与评估，权衡利弊，选择有利于中国企业的争端解决方式。这要求企业在经营与管理阶段未雨绸缪，既要在海外投资与经营中重视合同的重要性，也要防患未然，提前预判出现争议的解决方式，设计合理、科学、有保障的预案。

第一节 合同是企业保护自身利益的基础工具

通常来说，境外的合同风险具有下述五个方面的基本特征：(1)客观性，合同风险是客观存在的，任何境外投资、经营的项目中均存在合同风险；(2)普遍性，合同风险在任何国别、任何司法管辖区均存在；(3)相对性，合同风险相对于其他融资风险、经营风险存在差异性特征；(4)预见性，合同风险可借助相关统计分析进行评估；(5)可控性，可以借助合同风险管理体系降低风险或者避免风险。如果企业在境外经营与投资过程中不重视合同风险，不重视国际惯例，将可能会付出惨痛的代价。

一、不能忽视合同的重要价值

企业在境外经营，除了遵守当地法律法规等公法外，还需要在日常生产、运营阶段与全球各地的客户、代理商、分销商等打交道，而这些私法下的规则通过合同的形式予以固定,产生法律效力,推动企业自律与发展。

境外投资与经营中的合同风险是法律风险中最为重要的风险之一,潜伏于合同洽谈、起草、签订、履行等各个环节之中,环环相扣,不能疏忽。因此,企业尊重合同是境外投资与经营的首要任务。加强企业“走出去”的合同风险管理,识别企业合同风险,建立适合自身经营发展的合同风险管理体系,不仅关系企业自身投资与经营的成败,也关系国家“走出去”整体战略的实施,对中国企业的整体对外形象也有很大影响。

二、合同风险无处不在

企业在对外投资、经营中所涉及的合同种类较多,但一般情况下,大多涉及投资与并购合同、合资经营合同、勘探开发合同、劳务合同、信贷合同、货物买卖合同以及工程承包合同等,这些合同具有一般经济合同共有的风险,如因合同当事人的主体资格不适格造成的无效合同,或合同条款表述不清楚导致理解的偏差等。此外,由于境外投资、经营涉及不同的司法管辖区及其法律法规、审批制度、担保体制、自然环境、文化传统、政治风险等因素,这些因素会使合同风险变得更加复杂。

(一)合同订立阶段的风险

企业签订涉外合同时,通常容易发生以下几方面的风险。

1. 合同目标风险

这里主要指因合同双方当事人对合同应达成的目标认识不清或表述存在错误,进而影响合同顺利进行甚至导致合同目标落空的风险。如在一些国际工程承包合同中,我国承包商有时对东道国的合同标的认识错误,造成在投标中产生漏项和错项,导致对整体价格、施工方案、工期等一系列错误决策。在确定标的物质量、数量等方面,也存在对质量要求表述不准、适用的国际质量认证不同、说明缺乏严谨,甚至有悖东道国法律或风俗习惯等情况,由此不能满足合同的履约条件,引发索赔事故。①

2. 合同价值风险

合同的价值是合同最为核心的部分,合同报价的成功与否直接关系到整个项目的成败。总结中国企业境外投资与经营的经验与教训,合同价值存在的风险包括:(1)汇率风险,中国企业涉外合同多采用外币报价,随着

① 钟懿辉:“‘走出去’企业合同风险管理研究”,载《中央财经大学学报》2012年第2期。

人民币地位变动，企业未选择合适的报价体系、设计合理保值条款，导致蒙受汇率损失；（2）市场风险，国内国际市场千变万化，会使商品和服务的价格起伏波动，常常使合同价格偏离市场价格；（3）成本风险，目前的金融危机造成世界范围通货膨胀，使产品生产的成本不断上升，各国的财税、劳工、海关等法规也会影响商品和服务成本，当成本预算未能充分考虑上述情况，报价偏低时，企业将会蒙受损失；（4）竞争风险，中国企业之间的恶性竞争，盲目压价，不重视当地有关的竞争、招投标法律法规，不仅使合同价格严重偏离价值，而且会遭到当地政府的处罚。

3. 支付风险

一些企业在境外的经营过程中，为了争取项目，往往在一般的商业合同中过多考虑迎合交易对手，而忽视自身权益的保护，如国际货物买卖合同中往往采用信用证（L/C）、托收（D/P 或 D/A）以及汇付（T/T）等的支付方式，而国际工程承包合同多为先行垫资，按工程进度支付工程款。这些不同的支付方式对应的收汇安全性大不一样。企业为了促成交易，常常以牺牲收汇安全为代价，选用后 T/T（先发货后收款）或 D/A（承兑交单）的商业信用支付方式，这就可能造成不能按期如数收汇。带资进场施工的承包商大量垫资，加大资金周转压力、成本增加、利润降低，甚至出现亏损。

4. 保险风险

由于国内一些企业缺乏对国际市场、行业的研究与分析，会忽视保险在合同中的价值与作用。如国际工程承包合同，由于项目牵涉的因素众多，法律关系复杂，不可预测的合同风险和隐患较多。中国企业没能发现行业普遍存在的隐患，或是对法律风险的评估存在偏差，在签订合同时未能制定相应的保险保障机制或没有选择合适的承保范围，结果导致隐患变为事故，风险变成损失的情况。

5. 争议解决及跨境执行风险

一般企业在境外订立合同时，会忽视对合同最终解决争议的方式的选择。大部分情况下，中国企业会选择项目所在国法院。但是，在有些情况下，由于项目所在国法院一般会带有感情色彩，往往不会很公立的进行审判。此外，由于中国企业不熟悉当地诉讼规则，即使赢了官司，也有可能没有精力和时间去执行判决。因此，选择有利的争议解决方式可能会成为企业最后的一道保护屏障。

6. 意外因素风险

每个国家和地区都有其自身的环境与地质地貌,中国企业有时未对所在地自然环境进行较为深入的研究与分析,急于求成,忽视当地的环境、地理等自然因素风险。如有些国家每年有数月因雨季、冰冻或酷暑期无法工作,如在合同中未考虑这些因素,未设计合理的应对条款,所签合同就会因自然情况导致违约风险剧增。

(二)合同履行阶段的风险

上面谈到的是在合同订立之初存在的风险,而合同更重要的是履行,在合同履行过程中,通常有以下几种风险。

1. 生产经营风险

企业对外履行合同过程中,会进行原材料、设备的采购和劳动力招聘。因不同国家法律制度不同,可能会造成不能采购到合格的材料设备,不能招聘到合格劳动力的情况,导致企业不能按计划开工生产。境内一些企业在澳大利亚、阿尔及利亚、巴西等地开展项目时,未对当地进口设备、劳工保护等法律进行调研,在执行合同阶段,遇到设备采购、劳工招聘时就会遇到法律障碍。如当地法律要求机器设备须在当地采购的比例、当地劳动力的比例、工资的比例等均未在合同谈判阶段弄清楚,导致工程进度出现障碍。

2. 意外因素风险

企业在履行合同过程中,因所在国家发生政变、动乱、罢工,或重大事故、灾难等意外、不可控事件,造成无法正常履行合同,而在合同中事先没有明确约定遇到这种情况的处置机制,最终承担损失的只有企业自身。如受中东、北非政局动荡尤其是利比亚战争的影响,2011 年中石油在这一地区的多个海外项目合同被迫终止。①

3. 外汇风险

一般来看,企业的外汇风险主要是汇率损失和外汇法律政策的风险,前者是因为市场波动导致前期垫付或前期测算的成本,在合同履行阶段因汇率波动导致的收益减少;后者是企业因合同产生收益不能顺利地汇回国内,导致的企业在境内的负债增加。这些情况均可以在合同阶段予以防范,如签订远期结售汇协议、提前办理有关外汇登记手续等。

---

① “中石油中止六大海外项目合同预计损失 12 亿元”,载 http://money.163.com/11/0822/05/7C1OGHQQ002524SO.html,2016 年 7 月 18 日访问。

4. 合同管理风险

每个国家都有其自身的企业管理模式和企业文化,如果简单地以中国模式套用在所在国的经营模式,则会出现“水土不服”的情况,因而造成企业在当地运行不畅、生产效率降低、效益降低。以工作制度和习惯为例,中国某建筑公司在沙特承建的工程项目,合同工期为 20 个月。该工期在国内完工不存在问题,但因沙特当地有严格的工作小时制度,使工期大受影响。此外,由于沙特麦加为伊斯兰圣地,禁止非穆斯林进入,中国公司只得委托劳务公司临时从国内招聘穆斯林工人到当地施工,造成合同管理难上加难。

(三)法律变化导致的风险

中国企业在海外投资中会遇到因所在国法律变化而导致的风险,如营业税提高、投资保障措施减少等情况,尤其是发生在合同签署之后,而这些法律变化会导致中国企业预期利益的减损甚至项目不得不终止。

1. 法律政策变化是不可避免的

在一些法律制度不健全的国家,法律法规和政策非常不稳定,甚至会出现朝令夕改的情况。如委内瑞拉对外国资本限制的措施,3 年内修改了 2 次;安哥拉在一段时间内更是经历从“外国投资国有化”到“鼓励工商业吸收外资”的政策更迭;尼日利亚在 1989 年规定石油业外资比例不得高于 20%,后来多次上下浮动,变为 45%。这些法律政策的变化对外国投资者的决策与合同执行带来较大难度。

2. 如何应对法律变化

为了应对法律政策变化带来的风险,企业应在权衡国别法律风险的基础上,考虑在各类协议中加入“稳定条款”或具有类似法律效力的条款,特别是在长期协议中加入产品分成协议、承包协议、施工协议、销售协议等。稳定条款实际是防止由于签约后法律变化而导致的损失,旨在保护合同不受签约后项目所在国法律政策变化带来的不利影响。

稳定条款根据国际通行的惯例,可有三种形式:一是规定投资人的权利不受签约后颁布法律法规的影响;二是合同的规定如与未来的立法和法规不一致,则应以合同规定为准;三是将合同签署之日有效的当地所属国的法律附加到签署的合同文件之中,成为合同的一部分。

稳定条款可涉及项目所在国的物权法、财政税收制度、进出口贸易、货币自由兑换等方面的规定。在一般实务操作中,企业可以参考设立一些能够保护自己的条款,如“重大不利变化”“风险再分配条款”等,通过合同语言,把将来出现的不利影响通过事先设立的机制,将风险降到最小程度。但对于稳定条款难以覆盖的法律更迭风险,则可考虑购买出口信用保险。

三、企业应建立科学合理的合同管理体系

合同是管理国际商业交易中商业和法律风险的基础法律工具,但中国企业,尤其是一些民营企业,尚未充分利用合同管理工具创造其在海外投资与经营中的利润。面临上述合同风险,中国企业应开发和建立适合企业特点的合同管理系统,充分利用已有的国际惯例与合同规则,使企业取得更深远的发展,能更加有效地参与全球化竞争,有效抵抗合同风险给企业发展带来的不确定性。

(一)有针对性地进行系统开发

企业应根据自身的主营业务,在开展国际业务之初,就应开发符合业务定位的合同管理系统,这一系统首先应满足国际惯例的需求,文本语言、交易原则等都应是常见和可执行的。合同既是商业文件也是法律文件,中国企业应充分注重培养自己的法律部门,并借助外聘律师,提供需要的数据、框架和国际标准。

例如,中兴通讯作为中国较早参与“走出去”的企业,很早就认识到合同管理的重要性,中兴通讯认为其80%的风险产生于合同,因此中兴通讯用两年时间开发了将近两百个合同模板,包括中英文、中法文、中俄文、中德文等,每个国家的运营商都有自己的文本。

中国东方航空集团公司也有类似的合同管理体系,其针对不同项目制定了72种标准格式化合同,并开发设计了新合同管理系统,将合同法律管理的内容嵌入企业生产经营管理全部流程,改变传统点状合同审核模式,实现了对重大合同立项、订立、修改和履行的全程闭环监督,创新了合同管理模式。

(二)制定科学合理的合同管理体系

企业在建立适合自身业务发展的合同管理体系的同时,应制定科学合理的管理制度,如制定由企业高层参与,法律部门主导的合同管理制度,这也是诸多跨国企业惯常的做法。

一般来说,企业的合同管理体系应建立在严格的制度之上,包括制度、流程、指引、范本等,这些都构成企业对外投资与经营的重要工具,是企业标准化管理制度之一。合同管理制度会根据企业发展的内外部环境、国别法

律环境、产品及销售情况,进行相应的更新、修改与完善,具备一定的信息采集功能,可以有效地反馈来自一线部门的需求。

“走出去”企业的合同风险管理在目标层面应注重以下安排:一是在收益层面,实现跟企业整体经营战略相符合的风险最优化;二是在损失层面,确保企业在风险面前的损失最低;三是在运营层面,保证企业高效有序的运行;四是在信息层面,保证企业各个层级和业务部门之间的信息自由流通,与外部信息不对称程度降低;五是在法律层面,保证企业经营与权益得到合法维护。

(三)合同管理体系应关注的重点

建立合同管理体系是一项复杂的工程,企业的法律部门应结合行业和企业特点,研究可行有效的方案,并且应把企业的中长期发展、业务要求、市场需求、流程要求以及技术要求进行融合。企业境外投资与经营的整个过程中,会与来自不同国家和地区、不同部门的参与者,签订各种类型的合同,对企业合同的风险管理是企业境外投资、经营过程中不可或缺的一部分。对合同的风险管理需要注意的是:

1.关注东道国特殊政策法规

2009 年 9 月,中国某企业赢得了波兰一条公路 30 英里路段的建设权。但 2011 年 6 月,波兰政府重新聘用欧洲建筑商来完成公路施工。原因在于这是一条横穿土豆田的公路,按照波兰法律规定,公路下面需有 3 英尺高的通道,以便青蛙及其他小动物安全穿过。然而,中国企业在合同中并没有作出这样的安排,因项目有关的特殊法律规定未在合同管理中予以重视,导致折戟于青蛙,在看似最熟悉的领域翻了船。在一些项目运营阶段,往往会因为当地法律的特殊性,涉及一些诸如环境保护、劳动权益保护等特殊要求。如果企业没有注意这种安排,会使经营与投资变得被动。

2.合同生效阶段需关注当地的政府审批

企业内部的合同管理体系中应明确哪些合同在生效前需要获得政府审批,提前预警,降低合同可能无效带来的不确定风险。一些中国企业,并不重视相关投资、经营类法律文件的签署程序,一旦发生风险,就处于不利境地。如一些矿产品分成协议,就需要得到所在国矿业主管部门的审核,否则合同无法执行。

3.选择有利于保护企业权益的准据法

合同准据法是合同在出现争议与冲突时,用来确定合同当事人之间具体权利和义务的特定实体法。企业在境外经营过程中往往会忽视准据法的选择,忽视在法律规则允许的前提下,从保护自身利益的角度选择最有利于企业的准据法。

4. 关注合同的争议解决条款

近年来,很多中国企业由于没有在合同中约定有利于自己的争议解决方式,而只是简单接受在东道国解决争议,结果由于人生地疏、不熟悉当地法律和当地政府政策性因素等原因而陷于不利境地。关于合同争议解决的问题,本章后几节将会详细进行解释与说明,并提出有利于中国企业的方式。

因此,企业“走出去”应充分重视合同的重要性,把合同管理作为企业的“生命”对待,健全科学合理的合同管理体系,树立企业的大风险意识,加强对所在国法律环境的透彻研究,是中国企业今后纵深化、专业化的必然发展之路。

第二节 国际商事诉讼制度

一、国际商事诉讼制度的特点

为权利而斗争,通过国际商事诉讼维护自身权益,是解决国际民商事争议的传统方式,也是最主要的机制。所谓国际商事诉讼,就是国际商事争议当事人将其之间发生的争议提交某一国的司法机关进行审理,并由该司法机关作出裁判的争议解决方法。国际商事诉讼的主要特点是:

一是诉讼中介入一个或多个国际因素。包括诉讼当事人的国际因素,诉讼程序的国际因素,如需要适用外国法,或需要对外国法院或其他机构所作裁判文书的承认或执行,或需要国际司法协助等。

二是国际商事诉讼所涉及的国际因素,需要通过特殊规则和程序才能妥善解决。国际商事诉讼过程中,涉及诸如外国当事人资格及法律地位问题、司法管辖权问题、国家及国家财产豁免问题、国外证据的取得与采信问题、涉外送达问题、国际司法协助问题等,上述这些问题通常无法通过本国法律及诉讼程序予以解决,需要考虑各国法律冲突及协调问题,这也是国际商事诉讼较国内诉讼最为突出的特点。

三是在国际商事诉讼中,各国均强调国家司法主权问题。尽管存有国际因素，但并不能认为国际商事诉讼是超国家的，相反，国际商事诉讼非常强调国家的司法主权，各国法律大都明确规定本国法院在国际商事诉讼过程中必须严格遵守的司法程序，案件的受理和审判也应遵照其国内法作出裁判。因此，国际商事诉讼审判能否保证及时、公正，也与该国的司法环境、司法体系、司法人员素养等因素相关。

四是国际商事诉讼通常只在当事人没有达成有效仲裁协议的情况下适用。在当事人已约定仲裁条款或仲裁协议，且该仲裁约定有效的情况下，各国通常尊重当事人的选择，即有效的仲裁约定可排除诉讼。

另外，相比较于国际商事仲裁，国际商事诉讼还具有以下特点：诉讼当事人通常自己不能选择裁判者，缺乏自主性；而国际商事仲裁中，仲裁员可由当事人自愿选择确定。诉讼审理过程一般是公开的，缺乏保密性；而国际商事仲裁以不公开审理为原则，国际商事仲裁机构的仲裁规则也无不涉及仲裁的保密性问题。国际商事诉讼，通常实行二审或三审终审制，而国际商事仲裁采取一裁终裁原则。相较国际商事仲裁裁决在域外承认和执行上的便利，诉讼中的判决因受制于法院地国和执行地国是否存在司法协助条约及国家主权的影响，往往存在承认和执行上的困难。

二、国际商事诉讼管辖权

（一）何为国际商事诉讼管辖权

国际商事诉讼管辖权，是指一国法院或者具有审判权的其他司法机关受理、审判具有国际因素的民商事案件的权限。国际商事诉讼中，管辖权问题可谓至关重要。因为国际商事诉讼管辖权问题，不仅关系到国家司法权和主权的维护问题，还关系到本国公民、法人乃至国家利益的有效保护问题。因此，各国都极为重视本国法院对国际商事案件的管辖权，通过制定各种规则，争夺并扩大本国管辖权。

（二）确定国际商事诉讼管辖权的一般原则

综观各国国际商事诉讼案件确定管辖的原则，主要有属地管辖、属人管辖、专属管辖、协议管辖。

1. 属地管辖

指以当事人的住所、居所、惯常居所、诉讼标的物所在地、法律关系或法律事实发生地等作为连结因素来确定由哪国法院行使管辖权。该原则强调一国法院根据领土主权原则，对其所属国领域内的一切人、事、物具有管辖权。德国、奥地利、英国、美国、北欧各国以及我国都以属地管辖原则作为确定国际商事案件管辖权的基本原则。

2. 属人管辖

认为不管当事人居住在境内还是境外,是原告还是被告,当事人的国籍国法院均对其有管辖权。以法国为代表的拉丁法系国家,包括法国、荷兰、意大利、卢森堡、比利时、葡萄牙、希腊、西班牙等国家,均采取属人管辖原则。①

3. 专属管辖

大多数国家都规定有不同程度的专属管辖,即在争议涉及特定法律问题,如证券交易法、破产法、税法、劳动法、不动产法等,争议部分必须按照专属管辖的规定,通过在特定法院或机构的法律程序解决,不允许当事人约定加以排除。最典型的例子就是对不动产争议的专属管辖,德国、希腊、日本、泰国及我国都规定了对不动产的专属管辖权。

4. 协议管辖

即在法律允许的范围内,可以基于当事人的协议选择确定法院,而被选定的法院享有该案件的管辖权。该原则体现了意思自治原则,但各国基于司法主权等因素考虑,通常会对该原则的具体适用加以一定限制。如我国要求协议管辖仅可选择被告住所地、合同履行地、合同签订地、原告住所地、标的物所在地等与争议有实际联系的地点的人民法院管辖,而且不得违反法律对级别管辖和专属管辖的规定。

值得注意的是,英美国家为了扩大其管辖权,主张法院行使管辖权的依据是对案件的实际控制能力,只要被告在法院国管辖的地区出现,法院能将传票送达给被告,就形成了法院对案件的合法管辖。

美国法院甚至将该原则逐渐演变成以最低限度接触为基础的管辖,即如果被告人与某地有一些“最低限度的接触”,并且该诉讼的进行并不违反“传统上公平及正义之原则”,只要是在宪法“正当程序条款”的范围内,该地法院即对本案有管辖权。美国最高法院于 1945 年关于国际鞋业公司诉华盛顿州一案(International Shoe Co. v. Washington, 326U. S. 310, 1945)的判决中即对此进行确认。在上述理论的影响下,美国各州也纷纷制定“长臂法规”(long arm statutes),确立了长臂管辖权(long arm jurisdiction)原则。

① 黄进主编:《国际商事争议解决机制研究》,武汉大学出版社 2003 年版,第 31 页。

本书第十章第四节将对这一诉讼管辖原则进行详细介绍。

(三)国际社会解决商事诉讼管辖权冲突的努力

为协调、解决国际商事诉讼管辖权冲突问题,国际社会进行了不少努力,也缔结了诸多双边或多边条约,如1928年《布斯塔曼特法典》、欧洲经济共同体国家1968年签署的《关于民商事管辖权及执行判决公约》、海牙国际私法会议2005年通过的《选择法院协议公约》等。但是由于各国利益不同,国际商事诉讼管辖权冲突问题在相当长时期内不可能得到彻底解决。

我国尚未加入任何专门调整国际商事管辖权的国际公约。但我国加入的《统一国际航空运输某些规则公约》《国际货物铁路运输协定》《国际油污损害民事责任公约》中,有管辖权专门条款,根据“条约必须遵守”原则,我国应遵守这些管辖权规定。

三、主要国家或地区商事诉讼程序介绍

中国企业进行涉外商事活动,往往疏于对国际商事诉讼法院的考虑和选择,这很可能为未来遭受不公正对待留下后患。根据国际商事诉讼管辖权原则,大多数国家均允许当事人协议管辖,即使双方没有达成管辖协议,也可以利用各国属地管辖、属人管辖、专属管辖规定中更有利自己的因素,选择合适法院解决争议。目前国际商事争议采用较多的是英美法院、香港以及新加坡法院。

(一)美国法院特点——两个体系,三层审级

美国法院体系最显著的特征是“两个体系,三层审级”。两个体系即联邦法院体系和州法院体系;三层审级是指联邦法院和州法院均分为三个等级,从初审到上诉审到最高院的审理。

1. 联邦法院和州法院均可以解决国际商事争议

与我国法院体系不同,美国联邦法院和州法院之间没有上、下级的审级关系,互不从属。法律适用上,联邦法院适用联邦宪法和联邦法律;各州除适用州宪法和州法律,还得遵守联邦宪法和联邦法律。联邦法院和州法院在管辖权上有很多区分,具体由美国联邦宪法予以确定,但对于国际商事争议都具有管辖权。由于纽约长期作为世界金融中心,纽约州的州法院尤其受到国际商事争议当事人的青睐。当事人可同时选择美国联邦法院和纽约州法院,一旦联邦法院和州法院同时出现在协议管辖的条款中,原告先提起诉讼的法院即具备了管辖权。

纽约州的法院名称比较特殊:初审法院叫作最高法院,上诉法院叫作最高法院上诉庭,州最高法院叫作上诉法院。美国其他州法院均有三层审级的设置。

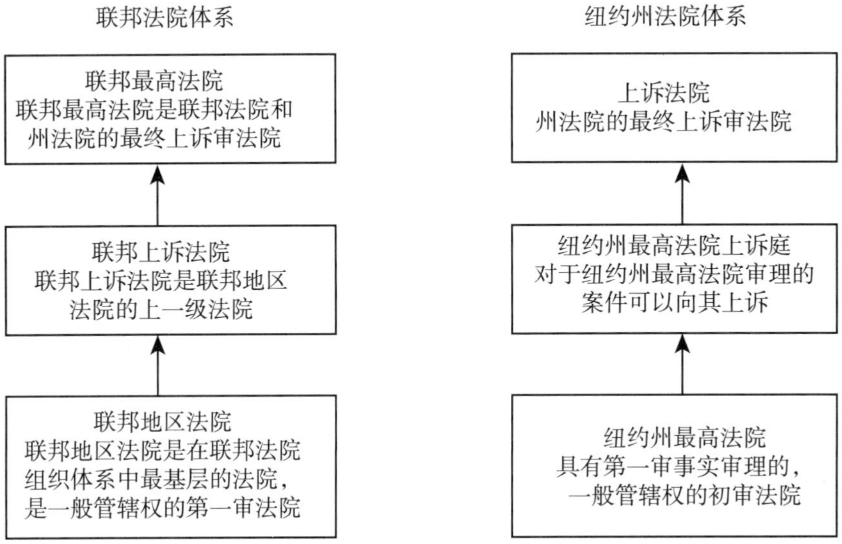

图 6－1　联邦法院和纽约州法院体系

2. 美国法院拥有适宜解决国际商事争议的独特制度

美国及纽约州法院之所以经常会被国际商事合同选定为争议解决法院,不仅与美国发达的经济和金融市场有关,还因为美国法院在解决商事争议时,一些特殊的诉讼制度和法律规定有利于争议的处理和解决。如美国拥有独特的惩罚性损害赔偿制度。当法院认为补偿性的赔偿不足以构成完整的赔偿时,往往会判决被告执行惩罚性损害赔偿,原告可以获得远远高出其受损害的赔偿。即使是补偿性的赔偿,美国法院也是既承认实际损失,还承认抽象的损失,而这种损失在其他法系是没有的。故此,美国被称为“原告的天堂,被告的地狱”。另外,美国采用特殊的律师胜诉取酬制度。律师与当事人签订胜诉取酬协议,律师的报酬为当事人将来可能获取的款项的一部分,①如果当事人败诉,则律师得不到任何报酬。胜诉取酬制度给原告获取专业诉讼代理提供了方便,将原告的诉讼费用风险几

① 乔雄兵:“美国民事诉讼中的挑选法院问题研究”,载《比较法研究》2007 年第 2 期。转引自 Andrew S. Bell, *Forum Shopping and Venue in Transnational Litigation*, Oxford University Press, 2003, p. 226。

乎降低为零。

3. 美国法院判决在可执行性上的特殊优势

由于美国特殊的国情和超级大国的地位,世界各国的跨国企业甚至是中小型企业,只要希望参与国际竞争,都或多或少地与美国有联系,或在美国设有机构,或有财产在美国境内。因此,在美国进行诉讼,只要对方在美国有财产,就可以直接申请进行财产保全,待有利的判决作出后,直接执行这些财产即可。

除此之外,美国加入了《关于向国外送达民事或商事司法文书和司法外文书公约》与《美洲司法协助条约及议定书》。通过这两个条约,美国法院可以和其他成员国之间实现法院文书域外送达上的互助协作。

(二)英国法院特点——商事法院的专业性

1. 国际商事争议在英国法院解决时的诉讼流程

英国由三个不同司法辖区组成,即英格兰和威尔士、北爱尔兰以及苏格兰。一般而言,英格兰和威尔士法律被称为“英国法”,本章所说的英国法院,仅指英格兰和威尔士法院。对于国际商事争议而言,英国高等法院(商事法院)为审理国际商事案件的一审法院。以下是国际商事争议案件在英国法院起诉的简要程序图示:

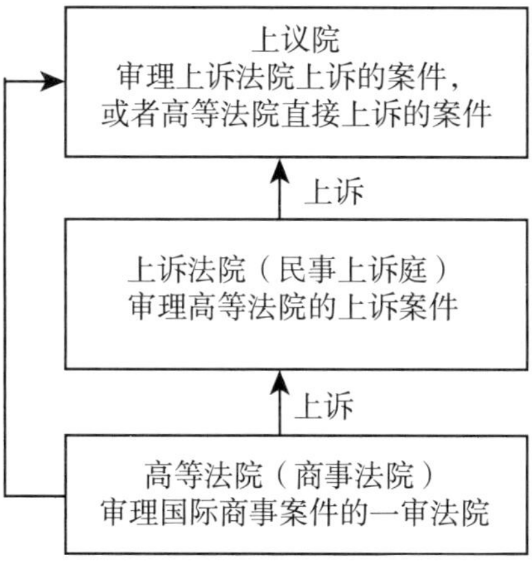

图6-2 国际商事争议案件在英国法院起诉的简要程序

2. 英国商事法院在解决国际商事争议上的独特优势

商事法院位于伦敦,是处理贸易和商业争议的专门法院,在处理商事争议方面有着悠久的历史,声名卓著,当事人几乎都接受商事法官的决定,很少见到把已经在商事法院开始的诉讼移送到其他法院,或对把案件移送到

商事法院的申请提出异议。[①] 其在解决商事争议上的独特优势主要体现在以下方面:

首先,商事法院的审判非常专业。商事法院处理贸易和商业争议案件具有独特的方式和较高的专业素养。法院能够与诉讼当事人及其专家进行良好的沟通,还同很多法律专业组织有着良好关系,其中包括商事律师协会(COMBAR),伦敦普通法和商法律师协会(LCLCBA)等。

其次,商事法院程序非常便捷。例如,诉讼文件力求简单,不接受要求对方提供细节的申请,法官经双方当事人同意后可以不严格遵守证据法规则,即可以采纳按照证据法应排除的证据方式。商事法院还为当事人提供了与法官便利交流的方式,当法院放假时,可以通过传真进行立案。商事法院这些灵活的程序和便利的措施,不仅可以提高案件处理的效率,还为当事人提供更加人性化的服务。

最后,商事法院的审限具有很大灵活性。法院提供了简易程序,如果适用该类简易程序,从立案到判决只需要 3 个月的时间,通常不会超过 5 个月。

3. 英国法院判决在可执行性上的特殊优势

与美国纽约州法院类似,英国作为老牌的世界金融中心,很多国家的债务人均在伦敦等地拥有财产或者开设有交易账户,因此,英国法院作出的裁决大部分在本国就能得到执行。

而且,英国已经加入数个关于互相承认和执行法院判决的公约或者通过类似法案,主要有:(a)替代 2012 年《布鲁塞尔条例》(“布鲁塞尔条例”);(b)1988 年通过的《卢加诺公约》(“卢加诺公约”)[上述(a)、(b)合称为“布鲁塞尔体系”];(c)与其他国家签署的承认《1920 年司法行政法案》(“1920 年法案”)的效力的双边协定;以及(d)《1933 年外国判决互惠执行法案》(“1933 年法案”)。因此,英国法院判决在许多国家和地区可以得到广泛执行(可执行英国法院判决的国家和地区情况参见附表 19)。

(三)中国香港特区法院特点——中国境内的普通法系司法管辖法院

自 1997 年 7 月 1 日中国政府对香港恢复行使主权以来,虽然香港必须遵守《中华人民共和国香港特别行政区基本法》,但由于英国长期对香港的统治,很难改变香港固有的司法制度,因此香港仍然最大限度地保留了之前

---

① 沈达明:《比较民事诉讼法初论》,中国法制出版社 2002 年版,第 515 页。

与英国相似的法律制度。香港设有四级法院,分别为终审法院、高等法院、区域法院和裁判署法庭。

香港法院是很多商事主体(尤其中国企业)喜欢选择作为国际商事争议解决的法院,理由是:

首先,香港作为发达的世界金融中心,各项商事法律制度颇为完善,法院系统具有较丰富的解决国际商事纠纷的经验。

其次,香港作为中国特别行政区,可在经济、贸易、金融、航运、通信、旅游、文化、体育等领域以“中国香港”的名义,单独地同世界各国、各地区及有关国际组织保持和发展关系,签订和履行有关协议。香港已经加入了数个与争议解决、司法文书送达有关的公约,例如,《承认及执行外国仲裁裁决公约》(以下简称《纽约公约》)、1965 年海牙《关于向国外送达民事或商事司法文书和司法外文书公约》以及 1970 年海牙《关于从国外调取民事或商事证据的公约》。①

最后,在执行问题上,根据 2008 年 8 月 1 日通过的《内地判决(交互强制执行)条例》第 597 章,《关于内地与香港特别行政区法院相互承认和执行当事人协议管辖的民商事案件判决的安排》(以下简称安排)开始生效,该安排规定了香港与内地的相互执行安排。根据《外地判决(交互强制执行)条例》,香港的民事和商业判决可以在下列国家得到承认和执行:奥地利、比利时、文莱、法国、德国、印度、以色列、意大利、马来西亚、新西兰、新加坡。更何况,由于香港属于英美法系,其法院解决国际商事争端所作出的裁判,本就较易得到英美法系国家的承认与执行。

(四)新加坡法院特点——亚洲较为中立、金融较为发达地区的管辖法院

新加坡长期沦为英国殖民地,其政治、法律、文化等深受英国影响,因此其法律体系基本与英国的普通法相同。由于地位较为中立,商业贸易、金融发达,司法比较透明,不少当事人愿意选择新加坡法院解决国际商事争议。

依据新加坡法律规定,新加坡初级法院和最高法院均可审理国际商事争议。

关于新加坡法院判决的可执行性问题,根据新加坡的《英联邦判决相互执行法》和《外国判决相互执行法》,新加坡最高法院判决可以在大不列颠

---

① 参见 http://translate. legislation. gov. hk/gb/www. legislation. gov. hk/cinterlaw. htm# Private International Law,2009 年 11 月 6 日访问。

与北爱尔兰联合王国等国家和地区得到承认和执行。①

(五)主要法院各自的特点和选择

英国法院、美国法院、中国香港法院、新加坡法院及中国法院,具有各自的特点(上述法院的特点与区别列表分析情况参见附表20),通过比较可看出,除中国法院外,英国、美国、中国香港和新加坡法院均采取三审终审制,取得终审判决的时间可能较长;英国和美国法院由于长期的实务经验,在国际商事争议的解决方面,具有更为丰富的专业审判经验和在本国执行的优势;中国香港和新加坡法院虽属英美法系司法管辖区,但在地理位置、文化背景与传统方面,与中国内地更为接近,在涉及中国的国际商事争议解决中,具有比较优势;从法院判决可执行的国家范围来看,英国法院判决可执行的国家最多,中国香港法院较少。中国企业在国际商事活动中,如决定采用诉讼方式解决争议的,应根据其参与的国际商事活动具体特点,综合比较各国在国际商事诉讼中的优缺点,以及法院裁判的可执行性,来选择最有利和合适的管辖法院。

第三节 国际商事仲裁制度

一、国际商事仲裁——新兴的国际商事争议解决方式

(一)从杭州娃哈哈集团公司与法国达能公司国际商事仲裁案说起

杭州娃哈哈集团公司(以下简称娃哈哈)是中国大型食品饮料生产企业。1996年,娃哈哈与法国达能公司、香港百富勤公司合资建立娃哈哈保健食品有限公司等5家公司。1999年后,娃哈哈由职工集资持股成立的公司出面,建立一批与达能公司没有合资关系的公司。到2006年,这些公司的总资产已达56亿元。2007年4月初,达能公司提出以40亿元收购非合资公司,并于同年5月向瑞典斯德哥尔摩商会仲裁院提出仲裁申请,要求被申请人娃哈哈停止违反非竞争条款的行为,并对该行为引起的侵权提供相应赔偿。仲裁依据是,法国达能公司与娃哈哈在合作之初签订的《合资经营合同》约定:凡因执行本合同发生的或与本合同有关的一切争议,如在发出

① 但是,新加坡的其他下级法院(如新加坡下级法院)作出的判决可能无法获得登记。对此,可要求相关司法辖区的律师进行确认。

通知日期后的60日内仍不能解决,应提交仲裁并通过仲裁得到最终解决。仲裁由斯德哥尔摩商会仲裁院根据该会的仲裁规则进行仲裁。

而双方1996年2月29日签署的《商标转让协议》约定:关于商标转让事宜“所涉争议、纠纷或索偿应提交上海仲裁委员会根据该会目前生效的规则作最终解决。如果杭州市成立任何仲裁机构,则仲裁应在杭州进行。”就商标权转让事宜,娃哈哈也向杭州市仲裁委提起了仲裁。并且在娃哈哈与达能公司之间的“杭州仲裁”裁决中,娃哈哈的观点获得杭州市仲裁委支持,确认《商标转让协议》已经终止,娃哈哈商标无须再注入到达能公司控股的娃哈哈合资企业。

而在斯德哥尔摩商会仲裁院的裁决书中,仲裁庭认定娃哈哈违反不与娃哈哈保健食品有限公司竞争的承诺,裁定娃哈哈应完成对杭州娃哈哈食品有限公司的娃哈哈商标转让。

本案可谓是国际商事争议仲裁的典型案件,双方当事人依据协议的约定,分别在瑞典斯德哥尔摩商会仲裁院和杭州市仲裁委各打了一场仲裁,互有胜负;另外围绕双方争议,还发生诸多诉讼,最终娃哈哈和法国达能公司双方握手言和,以和解方式解决双方争议,淋漓尽致地展示了国际商事仲裁的“全景图”:既有国内的仲裁机构,也有国际的仲裁机构;既有对仲裁程序、仲裁规则的意思自治选择和技巧运用,也有仲裁中实体权利的激烈论辩和争夺战。

(二)何为国际商事仲裁

仲裁,是由当事人基于仲裁协议自愿将其争议提交给第三者居中评判是非并作出对当事人具有约束力的裁决的争议解决方式,通常来说该裁决对于双方当事人均具有拘束力。[①] 国际商事仲裁,是含有国际因素或涉外因素的仲裁,是解决国际、跨国或涉外的商事争议的仲裁。一般认为,国际商事仲裁具有自治性、民间性、中立性、专业性、保密性、准司法性、终局性、[②]

---

① 韩德培主编:《国家私法》,武汉大学出版社1989年修订版,第452页。

② 在此问题上,英国的仲裁法却有不同的看法,根据英国1996年《仲裁法》的规定,在符合一定条件时,当事人可对仲裁裁决的法律问题提起上诉,法院不仅可以撤销仲裁裁决,甚至可以直接变更仲裁裁决。这意味着法院有权力介入仲裁争议本身,就所涉法律问题作出判定,这与其他国家司法机关一般不介入仲裁争议的做法是有明显的区别。该法还规定,法院就依据该节提出的上诉所作出的裁决将被视为可再次上诉的法院判决,当事人有机会启动另一个上诉程序。这样的程序完全颠覆了“仲裁一裁终局”的特性。但当事人之间是可以通过事先的协议排除法院对于仲裁争议法律问题的管辖,从而保证仲裁裁决的终局性。

可执行性等特点。

其中,自治性被认为是国际商事仲裁的最鲜明特征,仲裁必须经由当事人双方自愿选择一致,凡对仲裁未达成协议的,或者仲裁约定不明的,仲裁机构均不得受理。中国企业“走出去”投资、并购,面对不同的政治体制,不同的经济、法律环境,不同的文化,需要尽最大限度与外方寻求“利益共同点”,因此,通过谈判,共同选择确定双方信任的商事争议解决机构,这是各方自愿选择的“利益共同点”。在这种情况下,各方对风险的预判和防范就会有一道安全阀。娃哈哈与法国达能公司在合资经营合同中,就是基于自治性原则,共同选择了双方均认为可信任的瑞典斯德哥尔摩商会仲裁院作为争议解决机构。

此外,仲裁程序一般具有保密性,如我国《仲裁法》第40条规定:“仲裁不公开进行。当事人协议公开的,可以公开进行,但涉及国家秘密的除外。”这对于不愿意将商事活动中的商业秘密,以及商业争议和纠纷公之于众的中国“走出去”企业而言,是一个很重要的考虑因素。

另外,仲裁之所以对中国“走出去”企业具有吸引力,还因其专业性和公正性,仲裁机构一般聘任社会上享有盛誉的最知名专家担任仲裁员,他们一般会更倾向于珍惜其声誉而不容易被贿买,也会谨慎地防止被当地政治或偏见所牵制,从而保障仲裁裁决的公正性。

二、国际商事仲裁协议

(一)何为国际商事仲裁协议

仲裁协议是指合同当事人通过在合同中订明仲裁条款、签订独立仲裁协议或者采用其他方式达成的就有关争议提交仲裁的书面协议,表明当事人承认仲裁裁决的约束力,将自觉履行裁决义务。国际商事仲裁过程中,仲裁协议处于核心地位。它对争议当事人、仲裁庭以及法院都具有约束力,同时也是仲裁裁决在国际上得到承认和执行的重要依据。可以说,国际商事仲裁协议是整个国际商事仲裁制度的基石。

(二)国际商事仲裁协议的形式要件和实质要件

1. 形式要件

按照各国法律及《纽约公约》规定,均要求仲裁协议为书面形式,并以此作为仲裁机构管辖和缔约国承认和执行仲裁协议的主要条件之一。

2. 实质要件

综合多数国家的仲裁立法和实践，一项有效并具有可执行性的商事仲裁协议，通常应当包括以下基本内容：仲裁事项、仲裁机构、仲裁地点、仲裁程序和规则。

(1) 仲裁事项

我国《仲裁法》(2009 年修正版) 第 16 条明确规定，不规定仲裁事项的仲裁协议无效。但有些国家(如瑞典、挪威、比利时等)的法律规定，仲裁协议只要载明当事人愿意提交仲裁解决争议的合意就可以，不必规定包括仲裁事项在内的其他内容。①

(2) 仲裁机构

国际商事仲裁中，当事人对仲裁机构的约定应当明确；若不明确，可能导致仲裁协议无效。依据我国《仲裁法》(2009 年修正版) 第 18 条规定，仲裁协议中没有约定仲裁机构或者约定不明确，后又无法达成补充协议的，该仲裁协议无效。②

(3) 仲裁地点

在国际商事仲裁中，仲裁地点是一个至关重要的因素，对于仲裁协议效力的确定、仲裁所适用法律的确定、仲裁裁决的执行等，都具有极为重要的影响。当事人选择常设仲裁机构仲裁时，如果没有其他约定，通常以该被选定的常设仲裁机构所在地作为仲裁地点。但是，一些常设仲裁机构在不同的地方设有分支机构，并且大多数的常设仲裁机构并不禁止当事人选择其机构所在地以外的地方作为仲裁地点。

(4) 仲裁程序和规则

作为自愿性的体现，大多数的仲裁法或仲裁规则，允许当事人通过自行约定方式，约定要适用的仲裁程序，或对仲裁规则有关内容进行变更。③ 例如，《联合国国际贸易法委员会国际商事仲裁示范法》第 19 条第 1 款规定，在不违反本法规定的条件下，当事人各方可以自由地就仲裁庭进行仲裁所

---

① 李双元主编：《国际私法》，北京大学出版社 2006 年版，第 499 页。

② 我国《仲裁法》第 18 条规定：“仲裁协议对仲裁事项或者仲裁委员会没有约定或者约定不明确的，当事人可以补充协议；达不成补充协议的，仲裁协议无效。”

③ 有些规定是不能背离的，如当事人不能对仲裁机构应收取的仲裁费用进行约定。

应遵循的程序达成协议。[①]《中国国际经济贸易仲裁委员会仲裁规则》规定,当事人约定将争议提交仲裁委员会仲裁的,视为同意按照本规则进行仲裁。当事人约定将争议提交仲裁委员会仲裁但对本规则有关内容进行变更或约定适用其他仲裁规则的,从其约定,但其约定无法实施或与仲裁程序适用法强制性规定相抵触者除外。当事人约定适用其他仲裁规则的,由仲裁委员会履行相应的管理职责。

当事人约定仲裁程序和仲裁规则,对仲裁裁决的执行具有重要意义。例如,《纽约公约》第5条第1款第4项规定了被申请执行人对非依当事人约定的程序进行仲裁提出异议的情形。[②] 中国农业开发公司诉巴里贸易公司案,[③]即是允许并尊重当事人自行约定仲裁程序和规则的一个典型案例:

中国农业开发公司诉巴里贸易公司案

1994年6月15日,申请人中国农业开发公司作为买方,被申请人巴里贸易公司(英格兰注册公司)作为卖方,双方签署合同,合同标的物为热轧钢。该合同包含仲裁条款,即如果不能达成和解,则争议应提交中国国际贸易促进委员会对外贸易仲裁委员会(FETAC),依据中国国际贸易促进委员会对外贸易仲裁委员会的暂行程序规则进行仲裁。

之后,双方产生争议。1994年10月,申请人依据上述条款将争议提交仲裁。FETAC已经更名为中国国际经济贸易仲裁委员会(CIETAC),但CIETAC仍然是适当的仲裁机构。不过,CIETAC施行的规则并非FETAC的暂行规则。暂行规则已经于1989年7月1日失效,时间在合同签订之前。CIETAC施行的规则是1994年6月1日生效的另外一套规则。CIETAC受理申请人的仲裁请求,并最后作出对申请人有利的裁决。

后来申请人去英国申请裁决的承认与执行,被申请人巴里贸易公司提出抗辩,要求法院拒绝承认与执行。法院通过分析认为,合同应当被解释成双方约定依CIETAC现行规则进行仲裁,仲裁依现行规则进行不构成拒绝执行裁决的理由。被申请人巴里贸易公司对该决定不服,提起上诉。但上

---

① 参见 http://www.uncitral.org/pdf/chinese/texts/arbitration/ml - arb/ml - arb - c.pdf,2016年7月25日访问。

② 参考北大法宝数据库,2016年7月25日访问。

③ China Agribusiness Development Corporation v. Balli Trading,2 LloydAgribusin,(1998);C. L. C. 1437. S,(1997).

诉没能得到支持。理由如下:

(1)将合同解释成双方约定由 CIETAC 依现行规则仲裁是正确的;FETAC 除暂行规则外无其他规则,“暂行”一词仅用来确认 FETAC 而非旨在表明当事人应受约束的先前规则的区别用词;

(2)CIETAC 不会接受依 FETAC 的暂行规则进行仲裁;

(3)当事人在中国进行仲裁并依据相关机构规则的意思明确。

(三)国际商事仲裁协议效力的认定

仲裁协议有效、无效或效力待定,将直接影响到仲裁管辖权和仲裁裁决的承认与执行。仲裁协议的效力被否定,将导致仲裁裁决被拒绝承认和执行,这是各国国内法和国际公约列举的绝对否定条件之一。判断仲裁协议效力的准据法如何确定呢?由于仲裁协议的独立性决定了在判断仲裁协议效力时不一定依照合同的准据法来确定其效力,如果当事人在仲裁协议中约定了适用于仲裁协议的准据法,那么自然按照该约定确定。但通常情况下,当事人很少做上述约定,国际上通行的做法是以仲裁地法作为仲裁协议的准据法。有关国际商事仲裁的公约和一些国家的仲裁立法也确立了该原则。

三、主要仲裁机构及其各自的特点

目前世界上知名度较高、历史较为悠久,且被国际商事合同当事人选用较多的七家仲裁机构包括:国际商会仲裁院(International Court of Arbitration of International Chamber of Commerce),伦敦国际仲裁院(London Court of International Arbitration),美国仲裁协会(American Arbitration Association),中国国际经济贸易仲裁委员会(China International Economic and Trade Arbitration Commission),香港国际仲裁中心(Hong Kong International Arbitration Centre),新加坡国际仲裁中心(Singapore International Arbitration Center)和斯德哥尔摩商会仲裁院(Arbitration Institute of the Stockholm Chamber of Commerce)。上述七家仲裁机构具有各自不同的特点,均被广泛认可。

1. 国际商会仲裁院

全称“国际商会国际仲裁院”,简称 ICC,成立于 1923 年,是附属于国际商会的一个国际性常设调解与仲裁机构,总部和秘书局设在法国巴黎。在国际商事仲裁领域,国际商会仲裁院被视为全球最具影响力的仲裁机构之一。

2. 伦敦国际仲裁院

简称 LCIA,成立于 1892 年,位于伦敦,是世界上最古老的仲裁机构,也被认为是最具现代性、前瞻性和国际性的仲裁机构。提交 LCIA 的争议涉及的领域也是相当广泛和多变,几乎囊括了国际商事的所有领域,包括电信、保险、石油和天然气开采,建筑、航运、航空和医药、股权协议、IT、金融和银行等。

3. 美国仲裁协会

简称 AAA,成立于 1926 年,总部设在纽约市,并在全美各地设立分会,是世界上最大的冲突处理和争议解决机构。AAA 受理案件的范围非常广泛,针对不同类型争议制定了不同的规则。它同我国仲裁机构建立了业务联系,中美两国仲裁机构曾成功联合调解解决过两国贸易中发生的争议案件。

4. 中国国际经济贸易仲裁委员会

简称 CIETAC,又称中国国际商会仲裁院,成立于 1956 年 4 月,原名对外贸易仲裁委员会,设在北京。CIETAC 现已成为世界上重要的国际商事仲裁机构之一。仲裁委员会的受案量自 1990 年以来居于世界其他仲裁机构的前列,案件当事人涉及除中国之外的 70 多个国家和地区,仲裁裁决的公正性得到了国内外的尊重。

5. 香港国际仲裁中心

简称 HKIAC,成立于 1985 年,在解决复杂的国际商业争议方面享有盛誉。香港国际仲裁中心适用香港仲裁条例(香港法例第 341 章),该项法例被国际公认为全球有关仲裁的法规中比较好的法例之一,既容许仲裁程序能够最大限度地独立于法院的制度而进行,但在有需要的范畴内又能给予有力的法院支持。

6. 新加坡国际仲裁中心

简称 SIAC,成立于 1990 年,可以受理国际和新加坡国内商事法律争议案件,主要解决建筑工程、航运、银行和保险方面的争议。由于新加坡的司法体制被认为是亚洲最佳司法体制之一,世界各国的企业商家及律师通常愿意选择新加坡作为相对中立的第三国进行仲裁。

7. 瑞典斯德哥尔摩商会仲裁院

简称 SCC,成立于 1917 年,是瑞典最重要的常设仲裁机构。由于瑞典的仲裁历史悠久，体制完善，加上瑞典是中立国，因此SCC成为受理国际经济争端的一个重要场所。SCC可以受理世界上任何国家当事人所提交的商事争议，而且SCC没有仲裁员名单，当事人可自由指定任何国家，任何身份的人作为仲裁员。

上述七家仲裁机构各自有仲裁规则，这些仲裁规则在仲裁程序上大多相似，均体现了仲裁程序的灵活性、保密性与专业性特点，具有广泛的影响和适用性。当然，在收费标准、特别程序上，各仲裁机构有所不同。此外，由联合国贸易法委员会主持制定的《联合国贸易法委员会仲裁规则》（UNCITLA规则）在国际仲裁实践中也经常得到适用。在国际商事合同中，约定具体的争端解决仲裁机构和仲裁规则时，需要结合合同的实际情况进行选择。其中，出于便利及成本的考虑，仲裁机构所在地的远近也应作为一个重要考量因素。

四、国际民商事仲裁裁决的承认与执行

（一）《承认及执行外国仲裁裁决公约》

1958年6月10日，联合国国际商事仲裁会议正式通过了《承认及执行外国仲裁裁决公约》（以下简称《纽约公约》），该公约设立的目的是鼓励缔约国承认和执行外国仲裁裁决，并为外国仲裁裁决的承认与执行提供更加简单和有效的途径。《纽约公约》生效五十多年来，受到了普遍的欢迎和良好的执行，是效率最高的、对国际经贸发展与争议解决最有影响力的国际公约之一。因其极大地促进了仲裁裁决在世界范围内的执行，被誉为“当代国际商事仲裁的基石”和“支撑国际商事仲裁宏伟大厦最重要的支柱”。截至目前，全世界已有156个国家加入该公约（参见附表5[①]），中国也于1987年4月22日正式加入该公约，并作了互惠保留和商事保留。[②]

《纽约公约》第1条第1款规定了公约的适用范围，即“本公约适用于在申请承认与执行裁决地国家之外的国家领土内就自然人或法人之间的争议而作出的裁决。对于承认与执行地国认为不属于其本国裁决的，本公约同

---

① 参见联合国国际贸易法委员会官方网站 http://www.uncitral.org/uncitral/zh/uncitral_texts/arbitration/NYConvention_status.html，2016年7月25日访问。

② 参见 http://bmla.chinalawinfo.com/newlaw2002/SLC/SLC.asp?Db=eag&Gid=100668040，2016年7月25日访问。

样予以适用”。

《纽约公约》第3条对公约的效力及援引规则进行了规定:“各缔约国应承认仲裁裁决具有拘束力,并依援引裁决地之程序规则及下列各条所载条件执行之。承认或执行适用本公约之仲裁裁决时,不得较承认或执行内国仲裁裁决附加过苛之条件或征收过多之费用。”

根据《纽约公约》第5条规定,缺乏有效的仲裁协议、裁决违反正当程序、仲裁庭超越权限、仲裁庭组成或仲裁程序不当、裁决尚未生效或已被撤销以及裁决违反公共政策(争议事项不具有可仲裁性)均是不予执行裁决的事由,且上述事由是穷尽性的。即只要裁决不存在上述情形之一,该裁决便应当在申请执行地国家得到强制执行。除公共政策外,上述事由均关乎仲裁程序的瑕疵,而不涉及裁决实体内容。执行地法院只能审查裁决所涉及的业已列明的程序事由,而不能干预裁决之实体事项。

(二)我国仲裁裁决在外国的承认与执行

中国实行对外开放政策后,为适应国际商事活动不断发展的需要,建立了以中国国际经济贸易仲裁委员会和中国海事仲裁委员会(China Maritime Arbitration Commission,CMAC)为主的仲裁机构体系。实践中,我国仲裁裁决的域外承认与执行基本上也是上述仲裁机构作出的裁决。[①]

我国仲裁裁决在外国的承认与执行,主要依据《纽约公约》之规定,拒绝承认及执行必须有正当理由,包括是否违反正当程序、争议事项是否不具有可仲裁性和违反公共秩序等。而互惠原则的问题,经常成为被执行人提出不应予以承认与执行仲裁裁决的重要理由。

《纽约公约》采取有限保留原则,规定缔约国可以在加入时作两项保留:一是互惠保留,二是商事保留。我国在加入《纽约公约》时即作出互惠保留和商事保留。依据《纽约公约》规定,互惠原则有其特定含义,指保留国仅承认和执行在另一缔约国领土内作出的仲裁裁决,没有承认和执行在非缔约国领土作出的仲裁裁决的条约义务。下列中国浙江省轻工进出口公司与日本 Takeyari K. K 公司仲裁裁决承认与执行案,就涉及互惠原则的认定问题。

---

① 赵相林主编:《国际民商事争议解决的理论与实践》,中国政法大学出版社2009年版,第331页。

中国浙江省轻工进出口公司诉日本 Takeyari K. K 公司仲裁案

1985 年 5 月,中国浙江省轻工进出口公司(以下简称“浙江公司”)与日本 Takeyari K. K 公司(以下简称“日本公司”)签订了购买编织袋生产设备的合同,该合同含有 CIETAC 仲裁条款。双方在履约中发生纠纷,浙江公司向 CIETAC 申请仲裁。CIETAC 于 1991 年 1 月 30 日作出了浙江公司胜诉的裁决。浙江公司便于 1992 年向日本冈山(Okayama)地方法院请求依据《纽约公约》申请承认并执行该仲裁裁决。日本公司辩称:中日双方在加入公约时均有互惠保留,这种互惠保留可以解释为:如果中国在承认和执行日本裁决方面施加了任何限制,则日本也应在承认和执行中国的裁决时作出相同限制。依照中国《民事诉讼法》的规定,提交此种执行申请的期限对公司这类主体而言限定为 6 个月,基于公约和协定的互惠原则,日本法院在承认和执行中国仲裁裁决时也应对等适用中国法律中关于申请期限的规定。本案申请人向冈山法院提出执行申请的时间已超过上述规定的 6 个月时效,故法院应驳回浙江公司的承认和执行请求。冈山法院未采纳日本公司的抗辩主张,并于 1993 年 7 月 14 日作出了准予执行本案裁决的判决。

此案中,双方争议的焦点在于互惠保留是否涉及承认和执行外国仲裁裁决的具体程序和条件。日方公司对互惠保留做了扩大解释,并以此为理由进行抗辩。日本法院认为:各缔约国均应承认仲裁裁决的拘束力,并对符合公约所列条件的裁决,应按执行地国家的程序规则予以执行,并最终支持了浙江公司的执行请求。

(三)外国仲裁裁决在我国的承认与执行

根据我国《民事诉讼法》(2012 年修正版)第 283 条规定,国外仲裁机构的裁决,需要中国法院承认和执行的,应当由当事人直接向被执行人住所地或者其财产所在地的中级人民法院申请,人民法院应当依照中国缔结或者参加的国际条约,或者按照互惠原则办理。据此,承认与执行外国仲裁裁决有两个途径:一是有条约关系的,根据条约的规定办理;二是没有条约关系的,由当事人依照中国国内法的规定,按照互惠原则办理。

中国在参加《纽约公约》时做了互惠保留声明和商事保留声明。根据“互惠保留”,我国只承认和执行在该公约对我国生效后另一缔约国领土内作出的仲裁裁决。据此,在我国,下述两类裁决不能依据《纽约公约》予以承认和执行:(1)在非缔约国领土内作出的仲裁裁决;(2)在中国领土内作出的裁决,不能适用《纽约公约》。依照“商事保留”,我国只承认和执行属于契约性或非契约性商事法律关系争议范围的仲裁裁决。

另外,根据最高人民法院发布的《关于执行我国加入的〈承认及执行外国仲裁裁决公约〉的通知》,对于当事人的申请,应由我国下列地点的中级人民法院受理:(1)被执行人为自然人的,为其户籍所在地或者居所地;(2)被执行人为法人的,为其主要办事机构所在地;(3)被执行人在我国无住所、居所或者主要办事机构,但其财产在中国境内的,为其财产所在地。

第四节　ICSID 争端解决机制

一、ICSID 的基本情况

国际投资活动具有跨国性质,外国投资者不可避免地会与东道国政府之间因投资而发生争端。国际商业仲裁机构一般只擅长于解决投资主体之间的经济纠纷,对于以享有主权豁免的国家作为当事人一方的国际投资争端,往往显得无能为力。1965 年 3 月 18 日,国际复兴开发银行(世界银行)执行董事会通过了《关于解决国家与他国国民之间投资争端公约》(以下简称《华盛顿公约》),并于 1966 年 10 月生效。该公约是国际上第一个专门规定解决国际投资争议程序的公约,目的在于鼓励国际私人资本向发展中国家流动。根据《华盛顿公约》第 1 条的规定,在世界银行位于华盛顿的总部内设立了“国际投资争端解决中心”(International Centre for Settlement of Investment Disputer, ICSID),作为处理国家与他国国民间投资争端的专门机构。

截至 2016 年 4 月 12 日,已经有 161 个国家成为该公约的签字国,其中 153 个国家已经成为该公约的正式缔约国[①](《华盛顿公约》正式缔约国情况详见附表 6)。中国于 1993 年正式核准加入该公约,近年来对外签订的

① 数据来源:https://icsid. worldbank. org/apps/ICSIDWEB/icsiddocs/Documents/List% 20of% 20Contracting% 20States% 20and% 20Other% 20Signatories% 20of% 20the% 20Convention% 20 - % 20Latest. pdf,2016 年 7 月 18 日访问。

双边投资条约(BIT)基本上都允许外国投资者将投资争端提交ICSID管辖。

ICSID作为依据《华盛顿公约》设立的解决外国投资者与东道国间的国际投资争端的机构,本身并不直接参与调解或仲裁,而只是为解决争端提供各种设施和便利。ICSID调解与仲裁程序具体由依公约规定组成的调解委员会或国际仲裁庭进行。

依据《华盛顿公约》,ICSID设有一个行政理事会和一个秘书处,并分别设立一个调停人小组和一个仲裁人小组。行政理事会是中心的权力机关,其职责是制定中心的行政和财务规章,制定调解和仲裁程序的规则等。行政理事会由每一缔约国各派代表一人组成,由世界银行行长担任主席。秘书处负责处理中心日常行政事务,秘书长是中心的法定代表人和主管官员,同时执行类似于法庭书记官的任务,对争端当事人双方协议提交中心管辖、要求给予调解和仲裁的案件,预先审查,认为符合公约规定的受理条件后,应立即予以登记受理,并负责组建调解委员会或仲裁庭。调停小组和仲裁小组实际上是中心保留的两份名册,供当事人从中选择人员组成调解委员会或仲裁庭。

二、ICSID的仲裁机制

(一)ICSID对争议的管辖权:从Amco公司诉印度尼西亚投资纠纷案说起

Amco公司诉印度尼西亚投资纠纷案

Amco公司根据与印度尼西亚P. T. Wisma公司(以下简称印尼公司)签订的《租赁与管理协议》,从印度尼西亚政府(以下简称印尼政府)获得投资许可,对一个饭店进行一段时间的管理。Amco公司依要求组建了一家印尼公司,即P. T. Amco公司承办此事。设立申请第9条规定,如果事后在企业和政府之间发生分歧和争端,则将争端提交ICSID仲裁。Amco后来将其在P. T. Amco的部分股权转让给了香港公司Pan American。P. T. Amco与政府发生争议后,P. T. Amco、Amco和Pan American共同向ICSID提起仲裁。印尼政府就仲裁庭对Pan American的管辖权提出异议,认为Amco公司将其在P. T. Amco中的权益转让给Pan American并不代表Pan American就当然可以援引投资协议中的ICSID条款。仲裁庭则认为,印尼政府批准Amco将其在P. T. Amco的部分股权转让给Pan American,就意味着同意受让人取得附随于股份的所有权利,包括提交仲裁的权利,除非印尼政府在批准决定中明确地排除了提交仲裁的权利。最终,仲裁庭认定印尼政府提出的管辖权异议不成立。

《华盛顿公约》第25条第1款规定,“中心的管辖适用于缔约国(或缔约国向中心指定的该国的任何组成部分或机构)和另一缔约国国民之间直接因投资而产生并经双方书面同意提交给中心的任何法律争端”。因此,一个国家成为《华盛顿公约》的缔约国并不代表ICSID对该国与其他缔约国投资者之间所产生的投资争议均具有当然的管辖权。依照公约的规定,ICSID受理案件须满足如下三个条件:

1. 争议必须是“法律争议”,而且必须是“直接因投资而引起的”

公约对于什么是“法律争议”,什么是“投资争议”没有作出明确的定义。根据世界银行行政理事会的报告,“法律争议”是指“争端必须包括法律上的权利与义务的存在与否及其范围,关于违反法律上义务的赔偿的性质及其范围之争”,也就是中心管辖范围内的权利冲突问题,至于单纯的“利益冲突”问题,则不属于“法律争议”的范畴。关于“投资”一词,公约出于对投资形式复杂性和多样性的考虑,也未明确定义,通常认为,凡外国私人投资者为在其所属国籍的国家领域以外使用的目的,对他方所提供的经济的财源,都属于“投资”的范围。

2. 争端双方当事人必须是缔约国和另一缔约国国民

“另一缔约国国民”包括自然人和法人。其中:

“自然人”是指在争端当事人各方同意将争端提交或调解或仲裁之日以及在调解、仲裁登记之日,具有争端当事国以外的一缔约国国籍的任何自然人,具有当事国国籍的自然人没有资格成为中心主持下程序的当事人,这种不合格性质是绝对的,即使在争端当事国同意的情况下也不能改变。

“法人”包括两类:一类是在争端当事人同意将争端交付中心之日具有该争端当事国国籍,但由于外国控制的原因,经争端当事国同意视为“另一缔约国国民”的任何法人。另一类是企业,即如在中国境内的外商独资企业,虽是中国法人,但因其为外国人所控制,在经中国同意后,可将之视为“另一缔约国国民”,其与东道国的投资争议是可以提交中心调解与仲裁的。

可见,纯属当事国国内的争议不在中心管辖之内。如不同国家个人和法人之间的争议、国家间的争议、国家同本国国民或非受外国控制的本国法人间的争议,均不属中心管辖。

3. 中心对投资争议的管辖权必须基于当事人各方的“书面同意”

当事人各方同意是中心管辖权的基石。要求:(1)批准或加入公约本身并不等于缔约国承担了将某一特定争端提交中心调解或仲裁的义务。某一具体争端是否被中心管辖,还必须有争端国与该项目的投资者之间的同意,即书面明示将此争端提交中心解决。(2)任何缔约国可以通知中心,它愿意或不愿意将此类争端提交中心管辖,这是公约给予各缔约国的权利。但这种通知并不构成同意,同意必须是双方就某一具体争议作出的共同意思表示,同意应在通知的范围内进行。(3)当事人各方一经同意,任何一方不得单方面撤销。

上述 Amco 公司诉印度尼西亚政府一案属于因投资引发的政府行政许可类争议。双方对管辖的争议焦点在于该案是否符合公约所要求的“当事人各方书面同意”提交 ICSID 管辖的问题。印尼政府认为股权的转让不能带来诉诸仲裁权利的当然转让,因为当事人一方同意与股权转让方仲裁,不一定就同意与股权受让方仲裁。而仲裁庭则根据“印尼政府的批准文件未明确排除提交仲裁的权利”这一理由,倾向于延伸“同意”主体。

从上述案例可看出,在管辖权问题上,ICSID 倾向于扩张其管辖权,这种管辖权扩张主义,到底利弊如何,实值密切关注,并予以高度重视。

(二)ICSID 仲裁的准据法适用

1. 根据《华盛顿公约》第 42 条第 1 款的规定,仲裁庭优先适用当事人选定的准据法。

2. 如当事人对法律适用没有约定的,仲裁依据的准据法为争端一方的缔约国的法律(包括其冲突法规则)以及可能适用的国际法规则。

3.《华盛顿公约》第 42 条第 3 款同时规定了公允及善良原则作为仲裁依据,赋予了仲裁庭在特殊情况下放弃适用具体法律进行裁决的权利,强调了裁决的公正性和社会效应。

(三)ICSID 的调解和仲裁程序

1. 请求调解或仲裁的程序

投资争端发生后,希望采取中心主持下的调解或仲裁程序的任何缔约国或缔约国的任何国民,应向秘书长提出书面请求。该请求包括有关争端问题的材料,双方当事人身份及提交中心调解或仲裁的书面同意等内容。

秘书长有权审查请求,并根据请求材料决定是否予以登记,无须征求争端另一方的意见。如果发现争端显然在中心管辖之外,可以拒绝登记。秘书长拒绝登记的决定是终局性的。

2. 调解委员会或仲裁庭的组成

如果争端双方当事人对调解员或仲裁员的人数及任命方式未能达成协议,调解委员会或仲裁庭由三名调解员或仲裁员组成,即由争端当事人双方各任命一人,第三人由双方协议任命,并担任调解委员会主席或仲裁庭庭长。若当事人双方难以达成协议或一方拒绝任命,经任何一方请求,行政理事会主席应在尽可能同双方协商后,予以任命。

3. 仲裁裁决

仲裁由仲裁庭多数作出,裁决对双方具有终局效力,双方必须执行。不服裁决的救济仅限于两种:请求对裁决作出修改和宣告裁决无效。

(四)ICSID 裁决的承认与执行

一般国际商事仲裁裁决的承认与执行,依《纽约公约》需要按被申请国国内法的程序和要求申请承认和执行。这是因为《纽约公约》将裁决作为外国裁决看待,允许被请求执行国对裁决进行审查、以各种理由拒绝承认和执行裁决,以致仲裁裁决能否在被请求执行国得到顺利执行带有不确定性。

相比较而言,ICSID 公约的裁决更具有可执行性。该公约将裁决等同于缔约国国内法院的最后判决,每一缔约国都应予承认和执行,不得对裁决进行实质审查,也不得以任何理由(包括公共秩序保留)拒绝承认和执行。但 ICSID 仲裁裁决在执行时也会遭遇到现实中的阻碍,比如:

1. 当被执行财产在败诉国时,败诉的东道国以本国国内法程序为由拖延履行裁决。在 2001 年 CMS Gas Transmission Company 诉阿根廷政府案中,ICSID 裁决阿根廷政府败诉,但是阿根廷政府没有主动将赔偿额直接支付给投资者,而是要求投资者根据阿根廷国内法律中关于执行国内最终判决的程序,向指定的法院提交裁决、请求执行。其理由是:ICSID 裁决在性质上相当于阿根廷国内的最后判决,但在执行程序上应依据阿根廷执行国内最终判决的程序向指定法院申请执行。

2. 当被执行财产在第三国时,第三国以国内法规定的主权国家豁免为由拒绝强制执行 ICSID 裁决。在 1986 年利比里亚东方木材公司诉利比里亚共和国政府案中,利比里亚政府败诉,东方木材公司向美国南区法院要求强制执行裁决,执行对象是利比里亚政府在美国应收取的轮船吨费、登记费和其他税费。美国法院认为，船东应付给利比里亚政府的船舶吨费、登记费和其他税费不属于商业财产，而是利比里亚政府的税收收入，根据美国的《外国主权豁免法》，这些财产不能执行。

(五)ICSID 裁决的监督机制

《华盛顿公约》对 ICSID 所作出的仲裁裁决规定了内部监督机制，主要包括裁决的解释、修改和撤销三个方面的内容。①

1. 解释。如果双方对裁决的意义或范围发生争议，任何一方可以向秘书长提出书面申请，要求对裁决作出解释。原则上应将该项要求提交作出裁决的仲裁庭；如不可能原仲裁庭解释时，才组织新的仲裁庭进行解释。在解释过程中仲裁庭如认为情况有必要的，可以在解释作出之前停止执行裁决。

2. 修改。当事人任何一方如发现某项其性质对裁决有决定性影响的事实，可向秘书长提出书面申请要求修改裁决，但必须以在作出裁决时仲裁庭和申请人都不了解该事实为条件，而且申请人不知道该事实并非由于疏忽所致。申请应在发现该事实后的 90 天内，且无论如何应在作出裁决之日后 3 年之内提出。与解释程序相同，该项要求应提交作出裁决的仲裁庭。如果不可能这样做，才能另组新的仲裁庭进行修改。仲裁庭如认为情况有此需要，可以在作出决定前，停止执行裁决。如果申请人在申请书中要求停止执行裁决，则应暂时停止执行，直到仲裁庭对该要求作出决定为止。

3. 撤销。依照《华盛顿公约》第五节的规定，如存在：仲裁庭的组成不适当、仲裁庭显然超越其权力、仲裁庭的成员有受贿行为、有严重的背离基本程序规则的情况和裁决未陈述其所依据的理由这五种理由的，当事人可以向秘书长提出书面申请，要求撤销裁决。对撤销裁决申请应在作出裁决之日后 120 天内提出，但以受贿为理由而要求撤销者除外，该申请应在发现受贿行为后 120 天内，并且必须在作出裁决之日后 3 年内提出。如果裁决被撤销，则经当事人任意一方的请求，可将争端提交给新仲裁庭重新审理。

三、ICSID 机制与中国

ICSID 是一个很完整全面的争议解决体制，它为投资者和东道国之间的投资争端提供了一个独立、相对公正且高度法律化的解决平台，并且依托世

---

① 李万强：“完善我国涉外仲裁监督机制的类比研究”，载《政法论坛》2000 年第 4 期。

界银行,其裁决具有较强的执行力。但接受 ICSID 机制对于一个国家是利益与风险并存的。追求在双边投资条约中确立高标准固然有利于保护本国对外投资,但一般来说,也意味着要为外来投资提供同样的高标准保护,在通过协定概括承认 ICSID 管辖权时,也意味着国家在国际仲裁庭上被诉、对外国投资者作出赔偿的概率大大增加。例如,阿根廷在 1992 年加入了《华盛顿公约》,1998 年国家经济开始进入衰退,截至 2008 年 8 月 20 日,在 ICSID 机制内,阿根廷共涉案 47 起,其中 CMS 天然气运输公司诉阿根廷案的索赔金额就超过 2 亿美元。[①] 由于阿根廷等南美国家在 ICSID 仲裁中深陷被动,导致这些国家近年来对 ICSID 的态度发生转变,被解读为在深受 ICSID 仲裁不利裁决困扰后的自我保护措施。

1992 年 7 月 1 日中国批准加入《华盛顿公约》,1993 年 1 月 7 日中国向 ICSID 交存批准加入书,1993 年 2 月 6 日《华盛顿公约》对我国生效。在中国批准《华盛顿公约》的时候,中国政府根据《华盛顿公约》第 25(4)条提交给 ICSID 的英文声明表述为:中国只考虑将因为征收和国有化而引起的赔偿争议提交给 ICSID。而且,一国批准《华盛顿公约》并不意味着 ICSID 对该国基于投资所产生的法律争议具有当然的管辖权。中国同意 ICSID 管辖权的依据,必须体现在中国和其他国家缔结的双边投资条约中。

根据中国参与的双边投资条约缔结的实践,中国在双边投资条约中对 ICSID 投资争议的管辖权分成三种情况:第一种是没有规定 ICSID 的管辖权,投资者和中国之间的争议应提交给中国主管法院,对征收和国有化补偿额的争议可以在双方同意的前提下提交给临时仲裁程序。这种情况发生在 1993 年中国尚未批准《华盛顿公约》之前。第二种是规定了东道国和投资者关于征收补偿数额的争议,如果自当事任何一方要求友好解决之日起 6 个月内未能解决的,则根据该投资者的要求,可提交参考 1965 年 3 月 18 日签订的《华盛顿公约》而组建的调解委员会和仲裁委员会,或者直接规定了提交给 ICSID。一国政府和另一国投资者之间关于其他事项的争端,可根据双方的同意,提交如上所述的仲裁委员会。第三种是在双边投资条约中约定投资者可以单方面将投资争议提交给 ICSID,这一条款最早在 1998 年中国—巴巴多斯双边投资条约中出现,然后在后续的其他双边投资条约中也

---

① 刘京莲:《阿根廷国际投资仲裁危机的法理与实践研究——兼对中国的启示》,厦门大学出版社 2011 年版,第 26 页。

开始出现,即趋向于全盘接受 ICSID 的管辖权。

ICSID 的全面开放,将会给我国带来新一轮的挑战,同时也会给我国对外投资者带来机遇,为我国企业“走出去”提供了更多保障自身权益的途径和平台。中国企业“走出去”,在更宽广的国际舞台上发展壮大,是一个永恒话题,在竞争中做大做强,同时也要警惕风险,在 ICSID 机制中,尤其要如此。

第五节 “善借外力”的智慧
——国际民商事司法协助制度

一、从“中国判决在美执行第一案”说起

2011 年 6 月底,湖北商人蔡辉手中持有的湖北省高级人民法院的判决在美国获得执行,这是中国法院判决首次在美国得到承认与执行。蔡辉旗下的湖北三联实业股份公司获得全球直升机生产巨头罗宾逊公司本息总计六百余万美元的赔偿。对细节高度重视、对程序充分尊重,对国际民商事司法协助制度准确运用,使得这次历时长达 17 年的艰难跨国维权行动最终取得了圆满的结果,成为借助外力打赢官司的经典案例,而蔡辉则在不经意间成了中美司法协助史上第一个吃螃蟹的人。

湖北葛洲坝三联公司向美国法院申请执行
中国法院就美国罗宾逊公司所供直升机产品责任损害判决案

1994 年,湖北葛洲坝三联实业公司(以下简称三联实业公司)购买 Robinson Helicopter Company, Inc.(以下简称罗宾逊公司)R－44 直升机一架。但该直升机在首次载客时就发生事故坠毁,导致机上 3 名游客遇难身亡。1995 年 3 月,三联实业公司在罗宾逊公司所在的美国加利福尼亚州洛杉矶县高等法院提起诉讼,主张直升机坠毁是产品质量问题所致,要求罗宾逊公司赔偿损失。罗宾逊公司被诉后立即提出动议,主张:“中国法院是更为适当的法院,因为中国拥有独立的司法主权,中国法院对此案具有更为适当的管辖权,中国法律制度遵循法律的正当程序。如果案件由中国法院审理,被告将放弃诉讼时效的抗辩,并保证履行中国法院的判决。”同年 11 月,洛杉矶法院以“不方便法院”原则,裁定中止诉讼。

2001年1月14日,湖北省高院受理了三联实业公司对罗宾逊公司的起诉。由于中美两国均为《海牙送达公约》缔约国,因此在该案传票、诉状以及出庭通知等相关文件送达过程中,湖北省高院得到美国司法部的司法协助。2004年12月,湖北省高院作出判决,支持三联实业公司的大部分诉讼请求,罗宾逊公司缺席了在中国的审判。

由于罗宾逊公司在中国没有可供执行的财产,为实现判决,三联实业公司遂向美国法院申请执行。加州联邦地区法院对罗宾逊公司“中国法院审理时已过诉讼时效”的抗辩予以支持,三联实业公司随即向美国第九巡回上诉法院提起上诉,强调了罗宾逊公司曾经作出过放弃时效的承诺,上诉法院认为罗宾逊公司此前曾作出放弃抗辩承诺,该公司拒绝执行败诉结果,违反了“禁止反言”原则,认定三联公司在中国向罗宾逊公司提起的诉讼没有违反诉讼时效。2009年7月,加州联邦地区法院开庭重审,法院支持了三联实业公司的请求,承认湖北省高院对本案的判决效力;罗宾逊公司不服,于当年10月向美国第九巡回法院提起上诉;2011年3月,美国联邦第九巡回上诉法院驳回了罗宾逊公司的上诉请求。2011年6月底,在美国法院裁判的支持下,湖北省高院的判决得以执行,三联公司获得了总额约650万美元的赔偿及相应利息。

在上述案例中,中国公司巧借美国法院的协助打赢了和美国公司的一场官司。通过这一案例,我们可以看到,随着中国企业“走出去”步伐的加快,如何通过外国法院的协助来有效化解涉外法律风险,已成为中国企业绕不开的一个课题。国际民商事司法协助是解决国际民商事争议的一项重要制度,其着眼点就在于借外国司法机构协助之力、通过国际间互利互惠的司法合作实现国际民商事争议的有效解决,从而达到维护各方合法权益、促进国际经济社会发展的目的。对于中国企业来说,它是实现“风险可控走出去,互利共赢走出去”可资利用的有力武器。

二、国际民商事司法协助的基本问题

国际民商事司法协助,一般是指一国司法机关应另一国司法机关或当事人的请求代为履行一定司法行为的制度。主要包括代为送达文书、代为调查取证、提供法律资料、承认和执行外国法院判决或仲裁裁决。

(一)国际民商事司法协助的途径

从各国的立法和实践看,国际民商事司法协助一般依照国际条约或互惠原则开展和进行，所涉机构主要包括一国的中央机关（一般为司法部）、主管机关（一般为司法机关）和外交机关，通过外交途径、领事渠道、司法机构直接联系等方式实现。中央机关在国际民商事司法协助中主要起联系、协调作用，其主要职责包括：接收、审查、转递司法协助请求（包括向内和向外两方面的请求），反馈司法协助请求执行结果，必要时协调国内主管机关依照国际条约及国内立法的相关规定执行有关司法协助请求。

（二）国际民商事司法协助的法律适用

国际民商事司法协助的法律适用，是指被请求国司法机关在提供国际民商事司法协助时，应依何国法律来具体实施此种司法协助行为。目前，国际条约和各国立法大都规定国际民商事司法协助问题适用被请求国法律而不管请求国法律的规定如何。但在特定情况下，也可以适用请求国法律。例外适用请求国法律的情形主要包括：（1）依请求国提出的特别程序或方式提供国际民商事司法协助。不过此种特别程序或方式不得与被请求国法律或公共秩序相抵触。（2）对国外取得的证据主要依请求国法律确定其效力。

（三）国际民商事司法协助的拒绝

从有关国际条约及各国立法的规定来看，被请求国遇有以下情况之一时可拒绝请求国法院的司法委托：一是委托的送达违反被请求国法律或有关国际条约所规定的必要程序；二是对于请求国法院委托文件的真实性存在疑问；三是委托履行的行为根据被请求国的法律不属于被请求国司法机关的职权范围；四是委托履行的行为是被请求国法律所明文禁止的诉讼行为；五是委托履行的行为与履行地国家的主权和安全不相容；六是委托履行的行为显然违背被请求国的公共秩序或公共政策；七是两国间不存在相关国际条约或互惠关系。

此外，亚非国家《关于国外送达民商事案件中诉讼文书和调查取证司法协助的双边条约的范本草案》还将“委托的执行可能侵害有关当事人的基本权利，或委托涉及不应泄露的机密情报”作为拒绝执行委托的理由。①

① 李双元主编：《国际私法》（第三版），北京大学出版社 2011 年版，第 387 页。

三、我国开展国际民商事司法协助的现状

(一)我国开展司法协助的法律依据

《民事诉讼法》第276条第1款规定:“根据中华人民共和国缔结或者参加的国际条约,或者按照互惠原则,人民法院和外国法院可以相互请求,代为送达文书、调查取证以及进行其他诉讼行为。”因此,司法协助的国际条约和互惠关系的存在,是中国与他国之间相互提供民商事司法协助的依据。

目前,我国开展国际民商事司法协助的法律依据主要包括多边国际条约、双边国际条约、国内法律法规及其他规范性文件,具体情况如表6-1所示:

表6-1 我国开展司法协助的法律依据

多边条约	我国政府已经批准加入了多个含有司法协助性质或内容的国际多边条约。目前适用范围最广的三个多边条约为《纽约公约》《海牙送达公约》及《海牙取证公约》	
	《承认及执行外国仲裁裁决公约》(即《纽约公约》)	《纽约公约》是一项被广泛接受且极其成功的处理外国仲裁裁决承认及执行问题的国际公约,至今已有156个国家加入了该公约(缔约国名单见附表5)。因此,仲裁裁决可以在许多国家可以得到承认和执行,这是仲裁作为国际民商事争议解决手段的一大优势
	《关于向国外送达民事或商事司法文书和司法外文书公约》(即《海牙送达公约》)	《海牙送达公约》是迄今为止在国际民商事诉讼领域司法文书送达方面影响最为广泛的公约。目前加入该公约的国家已有71个(缔约国名单见附表7)① 该公约详细规定了民商事涉外诉讼中关于起诉状等司法文书的送达程序、送达方式及送达和接受主体等有关问题。中国在加入《海牙送达公约》时对送达方式做了保留,只允许外国法院、驻华使领馆、律师事务所等机构通过中国司法部和法院系统进行送达,中国对于外国常用的邮寄等送达方式不承认其合法性
	《关于从国外调取民事或商事证据的公约》(即《海牙取证公约》)	《海牙取证公约》旨在协调大陆法系国家与英美法系国家之间在域外取证方面的冲突,生效后得到国际社会的普遍认可,构成了国际社会域外取证国际合作的法律基础。目前该公约的缔约国已经达到59个,②但仅在我国与38个国家之间有效(缔约国名单见附表8)。 该公约主要规定了三种取证方式:请求书取证、外交代表和领事取证、特派员取证。我国在加入《海牙取证公约》时对特派员取证做了保留,只承认请求书取证及一定条件下的领事取证。 值得注意的是,《海牙取证公约》并非在所有的成员国之间有效。根据该公约第39条第4款规定:“对公约的加入只有在加入国和声明接受其加入的缔约国之间有效”

① 数据来源:https://assets.hcch.net/docs/ccf77ba4-af95-4e9c-84a3-e94dc8a3c4ec.pdf,2016年7月17日访问。

② 数据来源:https://assets.hcch.net/docs/ccf77ba4-af95-4e9c-84a3-e94dc8a3c4ec.pdf,2016年7月17日访问。

续表

双边条约	截至2016年1月,我国已同法国、波兰、蒙古、波黑、罗马尼亚、意大利、西班牙、俄罗斯、土耳其、古巴、泰国、埃及、保加利亚、白俄罗斯、哈萨克斯坦、乌克兰、匈牙利、希腊、塞浦路斯、摩洛哥、吉尔吉斯斯坦、塔吉克斯坦、新加坡、乌兹别克斯坦、越南、老挝、突尼斯、立陶宛、韩国、阿联酋、朝鲜、科威特、秘鲁、阿根廷、巴西、阿尔及利亚等38个国家签订了民、商事司法协助条约,其中36个条约已经生效。①(已经生效条约的缔约国、条约名称和生效日期见附表4) 上述双边条约因司法协助内容不同而分为三种情况:一是对民商事方面的送达文书、调查取证、判决的承认与执行等做了全面规定;二是仅规定民商事方面的送达文书和调查取证,不涉及外国判决的承认与执行;三是包括民商事和刑事的统一司法协助内容
国内法	我国关于民商事司法协助的国内法律法规及其他规范性文件主要包括: (1)《民事诉讼法》等相关法律中关于司法协助的规定。《民事诉讼法》第27章“司法协助”,对送达文书、调查取证以及法院判决或仲裁裁决的承认与执行,做了原则性的规定 (2)最高人民法院、外交部、司法部等部门颁布的有关规定、通知、司法解释等(具体的颁布机构、文件名称和颁布时间见附表21)。 我国参加的关于民商事司法协助的多边国际条约或双边国际条约的效力高于国内法,应优先适用。但我国声明保留的条款除外

(二)我国开展司法协助的中央机关及程序

1. 我国开展司法协助的中央机关

我国指定司法部为办理民商事司法协助事务的中央机关。目前,民商事司法协助事务由司法部下设的司法协助交流中心全面、独立承担。

另外,最高人民法院、最高人民检察院、公安部、外交部等部门在国际司法协助工作领域均不同程度地履行了司法协助中央机关的部分职能。②

2. 我国开展司法协助的程序

中国向相关国家提出司法协助请求的程序为:地方人民法院→最高人民法院外事局→中国司法部→各国中央机关。

另外,除司法部司法协助交流中心具体负责对外提出文书送达和调查取证请求外,根据最高人民法院《关于指定北京市、上海市、广东省、浙江省、江苏省高级人民法院依据海牙送达公约和海牙取证公约直接向外国中央机

① 中国外交部:“我国对外缔结司法协助及引渡条约情况”,载 http://www.fmprc.gov.cn/web/ziliao_674904/tytj_674911/wgdwdjdsfhzty_674917/t1215630.shtml,2016年7月19日访问。根据外交部网站资料显示,截至2016年1月底,我国已经缔结的民刑事司法协助条约共19项(全部生效)、民商事司法协助条约19项(17项生效)。

② 王晓鑫:“浅谈中国国际司法协助工作的历史与发展”,载《中国司法》2011年第9期。

关提出和转递司法协助请求和相关材料的通知》(法办〔2003〕297号)的规定,北京、上海、广东、浙江、江苏五省市的高级人民法院可直接向外国的中央机关提出文书送达和调查取证的请求。

中国受理外国司法协助请求的程序为:各国请求方提出请求→中国司法部负责接收并完成审查→最高人民法院外事局→地方人民法院执行送达请求。

(三)近年来我国开展司法协助的情况

自1988年中法司法协助协定生效以来,我国已与60余个国家签署了100余项双边司法协助条约和引渡条约,其中有40余项双边司法协助条约含有民商事案件司法文书送达和民商事案件调查取证的司法协助内容。1991年和1997年,我国先后加入了《关于向国外送达民事或商事司法文书和司法外文书公约》(即《海牙送达公约》)和《关于从国外调取民事或商事证据的公约》(即《海牙取证公约》)。截至2013年《关于依据国际公约和双边司法协助条约办理民商事案件司法文书送达和调查取证司法协助请求的规定》出台时,我国已经可以与67个国家和地区依据《海牙送达公约》相互委托送达民商事案件司法文书,与42个国家和地区依据《海牙取证公约》相互委托进行民商事案件调查取证合作。对于与我国尚未建立国际公约和双边司法协助条约关系的国家,我国也可以与其在互惠基础上通过外交途径相互委托送达民商事案件司法文书和进行民商事案件调查取证合作。① 再者,我国与外国相互提出并执行的司法协助请求数量逐年上升。近年来,中国法院审查、办理的司法文书送达、调查取证、引渡、被判刑人移管等司法协助案件,平均每年都在3000件以上。②

(四)我国司法协助工作的发展趋势

近年来,我国大力推动对外谈判民事司法协助条约工作,开展国际民商事司法协助的数量也一直呈上升趋势,但受很多客观因素限制,目前合作对象较少,配套立法相对滞后,工作效率也有待提高。未来随着我国对外交流的不断扩大和“走出去”战略的进一步实施,我国与外国之间互相请求民商

---

① “最高人民法院外事局负责人就《关于依据国际公约和双边司法协助条约办理民商事案件司法文书送达和调查取证司法协助请求的规定》答记者问”,载 http://www.law-lib.com/fzdt/newshtml/21/20130428150812.htm,2016年7月25日访问。

② 数据来源:“最高法:我国已与67个国家缔结司法协助条约”,载 http://finance.sina.com.cn/sf/news/2016-05-05/164929325.html,2016年7月18日访问。

事司法协助的数量将进一步增加，尤其是请求承认和执行法院判决或仲裁裁决的案件比重会逐步加大。同时，出于经济和社会发展的需求，我国将与更多的国家开展国际民商事司法协助，缔约范围、合作领域将不断扩大，简化程序、提高效率、完善相关立法将成为我国开展国际民商事司法协助的努力方向。①

四、“走出去”企业开展国际民商事司法协助需要注意的法律风险和防范措施

国际民商事司法协助对涉及其中的当事人来说是一把“双刃剑”。如果“走出去”的企业能够充分理解和恰当运用国际司法协助的相关制度和规则，可以有效地维护企业的合法利益，或者在不利的情况下尽量减少和避免跨国司法活动带来的不利后果。反之，则有可能因为不了解民商事司法协助的要求而失去本来应得的利益，极端情况下，即使在跨国诉讼或仲裁中胜诉，也会因为得不到相关国家法院的承认和执行而最终遭受严重损失。因此，对已经或即将“走出去”的中国企业而言，了解、熟悉和合理使用民商事司法协助的规则和要求，具有十分重要的现实意义。

（一）开展国际民商事司法协助需要注意的法律风险

1. 欠缺条约关系或互惠关系导致的风险

国际民商事司法协助一般以条约关系或互惠关系为基础。如果中国或法院地国与被请求国之间欠缺条约关系或互惠关系，通常会导致司法协助请求不被接受，从而显著增加中国企业在解决涉外法律纠纷过程中实现债

---

① 最高人民法院会同外交部、司法部先后会签了《关于执行有关程序的通知》《关于执行海牙送达公约的实施办法》，最高人民法院制定了《关于执行中外司法协助协定的通知》《关于指定北京市、上海市、广东省、浙江省、江苏省高级人民法院依据海牙送达公约和海牙取证公约直接向外国中央机关提出和转递司法协助请求和相关材料的通知》《关于就外国执行民商事文书送达收费事项的通知》《关于我国法院委托新加坡法院协助送达民事司法文书付费事项的通知》等一系列规范性文件。这些文件，主要规定了司法文书在人民法院内、外部的转递程序，很少涉及人民法院内部的审查机制和管理机制。在国际司法协助案件数量急剧增加、案件类型日益复杂、人民法院的审判职能与司法行政机关的事务性功能日渐明确的情况下，原有的规范性文件已经不能完全满足人民法院履行国际司法协助职能的需要，有必要制定人民法院内部的国际司法协助工作规范，以加强和改善人民法院国际司法协助工作，充分履行《中华人民共和国民事诉讼法》中所规定的人民法院在国际民事司法协助工作中的任务和职能，为我国民商事司法协助的健康快速发展提供有力保障。

权的难度。

目前,中国与大部分国家都未达成相互承认和执行法院判决的协议。其中既包括美国、英国、日本、德国、澳大利亚等主要经济贸易伙伴,也包括亚洲、非洲、拉丁美洲其他许多与中国企业有大量业务合作的国家。而互惠关系在实践中又很难得到认证。互惠关系意味着对外国承认和执行本国判决的情况与本国承认与执行外国判决的情况作出比较。由于查明外国是否在同一条件下承认和执行本国判决是困难的,所以互惠关系在实践中难以真正发挥效用。

在司法协助方面欠缺条约关系或互惠关系,对中国企业解决涉外纠纷的不利影响主要体现在以下两个方面:

一方面,如果将争议提交我国法院解决,当对方当事人的财产主要位于与我国没有条约关系或互惠关系的国家境内时,中国企业很难在该国对与案件有关的资产采取有效的临时保全措施,从而使对方当事人有机会通过提前转移资产恶意逃避法律责任。而且在欠缺条约关系或互惠关系的情况下,即便中国企业在国内法院取得胜诉判决,也难以根据该判决实现债权。

另一方面,与此相类似,如果将争议提交甲国(东道国或其他国家)的法院解决,对方当事人的资产又主要位于乙国境内,在甲国与乙国不存在条约关系或互惠关系的情况下,中国企业很难在乙国对与案件有关的资产采取有效的临时保全措施,而且即使胜诉也无法使判决在乙国得到执行,同样给中国企业实现债权造成法律障碍。

2. 司法协助程序运用不当导致的风险

与司法协助相关的国际条约通常对缔约国之间开展司法协助的范围、内容、程序、条件等作出了明确规定。如果不按照条约的规定执行,或不具备条约规定的承认或认可的条件,一方提出的司法协助请求将被拒绝。

在司法协助实践中,程序运作不规范、不严谨,从而导致请求无效或时机延误现象时有发生。以司法协助请求书的传递来说,有的本应通过司法部传递,却采取了直接传递方式,导致请求被拒绝执行;有的本可以直接传递,却又交给了司法部,造成程序延误。还有一些法院和当事人不熟悉请求书的要求,提出的请求书或地址不对,或内容不全,或材料不齐,导致请求被延误。

此外,由于域外送达、取证、执行判决或裁决等国际民商事司法协助程序在实践中存在周期长、障碍多、效率低的问题,对方当事人有可能通过提前转移资产、金蝉脱壳等方式，恶意逃避法律责任。

3. 适用被请求国法律导致的风险

司法协助国际条约中往往规定被请求国一方在其境内执行司法协助请求时应适用其本国法，因此，司法协助请求的最终效果受被请求国的国内法影响较大。

被请求国的国内民事诉讼法关于调查取证、文书送达、案件管辖、案件执行的相关规定，对司法协助请求能否得以执行具有直接的影响，这种影响在执行判决、裁决中体现得尤为明显。比如，根据被请求方法律，作出判决的法院没有管辖权、被裁决事项不被允许以仲裁方式处理、自然人当事人不具备相应的身份或能力、申请执行的时间超过了法定期限等，都将导致请求执行的判决、裁决不会得到承认和执行。

4. 公共秩序保留原则导致的风险

“公共秩序保留”是民商事司法协助中一项各国普遍接受的规则，即如果民商事司法协助事项与被请求国的重大利益、基本政策、道德的基本观念或法律的基本原则相抵触，被请求国有权拒绝提供协助。

目前，几乎所有关于民商事的国际条约都规定，当缔约国履行条约将有损于其主权、国家安全或公共秩序时，缔约国有权不予履行。而判定一项司法协助请求是否有损于一国主权、安全或公共秩序，往往受到两国间政治关系、经济关系等因素的影响，因此，法律外的因素对司法协助请求能否得到执行的影响同样不可忽视。如果有的国家为了保护本国当事人利益，或者是当时两国关系比较紧张，故意以此为借口不提供司法协助，就会给请求方的当事人带来意外的风险。

（二）开展国际民商事司法协助需要采取的风险防控措施

针对上述问题，我国“走出去”的企业有必要采取以下措施防范国际民商事司法协助方面的法律风险：

1. 投资前调查我国与东道国是否已缔结或参加民商事司法协助的国际条约、是否存在提供司法协助的互惠关系

我国境外投资几乎遍及全球，但目前仍有不少国家与我国之间不能相互提供司法协助。因此我国企业在投资前，有必要充分了解相关国家对外司法协助的情况以及相关实体在境外的资产情况，从而有针对性地设计争议解决条款，选择适当的争议解决方式，有效保障企业资产安全。

以“走出去”的银行为例，需要了解的内容包括：借款人和担保人的所在

国和住所;借款人和担保人可供执行的大宗财产所在国;东道国、借款人和担保人所在国及其财产所在国与中国签订和执行双边或多边司法协助条约的情况,是否存在互惠关系;东道国、借款人和担保人所在国及其财产所在国相互之间签订和执行司法协助条约的情况,是否存在互惠关系;东道国、借款人和担保人所在国及其财产所在国关于诉讼、仲裁和民事司法协助的法律。

具体操作上,我国企业可以向我国的司法协助管理机关咨询我国相关条约的签署和生效情况,或者委托我国和东道国律师进行调查。对于两国之间不具备司法协助条件的东道国,投资决策时要充分考虑到双方国家将来相互不能提供司法协助的风险,并在选择民商事争议解决法院或仲裁机构的时候,尽可能选择与双方国家均有司法协助国际条约或存在互惠关系的国家的法院或仲裁机构解决争议。

2. 主动和善于利用司法协助的规则维护自身合法利益

我国企业对国际民商事司法协助普遍重视不够,对相关法律制度、规则知之甚少,在发生对外投资纠纷涉及民商事诉讼或仲裁时,主动请求司法协助的更少。我国企业因不了解司法协助规则而失去了本来可以得到的利益或遭受了本来可以避免的损失的情形实践中也曾经发生过。实际上,如果我国企业能够充分了解和运用相关规则,完全可以充分维护自身权益或避免损失。加拿大一家彩印包装设备供应商诉上海某集团下属两家包装公司案就是一个很好的例子,在这起案件中,我国企业利用对国际条约、中国法律以及加拿大法律的了解,没有盲目应诉,采取措施得当,拒不理睬外方的错误送达,没有进入诉讼程序就取得了有利的结果。

加拿大一家彩印包装设备供应商
诉上海某集团下属两家包装公司案

上海某集团下属两家包装公司于 2000 年与加拿大的一家彩印包装设备供应商签订了一份设备引进合同,但是,由于中方对国际交易习惯和国际贸易合同缺乏了解和不够慎重,单方面决定中止合同,并于 2000 年 3 月 24 日正式通知了外方。随后,中方又与另外一家德国设备供应商签订了新的合同。加国供应商遂以合同违约、商业侵权为由,向加拿大安大略省高等法院提起诉讼。原告律师 2000 年 11 月 27 日以传真方式向被告送达了起诉状。但是,熟悉中、加两国法律的被告律师发现,尽管中国和加拿大都是《海牙送达公约》的成员国，但无论是加拿大的规则，还是《海牙送达公约》第10条，都不允许以传真的方式送达法院传票，中国在加入《海牙送达公约》时，对有关条款也作出了保留，一般须通过我国的中央机关，即司法部递交。因此，中方完全有理由对该传票不予理睬，即使法院错误地作出缺席判决，我方也有充分的理由申请撤销此项缺席判决。在这种情况下，我方当事人对该送达不予理睬。2001年5月，原告放弃了针对被告的诉讼。

由此可见，“走出去”企业应加强对国际司法协助程序规定的研究。一方面，在提出送达或取证请求时，应确保地址有效（如合同约定的联系地址或起诉当时被告的法定登记地址）、内容全面、材料完整、程序合规；另一方面，应加强与司法部门的沟通，在诉讼或仲裁过程中，特别是在法治欠发达国家诉讼或仲裁时，应积极跟踪司法协助进程，妥善履行相关义务，避免或及时补救程序瑕疵。

3. 在一国难以提供司法协助的情况下，不要轻言放弃，应作积极争取或请求他国提供司法协助

无论是在发展中国家还是在发达国家，司法保护主义仍有广泛的市场，并在一定程度上影响司法的公正性和中立性。比如，在执行过程中到对方当事人财产所在国请求民事司法协助时，易遭遇司法保护主义的障碍，相关国家可能以种种借口搪塞或拒绝提供司法协助，使我方权益难以得到公平、公正、有效的保护。如果遇到此类问题，可以尝试通过外交途径向相关国家施加压力。

当法院地国与被请求国之间欠缺司法协助条约关系或互惠关系时，可以考虑在被请求国法院或与对方当事人财产所在国有条约关系的第三国法院诉讼解决。如果选择诉讼在第三国进行，原则上应确保在第三国进行的诉讼中，能够请求财产所在国的法院查封、冻结、扣押对方当事人财产，并保证判决能够得到实际执行。

有些司法管辖区对提供民商事司法协助（特别是承认和执行判决）已经放弃了对互惠关系的要求。如果对方当事人在这些司法管辖区有可供执行的财产，则可以考虑在这些司法管辖区请求民商事司法协助。例如，美国多个州适用的《统一外国金钱判决承认法》未将互惠关系作为承认和执行外国法院金钱判决的条件，法国也不将条约或互惠关系作为承认和执行外国法院判决的条件。

此外,如果我国与另一国家未缔结或参加司法协助条约,又不存在互惠关系,这种情况下是否就绝对不能向对方国家申请司法协助呢?答案是否定的。德国旭普林国际有限责任公司与无锡沃可通用工程橡胶有限公司案即是一个典型。

德国旭普林国际有限责任公司
与无锡沃可通用工程橡胶有限公司案

2002年12月12日,德国旭普林国际有限责任公司(以下简称德国旭普林公司)与无锡沃可通用工程橡胶有限公司(以下简称无锡沃可通用公司)签订了一项工程合同。双方在合同中约定:“若发生争议适用ICC仲裁规则,仲裁地点在上海。”在合同的履行过程中,双方果然发生争议。争议发生后,德国旭普林公司于2003年4月23日向ICC提出仲裁申请。2004年3月30日,ICC上海仲裁庭作出终局仲裁裁决,裁定被申请人无锡沃可通用公司败诉并向申请人德国旭普林公司支付4,578,597元人民币和55,000欧元。

由于无锡沃可通用公司在仲裁过程中提出仲裁协议无效,德国旭普林公司遂于2003年4月29日向无锡市中级人民法院(以下简称无锡中院)提起诉讼,请求确认合同中的仲裁条款的有效性。经请示最高人民法院,无锡中院于2004年9月2日作出判决,驳回了德国旭普林公司的起诉,判定合同中的仲裁条款无效。同时,德国旭普林公司于2004年8月17日向无锡中院提出的执行ICC上海仲裁裁决之申请也被驳回。与此同时,德国旭普林公司在德国柏林高等法院也提出了承认与执行该ICC上海仲裁裁决的申请。被申请人无锡沃可通用公司在答辩时出示了无锡中院作出的仲裁条款无效及仲裁庭无管辖权的判决,辩称:“据裁决作成所在国法律,裁决的有效性未得到承认。”2006年5月18日,柏林高等法院作出承认无锡中院判决的判决:驳回申请人提出的承认与执行ICC上海仲裁裁决的申请,不承认与执行ICC上海仲裁庭于2004年3月30日所作成的具有终局效力的上海仲裁裁决。

该案中,德国律师认为《德国民事诉讼法》第328条第1款第5项存在关于互惠的规定;由于中国法院不仅从未承认与执行德国法院判决,相反还有拒绝承认德国判决的案例,因此德国法院不应承认中国判决。但德国法院却更着眼于两国未来的司法与经贸合作,在叙述适用互惠原则的理由时指出:“由于中、德之间不存在相互承认法院判决的国际条约,那么具体司法实践就成了处理案件的依据。如果双方都等待对方先迈出一步，自己再跟进给予对方互惠的话，事实上永远不可能发生相互间的互惠，互惠原则也只能是空谈而已，这种情况并不是立法者和执法者所希望的。为了在没有签订国际条约的情况下不妨碍相互承认法院判决的向前发展，要考虑的是，如果一方先走出一步，另一方会不会跟进。按现在国际经贸不断发展的情况，中国有可能是会跟进的。”德国法院亦因此扫除了承认中国民商事判决的障碍。①

通过上述案例可以看到，在我国与外国既未缔结或参加民商事司法协助条约，也不存在互惠关系的情况下，向外国申请司法协助仍有可能成功。国际交往，讲究的是互利共赢。时代在进步，各国的司法理念也在进步，国与国之间相互提供司法协助，日益呈现出一种开放的趋势。我国企业在“走出去”的过程中，必要时应当积极通过国际民商事司法协助，最大限度地维护自身的合法利益。

第六节 未雨绸缪：争议解决方式的选择

在了解了诉讼、仲裁以及 ICSID 的制度内容之后，如何选择争议解决方式自然就成了一个需要审慎思考的问题。那么，在选择争议解决方式的时候需要遵循哪些原则？各项制度之间又存在哪些利弊优劣？是否还需要考虑其他社会经济因素？本节将试图给这些问题提供一个可供参考的答案。

一、选择争议解决方式应遵循的原则

中国企业“走出去”必然要面对不同的国家、不同的语言、不同的法律体系和文化背景，而参与各方和其所在国家也都有着不同的政治、经济利益考虑，业务开展过程中出现争议或纠纷也就成了不可避免的问题。在全球发生金融危机的当下，在跨国商事交易中事先考虑争议解决方式和管辖法律的选择问题，可能比以往任何时候更具现实意义。如果等到争议发生后再

---

① 谢胜新：“条约与互惠缺失时中国判决的域外执行——以美国法院执行中国民商事判决第一案为视角”，载《环球法律评论》2010 年第 4 期。

去考虑这些问题,或者认为即便不选择到时候也可以依靠当地法院解决纠纷,投资者可能面对的就是时间漫长、费用巨大、结果不可预见的法律程序。因此,跨国商事合同的当事人必须投入必要的时间和精力,把未来发生争议如何解决的问题作提前规划。既然如此,选好争议解决的方式和路径,对企业的持续发展和投资者合法利益的保护将产生深远的影响,并有着重大意义。

(一)综合选择原则

不论诉讼或者仲裁制度各自存在怎样的优点和不足,都不能仅通过单一因素的考虑就作出最终的选择。不论这一因素是效率、执行力、成本或其他任何因素,都不足以成为选择一种争议解决方式的充足理由。假设一家中国企业与某国A公司签署一份协议,目的在于购买A公司在第三国的一笔资产,这笔交易的争议解决方式该如何选择?在思考这个问题时,要考虑很多因素。例如,资产的性质是什么(股权、设备还是知识产权)?三个国家对于该种资产的购买有什么法律要求?三国之间的国际政治关系怎样?协议的准据法是如何确定的?各国的法律制度完善程度如何?各国对外国诉讼裁决和争议裁决的执行情况如何?等等。所以,即使对于一个简单的交易而言,也必须充分考虑到项目涉及的全部因素,才能确定一个最有利于自身利益保护的争议解决方式。

(二)适用法律与争议解决方式的协调原则

争议解决方式的选择和适用法律(或者说合同准据法)的选择是不可分割的,两者的协调一致是争议解决方式有效运作的重要条件。这种协调体现在很多方面,或者说两者本就是一体的。简单来说,争议解决方式不仅仅是诉讼和仲裁的区分,更是在哪个法院诉讼和在哪个机构仲裁之间的区分。这就自然关系到法院和仲裁机构所在国的法律,以及它们本身所要求的程序规则。对于中国投资者而言,应关注以下几个问题:

首先,适用法律应当是我们熟悉的,至少是在国际经济贸易中常用的法律。当然,能够适用中国法最好。退而求其次的选择就是确保适用法律的中立性。尤其是一个国家或其政府作为交易相对方时,更应当坚持适用该国以外的法律。其次,要考虑适用法律语言的便利性。无论是合同所适用的语言还是争议解决程序适用的语言,都应当是我们所熟悉的语言,以便更准确地理解和表达各种法律概念,避免语言不熟悉产生不必要的麻烦。最后,适用法律能够被合同约定的有管辖权的法院或仲裁庭所熟悉,这将便于争议解决的进行,保证法律适用及裁决执行的准确高效。

(三)可执行性优先原则

裁决的执行是争议解决的目的和核心,如果裁决不能得到承认和执行,即使争议解决方式选择是正确的,所获得的裁决也是公正且有利于中国企业的,但由于其难以执行而会成为一纸空文。所以,在选择争议解决方式时,对裁决可执行性的考虑应当位于优先位置。为此,首先要回答一系列的问题,如交易或投资的主要资产位于何国?争议最后解决的裁决结果需要在哪一个国家得到执行?该国的法院在承认和执行外国司法判决和仲裁裁决上的态度如何?是否和作出裁决的国家有关于司法判决和仲裁裁决承认和执行的双边条约或互惠关系?这些问题对于选择争议解决方式和地点并确保裁决的执行非常关键。

二、不同争议解决方式的比较

(一)以诉讼方式解决争议的利弊分析

1. 以诉讼方式解决国际商事争议的优势分析

第一,诉讼强制措施能促使债务尽快实现。在国际商事活动中,当事人选择诉讼解决争议的主要原因是法院诉前财产保全程序、督促程序等可以保证债权较快实现。虽然现代国际商事仲裁活动已经注意到了对临时性法律保护程序的利用,各国立法大都规定了仲裁当事人可以同时寻求财产保全等司法措施。但是,通过法院诉讼解决国际商事纠纷的这一传统优势,仍然是十分突出的。

第二,诉讼的公开性特点会对债务人产生一定的威慑力。在不涉及外交关系和商业秘密时,诉讼活动的公开性能对当事人形成一定的压力和声誉影响,促使债务人尽早履行义务。而仲裁审理的保密性削弱了对违约方不利的宣传,对保护守约方不利。

第三,当事人可通过合同中灵活的诉讼管辖约定选择最有利的法院诉讼。国际商事活动中,企业可利用自身优势订立多重管辖条款,使它能在本国、担保财产所在国、可供执行财产所在国等多处挑选法院,选择最有利于自己的法院诉讼。

第四,诉讼提供了上诉机制。一裁终审作为仲裁的特点,在给当事人节约了时间和费用的同时,也存在一个重要的缺陷,即通常没有上诉救济程序。在国际商事争端中,企业对于较为复杂或有其他特殊因素的案件有时也需要考虑上诉的救济手段,否则一裁终审的风险过大。

第五,诉讼的第三人制度便于解决涉及多方当事人的纠纷。仲裁只存在申请人与被申请人两方,无法处理涉及第三人的纠纷,除非多方达成仲裁协议。为方便审理涉及多方法律关系的案件,国际商事诉讼程序法中设立了第三人制度,和案件审理结果有关的当事人,均可申请加入或被申请加入诉讼,有独立请求权第三人在诉讼中甚至可以提出独立的诉讼主张。

2. 诉讼解决争议的主要局限

第一,判决的域外执行非常困难。在国际商事诉讼领域,外国法院判决的承认与执行是最核心的问题。一般而言,各个国家并不情愿放弃自己的司法主权而轻易承认和执行他国的判决,这就成为诉讼解决国际商事争议的最大难题。如果外国法院判决得不到内国法院的承认与执行,整个国际商事诉讼的实际意义就大打折扣。值得注意的是,尽管目前国际商事实践中当事人较多的选择英美法院进行诉讼,然而,美国没有与任何国家签订承认与执行判决的双边协定。而且,即使一个国家原则上愿意承认与执行外国判决,也必须对外国判决进行审查。各国在具体程序与方式上设置了许多障碍来保护自身利益,真正能够通过审查、最终获得承认与执行的外国法院判决少之又少。因此,与仲裁的广泛可执行性相比,诉讼的可执行性成为制约诉讼解决国际商事争议的最大局限。

第二,法院审理往往会受其所在国政治因素的影响,从而影响公正与效率。法院是一国国家机器的重要组成部分,体现了其主权、司法管辖权等国家权力。因此,法院审理往往受其所在国政治经济利益的影响,而法官也具有一定的政治立场和倾向性,更多考虑其所在国的政治经济利益,从而影响到审理的公正。同时,现代国际商事活动日益复杂,要求裁判者必须兼备一定的商事知识,而法官受到自身专业知识的限制,很难保证迅速、准确地作出符合市场规律和商业交易需要的判决。

第三,诉讼的公开性不利于保护商业信息。公开性是诉讼的本质特征,而且当事人对此没有选择,除非是特殊类型的商业秘密案件,因此涉诉的信息很快会被公开,有可能影响到当事人的商业信誉或者运营。

第四,诉讼的正式性容易对友好关系产生负面影响。一些国际商事业务有一定的政治背景,在这样的条件下,争端应尽量得到友好协商解决,以尽量减小对两国关系的影响。法院庭审的对抗性强,气氛相对严肃正规,不利于双方进行交流和沟通,达成谅解。

（二）以仲裁解决争议的利弊分析

1. 国际商事仲裁解决国际商事争端的优势分析

第一，国际商事仲裁更能确保裁决结果的有效执行。国际商事争议中双方当事人处于不同国家，这就涉及裁决或者判决的国际承认和执行问题。《纽约公约》的缔约国，在任何一个成员国作出的仲裁裁决，各缔约国应相互承认该外国仲裁裁决具有拘束力，并且依照承认与执行国的法律予以执行。因此，与诉讼相比，仲裁在可执行性上具有无可比拟的优势。

第二，仲裁可以满足国际商事争议当事人保密需要。仲裁不公开进行，有利于保护商业秘密，维护商业信誉。

第三，仲裁的灵活性、一裁终审性能够提高国际商事争议解决的效率。国际商事仲裁在解决商事纠纷时耗费的成本要低于诉讼方式。一是其简化了法律程序，保证了快捷处理，从而为当事人节省了大量的时间和机会成本。二是虽然仲裁费用未必很低廉，但一裁终局也保证了总体上较之一审、二审甚至三审诉讼的成本更低。另外，一般各常设仲裁机构的仲裁规则均规定，当事人可通过意思自治，自行协商决定仲裁庭组成人员、开庭地点、时间、方式，证据交换方式和时限等。

第四，国际商事仲裁有助于解决日益专业的国际商事争议。现代国际商事活动交易结构日趋复杂，所产生的争议也具有越来越强的专业性特点，要求裁判者了解日趋复杂精密的国际商务知识。仲裁最根本的特点就是专业裁判，当事人可以将争议交给业内最负盛名的专家进行裁决，仲裁员中有很多专家兼具资深国际商事专业和受过良好法律训练的双重背景，可以保证作出专业的裁决。

第五，仲裁的低对抗性和相对友好性适宜解决特殊类型的国际商事争议。仲裁具有低对抗性，审理的气氛一般会比诉讼缓和，还时常伴以调解，有利于双方的沟通和达成谅解。这种不伤和气的争议解决方式非常适用于处理国际商事纠纷。例如，《中国国际经济贸易仲裁委员会仲裁规则》就明确将仲裁和调解相结合。仲裁庭可以在仲裁程序进行过程中对其审理的案件进行调解。

第六，仲裁员的可选择性有助于增强当事人的话语权。一般较为复杂的争议均由三位仲裁员组成的仲裁庭进行审理，双方当事人有权各自选择一名仲裁员。对于我国“走出去”企业而言，可以选择一名熟悉我国情况、对于我国比较友好的仲裁员，甚至选择一名中国国籍的仲裁员，这将有助于增强我国企业在仲裁程序中的话语权,保障企业的正当权益。

2. 仲裁解决国际商事争议的主要局限

第一,部分事项不可仲裁。在许多国家,涉及不动产、劳动、税收、破产法、反垄断法的事项属于不可仲裁的事项,须接受法院的强制管辖。大多数国家法律明确规定了不动产的法院专属管辖权。因此,即使我国企业在谈判中拥有较强的话语权,也必须服从某国的专属管辖。

第二,仲裁中无第三人程序。仲裁中一般只存在申请人与被申请人两方,而没有如诉讼中的“第三人”的规定,这给涉及多方当事人利益的争议通过仲裁解决带来困难。然而,在国际商事关系中,常常涉及三方甚至更多方的利益。因此,要将相关争议都纳入仲裁协议,必须在多方当事人之间达成仲裁协议,否则很难在仲裁启动之后将其他当事人纳入仲裁程序。为解决这一问题,实践中已经出现了一些应对之策。例如,首先,在由多方当事人签署的合同中,可在仲裁条款中作出专门规定,如在履行中发生争议,所有与争议有利害关系的当事人均可自愿参加;其次,在涉及连环合同争议时,可在争议各方同意的情况下,由一个仲裁庭合并审理与此有关的争议;最后,由法院发布关于合并审理的裁定。①

第三,仲裁可以提供的临时救济措施通常弱于法院临时救济措施。法院可采取临时性救济,例如财产保全一直被认为是诉讼优于仲裁的一个重要方面,资金、账户能否被成功冻结等也的确对金融争议中当事方的权利保障至关重要。尽管现代国际商事仲裁活动同样已经注意到了对临时性法律保护程序的利用,各机构规则一般均允许当事人有权提请临时救济措施,但是仲裁中的临时救济措施往往最后还是要通过一国法院来实现。例如,根据我国《仲裁法》的规定,当事人申请财产保全的,仲裁委员会应当将当事人的申请依照民事诉讼法的有关规定提交人民法院。另外,针对国际商事争议,当某个仲裁机构针对该仲裁地所在国之外的财产作出了临时救济措施,这种措施能否实现还取决于财产所在国法院对于这种措施的态度。尽管在涉及跨国因素的案件中,法院和仲裁机构对于临时救济措施都面临同样的问题。例如,一国法院就某一争议对当事人作出了财产保全的裁定,但

---

① 如荷兰1986年《民事诉讼法》第1046条规定:“除当事人另有约定者外,如果荷兰境内已经开始的一个仲裁庭的仲裁程序的标的与在荷兰境内开始的另一个仲裁庭的仲裁程序的标的有联系,任何当事人可以请求阿姆斯特丹地方法院院长发布合并程序的命令。”

该当事人的主要财产在另一国,因此该裁定能否得到执行就取决于该财产所在国的法律是否承认该裁定的效力。然而,总体而言,仲裁所提供的救济措施归根结底还是需要由法院来协助实现。鉴于财产保全等措施往往对于国际商事活动的当事人具有特殊重要意义,就这点而言,仲裁在提供临时救济措施问题上与法院相比尚有一定的劣势。

(三)诉讼与仲裁比较的相对性

由上可见,诉讼与仲裁制度具有各自不同的优势和劣势,这是由它们不同的制度目的所决定的,并没有绝对的孰优孰劣。充分认识诉讼和仲裁制度的特点,只是选择好争议解决方式的第一步。正如本节第一部分所述,要在选择原则的指导下,结合具体项目,综合考虑各种因素,才能作出恰当的选择。

三、影响争议解决方式选择的其他因素

(一)国别法律环境

无论选择何种争议解决方式,都必然会适用某一国的诉讼程序法或某一机构的仲裁规则,而这些法规与争议解决机构所在国的法律环境紧密相关。如果一国的法律体系既不完善也不透明,执行力也乏善可陈,那么选择在这样的国家或地区解决争议则是十分不明智的。这也是世界主要的仲裁中心都位于法制发达的国家和地区的主要原因,比如法国国际商会仲裁院、伦敦国际仲裁院、香港国际仲裁中心等。

就诉讼法律制度来说,一个国家是采用两审终审制或是三审终审制,证据效力如何认定、对国际投资法律的熟悉程度等都将是影响争议解决方式选择的参考因素。而法律程序的透明程度作为司法公正的重要指标,也应当始终处于关注的焦点。

(二)适用法律

适用法律和争议解决方式的选择是不可分割的。因此,适用法律的选择自然会对争议解决方式的选择产生影响。一般来说,中国企业选择适用法律要考虑以下几个问题:

第一,选择适用法律不能违反法律的强制性规定。法律规定必须适用中国法而当事人选择外国法的,该选择无效。

第二,适用外国法不能违反中国的公共利益。《民法通则》第 150 条规定:“依照本章规定适用外国法律或者国际惯例的,不得违背中华人民共和

国的社会公共利益。”目前尚没有法律或者司法解释对“公共利益”的具体含义作出规定。

第三,选择适用外国法不能以规避中国法律为目的。根据2012年12月28日出台的《最高人民法院关于适用〈中华人民共和国涉外民事关系法律适用法〉若干问题的解释(一)》第11条的规定,一方当事人故意制造涉外民事关系的连结点,规避中华人民共和国法律、行政法规的强制性规定的,人民法院应认定为不发生适用外国法律的效力。

(三)经济成本

无论选择哪种争议解决方式,都要付出一定的经济成本。这不仅包括诉讼费、律师费、仲裁费这些费用成本,也包括当事人为解决争议所投入的一切人力、物力、时间和机会成本。将这种成本负担控制在能够承担的范围内,理当成为企业选择争议解决方式时考虑的重要因素。国际民商事诉讼一般涉及以下成本:

第一,证据成本。从证据的取得来看,国际民商事诉讼案件的关键证人证言、当事人陈述或是其他证据一般不直接存在于争议解决机构所在地,证人如需出庭,当事人就要支出差旅费用等,成本很高。若需要进行司法协助以便取得证据,不仅所耗时间长、环节多,而且也会增加当事人的费用。

第二,律师费及翻译成本。从诉讼的具体环节而言,在律师聘用以及文件资料翻译上双方当事人会花大量的时间与金钱。首先,国际律师使用往往费用高昂,是一笔巨大的开支;其次,翻译是必不可少的一个环节,任何一个国家的民事诉讼法都规定了在诉讼审理时应用本国语言,并且,翻译出来的文件与案件胜诉与否有相当大的关系。找一个合格译者也会耗费当事人极大的精力。

第三,执行成本。从诉讼判决的执行来看,国际民事诉讼判决书的承认与执行需要很长一段时间,这种成本的耗费不是每个当事人都能承受的。因为这关系到每个国家的官方政策,有的国家对这一方面管制得比较紧,两国间没有签订互惠条约时,判决书的承认与执行所要经过的环节更复杂、交纳的费用更多。

上述这些费用虽然并不是海外诉讼费用的全部,但足以说明这一成本不容小觑。尽管从程序上来看,仲裁较诉讼更为简单,要求也更为灵活,但这并不意味着成本一定更低。毕竟仲裁裁决在一定条件下可以被法院撤销,进而可能产生更多麻烦。所以,要有效地降低成本,不仅要选好争议解决方式，更要做好大量的前期准备工作。

（四）国际关系

无论一国的司法体制如何健全和完备，其宣扬自身政治主张和价值观，保护本国利益的倾向都是永恒的主题。这就是为什么要尽量选择与中国具有良好关系的国家作为争议解决的机构所在地的原因。以美国为例，无论是对中国光伏产业发起的“双反”调查，还是不断以国家安全为由否决中资企业在美并购项目的做法，都反映着美国政府对中国企业海外投资快速增长的一种控制和压制。加之作为世界头号强国，其在经济制裁、长臂管辖等问题上都有着明显的司法优势，选择美国法院解决争议很可能产生意想不到的麻烦。

四、争议解决地点的比较与选择

争议解决地点的选择和争议解决方式有着密切关系。首先，如果选择法院诉讼解决，争议解决的地点即为法院所在地。因此，与其说是选择诉讼地点，不如说是选择诉讼的法院。其次，如果选择仲裁解决，当事人可以在仲裁协议中就仲裁所涉及的相关事项，包括但不限于仲裁地点等事项作出约定。在国际商事仲裁实践中，仲裁地点在决定仲裁机构的管辖权和仲裁协议的有效性等方面，发挥着重要的作用。因此，明确仲裁地点在法律上的含义，仲裁地点与开庭地点、仲裁庭合议地点之间的联系与区别，以及如何决定仲裁地点，对于正确地解决仲裁程序的适用法律，以及仲裁地法院对仲裁裁决所实施的撤销监督，无疑具有重要的作用。

仲裁地点通常是由当事人在仲裁协议中对仲裁地点作出的专门约定，或者当事人约定适用的仲裁规则对仲裁地点作出的专门规定。仲裁地点决定了仲裁程序的法律适用和最终裁决的国籍，直接关系到仲裁程序的进行以及裁决的执行。因此，中国企业在选择仲裁方式解决争议时，在合同订立时一般需要谨慎考虑的就是仲裁地点。如果当事人未能在其仲裁协议中对仲裁地点作出约定，或者在仲裁协议中只约定了将他们之间的争议提交某一特定机构仲裁解决或者适用某一特定机构的仲裁规则进行仲裁的情况下，仲裁地点如何确定则取决于仲裁所适用的仲裁规则的规定。在选择争议解决地点的时候，可以主要考虑以下几个因素：

1. 财产所在地

以借款合同为例，将借款方财产所在地作为争议解决地点的最大优势在于生效裁判易于执行。不过,如果借款方财产所在地就是借款人所在国,则在当地解决争议可能会出现诸如所在国政治经济利益影响等妨碍争议得到公正解决的因素,或难以实现与借款人所在国法律的隔离。此时,如果借款人为一个与主权国家存在关联的机构,则上述风险会变得更大。而且,如果信贷各方约定以财产所在地国以外的其他国家法律作为适用法律,则当地裁判者有可能出于对财产所在地公共政策的考虑,不能全面适用信贷各方选择的适用法律,增加争议处理结果偏离当事人预期的法律风险。但是,在实践中,国际信贷业务的借款方往往在许多国家拥有财产,贷款方可以选择除借款人本国之外的其他财产所在地来解决争议,例如很多借款人都在金融中心伦敦或者纽约拥有账户或者财产。

2. 适用法律

争议解决地点的选择往往和适用法律,也就是适用于该合同的实体法律密切相关。因此,如果选定的争议解决地点的法律环境对于适用法律比较熟悉和了解,则不仅可以大大增加争议解决结果的可预见性,还能显著减少当事人为聘请专家证人来解释、证明适用法律的内容而需要支付的费用。

3. 专属管辖

大多数国家都有不同程度的专属管辖,即在争议涉及特定法律问题,例如证券交易法、破产法、税法、劳动法、不动产法等,争议部分必须按照专属管辖的规定,通过在特定法院或机构的法律程序解决,不允许当事人通过约定加以排除。最典型的例子就是对不动产争议的专属管辖,德国、希腊、日本、泰国及中国等国都规定了对不动产的专属管辖权。因此,如果具体的信贷业务涉及不动产担保等可能受到专属管辖约束的问题时,贷款人应该充分考虑相关各国对于所涉专属管辖问题的具体规定及其对裁判结果执行的影响,此时事先对不同争议解决方式之间的衔接作出明确安排,对于有效解决争议十分重要。

4. 地缘政治

国际政治中,地理位置对国家政策以及各国间政治关系等会产生复杂的影响,这就是本节所说的地缘政治。如果国际信贷各方选择将争议提交一方友好邻国的法院解决,则国家关系的好坏可能会对诉讼结果以及判决的执行产生一定的影响。因此,应该尽量选择对中国友好的国家进行争议的解决。

5. 仲裁地点的特殊影响

仲裁地点(the seat of arbitration)在国际商事仲裁中具有重要的作用。仲裁地点并非一个简单的事实或者地理上的概念,它不是根据仲裁程序在何处进行、仲裁庭在何处审理案件或者裁决书在何处签署等事实因素决定的。仲裁地点是一个法律上的概念。仲裁地点对于确定仲裁协议的适用法律、仲裁程序法、仲裁裁决的国籍以及撤销仲裁裁决程序、承认和执行仲裁裁决程序上,都具有重要的法律含义。

首先,判决仲裁协议有效与否的法律优先适用当事人选择的法律,如果当事人没有选择,将按照仲裁地的法律来决定;其次,仲裁的程序一般不能违反仲裁地所在国家的强制性法律规定;最后,如果仲裁裁决作出以后,当事人有反对意见要求撤销裁决,管辖撤销判决申请的一般是仲裁地的法院。而且,按照《纽约公约》中规定的承认与执行的“外国”仲裁裁决,通常情况下指在执行地以外的国家作出的裁决。《纽约公约》在第1条第(1)款中所采用的主要是地域原则,即用地域的标准来决定仲裁裁决的国籍。在国际商事仲裁实践中,往往有这样的情况:受理仲裁案件的仲裁机构在一个国家,而仲裁地点则在另一个国家。例如,国际商会仲裁院总部设在巴黎,如果当事人约定或者仲裁院决定仲裁地点在法国以外的国家和地区,则仲裁地点就不在法国,而是当事人约定或者仲裁院决定的国家和地区。① 因此,尽管裁决在向双方当事人发出之前,依据该院仲裁规则必须报该院审批,但该裁决并不具有法国国籍,而是裁决地点所在国的国籍。如果当事人申请撤销,一般只能向裁决地国法院提出,即裁决地国法院对在其境内作出的仲裁裁决行使撤销监督的权力。

6. 争议解决方式和地点应与适用法律选择相协调

适用法律是合同文件所有条款中最核心的法律条款,甚至可以说是争

① 关于涉及选择外国仲裁机构时能否将仲裁地点选择在中国境内的问题,我国学者有不同的观点:有的学者认为,由于商务仲裁属于服务贸易的一种,不属于我国根据相关“入世”文件开放的领域,因此不能选择在中国境内仲裁(李健:“外国仲裁机构在中国内地仲裁不可行”,载《法学》2008年第2期);也有学者认为选择外国仲裁机构时能将仲裁地点选择在中国境内,并主张适用国外仲裁机构的仲裁规则且将仲裁地点定在我国内地的裁决理论上应当认定为我国裁决。当事人向我国法院申请承认与执行时,根据我国现行法律应当认定为非内国裁决;进而应当适用《纽约公约》第1条第(1)款第二个句子有关“非内国裁决”的规定,按照《纽约公约》规定的各项条件,决定是否承认与执行该裁决(赵秀文:“论ICC国际仲裁院裁决在我国的承认与执行”,载《法学》2005年第6期)。

议解决条款的基础,它在很大程度上影响了争议解决方式与地点的选择。尽管从理论和形式上讲,争议解决方式、地点和适用法律可以是相互独立的,例如可以选择ICC在巴黎仲裁,但却选择英国法作为适用法律。但是从实践的角度考虑,更好的做法是,在争议解决方式、地点和适用法律之间保持一种协调。例如,选择A国法院进行诉讼解决,如果选择让该法院适用B国法,则这一适用法律将作为事实在该法院进行举证,大大影响A国法院审理的效率。所以,选择适用法律要与争议解决方式与地点选择综合协调考虑。

第七章　银行与“走出去”

随着“一带一路”战略的逐步落实，银行在企业“走出去”中发挥着不可替代的作用。无论是项目融资、境外投资、外汇贷款、外币汇兑，还是跨国并购、跨境现金管理，任何企业海外投资都少不了与银行打交道，而且很多时候需要同舟共济。因此，研究“走出去”必然要研究银行在其中发挥的作用。本章主要从银行自身“走出去”和支持企业“走出去”两个不同的视角出发，分析在金融全球化背景下，银行需要面对的法律风险及其应对方法。

总体来说，中国银行业正处在“走出去”的历史机遇期，银行在支持企业“走出去”的同时，也要正视自己“走出去”的内生需求，并且需要同企业一样应对好所要面临的法律风险，避免决策失误，防止落入陷阱。一方面，要摸清国外银行准入的门槛限制，不同的国家有何种特殊要求，需要进行怎样的对策布局；另一方面，银行开展国际贷款服务，需要未雨绸缪，事前进行全面深入的法律调查，充分利用好律师等外部资源，找准法律难点疑点和风险点，最终通过不同的法律方案设计来防范风险。这些都是银行在“走出去”之前需要研究和准备的“功课”。

第一节　银行“走出去”的机遇与法律挑战

目前，中国已跃居世界第二大经济体，中国经济与世界经济的联系和依存度与日俱增，随着“走出去”战略的深入推进，国内银行在支持“走出去”的过程中也迎来了自己的新天地。

一、大踏步走向世界——银行业的历史机遇期

（一）银行“走出去”正当其时

第一，党的“十八大”提出，全面提升开放型经济水平，加快“走出去”步

伐。2015年5月,中共中央、国务院又发布《关于构建开放型经济新体制的若干意见》指出,在构建开放安全的金融体系方面,提升金融业开放水平,推动资本市场双向有序开放,建立“走出去”金融支持体系,稳步推进人民币国际化扩大人民币跨境使用范围、方式和规模,完善汇率形成机制和外汇管理制度,加快实现人民币资本项目可兑换等。“十三五”规划也明确要求推进“一带一路”建设,为国内银行“走出去”提供了战略支撑。国内银行作为这一政策的直接受益者,在支持“走出去”方面将如虎添翼。

第二,虽然我国经济增长趋势周期性放缓,增长动力转换衔接存在阻滞,但经济韧性好、潜力足、回旋余地大,发展长期向好的基本面没有改变,①为银行实现“走出去”奠定了坚实的基础。从近几年实施的一些大项目来看,以石油、铁矿等资源贸易为基础构建的中长期大额融资和国内企业的大型海外并购融资等需求有增无减,特别是随着国内经济增长方式的转变,“走出去”寻找资源、能源的步伐还会加快,境外资金需求也将更为迫切。

第三,人民币国际化趋势日益明显,其国际支付和储备功能有增无减,可以预见,随着中国经济的持续增长和人民币跨境交易量的稳步提升,中资银行可以借助跨境人民币这一独特业务,走出一条中国特色的金融国际化之路。

(二)银行应成为企业“走出去”的助推器

古人云,兵马未动,粮草先行。中国企业要“走出去”投资建厂、购买资源,没有足够的资金保障将会寸步难行。从需求角度看,我国对外投资实现持续快速增长,2014年我国对外直接投资流量为1231.2亿美元,同比增长14.2%,连续三年位列全球第3大对外投资国。截至2014年年末,中国对外投资存量为8826.4亿美元,较上年大幅提高了33.6%。② 同时,“走出去”企业的国际化程度不断增强,纷纷以在国外设立分公司或子公司、设立海外管理运营中心、创办境外工业园区等形式在海外市场扎根。企业对金融服务需求也呈现出多元化、复杂化、综合化的特点。可以说,中国企业“走

---

① 商务部《中国对外投资合作发展报告》(2015年)。数据来源:“走出去”公共服务平台:http://fec.mofcom.gov.cn/,2016年7月19日访问。

② 商务部《中国对外投资合作发展报告》(2015年)。数据来源:“走出去”公共服务平台:http://fec.mofcom.gov.cn/,2016年7月19日访问。

出去”对银行的金融需求只会越来越强，银行业要主动适应“走出去”的需要，在资金供给和金融服务上及时跟进，否则就会成为制约“走出去”的瓶颈。

（三）银行“走出去”是金融全球化背景下的内生需求

1. 只有“引进来”，没有“走出去”，就不能算真正的对外开放

近年来，随着中国逐步成长为世界第二大经济体，外资银行加大了到我国开业设点的力度，除了有限的传统银行业务，还越来越多地为本国企业提供多方面、差异化和全天候的服务。2014 年修订的《外资银行行政许可事项实施办法》《外资银行管理条例》以及陆续出台的其他规范性文件更是放开了外资银行进入和经营人民币业务的条件，为外资银行进入中国创造了更好的条件，提供了更多的便利，使中国金融业的对外开放进入新阶段，进一步扩大对外开放。截至 2015 年年底，“一带一路”沿线有 20 个国家的 56 家商业银行在华设立了 7 家子行、18 家分行以及 42 家代表处。① 以渣打银行为例，凭借在新兴市场的独特优势，该行建立起了专门的“中印贸易通道”和“中非贸易通道”，通过专门的团队帮助中国企业在印度和非洲投资。依赖渣打在中国和非洲两地的机构，客户只需联系中国的一个集团客户经理，就解决了跨国家、跨市场、跨文化习惯的一整套复杂贸易金融交易流程，这也就是我们所说的增值服务。② 在这些国际化、差异化的优势面前，国内银行的本地优势正在被慢慢抵消。

与国外先进银行相比，国内银行国际业务的整体规模不大，还处于起步阶段。③ 在外资银行进入中国银行业市场的现实以及中国商业银行跨国发展程度较低的情况下，形成了银行业国际化发展不对称的局面。如果国内银行业不能居安思危、未雨绸缪，主动把握国际化的潮流，将会丧失在国际市场中的竞争力。

2. 银行要适应经济全球化，需要主动“走出去”

截至 2015 年年末，总计 22 家中资银行开设了 1298 家海外分支机构，

---

① 数据来源：中国银行业协会专职副会长杨再平发布《2015 年度中国银行业社会责任报告》，载 http://www.china-cba.net/do/bencandy.php? fid = 43&id = 15306，2016 年 7 月 19 日访问。

② 渣打银行中国区总裁：“全力支持走出去”，载 http://money.163.com/12/1101/07/8F76PF5000252H36.html，2016 年 7 月 19 日访问。

③ “中资银行国际化：现状与策略选择”，载 http://www.zgjrw.com/News/20111116/bankchina/007958567100.shtml，2016 年 7 月 20 日访问。

覆盖全球59个国家和地区,大型商业银行境外总资产约1.5万亿美元,比2003年增长约7.5倍。在支持国家战略方面,银行业金融机构加快“一带一路”建设布局,截至2015年年末,9家中资银行在沿线24个国家设立了56家一级分支机构。[①] 客户国际化的深度和广度日益增加,项目融资、贸易融资、资金管理和结算等金融服务需求快速增长,势必要求银行业提供高效、优质、全面的跨境金融服务。而且可以乐观地预计,中国的对外投资在“十三五”期间将很可能会超过引进的外资总量,未来相当长的时间内,对外投资会处于持续增长的阶段。这些客户和项目迫切需要金融机构能够提供满足其国际化发展需要的全方位金融服务,如果中国银行业自身没有实现国际化,没有国际化程度较高的金融服务和管理手段,不仅不可能有效开拓国际客户,也必然会丧失越来越国际化的本土客户。

目前,国内银行不乏这样的成功案例。例如,2007年10月25日,工行宣布与南非最大的银行——标准银行(Standard Bank)达成股权交易及战略合作协议,斥资366.7亿南非兰特(约合56亿美元),收购标准银行20%的股权,成为标准银行的最大股东。该笔交易不仅是工行最大的一笔海外收购,也是南非结束种族隔离之后得到的最大一笔海外直接投资。这次收购成为工行全球化布局的重要一步。完成交易后,工行持有标准银行20%的股权,并有权提名两位非执行董事进入标准银行集团的董事会,一位还将担任副董事长。双方还成立战略合作委员会,并定期召开会议;成立全球资源基金,投资初级矿业和能源部门,基金规模达10亿美元。作为亚洲和非洲两家最大银行,双方宣称将建立全面的战略合作关系,形成客户、网络等资源的共享,在国际结算、资金交易、贸易融资、投资组合等方面开展深入合作。

工行的此次收购,在投资地区、并购目标、并购时机等各方面做了充分的考虑。2006年的中非合作论坛将本就不错的中非关系推向了高潮,中国政府在非洲的投资力度也不断加大。工行抓住这个时机,通过选择并购当地银行,而非新设分支机构,在很大程度上避免了进入陌生经营环境的“水土不服”。另外,南非标准银行凭借强大的分销网络、多元化的业务结构、优

① 数据来源:中国银行业协会专职副会长杨再平发布《2015年度中国银行业社会责任报告》,载http://www.china-cba.net/do/bencandy.php?fid=43&id=15306,2016年7月19日访问。

于同行的财务指标等优势，在当地占据领先地位。亚、非两大银行的强强联手，无疑使工行的“走出去”步伐踏在很高的起点上。[①]

3. 银行支持“走出去”是转变发展方式的迫切要求

根据“十三五”规划，为推进“一带一路”建设，我国要加快实施“走出去”战略。我国对外直接投资将保持增长，逐步走上资本流入和资本流出更趋平衡的发展道路，对外投资合作的规模和层次也会实现飞跃，形成一批初具规模的大型跨国公司和金融企业集团。近年来，中资银行盈利之所以能够保持高速增长，经营管理水平提高、产品创新加快和资产质量改善等是主要原因，但也应看到，受经营和监管环境、资本市场发展条件等多种因素影响，国内银行利息收入占比明显偏高，而非利息收入结构与国际大银行相比有较大不同。随着利率市场化和汇率市场化的推进，国内银行本土盈利和发展空间将进一步受到压缩，保持利润持续稳定增长的压力已日益凸显。相对来说，国际银行收入的来源就非常广泛，比如投资国际私募基金。[②] 可以说，国际金融机构的参与，成为私募股权投资基金资金来源的主要渠道之一。反过来，这些国际化、多元化的发展路径也确实增加了银行的收入。因此，通过开辟海外市场，积极参与国际金融活动，才能充分吸收国际先进经验，不断开阔经营视野和管理水平，将有利于拓展新的商机和利润增长点，切实转变传统单一的盈利模式。

二、银行要学会应对“走出去”的法律风险与挑战

无论是银行支持“走出去”还是自身“走出去”，在迎来难得历史机遇的同时，也会面临方方面面复杂严峻的挑战，其中法律风险是其中最重要的挑战之一。本书前几章已经论述过企业“走出去”的主要法律问题，银行与企业在防范“走出去”的法律风险方面具有相通性，如果企业或银行有一方不能有效防范风险，就会造成风险的扩散和传导，影响整个项目和贷款的安全。所以，银行在“走出去”的过程中必须同样关注企业面临的法律风险。另外，结合自身特点，银行也必须清楚自己所面临的特有的法律风险和挑战，比如市场准入、担保品的取得和实现、外汇限制等。概括来说，银行必须

① 李凡：《跨国公司投资案例研究》，南开大学出版社 2011 年版，第 72 ~ 75 页。

② 王晔、任彩银、张静：“私募股权资本的资金募集分析”，载《石家庄理工职业学院学术研究》2011 年第 6 卷第 2 期。

适应“别人”的法律和规则,做到“入乡随俗”,否则就会四处碰壁,举步维艰。

(一)银行与企业互连共存,都要应对好法律风险

一方面,企业“走出去”本身就潜藏着法律风险,银行很难置身事外。作为幕后的融资推动者,银行往往会提供半数甚至更多比例的融资,这就很自然地把自己的命运与企业系在一起,特别是在涉及结构性的项目融资的时候,错综复杂的债权债务关系、担保与反担保安排、千头万绪的股权结构,等等,本来由企业承担的风险,通过层层精巧的设计,不同程度地转嫁或者分散到银行身上,使得银行与企业一荣俱荣,一损俱损。以利比亚战争为例,当时有大量的中资企业在该国从事工程承包、项目开发等商务活动,其融资来源主要是国内的出口信贷,或是依托银行的外汇保函,或中国出口信用保险公司的海外投资保险,一旦在利比亚的投资受战争影响,企业的合法权益将面临危险,大笔的投资和工程款瞬间化为乌有。而为这些项目提供融资的银行,不但贷款面临回收风险,就连用来抵押担保的财产可能都已不复存在。再加上新旧政府的过渡,原有贸易合同、特许经营合同等商务合同的效力与执行就成为根本性问题,既关系到项目企业的生死存亡,更影响到银行贷款能否回收。① 所以,银行在支持“走出去”的过程中,必须和企业联起手来,共同防范国际和国别法律风险,一同维护自己的合法权益。

另一方面,银行自身“走出去”的过程也必须控制好法律风险。市场经济的全球化建立在法治化的基础上,银行参与国际竞争既要获得法律的保护,也要接受国外法律和国际规则的约束,承担相应的法律责任和风险。以美国为例,在这个自称为世界上最民主、最自由、法制最健全的国家,外国银行反而承担着更多责任与风险。2001 年“9·11”事件后,美国通过了《爱国者法案》②,“任何一个法域、任何一家境外的金融机构,任何在境外开立的银行账户,任何类型的金融交易,如果被怀疑与美国当局特别关注的违法犯

---

① 王金岩:“利比亚变局对于中国海外经济利益的影响”,载《阿拉伯世界研究》2013 年第 2 期。

② 《通过提供适当手段以打击与防止恐怖主义来团结和强化美国法案》(Uniting and Strengthening America by Providing Appropriate Tools Required to Intercept and Obstruct Terrorist Act of 2001)简称《爱国者法案》(USA PATRIOT Act)。该法案建立了美国对全球金融反恐、反洗钱的监管架构。法案中有十几条与国际洗钱的监控有关,覆盖面为 3 万多家各类金融服务机构,使承担义务的金融机构范围进一步扩展,对各国商业银行的合规管理产生了巨大的影响。

罪活动或者非法金融活动有关”，就可能被认定为存在“初步洗钱牵连”。2005年，荷兰银行由于结算了约32亿美元经由美国“空壳”公司从东欧流入的资金，而无法提供这些资金的具体情况，被美国联邦储备委员会和美国财政部下属的金融犯罪信息分析中心处以巨额罚款。另外，根据美国法律，美国法院对在美国设有分支机构并营业的银行享有管辖权，其要求银行跨境协助执行存在判例支持，银行如果不执行相关裁决，可能被判蔑视法庭而受到处罚。但根据我国法律，银行不能直接根据外国法院的裁决查询、冻结、扣划客户账户，否则会受到民事索赔、行政处罚等不利后果。国内外法律如此巨大的差异，不得不让准备“走出去”的银行学会正视和应对这些国外的法律风险。

（二）现代银行业的特点日益凸显出法律风险管控的必要性

银行最显著的特点是负债经营，即利用客户的各种存款及其他借入款作为主要的营运资金，涉及金额大、涉及面广，其风险所带来的损失超过一般企业的风险损失，这就决定了其具有高风险、危机传导性强、受高度监管等特点。2008年全球金融危机以来，银行作为现代金融基础的重要性再次引起大家关注，并且呈现出新的特点：投资技术日益复杂，行业本身的脆弱性和传染性增强；现代化的信息传播手段迅猛发展，金融风险传播速度加快，影响范围扩大，系统性影响加重；诱导金融风险的不确定性因素增多，复杂性加大；国际短期金融资本投机性炒作及其影响所带来的金融风险问题呈扩大趋势，并且导致预防风险的难度加大；跨国监管推进缓慢，落后于金融业的快速扩张。上述特点使得后金融时代加强金融监管已成国际共识，相应的监管立法和政策势必增多和严格。银行必须适应这些日益严格的法律监管，以及复杂多变的境外法律风险，否则稍有不慎，就会影响银行的整体安全，甚至会使风险跨国传导。因此，正是银行的高风险特性和国际金融监管的迫切要求，更加凸显银行在“走出去”中面临的法律风险。

（三）银行首先要遵守东道国法律，才能“走得稳”

国别法律风险是银行支持“走出去”面临的主要风险之一，直接决定了在该国哪些业务能做，哪些业务不能做，如何做以及出现纠纷和风险怎么办等许多重大问题。银行与企业应全方位地调查和了解目标企业所在国的静态法律环境。以铁矿企业的海外收购为例，银行和企业应通过尽职调查，了解、比较这些国家吸收外资法、公司法、劳工法、安全生产法、环境保护法和税法等与该项目直接相关的法律。明确可能存在的法律障碍、准入限制和市场惯例,设计合法的交易结构和融资模式,寻找可行的规避方法和解决途径。同时,要关注东道国的动态法律变化。全球金融危机以后,东道国可能会修改法律或调整政策,以尽快摆脱国内政治、经济困境,解决某些特殊矛盾。比如国际社会关于发展低碳经济、提高劳工保护等的呼声日益高涨,东道国可能因此对国内政策作出调整,由此带来的法律风险更为凸显。例如,近年来,缅甸、印度、印尼和中亚一些国家为了降低失业率,纷纷修改签证、工作许可、劳工、海关等政策和法律,限制外国投资者的合同执行人员入境,并要求尽可能使用本地人员,给并购合同履行带来不利影响。有的国家制定了更为严格的劳工保护法,中国企业习惯了国内相对宽松的劳工保护环境,难免触犯东道国关于劳工保护的法律。在健康、安全和环境保护方面,国际标准也日趋严格,外国投资者守法成本增加。加拿大规定,政府有权要求就矿业项目举行公开听证,并对是否同意或完全否决有决定权。而在马来西亚,一旦违反环境保护方面的规定,除罚款外,企业还可能遭受关闭矿山、承担刑事责任等处罚。

所以,银行支持“走出去”,必须学会“入乡随俗”,只有了解了一个国家的法律,按照这个国家的法律开展业务,才能擎起当地法律的“保护伞”,才能在一定程度上减少甚至避免受到该国不稳定因素的侵扰,才能知道怎么保护和发展自己,才能让“走出去”战略真正在海外生根发芽、开花结果。

(四)银行要掌握国际金融规则与惯例,才能拿到国际“通行证”

支持“走出去”业务,不可避免会涉及国际公约、国际惯例、外国法律等国际规则的适用。国际规则是随着国际关系的发展变化逐步确立的,体现规则主导者和推动者的意志。从规范的领域看,政治、经济、军事、文化等领域几乎都有相关国际规则,这些国际规则是国家层面多方博弈的结果,是各国实力的较量,既有公平的,也有不公平的。在国际金融交易或者国际商事贸易中,也会有一些国家借助其政治和经济上的强势地位,推行不合理的国际规则。

银行作为服务国家“走出去”战略的重要力量,面对国际规则,既要趋利避害,又要因势利导积极作为。一方面,要加强对国际规则的前瞻性分析和研判,学会使现有国际金融规则“为我所用”“为我服务”,提高自我保护能力;另一方面,在推进业务的过程中,要积极推进形成新的规则,改进和完善不合理的规则,增强新兴经济体的话语权和软实力。正如中国人民银行提出的,要积极参与金融稳定国际合作,继续全面参与金融稳定理事会

(FSB)、巴塞尔银行监管委员会(BCBS)等国际组织的相关工作,有效提高我国在国际金融规则制定中的话语权。①

第二节 银行准入的门槛有多高——主要国家准入法律制度与对策

从世界范围来看,银行业属于特许经营的行业,各国对跨国银行的准入均持审慎而严格的态度,并以国内法的形式确立了准入条件。所谓准入,就是东道国是否给予、在何地给予及在何种条件下给予外国银行在本国设立机构和开业的法定条件和程序规则,是母国银行进入东道国的必经之路。只有获得了相应的准入,外国银行才能在东道国开展业务。银行自身“走出去”首先要知道准入门槛有多高。

一、银行准入的主要门槛

(一)明确最低资本金或总资产要求

商业银行采用独特的负债经营方式,在汇集闲散社会资金的同时,也在积聚着社会性的风险,从政府、企业到本国公民、外国人,无不与银行有着紧密的联系。正是其在国民经济中的特殊地位,决定了银行必须具有巨额的资本作为后盾,并具有与其运营规模相适应的总资产。为了确保引进高质量的外国金融资本,维护本国金融系统的稳定,保证本国银行业的安全和存款人的利益,大多数国家均对跨国银行在本国经营,设立了有别于国内银行的最低资本金或总资产的标准。例如,英国 1987 年银行法规定,外国银行在英国经营业务的最低资本要求为 500 万英镑以上的实缴资本,并应当有足以维持业务的净资产、准备金或资金来源;澳大利亚法律规定外资银行的最低注册资本为 5000 万澳元;新加坡法定的资本金要求为 300 万或 600 万新元,但只允许世界排名前 300 位的跨国银行前来经营;菲律宾也有类似规定,它要求拟设外国银行的总资产额必须排名在世界前 150 位;香港金融管理局对在港拟设机构经营全能银行业务的跨国银行,要求总资产额不得低

① 中国人民银行:“提高我国在国际金融规则制定中的话语权”,载 http://finance.people.com.cn/GB/11195599.html,2016 年 7 月 19 日访问。

于140亿美元。[①]

最低资本金或总资产要求的标准具有普遍性,其主要作用是进行严格的财务“过滤”,只吸引那些资质优良、实力雄厚的大型跨国银行,拒绝缺乏竞争力的小银行。同时,要求境外银行保持一定数额的资产在东道国境内,可以保障其分支机构经营的稳健性和本国客户的资金安全。

(二)限制外资参与的股权比例

股权比例限制往往只有在合资设立金融机构的情况下才会出现,而且越是发达国家,其对金融业对银行准入形式和参与比例限定越少;而越是发展中国家,对跨国银行的准入设置限制越多。因为在这些发展中国家看来,金融业在现代经济中属于要害部门,在政治上出于主权和稳定的需要,不希望自己的经济命脉控制在外国人手里,在经济上则要维护国内相关利益方的需要,防止外来资本冲击国内银行市场,引起失控的竞争局面和经济动荡。再者,通过一定比例的参股或合资,既可以学习外国银行的先进管理技术和经营诀窍,又能够控制外方的影响。但是对于中资银行“走出去”来说,过低的股权比例限制未必有利,如有的国家将跨国银行的股权比例限制在较低程度,中资银行只能作为一个被动的决策接受者和单纯的出资人,并无足够的表决权和影响力,也不能参与管理决策。中资银行更多的考虑是学习西方先进银行的国际经验和分享一定的商业机会。

(三)满足双重许可与母国监管要求

双重许可要求外资银行的准入需要同时获得东道国监管部门的批准,和母国监管部门的同时许可。因为如果母国不同意跨国银行在海外拓展业务或是缺乏对跨国银行的有效监管,那么跨国银行即使进入东道国,也无法获得安全稳健经营的可靠后盾和有效保障。实践中,因不符合母国监管要求被驳回的准入,申请复议的成功率极低。例如,新加坡就曾以没有一个确定的央行承担总管责任(实际上是母国监管责任)为由,多次拒绝国际商业信用银行(Bank of Credit and Commercial)的准入申请。

许多国际性监管文件和各国立法,都对母国监管在保障跨国银行安全稳健经营方面的重要性高度重视。巴塞尔协议明确规定:如果外国银行没有受到其母国监管当局充分有效的监管,东道国应限制或禁止其进入本国市场。

---

① 韩龙:“对外国银行准入形式的法律监管分析”,载《法学评论》1999年第4期。

因此,中资银行赴境外设立分支机构,应当获得中国银行业监管部门的批准,并遵守母国法律的要求。如我国《商业银行法》(2015 年修订)规定,“商业银行根据业务需要可以在中华人民共和国境内外设立分支机构。设立分支机构必须经过国务院银行业监督管理机构审查批准”。另外,根据《中国银监会关于印发商业银行并表管理与监管指引的通知》(银监发〔2014〕54 号)的规定,银行业监督管理机构应当对东道国的监管环境进行评估。如果东道国监管机构监管不充分,或者东道国监管机构的政策存在重要信息获取的障碍,银行业监督管理机构可以根据相关法律法规及跨境监管合作框架的有关规定,对相关商业银行采取以下监管措施:市场准入限制措施,包括禁止或限制在这些国家和地区境设立机构,限制其业务范围等;特殊监管措施,包括启动跨境现场检查,要求商业银行增加内外部审计项目,要求商业银行提供额外信息等;必要时,银行业监督管理机构可以要求商业银行撤销其相关的境外附属机构。

(四)合格的银行管理层

银行管理层是治理机制的重要组成部分,可以凭借其职业经验和稽核手段,及时发现和处理跨国银行的某些业务风险。因此,在现代商业银行的经营活动中,银行管理层尤其是高级管理层对银行的经营成败及风险防范负有直接的责任。跨国银行的某些业务风险(如表外业务风险)通过外部监管难以及时查证,而作为该业务的部门主管或银行管理层却可以凭借其职业经验和稽核手段,迅速洞察风险并予以纠正或弥补。

(五)加入存款保险体系

存款保险制度的主要目的是在银行经营失败时,为存款人的存款安全提供一个“保险库”。在有效的存款保险制度下,即便发生市场动荡或信任危机,在保险范围内的存款人也不会热衷于挤兑活动,从而大大减轻了银行的压力。从这个意义上说,存款保险制度有助于保护存款人的经济利益和金融信心,一定程度上起到了维护金融体系稳健安全运营的作用。

1934 年美国最早建立了存款保险制度,此后英国、加拿大、德国、日本、法国等 30 多个国家先后建立了存款保险制度。欧共体于 1994 年通过了《存款保险计划指导原则》,要求欧共体国家在 1995 年 7 月以前建立存款保险制度。[①] 上述建立存款保险制度的国家多将外国银行接受其存款保险要求作为准入的一个前提条件。但由于各国的存款保险要求不尽相同,一些国家强制规定银行必须加入存款保险体系,如奥地利、加拿大、芬兰、日本、荷兰、挪威、土耳其、英国等,另一些国家则允许银行自愿加入,如比利时、法国、德国、西班牙、瑞士等,因而对外国银行准入时的存款保险要求也存在着差异。一般而言,在实行强制性存款保险的国家里,外国银行加入其存款保险体系是其准入的必要条件。而在实行自愿存款保险的国家里,外国银行是否加入东道国存款保险体系则属于自行选择的范畴。但事实上,出于竞争需要,外国银行一般也会主动选择加入东道国的存款保险体系。

(六)不设机构情况下需取得开展业务的审批或登记

上述五个方面主要针对在东道国设立机构开展银行业务的情况,对于不具备机构设立条件,或者暂时不想设立机构但需要开拓境外客户的国内银行来说,虽然这种直接贷款具有成本小、速度快、监管少的特点,但稍有不慎就会面临法律处罚。

各国法律对于境外银行直接向境内客户提供贷款等服务的规定,宽严程度不同,概括起来分为两类,一类较为严格,需要在当地进行登记注册,甚至履行审批手续,才能从事银行业务,比如法国、日本、德国等。以日本为例,一家中国的银行要想给日本企业贷款,就需要按照日本规定进行“贷款业登记”,注册为“贷款人”,而要成为注册的“贷款人”,就需要在日本设有分行或其他营业所,否则就可能会被认为违反了日本法,会受到经济甚至是刑事处罚。另一类国家的规定则相对宽松,不需要审批,也不需要进行注册登记,境外银行可以直接向东道国国内客户提供贷款等服务,比如阿根廷、尼日利亚等。

当然,在限制境外银行直接提供贷款的国家,也有一些“曲线救国”的办法,实践中,可以利用减少与东道国联系、避免主动营销等方式探索贷款的途径。但前提是,必须调查清楚对方国家是否存在操作的合法空间和途径,设计适当的法律结构和模式,从而找到一条开展业务的途径或者替代方案,具体将在下文介绍。

---

① 詹妮·考夫曼·温妮:“国际银行业的国民待遇与互惠准则:美国与欧共体的理论与实践”,载《海外文献撷萃》2001 年第 11 期。

二、主要国家外资银行准入概览

（一）美国——双重监管与对社区的重视

美国的银行牌照管理奉行“双重体制”，即联邦政府或各州政府均可根据相关法律规定授予申请人银行牌照。无论是联邦政府或是各州政府都重视对拟设银行盈利前景、管理层、资本金、社区便利及需要等因素的考察。[①]其中，有关盈利前景的考察重点落在对新银行所在地社区经济和竞争状况的分析，主要包括同业竞争状况，是否可容纳新的竞争者；新银行对每项产品市场份额的业务战略及预期结果，若申请人的预期业绩与现有机构的经营情况出入较大，监管当局有权加以质疑，并要求给予合理解释方可通过。在管理层的审核上，与失败或问题机构有联系的人员将受到格外严格的审查，若无合理原因免责的，监管当局一般不予同意；有关行长的人选通常被认为是新银行成败的首要因素，若监管当局认为该人选不适宜管理银行，可能建议其更换人选或直接拒绝其申请。为判断公众和社区对拟设机构的支持度，监管当局通常会在拟设社区的新闻报刊发布通告，在公告期内，社区中的任何居民均可对拟设机构及其管理层发表意见，或是要求召开公众听证会等。此外，根据美国1977年《社区再投资法》，申请人还必须提交一份相关报告，表明新银行如何满足整个社区的信用需要，包括低收入和中等收入的居民。[②]

（二）欧盟——“欧盟通行证”让跨境经营更便利

各银行在欧盟国家开展业务应符合2006年6月14日欧盟议会和欧洲理事会与信贷机构从事和开展业务有关的第2006/48/EC号法令（以下简称《银行业法令》）。根据该法令，作为信贷机构（是指“业务为吸收公众的存款或其他须偿还款项，并为其自身利益提供信贷的企业”）开展业务的企业必须取得相关国家主管部门的授权。

根据《银行业法令》，信贷机构在开展业务活动前，必须实现取得所属国主管部门的明确批准，且初始资本不少于500万欧元，否则成员国有权限制

---

① 韩龙、沈革新：“美国外资并购国家安全审查制度的新发展”，载《时代法学》2010年第8卷第5期。

② 厦门银监局课题组：“银行牌照管理研究——兼谈完善我国银行市场准入的政策建议”，载《金融研究》2004年第8期。

其业务范围,如仅限于发放贷款(但也应不少于100万欧元)。另外,信贷机构必须在递交申请的同时,提供业务经营计划,包括拟从事业务的种类以及机构的组织结构。

《银行业法令》规定,任何成员国的银行机构均可以在其他成员国从事业务,而无须满足额外的资本要求,但是须通知其所属国的主管部门。此即所谓的“欧盟通行证”程序,可以通过在一个或多个其他成员国境内设立分支机构,或者通过在其他成员国进行跨境业务经营来实现。

1. 德国

要求外资银行无论是分行或子行,均应保持8%的资本充足率,同时还可视情况调高。如对某些发展中国家的外资银行,要求开业头三年应保持12%以上的资本充足率,并且各项信贷业务都与资本规模挂钩,但对发达国家设立的分行则无此规定。在高管方面,要求至少有2个业务领导人,其中1人须为德国人,且无正副之分,在信贷业务上实行1票否决制等。这些规定无形中提升了德籍业务领导人的权限和地位。① 根据德国法律规定,只有法律实体方可提交贷款业务许可,而且该类法律实体可以采用分支机构、有限责任公司或股份有限公司的形式。

《德国银行法》(1957年颁布)第53a条对国外银行在德国设立代表处作出了相关规定:在其母国已经被授权从事银行业务、金融服务,并且总部也在其母国的机构,可以在德国设立代表处。其在德国设立的代表处,无须领取银行业执照,不允许开展银行业务和金融业务。但是需要通知德国联邦金融管理局(BaFin)和德意志联邦银行,且只有在收到BaFin证实回执的情况下,代表处方可开始运转。代表处升级为分行后,可以开展银行业务和金融业务。代表处延期开业或停业,也应当及时通知BaFin和德意志联邦银行。在德国境内,所设立代表处的名称只能是拟设立代表处的机构名加“代表处”字样。

外资银行如果在德国没有设立分支机构,不具备向德国一般企业进行贷款的资格,如需要向德国一般企业提供贷款,则必须申请主动性豁免,才能具备为德国一般企业提供贷款的资格。但是,由于需要一项目一申请,且法律环节复杂,手续极其繁复。

---

① 林平、李嫣然:“外资并购的国家安全审查:概念、国际经验和政策建议”,载《产业经济评论》2009年第8卷第1辑。

2. 法国

根据《法国货币和金融法典》，信贷交易属于银行业务范围，应获得法国审慎监管局（ACP）的授权。而且，法国外资银行在设立网点之前，应先上报有关计划，说明准备设立的网点是分行或支行、设机构的地点、从事的业务、与总行之间的隶属关系等。ACP 对这类要求一般只考虑是否造成市场垄断或不公平竞争，以及增设机构是否超出业务能力范围等问题。对世界 500 强的外资银行可获准设立分行或附属机构，其他的只能设立有法资银行参股的附属行，且法资银行参股比例不低于 34%。此外，在监管指标上，把对子行的要求运用到分行，对分行考核资本充足率、贷款集中度、单一客户比例等，并与分行营运资金挂钩，从而限制分行的业务发展。

需要注意的是，上述法规只适用于法国境内。对于跨境交易是否适用，现在还没有确定的依据，有些标准可能会被用来确定一项交易是否属于境内交易或跨境交易，如是否通过积极劝诱的手段、营销措施在法国境内劝诱实施任何交易；贷款人所在地；交易适用法律；交易的目的是国内性的还是国际性的等。所以，国内银行在该类国家从事信贷业务务必谨慎，避免违反相关准入禁令。

法国建立了专门的监管机构负责对银行业日常监督和管理。法兰西银行行使中央银行的职能，成立检查团对银行业受监督对象实施定期或不定期的现场检查与稽查。法兰西银行在国内金融领域还承担以下重要工作：参与对银行金融活动的调节与监管，维护投资和存款安全，参与银行与金融机构委员会、信贷机构和投资企业委员会、银行委员会、国家证券与信贷委员会等法国金融机构的管理工作。法国谨慎管理局在行政上直接隶属于法兰西银行，具有独立的行政权，是由银行管理委员会、信贷和投资机构委员会和保险控制委员会合并而成。

3. 意大利

对外国银行分行的最低资本要求为 630 万欧元，意央行对此实行日常性监管，并规定单一客户授信总额不得超过此限。在设定风险权重时有 A 区（发达国家）和 B 区（发展中国家）之分，对与 B 区业务往来的风险权重较高，使得发展中国家设立的分行业务规模受到较大限制。不仅如此，该国严格的劳工政策使得分行外派人员的工作年限受到限制，影响了业务的延续性，从而不利于外国银行分行融入当地市场。

4. 英国

英国金融服务局（FSA）是英国金融市场监管机构，对市场准入的监管规定在内容上主要包括两个方面,即业务范围的市场准入和机构的市场准入。FSA 依据申请的内容确认机构的组织形式、对发起设立者或拟设机构的指导要求。英国在外资银行的准入上相对比较宽松,其对外资银行的监管主要集中在三个方面:风险测评、监管措施和价值评估。监管当局通过考察外资银行的 CAMEL 指标(资本、资产、市场风险、盈利、债务、业务六个方面)和 COM 指标(控制、组织、管理三个方面),将外资银行划分为 A、B、C、D 四个等级,并可对 C、D 等级的外资银行实施一些额外的监管措施,每年还会对整个监管体系进行一次价值评估以确保其有效性。① 另外,根据《2000 年英国金融服务和市场法案》第 18 条,非授权主体不得在英国从事“受监管活动”,除非该等主体获得豁免或属于法定的例外情况。

外资银行经批准可以在英国注册分支机构或子公司,申请注册分支机构或者子银行取决于税收、监管等多方因素。如准备申请商业银行(吸收存款业务)的设立批复,则需要与 FSA 约谈。约谈前,申请方通常应该已经进行了市场调查,并制定了自己的商业模式。申请中的一个重要组成部分是商业计划书的准备,需要包含详细的业务设立和增长预期方案、财务报表等。此外,还需要有大量的支持文件,包括与申请相关的业务和重要个人信息、合规性、系统管控等方面。同时,FSA 还有可能与关键的高级管理人员面谈。外资银行分支机构设立的审批时间较长,可长达一年。申请可吸收存款的商业银行牌照一般费用为 2.5 万英镑,申请费用不退还。申请成功后,银行将接受 FSA 监督。

(三)日本——严格的金融监管

作为金融市场发达的资本大国,日本法律体系健全,金融机构守法意识很强,其监管的核心法律是《银行法》《反垄断法》(1974 年)、《金融商品交易法》(2006 年颁布)、《外汇和外国贸易法》等法律法规以及金融厅发布的相关法令和检查手册。与英国相比,日本外资银行的准入门槛比较高,即使是在战后依靠外资银行恢复国内经济的时期,日本对外资银行业也是利用和限制并重。随着经济的快速发展,金融不良资产增多导致经济危机,日本当局才被迫进行了改革,放松了对外资银行业务范围的限制,但同时也加强了对外资银行的监管。外资银行在日本的发展进入相对自由的阶段。20 世

① 张清华:“外资银行准入制度的国际比较及对我国的启示”,载《特区经济》2011 年第 2 期。

纪90年代中期，日本对外资银行的监管制定了严格的措施，从准入、业务、退出等方面进一步完善监管。①

根据日本《银行法》，未获得营业许可不得从事银行业务，当在外国依照外国法从事银行业务者希望在日本从事银行业务，应获得营业许可，并依照内阁府令明确一处办公机构作为该外国银行在日本开展银行业务的主要营业场所。该法规定，未获得许可经营银行业务，可处以3年以下徒刑或300万日元以下罚金，或两者并罚。外国银行在日本设立代表处或其他从事银行业务情报收集及银行业务相关工作的机构也应获得许可。此外，以面向消费者和企业发放贷款为经营主业的企业也需要进行登记，每3年更新一次。

（四）加拿大——银行业渐进开放

加拿大的银行业监管较为严格，作为一般原则，外国银行不得在加拿大直接开展业务，也不得通过代理人或匿名代理人间接开展业务。加拿大银行及实体在加境内从事银行业务受到联邦《银行法》的管辖，加拿大财政部是负责整个银行业管理的政府部门，其下属的金融机构监管局（OSFI）负责《银行法》的实施并具体执行银行业的监管责任。

加拿大实行混业经营的金融制度，奉行银行业渐进开放的政策。加拿大的银行拥有高度集中的庞大分行系统，经营业绩普遍良好。按照加拿大银行法，加拿大金融市场里的银行被分为三类：一类银行实际就是股份被广泛持有的本地银行。二类银行包括外国银行子公司和由股份被广泛持有的非银行金融机构建立的银行子公司。一类银行和二类银行在加拿大能够开展所有金融服务，定义上称为“银行”。三类银行是外国银行分行，在定义上不属于“银行”，只是“授权外国银行”，按照能够开展的业务类型不同，三类银行又分为全服务分行和贷款分行。

（五）印度——监管较宽松的新兴国家

根据印度工商部的规定，外资银行如在其本国受到监管并通过印度储备银行审批，可以在印度成立代表处、分行以及全资子公司，无须印度中央政府审批。外资银行在印度只能通过三种方式开展业务：（1）分行；（2）具备法人资格的全资子公司；（3）拥有印度私有商业银行不超过74%股权的

① 马继玉、魏世震：“后WTO时代外资银行市场准入制度的国际比较”，载《山东社会科学》2007年第10期。

子公司。外资银行可通过把现有分行转为具备法人资格的全资子公司,或以重新申请执照的方式成立全资子公司。外资银行可以通过参股私有银行成立子公司,但要保证印度籍居民至少拥有26%的股权。对外资银行子公司有关执照的规定和条件总体上与对新成立的私有银行要求一致。

印度储备银行作为央行,其领导下的金融监管委员会直接对各商业银行进行监管,但是由印度储备银行的子公司履行存款保险的职能。在印度设立商业银行法人机构须具备严格的准入条件,并且对于资金来源没有限制;对于否决银行机构法人筹建申请的理由,除了资本数量、质量及声誉外,还运用了银行技巧和不完整申请两项。印度允许外资银行在一年内开设12家分支机构。

关于银行经营活动范围的限制,对于证券业务,印度是允许的;对保险业务,印度在2000年以前是禁止的,现在则采取限制的态度;对房地产业务实行禁止;对银行拥有非金融类公司持限制态度。总而言之,印度对证券业务从限制到允许,存在一定程度上的混业经营、混业监管。①

(六)新加坡——银行分类监管

新加坡是亚太地区起步最早的国际金融中心,目前已发展成为世界最重要的国际金融中心之一,聚集了大批的国际银行及其他金融机构。但为了保护本国银行业,也逐渐开始限制外国银行的业务领域,先后开始颁发限制性银行执照和离岸银行执照,最终形成了目前的三大类商业银行:完全执照银行、限制性执照银行和离岸性执照银行。

完全执照银行能够在新加坡境内毫无限制地从事所有银行业务,而且只有完全执照银行才能在新加坡开设一家以上的分行。完全执照的发放到1971年停止,共有13家当地银行,24家外国银行获得这一执照。完全执照银行可以获得亚洲货币单位(ACU)执照,从事主要离岸业务。限制性执照从1971年到1973年颁发,共有14家外国银行获得这一执照。限制性执照银行不得接受新加坡货币,不得接受定期和储蓄存款(25万美元以上的定期存款),而且只能在新加坡境内设立一家办公机构。限制性执照银行可以获得亚洲货币单位执照,从事离岸交易。离岸性执照从1973年开始向外国银行颁发,此后开业的银行大都获得这类执照。根据规定,离岸性银行的业

① 李阳、童旭红:“中国、印度两国银行监管制度比较及启示”,载《海南金融》2009年第4期。

务主要集中于亚洲货币单位交易。从1978年开始，离岸性银行可以从事国内金融业务，但必须符合以下条件：（1）不得从事新加坡元的普通存款业务；（2）不得吸收新加坡居民的新加坡元定期存款；（3）非新加坡居民的新加坡元定期存款只有等于或超过25万新加坡元的方可接受；（4）每家离岸性银行的新加坡元存款不得超过5000万新加坡元；（5）在新加坡不能成立一家以上的分行。

（七）我国香港地区——三级牌照制

香港作为国际金融中心之一，银行业十分发达，其中又以金融三级制的确立最富特色。香港存款机构设为三级，分别为持牌银行、有限制牌照银行和接受存款公司。只有持牌银行可以经营往来及储蓄户口业务，并接受公众任何数额与期限的存款，以及支付或接受客户签发或存入的支票。有限制牌照银行主要从事商业银行及资本市场活动等业务，亦可接受50万港元或以上任何期限的存款。接受存款公司大部分由银行拥有或与银行有联系，主要从事私人消费信贷及证券等多种专门业务。这些公司只可接受10万元港币或以上、最初存款期最少为3个月的存款。[①] 三级牌照制的确立从某种意义上也是对英国商业银行以三大机构群为基础的架构的传承。这种基于经营范围划分的牌照管理制度既优化了银行业的规模结构，避免恶性竞争，也保证了从事广泛业务、对金融业和社会影响较大的银行受到较严格的监管，而业务面较窄、对金融业和社会影响较小的银行则受到相对宽松的监管。香港金融监管局于2002年修订后的《申请成为许可机构的指引》中要求提出申请的跨国银行存款总额和总资产额分别达到30亿港元和40亿港元，而最低股本要求（包括缴足款股本和股份溢价）为3亿元港币。在人员要求方面，除机构的董事及总裁外，还扩大到业务的高层人员（《银行业条例》中的“经理”），要求申请者有足够的管控制度，确定任职人员的适当性。[②]

---

① 香港金融管理局网站，http://www.hkma.gov.hk/gb_chi/key，2016年7月20日访问。

② 刘蕾：“东道国对跨国银行市场准入监管的法律制度研究”，载 http://www.cnki.net/KCMS/detail/detail.aspx? QueryID=4&CurRec=2&recid=&filename=2009209150.nh&dbname=CMFD2010&dbcode=CMFD&pr=&urlid=&yx=，2016年7月20日访问。

三、准入制度对银行“走出去”的启示与对策

(一)做好战略规划和地区布局,分步实施

目前,我国银行业国际化经营的基础较为薄弱,境外分支机构总体数量较少,分布不均衡,大部分境外机构集中分布在港澳、新加坡等亚洲地区,在纽约、伦敦、法兰克福等发达国家的金融中心也较为常见。

客观上讲,目前中国银行业的海外布局有其客观必然性。港澳和亚洲地区无论从市场开放程度、双边贸易及直接投资、距离因素等考虑,可以作为海外投资初期中资银行首选的投资地区。欧盟、美国等地区则是中国对外贸易最大的地区,特别是这些地区的国际经济金融中心众多,可以充分利用其金融基础设施和资源优势,适合中资银行作为中长期发展目标。新兴市场在2008年全球经济危机中表现出世界经济引擎的作用,具有高度的经济成长性和发展空间,可以作为中资银行下一个投资的重点。对于非洲及拉美等地区,则要防范地区内政局动荡潜藏的风险。①

中资银行选择上述地区布局时,应当结合自身的发展阶段和业务特点,确立发展战略和投资步骤,步步为营,稳步推进海外业务。不能想当然地认为,发达国家就一定比发展中国家更值得投资。调查显示,发达国家对外国银行的限制比对本国银行可能稍为严格,而发展中国家基本上同等地对待外国银行和本国银行。② 发达国家开放度高、监管更严,而发展中国家则开放度低、监管宽松。所以,银行“走出去”在区位选择上不能“嫌贫爱富”,觉得只有发达国家才有市场和商机,发展中国家就只有风险。实际上,发展中国家刚刚起步的金融市场可能蕴藏着更大的商机,而那些成熟的发达国家却可能暗藏陷阱。

(二)慎选机构形式,逐步巩固“走出去”业务的海外支点

无论采用设立分行、代表处的方式,还是设立子公司或者合资公司,都不是只有好处没有风险。从注册资本到资本充足率,从组织架构到人员资质,从业务牌照到监管标准,银行在获得更广阔的业务平台的同时,也意味

---

① 许南、黄颖、涂梦云:“商业银行海外投资布局的影响因素”,载《金融论坛》2012年第3期。

② 杰姆斯·巴茨、丹尼尔·诺勒:“外资银行的准入和监管:承诺与实践”,载《银行家》2008年第5期。

着需要满足更多的监管要求。尤其是在今天金融全球化、监管国际化的趋势下，银行“走出去”设立海外机构已经变得更加复杂，金融危机的国际蔓延更是让海外机构的跨国监管成为舆论的焦点。而且，由于业务规模、资产质量、客户类型、风险管理水平以及当地环境等不同，一味地追求机构扩张、网点覆盖和人员增长，反倒会“欲速则不达”。

以加拿大为例，外国银行可以通过四种方式进入该国银行业，每种方式门槛不同、获得的经营范围和发展空间也不同，国内银行在选择时务必要权衡好利与弊。

第一种方式非常严格，即收购加拿大国内银行，或外国银行在加拿大的子银行股权。财政部将针对申请收购方的财务资源性质及充分性、有关银行业务的未来经营发展计划的合理性和可行性、对加拿大金融体系可能带来的最大利益等必要因素进行审查。该方式监管最严，成本最高，但是获得的机会和当地资源也最多。

第二种是通过设立子银行取得在加拿大开展银行业务的资格。子银行的资本必须独立于其国外的母行，并且资本金不得低于500万加元或更高，银行董事会应由至少7名董事组成，半数以上必须是加拿大居民，首席执行官必须是银行董事，且为加拿大居民。其被授权经营银行业务的范围与一类银行业务相同，可以经营《银行法案》所允许的任何银行业务，包括吸收存款、发放贷款、发行借记卡和信用卡等金融服务，以及提供投资咨询服务和资产管理服务等。但是从事存款业务的前提是必须成为加拿大存款保险公司成员。

第三种是通过设立分行的方式在加拿大从事银行业务，《银行法》允许设立的两种分行——全能分行和贷款分行。全能分行拥有与子银行相同的权利，但是一般来讲，全能分行不能吸收低于15万加元的“零售”存款（除非该“零售”存款来自于某些特定金融机构、政府实体和基金）。贷款分行不得违反加拿大《银行法》对独立资本化的要求，贷款限额依照经授权的外国银行的资本化程度确定，分行必须任命一个加拿大籍个人作为主要官员，负责维护分行的完整的记录，并且作为金融机构监管局的官方联系人。

第四种是通过设立代表处维持外国银行在加拿大的商业存在。代表处能够从事的业务仅限于促进外国银行或其他外国关联企业向客户提供的服务，为外国银行及其客户提供联络服务，但不得通过代表处在加拿大从事任何银行业务。外国银行在加拿大设立代表处必须提交申请，申请中应当包含外国银行以及拟设代表处的详情,例如业务运营范围、人事以及外国银行与代表处之间的监管结构。对于境外业务品种、客户范围比较单一但又急于开发当地市场的银行来说,可以作为入门的首选。

(三)区分业务品种,通过创新和法律设计达成目标

银行支持“走出去”的业务品种众多,从外汇贷款、人民币跨境贷款,到保函、保理、信用证、债券承销、财务顾问等,其结构设计、运作方式、风险水平和监管要求等也有很大差异。如果所有品种都开展,需要满足的标准和条件就会很多,比如首先要获得东道国监管部门的相应牌照,具备一定数量的专业人员等。所以,银行“走出去”从最基本的业务入手反而会更为现实。

离岸外汇贷款是国内银行支持“走出去”的主要形式。在日本,为了减少《贷款业法》的适用,可以采取一些措施尽量防范被认定违法的风险。如在日本国内不进行商业招揽行为,在日本国内不进行贷款协议的谈判和签署,不向日本企业的国内账户进行汇款等。

欧洲的德国、匈牙利等也有类似规定,只有领取了牌照的金融机构可以在当地常态化地提供贷款。匈牙利金融事务监管局有权颁发这类牌照,而信贷机构设立的形式可以是股份公司或者分支机构。

根据《德国银行法》第 32 条规定,任何计划在德国境内从事银行商业业务或者提供金融商业服务的主体均须获得德国联邦金融监管局的书面许可,其中向德国境内客户提供贷款被定义为银行业务。所以,境外银行向德国客户提供贷款需要事先取得德国联邦金融监管局的书面许可。当然,也存在例外,如果一家德国银行向德国客户提供了贷款,随后将全部或部分贷款权益转让给某家外国银行,则该行为不视为从事银行业务,无须获得银行许可。另外,如果不是外国银行积极联系德国客户,而是由德国客户主动联系外国银行提供贷款,则相关的监管要求也不会适用。

相对于上述国家的严格管制,有的国家对此并无明确要求。比如在尼日利亚法律下,外国贷款人向尼日利亚企业贷款,并不需要在当地设立营业机构,也不必为了签署、送达贷款协议以及履行贷款协议项下的约定而去满足特定的标准。

(四)政策鼓励,国内立法支持银行“走出去”

我国已在政策层面上明确提出支持银行走出去。2015 年中共中央国务院已明确提出提升金融业开放水平,推动资本市场双向有序开放,建立“走出去”金融支持体系。但尚需在具体法律法规和政策措施上细化落实,毕竟

原有银行法律制度主要是解决国内银行市场的经营和监管问题，现在银行要“走出去”，很多原来的条条框框就会出现不清楚、不协调、不支持的情况。

另外，要应对国际法律环境，就要清楚世贸规则的主旨是消除市场准入壁垒，促进服务贸易的自由化和一体化。对中国而言，深入研究世贸规则，在削减金融服务贸易壁垒和逐步实现金融自由化的同时，采取审慎监管措施的规定，采用“对等原则”，借鉴欧盟国家对外资银行监管的区别做法，既能提高我国对外资银行市场准入的监管水平，也能为中资银行的海外业务发展创造更宽松的环境。例如，有些市场同盟国家所推行的国民待遇政策是有层次的，不仅区分同盟的区内区外，还区分发达国家和发展中国家。这点对于作为发展中国家的中国而言尤为不利。针对这一做法，中国在审核这些国家外资银行准入时，也应有所区别，例如对其分行也实现资本充足率的监管，在高管方面也要求有一定的中方背景或在中国从业的经历等。通过这些对等政策的运用，也是在间接地为国内银行“走出去”提供法律支持和谈判筹码。

第三节 银行贷款支持“走出去”的法律设计

目前，跨境贷款是银行支持中国企业“走出去”的最主要、最直接的方式，其中的法律风险也较为复杂。通过前瞻性地开展工作，深入调查东道国法律环境，设计安全、合理、合法的融资结构，将会为银行融资支持“走出去”装上安全阀。本节从银行贷款支持企业“走出去”的视角，分析跨境贷款中银行通过哪些法律设计来控制风险，实现企业和银行等各方利益的共赢。

一、借款人与担保人的法律设计

借款人和担保人是银行支持“走出去”融资中最重要的因素，是银行贷款运用和偿还的直接责任人，关系到银行融资的合法性、有效性和可偿还性。

银行在支持“走出去”的过程中，必须甄别或设计符合融资需要的借款人和担保人。一方面，对于中国境内企业的直接走出去，首先应选择符合中国法律规定、具备“走出去”资格的企业,并履行相应的手续。另一方面,对于中国企业通过境外设立机构进行的融资,除了履行中国国内的审批手续,还要关注其境外设立机构是否符合东道国的法律。

(一)合格的境内借款人——各类证书和手续齐备合规

首先,要核实营业执照、事业单位法人证书、外商投资企业批准证书等文件,确认其法人地位合法性。具体包括:(1)借款人经营范围应包括贷款项目的建设和运营,借款人主营业务按照法律、行政法规的规定需获得有权机关批准的,已获得特殊行业经营许可文件,如金融、建筑、电力、医药等行业;(2)借款人营业期限、事业单位法人证书不能超过有效期,且剩余期限应覆盖银行建议贷款期限;(3)借款人营业执照、事业单位法人证书及外商投资企业批准证书。

其次,要核实验资报告与审计报告,关注借款人注册资本和财务合规性,防止出现虚假出资、抽逃资本、不正常关联交易等可能损害银行利益的情形。具体包括:(1)借款人注册资本金出资按照法律规定及其公司章程规定已到位,如借款人增资,且增资已到位;(2)贷款项目资本金按照相关法律法规的要求已到位或者能够按照计划到位;(3)借款人资本变动、股权变动等其他重大事项、资产抵质押状况、是否有未决诉讼、违约等或其他或有事项。

最后,要核实借款人公司章程与内部授权或决议文件,确认借款人已经履行了相关的内部授权程序,避免遭到其股东提起诉讼而影响贷款合同的效力。(1)借款人公司章程规定的注册资本、经营范围等应与营业执照、外商投资企业批准证书等一致;(2)借款人已按照其公司章程的规定履行了对外借款需履行的内部决议程序,且决议合法有效;(3)借款人为上市公司的,是否按照我国上市公司有关规定履行披露义务;(4)借款人资格是否符合银行相关规章制度要求的条件。

(二)借助境外律师确认境外借款人合法性

境外借款人的选择、甄别和设计,不同于国内借款人,其主体资格及借款行为的合法性应当由借款人所在国家或地区具有执业资格的律师出具正式意见,具体的风险点和审阅文件的种类与国内借款人类似。

境外借款人中有一类较为特殊,如特殊目的公司(SPV)、外国政府以及国际性金融机构。

1. SPV的设计一般基于复杂的融资结构

发起人为了避税、监管、风险隔离等目的,往往会专门设置特殊目的公司作为借款人。但是对银行的影响就比较大，尤其是担保结构、资金监管、贷款追偿等方面，银行能够获得的保障非常有限。

因此，对该类借款人应当首先确认其设立的必要性，防止其成为切断与发起人联系、逃避债务的工具。另外，应当核实发起人具有开展贷款项目的资格，且其所在地法律允许其以设立 SPV 的方式开展贷款项目；SPV 所在地法律允许其作为借款人开展贷款项目；如评审时 SPV 尚未设立，则贷款合同签订前，应由设立地律师对其借款主体资格及借款行为的合法性进行确认；交易结构涉及多个 SPV 且设立于不同法域的，应当由各个法域的执业律师，就其主体资格及从事相关交易行为的合法性出具法律意见。

2. 外国政府作为借款人应关注其程序合法

按照其所在国法律，政府部门应可以作为借款人对外借款，对外借款按照所在国法律法规已经履行了必要的审批、授权或登记备案手续。

对这类借款人还应要求其声明放弃主权豁免。主权豁免是指国家的行为及其财产不受另一国家的立法、司法和行政等方面的管辖，是一国根据国家主权平等原则而享有的不受他国管辖的特权。其基本要素包括：非经一国同意，该国的行为免受另一国的审判，其财产免受另一国扣押和强制执行。

如主权实体未就诉讼或执行放弃其享有的主权豁免，将给债务的追索带来不利影响。诉讼豁免可以明示或默示放弃，如通过书面文件约定放弃豁免，或主动提起诉讼、仲裁或应诉。但执行豁免的放弃一般需要书面明示。如英国《国家豁免法》中规定，除非被执行国书面同意执行，或被执行的财产用于商业用途，则该被执行国家的财产受执行豁免的保护。

（三）担保人设计更具多样性

1. 境内担保人的对外担保更具多样性

（1）进一步放宽限制

随着我国涉外经济的快速增长，国际收支交易规模的不断扩大，跨境担保行为也日趋多样化和复杂化。同时，此前的相关担保管理政策，审批、核准手续较多，相对于市场需求来说管理方式较为滞后，管理成本较高。随着中国企业国际化步伐的加快、“走出去”战略的实施以及跨境人民币业务的推进，国内中资银行也在不断扩大国际信贷的业务规模，以支持中国企业的海外投资和产品出口。而在国际银行信贷项目中，贷款金额往往很大，动辄就以亿元计，其中涉及的跨境担保又常为项目信用结构项下的主要担保措施。从这一角度看,亟须修订新的法律法规以适应这种情形。

我国 2014 年出台了《跨境担保外汇管理规定》,同时废止了此前涉及跨境担保外汇管理的《境内机构对外担保管理办法》《境内机构对外担保管理办法实施细则》《国家外汇管理局关于境内机构对外担保管理问题的通知》及《国家外汇管理局关于发布〈外债登记管理办法〉的通知》等一系列法律法规,以便利跨境担保活动,推进担保项下资本项目可兑换水平。

在《跨境担保外汇管理规定》出台之前的法规仅涵盖对外担保和外保内贷,未涉及其他类型的跨境担保,已不能满足当前市场发展需求,另外对境内担保人资格、办理担保的审批等限制也比较多。《跨境担保外汇管理规定》则放宽了这些限制。目前,除了国家机关,学校、幼儿园、医院等以公益为目的的事业单位、社会团体,企业法人的分支机构、职能部门等主体一般不可以提供担保外,没有关于限制提供担保的规定。

(2)境内自然人提供对外担保

随着境内民营企业“走出去”步伐的加大,利用民营企业实际控制人这一自然人主体(担保人)为其境外设立的企业(借款人)提供担保,逐步成为一种新的担保尝试。

国务院《外汇管理条例》未对境内自然人对外提供担保作出禁止性规定,只是规定“提供对外担保,应当向外汇管理机关提出申请,由外汇管理机关根据申请人的资产负债情况作出批准或不批准的决定”。中国人民银行《个人外汇管理办法》第 21 条规定,“境内个人向境外提供贷款、借用外债、提供对外担保和直接参与境外商品期货和金融衍生产品交易,应当符合有关规定并到外汇局办理相应登记手续”。2012 年 6 月,国家外汇管理局发布了《关于鼓励和引导民间投资健康发展有关外汇管理问题的通知》(汇发〔2012〕3 号),适当放宽个人对外担保的管理。根据该通知,2012 年 7 月 1 日之后,境内企业为境外投资企业境外融资提供对外担保时,允许境内个人作为共同担保人,以保证、抵押、质押及担保法规允许的其他方式,为同一笔债务提供担保。

2014 年出台的《跨境担保外汇管理条例》明确规定了境内个人可以作为担保人,并参照非银行机构办理内保外贷业务,进一步明确了个人提供跨境担保的法律监管方式。但《跨境担保外汇管理条例》尚未明确个人是否可以提供内保外贷、外保内贷以外其他形式的跨境担保。

2. 境外担保人的主体资格

应根据不同国家的法律及政策要求确定，并应由担保人所在国家或地区具有执业资格的律师进行确认。

二、担保结构的法律设计

银行在开展支持“走出去”业务时，必须解决的一项风险防范措施就是设计必要的担保结构，并首先确保其合法，涉及境内担保时，应符合我国《物权法》《担保法》等相关法律法规的要求，涉及境外因素的，还应符合担保涉及的相关国家地区法律、法规的要求，并由境外律师进行确认。

（一）境内机构和个人提供境内担保

按照我国《担保法》《物权法》等相关规定，“走出去”贷款常用的担保措施包括保证、抵押、质押等。

1. 保证

一般保证的情况下，当债务人不能履行债务时，银行如果没有依法对主合同纠纷进行诉讼或者仲裁，或者虽经诉讼或仲裁但并未对债务人的财产强制执行的，一般保证的保证人有权拒绝承担保证责任。而连带责任保证情况下，债务人不能履行债务时，不需要经过法院诉讼或仲裁并强制执行债务人财产，银行就可以直接要求保证人承担保证责任，因此在实践中通常选用后者作为保证担保。

2. 抵押

债务人不履行债务时，债权人有权以该财产折价或者以拍卖、变卖该财产的价款优先受偿。抵押可以实现对实物资产的控制，属于较为常见的担保。在涉及担保结构时，应注意以下问题：（1）抵押标的是否属于依法可以进行抵押的财产；（2）核实拟抵押标的权属证书或权属状况，抵押人对抵押标的是否享有合法权属，抵押人应是并将持续作为抵押财产的唯一合法所有人，抵押财产上是否已设立其他担保权利；（3）土地使用权抵押时，其地上建筑物、其他附着物随之抵押，地上建筑物、其他附着物抵押时，其使用范围内的土地使用权随之抵押，同时，注意土地使用年限与银行贷款期限相匹配；（4）抵押人提供抵押应办理的登记手续、登记机构、登记时限等；（5）海关监管的免税物资、设备等提供抵押，需要事先征得海关同意；（6）抵押担保的范围应符合偿债要求。

3. 质押

质押担保设计的要点主要有:(1)质押标的的合法性,质押财产是否属于我国法律允许质押的范围。(2)质押人是否对质押标的享有合法权属,是否存在重复质押。(3)应明确质权设立的时间。以动产出质的,质权自出质人交付质押财产时设立;以汇票、支票、本票、债券、存款单、仓单、提单出质的,当事人应当订立书面合同,质权自权利凭证交付质权人时设立;没有权利凭证的,质权自有关部门办理出质登记时设立;以其他合法的质押标的出质的,质权自办理有关质押登记时设立。因此,为更好地保护银行权益,应按照我国相关法律法规明确质押应落实的登记手续,明确登记部门、登记时限等。(4)质押范围应符合偿债要求。(5)应收账款质押等应设置监管账户,落实账户监管措施。

(二)跨境担保

2014 年,国家外汇管理局发布《跨境担保外汇管理规定》(〔2014〕29 号),其主要思路是简政放权、转变职能、由事前审批转向事后监管,强化风险防范。《跨境担保外汇管理规定》丰富了跨境担保的种类,并放松甚至取消了对跨境担保的限制。按照担保当事各方的注册地,跨境担保分为内保外贷、外保内贷和其他形式跨境担保。

1. 内保外贷

内保外贷是指担保人注册地在境内、债务人和债权人注册地均在境外的跨境担保。

(1)从监管方式角度,外汇管理局对内保外贷实行登记管理,取消事前审批。担保人签订内保外贷合同后,应向国家外汇管理局办理内保外贷登记,登记内容包括担保的签约登记、变更登记和注销登记。其中,对于签约登记,担保人为银行的,由担保人通过数据接口程序或其他方式,向国家外汇管理局报送内保外贷业务相关数据;担保人为非银行金融机构或企业(以下简称非银行机构)的,应在签订担保合同后 15 个工作日内到所在地国家外汇管理局办理内保外贷签约登记手续。担保合同主要条款发生变更的,担保人应当办理内保外贷签约变更登记手续。内保外贷项下担保人付款责任到期、债务人清偿担保项下债务或发生担保履约后,担保人应办理内保外贷登记注销手续。

在《跨境担保外汇管理规定》出台之前,对外担保的批准和登记均是担保合同的生效要件,实务操作中,对跨境担保批准和登记的审查是重中之重。《跨境担保外汇管理规定》对跨境担保外汇管理与跨境担保合同的有效性进行了剥离，跨境担保法律实务操作无须再将外汇管理作为判定担保合同有效性的考察因素，解决了因外汇管理可能导致跨境担保合同效力不确定的问题。

同时，国家外汇管理局保留了特殊情况下的事前审批，在境外债务人清偿因担保人履约而对境内担保人承担的债务之前，担保人要签订新的内保外贷合同，需经国家外汇管理局批准。

（2）从资金用途角度，内保外贷项下资金仅能用于债务人正常经营范围内的相关支出，不得用于支持债务人从事正常业务范围以外的相关交易，不得虚构贸易背景进行套利，或进行其他形式的投机性交易。

未经国家外汇管理局批准，债务人不得通过向境内进行借贷、股权投资或证券投资等方式将担保项下资金直接或间接调回境内使用，包括但不限于以下行为：债务人使用担保项下资金直接或间接向在境内注册的机构进行股权或债权投资；担保项下资金直接或间接用于获得境外标的公司的股权，且标的公司50%以上资产在境内的；担保项下资金用于偿还债务人自身或境外其他公司承担的债务，而原融资资金曾以股权或债权形式直接或间接调回境内的；债务人使用担保项下资金向境内机构预付货物或服务贸易款项，且付款时间相对于提供货物或服务的提前时间超过1年、预付款金额超过100万美元及买卖合同总价30%的（出口大型成套设备或承包服务时，可将已完成工作量视同交货）。

（3）从风险防范角度，担保人办理内保外贷业务时，应对债务人开展尽职调查，对债务人主体资格、担保项下资金用途、预计的还款资金来源、担保履约的可能性及相关交易背景进行审核，并以适当方式监督债务人按照其申明的用途使用担保项下资金。

（4）从外债管理角度，担保履约时需进行对外债权登记。如发生内保外贷履约，担保人为银行的，可自行办理担保履约项下对外支付，担保人为非银行机构的，可凭担保登记文件直接到银行办理担保履约项下购汇及对外支付。内保外贷业务发生担保履约的，成为对外债权人的境内担保人或反担保人应当按规定办理对外债权登记手续。

2. 外保内贷

外保内贷是指担保人注册地在境外、债务人和债权人注册地均在境内的跨境担保。

(1)从业务资格角度,外保内贷需同时满足以下条件:债务人为在境内注册经营的非金融机构;债权人为在境内注册经营的金融机构;担保标的为金融机构提供的本外币贷款(不包括委托贷款)或有约束力的授信额度;担保形式符合境内、外法律法规。未经国家外汇管理局批准,境内机构不得超出上述范围办理外保内贷业务。

(2)从监管角度来看,外保内贷由债权人办理登记。国家外汇管理局对外保内贷实行登记管理。境内债务人从事外保内贷业务,由发放贷款或提供授信额度的境内金融机构向国家外汇管理局集中报送外保内贷业务相关数据。

(3)从外债管理角度,外保内贷业务发生境外担保履约的,境内债务人应到所在地国家外汇管理局办理短期外债签约登记及相关信息备案手续。国家外汇管理局在外债签约登记环节对债务人外保内贷业务的合规性进行事后核查。外保内贷业务发生担保履约的,在境内债务人偿清其对境外担保人的债务之前,未经国家外汇管理局批准,境内债务人应暂停签订新的外保内贷合同;已经签订外保内贷合同但尚未提款或尚未全部提款的,未经所在地国家外汇管理局批准,境内债务人应暂停办理新的提款。在数额上,境内债务人因外保内贷项下担保履约形成的对外负债,其未偿本金余额不得超过其上年度末经审计的净资产数额。

此外,境内债务人向债权人申请办理外保内贷业务时,应真实、完整地向债权人提供其已办理外保内贷业务的债务违约、外债登记及债务清偿情况。

3. 其他形式的跨境担保

其他形式跨境担保,是指除前述内保外贷和外保内贷以外的其他跨境担保情形。包括但不限于:(1)担保人在境内、债务人与债权人分属境内或境外的跨境担保;(2)担保人在境外、债务人与债权人分属境内或境外的跨境担保;(3)担保当事各方均在境内,担保物权登记地在境外的跨境担保;(4)担保当事各方均在境外,担保物权登记地在境内的跨境担保。

根据《跨境担保外汇管理规定》,除内保外贷、外保内贷需要履行必要的外汇管理登记手续并遵守部分资格条件限制以外,境内机构可自行签订其他形式的跨境担保合同。需要强调的是,对于其他形式的跨境担保合同,《跨境担保外汇管理规定》只是在外汇管理方面取消了担保签约环节的限制,担保项下债权人主张担保权利和担保人履行担保履约义务,仍应符合担保行为相关的外债、直接投资及证券投资等管理规定。

三、融资结构的法律设计

融资结构是银行为提供融资，以贷款人、借款人、担保人与其他利益相关方为基点，以贷款发放、使用、偿还为纽带所构建的交易安排及相应的法律关系。每个项目的具体情况不同，所采用的交易结构也不一样，特别是根据项目所在地的不同，适用的法律不同，也会决定交易结构的差异性。本部分选取外汇贷款项目交易结构设计中的常见要点进行讨论。

（一）解决好贷款的结构次级问题

长期贷款，可能会存在银行贷款实际上次级于借款人其他短期债务的情况。在设计时，应研究审查借款人现有债务的性质，判断其违约风险及本次贷款在发生违约时的地位，若借款人曾为与本项目类似的贷款提供担保，则银行有权要求分享此类担保。同时应对借款人现有债务进行调查，具体包括债务名称、债权人、债务金额、利率、期限、担保措施（包括但不限于抵押、质押和保证担保等）、财务限制和提前还款与转让限制等。

（二）厘清贷款的借用还是否一致

借用还完整且合法的交易结构是确保贷款安全的基础。根据项目的具体情况，某些项目的借款人与实际用款人不一致，在审查具体项目审查时，必须理顺项目借用还之间的关系，明确项目的最终还款责任应由借款人承担，并明确还款来源及还款路径。借款人与用款人不一致时，借款人可以通过股东贷款或股东注资的形式把贷款资金转移给用款人。

1. 如采用股东贷款的形式，应关注股东贷款的合法性。根据《贷款通则》，企业间不能借贷。但 2015 年 8 月 6 日，最高人民法院正式发布《最高人民法院关于审理民间借贷案件适用法律若干问题的规定》，该司法解释改变民间借贷原有的司法解释，首次确认企业间的借贷效力。该司法解释第 11 条规定，“法人之间、其他组织之间以及它们相互之间为生产、经营需要订立的民间借贷合同，除存在合同法第五十二条、本规定第十四条规定的情形外，当事人主张民间借贷合同有效的，人民法院应予支持”。在此结构下，如果是借款双方均为境内企业，则应符合上述司法解释关于民间借贷的规定；如果用款人为境外项目公司，需注意当地法规对用款人的贷款金额与投资总额的比例是否有限制。此外，由于银行并未直接向项目公司贷款，而是通过层层贷款安排将贷款资金最终注入项目公司，中间任何一级借款人的破产、债权人主张或类似问题都可能导致贷款资金或还款资金的损耗,并最终影响银行的利益。

2. 如果采用股东注资的形式,则用款人的持股结构将实质性改变,并需要完成公司增资的法律程序,比如取得主管部门的批准、修订公司章程。在此结构下,银行和借款人都不是用款人的债权人。可以将项目公司销售收入质押给银行,以确保项目公司收入不受第三方无担保债权人的权利主张,保障贷款项下的还本付息。

(三)看透复杂的SPV结构

在银行支持“走出去”的过程中,SPV借款或者多层SPV融资的交易结构越来越多。不同的SPV分别设立于不同的国家,并开立有多个账户。如何保证多个SPV跨国交易结构的合法性、账户资金监管的可操作性以及相应股权质押的有效性等,应由相关法域的执业律师出具意见,在整体上确认该交易结构的合法有效性。

(四)提前研究资金支付与还款

涉及境外因素的贷款项目必须设计合法有效的贷款资金发放途径、还款机制和相应的监管措施,确保贷款发放和还款符合我国及相应国家外汇管制、税收和法律的要求,保证贷款资金用于评审项目要求的贷款用途,并确保还款来源及还款机制的合法有效。

1. 借款人以产品销售收入作为还款来源

如借款人的还款资金来源于产品出口应收账款或产品销售收入,应核实出口协议或购买协议中关于产品价款及议价机制、购买量、购买期限、付款机制和违约等相关条款,防止因项目产品的销售安排造成还款风险。

2. 以收购资产产生的现金流作为还款来源

如还款来源于收购资产产生的现金流,同时该收购资产由借款人一系列子公司进行管理,则应审查是否控制借款人在收购合同下的权益及子公司现金流。一般应通过下列合同安排实施控制:收购资产抵押;对子公司的财务处置及增加债务作出限制;借款人股权质押;借款人子公司股权质押;相关收购合同项下权益转让。

3. 还款资金为项目自由现金流

自由现金流通常指税后可自由支配的净利润。项目公司将税后净利润以分红的形式分配给借款人,作为借款人的还款资金。设计时,应关注有无红利可以分配,是否必须进行分配,分配的数额是否充足,分配的频率与借款人的还款安排是否匹配。

（五）人民币结算账户的管理

1. 境外机构人民币贷款业务人民币结算账户应根据《中国人民银行关于政策性银行为合格境外机构办理人民币贷款业务和货币互换业务有关问题的通知》办理和管理，账户内人民币资金的收入和支出应符合该通知的要求。

2. 根据该通知要求，对合格境外机构开立的人民币银行结算账户内资金收付的相关交易应进行真实性审核。因此，在贷款协议提款和资金支付条款中应当落实上述要求，针对项目实际情况，约定将相关发票、商务合同等作为资金支付依据。

（六）东道国税收政策的影响

银行支持“走出去”业务如涉及境外税收，应由律师核实项目相关国家或地区的税收制度是否会对银行贷款本息造成影响。其中最主要的是利息预提税，它是借款人所在国针对借款人应付给贷款银行的利息收入向贷款银行开征的。

1. 利用好借款人所在国与我国签署的避免双重征税协定。避免双重征税协定，是指国家间为了避免和消除向同一纳税人对同一所得重复征税，根据平等互惠原则签订的国际税收协定。截至 2015 年 5 月，中国已与 99 个国家签署了避免双重征税协定。[①] 一般而言，政府机构、中央银行或完全为政府所有的金融机构取得的利息，或者由上述主体提供资金的债权产生的利息免税。我国对外签署的税收协定利息条款有关规定一览表参见附表 18。

2. 无论是否签署避免双重征税协定，均应落实包税条款。具体为要求免税或在贷款合同中明确包税条款，通过规定专门的税收条款如补足条款（Grossup）和补偿条款（Tax Indemnities）等，将税收负担转嫁给借款人；并应就税后贷款成本与借款人充分沟通，确保借款人在承担该等税款后，仍可以支付约定利息。

（七）外汇管制不容忽视

外汇管制是一国政府为平衡国际收支和维护本国货币等目的，对外汇

① 数据来源：新华网：“中国已与 99 个国家签订避免双重征税协定”，载 http://news.xinhuanet.com/fortune/2015-05/21/c_1115365030.htm，2016 年 7 月 18 日访问。

进出实行的限制性措施。外汇管制的存在将给银行贷款进入和汇出带来风险。涉及境外因素的外汇贷款项目应由律师核实贷款不受相关国家外汇管制的影响,主要关注:项目国家是否存在外汇管制,是否允许外汇自由流入和汇出;核实借款人从银行贷款是否需要当地外汇管理部门的审批以及需要履行何种法律程序,需审批的,应将完成相关审批作为提款前提条件;如项目涉及相关外汇账户,如油款归集账户、偿债准备金账户的开立、质押、担保等,应确认其是否符合当地外汇管理的法律法令及要求。

四、信贷合同的适用法律与争议解决

融资设计完成以后,为避免“口说无凭”,需要将它们以信贷合同的形式记录下来,以便于各方的遵守和执行。但是同一个合同涉及很多法律概念、条款,按照不同国家的法律解释,会有不同的结果。在一个国家法律下合法有效的设计,在另一个国家法律下却可能非法无效、不受保护。而争议解决简单来说就是发生纠纷后是在法院诉讼还是提起仲裁,在“走出去”业务中,还涉及在哪个国家的什么法院起诉,或者在什么地点的哪家仲裁机构仲裁的问题。谁都不希望发生纠纷和争议,更不希望走上贷款逾期、对簿公堂这一“最后途径”。所以,有必要对这两个条款进行研究。

(一)选对适用法律

“合同”是交易双方或多方按照意思自治的原则,彼此间设立、变更、终止民事关系的协议,受到法律的保护和约束。日常生活中的买卖、借贷、劳务等活动,无论是否签署了书面协议,实质上都构成了法律上的合同关系。一般生活中的合同不会涉及“适用法律”的概念,因为合同相关方都存在于一个国家,自然就适用该国法律。但随着商品经济发展跨出国门,交易双方之间的关系已经超出了单纯一国的法律关系,成为涉及两个甚至更多国家的法律关系。由此就产生了一系列问题,到底这个合同是否有效?其中的条款应该怎么解释和执行?发生分歧了怎么办……为了避免涉外合同在理解和执行中发生歧义和争议,就需要在合同中约定适用法律和争议解决方式、地点。

适用法律是国际信贷合同中约定的,用以确认合同订立、效力、履行、解释、违约、变更等事项,解决合同争议的一国或地区的实体法。作为贷款文件中所有条款中最核心的法律条款,它直接决定了合同的有效形式(如书面订立及公证机构公证等要求)、合同的效力、合同的解释、合同的履行、违约的后果、求偿的时效等关键条款。比如，有的国家法律对涉外合同的签署规定了认证程序，如果该协议在国外签署，则必须在签订国公证机关的见证下签订，并由驻外使领馆出具文件，确认公证机构的见证有效。再如，关于贷款的罚息，如果选择的适用法律禁止收取罚息，或者对罚息规定了最高限制，那么合同中即使约定了对银行有利的高罚息条款，也可能无效，或者只能得到一部分很少的赔偿。

所以，在适用法律的选择上必须认真斟酌，选择更能保护银行利益的法律。

1. 适用法律选择的原则

(1)保障银行利益。国际信贷合同选择适用法律，首要出发点是要确保银行权益得到保障。在确定适用法律和争议解决条款时，应结合项目的具体情况，综合考虑各方面因素，选择最有利于保护银行权益的条款，避免机械适用某国法律和解决争议。

(2)要尽早确定适用法律。应在合同谈判一开始，甚至融资结构设计的一开始，就对适用法律进行讨论和选择，并聘请相关法域的律师参与合同拟订和谈判工作，提高效率，避免推进过程中发现难以克服的法律障碍和风险点。

设计融资结构时，业务人员往往更关注商务条款，对于法律问题的关注相对不足，尤其是适用法律条款一般放在信贷合同的后半部分，实务中往往将其放在最后确定。殊不知这样看似省事，但是由于融资结构和合同架构基本是按照某一法律来设计，如果最后讨论适用法律，就可能出现需要将之前方案推倒重来的情况，适用法律的变更有可能导致原来可行的方案变得不合法或者无效。因此，应当在一开始就应该谈定适用法律，避免造成双方的损失。

(3)增强债权保护的统一性。尽量减少不同合同文本之间由于适用法律、争议解决方式和地点等不一致引起的合同履行、解释、强制执行等纠纷。一项国际融资往往需要十几份法律文件，每一份法律文件都会涉及适用法律和争议解决的问题。如果这些文件每一个都适用不同的法律，就会需要请熟悉不同国家法律的律师起草文件，无疑会增加交易成本。更为复杂的是，如果适用不同的法律，会导致对同一个事项产生不同的理解，很难保证债权的安全。

(4)考虑成本效率与可执行性。要考虑适用法律和争议解决方式选择的成本与效率,以及裁决在相关法域的可执行性。选择适用法律的透明程度、完善水平、律师服务质量等都会影响到争议的解决。如果所选择的法律不稳定、不明确、不完善,就需要花费大量的时间和人力去查明其具体含义和司法判例;如果学习和了解该法律的专业人士很少,则发生争议时很难快速找到优秀的律师和专家提供咨询服务,最后贻误的时间和机会对银行来说都是巨大的损失。

2. 影响适用法律选择的主要因素

选择好贷款合同适用的法律,必须首先了解需要考虑的主要因素,从最有利于保护银行权益的角度作出选择:

(1)适用法律应当是银行熟悉的。应选择银行熟悉、信任的法律,避免选择陌生、不明确的法律。在与亚非拉等发展中国家的企业打交道时,对方会提出适用他们自己的法律,或者他们熟悉的某地区大国的法律。但是对银行来说,一旦贷款发放,相应的风险就转移到了银行身上,银行必须选择自己熟悉、透明可信的法律才可以很好地保护债权。

(2)适用法律应当是公正、稳定和完善的。应选择能够尊重和保护当事人意思自治的法律,即承认当事人协议条款的约定,避免对当事人自由约定进行过多限制,而且要注意相关法律是否对我方有利,能否保证贷款人的正当权益,以及是否有关于贷款方权利义务和责任的特殊规定等。同时,要考虑法律制度的稳定性、连续性和救济措施的完备性,确保信贷合同的执行具有可预见性和安全性。

(3)适用法律与争议解决方式和地点能够相协调。适用法律能够被合同约定的有管辖权的法院或仲裁庭所认可并能熟练运用,便于争议解决的顺利进行,保证法律适用及裁决执行的准确高效。

(4)适用法律的语言便于使用。适用法律所在司法管辖区的官方语言,应当是银行熟悉的语言,以免合同语言无法准确表达其含义,或者应为国际信贷合同常用的语言。选择英国法、美国法,就会使用英语,而选择法国法,就会使用法语,选择中国法,就会使用中文。因此,要根据自身业务和人力条件,选择有利于将来解决争议的语言和法律。

(5)适用法律要与借款人、担保人等所在国法律相隔离。应避免选择借款人所在国的法律,以防范受该国政治、立法和司法等非正常因素影响的风险,尤其是一个国家或其政府作为借款人、担保人等时,更应当坚持适用该国以外的法律。

(6)要注意相关法律对适用法律选择有无限制性规定。适用法律并不决定合同中的一切事项,也会受限于与合同相关的其他法律,如合同当事方属人法、合同签订或履行地法、争议解决地法等。比如,适用法律并不能完全决定当事人的行为能力、代理行为的有效性、主权豁免地位,以及不动产上担保权利设立和变更等事项。应当注意相关法律对于选择适用法律有无强制性要求,如果相关法律规定只能适用或不得适用某法律,或适用某法律可能被认为违背公序良俗的,则应选择符合该法要求的法律,或避免在该地履行或解决争议。

(7)适用法律对主权豁免的基本态度是否能保证银行利益。涉及主权类借款人时,尽量选择承认相对主权豁免的法律作为合同适用法律,并在承认相对主权豁免的地点解决争议。主权豁免是指一个国家的行为和财产不受另一国家立法、司法和行政等方面的管辖。其中,司法豁免对国际经济活动尤为重要,即非经一国同意,该国的行为不受另一国司法机构的审判,其财产不得被另一国法院扣押或强制执行。如果所选择法律承认借款人具有主权豁免,或者禁止借款人放弃豁免,则银行应当小心,防止将来贷款违约起诉借款人时,双方因为主权豁免发生不必要的争议。

除了上述因素,选择适用法律时,还应当考虑相关国家与我国之间是否拥有较高的政治互信、项目情况对适用法律有无特殊要求、该国法律制度与我国之间的相似性、有无过于强烈的民族保护主义和排外倾向、其政权的稳定性以及反对派对我国的态度等因素。

3. 不同合同之间适用法律的协调

一笔国际融资往往涉及很多份协议和法律文件,每一份协议都会有自己的适用法律,而这些适用法律又往往会因为涉及国家不同、各个国家法律要求不一致等原因,产生不一致的地方。

在相关法域执业律师的协助下,使贷款合同和担保合同(尤其是保证合同)的适用法律尽量协调一致,避免由于两者的不一致,导致在同一事项上产生不同的法律解释及后果。比如,贷款合同和担保合同按照 A 国的法律是有效的,但是当拿到担保人所在地的 B 国进行执行时,发现 B 国法院认为担保合同无效,这就使银行债权得不到及时的保护,不得不陷入持久的诉讼战。

当然,如两者不能保持协调一致,则应尽量保持贷款合同与担保合同在内容上的一致性,避免在解释时发生歧义或冲突。另外,还可以在担保合同中约定,有关贷款合同的事项应当按照贷款合同的适用法律进行解释和判断。

(二)慎选争议解决方式和地点

众所周知,国际信贷业务具有跨国性、复杂性和期限长等特点,交易各方来自不同国家、拥有不同的语言、法律体系和文化背景,体现了参与各方所在国家不同的政治经济利益,业务开展过程中出现争议是不可避免的。再加上,国际信贷业务借款人往往处于发展中国家或欠发达国家,法律制度不健全、政局变化频繁,甚至局部战乱时有发生,贷款风险大,出现争议的概率高。在国际信贷业务争议中,往往是贷款人放款后因借款人无力按约还款造成违约,贷款人在争议中更易处于难以收回贷款的不利地位。因此,如何在贷款前期就预测并选择有利于贷款人的争议解决机制,是非常具有现实意义的问题。

所以,熟悉国际信贷合同文本的人都明白,虽然争议解决条款一般放在合同的最后部分,甚至在谈判中也是放在最后,但是这种靠后的位置并不表示它不重要。相反,如果合同谈判的前期花费了很大精力协调双方利益和责任,那么在争议解决部分,更不应当松懈。

首先,争议解决方式和地点选择,关系到能否在争议解决中获得更有利(或最起码平等)的法律地位。国际信贷业务中,贷款人往往会借助其在谈判中的有利地位,争取有利于自己的争议解决方式和地点,其目的就在于排除借款人所在国法院,选择自己熟悉的争议解决机制,使争议解决的后果可以预期并可以控制。

其次,争议解决方式和地点选择,关系到信贷争议能否得到公正、妥当的解决。国际信贷争议属于较为专业和复杂的商业纠纷,涉及多个国家、地区相关方的经济利益,它的解决必须在一个政治稳定、法律健全、国际认可的地点和机构进行。

再次,争议解决方式和地点选择,关系到胜诉裁决能否得到切实执行。取得胜诉裁决只是完成了银行维权的第一步,该裁决能不能在借款人或其财产所在地得到承认和执行,才是能否收回贷款的关键。

最后,争议解决方式和地点选择,关系到相关国家的政治经济关系和利益。随着“走出去”战略和能源战略的实施,国内银行会开展越来越多地具有重大政治经济意义的国际项目。对于这类项目,争议解决机制的选择必须兼顾双方长远的政治经济合作关系,以及两国之间的友好关系。

1. 选择争议解决方式需要考虑的因素

选择仲裁或诉讼时，应当咨询相关法域的执业律师，综合考虑项目的实际情况，包括借款人或担保人所处的司法管辖区、其财产所在地、有无保密要求、采取临时保全措施的方便性、相关国家是否承认仲裁裁决或司法判决、审理程序的效率、经济成本等因素，选择最适合项目特点的争议解决方式。

2. 优先考虑仲裁作为争议解决方式的可行性，并选择合适的国际仲裁机构与地点

由于仲裁裁决具有更广泛的可执行性及保密性，一般情况下可以优先考虑仲裁，并选择合适的仲裁机构，而不是临时仲裁。国内银行国际信贷争议的解决可以首选中国国际经济贸易仲裁委员会（CIETAC）。其次可以按照“地理位置由近及远，政治友好关系由亲到疏”的原则，综合衡量地缘政治、准据法、经济成本等因素，考虑香港国际仲裁中心（HKIAC）、新加坡国际仲裁中心（SIAC）、斯德哥尔摩商会仲裁院（SCC）和国际商会仲裁院（ICC）等机构。

明确约定仲裁地点，尽可能选择熟悉、便利、对华友好的仲裁地点，一般应与仲裁机构所在地保持一致，但在仲裁机构仲裁规则允许的情况下，可以对仲裁地点进行有利于国内银行的选择。对于中国的银行来说，首选的仲裁地点可以为北京，其次为香港、新加坡。选择时要考虑该仲裁地点的相关法律规定，充分咨询当地律师意见，防止因违反法律规定导致仲裁协议无效或效力不确定。

3. 诉讼作为争议解决方式的情形以及诉讼地点/管辖法院的选择

以下情况可优先考虑选择诉讼作为争议解决方式：借款人或担保人为中国法人，或者主要财产在中国境内的；船舶融资、飞机融资等大型物品融资项目；涉及专属管辖的事项，即借款人、担保人或其财产所在国法律明确规定，相关争议必须由该国法院管辖，一般包括不动产、劳动、税收、破产法、反垄断法等事项的；借款人、担保人或其财产所在国并非 1958 年《纽约公约》成员国，但与拟选择法院所在国签署了互相承认法院判决的协议或条约的；融资结构与融资文件法律关系简单明确，相关法院能采取简易程序，不会陷入长期诉讼的贷款。

选择法院的时候，应当从政治中立、成本合理、程序便捷的角度，选择与中国友好、地理位置较近、诉讼费用经济的地点与法院。具体来讲，可以视

项目情况,优先选择中国有管辖权的法院,然后依次考虑香港法院或新加坡法院,要避免不分项目具体情况机械地选择英国法院或纽约州法院解决争议,并且一般应避免在借款人所在国法院诉讼或选择借款人所在国法律作为贷款协议准据法。

4. 优先选择中国、香港作为争议解决地点

无论选择仲裁还是诉讼,都应首先提出并说服对方在中国解决争议。如果确实无法将争议解决地点放在中国内地,可以考虑中国香港。对于借款人为香港法人,且其主要资产或担保财产位于香港的,可考虑将香港作为争议解决的首选地点。

5. 重债穷国项目争议解决地点的选择

对重债穷国项目的争议解决,建议充分论证和考虑秃鹫基金等机构对争议解决可能造成的影响,根据项目情况审慎选择有利的争议解决地点,特别是注意所选争议解决地对重债穷国与秃鹫基金争议,以及对主权豁免的相关法律规定和实际判例。

总体而言,为避免贷款合同与担保合同之间争议解决方式和地点不一致,导致不同法院或者仲裁机构作出的裁决有差异,甚至是矛盾冲突,应当协调好不同合同之间的争议解决方式和地点,统一选择某一法院管辖,或者统一选择同一仲裁机构仲裁。由于一国法院的裁决并不一定能在其他国家获得承认和执行,因此在选择管辖法院时(尤其是当选择的法院并非裁决的最终执行地时),应充分考虑裁决在其他司法管辖区的可执行性。贷款合同与担保合同不能统一解决争议的,或者统一解决后裁决不便执行的,可在信贷合同中对违约事件明确约定,并在相关法律允许的范围内,明确违约发生时银行可以采取的措施,包括是否可以自行执行担保,使银行获得自力救济的权利。

具体统一的方式和如何约定,则应当具体分析项目情况并咨询相关执业律师,避免有关约定违反争议解决地和执行地法律,导致争议不能统一解决,或者裁决无法获得执行。

五、律师意见和尽职调查的运用

(一)律师意见使用应注意的原则

1. 必要性原则

银行支持“走出去”必然面临国别法律问题,没有当地专业、正规、合法

的执业律师提供咨询，就得不到东道国法律和国际规则的安全保障，轻则贷款合同无效，重则违法违规遭受处罚。因此，聘用优质高效的律师团队，是识别、预判、规避和化解国际信贷业务法律风险的重要保障，银行“走出去”必须认真对待律师意见提及的风险并研究相应解决措施。

2. 本地性原则

项目涉及多个国家或地区的法律，应分别由当地执业律师就相关法律事项出具意见，不能简单将一国律师意见套用于别的国家。

3. 针对性原则

要善于使用律师，提高律师工作的效率性和准确性，着重借助律师抓住信用结构、融资结构、还款来源等所涉法律问题的重点，分清难点、解决关键点，提高银行支持“走出去”的效率。

4. 前瞻性原则

为避免贷款具体执行中发生不可克服的法律障碍，银行应该在项目前期就聘请律师，做好对当地法律环境及项目合法合规性的研究和判断，避免给后期工作带来不可逆转的法律风险。

（二）律师使用应注意资质和质量管理

1. 必须使用具备资质、高质量的律师

首先应查实外聘律师在当地从事律师业务的合格资质，具备相应的执业证书或牌照。同时，了解律师从事国际业务的实力、经验、责任心以及口碑等情况。

2. 通过律师后评价来促使律师改进工作

银行应当建立完善的律师服务质量监督和评价机制，及时对律师提供服务的水平进行评估和反馈，质量好的律师得到高的评价和劳务报酬，质量低的律师则会因为评价较低逐步淘汰。

具体评价的标准要看律师服务的内容，就律师意见来说，主要控制好以下几个标准：风险点准确全面、完整性；意见客观、公正性；建议正确、可操作性；法律意见文字精练、观点明确；律师服务态度；律师工作效率等。

（三）使用好律师意见事半功倍

就项目选择和结构设计的角度而言，律师法律意见的使用主要关注以下方面：

1. 所聘律师是否具备出具相关法域法律意见的资质。

2. 项目所涉及法域的相关法律事项是否已经由各自法域的律师出具法

律意见。

3. 所附律师意见是否属于经过签字的正式意见。

4. 律师意见是否覆盖项目境内外主要法律风险,提供贷款决策的必要法律信息,包括但不限于下述法律事项:(1)借款主体合法性,借款人取得贷款需履行的内部授权及外部审批等法律程序,是否具有从事项目的合法资格等;(2)担保主体合法性,担保主体是否具备担保的合法资格,其为贷款提供担保需履行的内部授权及外部审批等法律程序;(3)担保方式及信用结构在相关法律下的合法性和可执行性;(4)项目在国内及当地需要办理的行政审批手续、已完成的审批及尚待办理的各项法律手续的进度和落实情况;(5)贷款用途及还款来源等融资结构的合法性;(6)相关国家外汇管制、税收等法律对银行贷款的影响;(7)项目准据法、争议解决方式的选择是否合法有效;(8)结合项目具体情况,其他与项目相关的法律风险及建议落实措施。

(四)注重法律尽职调查,揭示项目风险

法律尽职调查报告是律师在项目前期进行法律调查后,就交易所涉及的法律问题,提示潜在风险,提出解决措施或途径的报告,内容涵盖整个交易结构和贷款计划的各个方面。不同的融资类型需要采用不同的调查方式。

1. 现场调查与非现场调查

根据调查人员是否到借款人及项目等所在地现场进行调查,可分为现场调查和非现场调查。法律尽职调查可以采取两种调查相结合的方式,对于借款人(或项目)资产权属不清、担保结构繁杂、所在国法律环境不明以及其他法律关系非常复杂的项目,应当尽量采取现场调查的方式,以求全面、准确、直接地掌握项目信息。

2. 自主调查与委托调查

根据银行人员是否直接进行调查,分为自主调查和委托调查。前者由银行评审人员直接进行调查,后者则委托符合银行要求的中介机构等外部力量进行。

在法律尽职调查过程中,对于境外矿产资源收购、股权并购、项目融资等融资结构比较复杂、标的额较大、贷款风险较大的项目及其他根据法律规定需要进行法律尽职调查的项目,应聘请师事务所进行法律尽职调查,出具法律尽职调查报告。

3.银行主导的调查与借款人主导的调查

按照尽职调查的主导方不同,分为银行主导的调查与借款人主导的调查。采用哪种方式,由谁来主导法律尽职调查,要根据借款人及项目的具体情况确定。在借款人主导的模式下,对于关系银行贷款利益而遗漏或未调查清楚的重大法律事项,调查人员也应及时提出,补充调查。

4.总体调查与专门调查

根据项目的复杂程度,以及调查范围与深度的不同,法律尽职调查可以分为总体调查和专门调查。

总体调查主要是法律关系比较简单、贷款风险比较小的项目,调查内容不涉及特殊法律事项。而专门法律调查的项目相对复杂,特别是有特殊的法律问题需要解决,就应当委托律师进行专门的调查。比如在矿产、能源等资源类项目融资中,对于资源的权属状况及法律环境的调查;二手船舶、飞机融资中,对于船舶、飞机权属及涉诉、抵押、优先权等情况的调查。

法律尽职调查报告完成后,将作为银行贷款评审和决策的第一手资料,调查的深度、广度和真实度决定了贷款银行决策判断的质量。因此,在使用报告时,应注意以下事项:

(1)全面性。调查是否涵盖了交易涉及的各方面法律事项、要素、资料,如借款人、担保人主体资格或项目相关资产权属的权证、商务合同或协议、行政许可等主要法律文件。

(2)客观性。是否深入公司和项目现场,是否到相关行政机关、中介机构进行调查,是否见到并核实了相关资料的原件,是否向相关主体直接了解有关事项、信息,相关判断是否提供明确的法律依据作为支持。

(3)揭示性。是否对影响融资结构安全,关系借款人和担保人偿债能力,或影响项目还款来源的重大不利事项或潜在法律风险进行重点揭示。

(4)针对性。对于不同类型的贷款项目,要区别尽职调查的重点。对于境外并购项目,应当重点审查尽职调查报告中关于目标公司或收购对象的资产权属状况、争议纠纷情况、国内外审批(特别是反垄断审查等)、并购文件的真实性与合法有效性等。对于项目融资,则应特别关注项目所涉资源能源的权属及各项行政审批,以及项目合作框架协议、基础商务合同、发起人主体资格等事项,确保项目运作的合法有效。

六、案例研究:从B国燃煤电站项目看融资结构的法律设计

(一)项目概况及贷款模式

1. 项目概况

B国2×300MW燃煤电站项目位于B国某半岛的一个港口附近,用于建设2台300MW级燃煤发电机组。2009年2月,借款人与中国某公司签订了EPC总承包合同。

2. 贷款模式

项目资本金28278万美元(含4000万美元的或有准备金)由借款人实际投资人出资。申请银行贷款75334万美元。贷款模式为:(1)中资银行CCC贷款(为离岸贷款,Offshore Loan),贷款额度为EPC合同不含税价格的85%,即49300万美元;(2)AAA银行组织的银团贷款(为在岸贷款,Onshore Loan),贷款额度约23534万美元;(3)AAA银行提供的铺底流动资金贷款2500万美元。其中,离岸贷款和在岸贷款为基本建设贷款,统称为优先级贷款。

(二)合同结构

本项目的融资文件主要有四类,包括:

1. 贷款协议及相关文件

优先贷款综合协议、抵押协议、质押协议、担保和存款协议是离岸和在岸贷款共同适用的协议;而离岸贷款协议和在岸贷款协议是规定两类贷款不同适用条件的协议。

2. 规定贷款银行之间相互关系的协议

包括债权人间协议、抵押拍卖管理协议、离岸抵押代理人协议、在岸抵押代理人协议、离岸贷款利息掉期协议、在岸贷款利息掉期协议等。

3. 约束项目投资人投入股本金的协议

包括出资协议。

4. 其他商务文件

包括:(1)与项目建设有关的合同,包括项目租用土地合同、EPC合同、输电协议、建设服务合同、输电线路用地合同等;(2)与项目运营有关的合同,包括供煤协议、购电协议、运营和管理协议等;(3)与项目次级债有关的合同,包括项目流动资金贷款承诺函、还款付息备用金贷款合同、土地贷款合同等。

（三）主要审查要点及风险防控措施

1. 借款人股权架构

（1）借款人为多重主体相互参股的有限合伙企业，股权结构复杂

项目公司（借款人）采用有限合伙形式组建，引入 F 和 G 两家投资基金作为财务投资者，采用有限合伙和有限责任公司多重主体相互参股和投资的方式，且在融资关闭日尚需发生一次合伙人的变更，合伙人签署出资协议的前提是发起人可以获得本项目的贷款。

（2）主要风险防范措施

在贷款协议签订前，①落实借款人取得全体合伙人作出的，关于投资建设本项目、同意签署借款合同和相关融资文件并作出相应承诺和保证的决议；②落实合伙人签署有约束力的投资项目的生效法律文件；③落实借款人及其实际控制人承诺不会通过其各自的关联方以关联交易的方式对银行的贷款回收造成负面影响。

2. 投资方

（1）投资方为基金公司，追求短期效益，要求变现的灵活性

本项目投资方为两个基金公司，不是专门的电力企业，其主要追求短期效益，要求投资变现的灵活性，与贷款人要求的项目投资、运营的稳定性存在一定的矛盾，投资方可在何时退出项目是双方谈判的焦点之一。

（2）主要风险防范措施

①任何股权转让应得到 CCC 及中信保的评审和书面同意；②CCC 在条件得到满足时应同意转让，其条件主要有时间限制、牵头一般合伙人地位、合格受让人、无违约等。

3. 账户安排、资金支付及还款

（1）账户安排

借款人将在担保代理行开立以下账户：收入账户、还款资金账户、运营资金账户、利润分配账户、保险赔偿专户等账户，所有账户均受优先级债权人监控，实施封闭管理，严控资金流向。图 7－1 所示为 B 国燃煤站项目的账户及现金流图。

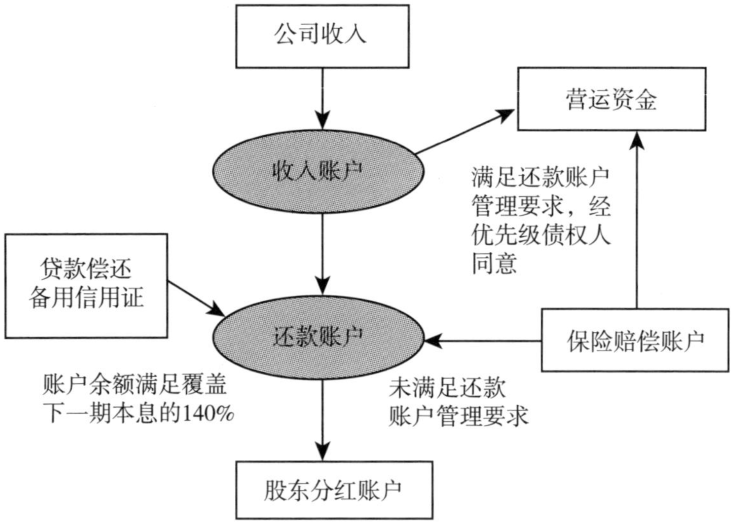

图 7 - 1　B 国燃煤站项目账户及现金流

(2)资金支付路径

本项目在资金支付路径上主要考虑监督资金使用,将贷款资金付至中国承包商账户,确保专款专用。图 7 - 2 所示为 B 国燃煤站项目的资金支付路径图。

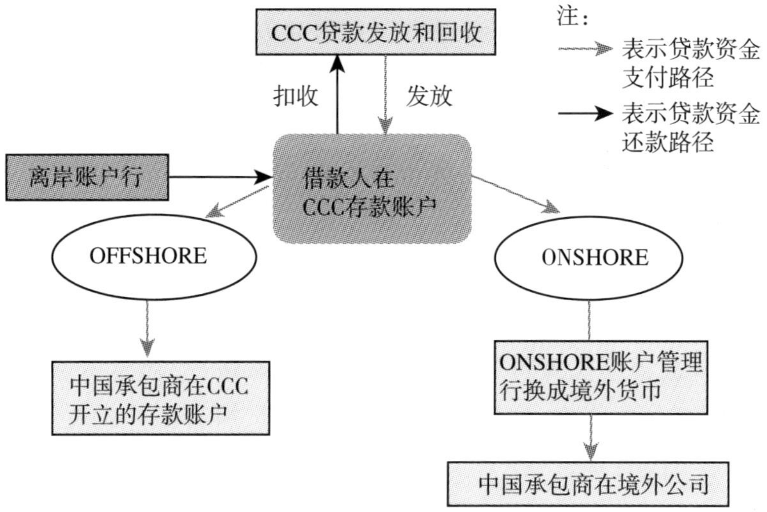

图 7 - 2　B 国燃煤站资金支付路径

(3)下游购售电协议(PPA 协议)

PPA 协议是保证本项目收入的关键性因素,PPA 协议的主要内容应包括:①“照付不议”(Pay on Demand),设定最低容量系数和最小用电量,以保证容量电费收益较稳定；②燃料电价随着燃料成本的变化而调整并由下游用户承担，电网传输费、传输损耗也由下游用户承担；③电费结算方式及币种，汇率风险由下游用户承担等。同时对最低合同电量进行约束，以保障贷款还款并约定合伙人不能分红。

4. 资本金到位安排

(1) 资本金到位不确定是本项目融资的主要风险之一

本项目投资方为基金类投资公司，绝大部分出资来源(99.7%)于 F 和 G 旗下的两只基金，在融资关闭日，资本金到位 50%，主要风险在于剩余 50% 的资本金到位存在不确定性。在贷款协议谈判时，Sithe 的出资(占 82.8%)尚处于承诺阶段，Sithe 能否按其承诺及时、全额落实其资本金出资仍然存在不确定性。如何保障资本金及时到位是借贷双方谈判的一个焦点。

(2) 主要风险防范措施

①落实项目资本金：a. 剩余 50% 的资本金在融资关闭后 20 个月内到位；b. F 与 G 基金公司向贷款人出具承诺，F 集团和 G 集团向 CCC 出具出资安慰函；c. 根据贷款协议对股东出资协议进行约束；d. 若资本金不到位即构成违约，已到位资本金在任何时点不低于 25%。

②落实或有准备金：a. 在融资关闭日，借款人合伙人需向贷款方提供 CCC 接受的银行出具关于开立 4000 万美元不可撤销或有资本金信用证的承诺函；b. 4000 万美元或有资本金信用证应在融资关闭后 20 个月内开立；c. 项目总投资超出 4000 万美元或有资本金即视为违约。

5. 保险安排

(1) 商业保险

该项目聘请保险顾问公司制定保险计划，购买的商业保险主要有：

①建设期：建筑安装一切险、迟延建成险、第三者责任险、恐怖袭击险。

②运营期：营运一切险、业务中断险、一般责任险、恐怖和恐怖中断险。

上述险种首先由 B 国当地保险公司 100% 承保，然后在国际再保险市场进行分保，再保公司信用级别不低于标普 A－。

(2)保险赔偿金的分配

保险第一受益人为优先级债权人。赔偿资金分配程序如下:在满足还款资金账户管理要求的情况下,经优先级债权人同意,可将赔付资金用于项目日常运营,划入运营资金账户,如还款资金账户未满足管理要求,则优先用于补足还款资金。

第八章 “走出去”的助推器

——银行融资的法律分析

中国企业“走出去”，能否走得出、走得稳、走得远，是否具有充裕的资金尤为关键。银行融资是中国企业扬帆远航的助推器，而且融资类型呈现出多元化、多样化的特点。这些融资类型包括了针对在境外“购买资产”的并购贷款；针对采矿等自然资源开发项目、交通和水利等基础设施建设项目的项目融资；针对飞机、船舶等特殊动产的飞机融资、船舶融资。这些融资方式往往跨多法域、法律关系复杂、法律风险大，企业和银行的利益联系紧密。本章从银行融资支持企业“走出去”的角度，结合案例，介绍了境外并购贷款、项目融资、飞机融资和船舶融资的结构特点及其法律风险，并提出了防范法律风险的对策和建议。

第一节 支持企业“买资产”——境外并购贷款

近年来，在国家“走出去”战略的指引下，越来越多的中国企业开始了境外并购活动，频繁购买海外资产，并购大军中既有大型央企，如中石油、中国铝业等，也不乏像联想、华为、吉利等大型民营企业的身影。近年来，面对海外资产价值估值相对较低的情况，中国企业参与境外并购的意愿更加强烈，可以预见中国企业在国际并购市场上将会发出越来越多的声音。但境外并购所需资金量巨大，动辄上亿美元，多则上百亿美元①，完全依靠企业自身资

---

① 如中海油收购加拿大尼克森公司的并购案，涉及交易金额高达 151 亿美元。新华网：“中海油将以 151 亿美元收购加拿大尼克森公司”，载 http://news. xinhuanet. com/fortune/2012 – 07/23/c_112510844. htm，2016 年 7 月 16 日访问。

金,几无成功可能。因此有效的并购融资支持,成为境外并购成功的决定因素之一。在我国现阶段,银行的并购贷款在中国企业并购融资中发挥着十分重要的作用。但必须看到,境外并购面临诸多风险和不确定性,也给银行贷款带来了不稳定因素,其中法律风险是境外并购贷款的主要风险类型。由于境外并购贷款涉及法域多、参与主体多且交易环节多,境外并购贷款的法律风险也呈现出多样性和特殊性,需要银行特别予以关注并予以有效防范。

一、境外并购贷款及其特点

(一)境外并购资金来源:以吉利并购沃尔沃为例

2010 年 3 月 28 日,中国浙江吉利控股集团有限公司与美国福特汽车公司签署最终股权收购协议,获得沃尔沃轿车公司 100% 的股权及相关资产。本次并购所需资金高达 27 亿美元,创下中国收购海外整车资产的最高金额纪录。① 吉利采取了三种融资方式:一是从国内银行获得贷款;二是由瑞典和比利时当地政府担保的欧盟内相关银行的低息贷款;三是通过权益融资的方式,吸收高盛等海外投资者的资金,具体融资结构如图 8 – 1 所示。②

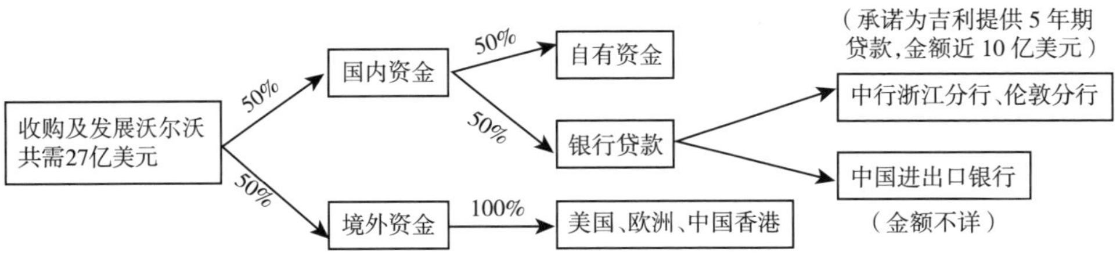

图 8 – 1　吉利并购沃尔沃融资结构

吉利从国内银行获得的贷款即为并购贷款,该贷款资金对并购的支持不可小觑,也折射出银行并购贷款在企业境外并购中发挥的重要作用。并购贷款业务在国际市场的兴起,始于 20 世纪 70 年代末,并在 90 年代末随着并购浪潮的出现而呈现爆发性增长。我国银监会于 2008 年 12 月 9 日发

① 新华网:“吉利收购沃尔沃:‘融资突击’路径揭秘”,载 http://news. xinhuanet. com/mrdx/2010 – 04/02/content_13288284. htm,2016 年 7 月 16 日访问。

② 李绚:“企业跨国并购的融资方式分析——以 TCL、联想、吉利跨国并购案为例”,载《经济师》2011 年第 11 期;新华网:“吉利‘按揭’吞下沃尔沃　资金链来源首度揭秘”,载 http://news. xinhuanet. com/auto/2010 – 03/31/content_13272453. htm,2016 年 7 月 16 日访问。

布《商业银行并购贷款风险管理指引》,改变了先前“不得用贷款从事股本权益性投资”的规定,为银行支持有实力的企业开展海外收购打开了广阔的空间,并购贷款必将成为我国企业境外并购的资金助推器。2015 年 2 月 10 日,中国银监会正式对外发布修订后的《商业银行并购贷款风险管理指引》,并从发布之日起施行。该指引主要作出三点调整:将贷款期限从 5 年延长至 7 年;将并购贷款占并购交易价款的比例从 50% 提高到 60%;将并购贷款担保的强制性规定修改为原则性规定。同时,要求商业银行进一步加强并购贷款的风险防控。该指引为积极促进有竞争优势的境内企业“走出去”,助推企业提升跨国经营能力和产业竞争力,实现优势互补、互利共赢提供了制度支持与保障。

(二)什么是境外并购贷款

跨境并购交易中,并购方根据其并购目的、财税结构以及目标公司所在国法律的要求,一般体现为股权收购、资产收购与合并(分为吸收合并与新设合并)三种模式。① 境外并购贷款,指商业银行向境内并购方或其实际控制的子公司发放的,用于支付跨境并购交易价款的贷款。在实际操作中,境外并购贷款的借款人有的为境内的并购方,有的为境内并购方实际控制的境外特殊目的公司,具体由贷款银行与并购方协商确定。

(三)境外并购贷款的特点

相比于一般的境内贷款,境外并购贷款具有以下特点:

1. 境外并购贷款与“走出去”战略密切相关,为国家重点支持领域

境外并购贷款所支持的跨境交易,往往是国家“走出去”战略重点支持的行业,这些跨境并购交易往往对于解决我国能源与基础原材料需求,提升我国企业核心技术水平和先进管理经验,规避贸易壁垒提升企业整体竞争力,以及完善企业上下游产业链,拓展国际市场具有积极的意义。

2. 境外并购贷款涉外因素强,交易结构复杂,风险控制要求高

跨境并购交易中,标的资产通常在境外甚至位于多个国家,国内的并购方为了降低税务等交易成本,常常通过在开曼群岛、维京群岛等避税天堂设立特殊目的公司(以下称为“SPV”)参与境外并购,涉及主体多、法域多,涉及境外上市公司的,还涉及信息披露等监管问题,这些复杂因素,增加了境

① 段爱群:《跨国并购法律方略与财税金融政策问题探析》,法律出版社 2010 年版,第 114 页。

外并购贷款风险评估的复杂性。图 8 – 2 所列举的境外并购贷款结构,无论是从并购主体的多重 SPV 设计、还是标的资产的多法域性,都清晰说明了境外并购贷款的复杂性,对银行自身的风险控制能力提出了更高的要求。

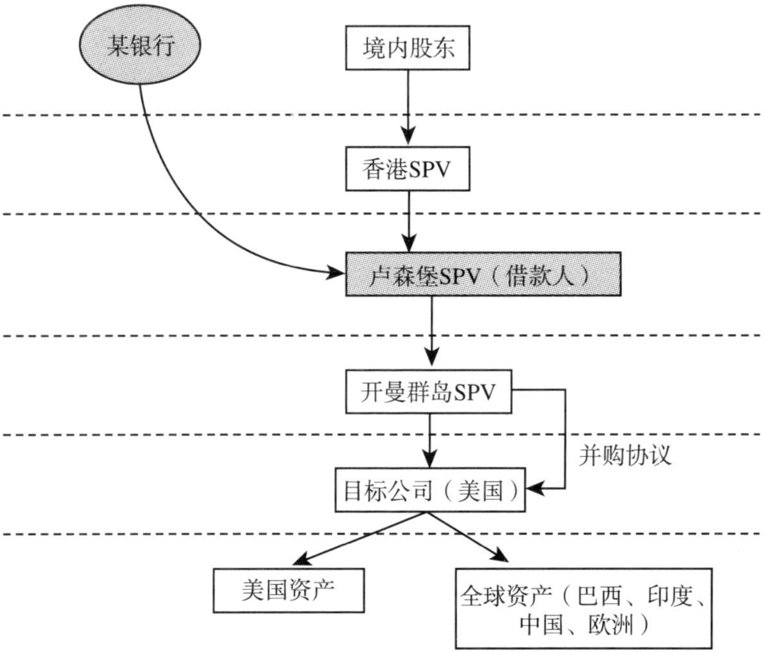

图 8 – 2　某境外并购贷款项目交易结构

3. 境外并购贷款的风险控制,需要更多地借助国内外专业中介机构的力量

跨境并购交易是否能够取得国内、外的监管审批,目标企业是否具有收购价值,境内并购方是否能够有效地整合境外目标企业,如何有效地设计贷款结构,选定借款人/目标企业的有效资产合理地设计信用结构等问题,一方面银行自身专业判断十分重要,另一方面借助境内外投资银行、律所等中介机构力量专业支持也是必不可少的,特别是在尽职调查、风险评估等方面,注重发挥中介机构的专业作用十分重要。

4. 境外并购贷款还款来源的特殊性

从国外的并购案例来看,并购贷款的最大特点,不是以借款人的偿债能力作为借款的条件,而是以被并购对象的偿债能力作为条件,[①]而并购完成

① 陈伟权:“并购贷款的结构安排”,载 http://www.thecapital.com.cn/col/1316772081312/2012/03/16/1331868098883.html#ArticleContent,2016 年 7 月 16 日访问。

后目标公司的利润(分红和其他现金流)是否能够偿还银行发放的并购贷款将直接关涉银行贷款的安全性,因此境外并购贷款对并购企业及其目标公司在信用等级、投融资能力、经营管理能力、盈利能力、资产负债率等方面有更严格的要求。

5. 境外并购贷款协议的文本更加复杂

境外并购贷款系列文本,除杠杆收购贷款协议外,还包括借款人与安排行签署的委任函(Mandate Letter)、于签署日后加入银团的贷款人或债务人与代理行签署的加入协议(Accession Deed)、对冲合同(Hedging Agreement,包括对冲利率或者对冲货币等)、债权人间协议(Intercreditor Agreement)、担保合同(Transaction Security Documents)等。

二、境外并购贷款法律风险详解

如前所述,境外并购贷款有别于商业银行的其他传统信贷业务,本质上是一项包括高度投资银行业务的资金融通行为,涉及多个法域,涉及政府、并购方、融资方以及中介机构等多方主体,目标企业在境外经营,面临更加复杂的法律风险。这些法律风险有的来自国内外监管审批,有的来自不合理的交易结构设计,有的来自贷款银行的风险管控不到位,原因多种多样。下面择重点予以详解:

(一)国内复杂的审批手续可能导致境外并购的夭折

境外并购交易结构复杂,与我国的国家利益、产业政策、整体的经济布局和投资战略密切相关,同时涉及境内资金资源的流出以及外汇资金的汇出汇入,需要履行的监管审批较为烦琐,无法获得监管审批从而导致收购失败的风险不能忽视。据媒体报道,紫金矿业 2009 年上半年的一宗并购交易失败,主要原因是外汇申请未能得到及时批准。紫金矿业副董事长蓝福生在出席 2009 年中国国际矿业大会时表示:“紫金矿业想要海外投资,需要县、镇、市、省、国家的每级审批,通常要 6 个月。商场如战场,等审批下来了,投资的最好时机也丢了。”[①]国内审批环节是启动境外并购活动的第一道关卡,任一步审批手续没有通过均可能导致企业境外并购夭折,这就要求中国企业与贷款银行清晰认识国内法律法规对境外并购设定的条件限制和

---

① 搜狐网:“民营矿企抱怨海外并购审批繁琐因之失并购良机”,载 http://news.sohu.com/20091023/n267660007.shtml,2016 年 7 月 16 日访问。

审批程序,其中包括国务院及国家发展和改革委员会、商务部、外汇管理局和国有资产监督管理委员会以及省市级监督管理机构制定的有关规定等,详见本书第三章的阐述。

(二)东道国捉摸不定的外资并购审查制度可能将中国资本拒之门外

各国对外商投资本国企业普遍制定了外资并购审查制度,特别是发达国家,如美国、澳大利亚、加拿大等国除制定较为全面的外资并购法律制度外,还针对外资进入特殊行业制定有更加严格的审查要求。值得注意的是,这些外资并购法律制度和行业性审查要求可能随着经济形势的变化而频繁调整,并且赋予审批机构较大的自由裁量权,总体呈现出多样和易变的特点,给境外并购增加了很多飘忽不定的不利因素,也增加了贷款发放的难度。

1. 国外的外资并购法律制度“大而全”

例如,美国针对外资并购专门出台了1988年《埃克森—弗罗里奥修正案》、2007年《外商投资与国家安全法》以及2008年《关于外国人收购、兼并和接管的条例》等。澳大利亚对外国投资进行审核的法律和政策框架则由2009年3月澳大利亚国库部的“外国投资政策”以及1975年《外国收购与接管法》和1989年《外国收购与接管规则》共同构成。加拿大不仅制定了《加拿大投资法》,还制定了该法的两个配套条例——《加拿大投资条例》和《投资国家安全审查条例》。

2. 国外的外资并购法律制度可能“朝令夕改”

与一般法律的稳定性不同,为了抵制外资并购,有关并购的法律可能被“朝令夕改”。如中国铝业并购力拓案,在中国铝业已经与力拓公司初步达成了价值195亿美元入股协议时,却面临来自澳大利亚监管部门的巨大阻力。就在力拓官方正式宣布接受中国铝业投资的声明后不久,澳大利亚政府就表示计划对外资控股澳大利亚企业的相关法律进行修改。[①]

3. 东道国的国家安全审查制度

一般情况下,在审查各阶段,政治影响始终存在,给中国企业的境外并购增添了不少法律、商业之外的非确定性因素。严重受到一国政治影响的国家安全审查则是成为扼杀外资并购的利器,将不愿外资参与的项目冠以

① 翊海:“澳政府着手修改外资并购法 中铝面巨大阻力”,载 http://finance.qq.com/a/20090213/000002.htm,2016年7月16日访问。

“危害国家安全”的“美名”，以便冠冕堂皇地将外国企业拒之门外。美国对外资并购的国家安全审查制度的设计，即带有浓厚的政治色彩。中海油竞购案中，41 名美国国会议员曾联名敦促政府对中海油并购优尼科的要约进行严格审查。除中海油外，由于美国国防部及美国外国投资委员会（CFIUS）的反对，2003 中国香港和黄集团被迫放弃收购美国环球电讯公司；即使成功并购的企业也因此受到很大制约，如联想并购 IBM 也曾遭到 CFIUS 进行调查威胁。①

4. 外资并购审查权利“较自由”

国外的并购审查标准规定得比较抽象，相关审查机构拥有较大的自由裁量权，这给境外并购增加了许多不确定性风险。除国家安全审查与经济安全审查之外，有的东道国还进一步从外商投资项目对该国社会、经济产生的效益进行评估，不仅要确保该项目对国家“无害”，还要全方位地综合考量该项目是否对该国有益。基于此目的而衍生出的审查名目繁多，有的称为“净利益”经济审查，有的称为“国家利益”审查。“净利益”是指东道国从外资并购项目中获得的利益。如加拿大即对特定金额以上的外国投资设定净利益经济考察标准，从投资对加拿大经济活动的影响、加拿大人参与的程度、对加拿大境内竞争的影响以及是否符合“国内的工业、经济及文化政策”等方面综合判断。某些国家则以“国家利益”的名义，除进行国家安全的审查以外，还综合考量外资并购项目对市场竞争、税收环境目标、经济和社会的影响以及外国投资者性质等因素。如澳大利亚出于网络对社会影响方面的考虑，于 2012 年 3 月 28 日拒绝了华为参与澳大利亚全国宽带网项目投标。②

5. 外资并购审查程序“不公开”

各国的外资并购程序具有审查过程非公开的特点，给整个审查过程蒙上了一层神秘的色彩，增加了并购结果的不确定性，同时“巧妙”地掩盖了审查过程的公正性与客观性，使外界无法从审查过程的角度追溯审查结果的公平合理性。美国法律通常重视透明度，但外资并购审查是个例外。就中海油一案，美国财政部发言人托尼·弗拉托（TonyFratto）曾表示不会对美

---

① 有关境外并购的国家安全审查，请参见本书第十章第二节。

② 新华网：“华为投标澳洲国家宽带遭禁　澳政府称涉国家安全”，载 http://news.xinhuanet.com/yzyd/tech/20120328/c_111710137.htm，2016 年 7 月 16 日访问。

国外资投资委员会(CFIUS)审查的交易作出评论。实际上美国外资投资委员会(CFIUS)也从不向公众透露有关信息,提供了暗箱操作的便利,往往使外国投资者处于非常被动的不利境地。

6. 东道国对政府背景的特殊限制

当前,世界上主要的资源输出国如澳大利亚和加拿大,都明确对外国政府、外国国有企业作为并购主体的并购活动进行限制。澳大利亚于2008年2月特别出台了新的外国投资审查指导原则,其中对外国政府及其国有企业的投资申请,澳政府将特别考察并购方是否独立于该外国政府,是否按照一般商业行为标准运作,是否阻碍竞争,是否影响澳政府财政收入以及是否对澳国家安全及社会经济等造成不利影响。而加拿大工业部2007年12月7日公布的《投资法指引》,则明确规定对外国国有企业的国家控制程度、公司治理标准以及被收购的加拿大业务会否按照商业模式运作等进行综合考察。因此,国有企业境外并购时需要特别考虑是否符合东道国对国有并购方的限制要求。

(三)反垄断审查成为限制境外并购的利器

通过反垄断法对跨国并购进行监管是各国通行的做法。集实体法和程序法于一体的反垄断法,既规定了合并申报审查程序,又规定了反垄断调查程序,对跨国并购行为的影响不可低估。

事实上,各国制定的反垄断审查标准各不相同,通常反垄断审查的重点是一项并购交易完成后对经营者的市场份额以及该行业的集中程度可能产生的影响,而各国关于市场份额和集中度的衡量方法并非一成不变。以美国为例,美国司法部在1968年出台了合并指南,该指南非常强调市场份额等结构性因素,后该指南历经1982年、1984年、1992年及1997年4次修订,每次修订取决于当时政府对于经济的理解与实际执法经验,逐步提升了判定反竞争效果的市场份额与市场集中度的门槛。2010年,美国司法部联合联邦贸易委员会对横向合并又进行了新的修订,发布新版横向合并指南。除此之外,美国司法部和联邦贸易委员会对合并进行干预时,还要对市场结构进行全面分析,考虑有无潜在竞争者和市场进入障碍等因素。①

---

① [美]帕特里克·A.高根:《兼并、收购和公司重组》,顾苏秦、李朝晖译,中国人民大学出版社2010年版,第111页;陈丽洁:《公司合并法律问题研究》,法律出版社2001年版,第198~199页。

另外,还需要关注反垄断法的域外管辖问题。通常意义上的跨国并购反垄断审查,指的是反垄断法域内效力的体现,即东道国政府通过反垄断法控制境内的行业集中度和垄断状态。而往往跨国并购的反垄断审查不仅仅限于东道国,还可能面临受到该并购行为影响的其他国家的反垄断管辖,即其他国家反垄断法的域外管辖问题。美国联邦最高法院在 1945 年的美国诉美国铝公司案确立了其反垄断法域外适用的效果原则。尽管美国依据效果原则进行域外管辖被许多国家指责为霸权主义,但由于受到全球经济一体化的影响,出于对本国市场竞争进行保护的考虑,效果原则得到了很多国家反垄断执法机关的推崇和效仿。德国 1999 年《反对限制竞争法》第 130 条、波兰 1990 年《反垄断法》第 1 条、保加利亚 1998 年《竞争法》第 2 条都有关于效果原则的规定。欧盟在反垄断法域外适用的管辖权问题上,显然也接受了美国反垄断法的效果原则。2001 年欧盟委员会否决通用电气以 430 亿美元收购霍尼韦尔的案件是欧盟运用效果原则干预境外企业合并的一个范例。

我国在反垄断法的域外管辖问题上的基调与其他大多数国家保持一致。2008 年 8 月 1 日起施行的《反垄断法》第 2 条明确规定,该法同样适用于对我国境内市场竞争产生排除、限制影响的境外垄断行为,由此确认了我国《反垄断法》具有域外管辖的效力。至于跨国并购是否对我国境内市场竞争产生排除、限制影响的判断标准,则可以参考 2008 年 8 月 3 日起施行的《国务院关于经营者集中申报标准的规定》中关于经营者集中需要事先向国务院商务主管部门申报的情形。第一种情形是,参与集中的所有经营者上一会计年度在全球范围内的营业额合计超过 100 亿元人民币,并且其中至少两个经营者上一会计年度在中国境内的营业额均超过 4 亿元人民币;第二种情形是,参与集中的所有经营者上一会计年度在中国境内的营业额合计超过 20 亿元人民币,并且其中至少两个经营者上一会计年度在中国境内的营业额均超过 4 亿元人民币。除此之外,即使未达到申报标准,如按照规定程序收集的事实和证据表明并购行为具有或者可能具有排除、限制竞争效果的,依然可能受到国务院商务主管部门的调查。北京京西重工有限公司收购美国德尔福公司的减振和制动业务以及神州数码控股公司收购日本 SJI 公司部分股权等中国企业海外并购项目均向商务部履行了申报义务,并获得了商务部的批准。中国企业从事境外并购应对号入座,事先衡量是否符合上述申报或被调查的标准,并尽量主动申报,否则将可能被国务院反垄断执法机构责令停止实施集中、限期处分股份或者资产、限期转让营业并处以罚款,还可能需要承担一定民事责任。

(四)境外并购交易结构设计攸关并购成败

在收购股权的交易中,如果目标公司存在重大的、未知的或可能发生的责任,股权收购架构可能成为问题。因为在交割后,这些责任都仍将留在目标公司中,成为收购方的责任。若要收购目标公司100%股权,获得目标公司所有股东的同意从管理上来说是不实际的不具有现实可操作性的,在此情况下,进行资产购买或其他并购方式则是可行的选择。2010年10月,中海油公司成功拿下美国South Texas油气资产33%的权益,与2005年最终弃购优尼科相比,成败之间不过5年。有专家认为,美国相关机构对参与者、竞购的审查程序并没有变化,变化的是中国企业更加懂得如何获得成功,首先是并购交易结构的变化,此次中海油是一个资产权益收购,设计的交易结构较易获得审批支持。① 相反的案例是,2009年6月3日,四川腾中和通用汽车联合发表公告,宣布双方就收购通用旗下的悍马品牌达成初步协议。然而,在交易结构设计阶段,是收购悍马的资产和工厂,还是只收购悍马品牌而不涉及资产和股份,腾中最终未确定下来,加上目标公司的品牌汽车悍马为超大排量车型,与国家鼓励生产、销售节能环保的小排量汽车方针相违背,也不符合节能环保的大趋势,未能获得国家主管部门的批准,最终导致并购交易失败。

(五)东道国的法律环境影响目标企业的公司运营

目标企业在东道国设立和经营,其公司类型与治理结构均是根据东道国的法律法规繁衍而来。在进行境外并购时,并购方需要对东道国的公司法律框架有全面了解,才能确保在入主目标企业之后合法经营并使目标企业的经营管理早日步入正轨,以实现股东权利从而顺利偿还银行贷款。例如,在许多重视劳动者权利保护的国家,工会组织具有强大的能量,目标企业和雇员的劳资合同等契约都是十分重要的法律文件,绝不能像在国内一样随意违反和变动,否则将会引起雇员强烈的抵制行动。此外,在很多国家,违反环境保护法的后果极其严重。

---

① 21世纪网:“专访摩根大通董事总经理顾宏地:并购成功率提高是因交易结构发生了变化”,载http://www.21cbh.com/HTML/2011-2-25/0MMDAwMDIyMjU0MA.html,2016年7月16日访问。

(六)境外并购贷款业务本身的法律风险

境外并购贷款业务开展过程中,除须关注前述并购交易给贷款带来的风险外,还需关注并购贷款业务本身的法律风险。例如,借款人是否符合我国和东道国借款主体资格的要求,提供并购融资的银行是否需要获得东道国的执业许可,借款合同条款是否周延,能否要求借款人从目标企业获得的分红优先用于偿还并购贷款,担保主体、方式、范围、期间的约定是否合法有效,抵质押登记手续是否完备并履行了必要的法定程序等,在发生争议纠纷时,银行贷款的安全能否得到保障等。

三、境外并购贷款法律风险防范

针对前述境外并购贷款的法律风险,应结合境外并购贷款的特殊性,从尽职调查、贷款结构、担保结构、合同条款、贷后监管等方面,加强法律风险的系统防控,促进实现境外并购交易成功与境外并购贷款安全的“双赢”。

(一)加强尽职调查,深入了解项目法律风险

通过尽职调查,全面掌握境外并购贷款的主要法律风险点,结合银行自身的风险控制方法与制度,逐步建立起并购贷款项目的主要法律风险监测指标体系,加强对潜在法律风险的控制。

1. 并购方应借助专业力量开展详尽的尽职调查

在跨境并购中,国内并购方需要聘请专业中介机构和顾问进行专业的尽职调查,包括聘请律师进行法律尽职调查,聘请会计师进行财务尽职调查,聘请行业专家进行相关行业的尽职调查等。中海油在收购优尼科时,聘请了众多国际顾问业界的精英,在最终撤回对优尼科的收购要约之前,该公司除聘请银行家、法律顾问等外,还曾向部分知名投资者及公关公司寻求协助,以应对复杂的媒体、投资者及政府关系。① 虽然该并购交易因美国国会反对最后失败,但是中海油在尽职调查阶段积累了实战经验,为以后的海外并购成功奠定了良好的基础。表 8 - 1 所示为中国海洋石油收购尼克森一案聘请的顾问名单。

① 孟亮、顾宏地、张明堂:“中国企业海外并购的趋势、动力和挑战”,载《海外投资与出口信贷》2005 年第 5 期。

表 8－1 中海油收购优尼科案聘请的顾问

公司	职责
摩根大通证券	财务顾问
高盛	财务顾问
洛希尔父子公司	独立董事的财务顾问
CRA International Inc.	独立董事的技术顾问
Akin Gump Strauss Hauer & Feld	政府顾问
公共战略公司	政府顾问
博伟集团	公关顾问
戴维斯・波克・沃德威尔公司	法律顾问(美国)
史密夫律师事务所	法律顾问(香港)
Skadden, Arps, Meagher & Flom	法律顾问(美国)

(资料来源:《华尔街日报》)

其中,法律尽职调查应对以下方面给予特别的关注:一是详细调查跨境并购交易涉及的国内外并购法律和监管审批的要求,特别是针对该交易的国外并购审查、反垄断法、上市公司收购的相关规定,据此准备并购申请材料,确保并购合法合规。二是对于目标企业进行细致的法律尽职调查,收购股权的,应关注目标公司股权的合法性、可转让性,目标公司的治理结构、重大债务负担、是否存在重大未决诉讼等;收购资产的,需要关注目标公司资产的合法性,资产权属的证明文件是否存在,是否存在第三方抵、质押等负担,需要特许经营的,还应关注特许经营资格的合法性、特许经营的期限等,确保“了解你的目标企业,符合你的并购目的,防范目标企业的潜在风险”。三是在尽职调查的基础上,采取正确的并购模式和跨国经营策略。

2. 银行应对影响贷款安全的事项独立开展贷前尽职调查

并购贷款的尽职调查比较复杂,但尽可能全面掌握并购双方的相关信息,对并购贷款中可能出现的法律风险作出评估和判断,是做好并购贷款法律风险防范的基本前提。一方面,银行一般不需要对目标公司和资产重新进行独立法律尽职调查,而是要求收购方法律顾问向银行及银行聘请的法律顾问出具依赖函(Reliance Letter),允许银行及其法律顾问依赖并使用收购方法律顾问为收购方就并购交易准备的法律尽职调查报告,并在其基础上就银行关心的与融资结构、担保安排和执行、还款来源、借款人和担保方的资质等问题进行相应的法律尽职调查。另一方面,银行进行贷前法律尽职调查主要为分析买方尽职调查报告,形成独立判断意见。对银行特别关注而买方尽职调查报告中不清楚的事项要求收购方法律顾问进行补充说明,对没有涵盖的内容进行必要的独立调查。如果买方尽职调查报告制作时间较早,还可以要求收购方要求其法律顾问对报告进行更新。也可以视实际情况,要求银行聘请的外部律师进行全新的独立尽职调查。总体而言,银行的尽职调查重点关注以下内容:(1)借款主体及担保主体的合法有效性;(2)并购协议等关键合同的内容,并购协议的交割条件;(3)并购交易的合法有效性;(4)项目资产的可抵质押性;(5)还款来源保障和控制;(6)担保结构的合法有效及可执行性;(7)外部审批手续完备;(8)交易完成后目标公司如何维持正常运营和盈利;(9)是否存在重大未决诉讼、仲裁等。

（二）加强贷款结构与信用结构整体设计,有效缓释项目法律风险

首先,银行境外并购贷款业务中,可能会被并购方聘为并购顾问,这种情况下,银行应积极地参与并购交易结构与并购融资方案的设计,根据具体情况决定在并购贷款之外,是否还需要提供过桥贷款、承销证券、国际结算、代理业务等金融服务。即使贷款银行不提供并购顾问服务,也应改变仅作为资金提供方的被动角色,积极参与交易法律结构的设计和谈判,并根据交易结构提出并购贷款结构和担保法律结构的安排意见;银行应当关注并研究并购方提出的并购方案或结构以及担保建议,并从贷款风险控制角度积极提出自己的意见或建议,而不应仅仅关注贷款安排本身。

其次,合理设计境外并购贷款的结构。结合有利于实现并购交易目的、减少税费负担、增强借款人债务偿还能力等因素,合理选择并购方还是境外SPV作为借款人,审慎确定贷款期限、额度、利率、提款、还款等关键内容,同时选择恰当的金融衍生工具,对冲汇率和利率风险。

最后,设定合法担保结构,确保贷款安全。银行对境外并购贷款要求的担保应高于其他贷款种类,在设计担保结构时,项目特点不同可能最终的担保结构设计会有差异。一般而言,境外并购贷款可采用的担保措施如下:一般会有实际控制人的连带责任保证,并购后的股权质押,相关关联公司的股权质押,资产抵质押,等等。如果涉及项目开发融资,还应增加与项目资产相关的担保措施或风险缓释措施。比如要求提供项目公司股权质押担保、项目资产的抵质押、转让项目商业合同的权益、转让相关保险合同项下的权益、对项目收益账户进行质押和监管等。

(三)加强合同条款约束,扎实构筑法律保护屏障

在具备借款合同一般条款的基础上,商业银行在境外并购贷款合同中,应根据境外并购交易的特点,相应增加一些特殊的安排规定双方的权责义务关系,防范贷款法律风险,具体包括:

1. 风险锁定条款

商业银行应当在合同文本中要求借款人及相关义务人对并购方及目标企业的经营状况作出详细的说明和承诺,要求在出现与现有经营状况描述或融资的前提和假设相违背的情况时,商业银行将有权启动借款合同项下救济机制,以达到贷款风险锁定的效果。

2. 风险监测及控制条款

从并购启动到产生协同效应期间,商业银行应通过多种方式获得相关信息,对境外并购贷款的风险进行动态监测,要求借款人在贷款存续期间定期报送借款人、目标企业、担保人的经营报告、财务报表以及其他资料。通过及时跟进和掌握目标企业及并购方的实时信息,及时调整贷款风险的管控策略。同时,商业银行应在并购贷款合同文本中约定银行对重大商业行为的知情权和否决权,如重大负债、对外资产转让、对外担保、分红政策等,约定在并购双方出现重大商业调整时,商业银行可以采取的风险控制措施。

3. 风险处理条款

在并购贷款合同中,银行应当约定强制提前还款条款,一旦发生借款人在特定情形下获得额外现金,应通过强制提前还款机制将额外现金用于提前偿还贷款,保护银行债权尽快实现。

4. 特殊的违约条款

如借款人或目标企业违反其作为一方当事人与他人签署的合同或协议或单方做出的承诺或保证,对其他债务构成违约行为或其他债务已被其他债权人宣告加速到期或可能被宣告加速到期;借款人或目标企业财务状况发生重大变化,或涉及诉讼、仲裁、行政处罚及其他司法行政程序,可能对借款人履行借款合同产生不利影响;并购协议被依法认定为无效或无法继续履行。应在借款合同中明确发生上述违约情形时可采取的处置措施,如终止发放贷款、提前收回贷款、追加担保、违约方支付违约金等。

此外,银行应当强化对中介机构的合同约束和法律责任。如前所述,境外并购贷款的复杂性决定了银行在对贷款法律风险进行判断时,需要借助专业中介机构的力量。通过对并购主体资格、资产与业务、市场情况、交易

结构、估值分析、担保安排、批准与登记、劳动关系、关联交易与同业竞争、重大法律事件、对外投资等的深入全面的调查和分析，设计相关的贷款结构和信用结构，结合项目的法律风险，进行特殊的条款安排（如陈述与保证条款、维持现状条款、风险分担条款、索赔条款等）。实践中，如果中介机构尽职调查不充分，可能会潜藏较多风险，尤其是诉讼、知识产权、特许经营权以及员工风险等一些先期未披露或者难以察觉的风险。对此，银行在委托中介机构时，要在委托合同中确定中介机构未尽谨慎尽职调查义务时的违约责任。另外，由于并购贷款涉及全程风险监控的问题，如果贷后仅仅依靠银行自身内部的力量尚难以完成监控的，可以要求中介机构在项目进行过程中持续考量风险，以协助银行进行决策，充分保障贷款安全回收。

（四）加强风险评估和贷后管理，及时掌握风险处置的主动权

1. 建立风险评估体制

商业银行应按照并购贷款项目所涉国家，按国识别法律风险，建立与国别法律风险暴露规模和复杂程度相适应的国别风险评估体系，对已经开展业务的国家或地区逐一进行风险评估。在评估国别法律风险时，应当充分考虑一个国家或地区经济、政治和社会状况的定性和定量因素。在特定国家或地区出现不稳定因素或可能发生危机的情况下，应当及时更新对该国家或地区的风险评估。在并购贷款发放后，对并购项目所投资领域及地区相关的国家法律、法规、政策等规范性文件进行持续跟踪和关注，从而才能对并购贷款存续期内可能发生的政策风险进行充分、有效的预测。

2. 持续监测和评估并购后目标企业的经营状况

并购交易完成之后，应持续评估目标企业是否遵守东道国的法律法规合法经营，并购前后企业财务状况是否发生重大不利变化，公司治理是否顺畅，是否存在较大整合风险，公司经营是否符合东道国劳工保护、环境保护等规定。此外，对目标企业是否积极履行社会责任，尊重当地民族的风俗习惯，诚实守信，构建中外员工相互尊重、和谐相处的企业文化等也要定期评估。上述任一因素，都会影响到并购的成败，关系到并购贷款的安全。

3. 掌握风险处置的主导权

如并购贷款出现风险，商业银行可按照其内部管理要求及时启动风险处置机制：在贷款出现风险征兆至风险损失实际发生之前，可根据预先获得的警报信号，采取有力措施抑制和规避风险的恶化。根据贷后跟踪调查制度，银行应定期了解并购后企业经营情况，掌握还款计划执行情况，当出现

风险征兆时,依照约定条件和规定终止发放贷款,提前收回已发放的贷款。同时,银行还可以与并购企业协商,将有相当风险的贷款转移或置换给原并购企业相关的新借款方,起到降低贷款风险的作用,但转移风险的同时,要关注和防范新的借款方可能产生的贷款风险。此外,还可要求保证人履行保证责任,处置抵(质)押物;要求借款人追加担保,适时接管、占有抵押物,并通过拍卖抵押物获得收益,以弥补银行呆、坏账损失等,但境外并购的特殊性会直接影响抵押物的有效性及变现能力。银行亦可采取依法接管目标企业经营权等其他必要措施,但需要对目标企业进行明确的判断,对企业经营状况和问题进行全面掌握。

第二节　以项目为中心的融资与风险分担——国际项目融资

项目融资始于20世纪30年代美国油田开发,后来逐渐扩大适用范围,运用到国际大型工程开发项目中。这类项目往往耗资巨大,开发周期长,风险超出了项目发起人或投资者所能承受的限度,公司贷款已经不能满足融资需求,因此出现了利用项目本身的资产价值和现金流量来安排贷款的融资方式。中国企业在“走出去”中也越来越多地借助项目融资方式。目前,项目融资被中资企业运用到境外采矿、煤炭、石油、天然气等自然资源开发项目,以及交通、电力、水利等基础设施建设项目。其优势就在于,把项目发起人或投资者偿还借款的义务转移到项目自身,充分挖掘项目自身的融资潜力,解决大型项目耗资大、周期长、投资风险高的融资难题。

一、项目融资定义及国际项目融资的特点

项目融资(Project Finance 或 Project Financing),广义上来说,是“为项目而融资”,即针对具体项目安排的融资,包括为了建设新项目、收购现有项目或对已有项目进行债务重组所进行的一切融资活动。[①] 狭义上来说,是“依赖项目的融资”,即以项目的现金流和收益作为还款来源,并以项目或经营

① 隋平、程琳:《项目融资与银团贷款业务操作指引》,法律出版社2012年版,第3页。

该项目经济实体的资产作为担保的融资方式。[①] 本书主要讨论狭义的具有跨境因素的国际项目融资。

项目融资与公司贷款的主要区别在于,公司贷款中,贷款人看重的主要是借款人自身的信用,而不是经营项目的成败,虽然项目成败会对借款人偿债能力产生影响,但贷款人还可依赖借款人其他资产获得本息偿还;而项目融资中,由于项目发起人或投资人往往基于项目资产设计交易和融资结构,贷款人只能依赖项目本身的经济性及其取得的收益,项目的成败对贷款人能否收回贷款具有决定性意义。

国际项目融资涉及多国法域,对企业和银行来说,风险更大。国际项目融资的主要特点包括:

(一)涉及两个或两个以上法域,法律关系和法律文件体系比较复杂

国际项目融资可能会涉及以下多个主体:项目发起人或投资者、项目公司、项目贷款人、项目设施使用者或产品购买人、工程承包商、原材料及能源供应商、保险公司、政府机构以及为融资提供服务的中介机构等。这些主体通常都位于两个或两个以上法域,交易结构及法律关系较为复杂,需要通过多个协议进行协调与安排。

(二)以项目本身的经济强度为信用基础

国际项目融资主要依赖于项目投资后形成的偿债能力和项目资产权利的完整性,而不是项目借款人(包括项目投资者或项目公司)的信用。贷款的金额、融资成本的高低以及融资结构的设计都与项目未来现金流以及该现金流中可以合法用来偿债的净现值密切相关。贷款人在决定贷款前,必须对项目未来的现金流作出可靠预测,并通过复杂的合同安排确保该现金流主要用于偿债。

(三)对投资人或发起人无追索权或只有有限追索权

无追索权是指贷款人对项目投资者或发起人没有任何追索权,只能依靠项目资产和项目未来收益作为还款来源,并且只能在项目资产上设定担保权益。有限追索权是指除了项目资产上设定担保外,贷款人对项目投资者、发起人或其他第三方享有一定的追索权,但追索范围仅限于他们为项目提供的担保,而不是对其财产和收入的全面追索。

---

① 梅明华、李金泽:《项目融资法律风险防范》,中信出版社2004年版,第2页。

(四)通过多样化的信用结构分散风险

国际项目融资涉及信用、完工、生产经营、市场、金融、政治、环境等多种风险,为了提高融资成功率,需要在各方参与人之间进行有效的风险分配。如何根据项目情况设计严密、可行的信用结构,将直接影响到项目融资的成败。常见的信用结构有:在项目资产上设定担保,限制项目投资者或项目公司随意处置项目资产;通过项目完工担保,锁定工程工期、工程价格和工程质量,避免完工风险;通过原材料长期供应合同,锁定项目运营成本,避免项目运营风险;通过长期销售合同,确保现金收入总量,避免市场风险。

(五)注重发挥税务结构的作用

在项目所在国法律允许的范围内,项目发起人或投资者一般会精心设计合理的投资和融资结构,充分利用项目的“税务亏损”,并以此为杠杆降低融资成本,减少项目高负债期的现金流压力。国际项目融资中的“税务亏损”不是一般经营意义上的亏损。在项目投资前期,由于项目投入与收益在时间上不匹配,会产生结构性税务亏损。通过特殊的投资结构和融资结构设计,可以将结构性税务亏损作为一种潜在收益转让给贷款人或其他第三方,并将现金收入全部用于偿还贷款,从而减轻项目前期还本付息的压力。①

二、国际项目融资的分类及对各方利益的影响

国际项目融资是某一类具有共同属性的融资类型的总称,设计具体的投资、融资结构时,需要充分考虑每一个项目的实际情况,仔细权衡项目发起人、投资者及贷款人的不同利益和诉求。

(一)按项目投资结构,分为公司型、契约型、合伙型等不同形式

项目投资结构是指,项目投资者对项目资产权益的法律拥有形式和其他项目投资者之间(如有一个以上投资者)的法律合作关系。不同的项目投资结构,会影响到投资者对项目产品、现金流的控制程度,以及在项目中所承担的债务责任和所涉及的税务结构。目前国际上通常采用的项目投资结构包括:公司型、合伙型、契约型、信托基金型等多种形式。前三种在国际项目融资中得到普遍应用,其中以第一种最为常见。

1. 公司型项目投资结构

投资者按照项目所在地公司法规定,组成独立对外承担责任的法律实

---

① 梅明华、李金泽:《项目融资法律风险防范》,中信出版社2004年版,第8页。

体。项目公司是独立法人,投资者对项目公司的资产不享有直接的财产权利。这种类型的项目公司是国际项目融资中最常见的形式。

对投资者来说,这种投资结构的优势在于:(1)投资者以其出资额或所持股份为限对项目公司的债务承担责任,项目的融资风险和经营风险被限制在项目公司内,投资者的风险大大降低。(2)容易实现表外融资,根据项目公司所在国法律规定,在符合一定条件的前提下,项目公司的资产负债不用体现在投资者自身的资产负债表中。同时,也存在一些不足。比如,投资者无法对项目现金流进行直接控制,税务结构的灵活性相对较差,项目公司和投资者所得存在被双重征税的可能。

对贷款人来说,公司型投资结构的优势在于:(1)容易实现对项目现金流的控制;(2)便于享有和行使与项目资产有关的担保权益;(3)在项目投资者出现违约的情况下,比较容易对项目公司实施接管、出售或继续经营。

2. 契约型项目投资结构

投资者为实现共同投资的目的,通过合资协议方式建立一种非股权形式的投资结构,投资者根据合资协议分享权益、分担责任。通常运用在采矿、能源开发、石油化工、钢铁及有色金属等领域。在国际项目融资实践中,契约型投资结构大致可以细分为两类:一类是没有组成实体的合资结构,即以合同作为合资的基础,投资者单纯基于合同开展项目经营,该合资结构受合同法而非公司法、企业法约束;另一类是合作经营企业,有企业名称、财产和经营管理机构,合作经营企业成立的基础是合资协议。

对投资者而言,契约型投资结构的优势在于:(1)投资者可以相对直接地控制项目;(2)通过合资协议的明确约定,投资者一般对项目承担有限责任,投资者之间不用承担任何共同或连带责任,从而限制贷款人的追索权;(3)税务安排灵活,投资者在项目中的投资和经营活动全部体现在自身的财务报表上,税务安排由每个投资者独立完成,并且可以吸收项目建设阶段和试生产阶段的税务安排和各种优惠投资,用于冲抵投资者的所得税。主要不足包括,投资转让和管理程序比较复杂,交易成本较高等。

对贷款人来说,契约型投资结构会在一定程度上影响担保权益实现的便捷性、受偿顺序以及对项目资产的有效控制:(1)由于没有项目公司作为中介,贷款人必须分别向投资者提供贷款,各投资者以自己在合资结构中所拥有的部分资产及对应的现金流量作为融资担保,增加了担保权益实现的复杂性和难度;(2)根据合资协议,未违约投资者对违约投资者项目资产享有的权利可能会优先于贷款银行的担保权益,这是因为投资者通常互相作出承诺,在一方未能按比例支付项目所需费用时,另一方有义务采取补救措施;(3)贷款人对项目资产使用、处分都会受到投资者之间有关约定的限制。

案例:澳大利亚A铁矿项目贷款

该项目拟建成一座年产3000万吨铁矿,并配套建设一条铁路及一座深水港口。中国企业在澳大利亚设立的子公司B与境外其他国家的C、D、E公司签订协议,按照20%、40%、20%、20%的出资比例进行合作开发。B、C、D、E四个投资者分别向三个不同国家的银行借款,用项目建成后的销售收入作为还款来源。四个借款人分别用各自在A铁矿项下享有的权益提供担保,包括项目建成后的资产抵押、采矿权抵押、产品销售合同权益质押等,并由投资者向银行书面承诺,协调解决项目出资及超概算问题。另外,对个别实力较弱的投资者,银行还要求增加母公司在建设期内的保证担保、本项目以外其他矿产资源的担保、照付不议协议等信用结构,交易结构如图8-3所示。

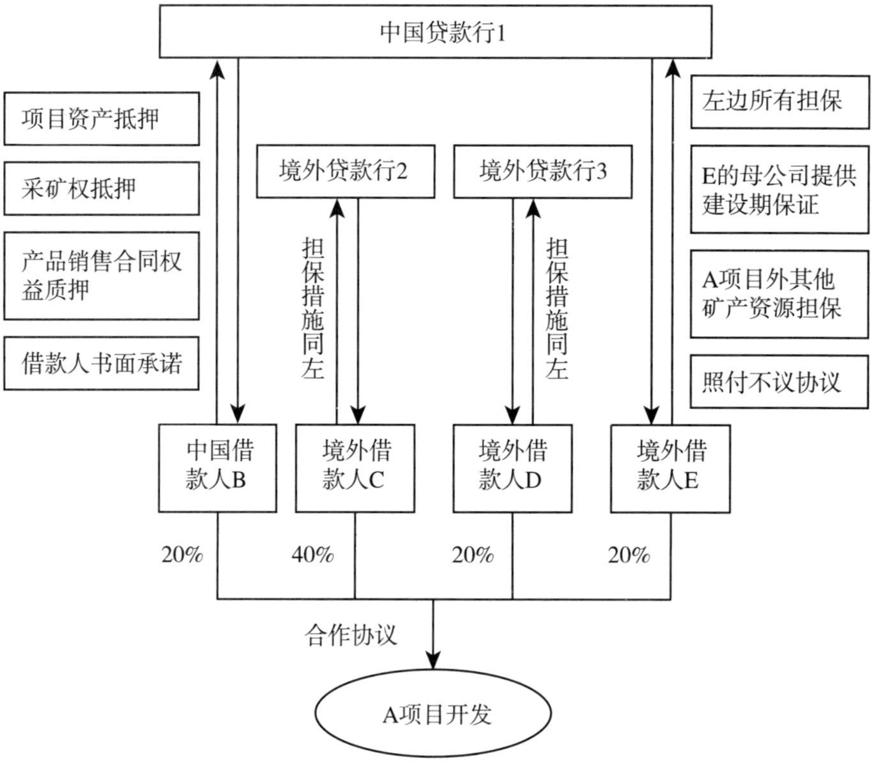

图8-3 澳大利亚A铁矿项目贷款交易结构

3. 合伙型项目投资结构

合伙是两个以上合伙人以获得利润为目的，通过订立合伙协议共同投资项目而形成的一种法律关系。合伙一般不具有法人资格，其最大优势表现在税务安排的灵活性上。大多数国家税法都规定，合伙组织不需要纳税，其净收入或亏损按照投资比例直接转移给合伙人，有利于合伙人作出灵活的税务安排。

纵观各国立法，合伙组织可以分为普通合伙、有限合伙两种。普通合伙中，各合伙人对项目债务承担无限连带责任，很少在国际项目融资中使用。有限合伙中，存在普通合伙人和有限合伙人，前者负责合伙项目的组织、经营和管理，并对合伙组织的债务承担无限连带责任，后者不参与项目的日常管理，仅承担有限责任。

对投资者而言，如采用有限合伙的投资结构，要提前关注以下问题：一是项目所在国法律是否认可有限合伙制度，以及有限合伙人对项目的有限责任；二是项目所在国是否将有限合伙结构作为公司来处理，防止有限合伙的投资结构丧失应有的作用。

对贷款人而言，合伙型投资结构对于项目资产担保权益的设置和实现都存在一定的限制：(1)银行要获得全部项目资产的担保，必须经过每一个普通合伙人的同意；(2)贷款人在执行担保进而控制合伙组织的财务活动时，有可能被视为普通合伙人，需要承担合伙组织的经济和法律责任；(3)为了维护债权人利益，一些国家规定，合伙型投资结构不能采用浮动抵押等担保方式，比如在英国只有注册公司才能提供浮动抵押，合伙被排除在外。

（二）按对项目发起人或投资者的追偿范围，分为无追索权、有限追索权、有限追索向无限追索转化三种

追索权是指借款人未按期偿还债务时，贷款银行要求借款人用抵押资产之外的其他资产偿还债务的权利。①

1. 无追索权国际项目融资

即贷款人对项目发起人或投资者没有任何追索权。其基本做法是，贷款人把资金贷给项目投资者专门设立的项目公司，以该项目产生的现金流和收入作为还本付息的唯一来源，贷款人对项目资产享有担保权益。除此以外，项目发起人或投资者不再提供任何信用担保。如果项目中途停建或

① 梅明华、李金泽：《项目融资法律风险防范》，中信出版社2004年版，第4页。

经营失败,项目资产或收益不足以清偿全部贷款,贷款人也无权向项目发起人或投资者进行追索。这是项目发起人或投资者最愿意采用的融资方式,既能最大限度满足资金需求,又无须承担来自银行的追索,项目失败的风险可以完全转嫁给贷款人。但对贷款人来说,这种方式风险可控程度很小,因此很少采用。

2. 有限追索权国际项目融资

这是目前国际上普遍采用的项目贷款方式。该方式在无限追索权基础上发展而来,反映出贷款人对项目风险的担忧和谨慎,也标志着国际项目融资的逐渐成熟和完善。如果项目本身的经济强度无法支撑起一个“无追索”的融资结构,还需要项目发起人、投资者及其他项目参与人提供额外的担保,包括完工担保、差额支付保证、按销售合同约定按期足额付款的保证等。当项目本身的资产或收益不足以清偿债务时,贷款人有权向项目参与人进行追偿,但追偿范围仅限于他们各自提供担保的金额或协议项下承担的义务。

3. 有限追索权向无追索权转换的国际项目融资

有些国际项目融资把追索权分为两个阶段。在项目建设过程中,贷款人采用有限追索权,除了要求项目自身资产的担保,还要求项目公司以外的第三人提供额外担保,主要是完工担保、工程超支担保、附属基础设施建设担保等。因为项目在建设阶段,存在很多的不确定性,这样做可以避免由贷款人独自承担项目建设的风险。一旦项目建成,贷款人可以根据项目实力,考虑无追索权的形式。建成后,只以项目收益和现金流量作为还款来源,并享有对项目资产的担保权益,但对其他项目参与方没有任何追索权。

三、国际项目融资的法律结构及风险

(一)国际项目融资的法律结构

由于大部分国际项目融资都设立了项目公司,现通过图 8－4 简单展示最为常见的国际项目融资结构。实际操作中,根据项目的具体情况,可能会在此基础上有所变化。

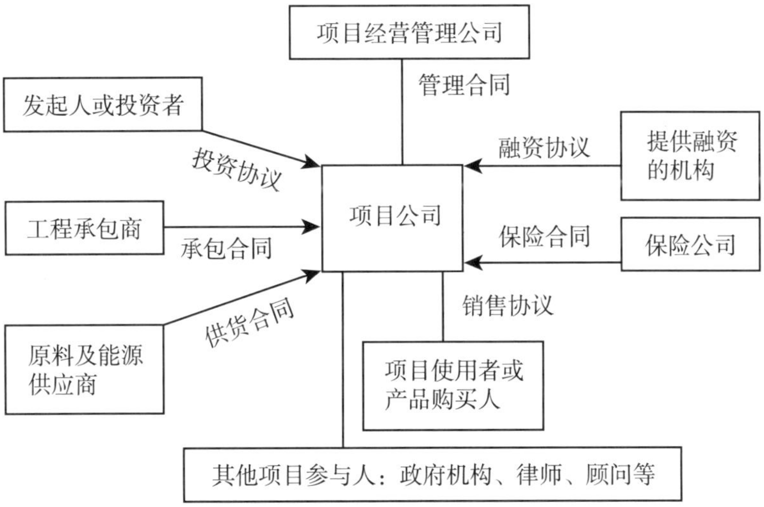

图 8－4 国际项目融资常见融资结构

（注：国际项目融资中，项目公司、发起人或投资者、提供融资的机构、工程承包商、原材料及能源供应商、项目使用者或产品购买人、保险公司、政府机构应位于两个或以上国家。）

由图 8－4 可以看出，国际项目融资的主要参与方通常包括：项目发起人或投资者、项目公司、项目贷款人、项目设施使用者或产品购买人、工程承包商、原材料及能源供应商、保险公司、政府机构以及提供有关服务的中介机构等。

（二）国际项目融资的主要风险

国际项目融资的风险主要表现为：信用风险、完工风险、生产经营风险、市场风险、金融风险、政治风险和环境风险。不论哪种风险，都会对项目自身的偿债能力产生较大影响，一定要引起重视。国际项目融资区别于其他融资方式的重要特征就是独特的风险转移和分配机制。从法律的角度讲，风险分配的原则是：风险由谁引起，就应由谁承担和防范；在无法确定风险产生的责任时，应由项目参与人共同分担，或者由最有能力控制该风险的当事人承担，同时给予相应的回报。这样才能体现“责任自负”“权利与义务对等”“责权利相结合”等法律原则。①

1. 信用风险

信用风险是项目借款人延期支付或拒绝支付债务的风险。另外，有限追索的国际项目融资是依靠一定的信用保证结构支撑起来的。组成信用保证结构的各方项目参与者是否有能力履行合同义务，是否愿意并能按照法

① 朱怀念：《国际项目融资法律问题研究》，武汉大学出版社 2002 年版，第 84 页。

律规定在必要时履行信用保证责任,也属于信用风险。信用风险贯穿于国际项目融资的整个过程。

2. 完工风险

完工风险存在于项目建设和试生产阶段,指项目建设不能按照预定时间达到各项经济技术指标的风险。表现形式可以是:建设成本超支,项目中途停建,不能按规定的质量标准竣工投产,不能按期达到设计生产能力或盈利能力,等等。国际项目融资的完工不同于一般建设意义上的完工。它不仅指“物理完工”,要求项目按照设计建设完成;更重要的是达到“商业完工”标准,在规定的成本范围内按时开工,并达到预期生产能力。根据具体项目的不同,实际采用的“商业完工”标准可以千差万别。

引发完工风险的原因有很多,有些提高了建设成本,有些延误了建设工期,有些则直接导致项目无法达到预期的商业标准。比如,工程承包商的预算不严密,或组织能力不足、建设效率低下;通货膨胀、物价上涨等市场条件出现不利变化;建设中使用的新技术遭遇“瓶颈”,或出现无法预料的问题;政府干预宏观经济,或出台新的经济政策;项目建设中发生自然灾害或意外事件等不可抗力。

完工风险是国际项目融资的主要风险之一。如果项目不能按照预订计划完工投产,国际项目融资所依赖的经济基础就会受到破坏。从实践来看,无论发达国家还是发展中国家,项目建设期出现完工风险的概率都是比较高的。因此,贷款人对完工风险都非常重视,通常会根据不同的原因,有针对性地设计防范措施。比如,要求投资者、工程承包商或其他项目参与者提供完工担保;要求投资者提供备用信用保证,在成本超支的情况下追加建设资金;要求借款人购买相应的保险,转移项目建设中的不可抗力及政治风险带来的不利影响等。

3. 生产经营风险

生产经营风险是在项目试生产阶段和生产运行阶段中,存在的技术、资源储量、能源和原材料供应、生产经营、劳动力状况等风险因素的总称,是国际项目融资的另一个主要风险。①

生产经营风险主要表现为:资源储量风险,能源和原材料供应风险,经营管理风险和技术风险等。资源储量风险是指资源开发项目中,资源的实

---

① 张极井:《项目融资》,中信出版社 2003 年版,第 32 页。

际储量或者质量不能达到预期;能源和原材料供应风险是指项目投产后,生产经营所需能源、原材料的价格、质量和供应量发生变化;经营管理风险的出现,通常是因为内部制度存在不足,或者难以获得称职的经营管理人员和高素质的劳动力;技术风险是指生产经营中使用的新技术有可能遭遇“瓶颈”,或者出现无法预料的问题。

为了降低项目生产经营的风险,贷款人通常会:要求项目发起人或投资者提供额外担保;要求项目公司与供应商签订长期的能源和原材料供应协议,并对能源和原材料价格进行适当约定;同时,在对国际项目融资进行前期评估时,还会仔细考察经营管理团队的人员构成和实力。

4. 市场风险

市场风险是指项目产品的市场容量或销售价格的变化,导致项目收入不足以偿付贷款本息所形成的风险。它包括市场容量和销售价格两方面因素,前者表现为市场对项目产品的需求总量不足,后者表现为项目产品无法按预计价格出售。导致市场容量不足的原因可能包括:对市场前景的预测过于乐观,项目产品不具备竞争力,以及出现了新的替代产品等。导致销售价格低于预期的原因可能包括:项目所在国政府对产品价格进行了干预,以及市场供需关系发生了不利变化等。

为了降低市场风险,一般都会安排项目公司与产品购买者签订长期销售协议,也可能要求项目所在国政府作出相应承诺或者提供信用担保等。通常,市场风险由谁引起,就应当由谁来承担。但如果完全是由客观原因造成,并且不能归责于任何人,可以考虑由最有能力控制相关风险的人来承担,或者由有关参与人来共同分担。

5. 金融风险

金融风险主要是指不同国家的货币汇率和利率变化的风险。

国际项目融资贷款的借款、收入和支出,往往以几种不同的货币计价,如果有关货币之间的汇率发生变化,会产生汇率风险。当项目产品销售所得货币不同于贷款货币,特别是项日产品大部分都在国内销售,不能赚得硬通货时,汇率风险会更大。

至于利率风险,是指由于贷款利率发生变化而对国际项目融资产生的影响。国际项目融资由于期限较长,通常会采用浮动利率。由于国际金融市场供求关系的变化以及资金流向的不同,利率有可能会大幅增加,导致融资成本上升,并进而影响到项目收益的还本付息。

金融风险的产生除了政府干预外，大多数是市场自发调节的结果。对于政府干预引起的金融风险，可以考虑由政府提供信用担保。市场引发的金融风险，由于没有直接责任人，只能考虑通过掉期、期权等金融衍生产品合约加以防范，或者争取在产品销售合同中约定，必须用偿还贷款的货币来购买产品，从而避免汇率风险。

6. 政治风险

在国际项目融资中，投资者和所投资项目、贷款人和所贷款项目往往不在同一个国家，项目所在国政治条件变化有可能会导致项目失败、偿债能力改变等风险，这类风险统称为政治风险。造成政治风险的原因有很多，如战争、内乱、国有化、外汇管制、拒发进出口许可证和营业证、提高税率、增加提成费、控制原材料供应和项目产品定价等。

政治风险主要分为两类：一类是国家风险，即项目所在国由于某种政治或外交上的原因，对项目实行征用、没收，或者对项目产品实行禁运、联合抵制，中止债务偿还的潜在可能性；另一类是法律稳定性风险，即项目所在国针对外汇管理、税收、劳资关系、环境保护、资源主权等与项目密切相关的问题，是否已有健全的立法，法律是否经常变动。

为了降低政治风险，贷款人可以考虑以下措施：一是投保政治风险保险，包括纯商业性质的保险和政府机构的保险；二是要求政府机构或其所属的国有公司对项目公司进行一定比例的股权投资；三是要求项目所在国政府、中央银行、税收等有关部门分别对征收或国有化的补偿机制、外汇兑换及汇出、税收政策等问题做出书面承诺；四是组成银团，或者邀请国际金融组织参与贷款，提高与项目所在国政府谈判的筹码，加强对政府行为的约束。

7. 环境风险

环境风险是指由于可能发生的环境污染或保护环境的开支而给项目和贷款人造成损失的风险。目前世界各国对环境问题越来越重视，环境保护立法日趋严格，这些立法以及环保政策在一定程度上可能会对项目开发带来不利影响，比如降低项目生产效率，增加项目生产成本或额外投入，甚至有可能中断项目的生产经营。对贷款人来说，环境风险还表现在，一旦债务得不到偿还，贷款人在取得项目的所有权和经营权后也必须承担同样的环境保护责任。如果存在环境保护方面的问题，项目本身的价值会受到很大影响，所以贷款人对这类风险也必须加以重视。

一般情况下，除了项目公司外，发起人或投资者比贷款人更了解项目的生产和环境条件，可以考虑由发起人或投资者为环境风险提供担保。另外，贷款人也可以通过向保险公司投保来缓解环境风险引发的贷款偿还风险。

四、国际项目融资贷款的法律文件体系及风险防范

国际项目融资涉及多种融资方式，包括单一银行贷款、银团贷款、债券融资等。无论采用哪种方式，都需要开展深入的可行性研究、市场前景分析及尽职调查，并在融资文件中通过有针对性地条款来合理分配主要风险。国际项目融资的各种协议及法律文件是有关当事人权益平衡的结果。一个项目是否成功，取决于最终的收益，而收益又取决于项目风险的大小及风险分担的合理性。下面将从贷款银行的角度，介绍国际项目融资的法律文件体系以及控制风险的合同机制。项目公司股权质押合同、金融衍生产品协议、保险权益转让或质押合同与其他融资方式下的同类协议相比，并无太大差异，因此将不在这里赘述。

（一）以法律文件实现风险分担——控制对银行的不利影响

国际项目融资的法律文件体系与每个项目的主要风险及具体成因密切相关。如前文所述，风险分配应遵循以下原则：风险由谁引起，就应由谁承担和防范；在无法确定风险产生的责任时，应由项目参与人共同分担，或者由最有能力控制该风险的当事人承担。根据谈判情况，如果国际项目融资的担保或风险缓释措施较少，银行就会通过提高利率等获得收益上的回报。国际项目融资的常见风险与法律文件的对应关系如表 8－2 所示。

表 8－2 国际项目融资的常见风险与法律文件的对应关系

序号	常见风险	风险成因	可以考虑签署的法律文件
1	信用风险	借款人延期或拒绝支付	贷款协议、直接协议、项目资产担保协议，同时可考虑与项目有关参与方签订其他具有担保性质的协议
2	完工风险	工程承包商预算不准确、组织能力不足或建设效率低下	与工程承包商签订完工担保协议
		通货膨胀、物价上涨等市场条件的变化	要求项目公司与原材料及能源供应商签订长期供应协议
		建设中使用的新技术出现问题	与项目发起人或投资者、工程承包商等签订完工担保协议
		建设中发生自然灾害或意外等不可抗力	要求借款人投保相应的险种

续表

序号	常见风险	风险成因	可以考虑签署的法律文件
3	生产经营风险	资源实际储量或质量不能达到预期	要求项目发起人或投资者提供额外担保
		生产经营所需的能源、原材料的价格、质量和供应量变化	要求项目公司与原材料及能源供应商签订长期供应协议
		管理不善	注:很难通过签署法律文件予以解决,主要依赖对经营管理团队的事先调查与评估
4	市场风险	市场波动	与产品购买者签订长期销售协议
5	金融风险	政府干预	要求政府出具书面承诺或提供有关担保
		市场自发调节	金融衍生产品协议,或要求产品销售协议与贷款偿还使用同一种货币
6	政治风险	国别风险或政府干预	要求投保政治险,或要求政府出具书面承诺、签订有关稳定协议等
7	环境风险	项目自身原因或环境法律政策发生变化	要求投保相应的险种,或要求项目发起人或投资者提供担保
8	其他		为加强对项目公司的控制,一般会要求将项目公司股权质押给银行

由于国际项目融资结构复杂、涉及多方当事人,法律文件体系通常也非常复杂,银行要特别注意贷款协议与其他法律文件的有效衔接,进一步细化权益保护及风险分配条款,确保法律文件体系的针对性和完整性。

(二)投资协议——投资人与银行利益的平衡

投资协议是投资者与项目公司之间签订的协议,内容主要是投资者同意向项目公司提供一定金额的财务支持,通常是以股权或附属贷款(Subordinated Debt)的方式为项目公司提供融资。有学者认为,投资协议具有直接投资和担保的双重属性,当项目收益达不到最低的债务清偿能力或财务指标时,投资者才以股权或附属贷款的形式向项目公司提供融资。①

对银行来说,应当关注投资协议对项目公司的分红条件和附属贷款的偿还要求是否会影响自身的潜在利益。通常银行会提出,在项目贷款未得到足额清偿之前,投资人不得要求项目公司对其进行分红或偿还附属贷款。

另外,对于契约型、合伙型等非公司型投资结构的国际项目融资,银行

① 朱怀念:《国际项目融资法律问题研究》,武汉大学出版社 2002 年版,第 140 页。

权益更容易受到投资协议的影响，因此还要额外关注以下问题：（1）投资者之间的相互关系是什么，是否有连带的出资或还款义务；（2）投资者以各自所有的项目资产向银行提供担保，需要符合哪些条件及程序；（3）投资者对银行追索权的限制是否合理；（4）投资协议对银行处分项目资产的限制是否合理。

（三）贷款协议——实现对项目的控制及银行利益保护

国际项目融资具有贷款规模大和期限长等特点，因此贷款协议往往比一般项目更加严密和复杂。除了一些国际贷款市场协会的常规条款外，国际项目融资通常会根据实际情况，在贷款协议中考虑对以下事项进行特别约定：

1. 全面、审慎地增加贷款先决条件（condition precedent）

银行考虑增加的特殊约定通常会包括：（1）借款人在提取第一笔贷款时，要保证项目出资人已按照协议认缴了全部出资；（2）除项目公司外，在其他重要项目参与人违约的情况下，银行也有权终止贷款；（3）与国际项目融资有关的一系列其他文件均已签署、生效并得到银行认可，包括投资人的合资或股东协议、特许经营权协议或类似文件、工程承包合同、完工担保及其他担保文件、设备和原材料供应合同、产品销售合同、各种保险合同或文件等。

2. 增加对项目及项目公司进行必要控制的约定

为了保证贷款的效益性和安全性，银行总会力图要求项目公司在使用、偿还贷款等方面作出承诺，并尽可能对项目公司的经营活动作出必要的限制。比如：（1）未经银行同意不得改变项目计划，防止银行作出贷款决定的基础被动摇或改变；（2）对项目合同的绝对控制权，设备和原材料供应合同、经营维护合同和产品销售合同未经银行同意，不得随意修改、变更、解除或放弃；（3）通过消极担保等条款严格控制项目公司的其他举债或投资，防止对银行权益产生潜在威胁；（4）要求项目公司承担保持资产的义务，如投保全额保险，在贷款偿还完毕前不得支付股息或红利，除正常业务交易外不得处分项目资产等；（5）未经银行同意，项目公司不得与其他公司合并，避免对偿债能力造成不利影响；（6）规定现金流专项使用条款，从专项账户安排、借款人承诺等方面要求借款人将项目产生的现金流用于偿还贷款等指定的用途；（7）贷款协议通常还会约定或引用商业完工标准、项目公司在试运营阶段的义务、完工验收的效果和违反商业完工标准的后果等内容。

3. 对项目账户及现金流控制做出具体安排

为了加强对贷款用途及项目现金流的控制，银行会通过贷款协议等一系列文件设计有效的账户监管措施。比如，要求项目公司开立各种账户，并根据账户所在国法律，要求对某些账户或其中的应收账款进行质押。常见的账户类型包括：(1)项目收入账户，项目运营收入全部进入该账户，并按照事先约定的顺序、条件和方式进行使用；(2)偿债准备金账户，银行按照约定的标准从项目收入账户划入一定金额，或要求项目公司通过其他途径存入，该账户余额要维持在一个稳定水平，作为项目现金流的补充。

4. 对银行贷款偿还的优先顺位进行约定

由于金额巨大，国际项目融资一般通过多种渠道筹集资金。除银行贷款外，还可能包括投资者对项目公司的投资以及附属贷款等。为了确保项目未来收益不被稀释，银行通常会要求在协议中约定，其偿还顺位优先于其他无担保债权人、附属贷款债权人以及项目投资者。在贷款足额清偿之前，不得偿还任何附属贷款，也不得对投资者进行分红。

5. 在违约事件条款中增加预期违约事项

由于国际项目融资的结构和风险都比较复杂，银行如果等到借款人发生违约事件后再采取措施，可能为时已晚。因此，需要在贷款协议的违约条款中增加一些预期违约事件，可能针对借款人及其子公司，也可能针对其他重要的项目参与方。比如，项目公司被征用、国有化，或其资产被收归公有，并且未能得到及时、充分的补偿；该项目的特许经营权协议、工程承包合同、其他担保文件、设备和原材料供应合同或产品销售合同项下发生违约事件，可能会影响到贷款协议的履行。

(四)担保协议——风险分担与第二还款来源

国际项目融资所使用的担保文件主要包括：项目资产担保协议、完工担保协议、现金流量缺额担保协议等。贷款偿还主要依赖项目自身的现金流量，而不是借款人本身的信用和担保财产的价值，这就使得国际项目融资中的担保安排更为复杂，充分发挥风险分担的作用。

1. 项目资产担保协议

国际项目融资的项目资产担保协议在形式上与一般的资产担保协议没有本质区别，但在内容上通常会约定以下内容：(1)要求项目公司以项目现在和未来的全部资产作为担保，实现项目资产担保的整体性，在缺乏浮动押记(floating charge)制度的国家，当事人通常会基于意思自治作出详细的合同安排;(2)在贷款不能按时清偿时,银行可以获得对项目资产的物权性权利,包括将其委托第三人经营的权利,因为项目资产作为担保物的价值根本不足以支撑贷款本息的偿还,银行更加看重项目运营的前景和能力;(3)禁止项目公司将项目资产为任何第三人提供担保,确保银行对项目资产享有优于其他债权人或追索权人的物权性权利;(4)为了加强对项目资产的担保管理,银行通常会指定专门的代理机构履行有关的监督和保护职责。

2. 完工担保协议

由于国际项目融资是以项目的未来收益作为还款来源,因此项目的如期完工和顺利投产对贷款归还有着至关重要的影响。通常银行会要求项目发起人、投资者或者工程承包商提供完工担保,可以签订一个独立的协议,也可以在贷款协议中进行专门约定。需要注意的是,国际项目融资中的完工不是“物理完工”,而是“商业完工”,即在正式竣工后还要符合一定的经济技术指标。

完工担保协议是项目发起人或投资者就项目可以按照约定的工期、成本和商业完工标准实现完工和正式运营,向银行提供信用保证的协议。当项目不能按约定的工期和成本达到商业完工标准时,完工担保人将负有支付赔偿金、追加项目投资和提前偿还贷款的责任。可见,完工担保不是对借款人按期偿还贷款的保证,只是针对特定事实的保证,通常只针对不能完工的商业风险,而不包括政治风险;同时,完工担保具有阶段性特征,当项目符合商业完工的标准后,银行就不能再向完工担保人进行追索。

对银行而言,要特别注意完工担保协议的以下内容:

(1)根据项目实际情况,确定商业完工的具体标准,确保项目能够顺利实现从建设和试生产阶段向正式生产经营阶段的过渡。比较常见的商业完工指标包括但不限于下面的一项或多项:一是完工和运行指标,项目要在规定时间内达到商业完工标准并在一定时期内保持这个水平;二是技术完工指标,规定技术是否在项目建设中得到完全应用,项目运作是否达到规定的技术参数等;三是现金流量完工指标,银行不考虑项目的实际运行情况,只要求在一定时期内项目达到预期的最低现金流量水平。可以说,商业完工标准的具体内容直接影响到完工担保的范围,往往是借贷双方以及完工担保人争议的焦点。

(2)对完工期限和完工成本进行明确约定。完工期限包括工程完工期限、试运营期限、验收程序和正式运营期限等。完工成本包括建设工程期间成本、设备安装期间成本、试运营期间成本等。

(3)对完工担保的内容进行明确约定。通常银行会希望包括两方面内容:一是不能按期完工的担保,如果项目不能按期达到协议中确定的完工标准,担保人要负责支付赔偿金或提前偿还贷款;二是成本超支担保,即在成本超支的情况下,担保人通过追加投资或提供附属贷款的形式补足差额。而担保人则会从担保时间及担保范围上,争取尽量缩小自己的责任。有些担保人会提出仅就项目建设过程中的风险提供担保,不包括试运行阶段;有些担保人会提出仅针对不能按期完工或成本超支风险中的一项提供担保。完工担保的具体时限和范围最终取决于当事人的谈判结果及合同约定。

3. 现金流量缺额担保协议

现金流量缺额担保又称为资金缺额担保,是国际项目融资中被普遍采用的一种信用保障手段,其担保效力可以及于贷款的整个偿还期。在项目正式运营后,如果产生的可还贷净现金流不足以清偿项目贷款,或者项目运营的成本费用超过了贷款协议允许的限额,担保人有责任以连带清偿贷款、追加项目投资和提供附属贷款的方式补足现金流量缺额或成本费用超支额。[①]

对银行而言,要特别注意现金流量缺额担保协议的以下内容:(1)约定项目现金流量指标,并与贷款协议的有关内容保持一致,比如项目在正式运营阶段每一周期的现金流量总额、可用于还贷的净现金流量额和最低现金流量额标准等;(2)约定项目运营成本与费用的最高限额及其构成,在正常运营情况下,通常包括生产经营成本、维修费用、更新改造投资费用、营业税费、管理费用、财务费用等;(3)约定担保信用额或者具体的计算方法,通常可以考虑按项目现金流量总额或成本费用总额的一定比例计算;(4)明确担保人承担责任的具体方式,通常包括代为清偿贷款、追加项目投资、为项目公司提供附属贷款,有时银行还会要求担保人存入一定数量的保证金、开具银行保函或备用信用证,提高担保执行的效率。

(五)项目建设协议——控制项目建设风险

首先,为了控制项目建设成本,银行会希望项目公司与工程承包商签订固定价格的建设协议。一般情况下,项目公司不会增加对工程的拨款,但在审阅项目建设协议时,银行要对个别例外情况给予充分关注,以便评估对建

---

① 董安生:“国际项目融资(三)”,载 http://www.linklaw.com.cn/lunwen.asp?id=2716/,2016年7月20日访问。

设成本可能产生的影响：比如固定价格是否只适用于工序确定的环节，对可能变化的工序额外支付工程款的计算方法是否合理。

其次，银行会要求在项目建设协议中明确约定，如何处理外部突发事件。比如当罢工等客观原因导致项目建设中断，应由哪些项目参与人按照什么方式来分担有关风险。

另外，虽然银行不是项目建设协议的直接当事人，但为了确保项目能够如期完工，并合理控制建设成本，银行会要求在协议中约定，未经其事先同意，不得变更协议约定的有关内容。

最后，在项目发起人或投资者提供完工担保的情况下，完工担保人通常要求工程承包人及与之相关联的工程金融保险机构对商业完工中可分割的内容提供部分担保，比如工程设计完工担保、工程建设完工担保、设备安装完工担保等。这种担保可以有效地分散发起人或投资人的完工担保风险，通常被纳入项目建设协议，并且主要表现为违反完工的索赔条款和保证金条款。对银行来说，不论项目建设协议如何约定，都不应免除项目发起人或投资者的完工担保责任。

（六）原材料及能源供应协议——确保上游供应安全

原材料及能源供应协议是项目公司与供应商签署的旨在稳定生产运营成本、分散原材料与能源供应价格变动风险的长期供应协议，这是从上游分散项目市场风险的常用办法。该协议的使用受限于市场的客观条件，在原材料与能源供应供不应求的情况下，签署此类协议具有相当的难度。实际操作中，应把握市场时机，争取在项目融资准备阶段尽早达成意向；另外，在供应价格上可以考虑采取适当的稳定高价或者最高限价条件下的价格波动条款，以此增加长期供应协议对供应商的吸引力。

该协议的典型形式是“或供货或付款协议”（Supply or Pay Contract），其特点如下：(1)供应商承担的持续供应义务不短于贷款的还款期；(2)该协议旨在保证项目所需原材料或能源的供应，须含有稳定供应量和供应价格的条款；(3)供应商根据协议内容负担原材料及能源市场的波动风险，在价格波动时，仍要严格按照约定的数量和价格履行供应义务，否则要向项目公司补偿其另行购买所需的价格差额。

对银行而言，要特别注意原材料及能源供应协议的以下内容：(1)供应期限条款，供应商长期供应责任的有效期不能短于国际项目融资的贷款偿还期；(2)供应数量条款，规定供应商在项目生产运营的每一周期应当提供的原材料或能源数量,保障项目稳定持续的运营;(3)供货质量条款,约定供应商提供原材料或能源的质量标准、质检办法和违约救济手段;(4)当原材料或能源的市场价格发生波动时,供应商仍要严格按照约定的数量和价格履行供应义务,否则要向项目公司补偿其另行购买原材料或能源所需的价格差额;(5)未经银行事先同意,不得变更供应协议的有关约定,防止对项目建设及生产运营产生不良影响。

(七)产品购买协议——锁定下游市场风险

产品购买协议是产品购买人或设施使用者与项目公司签订的长期购买协议,这是从下游分散市场风险的常用办法,该协议内容会直接影响到项目建成后的现金流量。长期购买协议的表现形式多种多样,比如“无论提货与否均需付款”协议、提货即付款协议(Take and Pay Contract)、使用合同、最低支付额合同等。

不论采取何种表现形式,对银行而言,应重点关注产品购买协议的以下内容:(1)协议的有效期不能短于贷款的还款期;(2)购买人在协议项下的付款义务大体是无条件的或条件很少,“无论提货与否均需付款”就是最典型的例子;(3)产品购买协议要对产品数量、购买价格及其调整方法、交货与付款的周期进行明确约定,并与贷款协议的还本付息要求有效衔接,确保对银行没有不利影响;(4)由于提货即付款协议中的付款义务以项目公司交付合格产品为前提,该种产品购买协议对融资项目的信用保障作用要明显弱于“无论提货与否均需付款”协议,如果使用这类产品购买协议,银行应要求配套使用现金流量缺额担保协议;(5)为尽量规避汇率风险对项目偿债能力的不利影响,银行应倾向于要求产品销售协议与贷款偿还使用同一种货币;(6)明确约定生产中断和不可抗力的处理办法,银行要深入分析这类风险的实际后果,要求在产品购买协议中规定生产中断的期限及对合同执行的影响力,并尽量缩小不可抗力的范围;(7)约定合同权益的可转让性,该协议是国际项目融资一项重要的信用支持措施,银行通常会要求协议项下权益可以转让给贷款银行或其指定的主体;(8)未经银行事先同意,不得变更产品购买协议的有关内容,避免影响项目的未来收益。

(八)特许经营协议——东道国的政策支持

项目所在国政府对国际项目融资的政策支持具有至关重要的意义,尤其在BOT等融资方式中,此种支持更是国际项目融资得以顺利开展的基础。根据各国实践,政府特许文件可以采取单方发布行政文件的方式,也可以采取签署特许经营权协议的方式。由于单方行政文件的内容主要由政府来决定,本部分主要讨论特许经营协议中需要注意的问题。

对银行来说,应当重点关注特许经营协议的以下内容:(1)项目所在国政府批准项目公司从事特定项目的开发经营,通常银行会要求政府许可中包含有在偿债期间不再批准第三方在相同地区从事竞争性营业的内容,以保障项目能够实现预期收益;(2)对实行计划价格或价格管制的项目所在国,应要求政府允许项目公司根据市场需求或在优惠政策范围内自由确定产品价格,以保证项目能够实现稳定的现金流;(3)对于某些项目风险较大的项目,政府机构是否给予项目公司一定的税收优惠,包括所得税减免、土地税费优惠、允许项目资产加速折旧等;(4)稳定性条款,即政府机构承诺不修改特许权协议内容并排除立法变动对项目建设运营的影响;(5)对存在外汇管制的国家,项目所在国政府应允许借款人以外汇偿还国际项目融资的贷款本息;(6)特许经营协议终止后,东道国政府对项目公司进行补偿的措施是否合理;(7)特许经营协议中的完工日期、损害赔偿等条款要与建设协议有效衔接。

对于不涉及特许经营的项目,银行会通常要求项目所在国政府出具安慰函,就法律、税收、政策及项目建设的有关内容做出书面承诺,起到与特许经营协议类似的作用。

(九)直接协议(direct agreement)——银行的介入权

直接协议是银行、项目公司与项目关键合同当事人之间订立的三方协议,可以根据国际项目融资的实际情况选择签订。上述比较典型的关键合同包括,主要项目建设协议、长期供应协议、长期销售协议以及特许经营权协议。直接协议的基本目的是,在项目公司违约时,银行能够代替它履行有关合同。项目公司在上述任何一个关键合同的违约行为,都会给项目的建设、运营带来不利影响,妨碍银行债权和融资目的的最终实现。

银行应将以下内容规定在直接协议中①:(1)项目公司的第三方当事人同意项目公司将有关合同项下的权益转让或担保给银行;(2)第三方当事人保证,在项目公司违约的情况下,如果没有提前书面通知银行,将不能行使终止合同的权利;(3)第三方当事人同意,如果向银行发出上述通知,并且银行也给他发了反通知(counter notice),他将允许银行或其指定代理人在特定时间内承担项目公司合同项下的权利和义务,或者允许银行将项目公司

① 朱怀念:《国际项目融资法律问题研究》,武汉大学出版社2002年版,第140页。

在合同项下的权利义务转让给另外一个专门建立的独立公司。①

案例:K项目法律文件体系分析

该项目是位于澳大利亚中西部的铁矿项目,除建设铁矿外,还要解决铁路及港口等配套运输问题。来自中国及境外的两家公司各出资50%成立项目公司,由项目公司申请贷款。融资结构如图8-5所示。

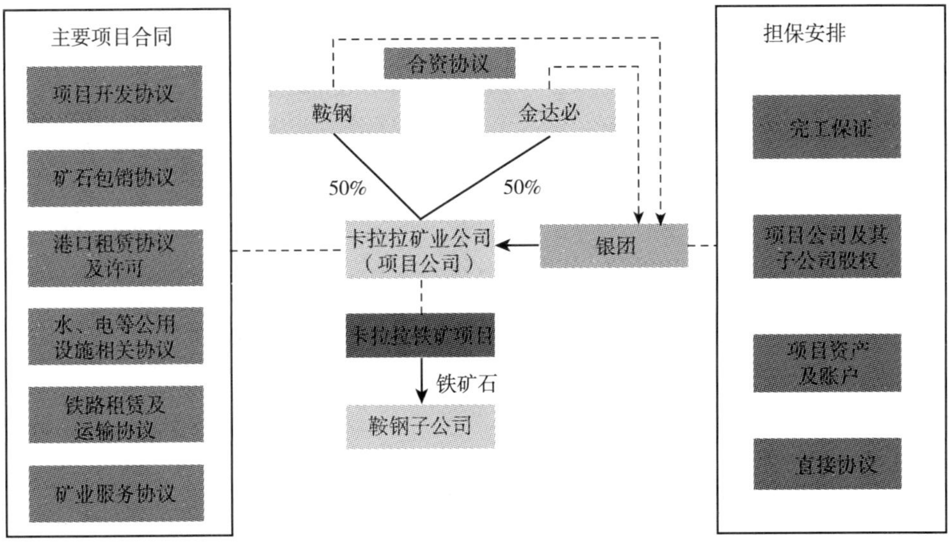

图8-5 K项目融资结构

该项目面临的主要风险有:能否按时完工,项目是否有足够现金流还款,以及可能出现的国有化、征收等政治风险。为了有效应对,银行在法律文件中进行了有针对性的约定,详见表8-3。

表8-3 融资合同中关于项目风险的控制措施

项目风险	银行的控制措施	合同中的具体约定
完工风险	动态掌握工期及建设成本情况	贷款协议约定项目公司按季度提供工程进度报告及按年度提供工程预算的义务
	完工担保	与投资者签订完工担保协议,详细约定项目完工的标准,项目公司股东在资金短缺的情况下有追加资金的义务,为未建设期还款提供主要支持

① Graham Vintner, Project Finance, A Legal Guide, London Sweet & Maxwell, 1995, p. 88.

续表

项目风险	银行的控制措施	合同中的具体约定
生产经营风险（项目是否有足够现金流还款）	铁矿石长期包销安排	要求投资者与项目公司按照市场价签订长期包销协议，如项目公司销售量不足以偿还贷款，投资者应按照最低购买量履行有关义务。
	及时应对预计的铁矿储量大幅下降的情况	贷款协议中约定，如果预计储量大幅下降，银行有权根据降低幅度要求项目公司提前还款。
	要求开立并质押项目收入账户和偿债准备金账户	贷款协议及账户协议对现金流使用顺序的条件进行详细约定：(1)项目运营过程中的所有收入（包括长期包销协议项下销售收入）全部存入项目收入账户；(2)项目收入账户支付的所有款项必须按照约定的顺序和条件进行使用，从先到后依次为支付运营成本、融资成本、偿债准备金、下一付息或还本日所需资金、分红。
	严格控制向股东分红的条件	贷款协议约定，必须同时符合以下条件项目公司才能分红：(1)项目已完工；(2)贷款等协议项下没有违约事件；(3)偿债准备金账户余额及项目公司财务指标符合要求；(4)本次分红不会影响后续还款。
政治风险（国有化或征收）	政府干预作为贷款协议违约事件	在贷款协议中进行约定。
	要求购买相应保险，并将保险权益转让给银行	银行与项目公司的保险权益转让合同获得保险公司的书面确认。 贷款协议约定，保险赔偿金用于强制提前偿还贷款。
信用风险	与项目公司、主要参与方签订直接协议	在项目公司出现违约的情况下，银行能够代替履行有关合同项下的义务，防止对项目建设运营产生不利影响。

第三节 国际飞机融资相关法律问题

民航业是资金密集型的行业，尤其航空公司添置飞机需要大量的资金投入。在此过程中，银行提供的融资服务——贷款，起到了重要的资金支持作用。伴随着世界民航业的高速发展，飞机租赁业应运而生，租赁公司扮演了联系民航运营实体与金融资本的重要角色，成为解决航空公司资金来源的主要途径,中国民航业的发展,离不开金融租赁业的支持。据预测,到2020年中国民航要补充的新飞机在2500架以上,飞机租赁所涉及资金至少830亿美元。据统计,全球航空运输业所使用的飞机2/3以上通过租赁方式获得。① 从实际操作看,租赁公司同样需要通过银行融资方可开展租赁业务。根据波音公司预测,随着中国GDP和航空运输量的持续增长,预测未来20年中国将需要6330架新飞机,总价值约为9500亿美元。② 若按照航空业通常情况下80%的融资比例计算,中国飞机融资市场将迎来新的繁荣局面。由于银行一直为飞机融资提供着长期、稳定的金融支持,可以预见,银行将在飞机融资领域大有作为。本节主要探讨银行开展国际飞机融资项目的法律风险点及应对措施,并通过案例形式对国际飞机融资涉及的法律文本体系的特点及应关注事项加以举例说明。

一、国际飞机融资的特点及主要模式

(一)国际飞机融资的特点

银行开展国际飞机融资业务具有如下几个特点:

1. 交易金额大、时间长

就飞机而言,一架飞机就意味着数千万美元甚至上亿美元的资产,银行开展国际飞机融资业务的投资金额相应增大,对银行贷款资金的安全要求亦相应提高。一般飞机的使用期限为20~30年,受飞机运营周期影响,飞机融资交易的时间周期都较长,也相应增加了银行贷款的风险。

2. 专业性和技术性强

飞机制造水平的先进与否直接关系到航运的安全性和效益性,影响航空公司的经营效果和飞机残值,进而影响到银行贷款本息偿付能力。同时,具体交易业务涉及面广,涵盖金融、财会、税务、保险、担保、法律、航空运输及飞机制造等诸多领域,增加了银行贷款风险防范的难度和复杂性。

3. 交易结构复杂

在飞机融资业务中,通常至少涉及四方交易参与人,分别为:飞机制造

---

① 《中国飞机租赁行业市场现状研究与未来前景趋势报告(2015年)》,载http://www.cir.cn/R_JinRongTouZi/76/FeiJiZuLinShiChangXianZhuangYuQianJing.html,2016年7月17日访问。

② “波音预测:未来20年中国民航机队将扩容至现在的近3倍”,载http://www.askci.com/news/chanye/2015/09/08/144254tkc8.shtml,2016年7月17日访问。

商、出租人（租赁公司或由租赁公司专门设立的SPV）、承租人（航空公司）、商业银行或其他金融机构等，它们构成了国际飞机融资的基础交易参与人，在实际交易中，根据交易结构的不同，交易参与人也会有较大的区别。

4. 跨境风险因素复杂多变

在国际飞机融资项目中，由于往往涉及境外投资、飞机引进、国际融资、外汇流动、跨国交易等，交易安全会受国际政治、经济、金融环境、法律适用等诸多方面的影响。此外，相关法域国家法院强制实施本地法的要求，也会导致项目产生风险。正因国际飞机融资项目风险因素较为复杂多变，交易的顺利进行和完成需要交易各方具有较高的风险承受能力。

（二）国际飞机融资的主要模式

目前，国内外航空公司引进飞机主要依赖自有资金购置、银行贷款、租赁融资、飞机制造商融资四种融资渠道。由于民航业属于高负债、低利润行业，现金流对于航空公司而言意义重大，通过计提折旧等方式自筹资金来购买飞机除无法满足航空公司大规模引进飞机的需要外，还往往导致财务结构恶化，进一步降低其偿债能力。因此，航空公司通过自筹资金购置飞机并不常见。此外，由于飞机制造商融资成本相对较高，航空公司只有在找不到其他融资渠道时，才会求助于飞机制造商，基于上述原因，常见的飞机融资主要还是以外部融资即贷款购买和租赁融资为主。而在租赁融资模式中，租赁公司的大部分购机款项通常也通过银行贷款取得。因此，银行贷款成为国际飞机融资的主要资金来源。根据借款人主体不同，银行贷款可划分为航空公司飞机购置贷款和租赁贷款。

1. 购置贷款

此种交易结构中，航空公司一般情况下是为自营而申请贷款购置飞机，基本交易主体以及具体的交易行为较为简单。该模式的一般操作结构如图8－6所示。

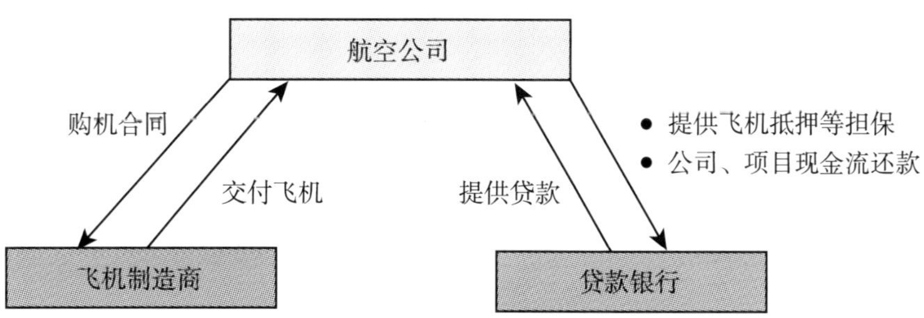

图8－6　飞机购置贷款融资模式

首先,航空公司作为买方与飞机制造商签署购机合同。之后,航空公司向银行申请贷款,银行根据贷款合同放款。最后,航空公司采取飞机抵押等担保方式向银行提供担保,并将公司、项目自由现金流作为还款来源。需要提及的是,此种交易虽然较为简单,但由于飞机价值普遍较大,而大型航空公司对机队的规模、配置等又有较高的要求等因素,因此该等交易模式将会使航空公司面临较大的资本金压力,而目前航空公司的资产负债率普遍较高,商业银行出于防范其贷款风险的考虑,又往往对航空公司本身的资产负债率及历史财务数据有较高的要求。

2. 租赁贷款

此种交易结构中,租赁公司一般情况下是基于与航空公司开展飞机租赁业务而申请贷款购置飞机,由于租赁业务模式不同,又可划分为飞机融资租赁贷款和飞机经营租赁贷款。

(1)飞机融资租赁贷款。飞机融资租赁是一种以转移飞机使用权为特征的租赁形式,指租赁公司根据航空公司的要求购买指定机型,由租赁公司将该飞机租给航空公司,在租期期满后,航空公司按照约定的价格取得飞机所有权。由于飞机购置价款较高,租赁公司为开展飞机融资租赁业务,一般需要向银行申请贷款用于购买飞机。该模式的一般操作结构如图 8-7 所示。

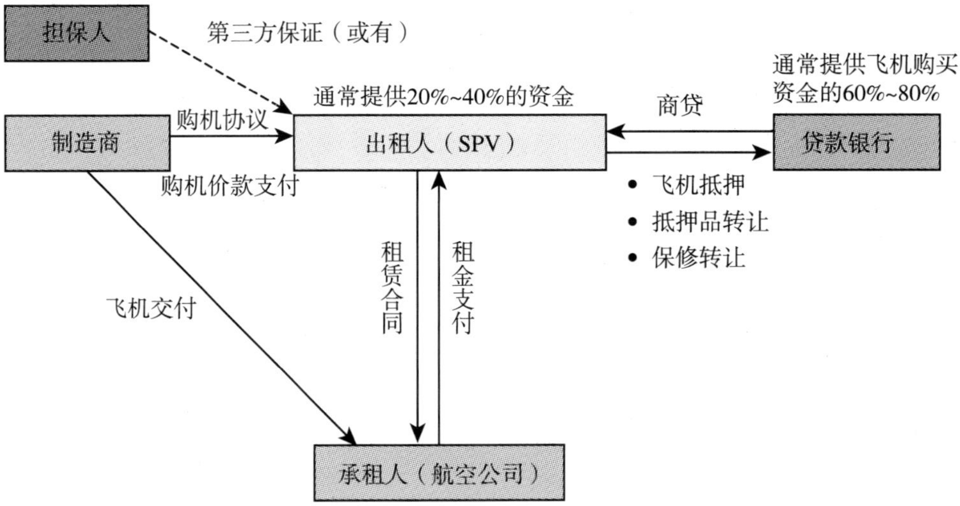

图 8-7　飞机融资租赁贷款操作模式

飞机融资租赁贷款操作模式为:首先,租赁公司根据航空公司的要求与飞机制造商签署购机协议。之后,租赁公司向银行申请贷款,用于支付飞机购置款项。租赁公司通常采取飞机抵押、股权质押等担保方式向银行提供担保，通常情况下，租赁公司还通过相关合同权益转让、出具安慰函或回购承诺等方式向银行提供风险缓释措施，并将租金收入作为还款来源。贷款合同期限一般与租赁期限相匹配，融资金额一般为飞机购置价格的80%左右，配比资金通过租赁公司自有资金或短期借款等渠道解决。最后，租赁公司与航空公司签署融资租赁合同，航空公司对飞机进行占有、使用，并支付租金。该等交易结构缓解了航空公司资金压力，使航空公司不必一次性付出全款就能得到可以创造利润的飞机。

（2）飞机经营租赁贷款。经营租赁是一种以提供飞机短期使用权为特征的租赁形式，指航空公司从租赁公司处租入飞机，租赁到期后，航空公司可以选择续租或退还租赁公司的交易行为。目前还存在一种经营租赁模式，航空公司直接贷款购置飞机后，将该等购置合同项下的权利义务转让给租赁公司，由租赁公司作为购买人，向银行申请贷款。租赁公司为开展飞机经营租赁业务，同样需要向银行申请贷款用于购买飞机。

尽管操作模式基本类似，但融资租赁与经营租赁在定义、租金、租期、飞机选择、结构、承租人义务等方面有明显区别，两者的比较分析如表8－4所示。

表8－4 融资租赁和经营租赁的对比分析

类别	融资租赁	经营租赁
定义	融资租赁是出租人把飞机所有权以外的全部经营责任都转让给承租人，其租期接近于飞机的使用寿命，在租期终止时承租人可以退租、续租或购买飞机，是一种融物形式的完全支付的长期飞机融资方式。	经营租赁是航空公司从租赁公司租入所需的飞机，租期结束时承租人可以续租或退租，但无权购买飞机，是一种可撤销的不完全支付的短期租赁飞机方式。
租金	租金完全支付，且一般按季或半年支付。	租金不完全支付，且一般按月支付，而且多为先付。
租期	租期接近飞机的使用寿命。	租期短。
飞机选择	拟租赁飞机的型号、数量由承租人自己选定，租赁公司只负责按用户要求融资购买飞机，对于飞机缺陷和交付延期的赔偿等权利均转让给承租人，但承租人不得拖欠或拒付租金。	经营租赁的飞机绝大多数是由飞机租赁公司批量采购，绝大多数具有较好的通用性，在市场上较抢手，并有较好的二手价格。
交易结构	涉及当事人多，交易结构复杂，使用成套合同，构成三边或多边交易。	双边交易。

续表

类别	融资租赁	经营租赁
承租人的义务	1. 承租人在租期未满时提出解约,需根据合同规定支付一笔终止值; 2. 租期结束后,承租人一般对飞机有留购、续租和退租的选择权; 3. 承租人负责所租飞机在租期内营运的一切费用(如维修、保险、纳税等)。	1. 租赁合同可撤销; 2. 承租人取得飞机的使用权,不承担飞机的质量、使用性能和技术性能等的责任,但承租人通常承担租期内相应的维修、保险、税务等责任; 3. 租期结束后承租人可以要求续租或退租,但无权购买飞机; 4. 除非合同另有约定,承租期限内,因不可抗力原因导致飞机毁损、灭失或造成第三人损害的,承租人不承担责任。

鉴于租赁模式下经营租赁与融资租赁不同的交易方式在财务及税务处理上存在一定的差异,航空公司选择何种交易方式可能更取决于其在财税方面的考虑。

3. 飞机贷款与飞机租赁的比较分析

贷款与租赁在飞机所有权、瑕疵担保请求权、融资人资金压力、融资安排灵活性等方面都有区别,两者的比较分析如表 8 - 5 所示。

表 8 - 5 飞机贷款与飞机租赁的对比分析

类别	贷款	租赁
融资人资金压力	1. 贷款期限一般较短; 2. 借款人需要支付部分购机款,有比较明显的资金压力;① 3. 贷款前期本金和利息的偿还额最高,债务负担不平均。	1. 租赁期限一般较长; 2. 承租人无需自有资金用于购机,资金压力较小; 3. 没有首期资金的压力、每期租金相同、合理的租期和与收益相匹配的租金支付,债务负担平均。
融资规模/成本	1. 融资规模:非完全融资,一般有项目资本金要求。融资规模依飞机价款而定,一般为飞机价款的 20% 到 80% ; 2. 融资成本:利率一般较融资租赁低。	1. 融资规模:融资租赁一般可提供完全融资,覆盖资金需求敞口; 2. 融资成本:利率一般较贷款高。

① 为缓解借款人支付交机前预付款的资金压力,目前银行也提供于交机前的预付款融资。预付款融资即航空公司或租赁公司(统称“融资人”)与飞机制造商签订购机合同,融资人需要根据飞机制造商的要求支付一定比例的预付款,银行可在融资人提供保证或其他担保的前提下,依据预付款的支付进度,为融资人提供此阶段的融资服务。

续表

类别	贷款	租赁
融资人风险	借款人作为飞机所有权人，受市场风险影响较大，如运费市场下滑、航运市场价格下跌、利率和汇率发生不利影响。	由于便于承租人成本核算及银行承担了部分市场风险，基本不受市场影响，承租人市场风险较小。
资金/租赁物使用自主性	贷款期内，借款人依贷款合同项下的贷款用途使用贷款资金。	租赁期内，承租人依租赁协议约定的用途使用租赁物。
操作灵活性	1. 贷款银行对借款人进行各方面考察，借款文件涉及许多相关方，手续相对复杂； 2. 市场上扬时借款人可选择变卖飞机，在偿还贷款本金及利息等之后，剩余部分即为其利润，地位较主动。	1. 出租人一般不会进行过于严格的资格审查，相关文件较少、手续相对简单； 2. 承租人拥有飞机使用权，没有处分飞机的权利，无法利用市场变化享受可能带来的收益机会，地位较被动。
债务偿还保障	贷款银行对还款保障的要求较高。如银行要求借款人提供飞机抵押权或第三人担保、保险权益转让等。	出租人对还款的保障要求较低，一般仅要求承租人提供支付租金的保证。
飞机所有权	飞机所有权在通常情况下归属于借款人，但银行一般会要求借款人抵押飞机。	租赁期内，飞机所有权归出租人。租期结束后，融资租赁的飞机所有权归属由双方协商，可以转移给承租人，也可以不转移；经营性租赁的飞机所有权归出租人。

从表 8－5 可看出，飞机贷款和飞机租赁这两种融资模式各有特点。一般而言，对航空公司来说，引进飞机考虑采用何种融资模式时，主要还是对具体项目进行经济性分析，即综合考虑影响贷款购买和租赁的各方面因素。如认为贷款购置较为合理，则航空公司将向银行申请飞机购置贷款；如认为租赁较为合理，则航空公司将从租赁公司处租取飞机，租赁公司再为该笔飞机租赁业务向银行申请飞机购置贷款。对于银行来讲，飞机融资的区别仅在于借款主体是航空公司还是租赁公司（或其 SPV）。

4. 其他飞机融资模式简介

除了航空公司购置贷款及租赁贷款外，市场上常见的国际飞机融资模式还包括间接出口信贷、飞机融资转贷款等。

二、国际飞机融资需关注的主要法律问题及风险防控措施

鉴于航空公司飞机购置贷款项目法律关系比较简单，本部分主要从两

种含有跨境因素的飞机融资租赁贷款角度,分析银行在开展国际飞机融资需关注的主要法律问题及相应的风险防范措施。

(一)借款主体选择及其股权质押

在飞机融资租赁贷款项目中,借款主体的选择格外重要。目前,在大多数的交易结构中,为实现风险隔离和避税的目的,租赁公司经常以设立海外SPV的方式构建交易结构,以该SPV作为实际的借款人。在这种情况下,我们有必要关注下面的两个问题:

1. 境外SPV设立

对于通过境外SPV进行租赁的,首先需关注、落实相关境外投资审批手续,此外,境内机构设立境外SPV还应当履行境内相关审批手续。根据国家发改委2014年颁布的《境外投资项目核准和备案管理办法》、商务部2014年颁布的《境外投资管理办法》、国家外汇管理局2009年颁布的《境内机构境外直接投资外汇管理规定》等法律法规,境内机构设立境外SPV应当依据投资规模取得发改部门的核准或备案,取得商务主管部门的核准或备案,在国家外汇管理局指定银行办理完成境外直接投资项下外汇登记并据此办理相关的购汇、付汇业务。但是对于银监会监管项下的金融租赁公司而言,目前监管部门明确允许金融租赁公司经批准可以在境内保税地区设立项目公司开展融资租赁业务;银监会根据《金融租赁公司管理办法》,结合国内金融租赁公司实际,于2014年制定发布了《金融租赁公司专业子公司管理暂行规定》,允许金融租赁公司依照相关法律法规在中国境内自由贸易区、保税地区及境外,设立从事特定领域融资租赁业务而设立的专业化租赁子公司。

2. 境外SPV运营

如境外SPV拟将飞机出租给境外机构,鉴于该等主体、租赁物等均在境外,还需该等交易所涉国家的当地律师对飞机购买、转让、进行租赁事宜发表法律意见。如该SPV拟将飞机出租或转让给境内机构,则应当关注如下事宜:

(1)根据民航总局关于境内机构引进飞机的相关规定,境内机构和SPV应在合同签订前落实境内机构已就飞机引进取得民航局相应的核准手续,以防范相关监管风险。

(2)如果SPV将飞机转让给境内特殊目的公司,再由境内特殊目的公司以租赁方式提供给境内客户,则需关注:根据飞机引进相关规定,引进通用航空器不从事通用航空飞行活动的，民航管理部门只负责办理通用航空器引进相关手续，不予颁发国籍登记证、电台证和适航证等。据此，在飞机交付前，如果境内项目公司已锁定了境内最终客户，则相关飞机引进核准手续应由该客户办理；相反，若未锁定的，则相关核准手续应由该项目公司自行办理，但需要注意的是，该等情况下，若需进行临时飞行（如为交付的调机飞行等），应按民航管理部门相关规定申请办理临时登记。

除对作为借款人的SPV的设立及运营应给予关注外，银行在风险评估过程中还需判断潜在的借款人是否具备飞机相关业务的经营能力及运营经验，是否有能力和意愿偿还贷款，还款来源是否合法，借款人财务状况如何，是否存在重大未决诉讼或仲裁案件，是否存在违约记录或被有权机关处罚的记录，是否有健全的公司治理架构，是否具有良好的盈利前景等问题。通过加强对借款人主体的尽职调查，可对上述借款人主体风险状况提前掌握。

由于飞机融资租赁贷款项目的还款来源一般为租金收入，而租金的持续稳定与飞机运营状况密切相关。因此，除了对借款人主体相关法律问题给予关注外，还需对借款人的交易对手——航空公司开展尽职调查，应重点关注航空公司历史信用记录是否良好，市场地位是否稳定，发展趋势是否良好，是否拥有基地、航线、机队等资源优势，管理团队经验如何，经营业绩及财务状况是否健康，及能否执行适航规定等。

3. 股权质押

飞机融资项目中，银行一般会要求以借款人股权提供质押担保，目的在于当借款人出现违约时，通过质押的股权变现实现贷款债权。

股权质押需符合提供质押股权的企业所在国家法律法规规定，质押合法有效且已按照相关法律法规办理必要的登记（如需），具有可执行性等要件，上述事项应由境外律师进行确认。为准确掌握借款人信息，银行还应了解提供质押股权企业是否有其他隐藏的债务或法律责任。但是在爱尔兰单机SPV租赁模式下，SPV为国内租赁公司的项目公司，其资产一般仅为该项目所购置飞机，因此要求SPV提供股权质押作为补充担保效果有限。在该模式中，国内的租赁公司才是真正的融资人，因此，银行应要求国内的租赁公司为项目融资提供股权质押或其他权益的质押担保，即由借款人SPV的母公司提供相关权益质押担保。

（二）购机协议及其转让

在飞机融资租赁贷款项目中，通常由航空公司先行与飞机制造商签署购机协议,再与租赁公司开展飞机租赁。在此过程中,租赁公司需要与航空公司进行购机协议转让从而取得购买飞机的权利,而飞机制造商会将飞机所有权直接转让给租赁公司,租赁公司在取得飞机所有权后,飞机租赁业务即可开展。对于购机协议转让,银行需关注航空公司与飞机制造商签署的购机协议是否存在权利义务转让的限制条款,并落实该等转让已取得飞机制造商的认可,确保购机协议转让合法。

此外,国际飞机融资一般还会采用飞机制造商、发动机制造商保修权益转让等措施,以缓释项目风险。由于这并非我国物权法、担保法意义上的担保方式,应重点关注该类措施是否合法合规及符合交易惯例、保修转让是否需履行审批或登记程序、是否足以保障银行权益。此外,银行还应关注保修权益转让的出具人是否具有出具保修的合法资格,确保其出具保修并将保修转让给银行不违反其所在地法律。保修转让的合法性、有效性及可执行性需由当地律师进行确认。

(三)飞机引进的备案核准及权利登记

1. 进口飞机所需的备案及核准程序

根据中国民用航空局(以下简称“民航局”)2012 年修订的《引进通用航空器管理暂行办法》,以购买、融资租赁、经营租赁、湿租等方式引进通用航空器的,需要完成以下程序:

(1)主管机关:引进通用航空器实行分类管理。一般通用航空器的引进由民航地区管理局(以下简称“管理局”)备案管理;喷气公务机引进由管理局负责受理,其中大型喷气公务机(包括 B737 系列、A320 系列、世袭 1000,及最大起飞全重大于以上机型的喷气公务机)由管理局审核,报民航局核准;其余喷气公务机由管理局核准,报民航局备案。

(2)引进人注册地或户籍所在地管理局为受理引进地通用航空器申报的机构。引进人委托具备运营资质的通用航空器营运人(以下简称“代管人”)代管通用航空器,并由该代管人提交引进通用航空器申报,代管人注册地管理局为受理引进通用航空器申报的机构。管理局计划部门为申报引进通用航空器的受理及审核备案管理部门。

(3)引进人引进一般通用航空器,申报材料应包括:①引进人为个人的,应提交本人有效身份证件(复印件)、联系方式及本人户口所在地公安局出具的本人无犯罪记录证明。如由本人驾驶通用航空器,应出具本人有效飞行执照。声明该航空器仅限引进本人使用并承担安全责任。如引进人之前有飞行经历,应出具飞行安全记录。②引进人为企业、事业单位或其他组织的,应提交自身有效的资质证明、联系人、联系方式以及近3年(不满3年的,提交自登记开始运行至今)飞行安全记录;经批准开展筹建工作的通用航空单位应提交筹建认可通知书(复印件)。③上述引进人如自身无通用航空器运行保障能力,其引进的通用航空器必须委托具有相关资质和保障能力的通用航空企业代管,双方应签订代管协议,明确安全管理责任。申报材料应包括代管协议(复印件)和代管企业近3年(不满3年的,提交自登记开始运行至今)飞行安全记录。④引进人为代管人的,应提交自身持有的通用航空企业经营许可证(复印件)、相关运行规范及运行合格证(复印件)、代管协议(复印件)、代管人现有和代管通用航空器的机型、数量、飞行人员保障实力和运行保障计划、联系人、联系方式以及近3年(不满3年的,提交自登记开始运行至今)飞行安全记录。⑤拟引进通用航空器的型号设计批准及补充型号设计批准。⑥计划引进通用航空器的机型、数量、进度、引进方式、运营计划或用途。⑦以租赁方式引进通用航空器的应提交租赁协议或租赁意向协议,其中以湿租方式引进的,还应提交湿租协议、出租人资质证明和出租人运营概况。⑧民航局和管理局认为应提供的其他材料。

(4)引进通用航空器不从事通用航空飞行活动的,民用航空行政机关只负责办理通用航空器引进相关手续,不予颁发国籍登记证、电台证和适航证等。申报材料应包括:①引进人为个人的,应提交本人有效身份证件(复印件)、联系方式及本人户口所在地公安局出具的本人无犯罪记录证明。②引进人为企业、事业单位或其他组织的,应提交自身有效的资质证明、联系人及联系方式。③计划引进通用航空器的机型、数量、进度、引进方式、交付方式及地点。④引进通用航空器的用途、存放或停放地点。⑤民航局和管理局认为应提供的其他材料。

(5)引进人引进喷气公务机从事经营性通用航空活动,引进人应为持有中国民用航空规章CCAR-135部运行合格证的通用航空企业,或经批准的通用航空企业筹建单位。申报材料应包括:①引进人持有的通用航空企业经营许可证(复印件)或筹建认可通知书(复印件)。②拟引进喷气公务机的型号设计批准及补充型号设计批准。③民航发展基金缴纳情况(限公务机)。④计划引进喷气公务机的机型、数量、进度、引进方式、交付方式及地点。⑤引进喷气公务机的运营计划或用途。⑥运营概况,包括现有通用航空器数量、使用情况和飞行人员保障实力、近3年(不满3年的,提交自登记开始运行至今)分年度通用航空作业飞行小时、起飞架次以及飞行安全记录等。⑦计划引进喷气公务机的飞行人员数量及培训计划。⑧以租赁方式引进喷气公务机的应提交租赁协议或租赁意向协议,其中以湿租方式引进的,还应提交湿租协议、出租人资质证明和出租人运营概况。⑨民航局和管理局认为应提供的其他材料。

(6)引进人引进喷气公务机从事非经营性通用航空活动,申报材料应包括:①引进人为个人的,应提交本人有效身份证件(复印件)、联系方式及本人户口所在地公安局出具的本人无犯罪记录证明。如由本人驾驶喷气公务机,应提供本人有效飞行执照。声明该航空器仅限引进本人使用并承担安全责任。如引进人之前有飞行经历,应提供飞行安全记录。②引进人为企业、事业单位或其他组织的,应提交自身有效的资质证明、联系人、联系方式以及近 3 年(不满 3 年的,提交自登记开始运行至今)飞行安全记录;经批准开展筹建工作的通用航空单位应提交筹建认可通知书(复印件)。③上述引进人如自身无喷气公务机运行保障能力,其引进的喷气公务机必须委托具有相关资质和保障能力的通用航空企业代管,双方应签订代管协议,明确安全管理责任。申报材料应包括代管协议(复印件)和代管企业近 3 年(不满 3 年的,提交自登记开始运行至今)飞行安全记录。④引进人为代管人的,应提交自身持有的通用航空企业经营许可证(复印件)、相关运行规范及运行合格证(复印件)、代管协议(复印件)、代管人现有和代管喷气公务机的机型、数量、飞行人员保障实力和运行保障计划、联系人、联系方式以及近 3 年(不满 3 年的,提交自登记开始运行至今)飞行安全记录。⑤拟引进喷气公务机的型号设计批准及补充型号设计批准。⑥民航发展基金缴纳情况(限公务机)。⑦计划引进喷气公务机的机型、数量、进度、引进方式、运营计划、方案或用途。⑧以租赁方式引进喷气公务机的应提交租赁协议或租赁意向协议,其中以湿租方式引进的,还应提交湿租协议、出租人资质证明和出租人运营概况。⑨民航局和管理局认为应提供的其他材料。

(7)已获批准引进的喷气公务机若变更引进方式,引进人须向其所辖管理局申报重新核准,核准程序可以简化。

(8)喷气公务机自国籍登记证书颁发之日起 24 个月内在国内转让或长期租借(12 个月以上)用于从事通用航空飞行活动的,应由受让方或租用方重新申报办理喷气公务机引进核准手续。

(9)管理局备案及核准程序:①对于引进一般通用航空器,管理局如无异议,应于10个工作日内出具备案证明;如有异议,应于10个工作日内以书面形式反馈引进人。②对于引进喷气式公务机,管理局计划部门将申请材料分送管理局航空安全、财务管理、通用航空、飞行标准和适航维修等部门评审,于15个工作日内完成评审。如无异议即予核准,并在10个工作日内报送民航局备案。如有异议,应在5个工作日内告知引进人。必要时,负责受理的管理局可向引进人运营地管理局提出协助评估。协助评估应在10个工作日内完成。③对于引进大型喷气公务机,管理局应在10个工作日内完成初步审核,将审核结果和引进人申报材料报送民航局。④管理局每季度向民航局报送通用航空器备案和喷气公务机核准情况。

(10)民航局核准程序:①民航局受到管理局报送的引进大型公务机审核意见和引进人申报材料后,应在15日内由计划部门分送航空安全、财务管理、飞行标准、通用航空市场管理、航空器适航审定等部门评审并完成会签。如无异议,报民航局主管计划和安全工作领导审批,核准文件发送引进人并抄送管理局。如有异议,提交民航局购租飞机评审委员会会议集体评审。对于通过评审的,由民航局主管计划和安全工作的领导签发,核准文件发送引进人并抄送管理局;评审文件最终未获通过的,计划部门应在5个工作日内正式通知管理局并告知引进人。②批准文件自签发之日起2年内有效。

2. 飞机国籍登记及适航状况审查

(1)飞机国籍登记审查。[①] 经中华人民共和国国务院民用航空主管部门依法进行国籍登记的民用航空器,具有中华人民共和国国籍,由国务院民用航空主管部门发给国籍登记证书。国务院民用航空主管部门设立中华人民共和国民用航空器国籍登记簿,统一记载民用航空器的国籍登记事项。

(2)适航状况审查。[②] 在中国境内运营的飞机,必须拥有中国民用航空局颁发的适航证。具有中华人民共和国国籍的民用航空器,应当持有国务院民用航空主管部门颁发的适航证书,方可飞行。用于国际航线运营的飞

---

① 参考“中国民用航空局:[54001]已有经营许可证的申请人申请国籍登记证指南”,载 http://www.caac.gov.cn/FWDT/WSBS/SHSDL/54001/201509/t20150906_1081.html,2016年7月17日访问。

② 参考“中国民用航空局服务事项:民用航空器适航证(A/C)核发和外国民用航空器适航认可”,载 http://www.caac.gov.cn/FWDT/,2016年7月17日访问。

机还应办理FAA(美国联邦航空局)或EASA(欧洲航空安全局)颁发的适航证。

3. 飞机有关权利登记①

根据我国现行法律法规的规定,在交机后、飞机运营前,民用航空器权利人应当就下列权利分别向国务院民用航空主管部门办理权利登记:包括民用航空器所有权、通过购买行为取得并占有民用航空器的权利、根据租赁期限为六个月以上的租赁合同占有民用航空器的权利、民用航空器抵押权。据此,在交机后飞机投入运营前,飞机的实际占有人和使用人(即运营该飞机的航空公司)必须在中国民航局办理有关登记手续,并获得相关权利登记证书。中国民航局向飞机的实际占有人和其他权利人颁发的登记证书包括:《民用航空器国籍登记证书》《民用航空器所有权登记证书》《民用航空器占有权登记证书》《民用航空器抵押权登记证书》《民用航空器优先权登记证书》。

4. 跨境飞机融资项目需特别关注的审批事项

对于境外租赁公司飞机融资项目,还应符合该租赁公司所在国(或地区)的相关行政审批、适航和登记规定。

(四)飞机抵押

1. 飞机抵押

国际飞机融资业务中,飞机抵押是常见的担保方式。由于飞机的购买和使用、融资等在各国均有较为严格的法律进行监管,因此,除了按一般物品抵押时要审查抵押人主体资格、抵押登记等内容外,银行还需要从源头上审查飞机引进时的合法性、飞机的适航性等问题,并关注如下事项:

(1)飞机抵押人应为飞机所有权人,首先应审查飞机抵押人是否具有合法资格进行抵押,其次确认抵押飞机的基本情况,是否为共同共有,飞机实际占有人是否与飞机所有权人一致及抵押飞机是否已存在其他抵押权等信息。

(2)在确认飞机国籍国之后,应由当地律师对飞机抵押的合法有效性、优先效力、可执行性进行审核,对飞机抵押需履行的登记手续进行确认。

---

① 参考“中国民用航空局:[54054]民用航空器权利登记”,载http://www.caac.gov.cn/FWDT/WSBS/ZHL/54054/201509/t20150906_1148.html,2016年7月17日访问。

(3)对飞机的优先权情况进行审查,从保证金中首先支付受飞机优先权担保的债权,这样可以相对保证抵押权的完整性。

2. 飞机抵押权、优先权与留置权的比较分析

在飞机融资项目中,相关方根据《民用航空法》、《担保法》及《物权法》等于飞机之上享有的飞机优先权、留置权以及抵押权等在先权利将会对银行、租赁公司的权益完整性带来较大影响,因此,对于该等在先权利的知悉与风险防范显得格外重要。银行应及时开展尽职调查,通过司法机构、飞机登记机关对飞机上是否设置相关在先权利等情况进行查询,并通过法律条款设计在相关合同中将风险锁定。在受偿顺序方面,飞机优先权先于飞机留置权受偿,飞机抵押权后于飞机留置权受偿。飞机优先权、留置权、抵押权的比较分析如表8-6所示。

表8-6 飞机优先权、留置权、抵押权比较分析

类别	飞机优先权	飞机留置权	飞机抵押权
定义	飞机优先权,是指债权人因援救该飞机而产生的报酬、保管维护该飞机而产生的必需费用而向飞机所有人、承租人提出赔偿请求,对产生该赔偿请求的飞机具有优先受偿的权利	飞机留置权,是指飞机制造者、维修者在合同另一方未履行合同时,可以留置所占有的飞机,以保证造机费用或者飞机维修费用得以偿还的权利	飞机抵押权,指所有人不转移财产的占有,将该财产作为债权的担保,债务人未履行债务时,债权人依照法律规定的程序就用以抵押的飞机优先受偿的权利
权利内容	1. 因援救该飞机而产生的报酬,可以优先受偿;因保管维护该飞机而产生的必需费用而向飞机所有人、承租人提出赔偿请求可以优先受偿;后发生的先受偿 2. 为了债权人的共同利益,在执行人民法院判决以及拍卖过程中产生的费用,应当从飞机拍卖所得价款中先行拨付 3. 飞机优先权不因飞机所有权的转让而消灭,但是,飞机经依法强制拍卖的除外	1. 留置权人有权占有留置飞机 2. 占有期间的孳息收取权 3. 经债务人同意后的使用权 4. 留置权人保管留置物所支出的费用,有权向留置物所有人要求偿还 5. 债务人到期不履行义务,经债权人催告,在合理期限内仍不履行义务的,债权人有权依法变卖留置物,以变卖财产的价款优先受偿	当债务人不履行到期债务或者发生当事人约定的实现抵押权的情形,抵押权人可以与抵押人协议以抵押的飞机折价或者以拍卖、变卖该抵押财产所得的价款优先受偿

续表

类别	飞机优先权	飞机留置权	飞机抵押权
权利行使条件	1. 优先权的权利人应当自援救或者保管维护工作终了之日起3个月内,就其债权向民航局登记 2. 优先权自援救或者保管维护工作终了之日起满3个月时终止,但债权人就其债权已经进行登记,并具有下列情形之一的除外:债权人、债务人已经就此项债权的金额达成协议;有关此项债权的诉讼已经开始	1. 债权人行使留置权后,债务人应当在不少于2个月的期限内履行债务;双方当事人可以自行约定,但不得少于2个月 2. 宽限期届满后,债务人不履行债务的,债权人可以与债务人协议以留置物折价,也可以依法拍卖或变卖留置物,以所得的价款优先受偿	1. 抵押权必须有效存在 2. 必须是债务人履行期限届满 3. 债权人未受清偿 4. 债务未受清偿不是由于债权人造成的
贷款人应关注事项	1. 应关注因第三方行使飞机优先权影响银行抵押权的情况 2. 飞机抵押时应审查抵押飞机是否存在优先权,可要求借款人或担保人交付一定数目的保证金,以便发生担保的飞机之上附有优先权时,或飞机优先权人扣押飞机之时,从保证金中首先支付受飞机优先权担保的债权,这样可以相对保证抵押权的完整性	1. 贷款人应了解并关注作为抵押物的飞机上可能涉及的留置权情况 2. 应关注因第三方行使留置权造成银行抵押权的受偿顺位延后的情况	1. 贷款人应关注飞机抵押登记情况。飞机抵押需要办理登记,我国应向民航局登记,未经登记,不得对抗第三人 2. 应当充分考虑并关注优先权及留置权情况,飞机优先权及留置权先于飞机抵押权受偿 3. 应关注所设抵押权的顺序,以及飞机上设定其他抵押权的情况 4. 贷款人应注意飞机价值维持情况,借款人需在整个贷款期内维持最低资产价值保证

(五)飞机保险及其权益转让

一般情况下,银行均要求借款人为飞机购买商业保险,将第一保险受益人设定为银行或将保险权益转让给银行或其指定的第三人。在尽职调查时应主要关注借款人是否可以作为直接受益人,保险权益是否可以转让,法律是否要求当地保险公司参与保险等。保险险种一般包括:机身保险、第三者责任保险、旅客责任保险、丧失使用保险等。飞机保险的保单适用国际通用的格式。

国际飞机融资项目经常采用保险权益转让作为缓释项目风险的一种措施，应就保险权益转让事宜取得保险公司的确认，并重点关注保险合同中是否存在禁止权益转让的条款、保险权益转让方购买的保险种类是否齐全，是否包含国际惯例通常包含的机身险、第三者责任险、旅客的法定责任险等险种。通常情况下，可聘请专业的保险顾问对保险权益转让方购买的保险和投保的保险公司是否可以满足银行的要求进行核实。

（六）开普敦公约及飞机国际利益登记

《开普敦公约》（Cape Town Treaty）是对2001年11月16日通过的《移动设备国际利益公约》（以下简称《公约》）及其《关于航空器设备特定问题的议定书》（以下简称《议定书》）的简称。它的首要目标是建立一个广泛和统一的担保利益的创设和执行方面的国际性法律框架，特别是给跨境交易中融资方实现移动设备的担保权益提供更强的法律依据。由于其可更好地保护债权人利益，在减少投资风险的同时降低了飞机融资成本，因此，业界称其为“飞机融资的保护神”。

截至目前，已有83个国家和地区成为《公约》的缔约国（参见附表22），76个国家和地区成为《议定书》的缔约国（参见附表23），中国于2009年加入《公约》。《公约》适用的对象是特定的民用航空器设备，根据《议定书》第1条的规定，包括下列三类：（1）航空器本身；（2）航空器发动机；（3）直升机。

《公约》在爱尔兰设立了移动设备国际登记处（以下简称“国际登记处”），所有批准《开普敦公约》的缔约国都认可并保护在国际登记处电子系统登记的相关权益。《公约》开放五种利益的登记，分别是国际利益、预期国际利益、可登记的非约定权利和利益、国内利益和前述各项利益的从属利益。其中最重要的是国际利益的登记。根据《公约》第2条的规定，国际利益包括：（1）担保协议的担保人赋予的利益；（2）所有权保留协议的附条件的卖方的利益；（3）租赁协议的出租人享有的利益。

《公约》对从事飞机融资的贷款人及出租人提供了更多保护，主要体现在：（1）明确了登记利益的优先性；（2）便于查询航空器的权利状态；（3）排除因各国法律规定不同而产生的不确定性；（4）提供了更加灵活的救济方式；（5）为飞机租赁项目的出租人提供了法院强制的公力救济与私力救济的双重途径。

三、飞机融资法律文本体系及风险防范

前文已介绍了银行开展飞机融资须关注的风险以及典型信用结构，由于相关风险点须通过一系列法律文本安排来锁定，而信用结构须通过法律文本的具体条款来落实，因此飞机融资的法律文本格外重要，可谓“飞机融资项目的最后一道防线”。下面将以借款人为一家国内租赁公司A设立在爱尔兰的SPV，向国内银行B申请贷款购买全球知名飞机制造商空客公司一架A380飞机，并向国内一家航空公司C提供飞机租赁为例，分析飞机融资的法律文本体系及其风险防范措施。

(一)爱尔兰SPV飞机租赁贷款模式简介

爱尔兰是SPV租赁方式的起源地之一，以低税著称，在爱尔兰设立SPV租赁飞机只缴纳12.5%的税收。爱尔兰通过较低的赋税水平和综合配套的金融服务，快速推进了航空租赁业的发展。为了避税并享受便利的金融支持，国内租赁公司A在爱尔兰注册了一个SPV作为项目公司，由该SPV作为申请银行贷款的借款人以及开展飞机租赁业务的出租人，与作为承租人的航空公司C一对一地开展业务。在整个交易中，这家设立在爱尔兰的SPV可谓身兼数职——既是银行贷款的借款人，又是飞机租赁的出租人，还是飞机买卖交易的买方，属于交易的核心及“灵魂人物”。爱尔兰SPV飞机租赁贷款常见操作模式如图8-8所示。

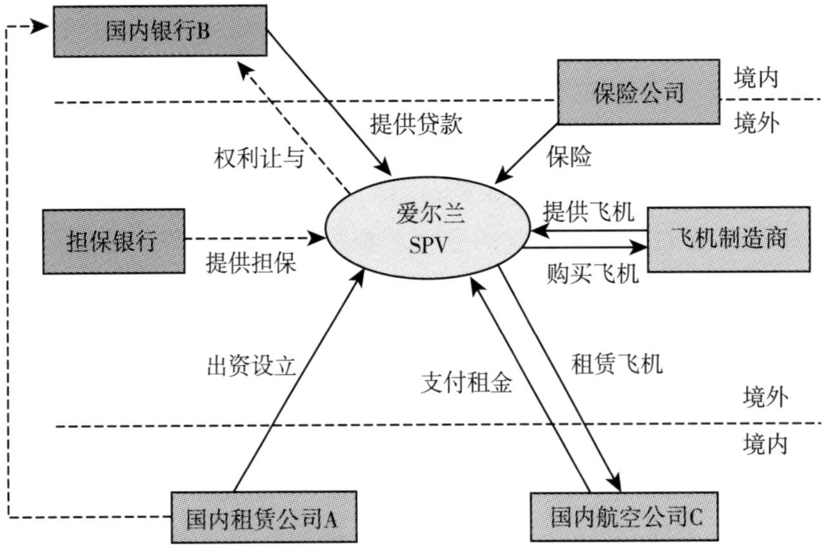

图8-8 爱尔兰SPV飞机租赁贷款常见操作模式

（二）飞机融资法律文本体系分析及风险防控

对于国内银行 B 来说，其开展爱尔兰 SPV 飞机租赁贷款业务，需要一系列飞机融资法律文本安排。飞机融资相关法律文本，可根据性质不同分为融资业务法律文本和租赁商务法律文本。融资业务文件是国内银行 B 开展飞机融资业务、与借款人 SPV 建立贷款关系的直接法律文件，决定着银行 B 和借款人 SPV 之间的借贷权利义务关系，包括贷款、担保法律文本等。租赁商务法律文本是反映基础租赁交易的法律文件，决定着 SPV 与飞机制造商之间的飞机买卖关系、航空公司 C 与出租人 SPV 之间的租赁关系等，主要包括购机、租赁、保险法律文本等。融资业务、租赁业务的具体法律文本安排如表 8－7 所示。

表 8－7 融资业务、租赁业务法律文本安排

类别	具体法律文本安排		
融资业务法律文本	贷款法律文本	担保法律文本	风险缓释法律文本
	1. 贷款合同 2. 银团贷款项下的参加协议 3. 贷款辅助性法律文本，如提款通知书	1. 担保合同 2. 担保辅助性法律文本，如抵押注册证书	1. 相关权益转让协议，如租赁权益转让协议、保险权益转让协议 2. 机身/发动机保修转让合同 3. 安慰函或者回购承诺书等
租赁商务法律文本	购机法律文本	租赁法律文本	保险法律文本
	1. 购机协议 2. 购机协议附件如飞机制造商开具的销售单据等	1. 租赁合同 2. 租赁合同附件如飞机说明文件等基础材料	保险合同

从国内银行 B 的视角来看，开展爱尔兰 SPV 飞机租赁贷款的主要法律文本风险防范措施分析如下：

1. 贷款法律文本

主要条款一般由银行 B 设计，除应按照一般贷款要求进行提款条件、贷款期限、账户监管等条款设计外，还应关注合同争议的解决方式、法律适用和合同的成立与生效条款等。在法律适用方面，为避免不了解境外法律而产生的风险，银行 B 应尽量选择适用中国法律。在涉及或适用外国法的情况下，应由熟悉相关法域的律师出具尽职调查报告。对于需要在境外签订合同或者在境外形成的法律文件,应当履行相应的公证手续,由合同签署地的公证机关予以公证。

2. 担保法律文本

银行应重点关注借款人及承租人在整个交易中作为被担保人的相关权益被转让的情况。具体而言,需要关注飞机抵押,合同权益的转让,飞机保险权益转让,境外 SPV 股权质押,飞机制造商、发动机制造商保修权益转让,信用证项下款项的转让,贷款资金和租金收益账户监管等信用结构项下相关担保或其他风险缓释措施法律文件的取得情况,以及担保文件下具体条款中涉及的抵押物情况、担保人资信情况、担保权益、实现程序和条件、期限等规定。

在飞机制造商、发动机制造商保修权益转让方面,一般应关注:出具人是否具有出具保修的合法资格,确保其出具保修并将保修转让给银行不违反其所在地法律,保修权益转让的合法性、有效性及可执行性需由当地律师进行确认;保修权益的转让是否需履行审批或登记程序。

3. 购机法律文本

主要审查交易各方的基础信息、价金及支付、交付条件和交付内容,以判断飞机买卖交易真实合法且有效,确保飞机购买方能完整获得飞机所有权。此外,还需要关注其他方对飞机的保证等条款,该条款一般规定飞机相关制造商、服务提供商的保证对飞机仍然有效,这些保证和权利不可撤销地转让给买方,卖方应协助买方实现以上保证的连续性。

4. 租赁法律文本

对租赁合同的审查,需要重点关注的条款包括:规定租期、租金及计算和支付方式等内容的条款;发生违约或承租人提前解除合同以及处理办法等内容的条款;投保人及投保金额等条款;租期届满后租赁飞机处理、返还等问题的条款。

5. 保险法律文本

由于飞机所涉风险巨大,各国法律都要求民用飞机必须办理保险。具体而言,银行对保险合同的审查,主要关注的条款为保险范围、金额、赔付条件、程序、时间,以及是否明确将银行作为第一保险受益人等内容。除审查保险合同的具体条款外,银行还应全面审查 SPV 和其他交易参与人为交易所购买的相关保险是否齐全,以及保单文件实际取得情况。

在国际飞机融资业务中,只有上述各类法律文本相互协调统一、衔接得当,才能共同支持银行开展飞机融资业务的各项活动并保障贷款安全。

第四节 国际船舶融资相关法律问题

船舶航运业具有资金投入高、回收周期长、市场波动大、风险较高的特点,仅靠自有资金无法实现快速发展,对金融市场具有很强的依赖性。船舶融资既解决了船舶企业所需资金问题,又给金融机构带来丰厚收益。金融危机使得全球经济下行,一方面,国际贸易量萎缩,运费暴跌,给船舶、航运企业带来沉重打击,另一方面,欧洲整体金融形势困难,国际船舶融资主力银行由于流动性影响,纷纷收缩对船东的贷款。而近年来,伴随着全球产业的转移,中国造船业在世界市场的份额越来越大。今年以来,中国造船业已经占据了世界造船市场的半壁江山。在全世界船只订单较去年同期暴跌70%的行业严冬中,中国造船业逆势扩张,甩掉韩国和日本成为全球第一。①,我国船厂处于国际领先地位,但融资仍是短板。潜力巨大的国际融资市场与方兴未艾的中国船舶航运业,都呼唤中资银行的积极参与。与船舶融资业务发展较为成熟的欧洲银行相比,中资银行在融资经验和技术等方面均处于劣势。本节希望通过对国际船舶融资模式及相关法律问题的探析,揭示国际船舶融资的主要风险防控手段,对国内各银行审慎进入国际船舶融资领域有所裨益。

一、国际船舶融资的主要模式

(一)国际船舶融资的特点

船舶航运业集劳动密集型、资金密集型、技术密集型为一体,其发展有赖于多种要素的配合,较其他融资方式而言,国际船舶融资具有其自身的特点:

1. 投入资金巨大,周期长,风险高

船舶建造需要投入巨额资金,如一艘 VLCC 油轮的造价可能超过 1 亿美元。船舶也是一个长期投资项目,需要把投资对象和风险控制放在一个

---

① http://money.163.com/16/0513/07/BMU9N8DL00253B0H.html,2016 年 7 月 17 日访问。

较长的时间窗口加以考虑。新造大型船舶通常需要运营 8 ~ 10 年以上才能回收全部资金。船舶融资属于高风险领域,投资人通常面临造船风险、运营风险、汇率风险、市场风险、自然风险等诸多风险。

2. 市场波动较大,周期性明显

研究表明,航运业有其内在的周期性,存在 5 ~ 10 年的小周期和 20 ~ 25 年的大周期。另外,如前所述,除行业自身周期性外,该行业受金融危机影响较大,运费狂跌,运量萎缩,造成船舶市场价值大幅波动。

3. 技术需求高,专业性强

船舶航运业是标准导向型行业,新标准的出台会导致老旧船的急剧贬值,即便是类似吨位的同型船,对新技术标准的满足程度可导致其内在价值和远期竞争力与收益的巨大差异。另外,船东及船舶管理人的诚信度、经验值及船舶管理水平对船舶运营状态、资产价值都有较大影响。船舶融资的专业性和技术性,需要融资方能够根据船舶种类选择适合的融资方式和交易结构。

4. 融资结构法律关系复杂,融资文件跨多法域

国际船舶融资作为传统的物品融资有较为成熟的国际惯例,融资结构的设计趋于标准化,通过船舶抵押、股权质押、保险权益转让、租约转让等多种担保方式相结合锁定融资风险,保护融资方权益。船舶实际控制人、船舶所有人或出租人、承租人、管理人、保险人及融资方大多位于不同国家,船舶融资法律结构通常涉及多个法域的法律关系,这使得国际船舶融资相关担保权利的设立和生效可能受不同国家法律管辖,需跨法域考虑信用结构安排和融资文件的拟定。由于融资关系复杂,国际船舶融资相关文件也多达十几乃至数十份,除融资条件外,船舶自身的特殊性以及不同法域法律的特殊规定也是国际船舶融资文件需要考虑的重要内容。

(二)多元化融资途径

船舶航运企业对资金的巨大需求以及国际融资市场的不断创新,使国际船舶融资出现了多元化融资途径,主要有:

1. 船舶融资贷款

银行贷款是最普遍也最常用的船舶融资方式,随着航运业的发展,船舶融资贷款逐步成为较固定的融资渠道,以船舶为主要抵押资产,配合其他担保措施,形成了一套较为成熟的操作惯例与风险规避措施。按照借款人的

类型，国际船舶融资贷款可分为单船公司①模式和大船东融资模式；按照船舶建造时间，融资模式可分为新造船融资和二手船融资。其中，通过单船公司作为借款人和船舶所有人为新造船融资是国际船舶融资贷款最常用的模式。

2. 船舶融资租赁

由于现代船舶造价昂贵，更新加快，利用金融租赁方式进行船舶融资已经普遍得到航运公司的重视。② 船舶融资租赁以直接租赁、售后回租最为常见。直接租赁是指租赁公司按照航运企业的要求委托船厂建造船舶，然后再将该船舶租赁给航运企业；售后回租是指航运企业将自有的船舶出售给租赁公司，然后再向租赁公司租赁该船舶。

3. 股权融资

随着航运市场的蓬勃发展，许多航运公司通过公开市场发行或私募发售等股权融资方式，筹集了大量资金，为企业发展提供资本。

4. 发行债券

信誉等级较高的大型航运企业，也可通过发行公司债券的方式，募集资金，满足运营及更新船队的需求。

5. 各融资模式之比较

伴随着船舶融资租赁行业的发展，银行贷款为船舶融资租赁最主要的融资来源之一。虽然金融危机使得各大银行纷纷收缩船舶融资贷款业务，航运企业也在不断开拓其他融资模式，但银行贷款作为国际船舶融资主要方式，在较长的时期内都不会发生大的变化，本书对国际船舶融资相关法律问题的探讨也以船舶贷款模式为主。几种融资模式的特点和优势如表 8 - 8 所示。

表 8 - 8 不同船舶融资模式比较分析

融资方式	融资规模	融资成本	手续难易	融资人资金自主性	船舶所有权	瑕疵担保请求权
银行贷款	有资本金要求，一般为船价的 30% ~ 80%	利率较融资租赁低	银行需进行多方面尽职调查	依贷款用途使用贷款资金，按约定提前落实租约	属于借款人，银行享有抵押权	船舶所有权人享有瑕疵担保请求权

① 单船公司，即由船东仅就一条船舶设立的拥有该条船舶的特殊目的公司（SPV）。

② 郑雷：《船舶融资租赁法律问题研究》，法律出版社 2012 年版，第 55 页。

续表

融资方式	融资规模	融资成本	手续难易	融资人资金自主性	船舶所有权	瑕疵担保请求权
融资租赁	可完全融资,覆盖资金需求敞口	利率一般比银行贷款高。多有税收优惠	环节少、时间短、手续简捷	承租人有船舶选择权	租赁期内,由出租人拥有	承租人享有瑕疵担保请求权
发行股票	融资规模相对较大	发行费用高,通常为融资额度的5%~10%	手续相对繁杂,上市门槛依上市地的上市规则而不同	募集资金的用途需要在招股说明书中列明,不得违反募集资金的用途。资金账户受严格监管	船舶所有权属于船公司	船舶所有权人享有瑕疵担保请求权
发行债券	融资规模一般受资产负债率限制	较发行股票融资成本低。一般与其信用评级有密切关系	面向不特定公众,手续较银行贷款和融资租赁复杂,比发行股票简单	募集资金的用途需要符合申请发行时募集说明书中的资金用途	船公司在买受船舶后享有船舶所有权	船舶所有权人享有瑕疵担保请求权

二、国际船舶融资需关注的主要法律问题及风险防控措施

(一)单船公司的设立及其股权质押

1.单船公司融资的优势

设立特殊目的公司(SPV)作为船只的所有人是国际船舶融资贷款最常用的模式,每一只船由一家独立的特殊目的公司拥有,SPV作为银行贷款的借款人。采取该种模式,一是可以避免因"姐妹船"而被扣船,即每条船由单船公司拥有所有权,从而规避船东的其他船舶受牵连,二是可以隔离风险,隔离与船只所有权有关的责任(如环境责任),使航运公司集团的其他部分不受影响。

2.单船公司合法性

实践中单船公司的设立地点通常与船旗国的选择有关。在贷款尽职调查

时，可通过单船公司成立地律师查询公司登记管理部门及法院记录以确定单船公司已合法设立，无违规事项，无重大涉诉案件等。在某些国家，如马耳他，对于良好存续的公司，公司管理部门将签发 GOODSTANDING 证明文件。

3. 单船公司股权质押担保

贷款人应要求借款人股东提供单船公司股权质押的出发点在于，如发生强制执行，贷款人在实现其担保价值时可拥有不同的选择。例如，为了保障船舶租赁合同的正常履行，贷款人可选择出售单船公司，而不是根据船舶抵押权要求扣船后卖船。因此，股权质押是担保组合中的一项必要的补充措施。为保证贷款人对单船公司的控制，在借款人实际控制人通过下设多个 SPV 公司层层控股的情况下，也可考虑设计多层股权质押，即除了单船公司的股权外，单船公司的母公司及上层级公司的股权也进行股权质押担保。

（二）船旗国的选择及方便旗船融资的风险

1. 船舶国籍登记的法律意义

船舶是一个国家浮动的国土，“船旗国”是指船舶船籍的登记国。悬挂一国国旗是船舶在公海上航行的前提，也是在领海和内河自由航行、享受一国国内航运政策优惠措施的条件；此外，在许多情况下，船旗国法被认为是用来解决海事法律冲突的具有决定性的法律，船旗国法原则也构成了海事冲突法中最基本的法律选择原则：（1）可作为船舶所有权、抵押权、优先权、留置权等船舶物权法律冲突的准据法。（2）可作为海上侵权行为法律冲突的准据法。（3）可作为海难救助和共同海损法律冲突的准据法。（4）可作为海事赔偿责任限制法律冲突的准据法。我国不允许船舶拥有双重国籍，凡在外国登记的船舶，未注销原登记国国籍的，不得在我国登记；在中国登记船舶的船东必须是中国公民或中国法人。

目前，各国对于船舶国籍登记规定的条件存在很大差异，这种差异表现在以下两方面的限制：一是船舶所有人的国籍或本国资本所占的比例；二是使用船员的国籍。国际上根据各国对上述两方面限制的宽严程度，将登记制度划分为“开放登记制度”与“正常登记制度”。英、美等国以及我国的船舶登记即属于正常登记。①

2. 选择船旗国的主要考虑因素

船旗国要对船只进行监管，包括检查、认证以及签发安全和污染预防文

① 正常登记制度要求由船籍国的国民拥有、船员由船籍国的国民组成。

件等。实践中,选择船旗国的主要因素有:(1)政治因素:①享有沿海航运权,许多国家,如中国、美国等,将沿海航运权保留给悬挂该国国旗的船舶,对有此权利的中国或美国船东会考虑该因素。②能全球运营不受限制,如禁运或抵制等情况曾发生在南非、以色列、塞尔维亚与海地等地。③获得外交和外事的保护,如不少船舶挂开曼群岛的船旗,既可获英国海军保护也可享有方便旗的好处。④避免战争时被国家征用和保持中立。(2)经济因素:降低运营成本,提高收益,如取得税务优惠、较低的监管标准以及不限制雇佣廉价他国船员等。

3. 方便旗船融资的风险

方便旗(Flag of Convenience)制度,即上文所述的“开放登记制度”。自20世纪中期以来,一些国家的船舶登记制度对船舶和本国之间的联系要求很宽松,任何有船舶的人,只要在这些国家设立一家公司,将其船舶置于该公司之下并提出申请支付注册费就予以登记,从而取得该国国籍并悬挂该国国旗。如此取得的国旗通常称为“方便旗”,悬挂方便旗的船舶被称为“方便旗船”。方便旗制度通常具有税收优惠、对船东或管理人员和船员无国籍限制、无航行限制、公司法简单宽松以及仅存在有限监管等特点。

尽管方便旗船能为船东带来便利,却也会对航运界乃至船东所属国造成诸多负面影响。方便旗船的主要负面影响包括:(1)不正当竞争。因方便旗船国众多而导致方便旗船的不正当竞争,从而影响航运市场健康发展。(2)海运欺诈。由于方便旗船登记国可能对船舶登记文件审查不严格或登记手续不规范,易发生海运欺诈事件。另外,同一艘船舶,可利用方便旗国随时改变身份,使其权属不明。如1999年,法国执法人员因非法活动扣留一艘名为“Camouco号”巴拿马籍货轮。被释放后,该轮改名为“Arvisal号”,同时改挂乌拉圭船旗,2002年,该船又被发现在南极洲从事非法活动,在被法国当局逮捕时,该船又改名为“永恒号”,属于荷属安帝列斯群岛。[①] (3)安全性难以得到保障。方便旗船在遵守有关海上安全及社会条件等国际公约标准方面,远远不如其他正常登记的船舶。(4)很难为船东所属国所控制。由于方便旗船是在外国登记的,一些方便旗船东为逃避本国的税收便不将其收入汇入本国,船东所属国往往会因此失去该部分外汇收入。根

① 金昱茜:“方便旗背景下港口国监控制度的发展”,载《中国海商法年刊》2010年第3期。

据国际运输工人协会官方网站的信息,目前主要有35个方便旗国家/地区①,具体名单如表8-9所示。②

表8-9 主要方便旗国家/地区

主要方便旗国家/地区
安提瓜和巴布达、巴哈马、巴巴多斯、伯利兹城、百慕大、玻利维亚、柬埔寨、开曼群岛、科摩罗、塞浦路斯、赤道几内亚、法罗群岛、法国国际船舶登记中心(FIS)、德国国际船舶登记中心(GIS)、格鲁吉亚、直布罗陀、洪都拉斯、牙买加、黎巴嫩、利比里亚、马耳他、马德拉群岛、马绍尔群岛、毛里求斯、摩尔多瓦、蒙古、缅甸、荷属安德列斯、朝鲜、巴拿马、圣文森特和格陵纳丁斯、圣文森岛、斯里兰卡、汤加、瓦努阿图

(三)船级及船级社

1. 船级

船级(Ships Classification),是表示船舶技术状态的一种指标。船级社或船舶检验局根据申请,对船体、船上机器设备、吃水标志等项目和性能进行鉴定后,将颁发船级证书。船舶入级可保证船舶航行安全,有利于国家对船舶进行技术监督,便于承租人和托运人选择适当的船只以满足进出口货物运输的需要,并为保险人决定船、货的保险费用提供依据。

2. 船级社

船级社(Classification Societies),是从事船舶检验的商业机构,其主要业务是对新造船舶进行技术检验。除对船舶进行技术检验之外,船级社的业务还包括根据检验业务的需要,制定相应的技术规范和标准;受本国或他国政府委托,代表其参与海事活动;接受陆上工程设施的检验业务。船级社的作用是:通过对船舶技术及性能的检验,使船舶达到适航标准,符合政府和保险人要求,并满足船东和公众期望的安全标准。每个船级社有一套规则规定检验要求,对船舶来说,要保持其级别就必须遵守这些规则。国际知名的船级社包括英国劳氏船级社③、美国航运局、德国劳埃德船级社、挪威船级社、法国船级社和日本海事协会等。中国船级社是中国交通运输部所属的

---

① 其中,巴拿马、圣文森特和格陵纳丁斯是使用率比较高的方便旗国家;马绍尔群岛是声誉比较高的方便旗国家(马绍尔旗相当于美国国旗)。

② http://www.itfseafarers.org/foc-registries.cfm,2016年7月17日访问。

③ 英国劳氏船级社是世界上最早的船级社,于1760年成立,此后航运发达的国家相继成立了船级社,并在世界主要港口设立分支机构。

船舶检验局。在造船合同中,应当合理选择船级社,明确船舶建造标准。贷款人通常要求船舶应经国际知名船级社检验入级,以保证船舶建造质量及后续航行。

(四)船舶抵押担保的法律问题与融资实践

船舶抵押是船舶融资贷款项下最为重要的担保方式,在设定该种担保方式时,贷款人需注意:

1. 抵押权合法设立,并有效对抗第三人

船舶作为一种特殊动产,多数国家对于船舶抵押权一般采取登记对抗善意第三人的制度。贷款人抵押权的合法设立受船旗国法律管辖并应在船旗国的船舶登记处登记。很多受英国法影响的国家,如巴哈马、百慕大、塞浦路斯、马耳他和新加坡规定了抵押的法定形式和登记时限,应在当地律师的协助下,根据船旗国的法律规定及时办理抵押权登记,确保贷款人对船舶的抵押权合法设立。对于二手船舶抵押,特别要注意对船舶的权属状况、有无在先担保和海事优先权进行法律尽职调查。

2. 交叉抵押

这是实践中发展起来的一种使贷款人担保权益最大化的船舶抵押模式。在同时为同一船东的若干条船提供贷款时,贷款人可要求所有贷款船舶设定交叉抵押或要求所有单船公司借款人作为同一贷款协议下的连带借款人,以各自的资产为总贷款额度提供担保,以最大程度利用船队资产保证贷款人权益。

3. 维持船舶市场价值比率

由于船舶的价值受经济环境、国际贸易、航运市场等影响非常大,处于较大波动中,贷款人应注意维持船舶价值与未清偿贷款的最低比率,并在贷款协议中予以明确,如要求每年定期对船舶的价值进行评估,借款人需在整个贷款期内维持最低资产价值保证,如估值后不能满足抵押率的要求,借款人应追加担保或提前还款以恢复最低资产价值保证。

(五)船舶优先权相关法律问题

1. 船舶优先权的含义及特点

船舶优先权是指海事请求权人对基于船舶产生的法定的、不论该船舶的所有权或登记事项或船旗是否发生变更,都可以通过一定司法程序就船舶优先受偿的担保物权。① 船舶优先权具有如下特点:(1)法定性。基于法

---

① 张辉:《船舶优先权法律制度研究》,武汉大学出版社2005年版,第8页。

律明文规定而产生，不能通过当事人约定产生。（2）非公示性。不需要通过登记等公示方式设立。（3）附着性。船舶优先权一旦产生，即附着在标的物之上，不因船舶所有权转移、船旗变更等而改变。（4）期限性。优先权随期间经过而消灭。（5）通过扣船实现。船舶优先权的行使以扣船为条件。

2. 船舶优先权与抵押权

船舶优先权的存在给贷款人实现船舶抵押权带来极大的不确定性。由于其非公示性，可能在贷款人实现抵押权时，才发现船舶附着大量的船舶优先权。如果船舶所有人或承租人未能及时偿付或提供适当担保，享有优先权的海事请求权人可要求法院扣船并拍卖。由于船舶优先权受偿顺序一般在抵押权之前，扣除船舶费用、救助费用、抵押权实现费用等，留给贷款人的可能所剩无几。为此，贷款人可采取表8－10所示的风险防控措施。

表8－10 针对船舶优先权的风险防控措施

船舶优先权主要内容	风险防控措施	
	新建船舶	二手船舶
根据中国《海商法》第22条的规定，下列各项海事请求具有船舶优先权： （1）船长、船员和在船上工作的其他在编人员所产生的工资、其他劳动报酬、船员遣返费用和社会保险费用的给付请求； （2）在船舶营运中发生的人身伤亡的赔偿请求； （3）船舶吨税、引航费、港务费和其他港口规费的缴付请求； （4）海难救助的救助款项的给付请求； （5）船舶在营运中因侵权行为产生的财产赔偿请求	贷款人应了解如下事项： （1）优先权需通过司法程序行使。 （2）优先权行使期限。《海商法》规定，船舶优先权在优先权产生之日起满一年不行使、船舶经法院强制出售或船舶灭失的情况下即自动消灭。 （3）保证金。可以考虑要求承租人交纳一定的保证金，用于支付船舶优先权所担保的债权。 （4）保险，并要求承租人承担保险费用。 （5）合同中应要求借款人/承租人在发生船舶优先权产生的事宜时，立即通知贷款人，并采取积极措施保障贷款人对船舶的所有权，并承担贷款人因此遭受的所有损失	贷款人应了解如下事项： （1）由于二手船舶已经进行了实际运营，故其上可能存在船舶优先权。因此，出租人在受让二手船舶时，可根据《海商法》的规定，①向法院申请优先权公告，相关优先权人自公告之日起满60日不行使的，则该等船舶优先权消灭。 （2）其他同“新建船舶优先权（1）－（5）”

① 《海商法》第26条规定：“船舶优先权不因船舶所有权的转让而消灭。但是，船舶转让时，船舶优先权自法院应受让人申请予以公告之日起满六十日不行使的除外。”《海商法》第29条规定：“船舶优先权，除本法第二十六条规定的外，因下列原因之一而消灭：（一）具有船舶优先权的海事请求，自优先权产生之日起满一年不行使；（二）船舶经法院强制出售；（三）船舶灭失。”

(六)船舶融资保险

1. 投保的险种

与贷款人最为相关的保险有:(1)船壳与机械险。包括被保险船舶的实际损失或损害。船壳和机械险通常按约定价值投保,通常贷款人会要求投保金额按照贷款余额大于100%的固定比例确定。(2)战争险。承保船舶由于战争(包括恐怖活动)发生的损失或责任。(3)保赔险,又称为船东互保协会险。承保乘客险和货物责任险、船员责任险、污染责任险、碰撞责任险、港口设施损害险、沉船残骸清除和由于战争和恐怖活动导致的超额责任等。每次事故的保险限额通常为45亿美元,但污染险的限额目前为10亿美元。(4)抵押权人权益险及抵押权人附加险。抵押权人权益险(MII)是贷款人为防止上述其他保险的保险人不理赔而采取的额外保护性措施。保险人不理赔存在多种理由,如船东作出虚假陈述、违反保单中的保证条款,故意导致船舶损害、未对船舶损害进行尽职调查等,都可以是保险公司拒绝理赔的理由。抵押权人附加险(MAP)将发挥“备用”保险功能,主要分为两类:抵押权人附加(污染)保险和抵押权人附加(所有保赔风险)保险。投保抵押权人附加(污染)保险的目的在于,如被抵押船舶对污染事故承担责任超出原保赔险的污染责任限额10亿美元的情况下,针对贷款人的损失进行赔偿。抵押权人附加(所有保赔风险)保险承保范围为除污染险以外的所有保赔险。抵押权人权益保险和抵押权人附加险一般由贷款人投保,但保险费由船东承担。(5)船舶收益损失险。此类保险旨在发生船舶“停租”或因延误导致损失产生的情况下保护经营人。

2. 保险权益转让

保险权益转让的主要目的是在贷款发生违约的情况下,如存在保险索赔,贷款人将能够以其自己的名义针对保险单进行起诉。为实现这一目的,应完善保险权益转让。根据英国法,可通过向保险人发送通知完善保险权益的转让。但对于保赔险来讲,应从保赔保险人获得有关保赔险转让的承诺函。该承诺函采用标准形式,并且在实践中都明确声明不同意保赔险转让。但是,保险人会在保单中增加以贷款行为受益人的赔偿支付条款。

(七)船舶融资租约设计

1. 确定船舶出租形式

目前航运市场租船的形式主要有光船租赁、定期租船和航次租船。根据租赁的形式评估贷款风险，确定还款机制，应注意租船合同和贷款合同在期限、金额、提还款等方面的匹配。

2. 绝对责任租约

如承租人与船东/借款人集团有关联关系，可要求其签订“绝对责任”（Hell and High Water）的租约，即任何情况下，承租人均承担绝对的付款义务，即使因船舶运营或船舶状况或设计缺陷导致问题，而影响到承租人对船舶的使用权，承租人仍要继续支付租金。

3. 备用租约的作用

如借款人的实际控制人未提供连带责任保证担保，可要求其与单船公司签署“照付不议”（Pay on Demand）备用租约，并将借款人在备用租约项下的权益转让给贷款人。照付不议备用租约一定程度上可起到担保的效果，贷款人可在船舶被认为由备用租约人接受之后（原租约人违约时）要求备用租约人付款。

4. 租约权益转让

贷款人应要求单船公司将其作为船舶的出租人在租约及备用租约项下享有的权益转让给贷款人，从而在违约的情况下贷款人能够直接获得承租人向借款人支付的租金。

（八）船舶融资账户安排

借款人的租金收入主要用于：一是贷款本息偿还；二是船舶运营维护；三是股东分红。贷款人在船舶融资项目中通常要求对借款人收入进行监管，参与账户安排，并要求账户质押。账户质押的目的是要求借款人的收入先用来还款和保障船舶正常运营之后再向股东分红。

1. 收入账户质押

贷款人应要求借款人在任何租船合同项下收取的租金均应直接付至船舶收入账户，并将该账户以贷款人为受益人进行质押，作为借款人在贷款协议项下义务的担保。

2. 偿债准备金账户质押

贷款人可要求借款人在贷款人处或贷款人指定银行设立偿债准备金账户，保持固定金额或等于一期或数期的还款金额，并将该账户质押给贷款人，作为借款人在贷款协议项下义务的担保。

3. 维修费用账户质押

为保证船舶运营及贷款偿还，根据船舶自身情况（如船型、船龄、航线、折旧等),贷款人可要求借款人从租金收入中拨付准备金或应急准备金,作为未来的维修经费。船只的不同级别将决定贷款期内船只的维修计划是否包括干坞维修。干坞维修非常昂贵,如果贷款期内要求进行干坞维修,贷款人可要求借款人拨付单独的干坞维修准备金存入维修账户,并将该账户质押给贷款人。

三、国际船舶融资的法律文件体系及风险防范

(一)国际船舶融资操作惯例

国际船舶融资结构比较复杂,长期以来,船舶融资贷款市场形成了较为成熟的操作惯例。单船公司 A 作为借款人向银行贷款拟建造一艘油轮,典型的融资结构为:船舶抵押、借款人股权质押、实际控制人连带责任保证、账户质押、保险权益转让、征用补偿转让、相关合同权益转让,如租船合同权益转让、备用租约权益转让、管理人承诺等,具体结构如图 8 -9 所示。

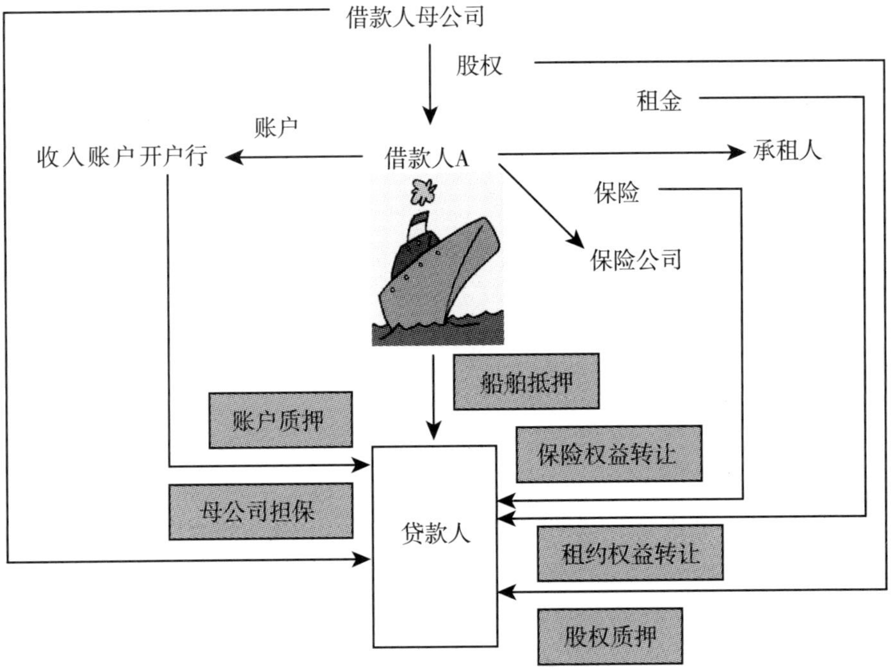

图 8 -9 国际船舶融资操作模式

这种复杂的结构,也决定了国际船舶融资复杂的法律文件体系。

(二)国际船舶融资法律文件的法律特点

上述融资结构将通过一系列法律文件落实,将各方的交易条件和权益保护通过具体合同条款固化下来。总的来看,国际船舶融资法律文本具有以下特点:

1. 文本格式化程度高

(1)文本的主要类型

国际船舶融资贷款文本的主要类型如表 8 - 11 所示。

表 8 - 11 船舶融资贷款文本类型

	单一贷款行	银团
单一借款人	单一币种 / 多币种	单一币种 / 多币种
	交船前 + 交船后 / 交船后	交船前 + 交船后 / 交船后
多个借款人	单一币种 / 多币种	单一币种 / 多币种
	交船前 + 交船后 / 交船后	交船前 + 交船后 / 交船后

虽然融资类型有所差异,但贷款文件一般都基于上述格式文本起草,贷款文本趋同化程度较高。担保结构根据交船前或交船后融资而有所不同。

(2)多以通用标准文本为蓝本起草

国际船舶融资的贷款协议多以 LMA[①] 或 APLMA[②] 的标准文本为基础起草,上述标准文本在国际信贷市场上应用普遍,更容易为银行和借款人接受。在该文本的基础上,根据船舶融资的特点,增加船舶有关的专业条款,进行特别约定。

2. 文本结构关联性强

(1)国际船舶融资主要文件的基本结构

国际船舶融资的交易文件主要分为融资文件和商务合同,具体交易文件如图 8 - 10 所示。

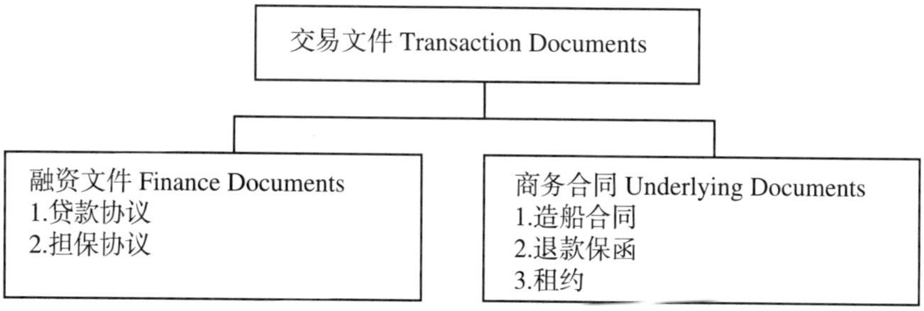

图 8 - 10 国际船舶融资交易主要文件

① Loan Market Association 贷款市场协会,成立于 1996 年,总部位于伦敦,是欧洲银团贷款市场的行业协会。

② Asia Pacific Loan Market Association 亚太贷款市场协会,成立于 1998 年,是亚太地区贷款市场的行业协会,LMA 的姐妹协会。

(2)国际船舶融资法律文件的关联性

融资文件和商务合同相互关联,共同形成国际船舶融资的法律文件体系。贷款人不仅需关注贷款合同、担保文件的拟定和谈判,也会花大量的时间和精力来研究船舶融资相关商务合同。这主要因为在国际船舶融资项目中,贷款资金的偿还主要依赖于船舶运营,船舶是否如期建造、退款保函是否能够覆盖建造期风险、船舶租约的落实及租金能否持续稳定地带来还款现金流等,都是银行所关注的事项。出于这样的考虑,贷款文件会包含对商务合同要件的要求,如对借款人签署租约的时间、内容、效力等进行约定,要求义务人承诺安全运营船舶等。

(三)国际船舶融资法律文件应关注的主要风险点

1. 造船合同贷款人应关注的要点

实践中,中国船厂一般使用的造船合同以中国船舶贸易公司(China Shipbuilding Trade Corporation,CSTC)的合同为基础起草,贷款人在审查造船合同时,应特别关注以下要点:(1)造船合同约定的合同价格与付款条件满足贷款交易要求;(2)交船的时间、条件与标准无非惯例性约定;(3)交船时间的延误及推迟是否会影响贷款人权益;(4)买方弃船及取消合同的权利对贷款的影响;(5)转让权,确认买方是否可将造船合同转让给贷款人,是否需向船厂发送造船合同转让通知及确认函等。

2. 退款保函贷款人应关注的要点

退款保函的转让是船舶建造期防范贷款风险的重要手段,对于退款保函,贷款人应审查的关键点有:(1)金额满足本息偿付的要求;(2)到期日至成功交船;(3)保函应是见索即付的;(4)不得扣减,包括预提税,应由出具保函的银行补足;(5)退款保函转让通知及确认函。

3. 租船合同贷款人应关注的要点

租金是贷款还本付息的资金来源,为保障有持续的现金流足额还本付息,实践中,国际船运市场一般签署格式租约,即纽约农产品交易所(NYPE)1946 年发布的租船合同,贷款人应审查租船合同的以下要点:(1)承租人支付租金的时间、要求、条件、是否照付不议等;(2)在约定的航行范围内运营船舶的义务;(3)在安全港口间运营船舶,关注是否在爆发战争或海盗活动区域航行,是否在制裁国家运营等;(4)不承载危险货物的义务;(5)按时还船的义务;(6)确认承租人是否允许出租人将租船合同项下权益转让给贷款人,租约权益转让是否需发送租约转让通知及确认函;

(7)船舶交付时间,一般采取下列日期:①造船合同下的交船日;②退款保函的到期日。

4.贷款合同需注意的与船舶相关的重要条款

国际船舶融资一般采用LMA或APLMA的格式文本,同时加入与船舶相关的专业条款,贷款人在谈判贷款协议时,对这些条款应尤为关注,主要有:

(1)提款条件。应注意船舶融资一般按节点提款,船舶在交船前/交船贷款的先决条件有所不同,应审查先决条件清单,清单分为三部分,一是首次提款的先决条件,二是交船前每次提款的先决条件,三是交船时的提款条件。

(2)关于船舶的承诺。贷款协议中有专门的条款要求船舶保持运营和维护的良好状态,即船舶承诺条款,对于该条款贷款人主要应审查以下内容:①维持船舶登记在借款人名下,悬挂经批准的船旗;②船舶应保持良好及安全的状态,及时进行维修;③维持船舶的船级;④维持船舶的管理;⑤维持所有安全证书及航海证书,始终遵守相关法规;⑥未经贷款行事先书面同意,不得弃船或另行处置船舶;⑦未经贷款行事先书面同意,不得修改或终止租约。

(3)船舶融资相关保险。船舶保险条款常包括的保险种类有:①船壳和机器险以及战争险(Hull & Machinery, Marine & War Risks):保险金额不得低于贷款项下未偿金额的130%;②船东保赔协会险(Protection & Indemnity):国际保赔协会成员之一的保赔协会或其他任何贷款行认可的保赔协会,保险范围包括油污、运费、滞期费和抗辩费用;③抵押权人利益保险(Mortgagee's Interest Insurance"MII")或贷款行认为必要的其他保险,保险金额通常不得低于贷款项下未偿金额的130%。

(4)违约事件。贷款协议中与船舶相关的违约事件主要有:①未交船,在还款保函到期前未能根据造船合同将船舶交付给借款人;②扣船,船舶被扣留、征用、捕获、被执行、扣押、没收、因行使或意图行使留置权或其他追索权而被扣押,或因其他原因导致借款人丧失占有,并且在发生上述情形30天内借款人未能使得船舶得以释放;③交叉违约。

(5)担保比例。为防止船舶的价值由于市场价格的波动贬值,从而不能对贷款进行有效担保,贷款协议中通常会对船舶的担保比例作出明确的约定:贷款与船舶价值的最低比率;该比例未能达标时的救济措施:①借款人需提供其他额外的担保;②提前偿还贷款。另外,需明确约定每年或每半年定期评估船舶价值的机制。

(6)适用法律。船舶融资中不同的文件常适用不同的法律。对融资文件适用法律和管辖产生影响的主要因素有:①船旗;②义务方的成立地,如担保人或担保财产所在地。船舶抵押文件通常适用船旗国法律。贷款协议常适用英国法、中国香港法等。

5. 船舶抵押合同贷款人需关注要点

船舶抵押合同需要关注的条款主要有:(1)担保的主债权范围,如对同一控制人的几条船融资,可设计为交叉担保;(2)适用法律,一般适用船旗国法;(3)贷款人享有的抵押权应是第一优先权抵押;(4)抵押权人的权利;(5)办理抵押登记程序,有些国家法律还要求对抵押文件进行公证或认证。

综上,国际船舶融资业务涉及多个国家、地区的法律体系和船舶登记、税收、保险等制度,融资结构复杂,技术含量高,涉及的法律风险点多。建议有意开展船舶融资贷款的中国银行,在业务实践中应根据船型、船龄、船东的实力、单船公司设立地等诸方面综合考虑项目的风险点,全面安排担保措施,覆盖风险。船舶融资贷款有其不同于固定资产贷款的特殊的风险,结合船舶建造和航运市场动向及发展趋势,根据借款人或实际控制人的信用水平,设计融资方案,既推进我国“造船强国”目标的实现,又保障船舶融资贷款安全。

第九章 “走出去”遇到的国际法问题

随着世界经济一体化的迅猛发展,各国资本、商品、劳动力与服务的流动达到了空前规模,国际经济往来更加频繁,世界在变小,法律在变大,“天下”已远远超过一国疆域,延伸至全球。作为具有强制力的社会规范,法律的目的在于规制法律主体的行为,其不仅存在于一国国内社会,更是适用于国际社会。除了各国国内法律规范,我国企业“走出去”也不可避免地会遇到国际法问题。本章撷取了“走出去”中可能面临的国家豁免、国有化与征收、贸易保护措施以及国际经济制裁四个国际热点法律问题,探讨其对我国企业“走出去”的影响以及企业为保护自身权益可采取的应对措施,以期对“走出去”实践有所裨益。

第一节 国家豁免原则与商业利益保护

作为一项古老的国际法原则,国家豁免基于国家主权产生,长期以来成为国家间交往的重要准则之一,关乎一国的国家利益和外交政策。因此,国家豁免既是一个重要的国际法理论问题,又是一个引人注目、备受争议的实践问题。国家豁免政策对经济活动的重要影响不言而喻。随着经济全球化的不断深化,跨国商业活动已成为世界经济的重要组成部分。许多国家直接或间接参与到国际经济活动中,一国与他国国民之间的法律纠纷日益增多。随之而来的,是发生争议时一国法院能否对其他国家的行为进行管辖并执行其财产。国际社会中各国在立法和实践中发展出绝对豁免和限制豁免两种原则。本书拟从 FG Hemisphere Associates LLC(FG 基金)诉刚果(金)案[①]

① HKCFA41(2011).

为切入点,分析国家豁免的含义、范围、例外和影响,探讨企业和银行走出去过程中面对国家豁免可采取的防范和应对措施,来保护自身的商业利益。

一、从 FG 基金诉刚果(金)案谈起

FG Hemisphere 公司诉刚果(金)案,历经三审,历时三年,终于尘埃落定。该案件引发了国内理论和实务界对国家豁免问题的关注和争议。

20 世纪 80 年代,刚果民主共和国[刚果(金)]与南斯拉夫公司 Energoinvest 签署了若干份为刚果(金)兴建水力发电工程的贷款协议。在提供融资后,刚果(金)未履约还贷,Energoinvest 公司遂根据贷款协议中的仲裁条款依照国际商会仲裁规则提起仲裁,并于 2003 年 4 月 30 日在瑞士和法国获得了总额为 3400 万美元本金及利息的两项胜诉仲裁裁决(ICC 裁决)。2004 年 11 月 16 日,Energoinvest 公司将其在 ICC 裁决下的受偿权转让给在纽约设立的不良债权投资基金 FG 基金。FG 基金此后一直不断对刚果(金)在《纽约公约》[①]成员国的财产提起执行诉讼。

2008 年,FG 基金发现了回收该笔不良债务的一个契机。中国中铁集团(中铁集团)与中国水利水电建设集团组成财团,拟在刚果(金)以“项目换资源”模式投资开发矿业和基建项目,即刚果(金)向中铁集团提供矿权,换取其对当地大规模的基础设施投资,包括高速公路、机场、医院及公营房屋等。根据合作协议,中铁集团应通过其在该项目项下的具体实施主体香港中铁向刚果(金)国家矿业总公司支付 2.21 亿美元的矿权入场费。作为香港上市公司,香港中铁需就此项目向香港联交所发布公告。FG 基金在公告发出后,向香港法院起诉刚果(金)政府、中铁集团及其子公司,要求执行该笔应付给刚果(金)的矿权入场费,将相应款项[②]抵偿刚果(金)在 ICC 仲裁裁决项下的债务。案件具体情况如图 9-1 所示。

---

① 《承认和执行外国仲裁裁决公约》(The New York Convention on the Recognition and Enforcement of Foreign Arbitral Awards),即《纽约公约》要求成员国的法院承认和执行在其他成员国作出的仲裁裁决。截至 2015 年年底,《纽约公约》已有 150 多个成员国。该公约于 1987 年 4 月 22 日起对我国生效。

② 至 2008 年 5 月 16 日起诉日,FG 拥有的刚果(金)债权(含违约利息)共计 1.04 亿美元。

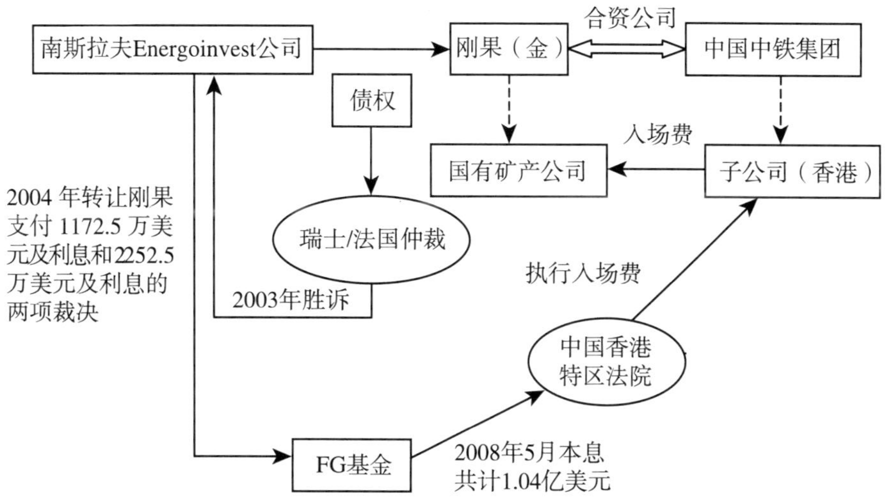

图 9－1　FG 基金诉刚果(金)案情概要

（一）案件审理过程及判决要点

2008 年 5 月,FG 基金在原讼法庭成功获取了允许其执行该等仲裁裁决的判决。刚果(金)及其他被告不服判决,以刚果(金)受惠于国家豁免原则为由,要求原讼法庭对上述判决进行复议。2008 年 12 月,原讼法庭通过复核程序以刚果(金)在本案中享有国家主权豁免为理由,推翻了 2008 年 5 月的判决,宣告法庭对本案无管辖权并判决驳回 FG 基金诉求。FG 基金遂向上诉法庭提起上诉。其间,香港律政司以干预者身份参与了初审和二审,就国家豁免问题陈述了中国政府绝对豁免政策,并提交了外交部的信函作为证据。2010 年 2 月,上诉法庭以 2 比 1 的表决结果,根据限制豁免原则判决,刚果(金)在本案中不享有国家豁免。刚果(金)随后向香港终审法院提出上诉。2011 年 6 月,终审法院作出判决,终审判词中指出“依据法律与宪法原则,香港特区不可依循一个与中国所采纳的不同的国家豁免原则”。在此案终局判决之前,需提请全国人大常委会厘清国家主权豁免是否属于《香港特别行政区基本法》第 13 条和第 19 条规定的“国防、外交等国家行为”,明确香港法院是否要采纳绝对豁免原则等问题。

2011 年 8 月,全国人大常委会审议了该提请议案后作出以下解释:(1)决定国家豁免规则或政策是一种涉及外交的国家行为,管理与香港特别行政区有关的外交事务属于中央人民政府的权力。(2)香港特别行政区法院在审理案件时遇有外国国家及其财产管辖豁免与执行豁免问题,须适用和实施中央人民政府决定适用于香港特别行政区的国家豁免规则或政策。(3)香港特别行政区,包括香港特别行政区法院有责任适用或实施上述政策或规则,不得偏离,也不得采取与上述规则或政策不同的规则。(4)香港原有法律中有关国家豁免的规则,从 1997 年 7 月 1 日起,在适用时,须作出变更、适应、限制或例外,以符合中央人民政府决定采取的国家豁免规则或政策。2011 年 9 月,香港终审法院在其判决中确认香港法庭对刚果(金)不享有司法管辖权,此案至此终结。

(二)案件焦点及评述

本案的核心在于刚果(金)政府及其财产在本案中是否享有豁免权。这取决于以下几方面:一是香港回归后应奉行的国家豁免原则。二是在限制豁免原则下:(1)刚果(金)政府的行为是否属于商事交易;(2)本案中的“入场费”是否属于可执行财产的范围;(3)刚果(金)同意商事仲裁是否意味着其放弃了豁免权。

本案讨论的焦点涉及国家豁免的若干基本问题:国家豁免的基本原则,享有国家豁免的主体,国家豁免的例外,国家豁免的放弃及国家豁免与国际商事仲裁的关系等。以下将以本案为起点,对上述国家豁免的相关问题逐一进行讨论。

二、国家豁免原则及主要国家的实践

(一)国家豁免的概念

国家豁免是指一个国家的行为和财产不受另一个国家立法、司法和行政等方面的管辖。其中司法管辖对国际经济活动尤为重要,主要指国家及其财产不受外国法律和外国法院管辖,包括诉讼豁免(Immunity from Jurisdiction)和执行豁免(Immunity from Enforcement),即非经一国同意,该国的行为不受另一国司法机构的审判,其财产不得被另一国法院扣押和强制执行。国家豁免具有排除法院地国管辖权的效果,并只能由豁免权享有主体通过书面同意或实际行为等方式予以放弃。

国家豁免的理论根据在各国的国际法学说和国内法院判例中存在不同见解,主要有治外法权、尊严理论、礼让理论等,在众多理论中,主权平等理论,即“平等者之间无管辖权”,得到最为广泛的支持,不仅为大多数国际法学者所提倡，而且在各国重要判例中被援引。[1]

当今世界，一国国民与他国政府或其他主权实体的合作已经成为国际经济活动的一个重要组成部分，尤其是能源和矿产资源开发领域更是如此，从刚果（金）案可以看出，主权实体是否放弃豁免权对权利人的保护至关重要。

（二）绝对国家豁免与限制国家豁免

国家豁免原则是一项公认的国际法原则，但对于这一原则的具体适用范围见解不同，出现了绝对豁免主义与限制豁免主义两种理论派别。根据绝对豁免理论，除非外国同意，国内法院对外国的任何行为都没有管辖权；而限制豁免理论则将国家的行为分为“统治权行为”和“管理权行为”，主张国家豁免的原则只适用于前者而不适用于后者。[2]“统治权行为”主要指传统意义上国家所从事的政治、外交及军事行为，也称为主权行为；而“管理权行为”则主要指经济、贸易等原来主要由自然人或法人从事的行为，也称为非主权行为。

任何法律制度的产生和转变都与特定的历史发展有关，国家豁免原则也不例外。20 世纪以来，国家直接或间接参与商业贸易的情况日益增多，为保护本国国民在诉讼中的利益，对外国具有商业性质的行为不给予豁免权的限制豁免原则的发展也就成为历史必然，并逐渐形成了国际社会绝对豁免原则和限制豁免原则的博弈。国家豁免的本质在于如何协调两个国家的主权这一重大敏感的问题，在于在保护国家利益与保护个人利益之间取得合理平衡，因此，国家豁免原则的取向不仅是一个法律问题，也涉及政治考量、价值判断和政策取舍等诸多方面。

（三）主要国家关于国家豁免的立法与实践

1. 各国关于国家豁免的立法模式

各国关于国家豁免政策的表现形式各异，主要有：（1）专门立法，以特别法规定主权豁免问题，如美国 1976 年的《外国主权豁免法》，英国 1978 年的《国家豁免法》等。（2）特别规定，如在宪法、国有资产管理法或民法典中通过特别条款规定国家豁免的原则和范围，如土库曼斯坦《境外国有资产管理法》，委内瑞拉《公共管理特别法》等。（3）适用判例。如大陆法系两个最重

---

① 龚刃韧：《国家豁免问题的比较研究》，北京大学出版社 2005 年版，第 23 页。

② 夏林华：《不得援引国家豁免的诉讼》，暨南大学出版社 2011 年版，第 8 页。

要的国家——法国和德国,至今没有专门的国家豁免立法,其本国的国家豁免规则主要从案例中来梳理。(4)采取政府声明或外交途径。由于国家豁免与外交政策的强烈关联性,各国很早就开始将国家豁免当作包含法律与外交政策的问题,而不是简单的法律案件来处理。特别是奉行绝对豁免的国家,由于其缺乏国内法院判例,其对国家豁免的态度更是主要通过政府声明、外交信函等方式体现。

2. 遵循绝对豁免原则的国家逐渐减少

最初,绝对豁免原则得到绝大多数国家及学者的认同,但随着国际经济的发展,特别是“二战”之后,限制豁免原则逐渐取得明显优势,英国、美国、德国、法国等国都相继从绝对豁免原则转变为限制豁免原则,原英联邦国家,如新加坡、马来西亚等,以及原法兰西共同体国家,如多哥、马达加斯加等也相继转向限制豁免。原苏联及东欧明确坚持绝对豁免的国家也随着政局的剧烈变动,对所持豁免原则有所变化。

现今大部分发达国家,如英、美、澳大利亚、加拿大、瑞士和大部分欧盟国家等均实行限制豁免原则。《联合国国家及财产管辖豁免公约》[①]也采取限制豁免的立场。而目前采取绝对豁免主要是亚洲及拉丁美洲等地区的一些发展中国家、部分东欧国家及少数非洲国家,主要有中国、泰国、印度尼西亚、巴西、智利、哥伦比亚、捷克、保加利亚、苏丹、突尼斯等。

3. 实行限制豁免的国家立法和实践不尽相同

国家豁免原则的具体适用是非常复杂的问题,尤其是限制豁免原则项下,各国关于国家豁免的主体、范围及何种情况下不得援引国家豁免等的立法和司法实践各不相同。特别是法官在解释外国国家豁免的适用范围时有比较大的自由裁量权,如享有主权豁免的主体是否包括国有企业及其子公司、商业交易行为的认定标准、国家豁免与商事仲裁的交易等,英美法院在不同的案例中作出了不同的判决。如刚果(金)案中,刚果(金)政府就提出中铁缴纳的矿权“入场费”主要用于国内基础设施建设等共同投入,并非商业资产,而FG基金则采取行为性质说,即入场费是商业交易,应属于国家豁免的例外。双方都援引了大量的案例来支持己方观点,而一审、二审法官的

---

① 是第一个全面规范国家及其财产管辖豁免问题的普遍性国际公约,也是第一个确认国家及其财产限制豁免的普遍性国际公约,该公约于2004年在联合国大会上通过,2005年至2007年开放签字,至今尚未生效。

观点也不一致，从而增强了国家豁免司法实践的不确定性。

（四）从刚果（金）案看我国奉行的国家豁免政策

1. 我国坚持绝对国家豁免原则

目前，我国法律只规定了外国中央银行的财产享有司法强制执行措施的豁免，其他有关主权豁免的立场体现在我国对外声明和法律实践中。虽然我国于2005年签署了《联合国国家及其财产管辖豁免公约》，但由于签约国不到30个，该公约暂未生效，也未提交全国人大常委会批准，因此我国仍然适用绝对豁免，没有把商业活动及有关财产排除在外。第一，我国法院不管辖、实践中也从未处理过以外国国家为被告或针对外国国家财产的案件；第二，我国不接受外国法院管辖以我国国家为被告或针对我国国家财产的案件。涉及国家或政府机构的民事纠纷，主要通过外交而非司法途径解决。在FG基金诉刚果（金）案中，我国外交部曾三度致函香港政府，表明我国政府坚持主权绝对豁免原则的立场。人大释法也明确了国家豁免政策是一项外交事务，因此，外交部的致函可以明确代表我国政府对国家豁免的态度。

2. 香港实行绝对豁免将产生“双刃剑”的效果

基于法律制度、司法系统和地理优势等，香港是涉外经济活动合同争议解决地的一个重要选择。在本案之前，香港法院采取限制豁免，可以管辖主权国家的商事行为，如商业贷款违约。但实行绝对豁免后，香港法院不能管辖外国国家、政府部门等享有主权豁免的主体的任何行为或财产，除非其在法庭面前明确放弃豁免。香港当前采取的国家豁免政策，虽可有效保护我国国家财产，但也使我国债权人无法通过香港法院起诉外国主权主体实现自己的权益，获得的胜诉判决或仲裁裁决也无法在香港法院得到执行。在我国崛起后，我国企业走出去的全球背景下，绝对主权豁免政策对我国企业和金融机构在与外国主权实体的商业活动中合法保护自身权益有一定的负面影响，也增加了我国企业和金融机构在争议解决中的法律风险和成本。

三、国家豁免的相关法律问题

（一）享有国家豁免的主体

1. 可能享有国家豁免的主体

国家是一个抽象的概念，国家的行为和财产由具体的实体或个人代表和持有，国家豁免不但赋予国家，而且赋予所有代表国家的实体和个人。根据各国立法和实践，一般情况下，以下主体可能享有主权豁免：（1）国家及其政府各级机关;(2)有权行使主权权力并以该身份行事的联邦国家的组成单位或国家政治区分单位;(3)国有企业,或有国有背景或国家股份的企业,以及其境外分支机构和境外上市公司;(4)国家机构、部门或其他实体,但须它们有权行使并且实际在行使国家的主权权力;(5)以国家代表身份行事的国家代表;(6)依照条约或章程规定享有主权豁免的国际组织。

2. 国有企业的国家豁免

刚果(金)案中,虽然没有讨论中铁在本案中是否享有国家豁免权的问题,但在国家豁免的各类主体中,国有企业是否享有豁免权是一个非常重要,也是争议最多的问题。国有企业与国家责任存在如下关系:(1)只有代表国家行使主权行为时享有豁免权。根据各国的实践,绝大多数国家都将国有企业和国家本身相区别,一般都否认国有企业是国家豁免的主体,除非被授权或代表国家行使国家主权权力,原则上不享有管辖豁免。① (2)由于国家行为导致国有企业不能履约的,国有企业可以免责,法院通常会确认有关国家行为是主权行为而享有豁免。如1978年凯里和新英格兰石油公司诉利比亚案中,利比亚政府宣布石油禁运导致利比亚石油公司不能履行与原告签订的供油合同,被起诉至美国联邦法院,法院认为石油禁运属于外交政策,因此判决没有管辖权。(3)国家对国有企业的商业行为不承担连带责任。实践中,也出现过因国有企业的行为导致对有关国家进行滥诉的案件。如斯考特案中,原告因燃放中国土畜产进出口公司出口的烟花造成伤害,将中华人民共和国作为第一被告起诉至美国法院,美国法院向我国送达传票时,我国外交部明确表示作为独立法人的中国国有企业在从事商业行为时不享有豁免,应以其自身财产独立承担法律责任。

(二)国家豁免商业交易例外

1. 商业交易的范围

采取相对豁免原则的国家和国际公约,都将商业交易作为国家豁免的例外,如《联合国国家及财产管辖豁免公约》第10条商业交易中规定,一国如与外国自然人或法人进行一项商业交易,而根据国际私法适用的规则,有关该商业交易的争议应由另一国法院管辖,则该国不得在该商业交易引起的诉讼中援引管辖豁免。根据主要国家的立法和实践,商业交易或合同主要包括:(1)货物买卖合同或服务合同。(2)贷款或其他金融性交易的合

---

① 龚刃韧:《国家豁免问题的比较研究》,北京大学出版社2005年版,第158页。

同,如国家向外国银行进行借款的贷款合同或为本国企业贷款提供担保的保证合同等。(3)其他商业、工业、贸易等合同。

2. 商业交易的判断依据

依据行为的目的还是行为的性质来判断一项合同或交易是否为商业交易是实践中争论的关键问题之一,通常发达国家法院更倾向于采取行为性质说。如美国法院在麦克多内尔·道格拉斯公司诉伊朗共和国案的判决中指出,政府购买货物用于军事目的的交易行为不能被看作非商业行为而享有豁免权。但也有少数法庭采用目的检验依据,如2005年法国最高法院审理的Perignon公司诉美国案,法院认为美国租赁其使馆财产有官方目的,因此不属于商业行为。

(三)国家豁免的放弃

1. 放弃国家豁免的效力

不论奉行绝对豁免还是相对豁免,各国都认同相关主体可以主动放弃主权豁免权,放弃后即受他国司法机构的管辖。如我国全国人民代表大会常务委员会2005年10月25日颁布的《外国中央银行财产司法强制措施豁免法》规定,我国对外国央行财产给予财产保全和执行的司法强制措施的豁免,但外国央行或其所属国政府书面放弃豁免的或者指定用于财产保全和执行的财产除外。因此,放弃豁免权条款是权利人可以寻求法律救济的重要保障。如相关义务人未放弃其享有的主权豁免,权利人将无法对其提起诉讼或执行其财产。

2. 未放弃国家豁免的法律后果

在国际经济活动中,如主权实体未就诉讼或执行放弃其享有的主权豁免,将给债务的追索带来不利影响。如法院地国奉行绝对豁免,法院会因其对享有主权豁免的实体无管辖权而无法受理案件,如法院地国奉行相对豁免,法院会分析诉讼标的是否涉及主权行为和财产进而判断其是否有管辖权,法官具有很大的自由裁量权,其结果比较不确定。如在刚果(金)案中,刚果(金)政府未就其财产的执行放弃主权豁免,一审法院认为中铁与刚果(金)政府的合作是国家合作,刚果(金)享有豁免权,而判决刚果(金)胜诉。而二审上诉法庭裁定香港应沿用普通法限制豁免原则,入场费作为商业性财产不享有豁免权,FG基金胜诉。

3. 放弃国家豁免的方式

诉讼豁免可以明示或默示放弃,如通过书面文件约定放弃豁免,或主动提起诉讼、仲裁或应诉。但执行豁免的放弃一般需要书面明示。如英国《国家豁免法》中规定,除非被执行国书面同意执行,或被执行的财产用于商业用途,则该被执行国家的财产受执行豁免的保护。

(四)仲裁与国家豁免

1. 同意仲裁通常作为国家豁免的例外

在一国政府和他国国民的经济交往中,仲裁是外国自然人或法人青睐的争议解决方式,究其原因,一是将可能出现的争议从相关国家的国内法院管辖移出,为当事人提供一个中立的场所解决争议;二是得益于《纽约公约》成员国众多,可以为执行仲裁裁决带来便利;三是就一方当事人可能享有国家豁免而言,选择仲裁可以排除国内法院的干预而避免引起管辖豁免。各国有关国家豁免的立法通常把同意仲裁作为国家豁免的一项例外,如英国《国家豁免法》第9条第1款规定:“如外国国家以书面形式同意把一项已发生或将要发生的争议提交仲裁,则该国对在联合王国法院于此项的诉讼中不享有管辖豁免。”

2. 各国法院对裁决执行中的国家豁免的态度

各国法院在司法实践中一般主张,对于外国国家作为一方当事人参与的仲裁,如果仲裁地在法院地国,则该国法院对仲裁裁决的执行具有管辖权,而对于仲裁地不在法院地国,则做法各异,对国家同意仲裁究竟在什么程度上放弃执行豁免还存在较大争议。如前所述,英国《国家豁免法》认为仲裁没有领土联系,因此在第三国作出的仲裁裁决也可在英国法院予以执行。如2006年Svenska石油开采公司诉立陶宛共和国案中,立陶宛国家政府和立陶宛国有石油公司与原告订立合资协议,开采立陶宛石油,后来由于合资协议纠纷,各方当事人根据合同中的仲裁条款到国际商会仲裁,原告请求英国法院执行有利仲裁裁决,执行立陶宛相关财产。最后英国上诉法院认为立陶宛同意仲裁应视为放弃在英国与仲裁有关的法律程序的豁免。[①]而美国《外国主权豁免法》对仲裁地和美国领土的关系没有明确规定,对于外国仲裁裁决执行中相关的国家豁免问题,司法实践中有不同的判例。如1978年伊皮特雷德国际公司诉尼日利亚联邦共和国案中,按照合同约定,伊皮特雷德国际公司在瑞士取得ICC的有利裁决,起诉至美国联邦法院,要求执行尼日利亚在美财产。美国联邦哥伦比亚地区法院认为尼日利亚通过

① 杨玲:“欧洲的国家豁免立法与实践”,载《欧洲研究》2011年第5期。

合同约定的仲裁条款同意依据瑞士法进行 ICC 仲裁，构成了美国《外国主权豁免法》规定的对豁免默示放弃。[①] 而 1980 年的维林登公司诉尼日利亚中央银行案，美国联邦纽约南部地区法院认为，被告虽然同意依据荷兰法律在 ICC 仲裁，并不意味着放弃了在美国的管辖豁免。而刚果（金）案中，一审、二审法庭也对刚果（金）同意仲裁是否意味着放弃执行的豁免采取不同的态度。

综上所述，国家或其他主权实体同意仲裁是否导致不得援引国家豁免的问题比较复杂，各国的实践也各有所异。因此在仲裁条款的拟定上就非常重要，有关仲裁事项和放弃豁免的规定越明确越具体，就越有利于权利人实现主张。

四、面对国家豁免的商业利益保护

为应对不同国家和地区复杂多变的国家主权豁免政策可能造成的负面影响，通过对刚果（金）案的分析及对国家豁免相关问题的探讨，在与他国国家或主权实体的经济交往和投融资活动中，可采取以下措施，最大限度减轻或规避国家豁免带来的法律风险。

（一）对义务人是否享有国家豁免有所预判

在项目开发阶段，建议对国家豁免问题尽早进行研究。可根据合同相对方主体所在地有关主体设立、性质和功能的法律，以及诉讼或仲裁管辖地和执行所在地的法律规定及判例情况，借助相关法域律师，准确判断合同相对方是否享有国家豁免及如何有效放弃豁免权，并针对项目实际情况制定应对措施。

（二）在合同中明确约定放弃国家豁免

为避免义务人将来以享有国家豁免进行抗辩，在相关投融资合同或合资、合作协议等文件中应明确约定义务人放弃主权豁免。对于可能享有主权豁免的主体，合同中应有完整的放弃国家主权豁免条款，其要点包括：

1. 无豁免权（No Immunity）。合同相对方承诺相关交易是商业行为，其在相关合同项下义务的履行不享有国家豁免。

---

① *International Law Report*, Vol. 63, 196. 转引自夏林华：《不得援引国家豁免的诉讼》，暨南大学出版社 2011 年版，第 77 页。

2. 放弃豁免权(Waiver of Immunity)。合同相对方明确同意放弃其可能拥有的主权豁免权,包括:(1)诉讼或仲裁管辖豁免,包括临时救济措施的豁免;(2)诉讼或仲裁裁决的执行豁免及就裁决所涉及的财产执行和扣押的豁免。

3. 适用任何种类的豁免权(Apply to All Types of Immunity)。此条款适用于包括主权豁免、皇冠豁免①及其他豁免权在内的任何豁免权。

4. 适用任何管辖区的任何程序(Apply to Any Proceedings in Any Jurisdiction)。此条款适用在任何管辖区(包括诉讼或仲裁和执行管辖区)的任何程序。

(三)审慎选择诉讼管辖地或执行地

各国对明示放弃条款的效力认定采用的原则不同,实践中建议寻求相关律师意见,一般以诉讼管辖地或执行地法域的法律为准。如义务人为可能享有国家豁免的主体,为避免相关风险,应选择采用限制豁免原则以及承认明示放弃条款效力的国家,如英国、新加坡等,作为诉讼管辖地或者执行地。在国际融资中,针对可能享有主权豁免的借款人或担保人,在设计担保措施、选择项目账户所在地时,应避免采取绝对主权豁免原则的司法管辖区。

(四)优先选择国际商事仲裁

如前所述,仲裁条款普遍被认为构成对仲裁庭裁断管辖权的承认,构成仲裁地法院对仲裁的监督管辖权的默示放弃。如义务人可能享有豁免权,且其所在国为《承认及执行外国仲裁裁决公约》成员国,应优先考虑选择国际仲裁,实现对司法管辖阶段豁免的放弃。在拟定仲裁条款或仲裁协定时,建议参考前述协议放弃国家豁免的要点,尽可能全面、明确地约定仲裁事项和国家豁免放弃等内容。

(五)香港的豁免政策及注意事项

刚果(金)案明确了香港严格遵循中国中央政府奉行的国家豁免政策。对于在香港可能享有豁免权的主体可采取如下应对措施:

---

① 皇冠豁免(Crown Immunity),也称君主豁免,是英国普通法基于“君主不会犯错”而产生的法律概念,基本含义为除非取得同意,一国君主不受本国法院管辖。在2010年华天龙号案中,香港高院认为不论主权行为或商事行为,中央政府在香港享有绝对的皇冠豁免,香港法院无权管辖中央政府及其下属机构的行为与财产。

1. 审慎选择争议解决方式。(1)如义务人可能享有主权豁免,应避免选择香港法院诉讼作为争议解决方式。(2)优先考虑选择国际仲裁作为争议解决方式。首先应选择采取限制豁免原则的国家作为仲裁地,同时也要考虑其他相关因素,如义务人所在法域是否为《纽约公约》成员国等。(3)选择采用限制豁免原则的诉讼管辖地。如果无法选择仲裁,则应选择采用限制豁免主义的诉讼管辖地。

2. 尽量将账户或项目担保措施或主要资产设于采取限制主权豁免原则的司法管辖地。香港法律不承认明示放弃条款,因此如果享有国家豁免权的义务人的财产位于香港,权利人则无法通过法院对其进行执行。因此如义务人可能享有国家豁免,应尽量避免将其账户或项目担保措施设立在香港,而应选择设立于采取限制主权豁免原则的司法管辖区。

3. 完善合同中自我救济条款。如义务人可能享有国家豁免,但其账户和担保措施设立地除香港外无其他更好选择,则建议在相关投融资合同、合作协议、账户协议或担保协议中明确约定义务人违约时合同另一方可进行自我救济的各项措施和手段,主要包括:(1)抵销权(Setoff)。在国际贷款合同中,可约定抵销权条款,保障贷款人权利,即在合同中约定在义务人未能及时支付到期应付款项时,贷款人有权从义务人账户中直接扣收相关资金的权利。(2)直接执行担保措施的权利,即由担保人授权贷款人,在发生违约事件时,无须经过任何法律程序,贷款人即可自行处置担保标的清偿债务的权利。(3)在投融资文件中明确约定对账户、收入资金流向、偿债准备额度等事项的监管措施。

综上所述,国家豁免不是国际法的新问题,很久以前,国家豁免就成为国家之间交往的基本准则,但国家豁免的程度、范围和内容却随着国际经济的发展有所变化,形成了绝对豁免与限制豁免理论,各国对于国家豁免的立法和司法实践也不尽一致。这使得国家豁免问题在权利人通过司法途径主张其对主权国家或其他主权实体的诉求时,成为一项不确定的因素,也使得有利判决或裁决的执行缺乏可预见性和确定性。建议企业和银行在“走出去”实践中,对国家豁免问题有所关注,及时采取相应措施,以减轻或化解国家豁免给权利保护带来的负面影响。

第二节 国有化与征收:外商直接投资面临的风险

国有化与征收是企业在东道国投资面临的一种政治风险。国有化是国家对私有(或集体、地方政府所有)企业和自然资源所有权、控制权的剥夺,其所属的一切财产权随之转移。国有化一般以专门立法的形式颁布,发生于具有公共服务职能的企业,并且体现政府对重要行业的整体规划。与国有化相比,征收则是一国政府对私有企业实体资产和权利的剥夺。

在国有化或征收过程中,私人投资者的利益得不到足额补偿,甚至完全没有补偿,这样的风险可能是“不能承受之重”。预防国有化与征收风险,从根源上讲应做好前期工作,了解东道国,包括有针对性地研究东道国的投资制度、东道国签署的国际公约与双边投资保护协定等。在此基础上,企业可谨慎选择东道国进行投资,做好针对东道国政府采取国有化或征收措施的应急策略,并投保海外投资保险。这样,当国有化与征收发生后,企业将有更多的选择:在当地获得救济,或者将争议提交国际仲裁,并获得保险理赔,以最大限度降低国有化或征收措施带来的损失。

一、国有化与征收风险较难防控

(一)征收风险难以预测

从整体上了解东道国的经济和社会形势可以防范国有化风险。在经济动荡的背景下,东道国政府可能实施国有化,例如葡萄牙、西班牙等为稳定本国经济将部分银行国有化。社会主义运动和民族主义运动的兴起也可能使东道国实施国有化,例如20世纪实施社会主义改造的苏联,以及将石油产业国有化的墨西哥。与国有化相比,征收风险较难以预测,这是因为征收调整的范围和影响力不及国有化,出现的频率高于国有化。例如,当一个法制不健全的国家政府换届时,便容易对外商投资实施征收。

征收分为直接征收和间接征收,后者比前者更加难以预测。这是因为前者是东道国公开宣布后实施的征收行为,而后者则是指投资财产的所有权在法律上仍属于外国投资者,但东道国采取阻碍外国投资者行使投资财产权的措施,致使他们无法正常行使财产权。[①] 例如,在国际投资争端解决中心(ICSID)的 Saipem 案中,孟加拉国的国有企业未按照约定支付合同约定的价款被视为具有类似于征收效果的"间接征收行为"。[②] 间接征收在案例中高频率的出现表明,征收不仅关乎海外投资者的切身利益,而且难以预测。

(二)投资者不应寄希望于外交保护

工业革命前后,欧美投资者在海外投资遇到纠纷时,救济途径有限,寻求外交保护是其中之一。当然,只有具备一定影响力的投资者才可能获得外交保护。如果资本输出国政府同意保护,将与东道国政府协商解决问题,同时可能借助"硬实力",例如舰炮外交和经济制裁,强迫东道国就范。然而,随着拉美等地区民族独立运动的兴起,欧美外交保护遇到的阻力也很大。

19 世纪 60 年代,阿根廷法学家卡洛·卡尔沃(Carol Calvo)针对欧美列强滥用外交保护权在其著作中提出,外商投资纠纷只应通过东道国国内救济,不应受外国政府的任何干涉。这一原则被称为"卡尔沃原则",在拉美等国家广受欢迎。卡尔沃主义不仅排斥外国干涉,而且在国有化与征收问题上不承认任何国际法层面的约束,认为完全应由国内法解决国有化与征收的补偿等问题。

"卡尔沃原则"至今在民族自尊心强烈的拉美国家仍具有影响力。由于国际仲裁被普遍认为是西方发达国家"剥削"的手段和工具,在与投资者签订的协议,尤其是自然资源特许协议中,拉美国家政府一般主张将争议提交国内法院审理。在这里,外交保护没有太多的施展余地。此外,随着与投资有关的国际公约和双边投资保护条约的缔结,投资纠纷救济途径的多元化也降低了外交保护的重要性。

(三)"充分、及时、有效的补偿"在实践中难以实现

1910 年,墨西哥资产阶级革命爆发,推翻了迪亚斯长达 35 年的独裁统治。新建立的墨西哥政府推动了一系列改革,其中包括漫长的土地制度改革。在将土地国有化并重新分配的过程中,许多西方投资者失去了土地所

---

① 衣淑玲:"论国际投资中的国家责任问题",载《甘肃政法学院学报》2003 年第 4 期。

② Saipern S. p. A. v. The People. p. A,载《甘肃政法学院学报》ICSID Case No. ARB/05/7, Decision on Jurisdiction,2007 年 3 月 21 日;Award,2009 年 6 月 30 日。

有权,并且未获得补偿。1938 年,在一次具有历史意义的对话中,美国国务卿科德尔·赫尔(Cordell Hull)向墨西哥外长提出,失去土地的美国投资者应获得“充分、及时、有效的补偿”。这一补偿原则随后被称为“赫尔原则”。尽管美国在当时的经济地位已居世界第一,在外交上对墨西哥不断施压,墨西哥仍然未对投资者作出补偿。

“赫尔原则”与“卡尔沃原则”在成立之初分别代表了发达国家与发展中国家的不同立场。然而,随着国际投资业务的发展,发展中国家也步入了资本输出国的行列,在它们涉及的双边投资保护协定和国际仲裁裁决中也常见“充分、及时、有效”的表述。[①] 不论法律文书的表述如何,在实践中,几乎不存在全部赔偿的案例,不论从补偿金额,还是从支付的方式和时点,投资者的主张都难以实现。[②]

(四)重视国际公约及双边投资保护协议

对于投资者而言,征收风险的不确定性和外交保护的不可靠性,使得将国有化或征收引发的投资争议诉诸国际仲裁成为较为可取的救济措施。但是即使如此,投资者也不可能奢求获得“充分、及时、有效的补偿”,而是根据“合理补偿原则”尽可能获得公平公正的待遇。

合理补偿原则是基于 1962 年的《关于自然资源的永久主权的宣言》和 1974 年的《各国经济权利与义务宪章》提出的新的补偿标准理论。它包含三层含义:一是如果当事国之间存在双边投资保护协议或其他国际条约约束,则应按照有关协议、公约履行补偿事宜。二是如果上述前提不存在,则应按照东道国国内法确定补偿数额、支付方式与时限等问题。三是当上述两项前提均不存在,或者规定过于抽象,应在充分协商的基础上,按公平原则确定补偿事宜。[③]

对于投资者而言,国有化与征收补偿的法律确定性十分重要,因此,上述前两项适用标准在绝大多数情况下优于毫无法律保障的公平原则。此

---

① 例如,1989 年《中华人民共和国政府和保加利亚人民共和国政府关于相互鼓励和保护投资协定》规定,征收补偿“应等于宣布征收时被征收的投资财产的价值,应是可以兑换的和自由转移的。补偿的支付不应无故迟延”。

② 单文华:“国有化补偿理论与实践的发展及中国的对策”,载《法律科学》1995 年第 4 期。

③ 单文华:“国有化补偿理论与实践的发展及中国的对策”,载《法律科学》1995 年第 4 期。

外,国际条约和双边投资协议的适用具有优先性,一般会约定国际仲裁条款,为投资者提供较为直接、确定、便捷的争议解决途径。

因此,为了更好地防控国有化与征收风险,在全面了解东道国投资环境与投资制度的基础上,应当有针对性地了解东道国是否为有关国际公约的缔约国,如《纽约公约》、《华盛顿公约》,[①]了解东道国是否与我国签署双边投资保护协定,并关注协议中有关国有化与征收的具体内容。

二、双边投资保护协定及其适用

根据商务部网站数据,我国已与132个国家签署了双边投资保护协定(BIT),其中104个已经生效。这些双边投资保护协定为我国企业"走出去"提供了多元化的纠纷解决途径。在重视与利用双边投资保护协定的同时,企业也应了解其局限性,为防范国有化与征收风险制定合理有效的应急策略。

(一)双边投资保护协定一般为国际仲裁的先决条件

如前所述,国际仲裁为解决国有化与征收争议提供了较为直接、确定、便捷的救济途径,投资者不必局限于寻求当地救济与外交保护。国际投资争端解决中心(ICSID),作为解决国际投资争议的专设机构,更是发挥了积极、重要的作用。截至2016年,共有161个国家[②]签署了《华盛顿公约》,声明接受ICSID管辖,包括世界上主要的发达国家和发展中国家。中国于1990年签署该公约,该公约1993年对中国生效。

根据《华盛顿公约》,ICSID对投资争议行使管辖权的条件为东道国与投资者所属国为该公约的缔约国,且双方书面声明接受该中心的管辖。[③] 该声明一经作出不可撤回,任何缔约国不可再针对争议事项为当事人提供外交保护。[④] 这实质上是东道国政府在司法和经济主权方面的让步。如果事前没有约定,东道国政府几乎不可能在纠纷发生后同意由ICSID或者其他国际仲裁机构管辖本国的国有化与征收纠纷,因为外商在实施投资以后,已

① 即《关于解决国家与其他国家国民之间投资争端公约》(Convention on the Settlement of Investment Disputes Between States and Nationals of Other States)。

② https://icsid. worldbank. org/apps/ICSIDWEB/about/Pages/Database-of-Member-States. bak. aspx,2016年7月18日访问。

③ 《华盛顿公约》第25条。

④ 《华盛顿公约》第27条。

不存在与东道国政府谈判的筹码。这也是为什么在 ICSID 近年来与国有化或征收有关的案例中,东道国作为被诉方一般都会在案件起始阶段挑战 ICSID 的管辖权。①

在投资之前,外商可以与东道国政府在合同中约定,将投资争议提交某第三国仲裁院仲裁,但是投资者与东道国存在直接商务关系的情形毕竟是少数,而且一些合同,例如特许经营许可协议,可能依法属于东道国法院专属管辖范畴。在投资者与东道国政府不存在商务关系的大量案例中,投资者能够将争议诉诸国际仲裁(如 ICSID)的前提是东道国与投资者所属国签署了具有法律约束力的双边投资保护协定(BIT)。

(二)从 Saipem 案理解双边投资保护协定的重要作用

在 ICSID 的 Saipem 案②中,争议当事人为孟加拉国政府,以及在意大利注册的主营业务为铺设石油/天然气管道的 Saipem 公司。1990 年,Saipem 与孟一家国有企业(孟加拉石油,Petrobangla)签署了铺设 409 公里石油和天然气管道的合同,造价 3400 万美元。

当事人在合同中约定,在 Saipem 完成管道铺设并交付使用的 30 天内,孟加拉石油支付合同标的额的 50%,在工程运行合格证签发后,孟加拉石油支付余款。孟加拉石油没有依约向 Saipem 支付货款,Saipem 遂于 1993 年,根据合同的仲裁条款在孟加拉国首都达卡,向国际商会仲裁院(ICC)申请仲裁,该院于 2003 年作出了对原告有利的仲裁裁决。2004 年 4 月,孟加拉国最高法院继孟加拉石油申请撤销仲裁裁决申请后,宣判该仲裁裁决既不能撤销,亦无法执行。无奈之下,Saipem 公司于同年 10 月,依据孟加拉国和意大利之间签署的 BIT,将争议提交 ICSID 仲裁。

孟加拉国在案件初始阶段对 ICSID 的管辖权提出四点质疑:(1)根据两国签署的 BIT,争议不构成纠纷;(2)根据 BIT,孟加拉国没有同意将法院裁判引发的纠纷提交 ICSID;(3)原告没有用尽当地法律救济;(4)孟加拉石油的行为不可归因于孟加拉国政府。

ICSID 仲裁庭针对第 2 点质疑指出,其他国际仲裁对其不具约束力,因此其审理的内容是案件争议本身而非 ICC 裁决的效力。针对第 3 点指

---

① 请见下文中 ICSID 案例分析:Saipem 案和谢业深诉秘鲁共和国案两案。

② Saipern S. p. A. v. The People. p. A。orldbank. org/apps/IC,ICSID Case No. ARB/05/7, Decision on Jurisdiction,2007 年 3 月 21 日;Award,2009 年 6 月 30 日。

出，用尽当地救济仅适用于“司法拒绝”（Denial of Justice）的案例，而非征收案例。仲裁庭认为，孟加拉石油的违约行为可归因于孟加拉国政府，构成《孟—意投资协定》第5条第2款与征收和国有化具“类似效果”的措施，属于间接征收，裁定孟加拉石油赔付Saipem 600余万美元和11余万欧元。①

Saipem案表明，双边投资保护协定对解决国有化或征收投资争议发挥着重要的作用。当征收争议产生，并且投资者将争议提交ICSID后，仲裁庭将根据BIT中的具体约定确定其是否拥有管辖权（东道国须是《华盛顿公约》缔约国），其作出的裁决对所有当事人具有法律效力。BIT构成了ICSID裁决的主要法律根据，具体表现为以下三个层面：

1. 在一般情况下，BIT是将争议提交ICSID的先决条件。即使投资者与东道国在合同中约定由其他仲裁机构仲裁，只要该约定不排斥ICSID仲裁，投资者亦可以根据两国签署的BIT将争议提交ICSID。ICSID的仲裁裁决具有法律约束力。

2. 在国有化与征收问题上，投资者用尽东道国当地救济一般不作为申请ICSID仲裁的前提条件，除非两国在BIT中另有约定。

3. BIT一般对“投资”与“征收”作出较为广阔且含糊的定义，使得ICSID可以根据“间接征收”行使对投资争议的管辖权。

（三）审慎分析我国对外签署的双边投资保护协定

尽管双边投资保护协定对防范国有化与征收风险有着重要作用，投资者亦需要了解其局限性，审慎分析我国对外签署的双边投资保护协定，并关注其中的关键条款，避免相关风险。

1. “分岔路口”条款

我国对外签署的个别双边投资保护协定中规定了“分岔路口”条款，例如与俄罗斯、哥斯达黎加等国签署的BITs。根据“分岔路口”条款，一旦投资者选择法院诉讼、ICSID仲裁，或者其他专设仲裁庭仲裁解决投资争议，其结果将是终局的。因此，为了防范国有化与征收风险，外商在这些东道国投资时，应提前、谨慎地选择好纠纷解决方案，防止过早地把救济途径“堵死”。

---

① 王贵国：“从Saipem案看国际投资法的问题与走势”，载《中国政法大学学报》2011年第2期。

2.“用尽当地救济”条款

在我国对外签署的双边投资保护协定中,偶尔出现“用尽当地救济”作为将争议提交国际仲裁的前置条件,例如,我国与哥斯达黎加签署的 BIT:“如争议自第一款书面通知之日起 6 个月内,未能通过协商解决,争议应按投资者的选择提交到解决投资争端国际中心。前提是争议所涉的缔约方可以要求有关投资者在提交‘解决投资争端国际中心’之前,用尽该缔约方法律和法规所规定的国内程序。”①

鉴于中哥 BIT 同时包含“分岔路口”条款,上述约定降低了 BIT 中仲裁条款效力的确定性。如果哥斯达黎加法律要求投资者必须通过本地法院解决争议,则该法律事实上排斥了 BIT 的仲裁条款,然而这又与国际条约、协定优于内国法的原则相违背。当国有化或征收争议发生时,依据中哥 BIT,将案件提交 ICSID 仲裁的结果有可能是仲裁庭裁定其不具有管辖权,投资者仍可能需借助其他救济途径解决纠纷。

3.仲裁范围:区分旧版 BITs 与新版 BITs

鉴于双边投资保护协定的互惠性质,我国早期以较为谨慎的态度对外签署 BITs。旧版 BITs 一般约定投资者仅有权单方面将国有化或征收引发的补偿数额纠纷提交国际仲裁,其他投资争端需东道国同意才可提交国际仲裁。在 100 份已生效的中外 BITs 中,含有这类狭隘仲裁条款的 BITs 有 80 多份,对缔约国仍然有约束力。“这反映了中国反对任意把任何投资争端都提交国际仲裁的长期一贯立场。”②

2004 年以后,中国签署 BIT 的出发点发生了较大变化。在新版 BITs 中,可以提交仲裁的范围显著扩大,任何类似于国有化与征收的行为均在管辖范围之内,国有化与征收本身的合法性也可以被挑战,例如,国有化或征收的目的是否为满足公共利益,其法律程序是否合法合理,是否存在歧视。在补偿问题上,不仅补偿数额可以被调整,而且补偿的时效性、支付方式,例如是否使用硬通货支付等问题均可以提交国际仲裁,具体可见中国 2006 年与俄罗斯、2007 年与哥斯达黎加、2007 年与法国等国签署的 BITs。③

---

① 《中华人民共和国政府和哥斯达黎加共和国政府关于促进和保护投资的协定》第 9 条。

② 陈安:“对香港居民谢业深诉秘鲁政府案 ICSID 管辖权裁定的四项质疑”,载《国际经济法学刊》2010 年第 1 期。

③ 沈伟:“论中国双边投资协定中限制性投资争端解决条款的解释和适用”,载《中外法学》2012 年第 5 期。

（四）从“谢业深诉秘鲁共和国”案看双边投资保护协定的局限性

在“谢业深诉秘鲁共和国”案①中，争议当事人为秘鲁政府和香港投资者谢业深。谢业深在福建出生，后取得香港永久居民身份，在维京群岛注册了一家公司（TSG）到秘鲁投资，业务为鱼粉加工及销售。2002～2004年间，该公司年营销额高达2000万美元，是秘鲁12大鱼粉商之一。

TSG的赢利模式主要为通过中间服务为原料提供商和鱼粉加工商提供联络和融资支持，但是不直接从事鱼粉加工。2004年，秘鲁官方在调查后认为，TSG没有如实上报销售账目，构成漏税行为，遂对其罚款1000万索尔（在当时约合300万美元）。与此同时，秘鲁政府还采取过渡性措施，要求所有银行对TSG的资金实施冻结，直至TSG清偿税款本息。资金链断裂的TSG销售额大减，并于2005年申请破产重组。

2007年，谢业深依据中国与秘鲁1994年签署的BIT向ICSID申请仲裁，要求赔偿TSG现金流损失、精神损失及利息共计2500万美元。② 这是中国企业或个人在ICSID正式涉案的第一例。

ICSID仲裁庭认为，秘鲁政府的过渡性措施是武断的、不起作用的、不合理的，严重妨碍了TSG的运营，构成间接征收，TSG既没有恶意扩大损失，也无法获得有效救济。③ 仲裁庭基于TSG的实际损失和预期利息损失（不包括精神损失），判决秘鲁共和国赔付78.6万美元。

关于本案ICSID的管辖权问题，秘鲁政府和理论界均提出质疑。第一，在回归前，中国香港与韩国等国签署了BIT，但是没有与秘鲁共和国签署BIT，这表明在国际投资领域，中国香港对外独立承担国际义务；1994年中国与秘鲁签署BIT时，不包含中国香港。因此，香港回归后，该BIT是否自动适用于香港特别行政区，香港居民谢业深是否有权依据中国—秘鲁BIT解决投资纠纷存在争议。第二，中国与秘鲁签署的BIT属于旧版BIT，根据仲裁条款，投资者只可单方面将国有化与征收补偿额的争议提交至ICSID

---

① Tza Yap Shum v. Republic of Peru, ICSID Case No. ARB/07/6, Decision on Jurisdiction, 2009年6月19日。

② Tza Yap Shum v. Republic of Peru, ICSID Case No. ARB/07/6, Decision on Jurisdiction, 2009年6月19日，第59～60、85段。

③ International Arbitration Case Law. TZA YAP SHUM V. REPUBLIC OF PERU (ICSID CASE NO. ARB/07/6) AWARD, Case Report by Kenneth Juan Figueroa, 载 http://italaw.com/documents/TzaYapShumAwardIACLSummary.pdf，2013年4月1日访问。

解决;鉴于本案的争议焦点在于过渡性措施,故仲裁庭对之行使管辖权存在争议。①

秘鲁政府对裁决结果不服,申请撤销裁决。2011 年,ICSID 受理了秘鲁共和国撤销判决的申请;2015 年 2 月 12 日,ICSID 特别委员会就本案做出决定,完全驳回了秘鲁的撤销请求。

须指出的是,中国至今尚未与美国、巴西、委内瑞拉等国签署 BIT。② 这意味着,我国企业在这些国家所面临的国有化与征收纠纷,在一般情况下将很难通过国际仲裁解决。此外,厄瓜多尔与委内瑞拉分别于 2010 年和 2012 年正式退出《华盛顿公约》,不再接受 ICSID 的管辖。面对海外风云变幻的投资环境,投资者还可以考虑投保相应保险,以降低国有化与征收风险。

三、海外投资保险制度对国有化与征收风险的防范作用

海外投资险业务一般由国家出资经营,或者由国家授权的机构经营,以优惠政策促进企业利用资源优势开拓海外市场。海外投资保险服务主要包括出口信用保险、海外投资保险、咨询服务及资信评估等服务。

美国是最早推动海外投资保险制度的国家。1948 年,美国开始实施“欧洲复兴计划”(“马歇尔计划”),重建战后欧洲经济,并通过投资保证制度促进本国国民对欧洲的投资。20 世纪 60 年代至 70 年代,英、法、德、日等 OECD 成员国纷纷仿效美国,建立了各自的海外投资保险制度,通过推动投资保险业务的发展,支持和保护具有本国利益的海外投资。90 年代以来,随着全球经济不断一体化,跨国资本的流通速度已非昔日可比,海外投资保险业务的需求亦随之猛涨。海外投资保险制度逐渐成为世界上公认的支持和保护海外投资的有效制度,在国际投资领域发挥着日益重要的影响力。

(一)我国海外投资保险制度的作用

2002 年,我国开始发展海外投资保险业务,由中国出口信用保险公司(“中信保”)负责承保。中信保主要负责出口企业的信用与保险业务,帮助

---

① 《中华人民共和国政府和秘鲁共和国政府关于鼓励和相互保护投资协定》第 8 条第 3 款规定:“如涉及征收补偿款额的争议,在诉诸本条第一款的程序后六个月内仍未能解决,可应任何一方的要求,将争议提交根据 1965 年 3 月 18 日在华盛顿签署的《关于解决国家和他国国民之间投资争端公约》设立的‘解决投资争端国际中心’进行仲裁。”

② “我国对外签订双边投资协定一览表 Bilateral Investment Treaty”,载 http://tfs.mofcom.gov.cn/article/Nocategory/201111/20111107819474.shtml,2016 年 7 月 19 日访问。

企业应对出口贸易中的风险。①

近年来,从风险控制、准备资金、出口发展速度及承保规模几方面的发展状况都可以看出,我国出口信用保险实力不断提升。截至2015年年末,中信保累计支持的国内外贸易和投资的规模达2.1万亿美元,为数万家出口企业提供了出口信用保险服务,为数百个中长期项目提供了保险支持,包括高科技出口项目、大型机电产品和成套设备出口项目、大型对外工程承包项目等,累计向企业支付赔款82亿美元。同时,中信保还累计带动233家银行为出口企业融资超过2.4万亿元人民币。② 海外投资保险业务是中信保为鼓励投资者进行的海外投资,对投资者因投资所在国发生的汇兑限制、征收、战争及政治暴乱,以及违约风险造成的经济损失进行赔偿的政策性保险业务,③其简要内容如下:

1. 被保险人资格

(1)在中华人民共和国境内(港澳台除外)注册成立的金融机构和企业,但由港澳台或外国企业、机构、公民控股的除外;(2)港澳台和中华人民共和国境外注册成立的企业、机构,如果其95%以上的股份由中华人民共和国境内的企业、机构控制,可由该境内的企业、机构投保;(3)其他经批准的企业、社团、机构和自然人。

2. 承保对象

(1)投资内容:项目必须符合中国国家政策和经济、战略利益。(2)投资类型(不论是否已完成):直接投资,包括股权投资、股东贷款、股东担保等;金融机构贷款;其他经批准的投资形式。

3. 有关国有化或征收的承保范围

投资所在国政府采取、批准、授权或同意的对投资实行的强行征用、没收、国有化、扣押等行为。这些行为需持续一段时间,使投资者无法建立或经营项目企业,或者该行为剥夺、妨碍了投资者的权益。

4. 保险金额

保险金额包含投资者的投资额及利润损失。实际赔偿上限由企业与中

---

① 陆剑:“出口信用保险的发展及对我国外贸的影响分析”,载《商业经济》2016年第6期。

② http://www.sinosure.com.cn/sinosure/gywm/gsjj/gsjj.html,2016年7月18日访问。

③ “海外投资保险概述”,载 http://www.sinosure.com.cn/sinosure/ywjs/tz/zlbx/hwtzbxjj/index.html,2016年7月17日访问。

信保的保险合同确定。

5. 损失赔偿比例

(1)基本政治风险项下赔偿比例最高不超过95%;(2)违约项下赔偿比例最高不超过90%;(3)经营中断项下赔偿比例最高不超过95%。

(二)典型案例:中信保赔前迅速介入以减少损失①

案件基本情况如下:被保险人是一家规模较大的国有企业,1985年开始出口贸易,主要出口通信设备、计算机及其他电子设备。自2010年投保中信保以来,海外市场不断拓展,2012年出口量超过2.5亿美元。马来西亚买方A自2009年开始与被保险人合作,合作历史记录良好。2013年3月5日,被保险人就出口该买方电度表项目向中信保通报可损,涉案金额107万美元,报损原因为买方拖欠。

中信保采取的措施:

1. 调查核实案情。经和被保险人沟通,其反馈买方近期因资金周转困难导致拖欠货款,被保险人申请自追至3月31日。考虑到双方较长的合作历史以及买方良好的付款记录,中信保同意被保险人自追至3月31日,同时积极指导该公司与买方进行对账,明确当前债权金额,让买方出具还款计划。

2. 追讨处理过程。截至3月31日,被保险人自追无果。中信保深圳分公司迅速成立了专案工作小组,与被保险人面谈并就追讨方案进行深入分析。经调查,该买方在当地电度表市场拥有较高的覆盖率,但近期因货物积压,资金周转困难,资本支出比较大,因此发生拖欠。

为了积极减损,中信保深圳分公司主动出击,4月3日向买方发出追讨函,并于4月4日致电买方核实情况。买方于4月5日回复邮件确认债权,并希望中信保给予其一定的回款宽限期。经进一步施压,买方于4月8日发函确认还款计划,即先立即支付货款的50%,剩余50%货款2周内支付。最终,被保险人在5月3日全额收到货款,并于5月4日撤销可损。

本案是中信保帮助企业成功赔前追偿的典型案例。对于“走出去”企业,通常在风险发生后2个月之内,是介入追讨减损的最佳时机。出口企业在风险发生后,应第一时间告知中信保,在中信保的指导下自行追讨或者委

---

① “赔前迅速介入以减少损失”,载 http://www.sinosure.com.cn/sinosure/khfw/dxal/165612.html,2016年7月17日访问。

托中信保介入，和买方核实确认债权，及时获得买方的书面认债资料和还款计划，为后续推动买方清偿债务提供法律依据。

（三）多边投资担保机构的作用

多边投资担保机构（MIGA）是全球最大的多边投资保险实体，也是唯一一家承保发展中国家投资者对另一发展中国家直接投资的机构，其承保的5类政治险中包含“征收和类似的措施险”。近年来，MIGA在非洲的业务发展迅猛，成立了支持小型企业的专设项目，并成立信托基金为“后冲突地区”进行投资。“这些地区正是政治风险的高发区，也是我国海外投资保险的盲区。”①

MIGA成立的宗旨之一，在于补充各国保险机构的海外直接投资保险业务，弥补它们承保能力和保险范围上的不足。MIGA在“多国项目保险、投资争议调解、投资关系稳定等方面优于国内投资保险机构”。② 我国企业目前对MIGA的了解甚少，应增加对其了解和使用，使其成为“走出去”企业预防国有化与征收风险的另一选择。

1988年生效的《多边投资担保机构公约》（《汉城公约》）第12条规定，只有符合下列条件的投资，才可以获得担保：一是海外投资必须具有一定的经济合理性，对东道国的发展有益，且与东道国宣布的经济发展目标相一致；二是必须符合投资者本国的法律及东道国的法律，一般要求东道国与投资者订立投资合同；三是以东道国当时的投资法律环境来看，可以预期该投资获得平等、公平的待遇和法律保护。

根据以上规定拒绝承保的“投资”与“恶债”存在高度的重合，因此可以将上述规定理解为：“违背国家或人民利益及未经债务国人民同意的恶债”，不属于MIGA的承保范围。③

可见，MIGA针对担保的对象作出了较为严格的限制，投资者除需确保投资合法以外，还需符合东道国的整体经济利益。然而，MIGA在“合格投资者”等方面的限制低于我国的中信保。根据《汉城公约》第13条，适格投资者包括非东道国的自然人和法人，而自然人不属于中信保海外投资保险

---

① 李嘉：“完善我国海外投资保障机制的法律研究”，载《华东政法大学学报》2007年第3期。

② 李嘉：“完善我国海外投资保障机制的法律研究”，载《华东政法大学学报》2007年第3期。

③ 王淑敏：“恶债在国际法中的沉淀与反思”，载《政法论坛》2012年第1期。

业务的适格投资者。我国的投资者,特别是自然人投资者,在拓展海外业务的过程中,可以对中信保与 MIGA 的承保条件进行比较后,结合投资项目的具体需求,合理利用保险防范国有化与征收风险。

在国际投资领域,国有化与征收风险,特别是间接征收风险是难以预测的。国有化与征收可能对海外投资项目形成严重打击,如果得不到相应补偿,投资者的处境可能变得十分被动。历史上,在发生国有化或征收纠纷时,海外投资者在用尽当地救济后,只能通过外交保护维护自身权益。在现代社会,投资者可以选择将争议提交至解决投资争议国际中心(ICSID),前提是在争议产生前,投资者所属国与东道国签署了双边投资保护协定(BIT),或者投资者与东道国政府签署了包含仲裁条款的合同。

对于“走出去”的企业而言,预防海外投资国有化与征收风险的要点在于做好前期准备,除了解当地投资环境,熟悉当地法律法规以外,还需做好与东道国发生纠纷时的应急策略。如果考虑通过国际仲裁解决纠纷,则需要有针对性地提前了解我国与东道国签署双边投资保护协定的具体内容。在投资环境较差,且未与我国签署双边投资保护协定的国家投资,可考虑投保相应保险机构,合理利用征收或类似措施的政治险,有效缓解东道国实施国有化或征收的法律风险。

第三节　利用世贸规则,善用贸易救济措施

一、世贸组织和世贸规则

(一)世贸组织和国际贸易

世界贸易组织,简称世贸组织(World Trade Organization,WTO),成立于1995 年,其前身为“关税和贸易总协定”,是专门处理国际贸易关系的国际组织。中国在 2001 年 12 月的多哈部长级会议上正式加入 WTO。推动贸易自由化是 WTO 的目标,它主要通过贸易谈判来推动非关税壁垒关税化,并不断降低关税,来实现贸易自由化的目标。WTO 通过多种机制,包括其争端解决机制来确保成员遵守多边贸易纪律。

贸易自由化在很大程度上是和比较优势理论联系在一起的。英国经济学家大卫·李嘉图最早提出了国家贸易理论,又称“比较优势”理论,即世界上劳动生产率不同的国家,通过国际贸易,能在不同程度上实现社会劳动

的节约,从而给交换的双方在经济上带来利益。即使在各个生产领域生产率都比较低的国家,通过生产和出口那些自己具有相对优势的产品,仍然可以实现社会劳动的节约。因此,各国通过国际贸易,可以发挥自身经济的比较优势,并获得由此带来的比较利益。

但是,在国际贸易中,不具有比较优势的产业在竞争中必然落败,从而面临调整或者被淘汰的阵痛。因此,WTO 允许成员国在满足法定条件的前提下,采取一些防卫性质的措施,法律上称之为“贸易救济措施”,从而在一定程度上缓解国际贸易竞争对于国内产业的影响。世贸规则对于贸易救济措施规定了一定的条件,即应当经过正当的调查程序,而且措施的实施不是永久性的,在实施一定阶段之后必须结束。但是,由于世贸规则对于进口国采取贸易救济措施赋予了较大的裁量权,贸易救济措施在实践中有被滥用的趋势。

(二)WTO 的规则体系和机构设置

1. WTO 的规则体系

WTO 为多边贸易体制提供了法律框架和组织基础,其规则体系共包括 29 个法律文件,核心的是 4 个协议:《关贸总协定》(GATT)、《服务贸易总协定》(GATS)、《与贸易有关的知识产权协定》(TRIPs)、《与贸易有关的投资措施协定》(TRIMs),主要内容涵盖货物贸易、服务贸易、知识产权保护以及投资措施。这些法律文件旨在通过规定各成员国应当承担的义务,监督各成员国制定与实施有关贸易的法律、法规、规章和政策措施,从而建立一个开放、公开、统一的多边贸易体制框架。而《反倾销协定》、《反补贴协定》和《保障措施协定》作为对 GATT1994 相关贸易救济措施条款的细化,是贸易救济措施直接相关的 WTO 规则。

2. WTO 的机构设置

WTO 的部长级会议是 WTO 的最高决策机构,由 WTO 的所有成员组成,每两年至少举行一次会议。部长级会议下设总理事会和秘书处。秘书处设总干事一名,总干事由部长级会议任命,负责秘书处事务。总理事会由 WTO 全体成员的代表组成。在部长会议闭会期间,其职能由总理事会行使。总理事会还有两项具体职能,即履行争端解决机构和贸易政策审议机构的职责。此外,总理事会下设货物贸易、服务贸易和与贸易有关的知识产权三个理事会,分别监督货物贸易、服务贸易和知识产权。其中,货物贸易理事会下设委员会,专门处理贸易救济措施相关的事宜,具体结构如图 9-2 所示。

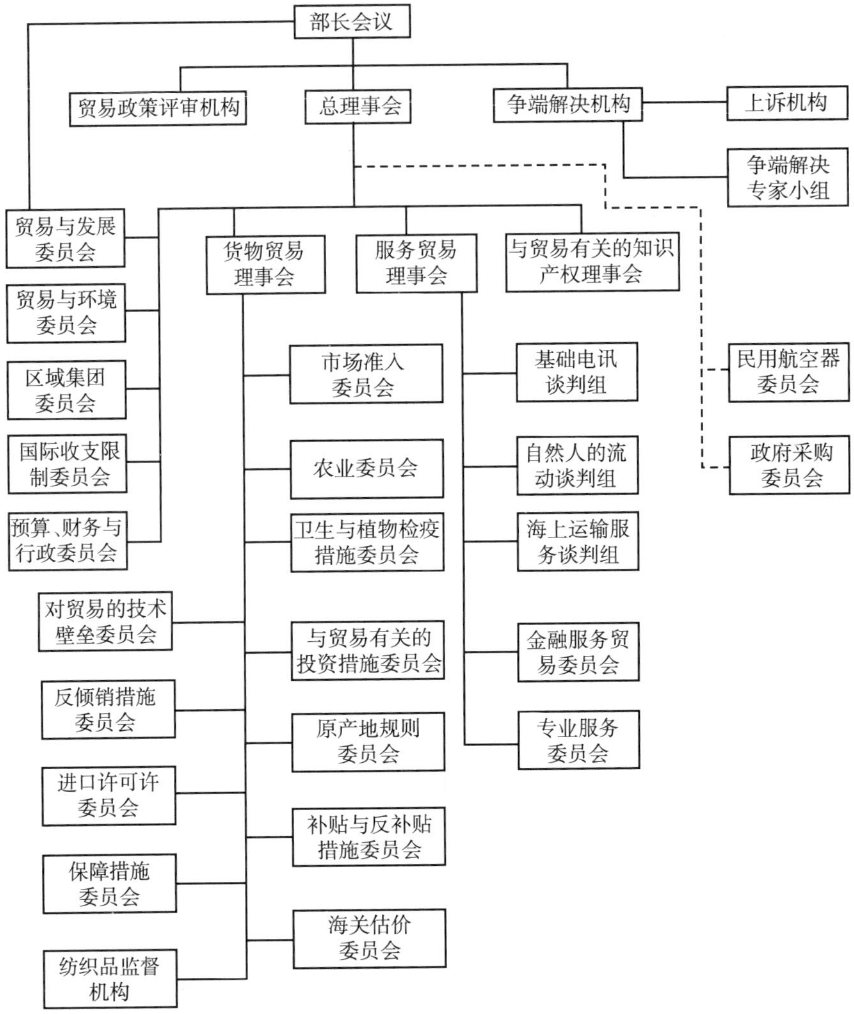

图 9-2 WTO 机构组织

(三)WTO 争端解决机制

WTO 设立了一套争端解决机制来处理成员国之间的贸易纠纷,监督成员遵守多边贸易纪律。在 WTO 争端解决方面,近年来,随着我国对外贸易规模的扩大,涉及我国的 WTO 争端解决案件急剧增加。截至目前,根据 WTO 的统计数据,我国在 WTO 起诉案件共计 13 起,被诉案件 35 起,中国还作为第三方参与了 131 起争端解决案件。① 根据世贸规则,除非获得争端解决机构的授权,所有成员均不得擅自采取贸易报复或制裁。对于无法通

① https://www.wto.org/english/tratop_e/dispu_e/dispu_by_country_e.htm,2016 年 7 月 19 日访问。

过协商解决的争端,可以通过争端解决机制下设立的专家组进行审理。这些机制有效防止了单边主义和贸易战争的发生。因此,在2008年金融危机爆发之后,全球贸易秩序仍能保持基本稳定。对此,WTO及其争端解决机制发挥了重要的作用。

WTO争端解决程序具体包括磋商、设立专家组审理、上诉以及执行程序。如果贸易纠纷发生,争端当事方应当首先通过磋商来解决。如果磋商未能解决争端,当事方可以请求设立专家组对纠纷进行审理。如果对于专家组的裁决不服,当事方还可以向上诉机构进行上诉。最后,争端解决机构监督专家组裁决和建议的执行情况。如果违背义务的一方未能履行建议并拒绝提供补偿,受侵害的一方可以要求争端解决机构授权采取报复措施,从而终止协议项下的减让或其他义务。

WTO争端解决案件中有相当多数量的案件是和贸易救济措施相关的。WTO争端解决机制一定程度上遏制了贸易救济措施的滥用,使得WTO成员在实施贸易救济措施时遵守WTO相关的法律规则。

(四)贸易救济措施

贸易救济措施是指当进口对一国国内产业造成损害时,该国政府所采取的减轻和消除损害的措施,主要包括反倾销、反补贴、保障措施和特别保障措施等。

WTO有关贸易救济措施方面的规定主要由GATT1994第6条、第16条和第19条、《反倾销协议》《反补贴协议》《保障措施协议》等一系列规范性文件组成。WTO贸易救济措施规则的目的在于,一方面是安装了安全阀,使得进口国能够采取防卫措施,使得国际贸易对于国内产业冲击不至于过大,另一方面也是为了加强对各项措施实施的约束以防止成员方滥用这些措施。不过,由于世贸规则对于上述措施网开一面,使得部分成员国对于贸易救济措施的使用过于频繁,在某种程度上背离了其作为防卫性措施的本质,反而成为一种贸易壁垒。

1.倾销与反倾销

倾销是指低价进口(低于正常价值)的行为。反倾销是指进口国当局对倾销行为采取的征收反倾销税等措施,以抵消损害后果的行为。

根据《反倾销协定》的规定,倾销构成有三个要件:(1)低于正常价值出口产品;(2)进口国同类产品产业遭受到了严重损害或严重损害威胁;(3)倾销和同类产品产业的损害或损害威胁之间有因果关系。

统计显示,易遭反倾销的行业主要涉及化工和橡胶、钢铁和贱金属、纺织品、机电产品、纸张、木材、食品、农产品等。其中化工、机电产品一直是国外对我国反倾销的主要产品。低廉的劳动力成本和其他生产要素决定了中国产品低价的竞争力,因此,长期以来,反倾销就是美国、欧盟等遏制我国出口的一项主要贸易救济措施。而且,由于将我国视为非市场经济国家,欧美等使用替代国来确定正常价值,对我国涉案产品征收高额的反倾销税,严重损害了我国出口企业的合法利益。

2. 补贴与反补贴

补贴是指出口国政府或其机构对出口企业采取资金支持、减免税收、低息贷款等政策以降低产品成本的行为。反补贴是指进口国当局通过对出口企业征收反补贴税措施以抵消补贴对其国内同类产业造成损害的行为。

根据《反补贴协定》的规定,补贴构成有三个要件:(1)政府或者公共机构提供了补贴;(2)进口国同类产品产业遭受到了严重损害或严重损害威胁;(3)补贴和同类产品产业的损害或损害威胁之间有因果关系。

由于中国被美欧等国视为非市场经济国家,因此,长期以来,其对中国仅仅实施反倾销措施,而不采取反补贴措施。但是,加入 WTO 的过渡期结束之后,美欧等国也开始对我国发起反补贴调查。

3. 保障措施

保障措施是为保护国内产业免遭因进口激增带来的严重损害或严重损害威胁,而采取的贸易救济措施。

一国对其他国家实施保障措施须具备三个条件:(1)调查期内进口明显激增;(2)国内相关产业遭受了实质损害或实质损害威胁;(3)进口增长与实质损害或损害威胁之间存在因果关系。

由于 WTO 对于保障措施规定了较为严格的实施条件,和反倾销和反补贴措施相比,保障措施的数量较少。目前,仅有一些发展中国家如印度等,对我国产品采取较为频繁的保障措施。

4. 特别保障措施

特别保障措施(以下简称“特保”)是指从中国加入 WTO 之日起 12 年内,其他 WTO 成员可以专门对中国产品采取的保障措施。

实施“特保”措施须具备三个条件:(1)调查期内进口快速增长;(2)国内相关产业遭受了市场扰乱或市场扰乱的威胁;(3)进口增长与市场扰乱或市场扰乱威胁之间存在因果关系。

“特保”措施与一般保障措施的区别主要表现在:(1)保障措施是非歧视性的,不能专门针对某一国家的产品,而“特保”措施是歧视性的,可以专门针对中国的出口产品采取;(2)和一般保障措施相比,“特保”措施的门槛低、弹性大、易实施,只要进口国认为来自中国的产品对其造成“市场扰乱”,即可能启动“特保”措施。

自2002年5月西班牙向欧盟委员会提出对中国柑橘罐头实施特别保障措施的申请以来,我国曾进入遭遇“特保”的多发期,机电、纺织等行业先后遭遇了美国、欧盟等国家发起的多起“特保”调查,对我国一些行业的出口构成了严重阻碍。但是,随着中国入世承诺的12年过渡期结束,“特保”措施于2013年12月终止实施。

(五)中国面临的国际贸易环境

自2008年的全球经济金融危机以来,国际经济形势发生了一定的变化。总的来说,发达国家经济受到严重影响,但新兴经济体基本保持了增长的态势,因此在国际经济中的地位有所提升。例如,根据国家统计局发布的数据统计,2015年国内生产总值我国稳居世界第二名,比2012年提高4个百分点,与美国的差距减小,相当于美国GDP的63.4%。[①] 欧盟经济虽自2013年第二季度走出衰退以来已经连续10个季度保持增长,但经济复苏势头依然脆弱。欧盟委员会最新预测称,欧盟2015年经济增长率可达1.9%,表明欧盟经济正处于稳定缓慢增长阶段。[②] 在经济复苏没有明显起色的情况下,美国和欧盟等发达国家和地区,为缓解经济停滞对于就业的压力,更加频繁地采取贸易救济措施,从而打击进口,保护本土产业。而我国作为贸易出口大国,成为这些贸易救济措施的受害者。因此,如何利用WTO规则,应对贸易摩擦和贸易保护主义的上升,成为中国必须面对的问题。

二、美国对华贸易救济措施分析

(一)中美贸易的重要性

据美国商务部统计,2016年1~3月,美国与中国双边货物进出口额为

---

① 北京日报:“去年我国GDP占世界比重15.5%”,载http://bjrb.bjd.com.cn/html/2016-03/10/content_14393.htm,2016年7月17日访问。

② 中国经济网:“2015年世界经济复苏缓慢乏力:增长疲弱 走势分化”,载http://finance.sina.com.cn/roll/2015-12-30/doc-ifxmxxsp7292923.shtml,2016年7月26日访问。

1283.7 亿美元,下降 7.4%。其中,美国对中国出口 252.1 亿美元,下降 10.4%,占美国出口总额的 7.3%,下降 0.3 个百分点;自中国进口 1031.6 亿美元,下降 6.7%,占美国进口总额的 20.1%,下降 0.4 个百分点。美方贸易逆差 779.5 亿美元,下降 5.4%。①

表 9-1 所示为 1995 年到 2016 年 1~3 月中美贸易状况的统计:

表 9-1 1995~2016 年中美贸易状况 单位:百万美元

年份	美国对中国出口	美国对中国进口	中美贸易赤字
1995	11753.7	45543.2	33789.5
2001	19182.3	102278.4	-83096.1
2007	62936.9	321442.9	-258506.0
2010	91878.3	364943.8	-273065.5
2015	116190	481880	-365700
2016 年 1~3 月	25210	103160	-77950

(数据来源:商务部国别贸易报告)

如上表所示,美国对华贸易逆差由 1995 年的 33789.5 百万美元扩大到 2015 年的 365700 百万美元,中美贸易不平衡问题日益恶化。当然,对于该数据有不同的解读,例如,该巨额逆差的原因也可以部分归咎于美国限制对华高科技产品的出口,以及服务贸易并未纳入统计。但是,上述高额的贸易逆差仍然使得美国政府遭受到来自于国会和产业的压力,因此,美国政府遂加大对华贸易救济措施的力度,阻止中国产品更多地进入美国市场。

(二)美国对华贸易救济措施

美国对华产品的贸易救济措施经历了从单一的反倾销调查,发展到反倾销和反补贴同时进行的“双反”调查的多元化过程。WTO 规则并不禁止对“同一产品”同时适用“双反”措施,但禁止对补贴或倾销所造成的“同一种损害结果”同时适用“双反”措施。

以加入世贸组织为分水岭,自 1983 年至 2001 年 18 年间,美国对中国发起的单一反倾销调查为 87 起,反补贴调查为 3 起。但是,加入世贸组织后,随着中国经济的起飞,美国对华反倾销的数量也大量激增,目前双反调

① “2016 年 1~3 月美国货物贸易及中美双边贸易概况”,载 http://countryreport.mofcom.gov.cn/record/qikanlist110209.asp? qikanid=8154&title=2016 年 1~3 月美国货物贸易及中美双边贸易概况,2016 年 7 月 17 日访问。

查已成为美国对中国产品采取的主要贸易救济措施。

(三)美国的歧视性反倾销和反补贴政策

由于美国在采取贸易救济措施中,一直视中国为非市场经济国家,自1983年3月18日,美国对中国高锰酸钾的第一起反倾销调查(案件号A-570-001)开始,至2006年11月21日之前,对中国输美产品的反倾销调查,是美国贸易救济措施的主要手段。而且,美国的反倾销立法规定的一般反倾销程序只适用于“市场经济国家”,而对“非市场经济国家”的产品进行反倾销时,是以“替代国”的价格作为确定出口产品正常价值的依据的。但是,不同国家的同种生产企业之间不具有完全的可比性,再加上人为的因素,使得反倾销案的结果具有更大的不确定性。

对于反补贴是否适用于非市场经济国家,在美国一直持有争议。1983年至1992年间所提起的,对中国纺织品和服装、电风扇以及汽车螺母和轮锁等3起反补贴调查的诉求,分别以起诉方撤诉,或在美国商务部裁决中被否决无疾而终。但是,随着贸易逆差而导致的政治压力加大,美国政府需要使用更多的贸易救济手段来遏制中国产品的出口。因此,美国决定改变其23年来不对非市场经济国家适用反补贴法的政策,于2006年11月21日宣布,对美国新页公司提交的对中国铜版纸进行反倾销和反补贴合并调查的申请正式立案,从而拉开了美国对中国产品双反调查的序幕,并于2007年3月30日,对原产于中国的铜版纸作出了反补贴调查的初裁。

在过去的单一反倾销调查中,只要中国企业取得零税率就能胜诉,而在双反调查中,企业必须在两个战场上同时战斗。因为即便是在反倾销调查中取得零税率,在反补贴调查中获得税率较高,对企业来讲也没有实际意义。这使得应诉的难度大大增加。例如,美国对中国产品掀起双反调查第一轮高潮中,在美国启动的13项案件中,除了铜版纸案胜诉,个别中国企业在工程轮胎、热敏纸和焊接不锈钢压力管各案中取得较低税率外,大部分裁决的结果均不尽如人意,合并税率高达93.82%到701.47%,迫使这13项产品大部分退出美国市场。

(四)案例:美对我国光伏产业“双反”措施案

近年来,世界各国大力发展光伏发电,我国光伏产业也获得飞速发展,产能、产量迅速达到世界第一的水平。但是,快速发展的产业也暗伏着危机,我国光伏产品挤压了其他国家竞争者的生存空间,因此,一场针对我国光伏产品的贸易保护的暴风雨即将来临。

2011 年 10 月 19 日,Solar World Industries America Inc. 牵头,联合其他六家美国光伏企业,向美国商务部和美国国际贸易委员会提出申请,要求对来自我国的光伏产品进行反倾销和反补贴调查。11 月 9 日,美国商务部正式发布公告,宣布对我国输美晶体硅电池(板)展开“双反”调查。经过为期一年的调查,2012 年 10 月 11 日,美国商务部最终裁定,我国晶体硅光伏电池及组件的生产商或出口商在美国销售此类产品时存在倾销行为,61 家企业获得反倾销单独税率,税率 18.32% 至 31.73%,其他企业惩罚性税率高达 249.96%。同时,还裁定我国输美的此类产品接受了 14.78% 至 15.97% 不等的补贴。两者相加,即便是应诉结果最好的企业的税率也高达 22.6%。①

据测算,国内龙头光伏企业 2012 年在美销售太阳能电池(板)的成本约为 0.75 美元,而美国国内产品的平均价格为 0.97 美元,如果反倾销税增加 23%,则我国企业出口产品的成本高达 0.92 美元,和美国国内产品相比,基本失去获利空间。反倾销措施的采取,意味着即便最有竞争力的我国光伏企业在美国也将丧失价格优势。

三、欧盟对华贸易救济措施分析

(一)中欧贸易的重要性

2014 年欧盟(EU28)最大的货物贸易伙伴为美国,第二大贸易伙伴为中国,双边贸易额为 4673 亿欧元,占欧盟贸易总额的 14%。此外,欧盟的最大出口目的国是美国,而最大进口来源国为中国。② 近年来,欧盟主要货物贸易伙伴的占比趋势变化不尽相同。美国占欧盟贸易总额的比重持续下降,从 2002 年的 24% 下降至 2014 年的 15%,降幅显著。相比之下,我国占欧盟贸易总额的比重则翻了一番,从 2002 年的 7% 上升至 2014 年的 14%。根据欧盟官方统计,2004 年美国占欧盟出口比重为 13.1%,至 2014 年下降至 11.1%;2004 年美国占欧盟进口比率 23.1%,至 2014 年下降至 16.1%;进出口均持续下降,占欧盟进口比重下降显著。相比之下,2004 年我国占欧盟出口比重为 9.5%,至 2014 年上升至 16.5%;2004 年我国占欧盟进口

---

① 为了避免反倾销税和反补贴税累加时的双重计算,应减去 10.54%。

② “商务部:2014 年欧盟与主要贸易伙伴双边贸易情况”,载 http://cccfna.mofcom.gov.cn/article/i/jyjl/m/201503/20150300925813.shtml,2016 年 7 月 17 日访问。

比重为 8.5%，至 2014 年上升至 13.5%；进出口占欧盟比重均显著上升。①特别值得注意的是，美国和我国的占比在 2010 年变得相当接近，此后一直保持稳定。

（二）欧盟对华贸易救济措施

欧盟是对华发起反倾销调查最多的 WTO 成员之一。1979～2010 年 3 月 16 日，欧盟对华共启动 151 起反倾销立案调查。此期间大致可分为 3 个阶段考察：1979～1987 年为第一阶段，欧盟对华反倾销立案数维持在较低水平，年均立案数大约为 2 起；1988～1998 年为第二阶段，立案数稳步上升，年均立案数为 5 起；1999～2007 年为第三阶段，立案数快速上升，且立案数的波动比较剧烈，年均立案数为 7.1 起。从立案数的变化趋势来看，1999～2009 年年均立案数高于前两个阶段，总体呈现上升趋势。②

在 2010 年之前，欧盟从未对我国发起过反补贴调查。但是，全球金融危机给欧盟带来重创，欧债危机又使得其经济雪上加霜，复苏步伐缓慢，失业率居高不下，欧盟内部急需扩大就业，在通过反倾销措施遏制进口的同时，欧盟迫切需要其他手段来进一步遏制进口产品的冲击。因此，2010 年 4 月 17 日，欧盟对原产于中国的铜版纸发起反补贴调查，这是欧盟对华首例反补贴调查。同年 9 月 16 日，欧盟对原产于中国的数据卡发起反补贴调查。

传统上，欧盟对华贸易救济产品多为低技术含量的资源消耗型产品，但目前有向高科技产品蔓延的趋势。例如，2010 年欧盟发起的反倾销和反补贴调查的涉案产品数据卡是高科技产品，涉案企业包括华为、中兴等高科技企业，这表明欧盟的贸易救济调查已经不再像以往那样围绕服装、玩具、铜版纸、钢铁等低端产品，而是开始向高科技产品延伸。

（三）欧盟的歧视性反倾销和反补贴政策

和美国类似，欧盟的反倾销立法规定，一般反倾销程序只适用于“市场经济国家”，而对“非市场经济国家”的产品进行反倾销时，是以“替代国”的价格作为确定出口产品正常价值的依据。

---

① http://ec.europa.eu/eurostat/tgm/refreshTableAction.do? tab = table&plugin = 1&pcode = tet00018&language = en，2016 年 7 月 19 日访问。

② 高维新：“欧盟对华反倾销的经济影响及对策分析”，载《国际经济合作》2010 年第 5 期。

《欧共体理事会关于抵制非欧共体成员倾销进口的第384/96号规则》(以下简称《384/96号规则》)规定,中国企业想要获得市场经济地位的待遇,必须要满足5个条件,具体包括生产要素、会计制度、法律适用和汇率等。相关条件非常苛刻,即使是欧盟内部某些企业也很难完全符合这些标准。

1998年,欧盟理事会《905/98号规则》对《384/96号规则》作了修改,不再将中国当作纯粹的非市场经济国家,但仍将中国视为“转型市场经济国家”,允许中国生产商申请有条件市场经济地位。

2002年颁布的《1972/2002号条例》把单独税率的标准写入了反倾销法,要求申请单独税率的企业要满足公司治理、价格、股份、汇率五个方面的标准。

对于遭遇反倾销调查的中国企业来说,可以先申请“市场经济地位测试”,如果满足《欧盟反倾销基本法》第2.7条规定的相关条件,则可被视为来自市场经济国家,以中国的国内价格作为确定其正常价值的依据。而未通过市场经济地位测试的企业还可以接着申请进行单独税率测试。如果非市场经济国家的出口商能够获得单独税率待遇,那么,欧盟就会使用该出口商自己的出口价格来确定一个与其他未获得个案处理的企业不同的单独税率,而无须再适用受其他出口商倾销幅度影响的统一税率。不过,单独税率虽高于市场经济地位企业的税率,但还是小于普通税率。

由于欧盟对中国想要申请市场经济地位的企业设置了上述苛刻的标准,中国许多企业都难以达到,因此,反倾销诉讼产生后,中国的产品极易被认定倾销,从而被征收高额的反倾销税,税率从百分之几十到百分之一二百,有的甚至高达百分之一千以上,削弱了产品的竞争力。

(四)案例:欧盟对华光伏“双反”措施案

继美国提出双反调查之后,2012年7月,Solar World又联合欧洲光伏企业向欧盟委员会正式提出申请,对来源于中国的多晶硅电池产品提起反倾销调查。2012年9月6日,欧盟宣布正式立案,欧委会将在立案后9个月内也就是2013年6月之前作出初裁,将在立案后15个月内作出终裁,2013年8月,中欧间就我国输欧晶体硅光伏产品达成了“价格承诺”,并在2013年至2015年年底前遭受欧盟惩罚性关税制裁。①

---

① “欧盟正式启动对华光伏反规避立案调查”,载 http://money.163.com/15/0604/04/AR86Q30O00253B0H.html,2016年7月17日访问。

继反倾销之后,2012 年 11 月 8 日,欧盟正式宣布对来源于中国的多晶硅电池产品提起反补贴调查。这标志着欧盟对于中国光伏行业的双反调查正式启动。

四、贸易救济措施和 WTO 争端解决程序

在直接采取贸易救济措施的同时,美、欧也频繁使用 WTO 争端解决机制,在 WTO 起诉中国。美欧起诉中国的目的主要是利用该机制迫使中国取消保护国内产业的措施,从而为其本国企业对华出口创造更为有利的条件。

案例:欧盟诉中国 X 射线安检设备反倾销税案

中国商务部表示,原产于欧盟的进口 X 射线安全检查设备存在倾销,导致中国国内 X 射线安全检查设备产业遭受实质损害。因此,中国自 2011 年 1 月 23 日开始,对原产于欧盟的进口 X 射线安全检查设备征收 33.5% 至 71.8% 不等的反倾销税,实施期限为 5 年。2011 年 12 月,欧盟就中国对来自欧盟的 X 射线安全检查设备最终反倾销税提请成立专家组。

2011 年 7 月 25 日,欧盟就“中国对来自欧盟的 X 射线安全检查设备最终反倾销措施”向中国提起 WTO 争端解决磋商。

2011 年 12 月 8 日,欧盟提出成立专家组。2012 年 1 月 20 日,该案进入专家组程序。2013 年 2 月 26 日,世界贸易专家小组在对欧盟的起诉以及中国和欧盟的各自的观点进行评审后,得出结论,认为中国的做法与《反倾销协定》的相关规定不符。这表明欧盟在起诉中国对其 X 射线安检设备征收反倾销税案胜诉。除非中国在 60 天之内提起上诉,否则中国应采取措施执行 WTO 专家组的裁决,使得对进口的 X 射线产品征收反倾销税措施与专家组的建议一致。

五、我国企业应对贸易保护的措施建议

由前文可知,我国的对外贸易形势不容乐观,特别是美国和欧盟等主要贸易伙伴的贸易保护主义势力抬头。对此,只有做好应对措施,才能为我国的对外贸易发展营造良好的国际环境,进而维护我国的国家利益。

(一)认清国际贸易形势

从经济发展趋势来看,国际资本一直在寻求成本最低的地区进行贸易转

移。虽然我国已经成为全球制造业中心,但是必须看到在劳动力方面比我国更有优势的国家目前正在奋起追赶,只是现阶段其他条件还比较落后。因此,我国应抓住这个时期积极促进国内产业结构的优化升级,争取上一个新台阶。

(二)积极推进自由贸易区建设

目前,在WTO多哈谈判停滞不前的情况下,我国应当加强区域经济一体化进程,调整我国贸易方向,避免贸易进出口过分集中于某个国家的现象,重视区域经济合作。在世界贸易自由化进程受阻,新贸易保护主义抬头的情况下,加强推进区域经济一体化形式的合作,争取创造一个稳定的国际贸易环境。

(三)积极参与国际规则的制定

虽然WTO多哈回合谈判步履维艰,但是我国仍应积极参与,目的是参与多边贸易规则的制订和修改,利用有效的多边贸易规则约束和抵制新贸易保护主义行为,逐步推进贸易自由化,争取一个有利的国际贸易环境。

(四)积极利用WTO争端解决机制

目前,我国针对美欧对我国实施的贸易救济措施,除了进行双边磋商之外,还积极将其诉到WTO。总体上看,我国发起的申诉得到了较积极的结果,胜诉比例超过50%,为我国企业在今后应对美欧贸易救济措施提供了有力保障。如今,我国运用争端解决机制的自信和能力已显著提升。可以说是WTO争端解决机制帮助我国改变了被动防守局面。

案例:中国诉欧盟紧固件反倾销税措施案

2009年1月31日,欧盟对来自我国的紧固件征收高达85%的反倾销税,损害了1700余家紧固件企业的正当贸易利益。2009年7月31日,我国政府向欧盟提起WTO争端解决机制下的磋商请求。中方认为,欧盟在该案的立案、调查和裁决过程中存在诸多与WTO规则不符之处,违背了欧盟在WTO项下应承担的义务,裁决结果缺乏公正性和透明度。双反磋商无果后,本案于2009年10月23日进入专家组程序。2010年12月3日,专家组公布裁定报告。中、欧双方分别于2011年3月提出上诉。2011年7月15日,WTO上诉机构公布裁决报告。上诉机构维护了专家组的裁决,认定欧盟反倾销基本条例第9(5)条对来自非市场经济成员的出口商品或生产商设定分别裁决测试,并以此决定是否给予单独倾销幅度的做法,违反了《反倾销协定》第6.10条。上诉机构认为,分别裁决制度本身是没有任何法律基础的。2011年7月28日,WTO争端解决机构通过上诉机构报告。2012年1月24日,中欧双方同意,欧盟在2012年10月12日前修改其法规。

该案是我国入世后第一起针对欧盟的起诉案,取得重大胜利,意义重大。欧盟修改法律,有助于部分消除欧盟对中国出口企业的歧视性法律或做法,有利于中国出口企业今后的反倾销应诉。该案通过WTO争端解决机制这一多边渠道,解决了中国在双边机制中几十年没有解决的"单独税率"问题。本案中上诉机构认为,中国入世协议书第15条不是毫无边界的例外,除适用于正常价值的裁定外,未授权成员可以在其他方面给予中国不同的待遇,并未确认中国是非市场经济国家。这一认定可以遏制某些成员滥用该条款。

(五)了解规则,培养人才

我国企业在扩大产品出口的同时,应当做好产品和企业财务数据与美国、欧盟反倾销、反补贴调查数据的接轨。一旦双反案件发生,就能为应诉赢得最充分的时间和空间,也为胜诉奠定了坚实可靠的基础。在"双反"调查中,企业要取得胜诉或好的结果,除了企业自身的素质外,谨慎而正确地聘请法律人才极为关键。因此,我国应当更加积极地宣传WTO规则和贸易救济措施的知识,并且培养出一批精通法律、外语、WTO规则的复合型人才。

第四节 正确认识经济制裁及其对"走出去"的影响

"制裁"(Sanction)一词来源于拉丁文Sanctio,其含义是对违背神意、法律、法规的一种惩罚。19世纪以来,经济制裁作为一种具有惩戒意义的"司法性行为"①被广泛适用于国与国间的外交政策,可以视为各国外交政策的重要组成部分,是一国政府以惩戒、敦促、遏制、防范另一国为目的而实施的行为。② 所谓"弱国无外交",经济制裁的发起者同样只存在于强国

---

① 简基松:"关于单边经济制裁的'司法性'与'合法性'探讨",载《法学》2007年第1期。

② 根据美国学者霍夫鲍尔在《反思经济制裁》一书中的定义,制裁是"蓄意的、由政府发起的、断绝或威胁断绝惯常贸易或金融关系的行为"。这里的"惯常贸易和金融关系"是指两国之间没有存在制裁时的状态。这包括对外援助,即一国为实现其外交目的,取消或威胁取消对另一国的援助,也构成制裁。参见[美]加利·克莱德·霍夫鲍尔等:《反思经济制裁》,杜涛译,上海人民出版社2011年版,第3页。

俱乐部。

各国实施经济制裁的初始目的不是惩罚企业,而是为改变他国政府的行为,但却可能对两类开展海外业务的企业产生影响:一是在受制裁国经营的企业,二是与制裁国存在业务往来的企业。经济制裁对前一类企业的影响是消极、被动的,企业可根据制裁的幅度、效力等因素调整经营策略,或者做好退出策略。经济制裁对后一类企业的影响则取决于企业是否履行了制裁国规定的作为与不作为义务,包括信息披露义务、禁止交易义务等。违反了这些义务,企业将可能面临制裁国的惩罚。

一、经济制裁概述

为了防范经济制裁带来的风险,企业在开展海外业务前应首先对受制裁国与制裁国的经济制裁情况进行了解,根据制裁的目的、分类和方式,了解经济制裁可能对企业造成的影响,谨慎选择投资地点与交易对象。

(一)经济制裁的目的

经济制裁的目的是制裁国实施经济制裁的根本出发点,也是经济制裁与贸易保护措施的主要区别所在。贸易保护措施的目的在于保护本国经济和产业,而不在于惩戒、敦促、遏制、防范另一国政府。经济制裁的目的不仅决定制裁的成效,也影响制裁的力度和时间。企业在制定应对经济制裁的策略时,首先需了解制裁国的目的,防止不知情下与强国政府“交火”。

在民族国家主宰国际社会的19世纪和20世纪,经济制裁主要用于遏制战争或者辅助军事行动。战后,经济制裁的目的主要有以下四个方面:(1)削弱军事潜力;(2)改善人权;(3)反对恐怖主义;(4)防止核扩散。除此之外,经济制裁还可能用于干预经济运行、颠覆政权、解决征用赔偿纠纷、准许地方独立、加强核安全保障、停止毒品贸易等。①

(二)经济制裁的分类

经济制裁大致可以分为两类:贸易制裁和金融制裁。贸易制裁,即限制出口、进口,会使受制裁国失去市场,无法进口关键商品,以高价进口替代商品,被迫低价出口被禁运商品等,对受制裁国的企业产生消极影响。贸易制

① [美]加利·克莱德·霍夫鲍尔等:《反思经济制裁》,杜涛译,上海人民出版社2011年版,第107~108页。

裁会规定境内外企业的不作为义务,例如要求其不向受制裁国运送战略物资,不为战略物资的运送提供融资支持等。

金融制裁,即阻碍金融流动,包括冻结、没收受制裁国个人、组织所拥有的处于制裁国控制下的资产。金融制裁的打击具有针对性,不会对打击对象以外的企业产生直接影响。但是,金融制裁对“走出去”企业的影响力不亚于贸易制裁。金融制裁会规定境内外企业的作为与不作为义务,如要求本国银行披露特定组织的账户信息,对其资产实施冻结,禁止境内外银行与其进行金融交易等。违反义务的企业则会直接面临制裁国的第三方制裁。对于金融机构而言,即使制裁没有规定不作为义务,与受制裁对象开展业务也将受到制裁的影响。

(三)经济制裁的方式

从方式的角度来看,经济制裁可分为单边制裁与多边制裁。多边制裁的一种重要形式是由联合国安理会发起,各国依照联合国的章程和安理会作出的决议,制定国内立法、法令,合力对受制裁国实施制裁。多边制裁也可能由平等的国际法主体联合实施,例如美国和欧盟部分成员国在反恐议题上的联合制裁行动。

根据制裁方式的不同,企业应对制裁的出发点也应有所不同。根据《联合国宪章》第25条和第41条,安理会可以实施非武力的决议,促请各会员国断绝与制裁对象的经济关系和外交关系,各会员国应当执行。也就是说,安理会的决议须是“武力以外之办法”,否则各国无义务执行该决议。我国政府往往对安理会决议中包含武力的部分提出保留,例如关于在利比亚设立禁飞区的第1973号决议。对于联合国安理会作出的决议,我国政府未提出保留并将其转化为国内立法的,我国企业应当遵守。

美国等不少国家的首脑或政府根据其国内立法的“授权”,通过下达行政命令,单方面地实施经济制裁。例如,美国的1977年《国际紧急经济权力法》规定,总统有权下达行政命令,禁止境内机构与制裁对象进行外汇交易,向其支付款项或提供信贷等。日本的《外汇与外贸法》(1984年修订)也规定,政府有权下达行政命令,禁止金融机构向外国支付款项。[①] 对于单边经济制裁,我国企业没有义务遵守,但是应对其客观评估,即根据其与制裁国的业务关系,履行制裁国规定义务所耗费的成本,以及制裁国对违法企业的

① 黄风:“国际金融制裁法律制度比较研究”,载《比较法研究》2012年第3期。

惩罚强度等因素确定应对制裁的措施。

(四)联合国、美国、欧盟经济制裁的特点

1. 联合国经济制裁政策的特点:不具有直接效力

联合国的经济制裁以针对个人和团体的金融制裁为主,出于打击恐怖主义活动或严重违反人道主义行径等需要,针对塔利班“基地”组织等作出制裁决议。

联合国制裁决议体现指示性的要求,不具有直接效力。根据《联合国宪章》第41条的规定,安理会需通过决议,促请各会员国断绝与制裁对象的经济关系和外交关系。① 这意味着安理会的制裁决议需转化为各国国内立法才具备执行力。

联合国制裁与其他单边和多边制裁相比,具有最为广阔的覆盖面和较深远的影响力。这是因为它是为了维护世界和平与正义而作出的,是国际主流社会集体作出的重要外交抉择。② 然而,安理会决议在现实中往往不能获得有效执行。一些联合国成员国有时对决议作出保留,有时在安理会全票通过决议时,对该决议“阳奉阴违”。因此,仅研究联合国安理会制裁决议不足以防范经济制裁风险,还须对美国、欧盟等法域的制裁政策进行研究,以确定其对企业在海外开展业务的影响。

2. 美国制裁政策的特点:地方制裁

除惯用域外制裁和单边制裁外,实行联邦制度的美国还规定了州政府和地方政府的制裁权力,允许其介入美国外交事务,这一趋势自20世纪90年代以来广为流行。

美国州和地方政府的经济制裁通常包括两种形式:

1. 选择性购买法(Selective Purchasing or Contracting Laws):禁止州和地方公共机构与在被制裁国家从事经营活动的企业签订合同,如马萨诸塞州缅甸制裁法。

2. 选择性投资法(Selective Investment Laws):禁止州和地方公共机构将公共基金投资于上述企业,因此也被称为“撤资法”(Divestment Law),即要求州和地方退休基金从上述公司的股票中撤资,如伊利诺伊州的养

---

① 《联合国宪章》第Ⅶ章第41条。

② 黄风:“联合国安理会金融制裁措施的国内法实施程序”,载《法学》2006年第4期。

老金法。①

3. 欧盟制裁政策的特点：多边与单边制裁共存

欧盟的共同安全与外交政策既不属于欧盟的专属权能，也不属于分享性权能，这一独特的管理模式决定其在不同议题上，可能由部分成员国实施多边制裁，也可能由欧盟统一实施单边制裁。例如，武器禁运等军事类制裁由各成员国遵照欧盟的共同立场自行实施。而冻结资产等经济类制裁则由欧盟理事会根据《欧盟运行条约》的相关规定，颁布制裁条例予以实施。制裁条例对于欧盟各成员国均具有约束力，可在欧盟全境直接执行。

欧盟的金融制裁措施一般根据联合国安理会制裁决议制定，但是欧盟也时常制定比安理会决议“更具有限制性的措施”，“将安理会制裁名单中未列举的实体和人员增补为制裁对象”。欧盟也偶尔会脱离安理会决议，以侵犯人权为由，单独实施资产冻结等制裁条例，例如冻结米洛舍维奇等人员资产的2000年第2488号条例，以及冻结津巴布韦政府相关人员资产的2004年第314号条例等。②

二、贸易制裁对受制裁国企业的影响

贸易制裁对受制裁国企业的影响无疑是负面的，企业应采取的措施取决于该制裁影响力的大小。对于遭受美国、欧盟全面制裁的国家，外商在当地设立的企业应首要考虑制定退出策略。对于针对具体行业的制裁，企业则需根据制裁的幅度、制裁对受制裁国造成的经济损失、制裁的时限等因素，判断制裁的影响，制定应对策略。

(一)制裁的幅度

贸易制裁可能是针对某一行业实施的制裁，例如石油禁运，也可能是旨在切断受制裁国同外界经济联系的全面贸易制裁，对受制裁国的所有企业产生不利影响。

全面贸易制裁通过切断受制裁国与外界的经济联系，重创受制裁国经济，使受制裁国政府迫于国内政治、经济压力就范，从而实现制裁的目的。在全面贸易制裁的影响下，受制裁国国民生活水平将大幅下降，甚至无法获

---

① 杜涛：“美国州和地方政府对外经济制裁及其对美国联邦宪法和国际法的挑战”，载《武汉国际法评论》2009年第3期。

② 黄风：“国际金融制裁法律制度比较研究”，载《比较法研究》2012年第3期。

得生活必需品,从而酿成人道主义灾难。例如1990年至2003年间,各国根据联合国安理会决议,对伊拉克实施的全面制裁是在此方面“较为严重”的制裁实例。[①] 由此可见,全面贸易制裁可能使投资环境变得极为恶劣,从而影响受制裁国所有的企业。

针对具体行业的贸易制裁将使该行业的企业及上下游企业受损,例如美国对伊朗实施的石油禁运。伊朗的外资石油企业由于不能出口美国等国,不得不低价销售,并对美国的制裁措施表示强烈不满。由此可见,制裁的幅度很大程度上决定其是否对受制裁国企业产生影响。

(二)受制裁国的经济损失

如前所述,如果针对一国的贸易制裁已经严重危及该国经济正常运转、民生安全,导致投资环境急剧恶化,甚或政权颠覆、社会暴乱,那么受制裁国所有企业都将受到影响。但是,经济制裁的性质是切断两国的惯常贸易或金融关系,[②]如果制裁国与受制裁国间不存在贸易联系,例如美国与朝鲜,受制裁国将不会受到额外的经济损失,制裁也不会对受制裁国的企业产生很大的影响。

(三)影响制裁时限的因素

一般情况下,经济制裁的持续时间短则几个月,长则数年,达到目的后将被撤销。如果制裁未能实现其目的,则很可能基于“政治原因”持续下去,形成“超长时限”的经济制裁。从政客的角度考虑,失去盟国和国内民众信任的政治成本可能远高于实施制裁造成的经济损失所引发的政治成本。这也难怪在很多情况下,美国总统承认改变他国行为无望,但是仍然“戏剧性地”称,一定要严惩受制裁国的“不义之举或恶行”,以“显示其在道义上的愤慨”。[③] 换言之,目的越高、越难以实现的制裁,越可能持续很长时间。

除了制裁目标外,还有两个因素影响制裁的时限:受制裁国的政体是否稳固,以及受制裁国与制裁国是否存在意识形态隔阂。政体稳固、“独裁”的

---

① 简基松:“联合国经济制裁的‘人道主义例外’法律机制初探”,载《法学评论》2004年第3期。

② [美]加利·克莱德·霍夫鲍尔等:《反思经济制裁》,杜涛译,上海人民出版社2011年版,第107~108页。

③ [美]加利·克莱德·霍夫鲍尔等:《反思经济制裁》,杜涛译,上海人民出版社2011年版,第6页。

政府由于能够承受国内的政治压力，不容易屈从于制裁国的意志。与制裁国意识形态隔阂较深，政治上针锋相对的国家，由于在外交上和经济上都“输得起”，很难被制裁国左右。[①] 表9－2所示为20世纪以来主要“超长时限”（20年以上）的经济制裁案例。可见，上述三个因素的叠加使得制裁变得更为“不切实际”，从而更难在短时间内解除。[②]

表9－2 20世纪以来主要超长经济制裁案例

主要制裁发起方	受制裁方	起讫年份	制裁目的
美国 巴黎统筹委员会	苏联 经济互助委员会	1948～1994	(1)战略物资禁运 (2)削弱苏维埃集团的军事潜力
美国 中国委员会	中国	1949～1970	(1)报复新政权与援朝行为 (2)削弱军事潜力
美国、 联合国	朝鲜	1950～	(1)削弱军事潜力 (2)颠覆政权
美国	古巴	1960～2014	(1)解决征用赔偿纠纷 (2)颠覆卡斯特罗政府 (3)阻止古巴对外军事冒险行动
美国	伊拉克	1980～2003	(1)终止对国际恐怖主义活动的支持 (2)销毁大规模杀伤性武器
美国	伊朗	1984～	(1)终止对国际恐怖主义活动的支持 (2)结束与伊拉克的战争
美国	苏丹	1993～	终止对国际恐怖主义活动的支持

三、经济制裁国设定的第三方义务及违反后果（以美国为例）

（一）经济制裁规定的第三方义务

经济制裁不仅影响受经济制裁国境内的企业，而且影响经济制裁发起国境内外从事各项业务的第三方企业。由于经济制裁国政府不可能面面俱到，凭一己之力切断制裁对象与外界的金融、贸易联系，因此必须借助经济制裁对象以外的第三方企业，对其设定义务，最大限度地孤立经济制裁对象，并对违反义务的企业实施另一个层面的制裁，即第三方制裁。第三方义

① ［美］加利·克莱德·霍夫鲍尔等：《反思经济制裁》，杜涛译，上海人民出版社2011年版，第190～195页。

② ［美］加利·克莱德·霍夫鲍尔等：《反思经济制裁》，杜涛译，上海人民出版社2011年版，第24～36页。

务包括作为与不作为义务。其中,作为义务包括:通知报告、排查、信息披露、资产冻结、没收等义务。不作为义务包括:禁止与特定对象交易、投资、提供支持等。

以惯用经济制裁的美国为例,在对伊朗的经济制裁中美国对违背第三方义务的企业和个人作出了严格的惩罚规定。在贸易制裁方面,《伊朗制裁法案》规定的不作为义务包括:所有经济实体不得为发展伊朗石油资源进行投资,为精炼油产品的生产提供支持,或向伊朗出口精炼油产品提供支持。[①]在金融制裁方面,美国财政部2010年制定的《伊朗金融制裁条例》规定,美国境内任何金融机构不得与伊朗伊斯兰革命卫队及其代理或分支机构进行交易。[②] 上述义务主体可能是美国企业和美国境内的外国企业,也可能是与美国没有直接业务联系的外国企业。这表明在许多情况下,美国对第三方的管辖权已超越属人与属地管辖原则,遵循效果原则。

根据美国有关法律法规,美国设定的作为义务主要包括:资产冻结、没收资产、排查与信息披露、通知报告等义务。作为义务主要适用于金融制裁。

1. 资产冻结义务

资产冻结是金融制裁最常用的手段之一,制裁对象为“列入名单”的个人及金融机构等企业。作为第三方的银行、保险公司、证券公司等金融机构而言,需承担的义务包括采取必要措施,制止制裁对象提取、转让、支付资金和财务,防止其直接或间接地获取利益。该义务的管辖权遵循效果原则。

2. 没收资产义务

没收资产在非战时状态的金融制裁中并不常见。它一般以资产冻结为前提,一旦两国间发生战争,冻结资产即予以没收。在战争期间或紧急状态下,对于从事了策划、批准、实施或帮助实施武装敌对行为的外国组织或个人,美国总统有权依据《爱国者法案》将其财产没收。

3. 排查义务与信息披露义务

排查义务与信息披露义务的主体一般是金融机构。排查义务是指通过查账等方式判断其是否为制裁对象提供金融服务,在规定时间内向政府提交报告结果,并对报告结果承担法律责任。信息披露义务是指按照主管部门要求披露制裁对象的相关信息。

---

① Iran Sanctions Act of 1996 第5(a)条。

② Iranian Financial Sanctions Regulations(31 CFR 561) subpart-B 561.201.

4. 通知与报告义务

义务人在发生下列情况时应向制裁国主管机关通报有关情况:“认为或者有理由怀疑某个人或者某实体是资产冻结法规所列举的制裁对象;发现或者怀疑自己所保管或者以任何方式持有的、与受制裁者相关的资产。任何人违反或者规避相关法规所规定的资产冻结义务或者禁令的情况。”①违反了上述义务将引发制裁国的第三方制裁。

对于美国境内的金融机构而言,除了履行经济制裁的义务外,还须按照美国政府的指示对违反义务的企业实施第三方制裁,形成为了制裁而制裁的“制裁链”,如图 9 – 3 所示。

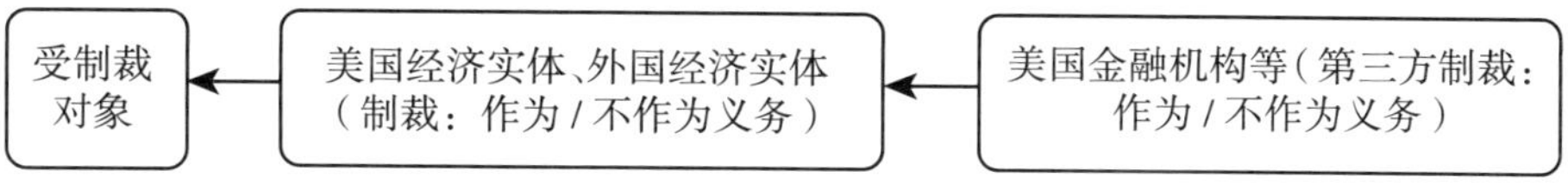

图 9 – 3 第三方制裁的“制裁链”

(二)从 Stolt Sheaf 案了解违反第三方不作为义务的司法后果

1991 年,在历经了多轮诉讼后,美国第二巡回法院维持了美国纽约州南部地区法院对 Stolt Sheaf 案的判决:伊朗石化与一家美国公司在 1980 年签订的合同无效。本案中,伊朗为美国的贸易制裁对象,伊朗石化作为制裁对象以外的第三方,将化工产品自美国运送至伊朗,违反了美国的制裁政策,将无法根据合同约定获得赔偿。

1. 事件经过

1980 年 6 月,美国对伊朗实施了全面贸易制裁(食品、医药和衣服等生活必需品除外),伊朗的企业被迫寻找其他途径将各类商品运送至伊朗。伊朗石化通过阿拉伯联合酋长国的一个中间商与一家西德公司(Rotex)接洽,商讨通过美国得克萨斯州内的一个港口将化工产品运送至伊朗,双方协议以单船公司 Stolt Sheaf 为承运人,以西班牙为卸货地点,但是错误地在附件中约定,让船舶继续航行至伊朗。Rotex 与 Stolt Sheaf 签署承运协议,并对化工产品的来源和去向进行保密。

1980 年 9 月,“两伊”战争爆发,Stolt Sheaf 根据其与 Rotex 在合同中的战争风险条款要求转航。Rotex 随即根据合同,要求该船在中国台湾卸货,并于那里将货物出售。伊朗石化始终未获得出售货物所得,遂于西德起诉

① 黄风:“国际金融制裁法律制度比较研究”,载《比较法研究》2012 年第 3 期。

Rotex 等。在败诉后,又在美国第二巡回法院起诉 Stolt Sheaf。

2. 美国第二巡回法院判决理由

Stolt Sheaf 请求法院驳回伊朗石化的起诉,声称伊朗石化企图通过违法的合同获得补偿。伊朗石化则称:(1)该合同并不违法;(2)没有任何事实依据表明伊朗石化对于触犯任何违法事由存在过错。在第(2)条意见中,伊朗石化辩称自己不知晓美国对伊朗的贸易制裁规定。但是法院根据此前西德的判决很快识破了伊朗石化的谎言,发现伊朗石化正是为了规避美国贸易制裁规定,才选择了阿联酋和西德等中间商人办理运输事宜。

伊朗石化根据合同索赔的主张,尽管法院承认是合理的,但是未获得支持。第二巡回法院认为:(1)涉案货物来自美国,因此美国法院对此拥有管辖权,并且适用美国对伊朗制裁的有关规定。(2)涉案合同涉及将货物从美国运送至伊朗并收取回报,因此违法。(3)根据纽约州法律,违法合同自始无效,无法执行。①

3. 启示

首先,本案中的合同在美国发动对伊朗制裁后不久签订,伊朗石化在此案中存在一定的侥幸心理。这使得合同自签订之初在美国法项下丧失了法律效力,无法在美国得到执行。伊朗石化没有遇见到“两伊战争”的爆发,也没有考虑到由此引发的违约风险,造成了无法挽救的损失。其次,伊朗石化没有足够谨慎地选择承运人和承运路线。如果伊朗石化通过不知情的中间商将货物运至西班牙卸货,再另选择承运人转运至伊朗,则可减少在美国受调查后暴露的风险。最后,伊朗石化也没有足够谨慎地选择中间商,没有在合同中约定相应的保障性条款,并选择在不参与伊朗贸易禁运的国家解决争议纠纷。

(三)违反制裁义务可能导致第三方制裁

违反第三方义务的企业不仅可能在美国法院面临败诉的不利后果,而且可能招致美国政府的制裁,位于美国境内的企业和个人还可能面临民事

---

① 以上内容参见:860 F. 2d 551 1989 A. M. C. 9 NATIONAL PETROCHEMICAL COMPANY OF IRAN, Plaintiff551 1989 A. M. C. 9 NATIONAL PETROC, her engines, boilers, etc. , Posiden Navigation, Inc. , Parcel Tankers, Inc. , Stolt Nielsen, Inc. , and Stolt Nielsen A/S, Defendants Nielsen A/S. C. 9 NA, Docket 87 –9022. United States Court of Appeals, Second Circuit. 及 Lillian V. Blageff, llian V. Blageffited States Cour, Embargoes, and Boycottsa, 1 Corp Couns Gd to Econ Sanctions and Embargoes COM26. Database updated April 2012.

和刑事处罚。这一类第三方制裁是美国政府为实现原制裁目的而实施的另一个层面的制裁,在个别情况下惩罚力度甚至高于原制裁。第三方制裁反映出的思维定式为:“与我的敌人进行交易的……不得从我的金融体系中获益。”①

1. 行政处罚

以美国2006年制定的《伊朗制裁法案》为例,美国总统可以对从事禁止行为的境内企业或个人采取9类处罚措施,其中包括:要求进出口银行拒绝向第三方制裁对象提供金融支持;要求有关部门停止向其发放出口许可证;要求美国所有金融机构停止向其提供高于一定数额的融资支持;禁止其提供特定金融服务(针对金融机构);依法限制其从事外汇兑换、跨行汇款、产权交易及其他商事行为;此外,美国政府还应将其列入采购对象黑名单。②

2. 刑事处罚

对美国境内企业和个人实施的刑事处罚规定出现于美国2010年颁布的《全面制裁伊朗、问责以及撤资的法案》。该法案在处罚方面对《伊朗制裁法案》进行了补充:对于故意违反、企图违反、共同违反、协助或教唆违反《伊朗制裁法案》第561.701(b)条规定的,可判处不超过100万美元的刑事罚款,自然人违反该规定的,可判处不超过20年的监禁,二者可以并罚。③

3. 对外国金融机构的处罚

对于外国金融机构而言,如果美国财政部发现其在知情的情况下从事制裁法案所禁止的行为,可以对其采取限制性措施和禁止性措施。限制性措施是指对外国金融机构所开立和维持的代理账户设定限制性条件,例如对外国银行在美从事的金融业务类别、金融交易的货币作出限制,其金融交易行为需额外获得政府批准等。禁止性措施是指禁止美国金融机构为其开立或维持代理账户。④

---

① 黄风:“美国金融制裁制度及其对我国的警示”,载《法学》2012年第4期。

② “Iran Sanctions Act”(2006)(原先为“Iran and Libya Sanctions Act of 1996”)第六条(1)~(9)项。

③ “The Comprehensive Iran Sanction, Accountability, and Divestment Act of 2010”第104(c)条。

④ 黄风:“美国金融制裁制度及其对我国的警示”,载《法学》2012年第4期。

4. 对境外其他经济实体的处罚

对于其他不准备在美国开立账户和从事业务的境外非金融实体而言，美国单边制裁的第三方制裁措施的影响力似乎颇为有限。但是，美国政府仍可以对其实施第三方制裁，并通过“延迟制裁”的方式，与受制裁企业的政府进行协商，以外交途径实现对该企业或个人的惩罚。①

(四)企业应如何应对第三方义务

美国等国家为了实施经济制裁，不仅要“自损八百”，而且还会“殃及池鱼”。是否应当遵守这些第三方义务，应视具体情况分析。美国等国根据联合国安理会决议作出的多边经济制裁措施，如果符合我国的法律和外交立场，我国企业应当遵守其设定的义务。相反，如果经济制裁措施由美国单方面提出，我国企业则应根据自身业务范围、遵守制裁的法律依据和经济成本，以及违反后果等因素，综合评估第三方义务。

以联合国安理会对伊朗发起的多边制裁为例，2006 年的制裁决议要求各会员国采取必要的措施，防止伊朗从他国直接或间接获得与铀浓缩、重水或发展核武计划有关的技术和物资。② 相比之下，美国 2006 年的《伊朗制裁法案》基于 1996 年《伊朗利比亚制裁法案》而制定，对伊朗的石油产业等经济命脉实施贸易制裁，应视为单边制裁，我国企业没有义务遵守，但是，应充分研究美国相关法律法规和案例，采取对己最为有利的应对措施。

四、总结

在当前国际社会，经济制裁被广泛适用于各国的外交政策。不论是对于在受制裁国开展业务的企业，还是对于与制裁国有业务关联的企业，经济制裁的影响无疑是负面的。对于受经济制裁国的企业而言，可以根据经济制裁的幅度和影响力，制定相应的应对措施，化解经济制裁的消极影响。当然，企业在“走出去”前，应审慎研究联合国、美国、欧盟等国家或组织对“重灾区”的制裁政策，谨慎投资。伊朗、古巴、朝鲜、委内瑞拉受经济制裁状况参见附表 24。

---

① 关于《伊朗制裁法案》的域外效力，见“Iran Sanctions Act of 1996”第 14(7)条和第 9(a)条第(1)(2)项。

② 联合国安理会 2006 年 1737 号决议第 3 条。

对于经济制裁国制定的第三方义务,“走出去”的企业不应抱侥幸心理,应密切关注联合国、美国、欧盟等国家或组织的经济制裁政策的变化,尤其是要跟踪这些法域对制裁“重灾区”的规定,在开展业务时谨慎选择交易对象,并做好应急预案。对于单边制裁,要在客观评估制裁第三方义务和后果的基础上,制定于己有利的应对方案。

第十章 “一带一路”背景下的热点法律问题

当前，世界经济进入新一轮的深度调整期，我国面临更多的发展机遇和挑战。习近平主席2013年提出建设“丝绸之路经济带”和“21世纪海上丝绸之路”的倡议，构成“一带一路”战略的重要内容，开创了我国全方位对外开放的新格局。2015年3月，我国正式发布《推动共建丝绸之路经济带和21世纪海上丝绸之路的愿景与行动》，“一带一路”战略进入全面推进阶段。“一带一路”横贯欧亚大陆、西太平洋和印度洋，涉及全球大约64%的人口和30%的GDP。沿线国家数量众多，其中大多数是新兴经济体和发展中国家，发展潜力巨大，但政治环境和法律体系发展程度不一，对“走出去”的中国企业和银行提出了更多新的课题和挑战。本章将主要介绍“一带一路”背景下的热点法律问题，包括“一带一路”国家的整体法律特点、海外并购中的国家安全审查、秃鹫基金对“走出去”的影响及防范、美国长臂管辖的应对、绿色金融的发展等。希望更多中国企业和银行能够关注这些法律问题，学好、用好当地的法律规则保护自己，推动“走出去”业务持续健康发展。

第一节 “一带一路”国家整体法律特点及风险防范

“一带一路”战略是我国根据全球形势变化、统筹国内国际两个大局做出的重大战略决策，是扩大全方位开放的重要举措，对我国经济、外交具有重要意义，通过共商、共建、共享的平等互利方式，实现道路互通、贸易畅通、资金融通、政策沟通和民心相通，为区域可持续发展提供新的动力。“一带一路”战略提出后，我国各级政府部门、企业、金融机构积极响应落实，但由于涉及亚洲、欧洲、非洲等多个国家，法律状况千差万别，在一定程度上增加了投融资的难度。因此,研究分析这些国家法律情况和风险,提出应对策略,将有利于推动中资企业“走出去”,更好服务国家战略。

一、“一带一路”国家整体法律特点

“一带一路”国家主要分布在中亚、东南亚、南亚、中东欧和西亚北非地区,是与我国政治、经济、外交传统友好、互利互信的国家,由于法律体系、政治体制、民族宗教等因素,这些国家的法律情况与风险有着较大差异。

(一)法律环境差异较大,国别法律风险值得关注

1. 各国国内法律体系的完备程度各不相同,国别法律风险不容忽视。部分“一带一路”国家的国内法律体系建设相对落后,有关投资、贸易的法律制度仍不够完善,如塔吉克斯坦、柬埔寨、东帝汶、孟加拉等国法律体系建设仍有很大空间,但也有部分国家法律体系较为完善,如新加坡、马来西亚、波兰、捷克等。

2. 地缘关系成为影响法律环境的重要因素,走廊项目应重点关注地缘法律风险。“一带一路”所辖国家虽然分布很广,但很多国家在文化、经济、历史、地理等方面均有共同基础,法律风险受地缘关系影响很大。从国别法律风险水平看,东南亚、中东欧的国别法律风险相对较小,南亚、中亚以及独联体国家法律风险值得关注。“一带一路”涵盖的中巴经济走廊、孟中印缅走廊等跨国项目应重点关注地缘关系带来的法律风险。

3. 司法体系与司法执行效率两极分化较为突出,法律执行的预期效果整体处于中等水平。司法体系包括一个国家的制度、法律、机构以及人员等各方面信息,反映东道国法律现代化程度。“一带一路”国家的司法体系受各国文化、经济、政治、宗教等因素影响,有很大差异,法律执行的预期会受上述因素的影响。

(二)各国外资保护水平整体较好,EPC、BOT 等项目模式可在大多数国家运作

根据商务部 2015 年《对外投资合作国别(地区)指南》提供的信息,“一带一路”国家是各国外资的主要流入地区,外债余额超 100 亿美元的国家有 35 个,其中大多数国家也是我国对外投资的重点地区。

1. 从对外投资保护力度看,各国均较重视对外资的保护,总体情况较好,但少部分国家有外汇管制要求。在对外资保护方面,“一带一路”中有

87.5%的国家建立了较为完备的对外投资保障体系,通过颁布外国投资法、列举负面清单、制定税收优惠政策等给予外国投资者合法地位以及国民待遇,但也有部分国家,如阿富汗、伊拉克等由于国内政府更迭、局势不稳,在外资保护立法方面还处于空白阶段。在外汇管制方面,有22个国家依然实行外汇管制,开立账户、资本汇入汇出、本币兑换等需要获得政府审批。

2.政府干预外资项目的风险整体偏低,国有化和征收征用风险基本可通过中信保有效化解。除新加坡、文莱和中东OPEC产油国外,其他国家都是发展中国家,部分国家是仍是联合国认定的最不发达的国家。各国政府运作外资项目时,能够在法律框架内行使政府监管职能。但也有少部分国家仍然存在政府干预风险,如乌克兰2012年至2014年多次修改法律,对外资项目进行国有化。虽然有国有化风险,但通过投保中信保海外政治保险或其他多边机构保险可以有效防范风险。此外,对于征收征用的补偿,各国还是能够在法律框架内予以补偿。

3.从项目运作模式看,各国均承认EPC模式合法性,并有56.3%的国家允许BOT模式。一方面,EPC模式是工程承包的基本操作模式,“一带一路”有52个国家认可EPC模式。但在实际操作中,一些国家对外资参与的方式、行业会有具体要求,如菲律宾不允许外资参加国内项目建设、泰国则要求外资企业必须在本国注册企业。另一方面,BOT作为另一种常见的项目运作模式,也逐渐在“一带一路”国家得到认可,并通过立法形式予以明确,“一带一路”有30个国家颁布了BOT方面的立法,如越南2011年颁布了《BOT、BTO和BT方式合同投资法》、哈萨克斯坦2006年颁布了《特许经营法》等。此外,有10个国家已颁布PPP立法,通过公私合营的方式运作项目,如罗马尼亚、马来西亚、埃及、波兰等国家,这将有利于锁定项目运营风险和还款来源。

(三)中国与大多数国家建立了法律合作纽带,各国较为重视投资保护

外国投资应建立在东道国良好的法律环境和法制基础之上,中国政府历来重视在推进本国企业“走出去”的同时,为企业对外投资提供国际法律层面的保护。

1.中国与大多数“一带一路”国家签署了双边协定。《避免双重征税协定》《双边投资保护协定》和《司法互助协定》是直接保障中国企业对外投资、解决经济纠纷、寻求法律救济的主要双边协定。中国与“一带一路”各国

经济往来关系密切,较早建立了有效的投资保护机制。其中,《双边投资保护协定》作为衡量两国投资关系的重要法律文件,对缔约国具有强有力的法律约束力,其法律责任和法律效力往往高于或等于东道国国内法。中国与“一带一路”53 个国家签订该协定,但仅与 20 个国家签署了《司法互助协定》。

2. 大多数国家参加了有利于投资保护、争议解决的国际公约。“一带一路”各国中有 47 个国家参加了解决外国投资者与东道国政府投资争端的《华盛顿公约》,有 55 个国家参加了为外国仲裁裁决的执行提供便利的《纽约公约》,而中国也是上述公约的缔约国。

(四)政治、经济发展不平衡,风险不容忽视

“一带一路”战略促进各国文明互鉴、相互包容,增强各国对自身区域合作模式的信心。但中国周边地缘政治环境复杂敏感,大国利益交汇,各国经济发展不平衡,风险形势应值得中国企业关注。

1.“一带一路”涉及全球多个高风险地带,是大国角力的焦点区域。一方面,地区局势紧张,恐怖主义、极端主义势力,以及跨境犯罪等问题是“一带一路”部分国家较为集中的问题;另一方面,“一带一路”具有重要的地理位置和战略价值,也是俄罗斯“欧亚联盟”、欧盟“东部伙伴计划”、美国“跨太平洋伙伴关系协议(TPP)”等大国计划的重点,这都在一定程度上影响“一带一路”战略的顺利实施。

2.“一带一路”部分国家内部政局不稳,对项目实施和投资保护构成影响。有些国家仍处于政治、经济转轨阶段,社会矛盾突出,这些因素有可能会推高经济投入的成本并降低合作效率。根据中信保和达信(MARSH)的政治风险评估,“一带一路”约有 42.2% 的国家具有较高的政治风险。

3.“一带一路”各国经济水平差距较大,对中国资金、技术和服务有不同需求。2015 年,中国与“一带一路”相关国家双边贸易总额达 9955 亿美元,占全国贸易总额的 25.1%,我国企业对相关国家直接投资 148.2 亿美元,相关国家对华投资 84.6 亿美元,同比分别增长 18.2% 和 23.8%。但各地区对中国资金、技术和服务有不同需求,应针对具体国家综合考虑。

4.“一带一路”国家国际竞争能力总体偏弱,获得商业金融支持难度相对较大。根据世界经济论坛《2015 ~ 2016 年全球竞争力报告》,“一带一路”国家排名在 50 名以后占全部的 73.2%,排名在 90 名以后占 35.9%,整体竞争实力均偏弱。

二、“一带一路”国家开展融资项目的主要法律问题与风险

(一)部分国家尚不健全的法律体系对项目开展难以提供足够、有效的保障

“一带一路”项目,特别是交通、电力、资源开发等基础设施项目,建设和回报周期普遍较长,包含多层次参与者以及复杂的权利义务关系,项目结构、合同体系、信用安排都十分复杂,对东道国法律基础环境提出了较高的要求。

1. 缺乏项目开展所需的法律环境。一是部分“一带一路”国家法制、经济发展水平不高,属于政治、法律风险较高的地区,如阿富汗、伊拉克、叙利亚等,法律环境往往难以满足项目要求。二是有些国家对投资的限制较多。如根据缅甸《新外国投资法》,只有酒店或房地产项目能够采用 BOT 模式,其他项目领域则需要特别批准。三是法律体系的差异导致合同条款难以执行。比如在沙特阿拉伯、伊朗等政教合一的国家,一些合同条款很可能会因违反教义而无法执行。四是有些国家的特别规定会给项目开展带来风险。比如吉尔吉斯斯坦法律规定,政府有权随时终止或中止通过特许经营协议授予的地下资源使用权,这将严重影响项目的稳定性,不利于项目的顺利推动。

2. 难以采取国际通行的担保结构。在部分“一带一路”国家,由于法制健全程度不高,缺乏清晰的法律概念、法律标准或操作程序,不利于建立有效的担保结构。有的国家禁止性规定较多,比如泰国禁止向外国银行抵押土地,缅甸禁止向外国人抵押不动产等,导致有效担保标的减少。有的国家对担保处置有严格的限制,如缅甸法律规定,担保人必须通过法院指令和判决才能执行担保,不利于贷款人行使自力救济权。有的国家对担保设定的程序规定不明确或者过于复杂,比如越南规定,不动产抵押必须在境内签订合同,并进行公证和登记,程序耗时费力,增加了担保设立的成本。

(二)政治风险错综复杂导致法律风险加大

“一带一路”地区地缘政治关系错综复杂,是政治博弈的敏感区域,部分国家政局不稳,民族、宗教矛盾由来已久。一国政治不稳定、政府更迭或战争、汇兑限制、征收、国有化等重大事件,往往会导致法律政策变动、协议终止等重大法律风险。比如,埃及政权更迭导致对前政府石油合同承认的不

确定性，印度尼西亚终止67项双边投资协议导致投资保护水平下降，缅甸政府更迭后叫停密松水电站项目。这些事件都反映出政治要素对投资者利益和项目法律安排的重大影响。

(三)司法效率偏低，法律执行力不足

多数“一带一路”国家司法和执法体系有待完善，司法独立性、廉洁度、程序保障等司法执法要素难以保障投资的合法权益，法律执行的效率和最终结果有时无法达到预期。多数“一带一路”国家的执法成本较法治发达国家仍有较大差距。一是执法成本过高。如印度的执法平均时间高达1420天，而德国只有394天；叙利亚执法涉及的法律程序多达55个，而德国仅有31个。二是部分国家执行外国判决、裁决困难。比如，印尼法律规定，外国判决无法得到承认和执行，仅能作为证据使用。土库曼斯坦、也门、伊拉克等5个“一带一路”国家均未加入《纽约公约》，无法执行外国仲裁裁决。三是部分国家腐败严重。例如柬埔寨、菲律宾、孟加拉等“一带一路”国家在国际清廉指数排名中均位居120名之后(共177个国家)。总体来讲，执法能力不足、执法成本高昂、腐败现象频发，将成为“一带一路”项目投资者不得不面对的重要问题。

(四)法律变动频繁，稳定性较低

一方面，部分“一带一路”国家法律变动较为频繁。“一带一路”大多数国家都在努力完善各自立法上的不足，法律制度处于不断变化之中。“一带一路”国家在2013年至2014年出台了96项法律政策，改善其法律投资环境，法律环境整体向好。比如，巴基斯坦政府通过《特殊经济区法》，在新预算中给予特殊经济区10年关税减免；保加利亚颁布《投资促进法》，外资企业在当地注册后可自由设立外汇账户，自由汇进外汇。但法律的频繁变动也对投资人作出合理的项目安排带来一定困难。

另一方面，个别国家出台了不利于外商投资的法律政策。例如，印尼于2013年颁布总统令，要求矿业企业外方的持股比例应在企业运营5年后逐步降低，并在5年内降至49%(含)以下；又于2014年发布新的负面投资清单，限制外资进入其石油服务业，投资政策进一步收紧。

(五)东道国政府可提供的财力及政策支持相对有限

从经济上看，多数“一带一路”国家财政能力一般，而项目本身又多为投资大、经济回报小、周期长的基础设施项目，部分项目自身现金流无法满足投资要求或项目资产难以构建合格的信用结构，容易导致项目推动困难重重。一方面,政府对投资软环境的保障不足。比如一些国家不存在股票债券市场,任何以股权、债券、债权进行的交易或担保均难以实施。另一方面,政府对项目执行的保障不足。例如缅甸法律规定,未经外汇管理局批准任何人不得在其境内兑换外汇;孟加拉则规定任何企业在境外开立账户必须经其央行同意。这些规定都将不同程度影响项目资金流动、外汇兑换、收益回国等方面的安排。

三、创新风险控制机制,积极应对挑战

“一带一路”国家的项目很多都涉及公共事业,并且投资大、周期长、风险高,因此往往通过 BOT、PPP① 等模式实现政府部门与私营资本的合作,并以项目融资为主要模式。与传统融资模式下贷款人主要依赖借款人信用的情况不同,在项目融资中,贷款人对项目发起人一般没有完全追索权,从而成为项目自有风险的重要分担主体。这对贷款人评估项目技术及经济效益、全程监控项目实施,特别是对识别和控制风险的能力提出了更高的要求。与此同时,“一带一路”国家法律保护程度的差异化和政治环境的复杂性,更增加了银行防控项目风险的难度。为应对在“一带一路”开展业务的困难和挑战,可考虑采取以下措施:

(一)引导企业结合项目特性和法律环境选择恰当的项目模式

我国企业参与“一带一路”国家项目的典型方式包括 BOT、PPP 和 EPC 等,其在合作方式和风险分担方面各有特点。在 BOT 项目中,政府通过特许权协议授权私营机构进行项目建造、经营、维护,政府、公共部门仅规定设施或服务的标准,通常不出资且对项目参与较少,项目建设和运营的主要风险由私营方承担,但收益相对较大。PPP 与 BOT 均以特许协议为合作基础,但与 BOT 中私营企业从招标阶段才开始参与项目不同,双方以股权出资并从项目论证阶段就共同参与,公共部门不仅规定标准,还要参与项目重大事项决策、协调和监督,双方风险分担和协调机制更为健全。对 PPP 和 BOT 模式的选择通常由东道国法律环境、项目投资方出资能力、风险承受能

① PPP 有广义和狭义之分。广义概念是泛指包括 BOT 及其衍生的 BOOT、BOO、BT 等项目模式在内的具有公司合作关系的项目;狭义概念则指公共部门与私营部门签订长期合作协议,共同出资参股开展基础设施或其他公共服务的建设、运营和管理的模式。此处采用狭义概念。

力、公私部门对项目的参与和合作意愿等因素综合决定。与 EPC 模式下承建方对项目参与程度较低相比,BOT 和 PPP 集设计、建造、营运于一体,我国企业可在设计、建造、设备供应等方面拥有更多自主决定权,有利于带动更多企业参与国际市场竞争及推动标准、设计和管理输出。但也应注意,对于涉及国家安全的敏感项目或没有足够投资回报的项目,不适宜通过 BOT 或 PPP 等模式构建交易结构,而采取 EPC 模式可能更为可行。

尽管 BOT 和 PPP 模式在项目参与程度和经济效益带动方面具有显著优势,但由于涉及利益方众多、法律关系复杂,对于基础法律环境提出了更高的要求。在模式选择方面,针对罗马尼亚、保加利亚、拉脱维亚、波兰、埃及等少数已制定 PPP 或 BOT 法律的国家,银行应鼓励企业优先采用此类模式,并在项目早期介入,引导企业进行项目结构设计,合理分担风险。对于有实力的中资企业,可支持其捆绑开展“BOT/PPP + EPC”项目。针对尚未进行此类立法但民商及投资类法律基础尚好,也有 BOT 等项目实践的国家,如印度、老挝、缅甸、塔吉克斯坦等国,银行可通过加强政府合作,积极引导制度和机制建设,推动相关立法,或通过投资者与东道国政府签署特许经营协议,明确税收优惠、政府法律政策承诺、公共服务保证、风险分担机制及收费方案等方式,构建项目仲裁安排,增强投资人对政府不规范行为的有效抑制能力等,形成平衡相关风险的项目结构。针对欠缺 PPP 或 BOT 模式法律基础和建设经验的国家,如东帝汶、土库曼斯坦、吉尔吉斯斯坦等,企业大多通过 EPC 方式参与建设。由于介入较晚,银行很难引导项目结构设计并充分了解风险。如果当地借款主体能够接受的贷款价格不能与银行承担的风险匹配,银行可考虑与 EPC 企业达成合作,通过适当提高投标价格来补偿银行收益,或以合同约定增加其他项目收益的方式,实现与“走出去”企业的风险共担、利益共享。

(二)早期介入,构建合理的交易结构和风险控制措施

每个项目都应根据自身特点,参与者的管理、技术、资金实力以及法律环境等,对交易结构和风险控制措施进行设计。一是明确政府、业主、供应商、购买商及融资方等各个主体对风险分担和收益的共享机制,特别是尽量争取政府在法律及政策、环境保护、市场和收益等方面的支持。二是构建有利于对项目实施监控的交易结构。比如,当项目公司不是一个专设的融资工具公司时,尽管其拥有的项目以外资产能够对银行融资起到一定的支持作用,但公司其他融资方或交易方施加的消极担保或资产保护限制可能妨

碍银行对项目公司的控制。三是确保交易结构在特定法律环境下的可行性。以在一些国家油气领域普遍使用的“产品支付法”①项目融资结构为例,该结构的可靠性以拥有油气储藏及相关权利为前提,但在一些国家,油气生产权利仅限于在特许协议下经营油田,地下石油的所有权属于国家,在这种情况下只能选择其他项目结构。四是通过对技术可行性和经济效益可靠性的评估,判断项目风险防控重点,采取相应的控制措施。比如,当判断经营阶段风险可能主要来自所在市场的销售价格竞争时,应通过建立照付不议、价格调整、利益冲突保险等安排提前防控风险。

(三)强化以合同安排控制风险的机制

项目融资涉及的参与方众多,合同文件复杂,通常包括融资相关文件、项目和公司相关文件、政府支持和保证文件、担保和保险文件等多个类别。相关协议期限长、内容相互关联,是项目成功实施的重要基础,特别是在“一带一路”部分国家法律不能提供完善权益保护的情况下,合同安排作为风险分担机制的重要性尤为突出。作为中资银行,不仅要对直接签署的贷款和担保文件条款进行严格控制,还要对项目发起人或其他利益相关方签署的合同进行全面把控。

一是通过协议安排构建合理、有效的风险分担机制。尽可能将项目有关的各种风险要素,通过协议安排由与项目开发建设有直接或间接利益关系的当事人、其他参与方、利益相关方共同承担,构建各环节“增信”的信用链条,谨防由投资人和银行承担全部项目风险。比如就供货、燃料、运输签订有约束力的、长期固定价格合同,在项目文件中确定严格条款,确定延期惩罚、固定成本,以及项目效益和效率标准等。二是确保项目相关文件对项目运营基础及银行贷款、担保权益没有不利影响。比如为确保项目收益,政府会在特许协议中保证给予项目公司在某区域、行业的优先地位,该承诺可能因违反所在国《反不正当竞争法》而无法达到预期效力。银行在要求将建设和销售合同权益转让给自身时,应确认合同中不包含限制转让条款。三是加强与政府相关协议的衔接,推动在项目特许权协议、政府安慰函、主权担保文件及我国与东道国就重大项目专门签署的政府间协议中,加入有利于贷款安全的条款。

---

① 特殊目的公司从项目公司购买未分割的油气产品或收益,贷款人向特殊目的公司提供贷款,并可以完全拥有或按一定比例拥有项目产品,直到贷款本息偿还为止。

(四)结合项目及国别特点设计担保结构,创新项目风险分担模式

1. 创新风险分担模式。"一带一路"项目信用结构设计时,其合法有效、可执行和可变现是首要考虑的因素,应切实抓住项目主体的有效核心资产。优先选择境内有效实体资产抵(质)押和境内保证人保证;如确实无法提供境内有效担保,可首选境外有效实体资产抵(质)押,次选境外保证人保证。对电站、公路、铁路、油气管线这类项目而言,在取得项目资产担保以外,更重要的是考虑通过合同安排、政府支持、各种保险,强化项目运营和现金流监控来分担和锁定风险。

2. 当地法律有特殊限制时,研究采取替代措施。"一带一路"国家既有高度发达的现代法律体系,也有宗教法与世俗法并存的双轨法律体系;既有依靠判例的英美法系,也有以制定法为主的大陆法系。法律环境呈现多样化的特点,也有许多国家的法律对担保规定了特殊限制。比如,老挝担保法将在国外订立的不动产担保合同视为无效,印尼矿业法对矿权转让予以限制,越南等国不允许将土地抵押给境外金融机构,文莱法律要求在公司资产上设定抵押要由借款人出具担保凭证等。因此,我国银行支持企业到"一带一路"国家开展项目时,如遇到当地法律有特殊限制,可研究替代措施。比如,在土地不允许抵押给境外机构的国家,可通过信托安排,采取当地机构代为持有抵押物等方式。

3. 充分利用主权担保,并确保其可执行。一是积极争取"一带一路"国家提供主权担保。在获得主权担保时,应明确为连带责任保证担保。二是落实主权担保合法可执行的各项审批手续。比如,老挝法律要求政府提供主权担保需获得国会审批,斯里兰卡法律规定提供主权担保需获得总统签署的保证书,土耳其提供还款担保需由财政部长授权办理等,这些都应该在银行放款前办理完毕。三是要求提供主权担保的国家放弃主权豁免。通过合同条款对主权豁免的明确、完整放弃,充分保障企业和银行权益。

(五)充分发挥保险作用,合理转移风险

1. 合理使用中信保保险缓解银行贷款风险。中信保保险在我国企业出口贸易、对外投资和工程承包中得到广泛运用,但其对风险的覆盖和缓释情况受到多种因素影响。银行在选择中信保保险时,应进一步细化对相关险种及赔付范围的把握,合理安排风险缓释措施。

2. 积极探索商业保险参与贷款项目的新机制。可积极鼓励商业保险机构参与对"一带一路"项目的支持,提供探索利用商业保险的新模式,包括

开展小额贷款保证保险和信用保险、将中信保和商业保险相结合等。某中资银行在某境外水电站项目中，就采取了中信保和商业保险相结合的模式，对中信保提供政治保险后剩余的5%的风险敞口，由15个商业保险机构联合组成“共保体”弥补该敞口。

3. 利用好“多边投资担保机构”。“多边投资担保机构”(Multilateral Investment Guarantee Agency，MIGA)，是根据《多边投资担保机构公约》成立的多边组织，隶属于世界银行。中国作为MIGA创始会员国之一，持有其3.358%的股份。MIGA的主要任务是为在发展中国家的项目投资提供政治保险，其承保范围包括货币汇兑险、征用险、(东道国政府)违约险、战争和内乱险(包括革命、暴乱、叛乱和军事政变等)以及其他非商业性风险。目前，中国企业向海外投资中，利用MIGA提供保险的项目数量尚少，但在卢森堡、日本等其他发达国家已有多次使用MIGA保险的先例。例如，卢森堡在土耳其投资建设的阿纳达综合健康校园PPP项目中，MIGA为其提供了额度为15,750万美元的征收险和违约险。下一步，中资银行可根据项目实际情况，创新保险渠道，利用MIGA等机构提供保险支持。

(六)与政府多层次合作，防范风险

政治风险是“一带一路”国家项目所面临的重要风险之一，一方面部分国别政治局势、法律环境存在不稳定因素，另一方面相关项目所涉及的交通、电力、能源及基础设施等领域往往需要取得政府的批准、特许或同意，且公共部门可能直接参与到交易结构中。除采取保险手段抵消风险外，与政府形成积极合作关系是避免相关风险的有效手段。一是宏观层面，形成投资保护类法律文件。包括推动我国政府与“一带一路”重点国家签订双边投资保护协定，以及就具体项目形成所在国政府与投、融资各方共同签订的投资保护协议，保证维持项目优惠政策、特许权利等，承诺不采取损害项目技术和经济可行性，或投、融资主体盈利能力的政策或措施，并就国有化、征收等重大不利变化确定赔偿安排。二是中观层面，通过与国际金融机构合作缓解政治风险。寻求与亚投行、丝路基金等多边金融机构和所在国银行的项目合作，或组成由多国银行构建的银团，增加所在国政府对损害行为所承担的国际关系风险。三是微观层面，寻求政府对单个项目的支持或担保。此外，在法律环境不稳定、不健全的情况下，就关系项目运营基础的重要问题，应征求所在国政府法律机构(如司法部)的确认。

（七）针对不同行业领域采取不同的风险防范机制

针对不同行业领域风险的特殊性，还可建立特殊的风险防范机制。一是中国企业可以建立健全项目风险管控机制。例如针对石油天然气领域的环境风险，应结合所在国法律规定，完成公众参与程序、事前风险评估，建立健全环境监管合规体系和危机事故应急机制，在贷后管理中持续监督、评价其实施情况。二是针对项目所属行业面临的主要外部风险，取得政府部门的支持保证。例如电力行业市场相对单一，收益仅能通过一个国家或一个当地电网取得，为防范政府限制电量或单价造成损失，可要求政府部门提供关于最低使用量和价格的保证，或建立通过容量预订费合同来收取电力容量费，对消费电力另行收取费用的安排。交通行业的现金流依赖于一定范围内不存在免费或低价竞争路线，应由政府部门在特许协议等官方文件中就此类条件予以明确。机场、港口项目涉及扩建问题和与其他交通设施的衔接，可要求政府部门就土地扩建安排的审批，以及配套设施的规划作出承诺。

第二节 海外并购中的国家安全审查

在全球金融危机之后，面对海外企业经营困难、海外资产估值偏低的时机，中国企业加紧了海外投资并购，呈现出速度快速增长、规模显著增大、领域不断拓展的态势。2015 年期间，中国投资者向欧洲和北美市场投资了 400 亿美元，其中对欧洲投资额为 230 亿美元，对美国投资额为 150 亿美元，均破历史纪录。中国对欧洲北美市场投资最活跃的领域主要是房地产、汽车、金融和信息科技行业。2016 年以来，中国对欧洲和北美市场的投资表现十分强劲，对欧洲市场有将近 500 亿美元的交易正在进行，对北美市场有超过 200 亿美元的交易正在进行。[①] 法兰西 24 电视台称，“2016 年是中国资本的欧洲年”。半年时间中国在欧洲花费的并购款达 624 亿美元。据法国《回声报》统计，欧洲占中国海外投资比例 60%，美洲仅占 25%，非洲、亚

---

① “机构报告：中国对欧洲北美市场的投资规模将连创新高”，http://news.xinhuanet.com/fortune/2016-03/c_1118294233.htm，2016 年 7 月 18 日访问。

洲和南美洲加起来不过15%。①

然而,我国企业海外并购的前进道路并非一片坦途,大量的案例说明,海外并购犹如大海行船,浅滩暗礁不断,其中,针对外资的“国家安全审查”几乎是我国企业每一项海外并购不得不面对的一道“明坎”。在我国企业的海外并购历史上,在面对东道国的国家安全审查时,既有中航技收购MAMCO、中海油并购优尼科的“壮志未酬”,也有吉利并购沃尔沃、中海油并购尼克森的“成功抢滩”。本节将在对有关境外并购的典型案例进行分析的基础上,梳理全球主要国家针对外资的国家安全审查制度,探究国外的审查内容和程序,探寻相关制度的考虑因素。《孙子·谋攻》曰:“知己知彼,百战不殆。”希望本节的研究,能为我国企业的海外并购之旅添上法律的防护服衣,希冀我国企业的海外并购能“直挂云帆济沧海”,胜利到达理想的“彼岸”。

一、海外并购中的“一道坎”——国家安全审查

(一)法律意义上的国家安全

国家安全作为法律概念出现,最早可以追溯到美国1947年颁布的《国家安全法》,这是世界上第一部国家安全法律规范,此后许多国家相继颁布了自己的国家安全法律规范,例如罗马尼亚、俄罗斯等。对于“国家安全”定义,各国立法往往没有直接的界定,我国2015年7月1日颁布的《国家安全法》第2条规定:“国家安全是指国家政权、主权、统一和领土完整、人民福祉、经济社会可持续发展和国家其他重大利益相对处于没有危险和不受内外威胁的状态,以及保障持续安全状态的能力。”

综合各国立法实践,法律意义上的国家安全是指“由一国法律确认和保护国家利益,并且授予国家安全机关通过法律手段防范风险、抵御损害,保证国家内部运行以及国际地位不受外界干扰和影响,以达到各方面都处于安全良好状态的法律效果”。② 外资并购的国家安全,是法律意义上的国家安全的延伸,是各国通过建立针对国外企业投资并购建立起来的国家安全审查制度,以实现本国国家利益与经济安全。

---

① “欧洲矛盾面对‘中国大收购’国困难过后担忧竞争”,http://news.xinhuanet.com/finance/2016-06/08/c_129047468.htm,2016年7月18日访问。

② 田文英:《外资并购与国家安全》,法律出版社2011年版,第23页。

（二）倒在国家安全审查门前的热点案例

1. 美国总统第一次对外资并购交易行使否决权的案例：中航技收购MAMCO案

收购方是中国航空技术进出口公司（以下简称中航技）。被收购方美国MAMCO公司，是西雅图的一家商用飞机部件制造商，是美国国防产业在航空领域的承包商之一。1989年11月，中航技开始收购MAMCO所有已发行股票。MAMCO主动向美国外国投资委员会（CFIUS）申报，该委员会遂展开调查。调查终结后委员会向总统建议对已经完成的收购进行强制性转让。1990年，布什总统以该交易威胁美国国家安全为由，命令中航技出售其收购的MAMCO股份。

这是1988年《埃克森—弗罗里奥修正案》实施后，美国总统第一次行使否决权。之所以呈现这样的结局，追根溯源是与美国的外资审查制度、美国对华技术出口管制和美国国内政治这三个因素分不开的。本质上是美国政府“功利地运用外资审查制度这一手段解决了一个对华技术出口管制的问题，从此为弥补其贸易管制体系的漏洞提供了一个行之有效的新方法”。[①]

2. 中海油收购优尼科案

中国海洋石油有限公司（以下简称中海油）是我国第三大石油天然气集团、最大的海上油气生产商，2003年年底的市值约215亿美元。美国优尼科公司当时价值约110亿美元，其美国资产占公司全年总产量和利润的33%，系美国第九大石油公司。优尼科公司由于经营不善等原因导致连年亏损，并申请破产。优尼科挂牌后，中海油有意对优尼科进行收购。同时对此表示出浓厚兴趣的还包括壳牌、戴文能源公司和西方石油公司在内的国际石油巨头们。2005年3月中海油开始与优尼科高层接触，并向优尼科提交了“无约束力报价”。在中海油向优尼科提交了“无约束力报价”后，美国雪佛龙公司提出了180亿美元的报价（包括承担债务）。由于没有竞争对手，雪佛龙很快与优尼科达成了约束性收购协议。6月10日，美国联邦贸易委员会批准了这个协议。但是，根据美国法律规定，该交易还需要美国证券交易委员会（SEC）批准，只有在批准之后优尼科董事会才能向股东正式发函，在此后30天由全体股东表决。实际上，中海油还有最后一次机会，即在发函之前提出新的收购方案，若被优尼科董事会认可，就有收购成功的可

① 何可：“中航技收购事件的由来及影响”，载《跨国投资》2007年第8期。

能。6月23日中海油宣布以要约价185亿美元收购优尼科石油公司。这是迄今为止,涉及金额最大的一笔中国企业海外并购。[①]

美国财政部长斯诺表示,如果中海油成功收购优尼科,美国政府将从国家安全考虑,对这一收购案进行审查。收购引起了国会议员的注意,两名共和党议员为此致信给美国总统布什,要求从国家安全的角度关注这一收购交易,并要求美国外国投资委员会启动对中海油收购计划的调查。41名美国国会议员联名向美国总统布什递交了公开信,敦促布什政府对中海油收购优尼科的要约进行审查,以确认收购是否会对美国的国家安全造成威胁。

最终,美国众议院以333票赞成92票反对,禁止布什政府批准中海油并购优尼科。理由是,能源是美国安全利益中的关键部分,中海油的收购将导致“战略资产”配置给中国;该交易将让中海油获得优尼科“敏感的双用技术”,这些技术可能会有其他商业和军事用途。

2005年7月20日,优尼科决定接受雪佛龙公司的报价,并提交股东大会审议。8月2日中海油宣布退出收购优尼科的竞争。

在中海油的并购案发生时期,美国的外资规制法律是《埃克森—弗罗里奥修正案》(Exon-Florio)。该法案授权美国总统对外国在美国的收购进行“国家安全”调查。具体调查由美国外国投资委员会进行,一旦该委员会对某项交易作出威胁国家安全的结论,则总统有权禁止该交易。对此外国投资者无权上诉,且没有补偿。

为了获得收购的成功,中海油曾作出许多承诺,例如:承诺优尼科在美国本土生产的石油与天然气在美国市场销售;保留优尼科的绝大部分员工;说服优尼科的行政管理人员和运营管理人员加入合并后公司的管理团队;接受优尼科与联邦贸易委员会最近就新配方汽油专利权问题达成的解决条款等。为了符合《埃克森—弗罗里奥修正案》的要求,中海油愿意剥离优尼科在北美的非勘探和开发性资产,对优尼科在美国的非控制性的少数输油管道和储油资产进行特殊的管理安排等。从收购本身看,本来是一个双赢的行为,而由于被国会无端政治化而搁浅,导致中海油的并购无疾而终。

3. 华为收购3COM案

华为技术有限公司(华为)位于深圳市,是一家生产销售电信设备的

---

① “新闻背景:中海油并购优尼科历程”,http://www.ce.cn/cysc/nygd/200508/03/t20050803_4330613.shtml,2016年7月18日访问。

民营科技公司。主要产品包括通信网络中的交换网络、传输网络、无线及有线固定接入网络和数据通信网络及无线终端产品。3COM是美国网络通信设备制造商,位于美国马萨诸塞州的马堡,是最早的现代网络通信技术企业。

2007年9月,华为与美国私人股权投资基金贝恩资本(Bain Capital)斥资22亿美元全面收购3COM。3COM公司曾在2004年收购了网络安全公司TippingPoint,该公司的主要业务是向美国国防部等政府部门销售安全软件。一些国会议员称,华为极有可能获取3COM的敏感技术。贝恩资本曾提出剥离TippingPoint业务,以缓解政府的安全顾虑,但仍未获批准。①

尽管3COM一方曾表示华为在并购后仅作为小股东,无法获得敏感的技术资料和信息,但是美国外国投资委员会仍认为通信技术和网络设备事关美国的国家安全,并对交易予以否决。

美国众议院情报委员会报告称,华为公司的并购对美国国家安全存在威胁,并建议政府驳回收购申请,同时指出政府的计算机系统不应使用华为生产的零部件,因为可能存在谍报风险。

4. 中国五矿并购诺兰达公司案

收购方中国五矿集团公司(以下简称“中国五矿”)于1982年成立,长期以来主要从事中国矿产的进出口。被收购方加拿大诺兰达公司,总部位于加拿大多伦多,是萨德伯里地区的经济命脉,截至2003年年底,诺兰达总资产82亿美元,分别在纽约和多伦多上市。在收购案发生的2004年,诺兰达公司是世界第三大锌、第九大铜生产商,但业务连续多年下滑,决定整体出售。

诺兰达董事会在审议多个公司的竞标文件后,宣布中国五矿最后入选。“收购诺兰达是中国争夺海外原材料资源的重要部署,也是迄今为止中国公司发动的对外国公司最大规模一起收购行动。”②这一消息公布后,引起了巨大反响。加拿大媒体广为散布中国威胁论,而保守党领袖则首先质疑五矿的劳工记录,随后两党议员对收购案争相批评。如此密集的反对声音令

---

① “华为收购3Com未获美政府批准”,http://www.caijing.com.cn/2008-02-21/100048982.html,2016年7月19日访问。

② “中国公司最大海外并购受阻”,载http://business.sohu.com/20041115/n222999459.shtml,2016年3月17日访问。

诺兰达公司也大为惊诧。加拿大反对党一直反对外资收购加拿大企业,主张积极保护加拿大的自然资源。加拿大电机工人工会也参与了对收购案的评估,许多工人查询收购对其工作前景的影响,对失业充满恐惧。

加拿大反对党新民主党主张重新审视《加拿大投资法》,企图通过立法程序逼停收购交易。收购进展非常困难,最终由于双方在收购价格上无法达成共识,诺兰达方面于2004年11月终止了谈判,收购无果而终。本次收购的流产虽然不是加拿大政府直接否决的结果,但是与加拿大某些政府官员、国会议员以及一些势力的反对有密不可分的关系。

(三)闯过国家安全审查关的成功案例

1. 吉利控股集团收购沃尔沃

2010年7月26日,商务部正式批复浙江吉利控股集团有限公司收购沃尔沃的交易。根据我国当时对外投资规定,超过5000万美元的境外投资项目,国家发展改革委审核后报国务院核准。吉利收购沃尔沃涉及金额达到18亿美元,国务院已经核准了这一收购项目。

总部位于瑞典的沃尔沃轿车公司,是福特汽车公司的全资子公司。吉利收购沃尔沃要通过欧盟和美国政府的审批。7月6日,欧盟通过了对吉利收购沃尔沃轿车项目的反垄断审查。在此之前,该交易通过了美国政府的相关审查。①

吉利所收购的是通用旗下的沃尔沃轿车部门,这与美国国家安全或政府机构都无直接联系,其汽车生产技术也并非关系到国家安全的尖端科技。吉利本身为民营企业,股权关系简单,其90%的股份为创始人兼董事长李书福持有,并没有任何证据显示吉利有政府背景或受政府控制。其关联企业吉利汽车控股有限公司为香港交易所的上市公司,财务与公司运作均公开透明。在吉利的收购案件中,不管从被收购的美国企业的性质,或从外国收购方的性质来看,引起美国外国投资委员会对国家安全的考虑的可能性都非常小。② 在此情况下,该案通过美国乃至欧盟的国家安全审查也就顺理成章了。

---

① “沃尔沃资产正式交割 吉利收购沃尔沃大功告成”,载 http://news.xinhuanet.com/fortune/2010-08/02/c_12400210.htm,2016年3月21日访问。

② Joe Wallin,Jim Young,Barrie:“中国企业投资美国汽车领域:吉利收购沃尔沃案例评析,”载李雨龙主编:《跨境投资并购法律实务》,法律出版社2012年版,第240页。

2. 中海油并购尼克森①

北京时间2013年2月12日,加拿大石油和天然气供应商尼克森公司宣布,中国国有的中海油对该公司151亿美元的收购交易已经获得了美国外国投资委员会的批准,这也是这笔交易完成所需的最后一组监管许可,意味着这一亚洲国家有史以来最大规模的海外并购交易面对的最后障碍已经被消除。

加拿大政府在2012年批准了这一收购交易,不过交易也遭到了执政的保守党内部成员的反对,他们对中国政府的人权记录提出了质疑。加拿大政府在批准交易之后强调,这将是最后一次批准同类型交易,称外国国有公司在具有战略意义的加拿大油砂项目中获得大比例控股权益的情况已经达到了一个临界点。

由于尼克森公司在墨西哥湾的石油资产,美国方面的监管许可也成为了交易完成的必要部分,批准进程因为美国立法机构对交易是否威胁到美国的国家安全进行详细审查而被拖延。相比加拿大政府,美国对来自中国的投资传统上更具有警惕性,甚至一度有市场传闻说美国政府可能会要求尼克森公司出售在美国的资产。毕竟,美国政府在2005年曾经否决了中海油收购优尼科公司的交易,当时的理由就是国家安全。在此情况下,本交易获得美国外国投资委员会的批准实属不易。

二、全球主要的国家安全审查的比较法分析

(一)国家安全审查背后的考量因素

1. 安全敏感度因素

在传统意义上,国家安全侧重于对一国国防安全的强调,如《布莱克法律词典》中,对国家安全的定义是:国家与国民、制度的安全,特别指免受军事、间谍和恐怖行动的威胁。对于一个国家的核心利益而言,国防、军事、意识形态等,是国家控制的核心领域,其对国家安全、公共秩序具有重要的影响,不同国家的国家安全审查制度,都在不同程度限制国防、军事和文化产业的海外并购。“在2001年9月11日的袭击之后,保护美国的目标就变得极为迫切。在某种程度上,作为应对措施之一,将国土安全部也纳入了美国

① “中海油尼克森收购交易获美国监管许可”,载 http://finance.qq.com/a/20130212/000741.htm,2016年3月23日访问。

外国投资委员会审查的范畴……”[①]在建立起国家安全审查制度的各国,国家安全一直是一个比较模糊的概念。不同国家使用过其他相关的概念表述,如公共秩序、公共安全等。国家安全概念的模糊性,给各国在对涉及安全敏感性高的外来并购投资时,增加了审查的弹性。在此情况下,有关机构可以根据自己的需要和偏好来调整审查内容和标准,对有利于本国国际竞争力的并购行为,只要不是严重危害国内竞争或竞争性市场结构,一般不加以干预。而对敏感案件,其审查往往十分苛刻。如在中海油完成任何交易之前,美国国会还准备在美国能源法中增加一项条款,展开为期 120 天的针对中国日益增长的能源需求的评估。

2. 贸易投资保护因素

海外并购与其他一般合资不同,往往会获取股权、资产等目标企业的重要权益,并取得决策权利,以实现对目标企业的积极控制。外资来本国并购,往往导致本国企业控制权“易主”。大批行业为国外所控制,则是任何一个主权国家所不愿意看到的。特别是对于本国经济命脉、基础行业影响巨大的并购,更是为各国所重视。例如,澳大利亚认为房地产是敏感行业。目前,被美国视为属于“重要基础设施”范畴的经济部门,包括农业及食品、银行及金融、化学、商业设施、通讯、关键制造业、水坝、国防产业基地、紧急事件应对服务、能源、政府设置、保健和公共卫生、信息技术、国家纪念碑及塑像、核反应堆、核材料及核废料、邮政及船运、交通系统、水资源等多达 19 个行业。[②] 从不同国家对不同行业的“国家安全”认定和设定的范围看,通过所谓“国家安全”审查制度将外资阻挡于国门之外,是一种对本国经济安全、民族产业保护的有效措施。金融危机后,随着中国经济实力不断增强,中国企业的竞争力也越来越强,美国和欧洲针对中国的贸易和投资保护可能会加强。国有企业到这些地方投资将越来越困难,同时也会影响民营私有企业的海外投资。尤其是高科技领域、能源和资源领域的海外投资会受到极大掣肘。有学者指出,这种威胁国家安全的借口已成为一

---

① Allison Davis:“美国法律对外商投资或并购美国企业或资产的考量”,载李雨龙主编:《跨境投资并购法律实务》,法律出版社 2012 年版,第 283 页。

② [美]艾利特·费德门主编:《外国公司在美国并购实务指南》,北京世泽律师事务所译,中国财政经济出版社 2011 年版,第 14 ~ 27 页。

个非市场壁垒，甚至可能成为又一贸易保护措施。[①]

3. 政治考量因素

印度政府中许多官员对投向电信和高科技领域的外资持反对态度，尤其是对于来自中国、巴基斯坦及中东某些国家的外资极为担忧。[②] 鉴于此，印度国家安全委员会秘书处在2006年年底起草了《国家安全例外法案》（NSEA）。加拿大对《投资法》的修订，被认为部分原因就是受中国五矿集团公司[③]对诺兰达公司（Noranda，Inc.）收购案的影响。例如中航技收购事件，其过程和结局均体现出美国国内政治的影响。当时美国国会和白宫在对中国实行制裁的问题上存在相当大的分歧。国会突出强调美国的价值观和在人权问题上的主张，要求严厉制裁中国甚至断交；而白宫方面，尤其布什总统本人不想因为追求美国的价值观而太多地损害美国的现实利益，试图寻求一种较为平衡的政策。而中海油并购优尼科公司一案中，马里兰大学的一位经济学教授指责说：“中国人显然已经决定到美国投资。他们的目的是获取技术，扩大影响力并削弱反对他们的力量，他们是想腐蚀美国的政治制度。”[④]该评论体现了针对海外并购国家安全审查中的政治原因。“美国一直对中国缺乏政治互信，无论是最近的三一集团还是前段时间的华为、中兴，美国提出的理由都是认为这些企业可能危害美国国家安全。在很多美国人看来，不管中国企业是国营的还是民营的，都摆脱不了中国政府的影响，这是让他们比较担心的。”[⑤]

4. 对国有企业或政府实体的警惕因素

国外政府或国会通常会认为我国国有企业或政府实体为政府所有或控

---

① 向松祚认为，美国还有一个基本战略，就是限制海外资金投资美国主要产业和实体经济，迫使海外资金投资美国国债和其他债券以及金融产品。参见辛灵：“美欧贸易保护主义日益激烈 中企海外并购骤降7成”，载 http://finance.ifeng.com/news/hqcj/20121011/7131877.shtml，2016年7月20日访问。

② “Sino Things to Come?”The Economist，Oct. 26，2006.

③ 全国市场主体信用信息公示系统，载 http://baike.baidu.com/link?url=BFzr5PNcaKSq4tjNmvNeGI0e8mRNreoGRvhB8lRlrTROWGrmVnejXshUqIwu1lUZgzZ9SHyGX3pqmhw95QKJ-q，2016年7月27日访问。

④ “退出并购优尼科：中海油得到了什么”，载 http://news.xinhuanet.com/fortune/2005-08/03/content_3301763_2.htm，2016年3月17日访问。

⑤ “风电项目在美被禁 三一集团高调申冤”，载 http://finance.sina.com.cn/hy/20121023/113913448979.shtml，2016年7月20日访问。

制,不能只按照一般的商业考虑运作,而是追求更大的政治战略目的,这些目的或与东道国的国家利益不符。这些东道国对于我国国有企业的并购,会采取怀疑、警惕乃至敌意的态度。在对我国国有企业或政府实体的并购进行审查时,并购方是否按一般商业行为标准运作、是否建立有效的公司治理结构等都是他们审查时考量的重要标准。如果东道国认为相关并购是在我国政府的支持下实施的,就会以国家安全为由拒绝我国企业的海外投资。

(二)国家安全审查制度比较法分析

1. 国外的国家安全审查制度立法概况

从各国的立法状况看,与我国经贸关系密切的美国、日本、加拿大等发达国家和欧盟都建立了针对外资并购本国企业的国家安全审查制度。具体的立法情况如表 10-1 所示。

表 10-1 国家安全审查相关法律法规表

国别	国家安全审查相关的法律法规	是否强调外国国有企业并购
美国	1950 年《国防生产法》; 1988 年的《奥姆巴斯贸易与竞争法》第 5021 节对其 721 节进行的修订,这一修订案被称为《埃克森—弗罗里奥修正案》; 《埃克森—弗罗里奥修正案》于 1992 年进行了修订(《伯德修正案》); 2007 年美国国会通过了《外国投资与国家安全法》(FINSA); 2008 年美国财政部《关于外国人合并、收购和接管条例》生效	是
英国	2002 年《企业法》;① 《欧盟并购条约》(EUMR);② 和《欧盟运作条约》(TFEU)③	无特殊规定

① 《英国企业法》,载 http://en.wikipedia.org/wiki/Enterprise_Act_2002,2016 年 7 月 20 日访问。

② Alistair Lindsay, Alison Berridge, "The EU Merger Regulation", Sweet & Maxwell UK, Aug 2012.

③ 《欧盟运作条约》,载 http://www.wipo.int/wipolex/en/text.jsp? file_id = 199456,2016 年 7 月 20 日访问。

续表

国别	国家安全审查相关的法律法规	是否强调外国国有企业并购
德国	2013 年 9 月 1 日实施修订的《对外经济法》[German Foreign Trade and Payments Act(*Außenwirtschaftsgesetz-AWG*)]①的修正案	是
法国	相关规定散见于《公司法》《劳动法》《商业法》《税收法》《海关法》《专利法》等②	不明确
加拿大	2009 年初修订后的 1985 年《加拿大投资法》③及其配套法规《加拿大投资条例》和《关于投资的国家安全审查条例》	出台了适用于外国国有企业收购加拿大业务的《投资法指引》
日本	《外汇与对外贸易法》、④《反垄断法》、《企业合并规则》等⑤	不明确

由于各国社会经济发展的历史、传统不同,在国家安全审查立法方面也体现出了不同的特点:

(1)在 2007 年到 2009 年全球金融危机爆发前后,不少国家都加强对国家安全审查立法的进程。例如,2007 年美国国会通过了《外国投资与国家安全法》(FINSA)。2008 年,外国主权基金和某些外国投资在德国的并购引起了德国广泛的争议,尤其是俄罗斯国有企业在德国的投资以及在能源领域的并购,德国政府高级官员包括总理认为,主权基金常带有政治目的,而非纯粹的经济贸易,对此必须考虑德国的国家利益保护问题。德国政府遂于 2009 年 2 月 13 日颁布了《对外经济法》[German Foreign Trade and Payments Act(Außenwirtschaftsgesetz-AWG)]⑥的修正案,该修正案于 2009 年 4 月 24 日正式生效,从而建立起外资并购安全审查制度。2009 年初《加

---

① 德国《外国贸易法》,载 http://www. bits. de/public/documents/Ruestungsexport/ForeignTradeAct. pdf,2016 年 3 月 21 日访问。

② 《法国吸引外资和对外投资政策》,http://www. doc88. com/p – 902972574591. html,2016 年 3 月 21 日访问。

③ 《加拿大投资法》,载 http://www. ic. gc. ca/eic/site/ica-lic. nsf/eng/home,2016 年 3 月 21 日访问。

④ 日本通过《外汇和对外贸易法》修正案,《商务与法律》2004 年第 1 期,http://www. cqvip. com/Read/Read. aspx? id = 9749242,2016 年 3 月 21 日访问。

⑤ 《日本对外贸易法律制度综述》,载 http://tfs. mofcom. gov. cn/article/xgxz/200412/20041200315838. shtml,2016 年 3 月 21 日访问。

⑥ 德国《外国贸易法》,载 http://www. bits. de/public/documents/Ruestungsexport/ForeignTradeAct. pdf,2016 年 3 月 21 日访问。

拿大投资法》[①]经修订后，赋予了政府对可能威胁国家安全的投资进行审查的权力。此项权力不仅适用于外国投资收购加拿大企业，也适用于小额投资、内部重组以及在加拿大建立新的企业，还适用于向与加拿大仅有一丝联系的企业的投资，只要目标企业的任何经营发生在加拿大，就可以指令提起审批。

(2)美国的国家安全审查立法对于其他国家具有示范意义。例如，美国2007颁布的新的外资并购国家安全审查制度，成为德、加、澳等许多国家制定相关立法的蓝本。据英国《金融时报》报道，德国新外资并购安全审查机制可以被称作美国外国投资安全审查程序的精简版本。[②] 印度在2006年起草《国家安全例外法》时，由于美国2007年《外国投资与国家安全法》(FINSA)尚未出台，因此印度《国家安全例外法》(NSEA)以美国1988年《埃克森—弗罗里奥法案》为蓝本。

(3)各国立法规定的国家安全审查的权力部门不同。例如，美国的负责机关是美国外国投资委员会，英国是国务大臣(Secretary of State)、公平交易局(Office of Fair Trading)和竞争委员会(Competition Commission)，印度赋予了外国投资委员会以权力，在外国投资威胁印度的国家安全时予以否决，该法由国家安全委员会在总理办公室的监督下实施。

2. 国家安全审查的审查内容

(1)对外资并购的国家安全审查前提是“国家安全”的界定，从各国立法上看，体现出了定义模糊性、内容宽泛性的特点。

例如，美国《埃克森—弗罗里奥修正案》并未对“国家安全”作出定义，而仅列出了一些描述性的要素，以此判断外资收购的后果，使美国政府在审查工作中具有很大的自由裁量权。美国《外国投资与国家安全法》出台后，同样没有对国家安全进行明确定义。在美国对外国投资委员会审查工作的修订方面，扩大了“国家安全”这一概念，明确将涉及重要基础设施(包括能源资产)和重要技术的交易列为应受美国外国投资委员会审查的交易；强调美国外国投资委员会对于所有涉及外国政府所控制实体的交易的审

---

① 《加拿大投资法》，载 http://www.ic.gc.ca/eic/site/ica-lic.nsf/eng/home，2013年3月21日访问。

② 王小琼：“德国外资并购安全审查新立法述评及其启示”，载《国外社会科学》2011年第6期。

查;授权外国投资委员会磋商、附加并实施对于消除某交易对国家安全所引起的任何威胁为必需的条件;若交易各方故意严重违反缓冲协议任何条款且外国投资委员会认为无其他救济可弥补该违反,取消使美国外国投资委员会所批准的交易免于日后审查(及可能纠正交易)的安全保障。有关国家安全的考虑包含在公共利益的概念之中。

在基于公共利益考量的前提下,英国政府介入四类并购交易:①属于英国并购控制范畴,会引起公共利益考虑的并购(“公共利益并购”);②虽然不在上述范畴,但是会实际引发公共利益考虑的并购(“特殊公共利益并购”);③需向欧盟委员会申报的影响英国合法利益的并购[“第21(4)条欧盟并购”];④需向欧盟委员会申报的影响英国核心安全利益的并购(“第346条TFEU并购”)。英国在审查公共利益方面,主要考虑因素包括:国家的安全利益包括公共安全、对言论自由的影响、媒体观点的多样性、金融系统的稳定性。

在威胁国家安全或公共秩序的判断标准方面,德国《对外经济法》(AWG)指出,必须对德国社会的根本利益构成真实的、确实充分的威胁,才构成威胁国家安全。

印度国家安全委员会对威胁国家安全的情形没有客观的标准,而是采用一事一议的态度。为了进一步明确审查可能使用的标准,印度政府进行了举例说明。例如,大量的俄罗斯黑手党资金涌入了印度果阿的房地产市场,一家在印度扩展业务的中国公司,其所有人是中国一名前军人、共产党员,一家中国国有持股51%的航空公司计划在孟买开展货物运输业务等等,均被认为威胁了印度的国家安全。从中可见,印度对威胁国家安全的判断标准与其他欧美国家的一般做法相比,更加不易把握。

(2)国家安全审查限制的主要领域

美国规定了限制外国投资的领域,其中对外国投资基于国家安全考虑而予以限制的,主要包括国内航空运输、核能生产和利用、国内水路运输(包括内河、内湖和近海运输)。例如,外国投资在美国航空公司具有投票权的份额不得超过25%,并且美国航空公司的董事长、三分之二的董事会成员及其他管理人员必须是美国公民,禁止外国投资从事原子能利用或生产,外国投资在美国船舶公司具有表决权的股份不得超过25%。

根据《德国对外经济法》,予以审查的来自欧洲以外的投资并购的构成条件包括:①来自欧洲联盟(EU)或欧洲自由经济区(EFTA)以外的外国投资,无论直接还是间接在德国的企业中获得25%(含)以上表决权的;②如果投资者在其他实体中持有25%(含)以上的表决权,或者投资者与该实体具有其他形式的表决权安排,而该实体在目标德国企业中也享有表决权的,那么投资者收购德国公司的权益应当加上该其他实体在德国公司的权益,累积计算;③股权交易或其他交易安排包括资产收购,无论直接或间接,无论是单个投资者进行还是多个主体共同行动,只要表决权达到或超过25%的;④投资者来自欧洲联盟或欧洲自由经济区以内,但是第三国的股东持有该投资者25%(含)以上表决权的,或者有迹象表明是为逃避联邦经济与技术部(MET)监管而进行交易安排的;⑤收购对象为非德国企业,但是其在德国有子公司或财产的。

法国政府对保险、市场和公共道路上的商业、运输代理、视听通讯、保险经纪人、货物代理、饮料和烟草零售、法语报刊、通信、药品零售等,实施行政管理并限定从业人员国籍。外国资本投资于敏感领域的,例如安全、卫生等公共部门行使权力的项目,武器、弹药的研发、生产和贸易,以及出于军事目的,或制造战争器材的火药和爆炸物等,必须获得经财部的预先批准。2005年初,在百事可乐传言收购法国酸奶和饮用水生产企业达能集团(Danone)一案中,法国总理德维尔潘(Villepin)甚至宣称“达能集团是法国工业的明珠”,[①]要捍卫法国的利益,坚决抵御百事的收购。法国政府宣称将公布一个“战略行业”的名单,以排斥外国投资。

3. 国家安全审查的程序性要求

(1)不同的国家是否进行国家安全审查的强制性申报不同

美国实行并购交易的自愿申报、非自愿申报和强制调查制度。在英国,交易双方没有义务进行国家安全审查申报,但是必须注意到英国政府会对交易进行甄别,一旦介入则会产生重大影响,因此及时同公平交易局等部门沟通是必要的。通常是由投资者负责批准的获取。收购德国企业交易的买卖双方没有当然的义务进行主动申报,[②]他们有权直接进行交易,但是存在被联邦经济与技术部调查甚至否决的风险。

---

① LCI News, July 20, 2005, http://np. www. lci. fr/news/economie/0, 3232812 - VU5WX0lEIDUy,00. html. ,2016年7月20日访问。

② 除了在军工等特殊领域内实施的并购交易外,收购方没有主动申报并购交易的义务,但当事人没有主动申报而进行的并购交易,在经济与技术部依职权审查后,有被禁止的风险。

（2）需要熟悉不同国家的审查程序和流程

在美国，自愿申报中，外国投资委员会的审查期限为30天，[①]审查中如果认为该交易属于应受管辖的交易，则可以再进行45天的调查。根据《外资安全法》，下列任一情况下，外国投资委员会必须进行为期45天的国家安全调查：①交易可能危害国家安全，且此种危害威胁未在30天的预审期内得到减轻；②收购方受外国政府控制或代表外国政府行事；③交易可导致控制任何重要基础设施或重要技术，如电信设施、能源资产及交通基础设施；或④牵头部门及外国投资委员会在30天的预审期内均认为交易可能危害国家安全。调查或该45天期间结束后，外国投资委员会通常会准备一份报告提交给总统，并可建议总统暂停或禁止交易。美国总统有权暂停或否决此项交易，但在收到外国投资委员会的报告后15天内必须作出行动。

在英国，足以导致启动审查程序的因素包括，被收购的英国目标公司在上一财政年度的产值达到7000万英镑，或者收购双方在并购后在英国该行业的货物或服务的供应量达到或超过25%的份额。国务大臣一旦认为某项外资并购涉及公共利益，则会发出介入调查的通知，公平交易局按照通知中确定的期限完成调查报告，如果该交易被转给竞争委员会，则该委员会应在24周内作出报告，最长可再延长8周。国务大臣在报告作出后的3天内发布决定。对于“第346条TFEU并购”交易，英国政府可以在欧盟委员会决定之前介入调查，并有权要求交易当事人向欧盟委员会保守交易资料，以维护英国的国家利益。

在德国，联邦经济与技术部有权在收购协议签订后的三个月内提起调查。[②] 虽然收购交易的双方没有义务就其交易进行申报备案，但是涉及公众

① 外国投资委员会从交易各方处收到最初的正式申报后，会有30天时间决定是否进行45天的调查，标准为该交易是否“可能危害美国国家安全”。若外国投资委员会在30天审查期届满时一致认为该交易不可能危害国家安全，则审查结束，交易获批。

② 德国国家安全审查程序包括初审和复审。德国经济与技术部在收购协议签订日、收购要约公告日或者收购公告之日起3个月内，进行初步审查。如果在初审中发现该收购需要进一步审查，应将其进行复审的决定通知收购方，并可以要求收购方提供全部收购文件。复审的期间为收到全部收购文件之日起2个月内，如果该部认为收购危害德国的公共政策与安全，则可以暂停该交易或者对并购附加限制条件。该暂停交易或者对并购附加限制性条件的决定的生效须经联邦政府批准。对于经济与技术部在安全审查中作出的所有决定都要经过德国行政法庭的司法审查。参见贺丹：“企业海外并购的国家安全审查风险及其法律对策”，载《法学论坛》2012年第2期。

公司收购或者反垄断审查的收购,联邦财政监督当局或者联邦办公室会把交易自动通知联邦经济与技术部。一旦提起国家安全的调查程序,联邦经济与技术部将命令收购方提交全部必要材料,并在收到材料的两个月内作出决定,逾期没有决定的,该交易可以自由进行,不再受任何制约。由于目前为止,国家安全的审查因素尚不明确,所以在签署收购协议之前,如果收购方认为交易可能含有威胁国家安全的因素,为了避免事后遭到调查甚至否决,收购方可以主动向联邦经济与技术部申请“不反对证书”(Certificate of Non-objection)。被收购方无权申请该证书,但是为了交易成功,可以用合同的方式约定收购方申请该证书的义务。申请应当载明收购方的业务领域、收购计划等。联邦经济与技术部应当在收到申请的一个月内决定,或者发布该证书,或者提起调查程序。如果逾期没有作出任何决定,则视为已经发布了该证书。证书已经发布或者被视为发布,则收购交易不再受任何限制。为期一个月的“不反对证书”申请审查是相对较简易的程序,如果投资者(收购方)认识到收购极有可能构成威胁国家安全,那么可以提交全部资料,主动要求启动两个月的国家安全调查程序。

日本实行外国投资的申报制度。如果投资属于《外汇与对外贸易法》规定的农业、林业、矿业、信息通讯、金融保险等业务,外国投资者应当提前三个月通过日本银行向财政部等主管行业部门申报,其他种类的投资应当在投资后的十五日内申报。外国投资者收购日本企业股权的,如果该日本企业的资本额度达到十亿日元以上,则应向财政部提交未分配利润的报告。日本除国家安全等因素的审查以外,还规定了很多商业上的反收购措施,例如毒丸、金降落伞、绝对多数条款、黄金股等,使外资进入日本无论在政府审查,还是商业可行性上,都存在较大困难。日本对重要的外国投资的审查,由财务大臣和行业主管大臣予以审批。日本的《外汇与对外贸易法》是规制外资的一项主要法律文献,于 1991 年修订。根据该法的规定,日本政府如果认为某项外国投资威胁日本的国家安全、公共秩序、公共安全以及经济的平稳运行时,有权禁止该交易或者为交易附加条件。该法授权财务大臣和行业主管大臣对外资并购进行审查,且应当在收到外国投资者的收购意向后 30 日内完成审查工作,必要时可以延长至 4 个月,逾期则该收购视为被自动批准。日本允许就并购项目的审批进行公开听证,对政府的审查决定,投资者可以提起行政复议,乃至诉讼。

(3)需要关注国家安全审查的溯及效力问题

美国《外资安全法》出台前,获得美国外国投资委员会批准的交易可享受到法定的安全保障。该安全保障使交易免于在交割后受到美国外国投资委员会的审查,该审查可能包括资产剥离或可能的纠正措施。《外资安全法》修改了先前的规定,即若交易各方故意严重违反缓冲协议任何条款且外国投资委员会认为无其他救济及执行手段可弥补该违反事项,可取消已获批交易所享有的安全保障。《外资安全法》加强了美国外国投资委员会现时享有的在未将交易书面告知美国外国投资委员会或美国外国投资委员会已完成的审查/调查中存在故意的实质性遗漏或虚假的情况下否决、暂停、修订及回转交易的权力。

在德国,如果联邦经济与技术部进行了调查,并认为该交易构成对国家安全的威胁,那么在获得联邦政府的同意后,联邦经济与技术部可以禁止该交易,或者发布特定的命令。在法律上,交易在被调查以前,收购协议可以成立,但是被调查并禁止以后,协议失效。

基于国家安全,加拿大政府有权否决并禁止任何投资,有权给交易附加条件,有权取消已经完成的投资。加拿大政府在行使这些权力时比较谨慎,但是该等权力使用情况的有关数据从未公布。此项权力给投资者带来的风险,主要体现在本无需审批仅适用申报程序的投资项目,遭到审查或否决时往往交易已经结束,遭到取消后会给外国投资者造成意外的损失。

主要国家的国家安全审查程序如表 10-2 所示。

表 10-2 主要国家的国家安全审查程序简表

国别	审查权力机关	审查时限	是否具有溯及效力
美国	美国外国投资委员会由财政部牵头,财政部长担任委员会主席,包括财政部、司法部、国土安全部、商务部、国防部、国务院、能源部、贸易代表办公室、科技政策办公室、国家情报局(无表决权)、劳工部(无表决权)等 11 个部门负责人	在自愿申报中,外国投资委员会的审查期限为 30 天,审查中如果认为该交易属于应受管辖的交易,则可以再进行 45 天的调查。外国投资委员会可视情况将部分交易向总统递交调查报告,总统在接到报告后 15 天作出最终决定	是

续表

国别	审查权力机关	审查时限	是否具有溯及效力
英国	国务大臣、公平贸易局和竞争委员会	国务大臣一经认为某项外资并购涉及公共利益,则会发出介入调查的通知,公平交易局按照通知中确定的期限完成调查报告,如果该交易被转给竞争委员会,则该委员会应在24周内作出报告,最长可再延长8周。国务大臣在报告作出后的3天内发布决定	—
德国	联邦经济与能源部(BMWi)	一旦提起国家安全的调查程序,联邦经济与能源部(BMWi)将通知收购方提交全部必要材料,并在收到材料的两个月内作出决定,并向联邦政府汇报审查结果,需得到联邦政府同意后方可干预	是
法国	法国经济、财政与劳工部负责对外国投资进行预先审批。收购法国上市公司的,由法国金融市场监管局负责监督	—	—
日本	财务大臣和行业主管大臣	应当在收到外国投资者的收购意向后30日内完成审查工作,必要时可以延长至4个月,逾期则该收购视为被自动批准	—
加拿大	启动安全审查程序的权力在安全部门或情报机构,执行审查的权力在工业部长,参与调查的机构则包括工业部、遗产部、公共安全与应急准备部、国防部、外交和国际贸易部、司法部、枢密院办公室、自然资源部、财政部等19个部门及所有省、地区和市及警察机构	进行申报或申请审查后45天内或实施交易后45天内,部长应向非加拿大人士告知该投资可能需要接受国家安全审查。完整的审查可达200天。或者,申报或申请审查后45天内或实施交易后45天内(如不须申报及审查),由联邦内阁命令进行国家安全审查,而不发出审查通知	是

三、应对海外并购国家安全审查的对策与建议

中国企业走出去进行海外投资并购,因国外的国家安全审查而受挫,其原因包括政治、经济、历史和文化等多重因素,在形式上往往表现为法律因素。无论大陆法系抑或英美法系国家,法律讲求严谨客观、逻辑协调,为了

体现形式上的前后一致和法律协调性，各国关于国家安全的判断标准都很含糊。尽管如此，以法律为表现形式的，还需要通过法律手段来应对，只是投资者要开阔视野，不断提高对海外并购中国家安全审查问题的综合分析能力，对不确定的国家安全标准，要创造确定性，捕捉确定性，规避不确定领域。此外，还应当认识到，让其他国家习惯于接受中国投资还需要一个过程，在此过程中，我们自身也应加强法治建设，不断出台有利于中国企业海外并购的法律制度。

（一）创造确定性：建立信任关系

我国与许多国家在意识形态和政治制度上不同，虽然改革开放已经30多年，但有些外国政府和民众对我国的认识还停留在冷战的水平上，因此产生信任不足的问题。缺少足够的信任是投资目标国动用国家安全手段进行自卫的原因之一。因此我国政府和企业应当从建立信任，塑造一个负责任的大国和企业形象入手，为海外并购创造良好的社会法律环境。

一方面，在华的外国投资是对外宣传我国国家和企业文化的重要渠道，它们掌握我国实际情况的第一手资料，公正地对待在华外资是对外宣传的重要手段；另一方面，已经走出去的企业，需要模范遵守当地法律，规范经营，照章纳税，妥善处理当地的劳资关系，加强与当地政府的协调合作，这些都有利于积极正面地宣传国家和企业的良好形象。例如，随着我国走向富强，中国“威胁”论具有一定的市场，我国在非洲的投资招致一些人的非议，目标都是破坏我国的形象和可信度。但是，我国通过推进对非务实合作，落实中非务实合作的8项新举措，涉及发展援助、信贷融资、人员培训、贸易促进等诸多领域，在我国和非洲国家之间建立了有效的互信。

（二）捕捉确定性因素：目标国法律政策研究

研究目标国的法律政策是海外并购的必经环节，但是各国对于威胁国家安全的标准通常是原则的、概括的、模糊的，具有不确定性，因此相关的法律研究要有深度、广度，要有穿透力，要在不确定中捕捉确定性因素。例如，法律研究工作不应局限在条文本身，而应当对其立法过程、法律环境和实施情况等相关因素进行综合分析，以得出较为准确的结论。

以德国立法为例，德国2009年《对外经济法》对国家安全的判断标准没有规定，法律本身的适用范围较广，但是其立法过程却显示出该法的适用范围将是有限的。在立法过程中，立法机关明确参考了《欧盟条约》[the Treaty Establishing the European Community (EC Treaty)]第46条和第58条，该两个条款是关于在欧盟内自由投资、自由经营的例外规定,欧洲法院(ECJ)对这两个条款的适用作了限制性解释,认为只有在极为特殊的情况下才可以出于安全的考虑限制某项投资交易。例如,欧洲法院认为,在发生危机的时候保证通讯和电力供应可以属于国家安全的因素。此外,德国作为欧盟成员国,《对外经济法》的实施离不开欧盟法律大环境。英国以外的欧盟国家及欧洲自由经济区国家都是成文法国家,但是欧洲法院的判例(precedent)仍具有约束作用。到目前为止,欧洲法院仅有一个案例认可了成员国否决外资并购的决定。在该案例中,比利时政府否决了一项外国投资者收购其国家电网的交易。

根据上述立法背景的深入分析,可以初步判断德国政府在实践中一般不会使用国家安全标准来否决某项投资,除非极为特殊的情况,例如对国有铁路等基础设施的收购。通过对不确定的审查标准背后的国别法律背景的研究,可以捕捉立法背后的确定性因素。

法律研究目的在于作出法律安排,对此我们应当注意到,各国法律对蓄意制造特定的交易安排以规避监管的行为都给予了关注,不承认规避的有效性。对于何为规避,应当予以充分的研究。例如,在德国法律框架下,欧洲以外的投资并购是国家安全审查的启动因素,如果外资利用其在欧洲的实体进行收购则涉嫌蓄意规避监管。但是,如果外国投资者在收购前已经在欧洲有正常运营的实体,那么使用该实体进行收购则不属于蓄意规避,但为了收购而人为地制造处在欧洲境内的实体,并利用其进行收购,则可能构成规避。

(三)规避不确定性领域:充分预见投资的敏感行业

对目标国的敏感行业进行研究,是法律政策研究的一部分。为了减少国家安全因素对我国企业海外并购的负面影响,投资者应当对目标国的敏感行业、敏感领域有充分认识。中航技收购美国 MAMCO 公司一案中,MAMCO 是美国国防航空领域的承包商,在此情况下遭到国家安全审查并不令人意外。各国都不同程度地规定了限制外资进入的领域,其中部分领域与国家安全有关,对这些领域有充分认识是投资并购的必备前提。在这一基础上,投资者应当考虑回避这些领域,或进行必要的安排,避开国家安全审查的不确定领域。

(四)把握含糊性国家安全标准的实质核心:了解目标国的政治、历史和文化

针对各国国家安全标准的模糊性和宽泛性,了解目标国的政治和历史

文化也是把握其确定性因素的途径之一。美国历来属于投资自由的国家，但是其作为政治和军事大国，政治风险明显高于其他国家。而英、法、德等国由于战后的国际政治地位的下降，转而重点关注经济发展，对外国投资的政治考虑相对较少。从贸易史上来看，英美历来在自由贸易上处在领先地位，文化较为开放，对待外国投资基本没有门槛。而法国则有一定的贸易保护历史，在适用国家安全标准时会更严格一些。

德国企业凝聚力较强，由于技术力量雄厚而具备较强的实力，这样，德国企业本身就有相当的抵御外部竞争和并购的能力，且外资不易消化收购德国企业，在此情况下，对外资并购不需政府设置障碍。一般认为，德国政府2009年修订《对外经济法》，规定国家安全审查制度，只是为了设定底线，实际使用的概率较小。

（五）注重沟通技巧：提高宣传与游说的策略性

鉴于海外并购的国家安全审查易受政治因素的影响，我国企业需要在熟悉不同国家安全审查实体内容和程序要求基础上，注意并购的方法与技巧，高度重视海外并购的舆论环境，策略性地参与宣传与游说，以防范投资东道国的国家安全审查风险。目前有一些发达国家对参与海外并购的我国国有企业的身份背景十分敏感，在此情况下，并购前的宣传与游说显得尤为重要。游说宣传时，重点应放在对企业所有制性质、股权安排、公司治理和企业文化上，以弱化国家对公司的控制，使投资东道国当局及社会认为进行交易的是中国的商业实体，是独立的法人而不是中国政府，认识到我国企业的海外并购行为是商业行为而非政府行为。宣传与游说可以采用利益集团游说、利用公众外交影响、借助第三方力量等方式进行。如中海油在并购过程中采用了多种形式实现与美国国会的交流，像派出代表团与财政部及议员交流，聘请公关顾问及媒体顾问通过媒体对中海油进行介绍等。虽然中海油的宣传与游说没有取得最终的成功，但其仍有很多可借鉴之处。

（六）淡化身份怀疑：实现投资多元化

我国国有企业的特殊身份往往是导致东道国国家安全审查风险发生的重要原因之一，因此要降低在投资目标国发生国家安全审查风险的可能性，我国投资者就要在并购主体、并购客体、并购形式等方面实行多元化策略，通过构建合理的海外并购组合，达到降低海外并购东道国国家安全审查风险实现并购成功的目标。

首先，实现并购主体的多元化。针对目前许多东道国对我国企业“国有”身份的质疑,为了降低并购的国家安全审查风险,“国有企业要注意淡化国有身份,转变直接出面收购的做法”,①可以采取与投资目标国政府或企业共同并购投资、共担风险,将海外并购风险转移给投资目标国政府或企业的做法。投资目标国政府考虑到自身的投资利益,一般都会减少对这种投资活动的不利干预和影响。

其次,实现并购客体的多元化。海外并购需避免过度集中在某个国家或某个行业,或集中在某一类国家。我国海外并购投资者需考虑实施并购投资区域多元化战略及投资行业、原材料来源和产品的分散化与多样化战略来分散投资风险。

最后,实现并购形式的多样化。我国海外投资者应改变仅注重直接并购,而不重视其他并购形式的现状,可视情况选择直接并购、收购股份制企业或合资控股等形式,或转换并购形式来防范投资东道国的国家安全审查风险。

(七)建立确定性的国内制度:我国国内立法的保护

对海外投资并购的审查权,是目的地国家主权的体现,为了鼓励我国企业的海外投资,应当在国内法律制度中提供必要的支持和保护,减少投资失败的损失。例如订立海外投资保险法,实行海外投资的保险制度。对此,已有国外的实践作为参考。例如,美国、德国和日本等已经制定了较为完备的海外投资保险法律,对承保投资的政治风险做了规定。要求必须是合格的投资、合格的投资者及合格的投资目标国才可以进行理赔。合格的投资包括投资项目合格和投资形式合格。美国法律规定,在承保时,必须考虑其项目是否有利于美国经济;日本法律规定,所承保的投资必须有助于日本对外交易的全面展开;德国则要求投资项目“值得鼓励”。

合格的投资形式主要是股权投资,对合格的投资目标国,不同的国家之间规定存在差异。美国规定友好的发展中国家(国民人均收入低于一定限度,尊重人权和国际公认的工人权利),与美国签订有双边投资保护协定的国家,是合格的投资目标国。德国则认为,只要投资目标国的法律秩序及其有关措施足以切实保护外国投资即可。在实践中,德国的海外投资者一般都向与德国订有双边投资保护协定的发展中国家投资。日本采取单边保险制,即只根据国内法的规定投保,但在实践中,一般也采取以订立政府间双

① 刘向东:“中铝并购力拓案件的反思”,载《中国中小企业》2010年第2期。

边投资保护协定作为调整投资环境的重要手段。

海外投资保险制度可有效解决投资者的顾虑,从另一个角度为企业的海外并购提供保障。我们需要借鉴国外立法的先进经验,建立起我国海外投资保险制度,为中国企业的海外并购之行提供有效的“制度后勤保障”。

第三节 谨防秃鹫基金——从阿根廷军舰被扣押事件谈起

随着我国境外投资的迅猛发展,中国企业在走出去的过程中也逐渐面临着越来越多的风险和挑战。近几十年来,通过购买不良债务谋求高额赔偿的秃鹫基金(Vulture Funds)在国际市场上表现相当活跃,不仅直接阻碍了债务人的债务重组计划,而且严重影响了其他债权人和相关投资者的利益。秃鹫基金海外掠食的特点,增加了我国企业走出去面临的相关风险,特别是在新一轮主权债务危机集中爆发的大背景下,秃鹫基金的活跃也成为必然。在中国企业走出去的热潮下,本节将以阿根廷军舰被扣押事件为切入点,就秃鹫基金及其对中国企业及银行走出去可能带来的影响进行分析,并结合相关的国际社会和市场实践,提出风险防范建议。

一、阿根廷军舰扣押事件

2012 年 10 月 2 日,阿根廷海军训练船“自由号”护卫舰在停靠加纳共和国的特马港时被扣留,加纳称是应美国 NML 资本公司的诉求扣留军舰。阿根廷政府对此表示愤怒,指责 NML 资本公司“不择手段”,是“主权债务秃鹫”,并表示“自由号”系军舰受外交豁免权的保护,将对禁令提起上诉。

10 月 11 日,加纳一名法官驳回了阿方上诉。判决认为,阿根廷政府提出的“自由号”军舰享有豁免权的理由“并不成立”,除非阿方支付 2000 万美元的保释金,否则“自由号”将被“无限期”扣留。“自由号”护卫舰是阿根廷海军一艘教学舰,遭扣押时舰上有近 300 人。10 月 24 日,阿根廷政府不得不向法国商业航空公司租借一架客机,将大部分船员接回国内,阿政府之所以没有出动自己的飞机,也是担心飞机在加纳遭到扣留。最终,阿根廷政府以加纳违反《联合国海洋法公约》规定的军舰豁免权为由,将其起诉至汉堡国际海洋法法庭。12 月 15 日,国际海洋法法庭判令,加纳政府应立即无条件释放阿根廷“自由号”军舰。

该案件引起全球关注。经过调查,这起事件背后竟是一位美国亿万富翁和阿根廷政府之间的债务纠纷,幕后黑手是美国秃鹫基金。

此事要追溯到 2001 年,由于金融危机,阿根廷欠下数千亿债务,经过漫长的债务重组谈判,阿根廷政府于 2005 年和 2010 年两次推出债务重组方案,约 93% 的债权人都接受了债务重组方案,然而以美国 NML 等资本公司为代表的“秃鹫基金”拒绝接受重组方案。2005 年,美国 NML 等资本公司向美国纽约联邦法院提起诉讼,要求阿根廷政府全额偿还所欠债务本息。2012 年,美国纽约联邦法院作出裁定,要求阿根廷政府必须向美国 NML 等资本公司全额偿还债务本息。此后 1 年多,阿根廷政府先后向美国第二巡回上诉法院和美国最高法院提起上诉,但 2014 年 6 月,美国最高法院驳回阿根廷政府的上诉请求,并同意美国 NML 资本公司等债权人通过司法途径冻结阿根廷政府的海外资产。

美国最高法院的裁决将阿根廷政府推入了绝境:一方面,向美国 NML 资本公司等秃鹫基金偿还债务可能会引发其他债权人提起诉讼,要求阿根廷政府以类似条款偿还债务,则阿根廷负债预计达 150 亿美元,远超其政府的偿债能力;另一方面,阿根廷政府如拒绝还债,法院会冻结阿根廷政府在海外用于偿还其他债权人的资金账户,使其再次陷入违约。一旦再次违约,不仅阿根廷政府过去达成的债务重组协议可能需要推翻重来,今后其再从国际上获得融资也将十分困难。裁决公布后,阿根廷政府和民众反应激烈,阿根廷政府在《华尔街日报》《纽约时报》和《华盛顿邮报》刊登整版广告痛斥“秃鹫基金”恶行,上千名阿根廷民众举行了声势浩大的游行示威,抗议“秃鹫基金”对阿根廷人民的“劫掠行为”。同时,由于法院裁决也出乎投资者的意料,裁决公布当日,美国华尔街和阿根廷本地金融市场即出现剧烈动荡。阿根廷原本脆弱的经济遭受了更加严重的打击,国际三大评级机构相继下调其主权信用评级,造成阿根廷股市暴跌、货币贬值、资金外流。

为避免出现更加不利的局面,阿根廷政府不得不与美国 NML 等资本公司进行和解。2015 年 2 月,经艰难谈判,阿根廷政府与美国 NML 等资本公司达成和解,阿根廷政府将向美国 NML 资本公司等主要秃鹫基金支付 46.53 亿美元。

二、秃鹫基金概述

（一）秃鹫基金的概念

秃鹫基金指一类特殊的私募基金或对冲基金，其专门投资于陷入困境的实体的债务或即将违约的债务，市场上通常也称其为不良债务基金（Distressed Debt Funds）或特殊情况基金（Special Situation Funds）。之所以被称为“秃鹫基金”，是因为这类基金就像秃鹫一样，等待猎物彻底死亡后才飞下来享用美餐。历史上最为活跃的秃鹫基金主要设立于美国、英国的避税天堂（开曼群岛、百慕大群岛和巴哈马群岛）以及英国本土。

（二）秃鹫基金的特点

秃鹫基金具有以下特点：一是秃鹫基金的投资目标通常为在二级市场上流通的债券，但也包括其他形式的债务，主要是陷入困境的实体的债务或具有违约风险的债务（“不良债务”），包括政府债务和公司债务；二是秃鹫基金的投资策略通常是在二级市场上以低于原债务全额的价格收购不良债务，待债务人宣布违约后，通过诉讼攻击方式要求债务人依不良债务的全额还款并支付高额利息；三是相对于投资公司债务而言，投资政府债务的秃鹫基金对国际市场的影响更大。该类秃鹫基金在二级市场上大量购买发展中国家的不良债务，待该国陷入债务危机之后向其境外财产所在地法院起诉并谋求高额赔偿，进一步阻碍了该国经济的复苏和发展。

（三）秃鹫基金的发展

秃鹫投资，也称为不良债务投资（Distressed Investing），在美国 1930 年后的大萧条时代就已经出现，但由专业人士低调地进行操作。1960 年后，对冲基金开始积极地买卖不良债务。近年来债务类对冲基金在不良债务投资业务上采取更积极主动的态度，其在恰当的时间和价位购入濒临破产企业的次级债，获取足够的话语权以干预该企业的破产重组过程，以高于买入价格退出或通过“债转股”的方式取得企业股权并伺机牟利。投资重债穷国国债是不良债务投资策略的一种，但不是主流。据了解，对不良债务进行投资的投资者主要以专业的投资基金（资金大多来自机构投资人）为主，并以逐利为动机。自 2008 年全球金融危机以来，不良资产大量涌现，不良债务投资基金也成为投资人的新宠。不良债务投资人除了要对信贷债务类资产非常熟悉外，还需要对破产重组的法律相当了解。

以国债为投资对象的秃鹫基金起源于 20 世纪 80 年代的拉美国家债务

危机。在此之前,发展中国家主要依靠国际商业银行的银团贷款举借外债,银行是其最主要的债权人。出于共同利益以及在发展中国家开展业务的需要,这些银行在债务人债务违约时一般不会轻易通过诉讼的方式要求执行债务。①

1989 年 3 月,为进一步解决拉美国家的债务危机,美国财政部长布雷迪提出了“布雷迪计划”(Brady Plan),允许银行将拉美国家的不良贷款债权置换为该国重新发行的可在市场上流通的政府债券。因此,这些银行可通过国际二级市场向其他投资者出售该国重新发行的政府债券,从而更广泛地分散风险。②

上述计划在短时间内有效解决了拉美国家的债务危机,但也导致了大量非银行债权人的存在。在此背景下,秃鹫基金应运而生。由于持有不良债券的银行急于脱手,秃鹫基金便在二级市场上以低于面值的价格大量收购不良债券,以便今后展开诉讼攻击。

三、秃鹫基金的诉讼攻击

(一)秃鹫基金的诉讼活动

拉美国家发生债务违约后,持有这些国家政府债务的秃鹫基金便开始向美国、英国等地法院申请诉讼。其中,秘鲁被认为是最初遭遇秃鹫基金诉讼的国家之一。20 世纪 80 年代末,一家秃鹫基金在二级市场以 1140 万美元收购了面值 2070 万美元的秘鲁政府债务后,在美国纽约州法院起诉秘鲁政府要求偿还全额债务。2000 年,法院判决秘鲁败诉并向该秃鹫基金支付本金和利息共计 5570 万美元,最终秘鲁政府以 5630 万美元的高价与该秃鹫基金和解。③ 近年来,秃鹫基金开始针对其他区域的不发达国家提起诉讼,其中很大一部分是针对重债穷国提起的诉讼。

---

① “What is a vulture fund?”, http://ebook. law. uiowa. edu/ebook/faqs/what-is-a-vulture-fund. ,2016 年 7 月 27 日访问。

② “The Brady Plan”, http://www. emta. org/template. aspx? id =35. ,2016 年 7 月 27 日访问。

③ “TA Preliminary Analysis of Creditor Litigation in the Non HIPC Sovereign Debt Restructuring Context ”, http://www. clubdeparis. org/sections/communication/evenements/rencontre-avecsecteur/secteurprive2009/rencontre-avec-secteur/document-emta/downloadFile/file/EMTA_Analysis,2016 年 7 月 27 日访问。

重债穷国是被世界银行和国际货币基金组织（IMF）列入重债穷国倡议（也称为重债穷国减债计划）的相关国家，目前共有39国列入倡议，截至2016年3月，被列入倡议的国家名单如下：①

亚洲（1个）：阿富汗。

美洲（5个）：玻利维亚、圭亚那、海地、洪都拉斯、尼加拉瓜。

非洲（33个）：贝宁、布基拉法索、布隆迪、喀麦隆、中非共和国、科摩罗、刚果共和国（布）、民主刚果共和国（金）、科特迪瓦、埃塞俄比亚、冈比亚、加纳、几内亚比绍、利比里亚、马达加斯加、马拉维、马里、毛里塔尼亚、莫桑比克、尼日尔、卢旺达、圣多美和普林西比、塞内加尔、塞拉利昂、坦桑尼亚、多哥、乌干达、赞比亚、乍得、几内亚、索马里、厄立特里亚、苏丹。

（二）秃鹫基金的诉讼分析

秃鹫基金所持有债务的法律适用问题对其诉讼活动具有至关重要的影响。在不同的适用法律下，秃鹫基金所能主张的偿还数额以及对债务人推进债务重组计划的阻碍程度具有很大的区别。就秃鹫基金主要涉及的政府债务而言，实践中，由于政府债务通常在世界金融中心以政府债券的形式发行，绝大多数国际市场上的政府债券都适用英国法和纽约州法，新兴市场国家的政府债券更多地适用纽约州法，其次是英国法和德国法。但欧盟国家的政府债券则大多数适用其国内法律。②

秃鹫基金在诉讼中屡屡获得法院支持的依据在于债务文件中通常具有的“同等权利（pari passu）”条款。该条款在不同的债务文件中存在不同的表述，但核心内容指债务的清偿应当受到与债务人的其他债务同等的对待。

就公司作为债务人而言，由于公司在不同的适用法律下一般具有较为明确的破产清偿程序，“同等权利”条款的适用在实践中并无太大争议。一般来说，根据债权的性质（如担保债权、次级债权等），公司的剩余全部财产在破产后将依照一定的清偿顺序在各债权人之间按比例分配。然而，就国家作为债务人而言，由于尚不存在明确的关于国家的破产清偿程序，“同等权利”条款的适用在实践中为秃鹫基金的诉讼攻击创造了机会。通常而言，国家无法像公司一样将剩余全部财产用于偿还债务，因此国家作为债务人

---

① http://www.imf.org/external/np/exr/facts/hipc.htm，2016年7月26日访问。

② “Sovereign Debt Restructurings 1950 – 2010: Literature Survey, Data, and Stylized Facts”, http://www.imf.org/external/pubs/ft/wp/2012/wp12203，2016年7月21日访问。

一般采取与债权人集体达成债务重组计划的方式,先偿还一定比例的减免债务或进行其他安排。秃鹫基金在收购大量政府债务成为该国债权人之后,一般选择不参与上述债务重组计划,成为“不合作(holdout)”的债权人。一旦该国开始向其他参与债务重组的债权人支付一定比例的减免债务时,秃鹫基金便基于“同等权利”条款向法院起诉,要求该国必须同时向其还款并按照最初的债务数额支付本金和利息。

针对于国家先行向参与债务重组计划的债务人还款的行为是否违反“同等权利”条款,各国法院的理解并不完全一致。有观点认为“同等权利”条款指各债权人的地位(ranking)一致,国家作为债务人不得颁布立法或采取其他方式使得其他债权人优先获得清偿;还有观点则认为“同等权利”条款不仅指各债权人的地位一致,还包括付款的义务平等。如果债务人没有足够的偿付能力,必须基于平等的原则向所有债权人清偿债务。因此,一旦秃鹫基金的“不合作”行为获得了法院的支持,上述国家便不允许在向秃鹫基金还款之前先向参与债务重组计划的债权人还款。迫于再次导致债务重组计划违约的压力,这些陷入债务危机的国家往往只能选择与秃鹫基金进行和解,如上述秘鲁政府在2000年遭遇秃鹫基金诉讼后,最终以5630万美元的高价与该秃鹫基金和解。

“集体行动(Collective Action)”条款被认为是对抗秃鹫基金诉讼攻击最重要的合同规定。具体而言,“集体行动”条款是指在债务文件中规定允许在大多数或绝大多数债权人批准的情况下启动债务重组计划。①

实践中,“集体行动”条款大致包括两类,“多数重组”(Majority Restructuring)规定和“多数执行”(Majority Enforcement)规定。“多数重组”规定允许在同一次债务融资中一定比例以上的债权人可以变更债务的财务条款(包括本金、利息、到期日等)并约束该笔债务的所有其他债权人。“多数执行”规定则允许一定比例以上的债权人可以阻止单独的债权人主张债务的完全偿还或针对国家债务人的诉讼。值得注意的是,“多数执行”规定通常与信托结构相结合,在该结构下,债权人一般将起诉的权利授权给受托人享有,而受托人只有在满足一定比例的债权人的要求下才能起诉债务人。因为避免

---

① 关于“集体行动”条款的具体表述,参见欧洲经济金融委员会(Economic and Financial Committee)2012年发布的标准“集体行动”条款,http://europa.eu/efc/sub_committee/cac/index_en.htm,2016年7月21日访问。

了达成债务重组计划需要全体债权人同意的要求,“集体行动”条款能够有效地抑制秃鹫基金“不合作”的行为对债务重组和其他债权人的影响。

四、秃鹫基金对中国企业及银行“走出去”的影响

在秃鹫基金涉及的法律关系中,主要有秃鹫基金与不良债务方两方主体,其中,秃鹫基金是债权人,不良债务方是债务人。而根据不良债务的不同类型(公司债务或政府债务),债务人可能是举借公司债务的境外公司(“公司债务人”)或举借政府债务的外国国家政府(“国家债务人”)。

如上述债务人与中国企业的对外投资或中国银行的境外贷款产生直接或间接的联系,秃鹫基金对上述债务人的诉讼必然也会影响到中国企业及银行的利益。公司债务人或国家债务人因秃鹫基金的诉讼攻击产生的相关风险可能会转嫁到中国企业的境外财产之上,包括中国企业的境外投资和中国银行的境外贷款。

(一)秃鹫基金对中国企业境外投资的影响

就“公司债务人”而言,在中国企业境外投资的情况下,中国企业通常作为公司债务人的股东,而秃鹫基金则是公司债务人的债权人。一旦公司债务人面临秃鹫基金的诉讼攻击,公司债务人可能需要向秃鹫基金支付全额本金以及高额利息并可能存在破产的风险,如上述情况发生,中国企业将会面临无法收回投资成本或无法继续通过该公司经营等风险。

在“国家债务人”的情况下,中国企业也通常会作为被投资公司的股东,而秃鹫基金则是被投资公司所在国(国家债务人)的债权人。如国家债务人遭到秃鹫基金的诉讼攻击,一方面,由于国家债务人面临巨额债务危机,中国企业的投资环境可能恶化,进而影响被投资公司的正常经营以及中国企业的投资利润,另一方面,由于实践中被投资公司大多是国有企业(或者与国有企业合作),中国企业投资于被投资公司的财产或其相关交易中的财产可能被认定为国家债务人的财产,如被认定为国家债务人的财产,则可能会面临秃鹫基金通过法院查封、冻结等风险。“刚果(金)矿业总公司与美国FG Hemisphere Associates LLC 纠纷”一案就是典型的证明,该案中我国中铁集团对刚果(金)的投资资金因秃鹫基金 FG 对刚果(金)提起的诉讼而被冻结。

此外,鉴于国家债务人的财产在实践中通常执行比较困难,秃鹫基金即使获得了法院判决或仲裁裁决的支持,往往可能因不易发现或认定国

家债务人所有的财产而无法获得赔偿。因此,秃鹫基金逐渐采取在主要的国际资金结算地(如纽约、比利时、卢森堡等地)的法院提起诉讼的方式,请求执行国家债务人向其他债权人支付的还款。例如,在上文提及的 Elliott Associates 诉秘鲁政府一案中,2000 年,Elliott Associates 发现秘鲁政府在美国并无财产之后,便转而主张针对秘鲁政府债券的纽约财务代理行的限制令,要求其扣留任何秘鲁政府向其支付的旨在用于偿还其他债权人的款项。[①] 由于秘鲁政府在限制令出台后并未向该财务代理行支付款项,上述限制令并未发挥作用,Elliott Associates 也并没有获得赔偿。但秘鲁政府也因此面临着向其他债权人偿还款项和利息的支付困难,必须采取新的方式在其他主要的国际资金结算地(非纽约)转移和接收资金并且不被秃鹫基金发现。

(二)秃鹫基金对中国银行境外贷款的影响

对“公司债务人”来说,我国银行通常作为公司债务人的有担保债权人,而秃鹫基金则在多数情况下是公司债务人的普通债权人。一旦公司债务人面临秃鹫基金的诉讼攻击,基于不同的适用法律,公司债务人可能需要向秃鹫基金支付全额本金以及高额利息并可能导致破产。通常情况下,我国银行作为有担保债权人优先于普通债权人,可以就担保物优先受偿。但如果我国银行希望通过债务重组计划维持公司债务人的经营,则可能会面临遭遇秃鹫基金“不合作”的风险。在债务人为“国家债务人”的情形下,一旦国家债务人被秃鹫基金诉讼攻击,一方面,国家债务人可能面临秃鹫基金的巨额索赔,严重影响其对我国银行的还款能力,同时国家债务人的资本环境也可能恶化,进而影响我国银行贷款的回收;另一方面,实践中我国银行贷款的国家债务人大多数为国有企业或者国家政府部门,如同我国企业境外投资的财产一样,我国银行对国家债务人的贷款资金或其回款来源极有可能被认定为国家债务人的财产,如上述财产遭遇秃鹫基金通过法院查封或执行,则必然会影响到我国银行的利益。

五、国际上对秃鹫基金的防范措施

从经济学来讲,秃鹫基金的运作模式符合经济理性人假设,[②]秃鹫基金

---

① 在诉讼过程中,Elliott Associates 还主张将该限制令适用于所有纽约的银行的海外分支机构,但未能获得法院支持。

② “理性人假设”是指作为经济决策的主体都是充满理智的,既不会感情用事,也不会盲从,而是精于判断和计算,其行为是理性的。

的收购行为也不同于证券市场中的恶意收购。所以从表面上看,欠债还钱,天经地义,秃鹫基金作为债权人有权要求债务人偿还债务,但其道德性值得商榷。一方面,秃鹫基金的收购对象大多为陷入困境的债权或债券,其行为难免有乘人之危、落井下石之嫌;另一方面,秃鹫基金要求债务人全额偿还债务,势必会加重债务人的债务负担,尤其是对主权债务人来讲,可能会导致主权债务国的社会经济衰退,从而影响到主权债务国的国计民生。此外,秃鹫基金的行为也打击了国际社会对一些贫穷国家所作出的减债努力。

目前,国际社会尚未对“秃鹫基金”形成统一的国际法规范,但秃鹫基金的行为已经引起了国际社会的关注和不满,虽然国际社会采取的措施有限,但并不意味着秃鹫基金可以为所欲为。许多国家和国际组织都对秃鹫基金可能带来的威胁,尤其是与重债穷国减债计划有关的风险采取了很多应对措施。具体来讲,主要包括以下方面:

(一)积极倡议对秃鹫基金的防范

世界银行和世界货币基金组织一直致力于为包括重债穷国在内的不发达国家减免债务,并且不断促使各国推动限制秃鹫基金诉讼攻击的立法。2007 年,G7① 国家倡议所有重债穷国的债权人不要出售政府债务,该倡议受到了包括巴黎俱乐部②、欧盟成员国等国家的响应。

2010 年 11 月 27 日,南美洲国家联盟在圭亚那举行的第四届首脑会议上要求该地区组织的经济和财政委员会制定防范措施,防止“秃鹫基金”利用金融危机冲击南美国家的金融体系,制造金融动荡。

(二)成立专门的法律机构应对攻击

2008 年年底,非洲开发银行建立了非洲法律支持服务机构(African Legal Support Facility),旨在帮助非洲国家处理与秃鹫基金有关的法律事务,包括向非洲成员国提供融资、法律服务等以协助其应对秃鹫基金的诉讼攻击。例如,在非洲开发银行等机构的协助下,刚果(金)矿业总公司先后于 2011 年 9 月和 2012 年 7 月分别在中国香港和英国离地泽西岛通过当地高等法院与美国秃鹫基金公司 FG 进行诉讼,并获得胜诉,从而解除了被该基

① 包括美国、英国、法国、德国、日本、意大利和加拿大 7 国。

② 巴黎俱乐部是由政府债权人组成的一个非正式组织,其目的在于为面临债务偿还困难的国家找到其偿债的可持续的并且有序的解决方案。在债务国承诺进行改革以重振其宏观经济和财务状况的前提下,巴黎俱乐部贷款人为其进行债务偿还的重新安排或者债务的减免。

金冻结的总额为2.49亿美元的资金。

(三)通过立法予以限制

2014年9月,第68届联合国大会通过决议,决定在第69届联大期间通过政府间谈判进程,为主权债务重组建立一个多边法律框架,从而为发展中国家债务问题提供有效、全面、公正和持久的解决方案,以防止投机资本阻碍发展中国家主权债务重组进程,以提高国际金融体系的效率、稳定和可预见性。

2010年4月8日,英国国会通过了一个限制秃鹫基金诉讼攻击的法律《2010发展中国家债务减免法案》(以下简称《减免法案》),并于2010年6月8日起生效。2011年5月16日,英国国会表决通过议案,将上述原定只有一年有效期的《减免法案》正式转化为永久立法。根据《减免法案》的规定,针对重债穷国减债计划(也称为重债穷国倡议)所认定的国家的债务,任何债权人在英国法院提起的关于偿还债务的诉讼,其主张的偿还数额只能是原债务数额的相关比例(relevant proportion),即世界货币基金组织根据重债穷国减债计划所确定的减免债务后的比例。

2008年年初,比利时政府通过了一项关于“保护发展合作和债务减免不受秃鹫基金诉讼活动影响”的法案,该法案在有关比利时发展援助合作的法律中引入了具体条款,明确规定“指定用于国际合作和公开发展援助的资金和资产不得被扣押或转让”,并且规定“比利时向外国政府和机构提供的贷款不得被扣押或转让”。

此外,比利时政府同时通过了一项关于“降低秃鹫基金对第三世界国家债务减免影响”的决议,该决议要求比利时政府在以下方面(包括其他方面)进行努力:(1)尽其所有可能防止有关重债穷国的债务减免方案遭受秃鹫基金诉讼活动的损害;(2)要求世界银行和国际货币基金组织采取必要的措施(如法律文件、国际条约或协议等),以保证债务减免协议对所有主体都具有约束力;(3)要求世界银行和国际货币基金组织创造必要的条件,以使负债国家在特定条件下的特定期间内免受其债权人的影响。

(四)进一步完善市场规则

由于秃鹫基金胜诉的依据主要在于“同等权利”条款,因此为对抗秃鹫基金的诉讼攻击,市场规则和交易文件也逐步针对该条款做了进一步完善,其中包括集体行动条款的普遍适用。正如上文中关于集体行动条款的分析,该条款允许在大多数或绝大多数债权人批准的情况下启动债务重组计划,因此能够有效地抑制秃鹫基金“不合作”的行为对债务重组和其他债权人的影响。

（五）通过国家豁免原则予以规避

我国虽然没有针对秃鹫基金专门立法，但是就针对主权国家提出的诉讼而言，我国政府始终坚持绝对的国家豁免原则，以此规避适用法院就秃鹫基金针对主权国家借款人的诉讼作出的裁决。我国从未像许多其他国家一样，在商业交易中承认国家豁免原则的例外情况。

六、对我国企业和银行“走出去”的建议

针对上述分析，我国企业和银行可以在借鉴国际经验的基础上，结合自身走出去的实践需要，从以下几个方面开展工作防范风险：

（一）树立秃鹫基金的风险防范意识

不论是我国的企业还是银行，在走出去过程中，首先应树立秃鹫基金的风险防范意识。项目开展前期，应重视对投资国负债及历史违约情况的尽职调查，尤其是关注二级市场上是否有债权低价交易的情形存在。企业和银行可以提前审查被投资公司、借款人及其所在国面临秃鹫基金诉讼攻击的可能性及其应对能力，并要求被投资公司或其合作方、借款人制定详细和具体的应对计划，主动预防秃鹫基金诉讼攻击的风险。

（二）积极参与国际组织的相关倡议和行动

国际组织运动是目前阻止秃鹫基金诉讼攻击风险的一股强大力量，遭受秃鹫基金诉讼攻击的大多数发展中国家（如非洲地区国家）已经开始在国际组织的领导下集体开展相关防范风险的措施。因此，我国企业和银行可以争取与相关国际组织（如非洲开发银行、国际货币基金组织等）共同开展防范秃鹫基金的相关工作，从而实现更有效地防范秃鹫基金诉讼风险的目的。

（三）推动相关国家立法予以限制

目前国际上针对秃鹫基金的专门立法尚在发展阶段，各国仍在积极准备出台相关立法。我国企业和银行可以在投资国、借款人所在国、常见诉讼地国家就秃鹫基金展开立法的阶段发挥积极的推动作用，从推动相关国家立法的角度提前预防和限制秃鹫基金的诉讼活动。例如，推动出台相关立法，严格限制债权人主张政府债务的最高数额、债权受让人的资格和受让条件，或规定政府债权行使的时间，或明确基于国际合作和公开发展援助的资金和资产不得被扣押或转让。

(四)加速市场规则变化

目前,市场规则已经自发地就秃鹫基金的诉讼攻击变更文件的关键条款,防止其利用市场规则谋取高额利润。就债券发行或国际贷款而言,大多数的市场文件主要由国际上重要的相关市场协会和行业自律组织统一制定,并作为市场上通用的规范文本。因此,我国银行可以主动参与上述市场协会关于相关文件的制订和修改过程,加快市场规则变化,应对秃鹫基金可能带来的相关风险。

(五)充分利用相关国家的立法成果,谨慎选择准据法、争议解决方式及地点

我国企业和银行在走出去的过程中签署相关投资文件和融资文件时,为确保日后可通过法律手段实现对其自身利益的有效保护,在约定准据法和争议解决地时,可优先考虑选择已经对秃鹫基金进行立法限制的国家,应对拟选取的适用法律奉行的主权豁免原则、有关同等权利条款及相关司法实践进行充分论证后,选择适合项目情况并能对其进行最有效保护的争议解决方式、地点和适用法律。

(六)合理设计合同条款内容

企业和银行可在投资文件或融资文件中设计交叉违约内容、保密义务、集体行动条款、限制转让条款等避险条款,预防或在秃鹫基金发起攻击时保护我国企业和银行利益。

(七)积极投保相关保险和取得相关担保

对企业来讲,可考虑积极向保险机构投保相关险种,从而化解和转嫁有关秃鹫基金的相关风险,如我国企业在境外投资中,可积极投保中信保的相关保险。银行可在设计境外融资项目结构时,采取充分有效且可与借款人其他资产相隔离的担保结构,避免其贷款资金或还款来源成为秃鹫基金猎取的目标。

第四节　美国长臂管辖的影响与反制措施

从选择走出国门在全球范围开展业务的时候起,中国企业需要考虑的法律问题便不再局限于中国法律范畴。不论以何种商业存在形式开展对外投资,中国投资者都应当充分遵守东道国法律以保障自身合规地位和开展

业务的资格。然而随着经济全球化发展,一些国家为了维护自身利益,赋予本国法律域外管辖的效力。跨国投资者在并未赴该国开展业务或相关事实并不发生在该国的情况下,仍然可能受到其法律的管辖,遭受诉讼或行政措施的影响。本节将介绍域外管辖特点最为典型的美国长臂管辖制度,分析其对中国企业可能带来的影响并提出建议。

一、美国“长臂管辖”制度的含义与发展

“长臂管辖”从本质上讲主要是指一个国家对涉外案件的管辖问题。涉外案件的管辖对涉外案件的审理具有重要意义,既直接关系当事人权利的取得,也直接影响案件的法律适用,还在一定程度上关系到一个国家主权的行使。

(一)“长臂管辖”制度的确立

狭义的“长臂管辖”制度是指司法机构基于特定联系,对不属于其司法管辖权范围内的当事人行使管辖权。在国际民事诉讼中,法院管辖权的确立具有重大意义:一方面,管辖权的确定常常会影响到实体法的适用,直接影响到有关案件的审理结果,并最终影响当事人的权利义务关系;另一方面,国际民事诉讼管辖权的问题与国家主权原则密不可分,由管辖权确立而引发的向他国当事人(包括他国诉讼参加人、诉讼外第三人等)跨境送达、境外取证以及跨境财产扣押、冻结或者判决的承认与执行等问题,因国与国之间法律制度的冲突,常使相关国际民事诉讼案件脱离了单纯民事纠纷的范畴,带有主权斗争的色彩。

美国传统的民事司法管辖权分为属人管辖权和属物管辖权,其理论基础是基于彭诺耶诉纳夫案(Pennoyer v. Neff)确立的“领土主权主义”。在该案中,最高法院指出,确定对人管辖权的这些传统基础是宪法性概念“正当法律程序”的因素之一。该案严格限制法院对一个持异议的非居民行使管辖权,将法院管辖权定义为:法院对其领土范围内的人和物具有司法权力,其他非法院地州不具有这一权力;任何行使域外管辖权的企图与行为都是对他州主权的侵犯。①

① 郭玉军、甘勇:“美国法院的长臂管辖权——兼论确立国际民事案件管辖权的合理性原则”,载《比较法研究》2000 年第 3 期。

然而 1945 年美国联邦最高法院在国际鞋业公司案[①]中以“最低限度联系”原则打破了传统。随后,伊利诺伊州率先制定了长臂管辖权法。其中第 17 节规定,州外居民在该州进行如下行为,该州法院就对其产生管辖权:一是在州内进行任何交易行为;二是在州内为侵权行为;三是对在州内的不动产所有、占有或者使用;四是对州内的人、财产或其他风险有保险的契约。[②]其他各州纷纷效仿此规定,制定了有关的长臂法规。目前,美国各州都制定了长臂管辖法界定本州法院对非本州被告的民事管辖权。1963 年美国统一私法协会制定了一部有关长臂管辖的示范法《统一州际和国际诉讼法》(Uniform Interstate and International Procedure Act),这部示范法对美国大多数州的长臂管辖权起到指导、示范作用。[③]

(二)“长臂管辖”制度的发展

经过多年发展,美国在狭义“长臂管辖”的基础上发展出除法院管辖外的多重管辖。在立法方面,美国通过制定国内立法,规定外国民事主体的实体权利义务,拓宽其国内法的域外效力。美国政府同时也将“长臂管辖”制度运用于其政府机关(包括依据有关立法成立的特定行政机构,如美国海外资产控制办公室)所采取的行政措施中。

本书所讨论的美国“长臂管辖”制度是广义“长臂管辖”的概念,即包括三个方面:一是司法方面,美国法院对案件的管辖权;二是立法方面,美国通过国内立法加强其法律的涉外效力;三是行政方面,美国采用行政手段对其他国家采取经济制裁等措施。

二、美国“长臂管辖”制度对我国企业的影响

美国以其金融市场中心地位为基础,凭借美元在国际经济贸易中的重要作用,充分利用企业与金融机构的依存关系,促使其国内司法判例、立法规定和行政命令在跨境取证、跨境执行财产、经济制裁、反恐、反洗钱、税收等各个领域发挥对他国机构的域外管辖效力。具体而言,美国“长臂管辖”制度可能从以下方面给我国企业对外投资带来影响。

---

① International shoe co. v. washington, 326 U. S. 310(1945).

② 李旺、陈义进:“国际民事诉讼上的‘过度管辖权’及其规制”,载《中国国际法年刊 1999》,法律出版社 2002 年版,第 35 页。

③ 刘力:《国际民事诉讼管辖权研究》,中国法制出版社 2004 年版,第 62 页。

（一）美国制定与反恐、反洗钱相关的法案，确认对相关案件的域外管辖权

2001年的“9·11”事件发生后，美国通过了《通过提供适当手段以打击与防止恐怖主义来团结和强化美国法案》（Uniting and Strengthening America by Providing Appropriate Tools Required to Intercept and Obstruct Terrorist Act of 2001），简称《爱国者法案》（USA PATRIOT Act）。该法案建立了美国对全球反恐、反洗钱的监管架构。该法案通过控制金融机构，使其监管网络得以扩张和延伸。

法案第317条拓宽了美国法院的长臂管辖权，规定如果某一外国人或金融机构参与了洗钱活动，只要根据《联邦民事诉讼规则》或所在国的法律送达了诉讼或裁定通知，有下列条件之一者，美国法院就可以行使长臂管辖权：一是全部或部分交易发生在美国境内；二是将美国法院罚没裁定后美国享有所有者权益的财产以挪用为目的进行转移；三是有关外国金融机构在美国金融机构中开立了账户。此条规定使外国企业面临在美国境内被起诉的风险，即使该企业从未在美国进行过交易。

（二）美国制定经济制裁相关法案，限制或禁止外国机构的经济贸易行为

1988年颁布的《多边出口管制增补修正法案》首次确立了美国经济制裁立法对外国人或机构的域外效力。该法案规定，“一个外国人违反了一个国家（美国）以安全为目的而颁布的对出口实行管制的规定”，就可依据美国的《出口管制法》对其进行制裁。目前，美国经济制裁立法的依据是1917年的《与敌国贸易法》和1970年的《国际紧急经济权力法》。《与敌国贸易法》规定美国总统在国家处于战争或其他紧急状态期间有权调整与敌对国家之间的贸易关系。根据《国际紧急经济权力法》，在美国受到境外非正常威胁的情况下，法案授权总统有权宣布国家进入紧急状态，从而对危害美国国家安全的特定国家采取经济制裁。美国宣布制裁的理由包括防止核扩散、恐怖主义、毒品交易等。此外，自20世纪90年代开始，美国也以防止大规模杀伤性武器扩散为由实施制裁。制裁法案通常由美国国会或国务院、财政部提出，并由财政部实施经济制裁。以下从美国针对伊朗、古巴和朝鲜的经济制裁法案，分析我国企业可能受到此类法案影响的情况。

1. 与伊朗有关的制裁法案

美国对伊朗进行经济制裁的成文法依据主要有三类，一是美国国会制定的法律（Statutes），二是美国政府相关部门经授权制定的联邦条例（Code of Federal Regulations, CFR),三是总统不定期发布的行政命令(Executive Orders)。这些规范性文件构筑了对伊朗制裁的法律框架体系。其中,联邦条例又会通过联邦登记公告(Federal Register Notices)的形式不断被调整和修订,以便及时反映美国对伊朗制裁措施的最新变化。其中《伊朗制裁法》《全面伊朗制裁、问责和撤资法》及《国防授权法》是对伊朗制裁的主要法律。

1996 年美国国会通过了《伊朗制裁法》(原为《伊朗与利比亚制裁法》,在美国取消对利比亚制裁后更名为《伊朗制裁法》,又称《达马托法案》)。2010 年美国国会通过了《全面伊朗制裁、问责和撤资法》,对 1996 年的《伊朗制裁法》进行修改,并将制裁期限延长至 2016 年 12 月 31 日。《伊朗制裁法》禁止任何个人或实体为发展伊朗石油资源进行投资,为精炼油产品的生产提供支持,向伊朗出口精炼油产品提供支持,及为伊朗发展大规模杀伤性武器等提供支持。《全面伊朗制裁、问责和撤资法》增加了其他被制裁的行为,即向伊朗出售、租赁或提供任何商品、服务、技术、信息或支持,使得伊朗可以保持或扩大其石油生产能力或向伊朗出售精炼油产品。这些新增加的制裁使得制裁的范围扩大到金融服务、电信、物流、咨询和商业服务等领域。

尽管该法属于单边制裁立法,不能直接阻止外国企业在伊朗的投资,但是只要该外国企业的业务经营有美国因素,则美国可能通过长臂管辖而对该外国企业实施制裁。举例来说,只要外国企业需要美元结算,或者需要美国技术,股票在美国上市,向美国出口产品等,美国就可能获得管辖权,并采取将其列入制裁名单、禁止制裁对象在美国的外汇结算和资产交易等制裁措施,以阻止该外国企业在伊朗的投资。

不仅如此,该法案规定如果某个实体受制裁,只要其母公司或控股公司知道或者应该知道这个实体实施了上述活动,其母公司或控股公司也会受到制裁。如果关联公司或子公司“在明知的情况下从事”其母公司或关联公司的被禁止行为,则该关联公司或子公司也将受到制裁。考虑到我国石油企业的国有控股及跨国经营的情况,如果其中一家被认定为从事了被制裁的行为,则有可能牵一发而动全身,波及所有该石油企业的相关关联公司或母公司。

2. 与古巴有关的制裁法案

美国对古巴进行经济制裁的成文法依据形式与伊朗相同,即通过美国国会制定的法律、美国政府相关部门经授权制定的联邦条例以及总统不定期发布的行政命令等形式对古巴进行制裁。

1960年古巴宣布没收全部美资企业后,美国开始对古巴实行全面“禁运”。1963年颁布的《控制古巴资产法》实现了对古巴的全面封锁,该法案禁止任何受美国管辖权下的资产或任何人(包括金融机构)的所有信贷和付款交易,不论该交易是通过、经过或是银行机构之间的交易。1992年4月,美国宣布不允许同古巴进行贸易的船只停靠美国港口、进一步限制古巴的外汇交易等一系列加紧对古巴实行制裁的措施。1992年10月,美国通过《古巴民主法案》(又称为《托里塞利法》)进一步扩大对古巴的贸易制裁,包括禁止美国国内及其在第三国的公司与古巴进行贸易,不允许为古巴运过货物的外国船只半年内进入美国港口。

1996年3月美国颁布了《古巴自由和民主团结法案》(又称为《赫尔姆斯—伯顿法案》)。这一法案针对的是20世纪60年代被古巴政府没收的美国人的财产。由于古巴政府没收这些财产时没有给予及时充分的补偿,所以一旦古巴政府将这些财产出售给外国人,就会给将来的返还和赔偿问题造成巨大的障碍。因此,该法案规定任何人如果参与到与没收财产有关的非法交易中,都要承担向原先拥有这些财产的美国国民支付相应的赔偿和利息的法律义务,且美国国民有权依据本法案向美国法庭提出起诉并要求执行判决。不仅如此,该法案授予美国国务卿有权拒绝向与被没收财产有关联的外国人及配偶、子女或代理人发放签证,司法部长也有权将他们驱逐出境。除此之外,海外资产管理控制办公室也将古巴国民列为特别指定国民,使得所有与古巴国民进行的交易及交易方都有可能受到美国相关部门的管辖。

上述古巴制裁法律的长臂管辖效力已经明确体现在其具体的法律规范中。在《古巴自由和民主团结法案》中,美国提出其针对外国国民进行管辖规制的依据为如果发生在一国境外的某一行为对该国境内产生影响或有产生影响的可能,国际法或国际惯例应当承认该国有权力对该项行为进行法律规制。部分学者主张这一法案也符合任何人都不得非法使用别人所有的财产并牟利的国际法公认的法律原则。

就《古巴自由和民主团结法案》引发的问题,欧盟迅速向WTO提起争端解决请求,指控美国的域外制裁措施排除了欧盟成员国根据WTO《关贸总协定》和《服务贸易总协定》享有的与古巴进行自由贸易的权利,最后迫使美国与欧盟进行谈判并达成“谅解”。

2014 年 7 月 1 日,美国与古巴同时宣布就恢复外交关系达成协议。2014 年 12 月 18 日,美国总统奥巴马宣布美国将恢复与古巴的外交关系,放宽对古巴的多项制裁措施,但针对古巴的制裁并未结束,尚需国会通过相关法案。

3. 与朝鲜有关的制裁法案

自 2008 年 6 月开始,虽然美国政府将朝鲜从《与敌国贸易法》中剔除,但是美国政府开始对朝鲜采取与制裁伊朗和古巴相似的制裁方式。

美国关于朝鲜经济制裁法案的规定主要包括禁止与朝鲜进行关于商品、服务或科技的相关贸易,以及对与朝鲜有特定交易联系的任何人士在美国境内或由美国人占用或控制的财产进行冻结的规定。其中与朝鲜有特定交易联系的人士包括为进出口武器、进出口奢侈品、洗钱、外汇走私等提供融资服务的人。如果中国企业违反前述制裁规定,其在美国境内的财产或财产权益将可能被冻结。

2016 年 2 月 14 日,美国总统奥巴马签署美国国会于 2 月 12 日通过的《朝鲜制裁和政策增强法案》,法案要求对在大规模杀伤性武器、军火、奢侈品、网络犯罪及侵犯人权等方面与朝鲜有往来的个人或实体实施制裁,手段包括冻结资产、禁止入境和终止政府合约等。7 月 6 日,美国财政部宣布对一批“与践踏人权有关联”的朝鲜官员和实体实施制裁,其中包括朝鲜最高领导人金正恩。

4. 制裁的解除

一旦外国的企业或个人(包括金融机构)被美国行政部门施加制裁而想要寻求解除制裁,将是一个很烦琐的过程,而并非一场简单的官司。美国有关法案规定,如果美国国务院根据可靠证据判定外国公司已经停止了扩散行为,可以取消或终止相应的制裁。但是对于解除制裁的具体标准和条件,法案并未有明确的规定。外国公司往往投入大量人力、物力,花费高额律师费,与美国政府部门磋商或诉诸法院,三年五载也不一定能解决。这里既有美国法律不明确的原因,也还涉及外交等诸多因素。

此外,值得注意的是,美国十分重视多边制裁行动,认为实施多边制裁比单边制裁更为有效。在积极推动联合国安理会决议之外,美国常会派出国务卿、财政部长等政府高官进行外交斡旋和游说,寻求同盟国采取一致行动。比如,美国在 2010 年 6 月出台新的对伊朗单边制裁法案后,曾启动了寻求同盟国的支持和游说相关国家的行动,但伊朗是欧盟、日本重要的石油供应国，欧盟、日本对此存在争议。制裁法律的国际化势必会给境外的企业带来更大的挑战。

（三）美国反托拉斯法的域外效力可能影响我国企业跨境交易

美国1890年《谢尔曼法》明文规定其也适用于美国的对外贸易，1994年《克莱顿法》规定无论什么人在什么地方实施了违反美国反托拉斯法的行为，只要其效果发生在美国，就要受到美国司法管辖。美国《反托拉斯国际实施指南》中重申："外国交易一旦对美国商业发生实质性和可预见的影响时，不问其在什么地方，均受美国法律管辖。"目前，美国法院对反垄断法域外管辖权的认定主要依据两个原则，即"合理原则"和"效果原则"。"合理原则"认为，美国反托拉斯法域外管辖权的确认要考虑以下几个因素：即美国对外贸易是否受到影响或限制；影响或限制了美国对外贸易的行为是否属于违反反托拉斯法规定的行为；同时考虑其他国家的合法利益。"效果原则"认为，如果在美国本土以外的限制竞争行为产生了对美国国内市场有较大影响的效果，美国法院则对该行为享有管辖权。

"效果原则"的正式确立是在1945年的US v. Aluminium Co. of America案中，[①]美国最高法院在判决中认为1980年的《谢尔曼法》具有域外效力是立法者本意，因此，他所做的工作只是将立法原意阐释出来，即"对外国人在国外的行为造成了本国国内的违法后果时，本国正当追究其法律责任是可以确立的观点"。判决进一步认为，任何国家可以要求不对其负有忠诚义务的人承担责任，只要他们在境外实施的行为在该国境内产生了应予追究的后果。而此前，美国法院坚持严格属地原则，主张外国共谋行为不在美国反托拉斯法管辖范围之内。[②]

70年代，随着国际社会对于美国法院主张域外管辖权的抗议声四起，美国法院域外管辖权的行使在一定程度上进行了收缩。1976年，联邦第九巡回区上诉法院在Timberline Lumber Co. v. Bank of America中采用了管辖权上的合理原则，并认为US v. Aluminium Co. of America所确立的原则不够完善，因为它既未考虑其他国家的利益，也没有明确审查被告与美国之间的联系。此外，法院还要求增加考虑国际礼让的因素。同一时期，在Mannington Mills v. Congoleum Corporation案中，第三巡回区上诉法院进一

---

① US v. Aluminium Co. of America，148 F. 2d 416（2d Cir.，1945）.

② 张劲松："论欧盟对美国经济法域外效力的法律阻却"，载《欧洲研究》2001年第2期。

步列出了在决定应否给予礼让时应予考虑的若干利益平衡因素,主要包括:和有关国家法律和政策冲突的程度;和在国外相比,被指控的违法行为在美国产生影响的相对严重程度;在国外得到救济的可能性,如法院行使管辖权对外交关系的可能影响;法院命令能否生效;是否在此问题上和有关国家存在条约等。

此外,美国还将这些原则以成文法的形式加以规定。例如1976年美国《兼并(合并)申报法》中规定,如外国同业公司的兼并对美国市场产生一定影响,也须承担向美国申报的义务;1982年《出口贸易公司法》的第四编《外国商贸反托拉斯改善法》以列举的立法方法对国内进出口交易有直接的、实质的以及合理预见可能影响的垄断行为加以规定,适用美国法调整。尽管合理原则可以视为美国在行使反托拉斯法方面长臂管辖权的一定收缩,但并不能完全消除效果原则在美国判例中的影响。1993年Hartford Fire Ins Co. v. California案[①]中,法院认为虽然只存在美国公司的出口贸易受到影响这样一个连接点,美国法院对此案中的英国保险公司在英国的行为也有管辖权,只要判决结果不和英国法律有直接冲突。[②]

(四)其他对我国企业有域外管辖作用的美国法案

目前,对我国企业有域外管辖作用的法案主要有以下两种,一是美国《反海外腐败法》(FCPA)授予有关机关对所有在美国境内经营的以及所有与美国公司有业务往来的外国公司进行的海外贿赂行为有管辖权,而不论该贿赂的支付行为是否在美国境内发生,也不论该贿赂的支付行为是否由非美国公民进行,也不论涉案公司的雇员是否直接作出贿赂行为。该长臂管辖权使得美国公司在进行海外收购时,需要进行收购前的反海外腐败法方面的尽职调查,一旦发现问题,就会要求该海外相关公司作出补救或给予相关补偿,这就使得外国的个人和实体必须要遵守特定的合法合规要求。二是美国《海外账户纳税法案》(FATCA)规定,外国银行需将个人账户达5万美元以上,或企业账户余额达25万美元等美国公民身份客户的资料向美方申报,否则在美投资收益会被课以30%重税后才能汇出。上述两个法案均体现了美国的长臂管辖效力。

举例来说,《反海外腐败法》对美国公司对我国官员发生的商业贿赂行

---

① Hartford Fire Ins Co. v. California,509 US 764,113 S. Ct. 2891(1993).

② 张劲松:“论欧盟对美国经济法域外效力的法律阻却”,载《欧洲研究》2001年第2期。

为,依据属人管辖原则可以行使域外管辖,这与我国对该商业贿赂行为享有的属地管辖权直接形成冲突。同时,《反海外腐败法》用于在美国证券市场发行证券的公司,因此它直接适用于在美上市的中国企业。对于在美国上市的我国本土企业,其在境内外对官员实施的商业贿赂行为,亦将同时受美国和中国的司法管辖,因而也直接构成冲突。

再如,《海外账户纳税法案》(FATCA),片面保护美国利益,并对海外金融机构强加了宽泛的域外识别、信息申报和扣缴义务,作为平等主权国家,除非两国之间缔结双边条约,否则海外金融机构并没有义务向美国提供美国公民纳税信息的义务。但是,拒绝向美方申报的企业,可能将面临其在美投资收益会被课以30%重税后才能汇出的限制。

(五)美国通过行政命令限制外国机构资金交易

美国政府也将长臂管辖运用于美国有关政府机关(包括依据有关立法成立的特定行政机构,如美国海外资产控制办公室)所采取的行政措施中。这些行政措施通常以限制外国主体资金交易为手段,对相关企业的资金往来安全构成威胁。

1.行政命令

美国国会通过的法案授予以总统为代表的行政部门可以直接实施有关的行政命令,且对有关违反法律的外国机构进行处罚。例如,根据经济制裁法律,以总统为代表的行政部门可以直接发布有关实施经济制裁的行政命令,有关经济制裁的法律授予财政部等相关机关可以下达命令对违反制裁法律的外国企业所开立和维持的账户设定一项或多项限制条件,或禁止美国的金融机构为其开立或维持账户,或将该外国企业在美国境内的财产或财产权利进行冻结,或对该外国企业处以高额罚款等措施,都体现了其有关政府机构的长臂管辖权。根据《爱国者法案》,美国有关机关对于外国个人和实体在美国金融机构开立的代理账户具有实质的监管权及冻结该外国个人和实体在美国账户中的资产的权力。根据美国《反海外腐败法》,有关机关对所有在美国境内经营的以及所有与美国公司有业务往来的外国公司就其进行的海外贿赂行为有管辖权。

2.美国海外资产控制办公室

美国海外资产控制办公室(The Office of Foreign Assets Control of the US Department of the Treasury,OFAC)是管理和执行所有基于美国国家安全和对外政策而采取的经济和贸易制裁的机构,直接隶属美国总统战时和国家紧急情况委员会。近年来,随着世界性的反洗钱运动的深入,OFAC 的政策和指令,已经成为世界金融业无法忽视的经营规范。

OFAC 所依赖的主要法律依据是各项与贸易和经济制裁有关的法律、行政条例和总统行政命令等规范性文件。例如,OFAC 行使与伊朗有关财产冻结或控制职能主要是基于《1996 年伊朗制裁法案》《2010 年全面制裁伊朗、问责以及撤资的法案》《2012 年度国防授权法案》以及美国财政部制定的《伊朗金融制裁条例》等等的授权。而 OFAC 实施处罚的法律依据则主要有《国际紧急经济权力法案》《与敌国交易法案》《反恐怖主义及有效死刑法案》等等。

OFAC 所管理的经济与贸易制裁主要包括反恐怖主义制裁(Anti-terrorism Sanctions)、反大规模杀伤性武器制裁(Non-Proliferation Sanctions)、反毒品和麻醉品非法交易制裁(Narcotics Trafficking Sanctions)以及对特定国家的制裁(如伊朗、叙利亚、朝鲜)等。针对每一个制裁项目,美国国会和联邦政府都制定了严密的美国联邦法律或行政条例作为立法依据予以支持。OFAC 定期发布美国政府制裁的实体和个人名单,对这些实体和个人进行的金融交易进行冻结或者扣留。OFAC 经授权可对美国境内的所有外国资产进行控制和冻结,同时负责在对外经济和贸易制裁事宜上,与美国的欧洲盟国进行紧密合作。

OFAC 的长臂管辖权体现在其职能及其采取的行政措施上。OFAC 在管理和执行制裁措施方面主要有四项职能:一是制定“特别指定国民”(Special Designated Nationals)名单;二是对被制裁者的资产进行控制和冻结;三是授权许可交易;四是对违规行为进行处罚。

特别指定国民名单并不是简单意义上的姓名罗列,而是有美国法意义上的行政法规的法律效力,适用于所有的美国个人与实体组织。名单中列出的被制裁者财产会被冻结,而且所有美国个人或实体组织均被禁止与其进行交易。因为 OFAC 有权禁止美国的个人与公司与“特别指定国民”进行交易,美国银行因此需要对照特别指定国民表审查每笔交易。由于任何大宗美元转账通常要涉及一家美国银行,这就使许多与美国没有任何联系的银行因其与特别指定国民进行美元交易受到相关美国银行的审查而使交易受阻。

OFAC 对被制裁外国资产进行控制和冻结主要体现在两个方面:第一,对账户和其他财产进行冻结,即当被制裁国家、实体或个人的资产或账户位于美国,或被美国个人或实体所持有或控制时,对这些资产或账户进行冻结。第二,禁止未经授权与被制裁国家、实体或个人进行贸易或者金融交易,包括施行货物禁运等。

OFAC 的上述制裁包括综合性的和非综合性的。综合性制裁措施主要包括针对缅甸、古巴、伊朗、苏丹和叙利亚等国家的制裁,而非综合性的制裁措施则包括一些与巴尔干半岛西部、白俄罗斯、科特迪瓦、利比亚、朝鲜、索马里和津巴布韦等国家有关的制裁,以及一些针对外国毒贩、恐怖分子、跨国犯罪组织和大规模杀伤性武器扩散分子的制裁。在非综合性制裁中,OFAC 并不是针对整个国家禁止交易,而只是针对特别指定国民名单中列出的特定的个人或实体。

如果发现违反制裁相关规定的情况,OFAC 有权决定对违法者进行行政处罚。违反 OFAC 的处罚是严重的。根据制裁项目的不同,对故意违反 OFAC 规定的人员或公司,刑事处罚可能从 50,000 到 10,000,000 美元的罚金,个人则面临 10 到 30 年的监禁。行政处罚则是每一项违反行为将面临 250,000 美元,或每个交易所涉金额的两倍至 1,075,000 美元的罚款。

目前,OFAC 制裁有如下特点:

(1)制裁范围不断扩大。OFAC 制裁令的使用范围不仅限于资金划拨领域,还包括单证等其他载有制裁名单信息的业务,比如国际贸易所涉及的运输船舶、承运公司和货代公司等。

(2)制裁力度不断扩大。只要进出口贸易中涉及的实体和个人在制裁名单中,该笔业务就要接受 OFAC 审查,而不考虑制裁是否会损害第三方的合法权益。

(3)国际制裁网络已经形成。美国法律明确要求所有美国银行,包括其境外分支机构,都有履行包括 OFAC 制裁令在内的相关美国反洗钱法律的义务。只要美国监管当局认为某些交易危及美国的安全和利益,美国监管当局就可以对发生在美国境内外的美元和非美元银行交易进行调查。由此可见,美国的制裁法令对美国银行的境内外分支机构,对美元和非美元交易都有效力。

(4)审核原则不透明。尽管目前发生的一些案例中,外国监管当局或者银行释放了被扣单据,解冻了被扣资金,但其审查所遵循的原则和标准尚未透露,造成无据可查,无章可循,加大进出口企业和银行经营的风险。

(六)诉讼及跨境取证和执行的风险

1. 美国法院依据最低限度联系管辖民商事案件

美国长臂管辖内涵的不断拓展降低了法院行使管辖权所需的外国个人和实体与美国的联系点的要求,使得针对外国的金融机构提起的诉讼更容易被美国法院所受理。

根据“最低联系”标准,即使法院对当事人不具有一般意义上的管辖权(如当事人住所或居所不在法院辖区,或者当事人从未在法院辖区内出现等),法院依然可以凭借当事人与该法院辖区的某些特定联系(“最低限度联系”)而对当事人行使管辖权。

美国法院不仅对在美国进行实质的、持续及系统的商业活动而被视为在美国有实体存在(Physical Presence)的外国企业,例如一家在美国设有分公司或分支机构,或以美国某州为其主营业地的外国企业具有管辖权,对于仅在美国拥有雇员,或在美国存在经营业务的外国企业,有关法院都可能基于这些特定联系而对该外国企业行使管辖权。

2. 美国法案拓宽美国法院对案件的管辖权

尽管一些外国机构的业务与美国联系并不紧密,依据最低限度联系原则,美国法院无法对其享有管辖权力,但美国关于反恐怖主义、反洗钱及制裁他国的法案往往赋予美国法院在特定程序下对外国机构的管辖权。

根据《赫尔姆斯—伯顿法》的规定,任何参与到与1959年古巴政府没收美国财产有关的非法交易中的人,都要承担向原先持有财产的美国国民支付赔偿的义务,美国国民有权依据该法案向美国法庭提出起诉并要求执行判决。如果外国企业在古巴从事的交易与当时被没收美国国民的财产有关,则可能导致美国国民向美国法庭提起诉讼,该外国企业在美国境内的资产将可能受到执行。

《反恐怖主义和有效死刑法案》对其域外管辖权的规定包含两项内容,一项是一般性的,即笼统地规定对于违反法案的行为有域外管辖权,另一项是描述性的,即描述了可以行使域外管辖权的情形,如违反行为全部或部分发生在美国,或违反行为影响了美国与外国的商业往来。此外,法案明确赋予了美国法院对与法案有关的两类案件拥有管辖权。如果外国企业涉嫌违反该法案的规定,例如被怀疑向外国恐怖组织提供实质性支持或资源,美国法院有权受理恐怖主义活动受害者对该外国企业提起的民事诉讼;另外,美国法院可以接受美国总检察长依据法案提出的民事诉讼申请禁令,用以禁止违反法案相关规定的行为。

3. 我国企业信息与资产安全面临风险

美国“长臂管辖”对我国企业的影响除上述两项风险外，还体现在跨境取证、跨境冻结财产和跨境执行判决三个方面。这些影响主要发生在境外主体与我国境内主体的涉外民商事纠纷中，境外原告为针对我国境内主体进行调查取证、诉讼保全等措施，或为执行针对境内主体的民商事判决或仲裁裁决，通过美国法院向我国银行发出传票、冻结通知或者财产移交令申请等司法文书，并通过向我国银行在美分支机构送达的方式，要求银行提交境内主体的账户和账户信息、冻结或移交其财产，不论该信息或者财产位于美国境内还是境外。

（1）我国企业信息安全受到威胁

美国《联邦民事诉讼规则》规定的证据开示义务不仅存在于当事人双方之间，也约束作为案外人的第三方，但并没有明确是否同样适用于跨境取证。从许多判例可以看出，法院倾向于允许当事人基于证据开示规则，要求诉讼外第三人协助提供位于其他国家的证据材料。

由于调查取证涉及一国司法主权，通常一国主体或法院希望得到位于另一国家的证据材料时，需要基于两国间司法协助机制（如《海牙取证公约》）或外交途径请求另一国法院予以协助。在中美均是《海牙取证公约》缔约国的情况下，美国法院绕开公约直接要求第三人提供证据的行为，不仅侵犯我国司法主权，更对我国企业信息安全构成严重威胁。

依据美国《第三次对外关系法重述》以及相关判例来看，法院在判定是否要求提供境外证据时，通常考虑以下因素：①所要求提供的材料或其他信息对诉讼的重要性；②提供境外证据的要求是否足够明确；③该信息是否在美国产生；④有无其他有效的替代方式可获得该信息；⑤不遵守该要求对美国重要利益的损害程度及遵守该要求对信息所在国重要利益的损害程度。

美国法院在一些案件中，判定相关方提交境外证据，如 2009 年 In re Global Power Equipment Group Inc.（全球电力设备集团公司系列破产案）。[①] 荷兰的 Maasvlakte 公司向法院起诉，要求全球电力设备集团公司及其子公司德尔塔集团公司（Deltak Group）承担债务。德尔塔集团公司对于此索赔请求提出异议，并向荷兰 Maasvlakte 公司提出证据开示请求，要求提供其控

① In re Global Power Equipment Group Inc.，2009 WL 3464212.

制下的处于荷兰、比利时和法国的相关文件和证人证言。荷兰 Maasvlakte 公司依德尔塔集团公司的请求,在进行了初步的证据开示之后,提出许多文件和证人证言处于法国,而法国的障碍性法律禁止其提供,德尔塔集团公司应通过《海牙取证公约》获取这些证据。另外,Maasvlakte 公司提出,被要求提供的证据由其姊妹公司 ALE 拥有、控制,ALE 公司与其相互独立,并且与本案无关,Maasvlakte 公司无法提供这些证据。法院综合考虑了各方面因素,认为《海牙取证公约》只是一个可选择的程序,并且通过《海牙取证公约》取证效率低;法国的障碍性法律在实践中并没有得到严格执行,只在个别案件中适用;荷兰的 Maasvlakte 公司实际掌握控制着相关证据,Maasvlakte 公司的抗辩不能成立,判定 Maasvlakte 公司按照美国民事诉讼规则中的证据开示要求提交相关证据。

从涉及我国的相关案例可以看出,境外当事人为了获得我国企业位于境内的证据材料,尤其是企业在银行的账户信息时,会向美国法院申请由我国银行位于美国的分支机构通过其母行获取相关信息并提供给美国法院。如果我国银行拒绝法院的要求,将可能被判定藐视法庭,被处约每日一万美元的罚款。

(2)我国企业财产被冻结的风险

与信息安全受到威胁类似,我国企业的财产即便位于境内,仍然有可能受到美国法院命令的影响。美国《联邦民事诉讼规则》第 65 条规定了预先禁令及临时冻结令,是由原告在获得正式判决前,申请法院签发的,目的在于禁止被告转移财产或者继续从事侵犯原告权利的行为。银行等金融机构作为第三方往往被要求在收到预先禁令或临时冻结令后,不得转移、处置被告财产。但《联邦民事诉讼规则》并没有明确这两种财产保全措施是否具有域外效力,即如果被告的账户资金等财产位于美国境外的情况下,法院签发的预先禁令或临时冻结令效力是否及于该项财产。纽约法院在一些判例中认为,如果纽约法院对于被告或者第三方享有属人管辖权,则可签发禁令禁止其转移境外财产。根据美国民事诉讼程序规则及相关判例,如果一国银行在美国设有分行并营业,美国相关法院即对该银行享有属人管辖权。在 Nasser Abuhamda V. Saleh Amin Abuhamda 案中,[①]纽约最高法院认为,阿拉

① Nasser Abuhamda V. Saleh Amin Abuhamda, 236 A. D. 2d 290, 654 N. Y. S. 2d 11, 1997 N. Y. Slip Op. 01522.

伯银行在纽约从事经营业务,应受纽约法院管辖,被告将账户资金从阿拉伯银行纽约分行转移至在约旦的账户中,原告的预先禁令之请求应该得到支持,最终判定阿拉伯银行冻结被告位于约旦的涉案账户。

(3)我国企业财产面临被扣划的风险

在民事诉讼中,原告通常向法院申请签发财产移交令,要求财产持有人或者控制人移交相关财产。美国的成文法并没有明确财产移交令能否适用于美国境外财产。但美国法院的一些案例确立了财产移交令的域外效力。影响较大的是2009年的科勒案,[①]在该案中法院为了执行一份缺席胜诉判决,要求百慕大银行将其掌握的客户位于百慕大的资产交付于其在纽约的子公司,从而使原告得以追索债权。在科勒案判决后,先后有交通银行、中国银行等多家中资银行的纽约分行收到纽约法院基于该案送达的支付令,要求它们为执行中国境内的财产提供协助。

美国法院在跨境取证、冻结财产和执行判决方面对位于美国境外证据材料和资产的管辖权力对从事跨国投资的我国企业具有更大的影响。美国作为全球最重要的金融中心,许多国家的金融机构均积极参与美国市场业务。当我国企业在一国投资,在当地银行开立账户,只要该银行在美国设有分支机构,那么该账户中的信息和资产都面临上述威胁。

三、应对美国“长臂管辖”的策略建议

随着全球经济一体化发展,中国国力不断增强,我国企业“走出去”是大势所趋,在实践中越来越多地受到国际规则的影响。面对经过各国博弈建立起来的规则,我们需要了解和适应,对于不公平不合理的规则,应当积极消除和反制这些规则可能给我们带来的损害。尽管通过单个市场主体的行为很难避免美国整个长臂管辖制度体系的影响,但对于美国长臂管辖对企业带来的部分影响,企业可以通过具体业务中的一些安排来缓解和避免。

(一)积极应对跨境取证、执行案件

美国法院跨境调取我国企业位于境内的证据材料或执行其境内资产,往往要求我国银行机构予以协助。为维护我国企业的合法权益,银行机构应当积极应对、提出抗辩,具体可通过以下方式:

---

① Koehler v. Bank of Bermuda 12 N. Y. 3d. 533(2009).

1. 拒绝接收美国法院或当事人发出的司法文书,要求其按照《海牙取证公约》或我国《民事诉讼法》履行相关程序

对于美国法院或当事人要求我国银行协助调查取证的问题,由于中国与美国同为《海牙取证公约》的缔约国,因此,在法律上存在一个渠道使中国和美国的当事人可以在平等的基础上从对方国家取得相关证据。面对美国单方面绕开《海牙取证公约》,直接要求协助调查取证的做法,我国银行机构应拒绝接收其司法文书,迫使其回归到公约所要求的正常途径上来。针对跨境执行判决的情况,尽管中美之间不存在双边或多边公约,但根据我国《民事诉讼法》关于司法协助的相关规定,在我国执行外国法院的判决需要通过申请我国法院承认和执行的程序,美国法院直接要求协助执行的行为是对我国司法主权的侵犯,银行机构应敦促其通过司法协助程序申请承认和执行。

2. 在诉讼程序中积极抗辩

美国法院在具体案件中的判决具有不确定性,通过银行的积极抗辩,可以迫使当事人及美国法院放弃单方行为,回到双边机制上来。一是在诉讼中明确提出我国法律存在禁止性规定。美国法院在处理法律冲突问题时,往往综合多方面因素,在案件涉及的外国国家利益与美国本国的司法程序利益之间进行衡量。这就不仅需要外国法律的明确禁止性规定,还要有证据证明外国严格执行该项法律的决心和实践。二是运用单独实体规则,强调在美分支机构与我国银行机构均是单独实体,美国法院不具有要求我国银行机构遵守其命令的管辖权。三是灵活运用“法庭之友”制度,通过非利益方向法院澄清中美两国法律冲突及公约要求,影响美国法院对相关利益的衡量。四是主张不方便法院原则,在基础诉讼与美国法院所在地连接点较少的情况下,主张由其他法院管辖更为合适。五是请求我国政府或银行监管部门介入,表明其如要求银行通过此种途径向美国法院提供信息则违反我国法律,强调相关法律对我国国家利益的重要性。

(二)做好尽职调查,避免美国相关法案及行政措施的影响

近年来,美国针对恐怖主义和支持恐怖主义国家的制裁力度越来越大,这些制裁措施已经对国际结算和国际贸易产生了深远影响。我国企业在开展国际业务时,应加强对制裁风险的防范意识,做好尽职调查,避免陷入受制裁业务,导致单据被扣押、资金被冻结,甚至被美国行政部门处以限制交易的处罚等被动局面。

对客户背景和相关交易的尽职调查应对照美国对他国的制裁法案，以及OFAC不定期更新的SDN名单等进行。我们要具体问题具体分析，认真研究交易商品是否属于禁运物资，业务的当事人（如进出口双方、当事银行、保险公司、承运人、货代公司、运输工具等实体和个人）是否受到制裁。如果仅仅是进出口双方所在国家受到制裁，交易各方没有被列入制裁名单，则应当密切关注，审慎处理。

（三）通过合同条款避免“长臂管辖”

美国法院依据“最低限度联系”原则，对在美国拥有持续、系统的实体存在的外国机构拥有一般管辖权，对与外国当事人在美国从事的特定活动有关的诉讼具有特殊管辖权。美国法院的上述管辖权是针对诉讼当事人本身的，如果双方当事人在合同中明确约定了争议解决方式，则对与合同有关的争议而言，美国法院必须尊重双方约定。

基于以上原因，企业应当避免在相关合同中约定适用美国法院管辖或适用美国法律。由于合同对方可能为美国法人，或在美国拥有资产，考虑到各国对他国法院判决承认和执行均有较为严格的限制，而主要国家均是《纽约公约》成员国，因此建议使用第三地仲裁作为争议解决方式，以便于裁决在美国承认和执行。

第五节 非洲——后金融危机时代投资“热土”，法律环境待臻

提到非洲，许多人会联想到“贫穷、饥饿、战争”等情形，其实，非洲大陆幅员辽阔，国家众多，资源丰富，市场广阔，商机众多，是一个充满希望的大陆。近些年来，随着非洲政治形势日渐稳定，经济建设稳步发展，投资环境不断改善，投资政策相对优惠，这里正在成为世界上新的投资热点。国际上许多持乐观态度的跨国集团将非洲称为“世界上最后的投资边疆”，也是能够让外国投资者获得丰厚经济回报的一个大市场。目前，非洲已经成为国际投资者以及中国企业界追逐利润的新目标。非洲大陆是发展中国家最为集中的大陆，也是世界经济中最后一块“绿洲”。中国又是当今世界上最大的发展中国家和经济增长速度较快的国家。近年，中非合作蓬勃发展，中国业已成为非洲第一大贸易伙伴国，非洲跃居中国第四大海外投资目的地。

随着中非合作的日趋深入,保障我国在非企业利益成为迫切需要解决的问题,因此,我们需要进一步了解非洲法律环境。本节将从非洲市场建设和制度建设的缺陷入手,揭示非洲法律环境的现状及特点,供在非洲投资的中资企业参考。

一、非洲市场特点简介

(一)市场建设相对落后,以农业、小微和外资企业为主,对外依赖严重

市场主体指在市场上从事经济活动、享有权利并承担义务的个人和组织,包括投资者、经营者、劳动者和消费者。非洲经济以农业为主,现代制造业落后,市场主导权仍控制在西方国家及其跨国公司手里。

1. 农业和农民仍占多数地位。除南非、利比亚等十多个资源生产国和少数旅游国外,其余国家经济都以农业为主。农业产值占非洲整个 GDP 的 22.5% 以上,约 60% 的劳动力靠农业谋生。① 在农业生产和经营主体方面则呈现出多元化,体现在土地占有制上,主要有三种形式:一是前资本主义的土地所有制,包括盛行于撒哈拉沙漠以南的部落所有制和普遍存在于北非、东北非的地主占有制,在部分热带丛林及高山地带,还存在着原始公社所有制;二是欧洲殖民者建立的种植园或农场形式的资本主义土地占有制;三是独立后在土地国有化和土地改革基础上形成的国家所有制和合作社集体所有制。

2. 非正式的小型和微型企业为重要主体。非正式部门产值约占黑非洲 GDP 的 40~60%,其就业人员占非农业劳动力的 93%。

3. 制造业主体缺损。非洲制造业小而落后,投资少,缺乏出口市场。世界 48 个最不发达国家中有 34 个在非洲,因此无论从资金和技术上都能力不足。②

4. 外国资本依然控制着非洲经济。非洲 FDI 的利润率最高,但吸收的量少,分布不平衡。2015 年,发达国家经济体 FDI 流入达 9620 亿美元,占全球 FDI 比重 55%;亚洲发展中国家 FDI 流入增长 16%,达 5410 亿美元;因受国际大宗商品价格低迷影响,非洲资源依赖型国家 FDI 下滑,非洲 FDI

---

① UNECA(联合国非洲经济委员会),Africa Economic Report of 2014.

② United Nations,Least Developed Countries Report 2014.

流入为540亿美元,同比下降7%。[1]

5.对区域外市场严重依赖。2013年,非洲内部贸易仅占整个大陆外贸总额的11.3%左右,出口严重依赖区域外市场。据2009年的统计,非洲的主要出口市场为美国(占非洲总出口额的17.4%)、中国(11.7%)、意大利(9.2%)、法国(7.5%)、西班牙(6.2%)、印度(5.7%)、德国(5.3%)、英国(3.7%)、荷兰(3.2%)、日本(2.5%)。从根本上来说,改变历史形成的经济结构并非一朝一夕之事,只要非洲国家对外依赖、对内趋同的单一经济结构得不到根本改变,区域内部贸易就不可能有实质性增长。

(二)调节机制不够健全,多数国家市场由少数垄断企业或外资控制,国家只能发挥辅助作用

在非洲,生产者和消费者都面临各种不同的市场环境:一些生产者在投入上面对竞争或垄断市场,销售则面对垄断、非完全竞争或垄断竞争、或不同程度的寡头垄断市场;有的企业则面临买方垄断或买方寡头垄断,以及不同的投入市场结构。如乌干达电力工业实际上由国营的发电公司、输电公司和配电公司垄断,尽管政策上允许私营发电并鼓励公私合营,但如果要进行商业运营,必须通过这3家公司并入国家电网。埃塞俄比亚的软饮料行业由MOHA和东非酒业公司两家公司完全控制。垄断和寡头垄断市场剥夺了消费者在不同产品和服务间进行选择的权利。

国家调节机制的补充作用。由于存在市场信息缺陷,加上市场选择的多元性,纯粹靠市场机制来配置资源会引起误导和混乱,需要国家调节机制来补充。20世纪五六十年代,非洲国家纷纷取得独立后,曾普遍实行国有化和进口替代战略。随着全球化发展,从20世纪80年代末开始,在西方国家压力下,非洲国家按照“华盛顿共识”先后进行了私有化、自由化、结构调整为核心的改革开放。政府从对市场的直接参与中退出,吸引外资,放宽私营企业投资领域,促进市场竞争。

(三)非洲各国总体发展水平较低,但各国之间差异显著

2009年,非洲35个国家属于人均收入不足1000美元的低收入国家,13个属于低中等收入国家,6个属于上中等收入国家,赤道几内亚则属于高收入国家。但是,即使在高收入国家,市场建设和发展水平也各不相同。南

---

① “《2016年世界投资报告》:2015年世界各地区FDI情况”,http://www.mofcom.gov.cn/article/i/jyjl/l/201606/20160601345224.shtml,2016年7月20日访问。

非、毛里求斯等现代工业和服务业发达,市场经济体制比较完善,属于真正意义上的中等发达国家。而赤道几内亚、博茨瓦纳、加蓬、利比亚、塞舌尔等主要靠石油、黄金等矿产开发和旅游业,制造业部门很少,因此市场主体和调节机制建设很不全面,市场经济还相当落后。

二、非洲国家经济制度建设有所改善,但法律环境相对不健全

(一)非洲国家近年市场规则有所完善

近年来,非洲国家对20世纪80年代末开始的结构调整进行了反思,在作为国家调节主要手段的经济政策方面进一步加强改革,市场规则得到不断建树、更新和完善。

1.产业政策更加适合非洲实际。主要表现在:(1)普遍认识到私营经济在社会经济发展中的作用,扩大了私营部门的经营范围,并广泛推行公私伙伴投资、经营模式(PPP)。(2)根据农业和农民占大多数的特点,实施农业开发导向的工业化战略,希望通过发展农产品深加工和生产供应农业、农民的农用产品和商品以加快制造业发展步伐,并通过前后向联系确保工农业共同发展。(3)推动出口导向工业化战略,带动出口和相关产业增长。(4)注重发展劳动密集型产业。(5)强调内资与外资、政府与私营部门之间的合作和协调。①

2.贸易政策开放更具自主性。20世纪八九十年代,非洲国家曾在华盛顿共识推动下改革开放,但并未带来非洲的发展。② 进入21世纪后,各国在贸易开放政策上更加强调自主性,以服务于各国自身、非洲及各区域组织发展和一体化需要。主要体现在两方面:(1)关税和非关税壁垒大幅度降低。一是进口关税显著降低,二是配额、关税配额和临时关税措施基本上取消,三是取消了大部分数量限制。(2)根据区域一体化要求,各区域组织在取消内部壁垒的同时,大多统一了对外关税。

3.管理政策更加简化。以前的政府工作复杂而费时,存在官僚主义,不灵活。非洲国家纷纷制定公务员法,转变政府职能,在商业执照、进出口管

---

① Ebremedhine Birega, Preliminary Country Paper of Ethiopia on Competition Regime: Capacity Building on Competition Policy in Select Countries of Eastern and Southern Africa.

② Subramanian A. et al. (2002), Trade and Trade Policies in Eastern and Southern Africa, IMF.

理、外汇管理等方面采取了许多简化措施,提供一站式服务。

4. 投资政策更加积极。通过市场导向的经济发展战略和大范围的改革,促进了国内外私人投资。私人投资的领域扩大到很多以前由国家专营的部门,许多国家在外资方面也没有本地比重、技术转让、出口份额等要求,而且对收入汇出、资本大小、税费等方面没有限制。大部分国家还设立了投资局,通过有利的项目吸引国内外投资。

5. 政府采购政策更加透明,开发政策重点突出。政府采购全面采取竞争投标,努力做到更加经济、有效、公正、透明、非歧视,大多围绕农产品深加工和石油、矿产资源开发及深加工制定。

6. 劳动政策更加灵活。如埃塞俄比亚 2003 年制定了《劳动条例》(Labor Proclamation No. 377/2003),基于权利和义务的基本原则,保障工人和雇主双方利益,促进工业和其他部门竞争。

7. 中小企业发展政策以促进发明和工业设计、扩大就业为目标,且消费者保护政策方面没有统一规定,而是由不同的管理制度如刑法、民法等规定。

当然,非洲市场规则建设实际上仍在起步阶段。一方面,规则本身仍不健全,存在很多漏洞。一是政策法规框架还不完善,即使缺乏消费者保护政策,也会影响到吸收 FDI 和市场竞争。① 二是各项具体规章有待实践检验,甚至相互抵触。另一方面,在落实机制上还存在不足,影响到各项政策的实施效果。如很多国家并未在相关投资政策中具体规定如何落实外资保护,而仅仅在条文中规定建立一个管理外国投资的行政机构,它们拥有较大的自由裁量权,从而增加了外资保护的不确定因素。在某些行业,投资者需要得到不同部门的大量的许可证,这些许可的数目、获得它们所需要的时间以及相关的成本费,对投资者是一个重大障碍。

(二)非洲立法灵活度较高、相互交叉情况时有发生

国家调节需要法律加以规范和保障,否则又会引起“政府失灵”。为此各国制定了大量的有关法律和规章,以保障国家调节,促进社会经济协调、稳定和发展,维护社会总体经济效益和利益。与国家调节的三种方式相对应,各国制定了三方面的法规:反垄断和限制竞争法、反不正当竞争法等排

---

① Ebremedhine Birega, Preliminary Country Paper of Ethiopia on Competition Regime: Capacity Building on Competition Policy in Select Countries of Eastern and Southern Africa.

除市场障碍的法律规定;国家投资法、国有企业及国家控股公司法等国家投资经营的法律;计划法、各种经济政策法等有关调节手段运用的法律规定。

非洲国家已经意识到法律环境的重要性,大部分的非洲国家已经初步确立了法制体制框架。投资领域的法律发展更是迅速,各国纷纷进行相关的投资立法,完善投资法制度。但法律风险仍然很大,主要体现在几个方面:

1. 立法灵活。为吸引投资,非洲国家在制定相关法律时,往往给予投资者优惠。但是,由于东道国立法过于自由,对投资的领域、投资者的权利和义务等缺乏详细的规定,既不利于东道国经济的协调、可持续发展,也不利于投资者选择项目,而且对投资者行为法律后果缺乏可预测性。

2. 法规之间冲突。非洲国家的法律经常混杂着西方法(甚至有些国家既受到大陆法系的影响又受到普通法系的影响)、宗教法、当地习惯法,①再加上大部分非洲国家的法律并没有得到编纂,其法律多给人以“大杂烩”的印象。② 不同的法律规范之间常常出现矛盾和重复,令投资和经营者无所适从。

3. 缺乏稳定性。非洲国家政策多变,法律法规也频频修改,大多在“放宽”和“收紧”的政策之间不断反复。在民主化和多党制浪潮推动下,非洲国家政权频繁更迭,也加重了政策和法规的不稳定。

4. 不安全性。非洲国家普遍存在腐败与治理薄弱现象,政府机构官僚化,使得立法与执法之间存在很大的落差。非洲国家的执法能力也普遍薄弱。在司法上,案件久拖不决的现象普遍存在,司法审判进度缓慢,审判制度腐化,存在判决的不可预见性以及判决执行上的诸多困难。③ 非洲国家司法的不安全性还表现在对国际仲裁裁决的执行上。以南非为例,南非的经

① 非洲习惯法是非洲各个传统社会中(主要指村社)属于各个族体的人民在长期生活与劳动过程中逐渐形成的,被用来分配人们之间的权利、义务,调整和解决他们之间的利益冲突,且主要是在一套特殊的崇拜神灵、崇拜祖先等关系网络中,以口述方式被贯彻实施的。如《坦桑尼亚解释法》第2条第1款将其表述为:“习惯法意指包含有某些权利和义务的任务规则或一系列规则,它建立在坦噶尼喀非洲人社区习惯的基础上,并具有法律强制力,而一般地被这些社区所接受。”参见夏新华:《非洲法律文化专论》,中国社会科学出版社2008年版,第25页。

② 沙尔瓦托·曼库索、洪永红主编:《中国对非投资法律环境研究》,湘潭大学出版社2009年版,第6页。

③ 沙尔瓦托·曼库索、洪永红主编:《中国对非投资法律环境研究》,湘潭大学出版社2009年版,第40页。

济相对发达,素有“非洲发达国家”之称,但是南非存在司法过多干预仲裁制度的现象。根据南非仲裁法,在仲裁员任命之前、仲裁过程中以及仲裁裁决作出后,均允许司法的介入,南非仲裁法的这种规定使得各方在面临不利的仲裁裁决时严重滥用当地法院作为拖延战术。[①]

(三)非洲各国在汇率政策、投资环境等方面存在较大差异

20 世纪 80 年代以来,在华盛顿共识推动下,非洲各国进行了以私有化、对外开放、自由化为核心的结构调整,改革和完善市场制度和法律体系,促进了市场建设和发展。不过,由于各国、各地区具体情况不同,改革进程上仍存在显著差异。以汇率政策改革为例,一些国家早在 20 世纪初就实现了完全由市场决定的浮动汇率制度,而有些国家至今仍对外汇实行严格的控制。在投资环境方面,南非、阿尔及利亚、尼日利亚、埃及是非洲四个较好的国家,除了南非金融成熟度指标的综合水平较好外,其他三个国家各项指标的得分和排名都处于比较落后的水平上,非洲其他国家的金融成熟度水平与这三个国家相比还要更差。也就是说,在非洲进行直接投资时,获取资金非常困难,在投资准备阶段以及后续的扩展过程中,资金主要靠企业自身的储备,或从其他国家获取资金,而不能依赖被投资国当地的金融市场。依靠当地进行融资,所融资金成本高、效率低、风险大。

三、多数非洲国家坚持绝对主权豁免原则

(一)世界各国在主权豁免上的不同主张

在前文中,我们对主权豁免原则作了详细介绍。我们了解到,主权豁免原则是国际关系中一项久已确立的重要国际法原则。世界各国由于历史背景不同、发展水平不同、国力强弱不同,在国家主权和主权豁免原则上的立场和主张也各不相同。发达国家经济发展水平高,对内对外实力强盛,市场经济和法律体系完整。随着全球化的发展,它们对外经济扩张和拓展空间的需要增强,大多开始主张“相对主权论”和限制主权豁免原则。其中一些西方大国为了推行其政治和民主价值观,同时继续主导全球化进程和国际分工格局,甚至大力主张“干涉主权论”。广大发展中国家为维护自身的独立自主权,坚持国家主权的完整性和不可干涉性,坚持“绝对主权论”。“二

---

① Stephan Wilske & Jade G. Ewers, “Why South Africa Should Update Its International Arbitration Legislation”, *Journal of International Arbitration*, 2011, pp. 1 – 13.

战”以来,虽然“各会员国主权平等之原则”已被写进《联合国宪章》,但它只是一种形式上的平等,主要体现在国际法文件和国际组织的一国一票表决原则上。由于主权国家之间在国家实力、资源、人口和领土面积等要素上的实际不平等,国际关系并非完全由国际法指导和调节,弱小国家在国际政治经济秩序中处于不利地位,其主权也时常成为大国干涉的对象。因此,绝对主权豁免原则与限制主权豁免原则之争,是国际社会的一个长期课题。2004 年 12 月 2 日,第 59 届联大通过《联合国国家及其财产管辖豁免公约》。2012 年 7 月 17 日,有 28 个国家签署,21 个国家提交了批准书,离 30 个国家提交批准书后公约生效还有一段距离。我国政府在 2005 年 9 月 14 日签署了《联合国国家及其财产管辖豁免公约》,还没有经过人大讨论批准尚未生效。在非洲,迄今只有马达加斯加、摩洛哥、塞内加尔、塞拉里昂四个国家签署了该公约。

在非洲,除埃及、南非、马达加斯加、多哥外,其他国家都坚持绝对主权豁免原则,而在上述四个国家中只有南非制定了严格意义上的主权豁免立法。南非原来也坚持绝对豁免原则。但是,在 1980 年南非研发服务有限公司[①]诉莫桑比克共和国案中,采取了限制豁免原则。法院判定莫桑比克政府在从事贸易活动时不享有豁免权。1981 年,南非通过《外国国家豁免法》,正式确认限制豁免原则。据此,一个外国国家或其指定机构参与全部或部分在南非发生的商业交易,在南非法院不能享受司法豁免。同时,根据南非此前一些法律,如果从事类似的商业交易,南非政府也不能要求豁免。[②]

(二)绝对主权豁免原则对项目可能会造成影响

非洲有 54 个国家,其中 50 个坚持绝对主权豁免原则。由于绝对主权豁免原则没有将国家行为及国家财产作公法和私法的划分,而坚持国家本身或者以国家名义从事的一切活动享有豁免,这对中非开展项目合作将产生不利影响。特别在非洲国家相对落后,中国公司在非洲开展项目大多要与非洲政府机构签约或合作的情况下,影响尤为突出。主要包括:

1. 绝对主权豁免原则未明确公法与私法范围。国家行为多种多样,国家以不同的角色从事不同的活动。在国家参与国际交往中,应将国家行为

---

① Inter-Science Research and Development Services(Pty)Ltd..

② Eunice Cross,SOVEREIGN IMMUNITY IN COMMERCIAL TRANSACTIONS,June 22,2006,http://www.bowman.co.za/LawArticles/Law-Article~id~1820584871.asp.

区分为公法的行为（如政治、外交、军事等行为）和私法的行为（即国际民商事行为）两种，对于国家的私法行为，应该废除国家豁免。绝对豁免主义是最古老的关于国家豁免的理论，形成于国家仅在相当有限的范围内参加涉外民事活动的19世纪。[①] 但在21世纪的今天，国家已经在相当大的范围内参加国际民商事活动，在国际民商事活动中继续坚持绝对豁免主义，会使相对方的利益得不到保障，从而在较大的范围内影响国际民商事活动的正常开展。在国际民商事关系中，国家只是众多国际民商事主体中的一个，必须与其他主体一样遵守国际民商事法基本原则，不能有违背平等原则的特权，否则，就有可能违背正义的要求，阻碍国际民商事交往的发展。况且，在国际民商事交往中，国家不是以主权者的身份出现，废除国家豁免不但没有影响国家主权，还有利于树立国家公平、正义的形象，促进对外经济贸易的发展。[②] 非洲国家大多坚持绝对主权豁免原则，在中非合作中会因难以区分国家的政治行为与商事行为，从而影响到项目的开展。

2. 绝对主权豁免原则相对不重视市场主体责任。国家和国有企业之间在管辖豁免问题上的法律地位应加以明确的区别，以避免国家在国有企业从事的贸易活动所引起的诉讼中承担连带责任。经过多年改革和调整，许多发展中国家的国有企业已转变为有完全独立经营权的有限公司和股份公司，使政府和企业的分离更加明确。如我国多项法律明确规定，国有企业是具有独立法人资格、经济独立核算、自负盈亏、独立承担民事责任的实体，对国家授予其经营管理的财产享有占有、使用和依法处置的权利。理论上，我国法律并未授予国营企业或国家实体以独立的法人资格在从事商业活动中代表国家的权利，从事商业活动的国有企业应排除在国家豁免的范围之外。国有企业从事商业活动引起的诉讼不应牵连其国籍国，同样，国家从事商业活动所引起的诉讼也不应涉及这些企业。[③] 但是，绝对主权豁免原则使国有企业与政府从事国际商业活动时所要承担的责任混为一谈，影响到国有企业作为市场主体的独立性。在非洲从事项目开发时，由于非洲国家市场经济水平低，中国企业的合作对象大多为当地政府（国家）。双方都坚持绝对

---

① 浦伟良、郭延曦：《国际私法新论》，立信会计出版社1995年版，第64页。

② 郑景光：“在国际民商事法律关系中国家豁免问题探讨”，载 http://www.tfzclawyer.com/ViewInfo.asp? id =320，2016年6月27日访问。

③ 杨力军：“关于国家及其财产管辖豁免的几个问题”，载《外国法译评》1995年第2期。

主权豁免原则,合作双方都会存在作为市场主体责任不明确的问题,影响到项目开发整个过程。

3.绝对主权豁免原则可能会影响到市场公平竞争。国际民商事法律的基本原则是平等、等价有偿。平等原则指作为国际民商事主体的法人不论具体业务范围,自然人不论国别、民族、宗教等是否相同,都具有民商事权利能力,具备民商事主体资格,平等地享有权利,平等地承担义务。在国际民商事法律关系中,没有上下级之别,没有大中小之差,没有高低贵贱之分,也无论是自然人还是法人,是公有制还是私有制,所有的民商事主体的法律地位都一律平等。法律面前人人平等,不管是什么民商事主体,法院在适用法律时都应该一视同仁,对所有的民商事主体的合法民商事权益都依法平等地给予保护,不得歧视或给予特权。在国际社会中,国家同自然人、法人一样,可以依据民事法律,与自然人、法人、其他国家和国际组织结成民商事法律关系,取得民事权利和承担民事义务。在这种关系中,国家不是以主权者的身份出现,因为在有限的范围内作为民事法律关系的主体,故成为国际私法关系的主体。[①] 在国际民商事法律关系中,国家既然不是以主权者的身份出现,只是因其参与国际民商事法律关系,成为国际民商事法律关系的一个主体,那么,根据国际民商事法律的平等原则,国家不应该享有与其他国际民商事法律关系主体不同的特殊待遇,国家就不应该享有豁免权。等价有偿是市场经济的基本要求,也是国际民商事法律的基本原则。等价有偿的具体含义是:交易必须公平、合理、等价交换、支付相应的对价;不能强拿硬要、巧取豪夺;不能只享受权利而不履行义务;不能给别人造成损害而不给予适当赔偿或补偿;法律应该公平地规定民商事主体在民商事法律关系中的权利、义务与责任;法院在处理民商事案件时不能违背公平原则。国家既然是国际民商事法律关系的一个主体,就必须与其他主体一样遵守国际民商事法律等价有偿的基本原则。司法是保护正义的最后一道防线,在国际民商事交往活动中,如果国家具有豁免权,当国家违约或侵权又不主动赔偿对方损失或者虽然赔偿但对方认为国家的赔偿不合理时,要是国家不放弃豁免权,法院就管辖不了,对方就会因得不到司法保护而欲诉无门,白白遭受损失却无能为力。这样,等价有偿、公平的法律基本原则得不到法律的维护,正义就有实现不了的可能。所以,在国际民商事法律关系中,要保证等

---

① 韩德培主编:《国际私法》,高等教育出版社 2000 年版,第 72 页。

价有偿、公平等基本原则的实现,必须废除国家豁免权,让所有的国际民商事法律关系主体实现真正的平等。①

4. 绝对主权豁免原则可能会影响到项目协议的达成和执行。国家经济主权的观念已被人们广为接受。国家经济主权的内涵十分广泛,可以将其划分为国家贸易主权、国家投资主权、国家货币金融主权与国家税收主权等几大部分。② 参加国际条约,会使成员国经济主权受到一定限制。如 WTO 争端解决机制的法制化意味着国家贸易主权受到限制。“一项共同协议的达成,在很大程度上取决于国内法律赋予主管当局可做让步的权力。”③然而,在很多国家,立法者并不愿意赋予主管当局自由处置权以通过与另一国主管当局协商的方式来解决与个人或公司的争议。④ 随着世界经济社会的发展,国家活动在国际民商事领域日趋频繁,发生纠纷在所难免,如果双方协商不成,国家又有司法豁免权,就只有通过外交途径解决了,但是这样的解决方式不一定能够合理、公平、及时地解决问题,会因此阻碍国际民商事活动的开展,不利于经济的发展。从另一方面看,如果在国际民商事活动中国家具有豁免权,其他民事主体就会有所顾忌,不敢轻易与国家从事国际民商事活动,这样一来,国家豁免权就会成为另一个“壁垒”,必然对国家的国际民商事活动造成阻碍。⑤

四、风险防范的建议

目前大多数非洲国家正处于从计划经济向市场经济转轨过程之中,经济政策、投资政策、市场法规等有待完善,中国企业投资非洲会遇到种种困难,甚至遭遇风险。因此,到非洲开拓市场,既要有灵活的经营头脑,又要有防范风险的意识。

---

① 郑景光:“在国际民商事法律关系中国家豁免问题探讨”,载 http://www.tfzclawyer.com/ViewInfo.asp? id=320,.2016 年 7 月 1 日访问。

② 刘永伟:“国家税收主权的绝对性考——以国际税收专约争议解决机制为视角”,载《法商研究》2010 年第 5 期。

③ 《经合组织税收协定范本注释》,国家税务总局国际税务司译,中国税务出版社 2000 年版,第 202 页。

④ 王铁军编著:《转让定价及税务处理上的国际惯例》,中国财政经济出版社 1989 年版,第 269 页。

⑤ 郑景光:“在国际民商事法律关系中国家豁免问题探讨”,载 http://www.tfzclawyer.com/ViewInfo.asp? id=320,2016 年 7 月 1 日访问。

首先,应结合自身优势,认真分析相关非洲国家的资源与市场、发展规划及重点领域、政策法规、税收等方面情况,选好合作领域和具体项目,做好可行性研究,拟定积极稳妥的发展战略。随后要派人甚至组团到相关国家进行市场调查,熟悉环境,精通所在国有关法律、法规和经济体制、经济政策、市场情况、交通服务设施甚至风俗礼仪等。遇事要向中国驻当地使领馆汇报,也可以请求当地中资机构帮助,还可以与所在国家政府机构联系。双方签署的合同务必严谨,要有通过法律保护自己合法权益的意识,不可草率行事。

其次,在非洲从事贸易,先从小规模入手,派一个小型贸易组到非洲组织展销会或者在当地设点分货,推销产品,让非洲人认识并喜欢公司产品,再扩大经营范围,在实践中选择经营目标或投资方向。非洲商人一般订货批量小,与对方交往中,切勿感到油水不大就怕麻烦,不愿做。在非洲要广交朋友,处在人生地不熟环境,多交一些朋友,可以了解当地情况,获得市场信息。国内企业进入非洲资源领域,需要认真进行科学论证,精心施工,不可盲目性投资。

国内企业到非洲创业,还应当充分利用国家在资金、税收、外汇管理、财务、人员外派等方面的支持政策。从事成套设备出口的企业,可以申请国家出口信贷;从事境外加工贸易的企业,可以申请中央外贸发展基金,办理出口信用保险等。目前国家政策性银行和国有商业银行已经制定规划,加快海外网点建设,为境外企业提供流动资金、贷款、清算、结算等金融服务。

需要指出的是,我国个别企业信誉意识淡薄,谈判中随意做承诺,事后不落实,给对方留下不良印象;一些唯利是图的个体经营者甚至在非洲销售假冒伪劣产品,败坏中国企业和中国商品形象。因此,中国企业在非洲经营过程中必须坚持“以信誉和质量取胜”的做法,逐步扩大市场份额,树立自身良好形象。

一些中国商人认为,做生意蒙骗非洲人很容易。其实,非洲商人十分精明,非洲国家普遍沿用西方国家的质量体制,产品质量要求严格,如果某些中国企业认为向非洲出口可以放松质量要求,其结果只会损害中国产品信誉,使非洲国家宁愿出高价从欧洲进口同类产品,也不愿购买中国商品。因此,在非洲从事经贸活动或投资建厂搞短期行为只会自损形象,断送市场前程。要讲求为商之道,树立良好形象,冷战结束初期中国个体户进入俄罗斯及一些东欧国家市场所发生的悲剧绝不能在非洲重演。

第六节 关注境外碳排放立法,绿色金融服务“走出去”

全球变暖已成为人类面临的严峻挑战。很多国家纷纷意识到,为了减少温室气体①的排放,降低气候变化的影响,需要从传统经济过渡到绿色经济模式。管理以二氧化碳为主的温室气体排放量,已经成为各国政府面临的重大经济及社会问题,碳税、碳交易是两种常见的管理手段。虽然经济模式的转变存在固有的风险与成本,但也给企业和金融机构带来了商机。对企业而言,碳排放在有些国家因市场化管制变成一种资产,企业可以通过减少碳排放争取减税,甚至可以通过出售碳排放配额来获得收益;对银行而言,绿色信贷、碳金融等成为新的业务增长点。

一、境外碳排放立法及对我国企业“走出去”的影响

(一)国际法层面:确立控制二氧化碳等温室气体排放的法律准则

全球变暖关系到人类的生存与发展,任何国家都不可能独善其身。国际社会就二氧化碳等温室气体排放达成了一系列法律文件,包括1992年《联合国气候变化框架公约》(United Nations Framework Convention on Climate Change,英文缩写UNFCCC)、其补充条款1997年《京都议定书》(Kyoto Protocol)、2012年《京都议定书》的《多哈修正》及2015年《巴黎协定》等。欧盟作为区域性国际组织,也在碳排放控制方面进行了有益的立法探索。

1.《联合国气候变化框架公约》:确立“共同但有区别的责任”原则

这是世界上第一个全面控制二氧化碳等温室气体排放的国际公约,也是国际社会在解决全球气候变化问题上开展合作的基本框架。该公约于1992年6月4日在巴西里约热内卢联合国环境与发展大会上通过,1994年3月21日正式生效,已有190多个国家批准了该公约。

公约确立了防止气候变化的基本法律原则,在“共同但有区别的责任”原则下,对发达国家和发展中国家的义务及其履行程序作出了不同规定,但

---

① 温室气体是指由于人类活动或者自然形成的温室气体,如二氧化碳(CO_2)、氧化亚氮(N_2O)、甲烷(CH_4)、臭氧(O_3)、氢氟碳化物(HFCs)、全氟碳化物(PFCs)、六氟化硫(SF_6)等。温室气体一旦超出大气标准,会使全球气温上升,威胁人类生存。

没有量化规定缔约方的温室气体减排义务。

2.《京都议定书》:补充规定控制排放的时间表和具体机制

作为《联合国气候变化框架公约》的补充条款,《京都议定书》1997 年 12 月在日本通过,2005 年 2 月 16 日开始强制生效,共有 192 个国家(含欧盟这一区域经济一体化组织)①签署了该议定书,这些国家的温室气体排放量超过全球 61%。美国虽然于 1998 年签署了议定书,但 2001 年 3 月,布什政府以“减少温室气体排放将会影响美国经济发展”和“发展中国家也应该承担减排和限排温室气体的义务”为借口,宣布拒绝批准《京都议定书》。因此议定书未对美国生效。

议定书首次规定了具有法律约束力的温室气体减排的量化目标和时间表。到 2012 年年底,所有发达国家缔约方的二氧化碳等六种温室气体排放量要比 1990 年平均减少 5.2%。按照“共同但有区别的责任原则”,发展中国家暂不承担强制减排义务。

作为发达国家国内减排机制的补充,议定书规定了三种灵活履约机制②,丰富了排放权交易形式。一是联合履行机制(Joint Implementation,英文缩写 JI),由《京都议定书》第 6 条确立,允许发达国家合作开展温室气体减排项目,由投资国从东道国获得项目产生的“减排单位”(Emission Reduction Unit)用于履行投资国的减排义务,东道国则获得一定的资金或先进技术。二是清洁发展机制(Clean Development Mechanism,英文缩写 CDM),由《京都议定书》第 12 条确立,发达国家通过资金、技术与发展中国家合作开展减排项目,通过项目获得的“核证减排量”(Certified Emission Reduction,英文缩写 CER)用于履行发达国家在议定书下承诺的减排义务。三是排放贸易机制(Emission Trading,英文缩写 ET),由《京都议定书》第 17 条确立,发达国家在超额完成减排任务时,可以将多余的碳信用出售给那些超限额排放的发达国家。其中,前两种是基于项目的交易,三是基于配额的交易。

---

① http://unfccc.int/kyoto_protocol/status_of_ratification/items/2613.php.

② 灵活履约机制是指,允许发达国家采取境外减排等行动,并认可所获得碳信用的可交易性。其理论依据是,任何地方的减排对全球气候变化能起到相同的作用,应允许把减排活动安排在成本最低的地方,以提高效率。郭剑寒:“解读温室气体排放权交易”,载《金融法苑》2011 年第 2 期,http://journal.chinalawinfo.com/Article_Info.asp? Id = 155550,2016 年 7 月 27 日访问。

2012 年 12 月 8 日，联合国气候大会多哈会议(《联合国气候变化框架公约》第十八次缔约方会议)决定将《京都议定书》的承诺期延长 8 年，第二承诺期从 2013 年 1 月 1 日到 2020 年 12 月 31 日。俄罗斯、日本、新西兰和加拿大均退出第二承诺期。①

3.《巴黎协定》

2015 年 11 月 30 日，联合国气候大会巴黎会议(《联合国气候变化框架公约》第二十一次缔约方会议)上，《联合国气候变化框架公约》近 200 个缔约方一致同意通过《巴黎协定》，解决 2020 年《京都议定书》第二承诺期结束后国际社会应对气候变化的责任分担。协定共 29 条，包括目标、减缓、适应、损失损害、资金、技术、能力建设、透明度、全球盘点等内容。

《巴黎协定》指出，各方将加强对气候变化威胁的全球应对，把全球平均气温较工业化前水平升高控制在 2 摄氏度之内，并为把升温控制在 1.5 摄氏度之内而努力。全球将尽快实现温室气体排放达峰，本世纪下半叶实现温室气体净零排放。

根据协定，各方将以“自主贡献”的方式参与全球应对气候变化行动。发达国家将继续带头减排，并加强对发展中国家的给予资金、技术和能力支持，帮助后者减缓和适应气候变化。

从 2023 年开始，每 5 年将对全球行动总体进展进行一次盘点，以帮助各国提高力度，加强国际合作，实现全球应对气候变化的长期目标。

4.《欧盟温室气体排放交易指令》

为履行《京都议定书》的减排义务，欧盟于 2003 年 7 月达成《欧盟温室气体排放交易指令》，随后多次对指令进行修改，加强与议定书机制的衔接，并扩大、修改排放权交易体系。除能源、钢铁、水泥、玻璃、制砖、造纸六大行业外，②2009 年将海运业和航空业也纳入强制减排范围内，并确定拍卖配额的基本分配原则。③

根据上述指令，欧盟温室气体排放贸易机制(European Union Emissions Trading Scheme，EU-ETS)是以配额为基础的减排交易，2005 年 1 月 1 日

---

① “多哈决议：京都议定书承诺期延长八年 俄日加退出”，载 http://money.163.com/12/1210/08/8IBO19M000253B0H.html，2016 年 7 月 27 日访问。

② 马征：“简析欧盟碳排放交易体系‘现在’与‘未来’”，载 http://news.carnoc.com/list/213/213774.html，2016 年 7 月 27 日访问。

③ 韩良：“国际温室气体减排立法比较研究”，载《比较法研究》2010 年第 4 期。

开始实施。该机制允许碳排放权作为一种商品在欧盟流通。根据《京都议定书》为成员国规定的减排目标和欧盟内部减排分担协议,欧盟委员会确定各成员国的碳排放量,之后再由成员国根据国家分配计划(National Allocation Plan,英文缩写 NAP)分配给该国企业。若企业通过技术升级、改造等减少了碳排放,可以将用不完的排放权卖给其他企业。

需要指出的是,《欧盟温室气体排放交易指令》不能直接适用于成员国,要按照有关程序转化为成员国国内法后生效。在实现指令目标的前提下,各成员国可以自主选择具体的方式。但每个成员国必须按指令的附件要求,提交国家分配计划,规定企业排放权的分配数量与方式,经欧盟委员会审查通过后,必须将国家分配计划以立法形式颁布。

(二)国内法层面:主要集中在发达国家,运用碳税、碳排放权交易等一种或多种手段减排

1. 有关国家的碳税法律制度:直接控制手段

碳税是经济活动中针对二氧化碳排放所征收的税,对燃煤、汽油、航空燃油、天然气等化石燃料产品按含碳量比例征税,对电力等按发热量征税。通过碳税实现减排的优势是,执行成本较低,有利于碳排放产生的外部负效应内部化。

按照碳税在有关国家的地域适用和表现形式,可以分为以下两类:一类是在全国范围推行的碳税制度,既包括单独征收碳税的芬兰、瑞典、挪威、丹麦、荷兰、日本、澳大利亚,也包括将碳排放因素引入已有税种形成潜在碳税的意大利、德国和英国;另一类是仅在国内部分地区推行的碳税制度,如加拿大魁北克省和不列颠哥伦比亚省、美国加利福尼亚州和马里兰州等地,这类碳税制度还处于尝试阶段。[①]

各国碳税的征收对象、税基、税率、税收优惠、返还机制等各不相同。以单独征收碳税的四个北欧国家芬兰、瑞典、挪威、丹麦为例,征税对象如表10-3所示。[②]

---

① 范允奇、王文举:“欧洲碳税政策实践对比研究与启示”,载《经济学家》2012年第7期;王燕、王煦、白婧:“日本碳税实践及对我国的启示”,载《税务研究》2011年第4期;陈晖:“澳大利亚碳税立法及其影响”,载《电力与能源》2012年第1期。

② 杨杨、杜剑:“碳税的国际经验与借鉴”,载《涉外税务》2010年第1期。

表 10－3　芬兰、瑞典、挪威、丹麦碳税征税对象表

征税对象 国家	煤	石油	汽油	电力	柴油	轻燃料油	重燃料油	天然气	液化石油气
芬兰	√		√	√	√	√	√	√	
瑞典	√		√	√	√	√		√	
挪威		√	√		√	√	√		
丹麦	√		√	√	√	√	√	√	√

同样是上述四个国家，碳税的征收方式和收入使用方式也分为不同类型，如表 10－4 所示。[①]

表 10－4　芬兰、瑞典、挪威、丹麦碳税征税方式和收入使用方式表

典型国家	征收方式			收入使用方式	
	企业与居民同税率	不同产业税率统一	能源密集型和外贸型行业是否豁免	补偿一般财政预算	减少劳动要素税负
芬兰	否	是	否	是	否
瑞典	是	是	否	否	是
挪威	是	否	是	否	是
丹麦	是	否	是	否	是

2. 有关国家的碳排放权交易体系制度：间接控制手段

排放权交易作为一种市场手段，不仅能利用价格机制实现环境资源的优化配置，而且还能为减排主体提供有效的激励机制，降低政府的监管成本。排放权交易的运作机制可以概括为：第一步，在生成碳信用后将其按一定方式进行分配，通常还需要核证机构的“背书”；第二步，碳信用进入交易所或柜台交易市场等二级市场流通，一般也需要做市商、经纪商、专业公司等的参与；第三步，由登记结算系统对碳信用进行交割结算，交易正式完成。[②]

目前，全球碳排放权交易市场分为配额交易市场和自愿交易市场两种。配额交易市场为那些有温室气体排放上限的国家或企业提供平台，以实现减排目标，该市场又可细分为基于配额和基于项目的两类市场。自愿交易

① 范允奇、王文举：“欧洲碳税政策实践对比研究与启示”，载《经济学家》2012 年第 7 期。

② 郭剑寒：“解读温室气体排放权交易”，载 http://journal. chinalawinfo. com/Article_Info. asp? Id＝155550，2016 年 7 月 27 日访问。

市场则是从企业责任、社会效益等其他目标出发,自愿进行碳交易以实现减排。具体如图 10-1 所示。①

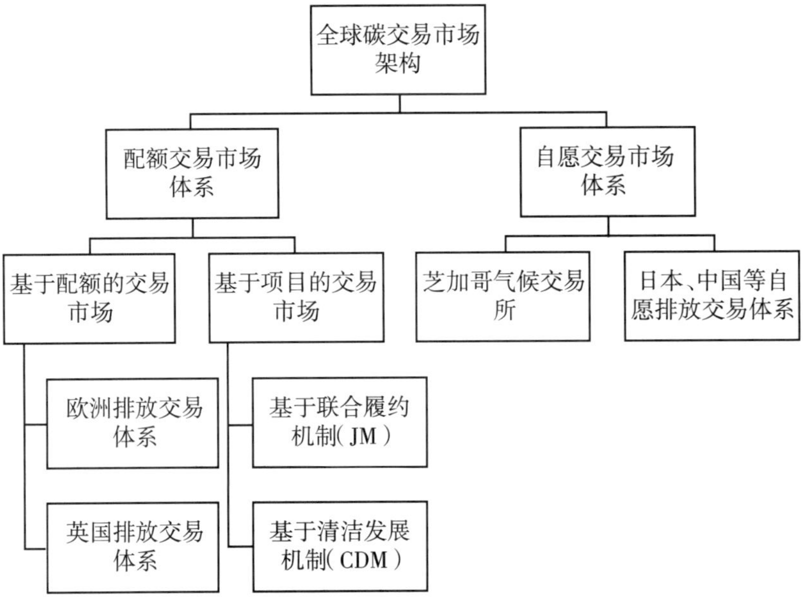

图 10-1　全球碳排放权交易市场架构

以德国为例,通过《温室气体排放许可证交易法》《温室气体排放的国家分配法》及其实施条例等一系列制度,确立了以配额为基础的碳排放交易体系。② 主要内容如下:排放二氧化碳等六种温室气体必须申请许可,并按照要求提交监测报告;有关主管部门在分配碳排放许可证时,采取以免费为主、拍卖为辅的混合模式;③排放交易通过类似于证券交易所的中介公司在国内和国际进行交易;在排放权交易体制中,涉及拥有超过 20 兆瓦的热输出火力设备的企业以及其他拥有大型生产设备的能源密集型产业等。

---

① 孟宪玲、安福、何祚云:“全球碳排放权交易市场概述”,载《当代石油石化》2009 年第 12 期。

② 曹明德、李玉梅:“德国温室气体排放许可证交易法律制度研究”,载《法学评论》2010 年第 4 期。

③ 德国《关于 2008 年至 2012 年期间温室气体排放额分配的条例》规定,一旦法律规定的期限届满或分配权限用尽,就会进行新一次的权限分配。第一个交易时期(2005~2007 年),企业的所有排放许可证已免费分配;第二个交易期间(2008~2012 年),增加 10% 的排放许可证进行拍卖;从 2013 年开始的第三个交易期间,电力部门的全部排放许可证和工业领域的部分排放许可证将被拍卖。

3. 个别国家在法律制定的过程中，提出碳关税的概念

碳关税是指拟用排放权交易机制或碳税制度的国家根据进口产品在生产过程中碳排放总量，或者根据进口产品来源地国家的碳排放总量或减排总量所采取的一种边境税调整机制，目的是确保进口产品与本国产品承担相同的气候变化减缓成本。[①] 碳关税概念由美国、法国[②]等相继提出，拟征收对象是不承担强制碳减排义务或没有完成碳减排指标的国家所出口的高耗能商品。美国众议院 2009 年通过《清洁能源与安全法案》(The American Clean Energy and Security Act)，从法律角度明确规定了碳关税内容，并授权政府从 2020 年起，对不实施碳减排限额国家出口的碳排放密集型产品征收二氧化碳排放税。[③]

碳关税一经提出，就引起了各个国家的广泛关注和争议。反对者认为，它构成一种绿色贸易壁垒，违反了 WTO 自由贸易原则，与 GATT 第 1 条、第 3 条的规定存在冲突；支持者认为，GATT 第 20 条(b)款规定“允许保护人类、动物或植物的生命或健康的必要措施”，有可能成为碳关税合法的依据。但目前就碳关税的合法性还无法得出最终定论。

(三) 境外碳排放立法对我国企业“走出去”的影响

1. 对于一些高耗能行业及产品，碳排放立法增加了我国企业在有关国家进行投资和对外贸易的成本。

澳大利亚 2011 年通过碳税法案，从 2012 年 7 月 1 日开始向该国 500 家排碳大户强制征收碳税，每吨 23 澳元(约合人民币 160 元)，并逐年调增，主要涉及矿业、电力与钢铁企业。煤炭行业将不再享受碳密集及贸易竞争型行业(EITE)的援助，原用于该行业的税收优惠政策也将改变。据统计，矿业勘探、开发占我国在澳大利亚投资总额的 75%。[④] 澳相关企业则表示每

---

① 王慧：“美国气候安全法中的碳关税条款及其对我国的影响——兼论我国的诉讼对策”，载《法商研究》2010 年第 5 期。

② 据欧洲媒体报道，2012 年 5 月，法国新任工业复兴部长蒙蒂伯格(Arnaud Montebourg)在首次接受电视采访时承诺，将重启萨科齐政府曾提出的在欧盟边境征收碳关税的计划，并宣称该计划已在欧盟委员会的议事日程中。“法国新政府将重提碳关税计划”，载 http://www.mofcom.gov.cn/aarticle/i/jyjl/m/201205/20120508135306.html，2016 年 5 月 21 日访问。

③ 成错：“美国联邦碳排放限额交易立法解析”，载《河南财经政法大学学报》2013 年第 1 期。

④ 秦华江、张晶：“征收‘碳税’导致中国企业海外长期投资不确定性增加”，载 http://news.xinhuanet.com/fortune/2011-12/02/c_111212058.htm，2016 年 7 月 2 日访问。

吨23澳元的碳排放价格远高于欧洲的每吨9～12澳元。[①] 对我国企业来说,碳税的征收无疑会增加在澳大利亚投资特定行业的成本,导致部分项目盈利的减少和投资回报率的降低。2014年7月17日,澳大利亚联邦议会参议院以39票赞成、32票反对通过废除碳税的系列法案,这意味着在澳大利亚实行了两年的碳税法案正式被废止。

2. 部分国家或地区的碳排放立法被质疑违反国际法义务,在未有定论前,将使我国企业“走出去”面临法律上的不确定性。

欧盟将国际航空业纳入碳排放交易体系是一个典型案例。2011年12月,欧盟法院裁定,2012年1月1日起,欧盟可以对所有进出欧盟国家机场的航班征收碳排放税,涉及全球2000多家航空公司。之后,多个国家提出反对意见,理由如下:

一是对欧盟与非欧盟国家的航空公司使用相同的免费配额计算公式,违反了《联合国气候变化框架公约》及《京都议定书》下“共同但有区别的责任”原则,给发展中国家增加了额外的减排负担;二是欧盟的单方行为违反了国际民航组织关于航空排放交易要获得国家之间同意的基本立场;三是碳排放量的计算为飞往欧盟航线的全部排放量,超出了欧盟应有的管辖权限,侵犯了他国主权;四是统一的碳排放量计算方式,实际上对小航空公司和潜在的市场竞争者不利,违背了WTO促进贸易自由化、鼓励自由竞争、减少歧视性待遇的基本原则,构成贸易壁垒。[②]

面对这些质疑,2012年11月,欧盟同意对非欧盟国家暂缓一年执行。但期限未满的情况下,欧盟又重提碳排放一事。2013年5月17日,欧盟表示,美国和俄罗斯已遵照有关政策,报告了有关航班的碳排放量,但中国和印度的10家航空公司因没有报告,将收到违规通知。按照欧盟规则,违规的航空公司可能要为碳排放缴纳每吨100欧元的罚款,据此估算,中国各航空公司应支付的罚款总额将高达约240万欧元。[③] 2014年4月3日欧洲议会全体会议决议,2016年前仅欧盟境内航班受到碳排放交易计划(ETS)制

① http://perth.mofcom.gov.cn/aarticle/jmxw/201111/20111107822416.html,2016年7月18日访问。

② 温彬、解兴权:“欧盟征收航空碳税的影响及对策”,载《国际金融》2012年第2期。

③ 赵嘉妮:“中航协:不会缴纳碳税罚款”,载http://www.bjnews.com.cn/finance/2013/05/18/264372.html,2016年7月18日访问。

约,境外航企在2016年之前将不会被强制要求缴纳碳排放税。[①] 至于2016年之后,欧盟是否会对欧盟境外航企征收碳排放税,尚无定论。

3. 境外碳排放立法有利于引导我国企业更多地投资或从事项目所在国的低碳、绿色行业,碳排放交易制度还有助于进一步规范项目或企业的日常管理。

对高能耗行业及产品征收碳税,客观上会促使我国企业在“走出去”过程中更多地关注绿色经济领域,如新能源利用、生态农业、环保产业等。部分国家确立的强制或自愿碳排放交易制度,使我国企业在进行海外投资时,更加注重境外项目或项目公司的减排管理,并有可能从中获得额外的投资回报。

二、支持绿色经济、助力可持续发展是我国银行的必然选择

根据1987年世界环境与发展委员会出版的《我们共同的未来》报告,可持续发展是指,既能满足当代人的需要,又不对后代人满足其需要的能力构成危害的发展,包括生态、社会和经济三方面内容。近年来,随着全球气候变暖的问题日益突出,可持续发展的内涵也进一步丰富和深化,绿色经济已成为其中的应有之义。

可持续发展要求每一个国家履行应有的责任,碳排放立法是有关国际组织及部分国家在制度建设上作出的一种努力和尝试。它向我国企业传递出一个明显的讯号,绿色经济代表着新的发展方向,在这些国家从事高耗能、高污染行业必然要付出额外的经济成本。作为融资机构,银行开展什么样的业务与企业需求密切相关。所以,可持续发展、绿色经济不仅是国际社会和国家的必然选择,也应该成为企业和银行的选择。

(一)支持绿色经济是我国银行的法定义务

银监会先后出台两项专门规定,防控高耗能、高污染行业的信贷风险,并要求银行加强对节能减排授信工作的管理。

2007年7月,银监会办公厅发布《关于防范和控制高耗能高污染行业贷款风险的通知》(银监办发〔2007〕161号),要求银行等金融机构严把高污染、高风险行业的贷款闸门,加强贷前、贷中和贷后管理。主要内容包括:一是对环境评价、节能评估等多个方面不符合国家规定的项目、“区域限

---

① “欧盟议会批准境外航企碳税暂缓征收协议”,载http://www.ideacarbon.org/archives/20111,2016年7月18日访问。

批”地区①的项目以及列入加工贸易禁止类目录的企业,不得给予贷款,已发放的贷款要及时清收;二是对能耗、排污不达标或违反国家规定的企业,要收回贷款,对能耗、排污不稳定或节能减排目标责任不明确、管理措施不到位的企业,要采取调整贷款期限、压缩贷款规模等措施;三是对发改委已列入落后生产能力名单的企业或项目,要及时收回贷款。

2007 年 11 月,银监会发布了《节能减排授信工作指导意见》(银监发〔2007〕83 号),督促银行调整和优化信贷结构,并对授信工作提出了具体要求。该指导意见在《关于防范和控制高耗能高污染行业贷款风险的通知》基础上,又增加了以下内容:一是银行要严格按照国家产业政策进行授信,对节能减排的重点行业要有重点地满足信贷需求;二是银行在合规审查环节,既要关注审批等程序上的合规,又要关注实质上的合规,如项目环评与规划环评的总要求相容、技术经济标准向国内甚至国际先进水平看齐等;三是对境内企业在国外投资建设的项目,银行应督促建设企业遵守项目所在国家或地区的环保及相关法律,遵循对国际融资项目的环境和社会风险进行评估和控制的国际良好做法;四是加强授信合同管理,要求借款人增加节能减排合规的声明条款,并约定违反有关陈述或义务的合同救济措施。②

尽管上述规定以部门通知及指导意见的形式出现,法律效力并不是很高,但其中涉及很多禁止性及强制性规定,银行仍有义务遵守。

(二)《绿色信贷指引》对银行支持绿色经济提出了更高的管理标准和要求

2012 年 2 月,银监会发布《绿色信贷指引》(银监发〔2012〕4 号),明确了绿色信贷的概念,并从组织管理、制度和能力建设、流程管理、内控管理、信息披露等方面提出了具体要求。

该指引第 3 条规定:“银行业金融机构应当从战略高度推进绿色信贷,加大对绿色经济、低碳经济、循环经济的支持,防范环境和社会风险,提升自身的环境和社会表现,并以此优化信贷结构,提高服务水平,促进发展方式转变。”第 4 条第 2 款规定了环境和社会风险的定义,即银行的客户及其重要关联方在建设、生产、经营活动中可能给环境和社会带来的危害及风险,

---

① “区域限批”地区,是指如果一个地区出现严重环保违规事件,环保部门有权暂停这一地区所有新建项目的审批,直至该地区完成整改。

② 《节能减排授信工作指导意见》第 4 条、第 12 条、第 13 条、第 19 条。

包括与耗能、污染、土地、健康、安全、移民安置、生态保护、气候变化等有关的环境与社会问题。

2014 年 6 月 27 日,银监会发布《绿色信贷实施情况关键评价指标》,要求银行组织开展本机构绿色信贷实施情况自评价。

2015 年 1 月 3 日,银监会、国家发改委出台《能效信贷指引》,规范银行业金融机构为支持用能单位提高能源利用效率,降低能源消耗而提供的信贷融资,并对服务领域及重点项目、信贷方式及风险控制、金融创新与激励约束等做了详细规定。

截至 2015 年年底,银行业金融机构绿色信贷余额 8.08 万亿元,其中,21 家主要银行业金融机构绿色信贷余额达 7.01 万亿元,较年初增长 16.42%,占各项贷款余额的 9.68%。

(三)支持绿色经济是银行义不容辞的社会责任

联合国环境署将绿色经济定义为,可提高人类福祉和社会公平,同时显著降低环境风险与生态稀缺的经济。绿色经济是低碳经济、循环经济和生态经济三者的融合,具有资源节约和环境友好的特征,是全球应对气候变暖的必然选择。

银行作为金融企业,在现代市场经济中发挥着核心作用,必须运用自己的专业判断,支持符合人类历史发展规律的产业和有竞争力的企业,促进经济可持续发展,切实维护存款人、社区、企业、市场和股东等相关利益方的共同利益。为了顺应可持续发展的需要,支持绿色经济是银行应当承担的一项社会责任。

2002 年 10 月,世界主要金融机构根据国际金融公司和世界银行的政策和指南建立“赤道原则”(the Equator Principles),明确了银行支持绿色经济发展的社会责任。该原则旨在决定、评估和管理项目融资的环境与社会风险,第一次把模糊的环境和社会标准明确化、具体化,并利用金融杠杆促进项目在环境保护及社会发展方面的积极作用,有利于提升整个行业的道德水准。赤道原则是自愿性的行业准则,任何持认同态度的银行均可自行宣布适用;如有违反,将会面临舆论压力,使声誉受损。目前,全球已有涉及 35 个国家的 87 家银行表示接受,其中包括我国的兴业银行。这些银行的项目融资总额占全球市场份额的 70% 以上①。由于赤道原则的很多理念已被广泛运用于国际融资实践,大有成为行业惯例的趋势,因此其他银行也会受

① http://www.equator-principles.com/index.php/about-ep/,2016 年 7 月 18 日访问。

到不同程度的影响,主动去承担一定的社会责任。

(四)支持绿色经济是银行新的业务增长点

从世界经济的发展趋势来看,金融危机过后,绿色经济与应对气候变化、能源安全、环境保护、社会发展等息息相关,涉及的产业多、关联度大,成为推动世界下一轮经济增长的新引擎。各国为了降低碳排放、实现可持续发展,大力发展绿色经济,企业融资需求较大。绿色经济包括研发和生产治污设施、生态保护与建设、开发和利用新能源、循环经济、绿色制造及生态农业等多个领域,能够形成并带动一大批新兴产业,有利于创造就业和扩大内需,是各国推动经济持续发展、实现稳增长的重要支撑。

另外,绿色经济往往会得到有关国家的政策及法律支持,甚至可能享有一定的补贴或优惠,有利于银行在这类项目中获得比较稳定的回报。

三、我国银行开展绿色金融的现状及问题

绿色经济需要绿色金融,绿色金融服务并推动绿色经济的发展。在国内外绿色经济的快速发展中,我国银行业的绿色金融迎来了重大发展机遇。

(一)绿色信贷增速明显,金融模式初步形成

1. 绿色信贷快速增长,发展势头良好

绿色信贷是银行依据环境政策和产业政策,对高耗能、高污染企业的新建项目进行贷款额度限制,并实施惩罚性高利率,对从事绿色经济的企业或机构提供贷款扶持,并实施优惠性低利率的金融手段。

目前,我国银行在绿色信贷方面取得了以下成效:一是搭建绿色融资平台,[①]信贷规模快速增长。截至 2015 年年底,银行业金融机构绿色信贷余额 8.08 万亿元,其中,21 家主要银行业金融机构绿色信贷余额达 7.01 万亿元,较年初增长 16.42%,占各项贷款余额的 9.68%。[②] 二是贷款项目范围不断拓展,从起初的污水、垃圾处理等环保项目逐步延伸到节能减排和以核能、太阳能、现代生物质能、风能为代表的新能源开发利用等项目。三是建立机制,保障绿色信贷业务有序运作,建立了包括项目评审、产品设计、风

---

① “《2015 年度中国银行业社会责任报告》发布”,载 http://finance.huanqiu.com/roll/2016-06/9080220.html,2016 年 7 月 20 日访问。

② “2015 年银行业 8 万亿绿色信贷 助力绿色环保”,载 http://finance.ifeng.com/a/20160624/14523731_0.shtml,2016 年 7 月 20 日访问。

险管控、激励约束、信息披露在内的绿色信贷机制，确定了贷前调查、贷时审查、贷后检查的操作流程，实行环保一票否决制。2015 年国家开发银行制定了《关于做好 2015 年绿色信贷相关工作的意见》，中国工商银行印发了《中国工商银行绿色信贷发展战略》，中国建设银行发布了《中国建设银行绿色信贷实施方案》，中国光大银行发布 2015 年《科技金融业务指引》。四是加强国际合作，学习借鉴国际绿色信贷先进经验，如兴业银行、浦发银行、北京银行等与国际金融公司(IFC)开展“能效贷款”合作，华夏银行、招商银行、浦发银行等与法国开发署(AFD)开展绿色中间信贷合作。五是不断丰富绿色信贷的形式，以清洁发展机制(CDM)为基础开展国际碳保理融资、碳资产质押授信等。① 中国农业银行于 2015 年在英国伦敦发行 9.95 亿美元等值的双币种绿色债券，实现了亚洲发行首单人民币绿色债券的创新和突破。中国银行新加坡分行为天津生态城投资开发有限公司发行 10 亿元人民币狮城债券，所筹集资金用于生态城环境保护工程项目以及管网工程项目建设；上海浦东发展银行在国内核证自愿减排量(CCER)国家登记簿上线后发放国内 CCER 融资业务，完成 CCER 的整个交易、融资环节的过户、确权和质押流程，有效盘活以碳资产管理公司为代表的中小企业资产，初步形成涵盖企业碳资产从生成到交易管理的“全产业链”配套综合金融服务。

案例：兴业银行与国际金融公司(IFC)的能效贷款合作

兴业银行与国际金融公司签订《能源效率融资项目(CHUEE)合作协议》，即损失分担协议。双方约定：兴业银行以国际金融公司认定的节能、环保型企业和项目为基础，按照自身审批流程，向符合条件的节能、环保型企业和项目发放贷款；国际金融公司为贷款提供技术援助和业绩激励，分担一定比例的本金损失，并收取手续费。在项目选择上，兴业银行实行环境与经济效益并重的评估尺度，将能效贷款重点投向技术较为成熟、节能效果相对明显、复制潜力大的领域和项目；行业分布上，已涉及建材、化工、电力等多

---

① 国际碳(CDM)保理业务是指，在清洁发展机制(CDM)下，以减排量购买协议(ERPA)为标的，为 CDM 项目业主提供 CDM 项目注册后的保理融资。碳资产质押授信业务是指，在 CDM 项目获得注册之后，银行可以接受核证减排量(CER)作为质押，为 CDM 项目业主提供短期流动贷款。

个领域;生产环节上,适用于能源生产、输送、使用和用后排放等各个环节。

2006年,兴业银行就依托与国际金融公司(IFC)开展的能效融资项目合作,率先介入国内绿色金融市场,推出第一个绿色金融产品——节能减排贷款;2008年公开承诺采纳赤道原则,成为国内第一家也是目前唯一一家赤道银行。此后,以推行赤道原则为主线,兴业银行在绿色金融市场的开拓持续深入,目前已基本形成以能效金融、环境金融、碳金融三个板块为主体,包含绿色金融融资服务与排放权金融服务两大产品序列,覆盖全国的绿色金融业务体系,成为国内绿色金融领域当之无愧的拓荒者和领先者。从2007年首笔能效融资项目落地,到2012年末,兴业银行通过运用多种金融工具,累计为上千家企业提供了绿色金融融资近2000亿元,绿色金融融资余额超过1100亿元,其中贷款余额在对公信贷余额中的占比近10%。①

2013年6月3日,兴业银行与国际金融公司(IFC)又再次合作推出节能减排贷款(三期)项目。节能减排贷款(三期)是专门针对中小企业节能减排而推出的专项产品,旨在缓解中小企业旺盛的节能减排融资需求与普遍存在的融资难、融资渠道窄的矛盾。在节能减排贷款(三期)业务中,兴业银行通过向IFC支付一定的费用,获得IFC提供的贷款担保,并将这种担保免费供给有节能减排融资需求的中小企业。这一创新机制放宽了对借款人抵押担保的要求,大大降低了中小企业的融资门槛和成本。据统计,截至目前,兴业银行已累计向中小企业提供超过1260亿元的融资专项用于节能减排。融资方式呈多元化,既有固定资产贷款、流动资金贷款,也包括金融租赁、信托贷款、短期融资券、中期票据、中小企业集合票据和委托贷款等。项目主要投向新能源和可再生能源开发利用、碳减排、污水处理和水域治理、二氧化硫减排、固体废弃物循环利用等众多领域。②

兴业银行的能效贷款在融资模式上具有以下特点:一是侧重支持中小企业,根据企业节能技改项目的实际情况,提供五年以内的中长期贷款;二是适当降低担保条件,侧重第一还款来源的有效性,以企业的经营状况和节能项目的现金流作为贷款审批的主要考虑因素;三是贷款模式多样,包括节

---

① “兴业银行解码:兴百业而后银行兴”,载 http://bank. hexun. con/2013 - 08 - 19/157218073. html,2016年7月20日访问。

② “兴业银行与IFC合作推出节能减排贷款专项产品”,载 http://news. bjx. com. cn/html/20130604/438169. shtml,2016年7月20日访问。

能设备供应商模式贷款、节能服务公司模式贷款、公共事业服务单位模式贷款等；四是根据项目现金流和企业经营状况来选择还款期限，较好解决了企业的还款压力问题。①

2. 积极探索其他绿色金融模式

一是碳排放保函业务，缓解企业资金压力，打破境外贸易壁垒，帮助低碳企业开拓海外市场。如 2009 年 11 月，中国银行为国内某企业成功开立首笔以美国环保总署（EPA）为受益人的碳排放保函，为出口到美国市场的通用发动机产品提供碳排放超标的赔偿保证。②

二是 CDM 财务顾问服务，为客户提供 CDM 项目开发、交易和全程管理的一站式金融服务。根据《京都议定书》确立的清洁发展机制（CDM），发达国家在发展中国家实施减排项目，可以将项目实现的减排量，用于履行其在议定书下的减排义务，由联合国清洁发展机制执行理事会（EB）注册并促成交易。2009 年 7 月，浦发银行在国内率先以独家财务顾问的方式，成功为陕西某水电项目引进 CDM 开发和交易专业机构，并为项目业主争取到有竞争力的交易价格。核证减排量（CER）买卖双方成功签署《减排量购买协议》（ERPA），该 CDM 项目成功注册并签发，每年至少为项目业主带来约 160 万欧元的额外售碳收入。③

三是结构性理财产品。2014 年末，深圳建行联合深圳市碳排放权交易所创新推出了“碳排放配额质押”业务，首次将碳排放配额作为资产用于企业融资增信。2015 年中国建设银行创新推出了合同能源管理融资产品，为承担节能项目改造的节能服务公司提供最长可达 5 年的贷款支持，满足企业在合同能源建设与运营期间的资金需求，进一步促进经济结构转型升级和支持绿色环保事业发展。

（二）影响绿色金融发展的法律及政策问题

党的十八届五中全会提出了创新、协调、绿色、开放、共享的新发展理念，推动经济社会绿色发展是“十三五”乃至更长时期的一项重要的任务。作为一种市场化的制度安排，金融发挥着筹措资本、配置资源、管理风险、提

---

① 李平：“兴业银行：以能效贷款推动绿色金融”，载《21 世纪商业评论》2008 年第 2 期。

② 李岚：“中行低碳金融助企业突破贸易壁垒”，载 http://news.hexun.com/2010-05-17/123712140.html，2016 年 5 月 17 日访问。

③ “浦发银行成功试水碳金融 国内首单 CDM 财务顾问签约”，载 http://finance.ifeng.com/news/hgjj/20090717/953309.shtml，2016 年 7 月 20 日访问。

供信息、解决激励问题等核心功能,在促进环境保护和生态建设方面也发挥重要作用。“十三五”规划纲要也明确提出,要建立绿色金融体系,发展绿色信贷、绿色债券、设立绿色发展基金,为我国绿色金融的发展指明了发展方向。

但绿色金融在我国还处于初步发展阶段,银行要面对信用、市场、技术、法律等多方面的问题与风险。

一是制度上需要更多操作性强的措施和激励/约束机制。2014 年 6 月 27 日,银监会发布《绿色信贷实施情况关键评价指标》,要求银行组织开展本机构绿色信贷实施情况自评价。由于技术性政策、配套的评价评估标准不足,银行在绿色信贷的环境风险评估和信贷管理中缺乏具体的政策指导工具。另外,由于缺乏监督、评估、制约和激励体系,各银行在绿色信贷政策贯彻执行上也存在一定差异,从而限制了绿色信贷的大规模发展。①

二是部分新兴绿色产业的补贴或优惠政策不稳定,影响银行对项目前景和还款来源的判断。在境内外部分新兴产业中,出现了一些产能过剩的问题,存在一拥而上、重复投资、重复建设的倾向。有些国家因为主客观等多种原因,对个别行业的补贴或优惠政策仍然存在变数,加大了银行对新增贷款项目的风险设定和信贷决策难度。

三是绿色信贷普遍存在担保难的问题。无论境内还是境外项目,普遍存在固定资产有限的情况,项目资产更多地表现为划拨或租用的土地、设备资产、管网资产等,很难达到银行要求的抵押条件。对此,可探索排污权等抵质押担保方式创新,支持低碳发展。②

四是 CDM 项目的审批手续和法律关系都比较复杂,增加了融资回收的不确定性及融资服务的难度。与一般的投资项目相比,CDM 项目申请难度大、成本高、耗时长;注册成功后,还要经过相关部门对实际减排量的监测和核证,确认减排数据的有效性。如果项目未能注册成功、不能如期建成甚至未能达到预期的减排效果,银行将无法收回先期投放的资金。另外,CDM 项目涉及国内外多个主体,法律关系复杂。特别是与国外机构、核证减排量

---

① 气候组织、中央财经大学气候与能源金融研究中心:“中国应对气候变化融资策略”,载 http://www.theclimategroup.org.cn/arc/201304/4140.shtml,2016 年 4 月 27 日访问。

② 李岚、靳斯慰:“转型迎来新契机:绿色金融考问银行创新能力”,载《金融时报》2012 年 7 月 30 日,第 2 版。

(CER)需求方的法律关系会涉及境外法律适用、争议管辖等复杂问题，银行会面临较大的法律风险。

五是我国在全球碳金融领域的作用受《京都议定书》影响，未来的制度安排具有不确定性。《京都议定书》最初规定CDM等三个减排机制将持续到2012年底，在多哈会议上又作出了延长8年的决定。新期限届满后，会采用怎样的制度安排，目前无法预测。这将直接关系到未来我国CDM项目的经济强度和银行的业务模式。

六是境外反倾销、反补贴调查及关税等贸易保护措施，增加了我国企业“走出去”的法律风险，并有可能威胁银行的贷款安全。在光伏等个别新兴产业领域，美国、欧盟频频启动对我国产品的反倾销、反补贴调查和征收关税等贸易保护措施，有可能大幅提高企业成本，威胁银行的融资安全，并妨碍“走出去”业务在特定国家、特定行业的顺利发展。

虽然存在上述问题，但绿色经济在全球的日益壮大及融资需求的不断增加，为我国企业“走出去”及绿色金融的发展开辟了广阔的空间。银行为企业“走出去”提供绿色金融服务，应当注意以下事项：一是关注东道国关于碳排放、环境保护及绿色经济的法律及行业政策，严格评估其对产业选择、产业前景及经济效益的影响，引导金融资源在“走出去”项目中的合理分配；在加拿大、美国等进行投融资，还需要关注地方层面的碳税立法。二是做好前期法律尽职调查，按照有关国家的法律要求，合理设计融资及信用结构，控制项目风险。三是根据绿色经济的特点，挖掘可行的担保资源，进一步规范对其评估与管理，并充分发挥保险等其他风险分担机制的作用。四是继续丰富和创新绿色金融的模式，积极开展绿色信贷、能效信贷、碳排放保函、CDM项目财务顾问以及结构化理财产品等不同种类的服务，满足企业融资需求。五是关注有关国家对我国部分行业的反倾销、反补贴调查及关税征收等动态，客观评估对企业“走出去”的影响，并提前做好应对预案，确保融资安全。

附表 1：

我国对外投资主要法规目录

分类	文件名称	发布时间	发布机构	时效性
对外投资项目审批制度	《国务院对确需保留的行政审批项目设定行政许可的决定》	2004 年 6 月 29 日	国务院	现行有效；2009 年 1 月 29 日修订
	《关于在国外开设非贸易性合资经营企业的审批程序和管理办法》	1985 年 2 月 1 日	外经贸部	已失效
	《关于编制、审批境外投资项目的项目建议书和可行性研究报告的规定》	1991 年 8 月 17 日	国家计划委员会	现行有效
	《邮电境外国有资产管理暂行办法》	1995 年 8 月 3 日	邮电部	已失效
	《关于设立境外贸易公司和贸易代表处的暂行规定》	1997 年 5 月 4 日	外经贸部	现行有效
	《铁路事业单位对外投资管理办法》	2003 年 3 月 10 日	铁道部	现行有效
	《关于境外投资开办企业核准事项的规定》	2004 年 10 月 1 日	商务部	已失效
	《境外投资项目核准暂行管理办法》	2004 年 10 月 9 日	国家发展和改革委员会	已失效
	《卫生部关于加强部属（管）事业单位对外投资管理的通知》	2005 年 1 月 27 日	卫生部	现行有效
	《境外投资开办企业核准工作细则》	2005 年 10 月 17 日	商务部	现行有效
	《商务部办公厅关于调整境外投资核准有关事项的通知》	2007 年 12 月 19 日	商务部	现行有效
	《境外投资管理办法》	2014 年 9 月 6 日	商务部	现行有效
	《交通运输部部属事业单位对外投资管理暂行办法》	2010 年 9 月 15 日	交通部	现行有效
	《大陆企业赴台湾地区投资管理办法》	2010 年 11 月 9 日	商务部	现行有效
	《国家发展改革委关于做好境外投资项目下放核准权限工作的通知》	2011 年 2 月 14 日	国家发展和改革委员会	已失效

续表

分类	文件名称	发布时间	发布机构	时效性
对外投资项目审批制度	《工业和信息化部所属事业单位国有资产对外投资管理暂行办法》	2011年12月1日	工业和信息化部	现行有效
	《境外投资管理办法》	2014年9月6日	商务部	现行有效
	《境外投资项目核准和备案管理办法》	2014年4月8日	国家发展和改革委员会	现行有效;2014年12月27日修订
	《关于修改〈境外投资项目核准和备案管理办法〉和〈外商投资项目核准和备案管理办法〉有关条款的决定》	2014年12月27日	国家发展和改革委员会	现行有效
对外投资外汇管理制度	《境外投资外汇管理办法》	1989年3月6日	国家外汇管理局	已失效
	《境外投资外汇管理办法实施细则》	1990年6月26日	国家外汇管理局	已失效
	《境外投资外汇风险及外汇资金来源审查的审批规范》	1993年9月20日	国家外汇管理局	已失效
	《中小企业国际市场开拓资金管理(试行)办法》	2000年10月24日	国家外汇管理局	已失效
	《中小企业国际市场开拓资金管理办法实施细则》	2001年6月13日	国家外汇管理局	已失效
	《国家外汇管理局关于实施国内外汇贷款外汇管理方式改革的通知》	2002年12月6日	国家外汇管理局	现行有效;2004年6月21日修订
	《国家外汇管理局关于境外上市外汇管理有关问题的通知》	2005年2月1日	国家外汇管理局	已失效
	《国家外汇管理局关于边境地区境外投资外汇管理有关问题的通知》	2005年4月1日	国家外汇管理局	已失效
	《国家外汇管理局关于扩大境外投资外汇管理改革试点有关问题的通知》	2005年5月19日	国家外汇管理局	已失效
	《保险资金境外投资管理暂行办法》	2007年7月26日	国家外汇管理局	现行有效
	《国家外汇管理局关于境内企业境外放款外汇管理有关问题的通知》	2009年6月9日	国家外汇管理局	现行有效;2015年5月4日修订
	《境内机构境外直接投资外汇管理规定》	2009年7月13日	国家外汇管理局	现行有效
	《国家外汇管理局关于鼓励和引导民间投资健康发展有关外汇管理问题的通知》	2012年6月11日	国家外汇管理局	现行有效

续表

分类	文件名称	发布时间	发布机构	时效性
对外投资外汇管理制度	《国家外汇管理局关于境内银行境外直接投资外汇管理有关问题的通知》	2010 年 6 月 30 日	国家外汇管理局	现行有效
	《关于进一步简化和改进直接投资外汇管理政策的通知》	2015 年 2 月 13 日	国家外汇管理局	现行有效
	《跨境担保外汇管理规定》	2014 年 5 月 12 日	国家外汇管理局	现行有效
	《跨境担保外汇管理操作指引》	2014 年 5 月 12 日	国家外汇管理局	现行有效
	《关于进一步改进和调整资本项目外汇管理政策的通知》	2014 年 1 月 10 日	国家外汇管理局	现行有效
对外投资税收管理制度	《中华人民共和国企业所得税法》	2007 年 3 月 12 日	第十届全国人民代表大会	现行有效
	《企业所得税法实施条例》	2007 年 12 月 6 日	国务院	现行有效
	《关于企业境外所得税收抵免有关问题的通知》	2009 年 12 月 25 日	国家税务总局	现行有效;2015 年 10 月 10 日修订
	《企业境外所得税收抵免操作指南》	2010 年 7 月 2 日	国家税务总局	现行有效
对外投资国有资产管理制度	《中央企业境外国有资产监督管理暂行办法》	2011 年 6 月 14 日	国有资产监督管理委员会	现行有效
	《中央企业境外国有产权管理暂行办法》	2011 年 6 月 14 日	国有资产监督管理委员会	现行有效
	《中央企业境外投资监督管理暂行办法》	2012 年 3 月 18 日	国有资产监督管理委员会	现行有效
人民币境外直接投资制度	《境外直接投资人民币结算试点管理办法》	2011 年 1 月 6 日	中国人民银行	现行有效
对外投资监管和服务制度	《关于鼓励企业开展境外带料加工装配业务意见》	1999 年 2 月 14 日	外经贸部	现行有效
	《境外投资综合绩效评价办法》	2002 年 10 月 24 日	外经贸部	现行有效
	《境外投资联合年检暂行办法》	2002 年 10 月 31 日	国家外汇管理局、外经贸部	现行有效

续表

分类	文件名称	发布时间	发布机构	时效性
对外投资监管和服务制度	《国别投资经营障碍报告制度》	2004年11月11日	商务部	现行有效
	《境外投资产业指导政策》	2006年7月5	国家发展和改革委员会	现行有效
	《对外投资国别产业指引(2011年)》	2011年8月30日	商务部	现行有效
	《对外直接投资统计制度》	2012年12月21日	商务部、国家统计局、国家外汇管理局	已失效
	《对外投资合作环境保护指南》	2013年2月18日	商务部	现行有效
	《对外直接投资统计制度》	2015年1月8日	商务部、国家统计局 、国家外汇管理局	现行有效

附表 2：

我国对外签订双边投资保护协定（BITs）一览表

（来源于商务部条法司网站①）

序号 No.	洲 Continent	国家 Country	签署日期 Signed on	生效日期 Effective from	备注 Remarks
1	欧洲	瑞典	1982 年 3 月 29 日	1982 年 3 月 29 日	
	欧洲	瑞典	2004 年 9 月 27 日	2004 年 9 月 27 日	议定书签字即生效
2	欧洲	德国	1983 年 10 月 7 日	1985 年 3 月 18 日	
	欧洲	德国	2003 年 12 月 1 日	2005 年 11 月 11 日	重新签订
3	欧洲	法国	1984 年 5 月 30 日	1985 年 3 月 19 日	2007 年 11 月 26 日重新签订，新协定取代旧协定
	欧洲	法国	2007 年 11 月 26 日	2010 年 8 月 20 日	重新签订
4	欧洲	比利时与卢森堡	1984 年 6 月 4 日	1986 年 10 月 5 日	
	欧洲	比利时与卢森堡	2005 年 6 月 6 日	2009 年 12 月 1 日	重新签订
5	欧洲	芬兰	1984 年 9 月 4 日	1986 年 1 月 26 日	
	欧洲	芬兰	2004 年 11 月 15 日	2006 年 11 月 15 日	重新签订
6	欧洲	挪威	1984 年 11 月 21 日	1985 年 7 月 10 日	
7	欧洲	意大利	1985 年 1 月 28 日	1987 年 8 月 28 日	
8	欧洲	丹麦	1985 年 4 月 29 日	1985 年 4 月 29 日	
9	欧洲	荷兰	1985 年 6 月 17 日	1987 年 2 月 1 日	
	欧洲	荷兰	2001 年 11 月 26 日	2004 年 8 月 1 日	重新签订
10	欧洲	奥地利	1985 年 9 月 12 日	1986 年 10 月 11 日	
11	欧洲	英国	1986 年 5 月 15 日	1986 年 5 月 15 日	
12	欧洲	瑞士	1986 年 11 月 12 日	1987 年 3 月 18 日	
	欧洲	瑞士	2009 年 1 月 27 日	2010 年 4 月 13 日	重新签订

① 参见商务部条法司网站 http://tfs. mofcom. gov. cn/article/Nocategory/201111/20111107819474. shtml，2016 年 7 月 17 日访问。

续表

序号 No.	洲 Continent	国家 Country	签署日期 Signed on	生效日期 Effective from	备注 Remarks
13	欧洲	波兰	1988 年 6 月 7 日	1989 年 1 月 8 日	
14	欧洲	保加利亚	1989 年 6 月 27 日	1994 年 8 月 21 日	
	欧洲	保加利亚	2007 年 6 月 26 日	2007 年 11 月 10 日	附加议定书
15	欧洲	俄罗斯	2006 年 11 月 9 日	2009 年 5 月 1 日	
16	欧洲	匈牙利	1991 年 5 月 29 日	1993 年 4 月 1 日	
17	欧洲	捷克和斯洛伐克	1991 年 12 月 4 日	1992 年 12 月 1 日	
	欧洲	斯洛伐克	2005 年 12 月 7 日	2007 年 5 月 25 日	附加议定书
18	欧洲	葡萄牙	1992 年 2 月 3 日	1992 年 12 月 1 日	
	欧洲	葡萄牙	2005 年 12 月 9 日	2008 年 7 月 26 日	重新签订
19	欧洲	西班牙	1992 年 2 月 6 日	1993 年 5 月 1 日	
	欧洲	西班牙	2005 年 11 月 24 日	2008 年 7 月 1 日	重新签订
20	欧洲	希腊	1992 年 6 月 25 日	1993 年 12 月 21 日	
21	欧洲	乌克兰	1992 年 10 月 31 日	1993 年 5 月 29 日	
22	欧洲	摩尔多瓦	1992 年 11 月 6 日	1995 年 3 月 1 日	
23	欧洲	白俄罗斯	1993 年 1 月 11 日	1995 年 1 月 14 日	
24	欧洲	阿尔巴尼亚	1993 年 2 月 13 日	1995 年 9 月 1 日	
25	欧洲	克罗地亚	1993 年 6 月 7 日	1994 年 7 月 1 日	
26	欧洲	爱沙尼亚	1993 年 9 月 2 日	1994 年 6 月 1 日	
27	欧洲	斯洛文尼亚	1993 年 9 月 13 日	1995 年 1 月 1 日	
28	欧洲	立陶宛	1993 年 11 月 8 日	1994 年 6 月 1 日	
29	欧洲	冰岛	1994 年 3 月 31 日	1997 年 3 月 1 日	
30	欧洲	罗马尼亚(新)	1994 年 7 月 12 日	1995 年 9 月 1 日	
	欧洲	罗马尼亚	2007 年 4 月 16 日	2008 年 9 月 1 日	附加议定书
31	欧洲	南斯拉夫	1995 年 12 月 18 日	1996 年 9 月 12 日	注:塞尔维亚承接了前南斯拉夫的国际协定
32	欧洲	马其顿	1997 年 6 月 9 日	1997 年 11 月 1 日	
33	亚洲	泰国	1985 年 3 月 12 日	1985 年 12 月 13 日	

续表

序号 No.	洲 Continent	国家 Country	签署日期 Signed on	生效日期 Effective from	备注 Remarks
34	亚洲	新加坡	1985 年 11 月 21 日	1986 年 2 月 7 日	
35	亚洲	科威特	1985 年 11 月 23 日	1986 年 12 月 24 日	
36	亚洲	斯里兰卡	1986 年 3 月 13 日	1987 年 3 月 25 日	
37	亚洲	日本	1988 年 8 月 27 日	1989 年 5 月 14 日	
38	亚洲	马来西亚	1988 年 11 月 21 日	1990 年 3 月 31 日	
39	亚洲	巴基斯坦	1989 年 2 月 12 日	1990 年 9 月 30 日	
40	亚洲	土耳其	1990 年 11 月 13 日	1994 年 8 月 19 日	
41	亚洲	蒙古	1991 年 8 月 25 日	1993 年 11 月 1 日	
42	亚洲	乌兹别克斯坦	1992 年 3 月 13 日	1994 年 4 月 12 日	2011 年 4 月 19 日重新签署,新协定取代旧协定
42	亚洲	乌兹别克斯坦	2011 年 4 月 19 日	2011 年 9 月 1 日	重新签订
43	亚洲	吉尔吉斯	1992 年 5 月 14 日	1995 年 9 月 8 日	
44	亚洲	亚美尼亚	1992 年 7 月 4 日	1995 年 3 月 18 日	
45	亚洲	菲律宾	1992 年 7 月 20 日	1995 年 9 月 8 日	
46	亚洲	哈萨克斯坦	1992 年 8 月 10 日	1994 年 8 月 13 日	
47	亚洲	韩国	1992 年 9 月 30 日	1992 年 12 月 4 日	
	亚洲	韩国	2007 年 9 月 7 日	2007 年 12 月 1 日	重新签订
48	亚洲	土库曼斯坦	1992 年 11 月 21 日	1994 年 6 月 6 日	
49	亚洲	越南	1992 年 12 月 2 日	1993 年 9 月 1 日	
50	亚洲	老挝	1993 年 1 月 31 日	1993 年 6 月 1 日	
51	亚洲	塔吉克斯坦	1993 年 3 月 9 日	1994 年 1 月 20 日	
52	亚洲	格鲁吉亚	1993 年 6 月 3 日	1995 年 3 月 1 日	
53	亚洲	阿联酋	1993 年 7 月 1 日	1994 年 9 月 28 日	
54	亚洲	阿塞拜疆	1994 年 3 月 8 日	1995 年 4 月 1 日	
55	亚洲	印度尼西亚	1994 年 11 月 18 日	1995 年 4 月 1 日	
56	亚洲	阿曼	1995 年 3 月 18 日	1995 年 8 月 1 日	
57	亚洲	以色列	1995 年 4 月 10 日	2009 年 1 月 13 日	

续表

序号 No.	洲 Continent	国家 Country	签署日期 Signed on	生效日期 Effective from	备注 Remarks
58	亚洲	沙特阿拉伯	1996 年 2 月 29 日	1997 年 5 月 1 日	
59	亚洲	黎巴嫩	1996 年 6 月 13 日	1997 年 7 月 10 日	
60	亚洲	柬埔寨	1996 年 7 月 19 日	2000 年 2 月 1 日	
61	亚洲	叙利亚	1996 年 12 月 9 日	2001 年 11 月 1 日	
62	亚洲	也门	1998 年 2 月 16 日	2002 年 4 月 10 日	
63	亚洲	卡塔尔	1999 年 4 月 9 日	2000 年 4 月 1 日	
64	亚洲	巴林	1999 年 6 月 17 日	2000 年 4 月 27 日	
65	亚洲	伊朗	2000 年 6 月 22 日	2005 年 7 月 1 日	
66	亚洲	缅甸	2001 年 12 月 12 日	2002 年 5 月 21 日	
67	亚洲	朝鲜	2005 年 3 月 22 日	2005 年 10 月 1 日	
68	亚洲	印度	2006 年 11 月 21 日	2007 年 8 月 1 日	
69	大洋洲	澳大利亚	1988 年 7 月 11 日	1988 年 7 月 11 日	
70	大洋洲	新西兰	1988 年 11 月 22 日	1989 年 3 月 25 日	
71	大洋洲	巴布亚新几内亚	1991 年 4 月 12 日	1993 年 2 月 12 日	
72	非洲	加纳	1989 年 10 月 12 日	1990 年 11 月 22 日	
73	非洲	埃及	1994 年 4 月 21 日	1996 年 4 月 1 日	
74	非洲	摩洛哥	1995 年 3 月 27 日	1999 年 11 月 27 日	
75	非洲	毛里求斯	1996 年 5 月 4 日	1997 年 6 月 8 日	
76	非洲	津巴布韦	1996 年 5 月 21 日	1998 年 3 月 1 日	
77	非洲	阿尔及利亚	1996 年 10 月 17 日	2003 年 1 月 28 日	
78	非洲	加蓬	1997 年 5 月 9 日	2009 年 2 月 16 日	
79	非洲	尼日利亚	1997 年 5 月 12 日		已废除
	非洲	尼日利亚	2001 年 8 月 27 日	2010 年 2 月 18 日	重新签订
80	非洲	苏丹	1997 年 5 月 30 日	1998 年 7 月 1 日	
81	非洲	南非	1997 年 12 月 30 日	1998 年 4 月 1 日	
82	非洲	佛得角	1998 年 4 月 21 日	2001 年 10 月 1 日	
83	非洲	埃塞俄比亚	1998 年 5 月 11 日	2000 年 5 月 1 日	
84	非洲	突尼斯	2004 年 6 月 21 日	2006 年 7 月 1 日	

续表

序号 No.	洲 Continent	国家 Country	签署日期 Signed on	生效日期 Effective from	备注 Remarks
85	非洲	赤道几内亚	2005 年 10 月 20 日	2006 年 11 月 15 日	
86	非洲	马达加斯加	2005 年 11 月 21 日	2007 年 7 月 1 日	
87	美洲	玻利维亚	1992 年 5 月 8 日	1996 年 9 月 1 日	
88	美洲	阿根廷	1992 年 11 月 5 日	1994 年 8 月 1 日	
89	美洲	乌拉圭	1993 年 12 月 2 日	1997 年 12 月 1 日	
90	美洲	厄瓜多尔	1994 年 3 月 21 日	1997 年 7 月 1 日	
91	美洲	智利	1994 年 3 月 23 日	1995 年 8 月 1 日	
92	美洲	秘鲁	1994 年 6 月 9 日	1995 年 2 月 1 日	
93	美洲	牙买加	1994 年 10 月 26 日	1996 年 4 月 1 日	
94	美洲	古巴	1995 年 4 月 24 日	1996 年 8 月 1 日	
	美洲	古巴	2007 年 4 月 20 日	2008 年 12 月 1 日	重新修订
95	美洲	巴巴多斯	1998 年 7 月 20 日	1999 年 10 月 1 日	
96	美洲	特立尼达多巴哥	2002 年 7 月 22 日	2004 年 12 月 7 日	
97	美洲	圭亚那	2003 年 3 月 27 日	2004 年 10 月 26 日	
98	欧洲	马耳他	2009 年 2 月 22 日	2009 年 4 月 1 日	
99	欧洲	塞浦路斯	2001 年 1 月 17 日	2002 年 4 月 29 日	
100	非洲	马里	2009 年 2 月 12 日	2009 年 7 月 16 日	
101	亚洲	日韩	2012 年 5 月 13 日	2014 年 5 月 17 日	
102	非洲	坦桑尼亚	2013 年 3 月 24 日	2014 年 4 月 17 日	
103	美洲	加拿大	2012 年 9 月 9 日	2014 年 10 月 1 日	
104	非洲	刚果	2000 年 3 月 20 日	2015 年 7 月 1 日	

附表 3：

我国对外签订避免双重征税协定一览表①

（截至 2015 年 12 月）

序号	国家或地区	签署日期	生效日期	执行日期
1	日本	1983.9.6	1984.6.26	1985.1.1
2	美国	1984.4.30	1986.11.21	1987.1.1
3	法国	1984.5.30	1985.2.21	1986.1.1（已失效）
	法国	2013.11.26	2014.12.28	2015.1.1
4	英国	1984.7.26	1984.12.23	1985.1.1（已失效）
	英国	2011.6.27	2013.12.13	中：2014.1.1 英：所得税和财产收益税：2014.4.6； 公司税：2014.4.1
5	比利时	1985.4.18	1987.9.11	1988.1.1
		2009.10.7	2013.12.29	2014.1.1
6	德国②	1985.6.10	1986.5.14	1985.1.1/7.1（已失效）
	德国	2014.3.28	2016.4.5	2017.1.1
7	马来西亚	1985.11.23	1986.9.14	1987.1.1
8	挪威	1986.2.25	1986.12.21	1987.1.1
9	丹麦	1986.3.26	1986.10.22	1987.1.1（已失效）
	丹麦	2012.6.16	2012.12.27	2013.1.1
10	新加坡	1986.4.18	1986.12.11	1987.1.1（已失效）
	新加坡	2007.7.11	2007.9.18	2008.1.1

① 参见国家税务总局网站 http://www.chinatax.gov.cn/n810341/n810770/index.html，2016 年 7 月 17 日访问。

② 中国政府于 1985 年 6 月 10 日、1987 年 6 月 8 日先后与德意志联邦共和国、德意志民主共和国政府签订避免对所得和财产双重征税协定、避免对所得双重征税和防止偷漏税协定。1990 年 10 月 3 日，德意志联邦共和国与德意志民主共和国统一为德意志联邦共和国，中国政府 1985 年 6 月 10 日与德意志联邦共和国政府签订的避免对所得和财产双重征税协定继续适用于中国和统一以后的德意志联邦共和国。

续表

序号	国家或地区	签署日期	生效日期	执行日期
11	加拿大	1986.5.12	1986.12.29	1987.1.1
12	芬兰	1986.5.12	1987.12.18	1988.1.1(已失效)
	芬兰	2010.5.25	2010.11.25	2011.1.1
13	瑞典	1986.5.16	1987.1.3	1987.1.1
14	新西兰	1986.9.16	1986.12.17	1987.1.1
15	泰国	1986.10.27	1986.12.29	1987.1.1
16	意大利	1986.10.31	1989.11.14	1990.1.1
17	荷兰	1987.5.13	1988.3.5	1989.1.1(已失效)
	荷兰	2013.5.31	2014.8.31	2015.1.1
18	捷克斯洛伐克(适用于斯洛伐克)①	1987.6.11	1987.12.23	1988.1.1
19	波兰	1988.6.7	1989.1.7	1990.1.1
20	澳大利亚	1988.11.17	1990.12.28	1991.1.1
21	南斯拉夫(适用于波斯尼亚和黑塞哥维那)②	1988.12.2	1989.12.16	1990.1.1
22	保加利亚	1989.11.6	1990.5.25	1991.1.1
23	巴基斯坦	1989.11.15	1989.12.27	1989.1.1/7.1
24	科威特	1989.12.25	1990.7.20	1989.1.1
25	瑞士	1990.7.6	1991.9.27	1990.1.1(已失效)
		2013.9.25	2014.11.15	2015.1.1
26	塞浦路斯	1990.10.25	1991.10.5	1992.1.1

① 中国政府于1987年6月11日与捷克斯洛伐克社会主义共和国政府签订避免对所得双重征税和防止偷漏税协定。1990年,捷克斯洛伐克社会主义共和国先后改国名为捷克斯洛伐克联邦共和国、捷克和斯洛伐克联邦共和国,上述协定继续适用。1993年1月1日,捷克和斯洛伐克联邦共和国分解为捷克共和国和斯洛伐克共和国,上述协定继续适用于中国和上述两国。2009年8月28日,中国政府与捷克共和国政府签订避免对所得双重征税和防止偷漏税协定,该协定适用于捷克共和国。

② 中国政府于1988年12月2日与南斯拉夫社会主义联邦共和国议会联邦执行委员会(南斯拉夫政府)签订避免对所得和财产双重征税协定,后来南斯拉夫解体,据外交部告,该协定由解体后的各国继承,后来中国政府陆续与解体后的各国政府签订避免对所得和财产双重征税协定,仅有波斯尼亚和黑塞哥维那政府未单独签订,上述协定继续适用于中国和波斯尼亚和黑塞哥维那。

续表

序号	国家或地区	签署日期	生效日期	执行日期
27	西班牙	1990.11.22	1992.5.20	1993.1.1
28	罗马尼亚	1991.1.16	1992.3.5	1993.1.1
29	奥地利	1991.4.10	1992.11.1	1993.1.1
30	巴西	1991.8.5	1993.1.6	1994.1.1
31	蒙古	1991.8.26	1992.6.23	1993.1.1
32	匈牙利	1992.6.17	1994.12.31	1995.1.1
33	马耳他	1993.2.2	1994.3.20	1995.1.1(已失效)
		2010.10.18	2011.8.25	2012.1.1
34	阿联酋	1993.7.1	1994.7.14	1995.1.1
35	卢森堡	1994.3.12	1995.7.28	1996.1.1
36	韩国	1994.3.28	1994.9.27	1995.1.1
37	俄罗斯	1994.5.27	1997.4.10	1998.1.1
		2014.10.13	(尚未生效)	
38	巴布亚新几内亚	1994.7.14	1995.8.16	1996.1.1
39	印度	1994.7.18	1994.11.19	1995.1.1
40	毛里求斯	1994.8.1	1995.5.4	1996.1.1
41	克罗地亚	1995.1.9	2001.5.18	2002.1.1
42	白俄罗斯	1995.1.17	1996.10.3	1997.1.1
43	斯洛文尼亚	1995.2.13	1995.12.27	1996.1.1
44	以色列	1995.4.8	1995.12.22	1996.1.1
45	越南	1995.5.17	1996.10.18	1997.1.1
46	土耳其	1995.5.23	1997.1.20	1998.1.1
47	乌克兰	1995.12.4	1996.10.18	中:1997.1.1 乌:股利特个人:1996.12.17; 企业所得税:1997.1.1
48	亚美尼亚	1996.5.5	1996.11.28	1997.1.1
49	牙买加	1996.6.3	1997.3.15	1998.1.1
50	冰岛	1996.6.3	1997.2.5	1998.1.1

续表

序号	国家或地区	签署日期	生效日期	执行日期
51	立陶宛	1996.6.3	1996.10.18	1997.1.1
52	拉脱维亚	1996.6.7	1997.1.27	1998.1.1
53	乌兹别克斯坦	1996.7.3	1996.7.3	1997.1.1
54	孟加拉国	1996.9.12	1997.4.10	中:1998.1.1 孟:1998.7.1
55	南斯拉夫联盟(适用于塞尔维亚和黑山)①	1997.3.21	1998.1.1	1998.1.1
56	苏丹	1997.5.30	1999.2.9	2000.1.1
57	马其顿	1997.6.9	1997.11.29	1998.1.1
58	埃及	1997.8.13	1999.3.24	2000.1.1
59	葡萄牙	1998.4.21	2000.6.7	2001.1.1
60	爱沙尼亚	1998.5.12	1999.1.8	2000.1.1
61	老挝	1999.1.25	1999.6.22	2000.1.1
62	塞舌尔	1999.8.26	1999.12.17	2000.1.1
63	菲律宾	1999.11.18	2001.3.23	2002.1.1
64	爱尔兰	2000.4.19	2000.12.29	中:2001.1.1 爱:2001.4.6
65	南非	2000.4.25	2001.1.7	2002.1.1
66	巴巴多斯	2000.5.15	2000.10.27	2001.1.1
67	摩尔多瓦	2000.6.7	2001.5.26	2002.1.1
68	卡塔尔国	2001.4.2	2008.10.21	2009.1.1
69	古巴	2001.4.13	2003.10.17	2004.1.1
70	委内瑞拉	2001.4.17	2004.12.23	2005.1.1
71	尼泊尔	2001.5.14	2010.12.31	2011.1.1
72	哈萨克斯坦	2001.9.12	2003.7.27	2004.1.1
73	印度尼西亚	2001.11.7	2003.8.25	2004.1.1

① 中国政府于1997年3月21日与南斯拉夫联盟共和国联盟政府(南斯拉夫联盟政府)签订避免对所得和财产双重征税协定。2003年2月4日,南斯拉夫联盟共和国改国名为塞尔维亚和黑山共和国,上述协定继续适用。2006年6月3日,塞尔维亚和黑山共和国分解为塞尔维亚共和国和黑山共和国,上述协定继续适用于中国和上述两国。

续表

序号	国家或地区	签署日期	生效日期	执行日期
74	阿曼	2002.3.25	2002.7.20	2003.1.1
75	尼日利亚	2002.4.15	2009.3.21	2010.1.1
76	突尼斯	2002.4.16	2003.9.23	2004.1.1
77	伊朗	2002.4.20	2003.8.14	2004.1.1
78	巴林	2002.5.16	2002.8.8	2003.1.1
79	希腊	2002.6.3	2005.11.1	2006.1.1
80	吉尔吉斯斯坦	2002.6.24	2003.3.29	2004.1.1
81	摩洛哥	2002.8.27	2006.8.16	2007.1.1
82	斯里兰卡	2003.8.11	2005.5.22	2006.1.1
83	特立尼达和多巴哥	2003.9.18	2005.5.22	针对不同所得项目分别于2005.6.1和2006.1.1起执行
84	阿尔巴尼亚	2004.9.13	2005.7.28	2006.1.1
85	文莱	2004.9.21	2006.12.29	2007.1.1
86	阿塞拜疆	2005.3.17	2005.8.17	2006.1.1
87	格鲁吉亚	2005.6.22	2005.11.10	2006.1.1
88	墨西哥	2005.9.12	2006.3.1	2007.1.1
89	沙特阿拉伯	2006.1.23	2006.9.1	2007.1.1
90	阿尔及利亚	2006.11.6	2007.7.27	2008.1.1
91	塔吉克斯坦	2008.8.27	2009.3.28	2010.1.1
92	埃塞俄比亚	2009.5.14	2012.12.25	2013.1.1
93	土库曼斯坦	2009.12.13	2010.5.30	2011.1.1
94	捷克	2009.8.28	2011.5.4	2012.1.1
95	赞比亚	2010.7.26	2011.6.30	2012.1.1
96	叙利亚	2010.10.31	2011.9.1	2012.1.1
97	乌干达	2012.1.11	(尚未生效)	
98	博茨瓦纳	2012.4.11	(尚未生效)	
99	厄瓜多尔	2013.1.21	2014.3.6	2015.1.1
100	智利	2015.5.25	(尚未生效)	
101	津巴布韦	2015.12.1	(尚未生效)	

与香港特别行政区(HKSAR)和澳门特别行政区(MCSAR)的安排

序号	地区	签署日期	生效日期	执行日期
1	香港特别行政区	2006.8.21	2006.12.8	内地:2007.1.1 香港:2007.4.1
2	澳门特别行政区	2003.12.27	2003.12.30	2004.1.1

大陆与我国台湾签订的避免双重征税协议

序号	地区	签署日期	生效日期	执行日期
1	台湾	2015.8.25	(尚未生效)	

附表 4：

我国与有关国家签订的国际民、商事司法协助条约一览表(已生效)

（数据来源于中国外交部①，更新于 2016 年 1 月）

序号	国家	条约名称	签署日期	生效日期
1	法国	中华人民共和国和法兰西共和国关于民事、商事司法协助的协定	1987 年 5 月 4 日	1988 年 2 月 8 日
2	波兰	中华人民共和国和波兰人民共和国关于民事和刑事司法协助的协定	1987 年 6 月 5 日	1988 年 2 月 13 日
3	波黑	中华人民共和国和波斯尼亚和黑塞哥维那关于民事和商事司法协助的条约	2012 年 12 月 18 日	2014 年 10 月 12 日
4	蒙古	中华人民共和国和蒙古人民共和国关于民事和刑事司法协助的条约	1989 年 8 月 31 日	1990 年 10 月 29 日
5	罗马尼亚	中华人民共和国和罗马尼亚关于民事和刑事司法协助的条约	1991 年 1 月 16 日	1993 年 1 月 22 日
6	意大利	中华人民共和国和意大利共和国关于民事司法协助的条约	1991 年 5 月 20 日	1995 年 1 月 1 日
7	西班牙	中华人民共和国和西班牙王国关于民事、商事司法协助的条约	1992 年 5 月 2 日	1994 年 1 月 1 日
8	俄罗斯	中华人民共和国和俄罗斯联邦关于民事和刑事司法协助的条约	1992 年 6 月 19 日	1993 年 11 月 14 日
9	土耳其	中华人民共和国和土耳其共和国关于民事、商事和刑事司法协助的协定	1992 年 9 月 28 日	1995 年 10 月 26 日

① 中国外交部《我国对外缔结司法协助及引渡条约情况》，载 http://www.fmprc.gov.cn/web/ziliao_674904/tytj_674911/wgdwdjdsfhzty_674917/t1215630.shtml，2016 年 7 月 19 日访问。

续表

序号	国家	条约名称	签署日期	生效日期
10	乌克兰	中华人民共和国和乌克兰关于民事和刑事司法协助的条约	1992 年 10 月 31 日	1994 年 1 月 19 日
11	古巴	中华人民共和国和古巴共和国关于民事和刑事司法协助的协定	1992 年 11 月 24 日	1994 年 3 月 26 日
12	白俄罗斯	中华人民共和国和白俄罗斯共和国关于民事和刑事司法协助的条约	1993 年 1 月 11 日	1993 年 11 月 29 日
13	哈萨克斯坦	中华人民共和国和哈萨克斯坦共和国关于民事和刑事司法协助的条约	1993 年 1 月 4 日	1995 年 7 月 11 日
14	保加利亚	中华人民共和国和保加利亚共和国关于民事司法协助的协定	1993 年 6 月 2 日	1995 年 6 月 30 日
15	泰国	中华人民共和国和泰国关于民商事司法协助和仲裁合作的协定	1994 年 3 月 16 日	1997 年 7 月 6 日
16	埃及	中华人民共和国和阿拉伯埃及共和国关于民事、商事和刑事司法协助的协定	1994 年 4 月 21 日	1995 年 5 月 31 日
17	希腊	中华人民共和国和希腊共和国关于民事和刑事司法协助的协定	1994 年 10 月 17 日	1996 年 6 月 29 日
18	塞浦路斯	中华人民共和国和塞浦路斯共和国关于民事、商事和刑事司法协助的条约	1995 年 4 月 25 日	1996 年 1 月 11 日
19	匈牙利	中华人民共和国和匈牙利共和国关于民事和商事司法协助的条约	1995 年 10 月 9 日	1997 年 3 月 21 日
20	摩洛哥	中华人民共和国和摩洛哥王国关于民事和商事司法协助的协定	1996 年 4 月 16 日	1999 年 11 月 26 日
21	吉尔吉斯	中华人民共和国和吉尔吉斯共和国关于民事和刑事司法协助的条约	1996 年 7 月 4 日	1997 年 9 月 26 日
22	塔吉克斯坦	中华人民共和国和塔吉克斯坦共和国关于民事和刑事司法协助的条约	1996 年 9 月 16 日	1998 年 9 月 2 日

续表

序号	国家	条约名称	签署日期	生效日期
23	新加坡	中华人民共和国和新加坡共和国关于民事和商事司法协助的条约	1997年4月28日	1999年6月27日
24	乌兹别克斯坦	中华人民共和国和乌兹别克斯坦共和国关于民事和刑事司法协助的条约	1997年12月11日	1998年8月29日
25	越南	中华人民共和国和越南社会主义共和国关于民事和刑事司法协助的条约	1998年10月19日	1999年12月25日
26	老挝	中华人民共和国和老挝人民民主共和国关于民事和刑事司法协助的条约	1999年1月25日	2001年12月15日
27	突尼斯	中华人民共和国和突尼斯共和国关于民事和商事司法协助的条约	1999年5月4日	2000年7月20日
28	立陶宛	中华人民共和国和立陶宛共和国关于民事和刑事司法协助的条约	2000年3月20日	2002年1月19日
29	阿根廷	中华人民共和国和阿根廷共和国关于民事和商事司法协助的条约	2001年4月9日	2011年10月9日
30	韩国	中华人民共和国和大韩民国关于民事和商事司法协助的条约	2003年7月7日	2005年4月27日
31	朝鲜	中华人民共和国和朝鲜民主主义人民共和国关于民事和刑事司法协助的条约	2003年11月19日	2006年1月21日
32	阿联酋	中华人民共和国和阿拉伯联合酋长国关于民事和商事司法协助的协定	2004年4月21日	2005年4月12日
33	科威特	中华人民共和国科威特国关于民事和商事司法协助的协定	2007年6月18日	2013年6月6日
34	秘鲁	中华人民共和国和秘鲁共和国关于民商事司法协助的条约	2008年3月19日	2012年5月25日
35	巴西	中华人民共和国和巴西联邦共和国关于民事和商事司法协助的条约	2009年5月19日	2014年8月16日
36	阿尔及利亚	中华人民共和国和阿尔及利亚民主人民共和国关于民事和商事司法协助的条约	2010年1月10日	2012年6月16日

附表5：

《承认及执行外国仲裁裁决公约》①
(《纽约公约》)成员国名单

(数据来源于联合国国际贸易法委员会官方网站②,更新于2016年7月)

共计156个缔约方,详情如下：

缔约国	声明和保留	缔约国	声明和保留
阿富汗	(a),(b)	拉脱维亚	
阿尔巴尼亚		黎巴嫩	(a)
阿尔及利亚	(a),(b)	莱索托	
安提瓜和巴布达	(a),(b)	利比里亚	
阿根廷	(a),(b)	立陶宛	(e)
亚美尼亚	(a),(b)	卢森堡	(a)
澳大利亚		马达加斯加	(a),(b)
奥地利		马来西亚	(a),(b)
阿塞拜疆		马里	
巴哈马		马耳他	(a),(f)
巴林	(a),(b)	马绍尔群岛	
孟加拉国		毛里塔尼亚	
巴巴多斯	(a),(b)	毛里求斯	(a)
白俄罗斯	(e)	墨西哥	
比利时	(a)	摩纳哥	(a),(b)
贝宁		蒙古	(a),(b)
玻利维亚(多民族国)		黑山	(a),(b),(f)
波斯尼亚和黑塞哥维那	(a),(b),(f)	摩洛哥	(a)
博茨瓦纳	(a),(b)	莫桑比克	(a)
巴西		尼泊尔	(a),(b)
文莱达鲁萨兰国	(a)	荷兰	(a),(d)

① 该公约于1958年在纽约通过,又称《纽约公约》。

② 联合国国际贸易法委员会官方网站为 http://www.uncitral.org/uncitral/zh/uncitral_texts/arbitration/NYConvention_status.html,2016年7月25日访问。

续表

缔约国	声明和保留	缔约国	声明和保留
保加利亚	(a),(e)	新西兰	(a)
布基纳法索		尼加拉瓜	
柬埔寨		尼日尔	
喀麦隆		尼日利亚	(a),(b)
加拿大	(h)	挪威	(a),(i)
中非共和国	(a),(b)	阿曼	
智利		巴基斯坦	(a)
中国	(a),(b),(j)	巴拿马	
哥伦比亚		巴拉圭	
库克群岛		秘鲁	
哥斯达黎加		菲律宾	(a),(b)
科特迪瓦		波兰	(a),(b)
克罗地亚	(a),(b),(f)	葡萄牙	(a)
古巴	(a),(b)	卡塔尔	
塞浦路斯	(a),(b)	大韩民国	(a),(b)
捷克共和国	(a),(e)	摩尔多瓦共和国	(a),(f)
丹麦	(a),(b),(c)	罗马尼亚	(a),(b),(e)
吉布提	(a),(b)	俄罗斯联邦	(e)
多米尼克		卢旺达	
多米尼加		圣文森特和格林纳丁斯	(a),(b)
厄瓜多尔	(a),(b)	圣马力诺	
埃及		沙特阿拉伯	(a)
萨尔瓦多		塞内加尔	
爱沙尼亚		塞尔维亚	(a),(b),(f)
斐济		新加坡	(a)
芬兰		斯洛伐克	(a),(e)
法国	(a)	斯洛文尼亚	(f),(k)
加蓬		南非	
格鲁吉亚		西班牙	

续表

缔约国	声明和保留	缔约国	声明和保留
德国	(a)	斯里兰卡	
加纳		瑞典	
希腊	(a),(b)	瑞士	
危地马拉	(a),(b)	阿拉伯叙利亚共和国	
几内亚		泰国	
海地		前南斯拉夫的马其顿共和国	(b),(f),(l)
教廷	(a),(b)	特立尼达和多巴哥	(a),(b)
洪都拉斯		突尼斯	(a),(b)
匈牙利	(a),(b)	土耳其	(a),(b)
冰岛		乌干达	(a)
印度	(a),(b)	乌克兰	(e)
印度尼西亚	(a),(b)	阿拉伯联合酋长国	
伊朗(伊斯兰共和国)	(a),(b)	大不列颠及北爱尔兰联合王国	(a),(g)
爱尔兰	(a)	坦桑尼亚联合共和国	(a)
以色列		美利坚合众国	(a),(b)
意大利		乌拉圭	
牙买加	(a),(b)	乌兹别克斯坦	
日本	(a)	委内瑞拉(玻利瓦尔共和国)	(a),(b)
约旦		越南	(a),(b),(e)
哈萨克斯坦		赞比亚	
肯尼亚	(a)	津巴布韦	
科威特	(a)	列支敦士登	
吉尔吉斯斯坦		塔吉克斯坦	
老挝人民民主共和国		圣多美和普林西比	
缅甸		巴勒斯坦国	
安道尔		不丹	(a)、(c)
布隆迪	(c)	科摩罗	
刚果民主共和国		圭亚那	

(a)该国适用《纽约公约》仅限于承认和执行在另一个缔约国领土上作出的裁决。

(b)对非缔约国领土上作出的裁决,该国适用《纽约公约》仅限于提供互惠待遇的那些国家。

(c)该国适用《纽约公约》仅限于根据国内法被认为属于商业性质而无论是否属于合同性质的任何问题在法律关系上所产生的分歧。

(d)加拿大声明,加拿大适用《纽约公约》仅限于根据加拿大法律被认为属于商业性质而无论是否属于合同性质的任何问题在法律关系上所产生的分歧,但魁北克省除外,该省法律没有规定这种限制。

(e) 1964 年 4 月 24 日,荷兰声明将《纽约公约》适用于荷属安的列斯群岛。

(f) 1976 年 2 月 10 日,丹麦声明将《纽约公约》适用于法罗群岛和格陵兰岛。

(g) 2014 年 2 月 24 日,联合王国提交一项通知,将《纽约公约》的地域适用范围扩展到英属维尔京群岛。联合王国提交了关于下述领地的通知,其中扩大了地域适用范围,并声明《纽约公约》只应适用于承认和执行在另一缔约国境内作出的裁决:直布罗陀(1975 年 9 月 24 日)、马恩岛(1979 年 2 月 22 日)、百慕大(1979 年 11 月 14 日)、开曼群岛(1980 年 11 月 26 日)、格恩西岛(1985 年 4 月 19 日)、泽西辖区(2002 年 5 月 28 日)。

(h)中国政府 1997 年 7 月 1 日恢复对香港的主权后,立即按照中国加入《纽约公约》之初所作的声明,将《纽约公约》的领土适用范围延伸至中国香港特别行政区。2005 年 7 月 19 日,中国宣布,按照中国加入《纽约公约》之初所作的声明,《纽约公约》适用于中国澳门特别行政区。

(i)该国在《公约》的追溯适用方面提出了保留。

(j)该国在涉及不动产的案件中适用《纽约公约》方面提出了保留。

附表6:

《关于解决国家与他国国民之间投资争端公约》①（《华盛顿公约》）正式缔约国名单

（数据来源于《华盛顿公约》官方网站②,更新于2016年4月12日）

共计153个正式会员国,详情如下:

阿富汗	乍得	加纳	利比里亚	巴拿马	斯威士兰
阿尔巴尼亚	智利	希腊	立陶宛	巴林	苏丹
阿尔及利亚	中国	格林纳达	卢森堡	巴拉圭	圣卢西亚
阿根廷	哥伦比亚	危地马拉	马其顿	秘鲁	瑞士
阿曼	科摩罗	几内亚	马耳他	菲律宾	瑞典
澳大利亚	刚果(布)	斯里兰卡	马拉维	葡萄牙	坦桑尼亚
奥地利	刚果(金)	圭亚那	马来西亚	卢旺达	南苏丹
阿塞拜疆	哥斯达黎加	海地	马里	佛得角	东帝汶
巴哈马	科特迪瓦	洪都拉斯	匈牙利	罗马尼亚	多哥
斯洛文尼亚	沙特阿拉伯	马达加斯加	挪威	亚美尼亚	也门
孟加拉国	塞浦路斯	冰岛	摩尔多瓦	萨摩亚	汤加
巴巴多斯	捷克	印度尼西亚	格鲁吉亚	黎巴嫩	突尼斯
白俄罗斯	莱索托	爱尔兰	毛里求斯	克罗地亚	土库曼斯坦
巴基斯坦	丹麦	以色列	蒙古	塞内加尔	土耳其
比利时	冈比亚	意大利	摩洛哥	塞拉利昂	乌干达
贝宁	埃及	牙买加	莫桑比克	塞舌尔	乌克兰
约旦	萨尔瓦多	日本	拉脱维亚	塞尔维亚	阿联酋
波黑	爱沙尼亚	叙利亚	尼泊尔	新加坡	英国
博茨瓦纳	科索沃	哈萨克斯坦	荷兰	斯洛伐克	美国

---

① 该公约于1965年3月在华盛顿开放签字,已于1966年10月14日生效。又称《华盛顿公约》。

② https://icsid.worldbank.org/apps/ICSIDWEB/icsiddocs/Documents/List%20of%20Contracting%20States%20and%20Other%20Signatories%20of%20the%20Convention%20-%20Latest.pdf,2016年7月19日访问。

续表

文莱	斐济	肯尼亚	新西兰	喀麦隆	赞比亚
保加利亚	芬兰	德国	尼加拉瓜	所罗门群岛	津巴布韦
布基纳法索	法国	韩国	尼日尔	索马里	乌拉圭
布隆迪	加蓬	科威特	尼日利亚	西班牙	卡塔尔
柬埔寨	中非共和国	毛里塔尼亚	乌兹别克斯坦	密克罗尼西亚	特立尼达和多巴哥
巴布亚新几内亚	圣基茨和尼维斯	圣文森特和格林纳丁斯	瑙鲁共和国	圣多美和普林西比	圣马力诺共和国
加拿大	伊拉克共和国	黑山共和国			

附表7：

《关于向国外送达民事或商事司法文书和司法外文书公约》(《海牙送达公约》)成员国名单

(数据来源于海牙国际私法会议网站①)

阿尔巴尼亚、阿根廷、澳大利亚、白俄罗斯、比利时、波斯尼亚和黑塞哥维那、保加利亚、加拿大、中华人民共和国、克罗地亚、塞浦路斯、捷克、丹麦、埃及、爱沙尼亚、芬兰、法国、德国、希腊、匈牙利、冰岛、印度、爱尔兰、以色列、意大利、日本、大韩民国、拉脱维亚、立陶宛、卢森堡、马耳他、墨西哥、摩纳哥、摩洛哥、荷兰、挪威、波兰、葡萄牙、罗马尼亚、俄罗斯、塞尔维亚、斯洛伐尼亚、西班牙、斯里兰卡、瑞典、瑞士、前南斯拉夫马其顿共和国、土耳其、乌克兰、大不列颠及北爱尔兰联合王国、美国、委内瑞拉、安提瓜和巴布达、巴哈马、巴巴多斯岛、伯利兹、波斯瓦纳、科威特、马拉维、巴基斯坦、圣文森特和格林纳斯丁斯、圣马里诺、塞舌尔、亚美尼亚、摩尔多瓦、哈萨克斯坦、哥伦比亚、斯洛伐克、格鲁尼亚、哥斯达黎加、黑山、越南(尚未生效)。

---

① 海牙国际私法会议网站为 https://www. hcch. net/en/states/hcch - members，2016 年 7 月 19 日访问。

附表 8：

《关于从国外调取民事或商事证据的公约》（《海牙取证公约》）成员国名单

（数据来源于海牙国际私法会议网站①）

阿尔巴尼亚、阿根廷、亚美尼亚、澳大利亚、白俄罗斯、波斯尼亚和黑塞哥维那、巴西、保加利亚、中华人民共和国、哥斯达黎加、克罗地亚、塞浦路斯、捷克、丹麦、爱沙尼亚、芬兰、法国、德国、希腊、匈牙利、冰岛、印度、以色列、意大利、韩国、拉脱维亚、立陶宛、卢森堡、马耳他、墨西哥、摩纳哥、黑山共和国、摩洛哥、荷兰、挪威、波兰、葡萄牙、罗马尼亚、俄罗斯、塞尔维亚、新加坡、斯洛伐克、斯洛文尼亚、南非、西班牙、斯里兰卡、瑞典、瑞士、前南斯拉夫马其顿共和国、土耳其、乌克兰、大不列颠及北爱尔兰联合王国、美国、委内瑞拉、巴巴多斯、哥伦比亚、科威特、列支敦士登、塞舌尔。

① 参见 https://www.hcch.net/en/instruments/conventions/status-table/? cid=82，2016 年 7 月 17 日访问。

附表 9:

各国禁止外资进入领域一览表①

国家	禁止外资进入的范围或行业	相关法律法规及主要条款
欧洲国家		
德国	军事和国防工业	《战争武器控制法》(KrWaffKontrG)第2条至第4条规定,生产、购买、出售、进口、出口及运送战争武器需经批准。如申请人是非德国居民,一般均被拒绝。而且主管部门可随时撤销批准证书
	建设和经营核电站及和垃圾处理项目	《和平利用核能及核能风险保护法》
亚洲国家		
越南	(1)危害国防,国家安全和公共利益的项目;(2)危害越南文化历史遗迹,道德和风俗的项目;(3)危害人民身体健康,破坏资源和环境的项目;(4)从国外进入越南的有毒废弃物的处理,生产有毒化学品或使用国际条约禁止使用的毒素	《2014 年投资法》
巴基斯坦	巴基斯坦所有经济领域向外资开放,外资同本国投资者享有同等待遇。巴基斯坦为伊斯兰国家,外国企业不得在当地从事夜总会、歌舞厅、电影院、按摩、洗浴等娱乐休闲业	《1976 年外国私人投资(促进与保护)法案》 《1992 年经济改革促进和保护法案》 巴基斯坦投资优惠政策规定
韩国	涉及公共性的60多个行业,如影响国家安全或公共秩序的领域、不利于过敏健康的领域以及违反其国内法律的领域、禁止外商投资普通作物栽培、肉牛饲养业、近海渔业、沿岸渔业等	《外国人投资促进法》
日本	日本对外国投资实施原则开放、例外禁止的方针,目前没有明文规定绝对禁止的行业	

① 商务部《对外投资合作国别(地区)指南》(2015)。数据来源于"走出去"公共服务平台:http://fec. mofcom. gov. cn/,2016 年 7 月 25 日访问。

续表

国家	禁止外资进入的范围或行业	相关法律法规及主要条款
印度尼西亚	毒品种植交易业、受保护鱼类捕捞业、以珊瑚或珊瑚礁制造建筑材料,含酒精饮料工业、水银氯碱业、污染环境的化学工业、生化武器工业,机动车型号和定期检验、海运通讯或支持设施、舰载交通通讯系统、空中导航服务、无线电鱼卫星轨道电波只会系统、地磅站,公立、纪念碑以及赌博业,博物馆、历史文化遗产和古迹	《2007年投资法》 《2007年关于有条件的封闭式和开放式投资行业的标准与条件的第76号总统决定》 《2007年关于有条件的封闭式和开放式行业名单的第77号总统决定》 《禁止类、限制类投资产业目录》
印度	核能、博彩业、风险基金、雪茄及烟草业	《外国投资促进法》 《1956年公司法》 《1992年外资(发展与管理)法案》
泰国	禁止进入的行业:报业、广播电台、电视台;种稻、旱地种植、果园种植;牧业;林业、原木加工;在泰领海、泰经济特区的捕鱼;泰药材炮制;涉及泰国古董或具有历史价值之文物的经营和拍卖;佛像、钵盂制作或铸造;土地交易等	1977年《投资促进法》(Investment Promotion Act)及1991年第二次修正、2001年第三次修正 《外商经营企业法》(Alien Business Act) 《外籍人经商法》(1999年)
非洲国家		
尼日利亚	禁止外国投资者进入的领域为武器弹药制造、麻醉剂的生产、精神类药品生产以及军队、警察、海关人员服装的生产	尼日利亚投资促进委员会第16号法令
肯尼亚	禁止生产和经营麻醉和神经药品	《外国投资保护法》 《麻醉和神经药品法》
埃塞俄比亚	限定只能由本国政府经营,以及仅为埃塞俄比亚本国投资者开放的行业。限定只能由本国政府经营的行业包括:全国输变电网输电、供电,除速递服务外的邮政业务。仅限本国投资者投资的行业包括:银行和小额信贷及存储业务、保险、船运和旅行代理、广播服务、零售贸易、经纪业、批发贸易(石油及副产品以及外国投资者当地开采的石油批发业务除外)、进口贸易(野花石油气和沥青除外)、用于制造出口产品的原材料、出口本国市场购买的生咖啡、恰特草(一种轻毒品)、油籽、豆类、皮革和非投资者饲养或育肥的活牛羊、建筑公司(具有一级资质的除外)、硝皮业、旅馆(星级酒店除外)、茶馆、咖啡馆、	《2002年投资公告》

续表

国家	禁止外资进入的范围或行业	相关法律法规及主要条款
	酒吧、夜总会、餐馆(国际和特色餐馆除外)、旅游代理、贸易辅助和售票服务、租车业和出租车服务、理发馆、美容发廊、金属锻造加工作坊以及裁缝制作(制衣工厂除外)、商业共苦货运和本国水上运输服务、建筑围护和车辆保养维修、木材加工、清关服务、印刷业等	
赞比亚	所有小型采矿权、小型宝石开采权以及探矿许可只能颁发给赞比亚人和赞比亚人拥有的公司;所有工业矿产的采矿权只能颁发给赞比亚人和赞比亚人拥有的公司	2008 年第 7 号《矿山和矿产发展法》
刚果(金)	禁止外国投资进入军事领域	《2002 年投资法》
美洲国家		
美国	国内航空运输、核能生产和利用、国内水路运输(包括内河、内湖和近海运输)	《Exon-Florio 修正案》 《国防工业安全计划》
委内瑞拉	电视、无线电广播	《外国投资促进和保护法》
巴西	核能、医疗卫生、养老基金、海洋捕捞、邮政、报纸、电视、无线电通信网络、国内特许航空服务以及航天工程	《外国资本法》以及 1965 年第 55762 号法令 《外资管理法实行细则》 《劳工法》

附表 10：

各国限制外资进入领域一览表

国家	限制的范围或行业	相关法律法规及主要条款
欧洲国家		
德国	需要审批的行业包括：银行、保险业；拍卖业；出售含酒精饮料的餐饮业；武器、弹药、药品、植物保护剂的生产及其销售；炼油和蒸馏设备的生产和销售；发电和供暖厂；动物的批发和零售；运输和出租公司等某些行业需要技术证	《联邦排放保护法》 《武器法》 《旅店法》 《监理法》
法国	博彩；私人安全服务；窃听设备；信息技术行业系统评估和鉴定；信息系统安全相关产品和服务；双重用途产品和技术；数字应用加密和解密系统；涉及国防安全的业务；武器、装备以及用于军事炸药和战争装备的业务；合同规定向国防部提供研究或供应设备的业务。外国投资者对敏感行业投资需事先获得许可	2005 年 12 月 30 日颁布的第 2005 – 1739 号政令
俄罗斯	国防军工、核原料生产、核反应堆项目的建设运营、用于武器和军事技术生产必需的特种金属和合金的研制生产销售、宇航设施和航空器研究、密码加密设备研究、天然垄断部门的固定线路电信公司、联邦级的地下资源区块开发、水下资源、覆盖俄罗斯领土一半区域的广播媒体、发行量较大的报纸和出版公司等	《俄罗斯联邦外国投资法》(1999 年) 《战略领域外国投资法》 《有关外国进入对国防和国家安全具有战略性意义行业程序》
亚洲国家		
越南	(1)对国防、国家安全，社会秩序、安宁有影响的领域；(2)财政、金融；(3)影响大众健康的领域；(4)文化、通信、报纸、出版；(5)娱乐；(6)房地产经营；(7)自然资源的考察、寻找、勘探、开采，生态环境；(8)教育和培训；(9)法律规定的其他领域	《投资法》(2005 年)
巴基斯坦	武器、高强炸药、放射性物质、证券印制和造币、酒类生产(工业酒精除外)	《外国投资法》
印尼	港口、公用电力、海运、电讯、航空、饮用水、公共铁路、原子能开发和大众传媒、采矿业	《外资法》
韩国	对限制类采取许可，而且有股权限制。主要限制领域包括农业、畜牧业、渔业、出版发行、运输、输电和配电、广播通信等	《外国人投资促进法》

续表

国家	限制的范围或行业	相关法律法规及主要条款
印度	电信服务业、私人银行业、多品牌零售业、航空服务业、基础设施投资、房地产业、广播电视转播等	《外国投资促进法》 《1956 年公司法》 《1992 年外资(发展与管理)法案》
泰国	需经商业部长批准的项目:涉及国家安全稳定或对艺术文化、风俗习惯、民间手工业、自然资源、生态环境造成不良影响的投资业务。涉及国家安全稳定的投资业务,包括生产、销售、修理枪械、子弹、火药、爆炸物及其有关配件,武器、军用船、飞机、车辆,一切占用设备的机件设备或有关配件;国内陆上、水上、空中等运输业,包括国内航空业。对艺术文化、风俗习惯、民间手工业、自然资源、生态环境造成不良影响的投资业务,包括泰国传统工艺品的古董、艺术品买卖,木雕制造,养蚕、泰丝生产、泰绸织造、泰绸花纹印制,泰国民族乐器制造,金器、银器、乌银镶嵌器、镶石金器、漆器制造,涉及泰国传统工艺的盘器、碗器、陶器制造。对自然资源、生态环境造成不良影响的投资业务,包括蔗糖生产,海盐、矿盐生产,石盐生产,采矿业、石头爆破或碎石加工,家具、木材加工等 本国人对外国人未具竞争力的行业:碾米业、米粉和其他植物粉加工;水产养殖业;营造林木的开发与经营;胶合板、饰面板、跑模板、硬木板制造;石灰生产;会计、法律、建筑、工程服务业;工程建设等	1977 年《投资促进法》(Investment Promotion Act)及 1991 年第二次修正、2001 年第三次修正 《外商经营企业法》(Alien Business Act) 《外籍人经商法》
非洲国家		
尼日利亚	在油气领域的经营需由尼方控股	《尼日利亚投资促进委员会法令》
肯尼亚	经营火器(包括军火)及炸药、渔业法、能源和石油产品	《火器法》 《炸药法》 《渔业法》等
美洲及大洋洲国家		
美国	航空、通讯、水电、喝点、沿海和内河航运、秘密政府合同等	《1926 年航空贸易法》 《1938 年民用航空法》等
澳大利亚	能源矿产、房地产、金融、保险、航空、媒体、电信、机场等行业	《外国人收购和接管法》(FATA) 《公司法》 《外资收购合并法案》(1975 年) 《商业行为法》(1974 年) 《金融机构股权法》(1998 年)

续表

国家	限制的范围或行业	相关法律法规及主要条款
新西兰	敏感的土地投资;重要商业资产投资;捕鱼配额	《2005海外投资法》 《2005海外投资条例》 《捕鱼法》
巴西	能源、天然气、矿产、保险、公路或无运输、金融	《外国资本法》 《基础电信法》 《矿业法》

附表11：

有关国家投资比例规则

国家	外资股权比例
印度	外国资本一般不得超过40%
	(1)民航业：外国企业可以投资航空货运、非定期航线、包机航线及机场地面服务，投资比例上限为74%；允许外国企业100%投资飞机维修、飞行训练、直升机服务等领域。(2)石油及天然气：取消在石油产品营销行业外国投资者须在投资后5年内向印度合作伙伴或公众转让26%股权的规定；将外资对国有石油炼化企业的投资比例上限提高至49%。(3)商品交易所：商品交易所外资投资比例上限为26%，外国机构投资者投资比例上限为23%，单笔外商投资不得高于5%。(4)资信调查公司：外资对资信调查公司的投资比例上限为49%，其投资需获得印度政府和储备银行的批准。(5)矿业：获得政府预先核准后，允许外资100%投资钛矿开采、分选业务。(6)电信、房地产领域上限100%，保险行业上限49%，国防生产领域上限26%
俄罗斯	对于战略性企业境外发行有价证券的比例，一般性企业的发行上限不得超过此类企业所发行有价证券总额的30%，之前为35%。战略性企业的发行比例不得高于25%，在联邦级矿产资源区块内从事地质研究、勘探和采掘的企业发行比例不得高于5%
乌克兰①	根据乌克兰法律成立的任何法律组织形式的外国投资企业，其法定基金中的外国投资不得低于10%
土耳其	外国资本比例在10% ~49%选择
韩国	部分限制类行业领域对外商投资比例有限制；高技术领域外资可占100%
日本	第一类自由化产业外资允许占50%；第二类自由化产业外资可占100%；非自由化产业所占比例很小，且须逐项审查；证券业外资不得超过10%；非限制产业外资不得超过25%
印度尼西亚②	外资对手机公司的所有权不超过65%，对固定电话公司的控股比例不超过49%。对印尼航空公道所有权比例上限为49%。外资对机场河海港的所有权上限为49%
越南	外资企业的法定资本不得少于投资资本的30%。政府的外国投资管理机关规定的特殊项目，比例可低于30%
新加坡	高技术出口外资可占100%；商业领域外资不超过49%

① 美国商务部网站。

② 美国商务部网站。

续表

国家	外资股权比例
菲律宾	银行业外资不超过 30%;自然资源外资不超过 40%,先驱性工业外资可占 100%;但 30 年后不超过 40%
澳大利亚	银行不得超过 10%;无线电与电视转播不得超过 20%;农牧渔林业外资不超过 50%;民用航空单个外国公司所占股权不得超过 25%,外国股权累计不得超过 49%,其中外国航空公司所占股权不得超过 35%,如果涉及国际航线,外资不得超过 49%;机场的外资比例不得超过 49%,航线所有权比例不得超过 5%
肯尼亚	外资投资内罗毕股票交易市场的上市公司,外资股份不能超过 75%;外资经纪和外资基金管理公司中的外资持股比例分别不能超过 70% 和 49%
阿联酋	外商在阿联酋投资最高比例是 49%;在一些特定的领域例如保险,外资最低 25%。在阿联酋,外商独资只允许在自由区内
马来西亚①	外国公司最多只能收购现有固定电话业务的 30% 的股份。提供附加值服务的供应商的外资股份也被限制在 30% 以内。目前外国机构允许拥有投资银行 70% 的股份,但是外国商业银行的最高股份上限被限制在 30%。外资保险股份允许拥有 70%
尼日利亚②	外国投资者投资银行,单个外国个人或机构投资者购买的股份比例不得超过银行总资本的 10%;若外国银行要并购尼日利亚银行,该外国银行必须在尼日利亚经营 5 年以上,并在 2/3 以上的州设立分行(不包括州首府),同时外国银行在并购后的持股比例不得超过合并体总资产的 40%
津巴布韦③	在津巴布韦所有企业必须由该国本土人控股 51% 以上,特别是外国人和白人拥有的企业必须将 51% 的股份出售给当地黑人或津政府;新投资企业必须为本土人预留 51% 以上的股份才能获准经营;对控股股权进行兼并、分拆收购、重组、投资和放弃时,须经本土化和经济授权部长批准
加拿大④	银行业:对于大型银行(资产达到或超过 50 亿加元的),其资产必须被“广泛持有”,即不论国籍,任何个人都不得收购该银行超过 20% 的投票股权或超过 30% 的非投票股权。任何个人持有中小银行(资产在 10 亿加元以下)股份的,需要事先得到财政部的批准。大众传播业:外国持股人不得拥有加拿大任何大众传播企业 46.7% 的股份(包括 20% 的直接投资和由控股公司拥有的余下 80% 股份的 1/3,即 26.7% 的间接投资)。渔业:任何外商持股超过 49% 的加拿大渔业加工企业将不能获得商业捕鱼执照。铀矿业:外商在铀矿开采和加工企业中所占股份不得超过 49%,但如果确能证明企业在加拿大人的有效控制之下则可例外。交通运输业:外商在加航空运输业公司的持股总额不得超过 25%。加拿大海运业必须由悬挂加拿大国旗的船只来承担,但并不禁止其中的某些货

① 美国国务院《投资环境分析》(2011 年)。

② 商务部《对外投资合作国别(地区)指南》(2015 年版)。

③ 中国驻津巴布韦大使馆商务参赞发布的经贸动态信息。

④ 中国驻加拿大大使馆经济商务参赞处提供的信息。

续表

国家	外资股权比例
加拿大	轮实际归外国船东所有。通讯业:目前除固定卫星服务及海底光缆外,加拿大仍保留了对其他所有基于设施的电信服务供应商控股不得超过46.7%的规定(包括20% 的直接投资和由控股公司拥有的余下80%股份的1/3,即26.7%的间接投资)。除了持股比例限制外,加拿大还要求基本电信设施需要由“加拿大人控制”,因此规定董事会至少有80%的成员是加拿大国籍。外商如果投资于租用别人设施以从事“增值电讯”和“增强电讯”服务(如电子数据传输或租用线路从事长途电话服务)的公司,则不受上述控股比例的限制。保险业:加拿大《保险公司法》规定,任何个人不论国籍,在收购加拿大联邦控制的保险公司超过10%的股份时必须获得财政部的批准

附表 12：

各国允许外资进入的方式及相关措施

国家	进入的方式或比例	可否上市	商业化运作	国家增信
欧洲国家				
德国	直接投资和并购	可以	发行股票、股权转让	无明确规定
俄罗斯	直接投资方式和间接投资方式	只要符合法律的规定均可以上市	成立合资企业或外商独资企业、提供贷款、依融资租赁而供给外国设备、签订国家租赁合同或产品分成协议、拥有俄罗斯企业的股票、有价证券、伴有技术转让的国际合作、不设立法人而在合同基础上建立合作企业、通过购买股份或融资方式参加投资活动的管理、通过合并、并购企业的方式投资等	俄罗斯对投资者所面临的非商业性风险提供担保
塔吉克斯坦	直接投资或间接投资方式	只要符合法律的规定均可以上市	参股；建立外商独资企业；获得股票和其他有价证券等产权；与塔吉克斯坦共和国公民和法人共同或独立取得土地及其他自然资源的使用权、其他产权；与塔吉克斯坦共和国公民和法人订立协议，从事其他形式的外国投资	无明确规定
乌兹别克斯坦	直接投资或间接投资方式	只要符合法律的规定均可以上市	建立外商独资企业、获得股票和其他有价证券等产权等形式	提供政府担保，制定特别关税、税收和支付优惠，实行国家对引资项目的实施进程的监控，将投资项目列入国家引资纲要，协助解决国家拨款问题等

续表

国家	进入的方式或比例	可否上市	商业化运作	国家增信
亚洲国家				
越南	直接投资或间接投资方式	只要符合法律规定的上市条件,并未禁止允许外资进入的战略资产领域的公司上市	外资进入战略资产领域可以采取独资、合资、合作经营、BCC、BOT、BTO方式、投资发展经营、购买股份或融资方式、合并、并购企业等直接投资方式,也可以采取购买股份、股票、债券和其他有价证券、通过证券投资基金、其他的中介财政机构、通过对组织、个人的股份、股票、债券和其他有价证券进行买卖等间接投资方式	越南国家可以对重要投资项目的贷款、原料供应、产品销售、结算及履行合同其他义务进行担保,并指定国家职能部门作为担保人。以国家财政投资资金对经济组织的投资通过国家资金投资和经营总公司实行
巴基斯坦	可以100%控股	可以	出售、公开发行股票	无明确规定
印尼	通讯、商业空运外资所占股份最高不超过45%;非基础服务领域最多可拥有95%	可以	合营、投资、股权转让	采矿业可采取与政府机构合作的方式
马来西亚①	直接投资或间接投资方式	可以	直接投资、跨国并购、股权收购	无明确规定
中国	无明确规定	无禁止性规定	无明确规定	无明确规定
柬埔寨②	可以个人、合伙、公司等不同的商业组织形式注册	无禁止性规定	无明确规定	无明确规定
菲律宾	可以设立合资公司;子公司;分公司;代表机构等组织机构	无禁止性规定	无明确规定	无明确规定

① 美国国务院《投资环境分析》(2012年)。

② 中新经贸合作网:http://www.csc.mofcom-mti.gov.cn/csweb/csc/info/Article.jsp?a_no=31913&col_no=134,2016年6月17日访问。

续表

国家	进入的方式或比例	可否上市	商业化运作	国家增信
非洲国家				
尼日利亚	直接投资或间接投资方式	无禁止性规定	无明确规定	无明确规定
肯尼亚	直接投资或间接投资方式	无禁止性规定	无明确规定	无明确规定
埃及	直接投资或间接投资方式	只要符合法律的规定均可以上市	可以设立股份公司、有限责任公司以及委托股份公司的形式	无明确规定
南非	直接投资或间接投资方式	只要符合法律的规定均可以上市	建立外资企业、获得股票和其他有价证券等产权等形式	对于任何南部非洲关税同盟SACU和南部非洲国家实施外国投资补贴
美洲及大洋洲国家				
美国	直接投资和间接投资	可以	成立合资企业或外商独资企业、拥有美国企业的股票、有价证券、通过购买股份或融资方式参加投资活动的管理、通过合并、并购企业的方式投资等	主权基金
澳大利亚	直接投资或间接投资方式	无禁止性规定	无明确规定	无明确规定
委内瑞拉	无明确规定	无禁止性规定	无明确规定	无明确规定
巴西	主要以合资方式	无明确规定	证券发行;股权收购	无明确规定

附表 13：

非洲国际组织一览表

名称	成立时间、章程及总部	成员国	机构
政治类组织			
非洲联盟（非盟）	非盟前身是成立于 1963 年 5 月 25 日的非洲统一组织。2002 年 9 日，非盟举行第一届首脑会议，并宣布非盟正式成立，非盟正式取代非统组织。2000 年 7 月，第 36 届非统首脑会议通过了《非洲联盟章程草案》。总部设在埃塞俄比亚首都亚的斯亚贝巴	截至 2015 年 3 月，非盟现有 53 个成员国	非盟首脑会议、执行理事会、泛非议会、常驻代表委员会和非盟委员会
法语国家组织	1970 年，21 个法语国家在尼日尔首都尼亚美召开的会议，标志法语国家组织的成立。1970 年签署《成立文化技术合作局宪章》。总部设在巴黎	截至 2015 年 9 月，共有 57 个成员国	首脑会议、部长级会议、国际监督委员会、首脑会议筹备委员会和文化技术合作局
经济类组织			
非洲开发银行	1963 年 7 月，通过了建立非洲开发银行的协议。1964 年，非洲开发银行正式成立。1966 年 7 月 1 日开业。总部设在科特迪瓦的阿比让。2002 年，因科政局不稳，临时搬迁至突尼斯至今	非行有 77 个成员国，非洲 53 个国家全部为成员，此外还有包括中国在内的区外成员 24 个	理事会、董事会
中部非洲国家经济共同体	1983 年 10 月 18 日，中部非洲国家元首和政府首脑在利伯维尔举行会议，签署《中部非洲国家经济共同体条约》，于 1985 年 1 月开始运作。总秘书处在利伯维尔	截至 2015 年 7 月共同体成员有 11 个①：安哥拉、布隆迪、喀麦隆、中非、乍得、刚果（布）、刚果（金）、加蓬、赤道几内亚、圣多美和普林西比	共同体国家元首和政府首脑会议，部长理事会，总秘书处，议会、法院、咨询委员会等

① 成员国数量均引自外交部官方网站：http://www.fmprc.gov.cn/web/，2016 年 7 月 25 日访问。

续表

名称	成立时间、章程及总部	成员国	机构
南部非洲发展共同体（南共体）	前身是 1980 年成立的南部非洲发展协调会议。1992 年 8 月 17 日正式将该组织更名为南部非洲发展共同体。1992 年 8 月 17 日签署了关于建立南部非洲发展共同体的条约、宣言和议定书三个文件。总部设在博茨瓦纳首都哈博罗内	截至 2016 年 1 月年 8 月，共有 15 个成员国：南非、安哥拉、博茨瓦纳、津巴布韦、莱索托、马拉维、莫桑比克、纳米比亚、斯威士兰、坦桑尼亚、赞比亚、毛里求斯、刚果（金）、塞舌尔、马达加斯加	首脑会议、部长理事会、部门技术委员会、官员常设委员会、常设秘书处和政治、防务、安全机构以及确保遵守和正确解释条约的法庭组成
西非国家经济共同体（西共体）	1975 年 5 月 28 日，15 个西非国家和政府的代表在尼日利亚的拉各斯召开首脑会议，签订《西非国家经济共同体条约》，正式成立了西非国家经济共同体，简称西共体。执行秘书处设在尼日利亚首都阿布贾	截至 2016 年 1 月，共有 15 个成员国：贝宁、布基纳法索、多哥、佛得角、冈比亚、几内亚、几内亚比绍、加纳、科特迪瓦、利比里亚、马里、尼日尔、尼日利亚、塞拉利昂、塞内加尔	国家元首和政府首脑会议、部长理事会、执行秘书处、6 个技术和专门委员会、法院和议会、西共体投资与发展银行
大湖国家经济共同体	1976 年 8 月 18 日在卢旺达吉塞尼签署友好合作条约和建立大湖国家经济共同体协定，同年 9 月 20 日，大湖国家经济共同体正式宣布成立。大湖国家经济共同体于 1994 年瓦解。2007 年 4 月，布隆迪、卢旺达和刚果（金）等三国已重启大湖国家经济共同体。秘书处在卢旺达吉塞尼	成员国（2007 年重启）：布隆迪、卢旺达、刚果（金）	首脑会议、部长理事会、常务执行秘书处、仲裁委员会、农牧研究所、大湖国家开发银行和大湖能源组织
东部和南部非洲共同市场（东南非共同市场）	其前身为 1981 年 12 月成立的东部和南部非洲优惠贸易区。1993 年 11 月，优惠贸易区首脑会议通过了把贸易区转变为共同市场的条约。同年 12 月，优惠贸易区首脑会议正式批准了该条约，宣布东部和南部非洲共同市场正式成立。秘书处设在赞比亚首都卢萨卡	截至 2016 年 1 月南非共同市场现有成员国 19 个	首脑会议、部长理事会、政府间委员会、秘书处、技术委员会、贸易和开发银行、结算银行和共同市场法院

续表

名称	成立时间、章程及总部	成员国	机构
东非共同体	最早成立于1967年,后因成员国间政治分歧和经济摩擦于1977年解体。1993年11月,坦、肯、乌三国开始恢复合作。1996年3月14日,三国成立东非合作体秘书处。1999年11月30日,三国总统签署《东非共同体条约》,决定恢复成立东非共同体。2001年1月,三国在坦桑尼亚阿鲁沙宣布,由三国组成的新的东非共同体正式成立。秘书处设在坦桑尼亚阿鲁沙市	截至2016年1月,共有5个成员国:坦桑尼亚,肯尼亚、乌干达、布隆迪、卢旺达	首脑会议、部长委员会、协调委员会、行业委员会、东非法院、东非议会和秘书处
西非经济货币联盟	是西非国家经济共同体中贝宁等7个法语国家于1994年1月10日签署《西非经济货币联盟条约》成立的,其前身是“西非货币联盟”。总部设在布基纳法索首都瓦加杜古	有8个成员国:贝宁、布基纳法索、科特迪瓦、马里、尼日尔、塞内加尔、多哥和几内亚比绍	首脑会议、部长会议、联盟委员会、联盟法院。 联盟下设两个银行:西非国家中央银行;西非开发银行

附表 14:

非洲区域性金融机构一览表

名称	是否允许提供对外担保	担保类型和条件	附注
非洲开发银行(AfDB)	是	非洲开发银行提供两类担保:部分信贷担保和部分风险担保。 部分信贷担保的对象为私营贷款的部分还款,其目的是防范所有风险。部分信贷担保可以用于公共和私营领域投资项目(如项目融资)以及金融中介活动(如为国际融资机构向境内银行提供的贷款进行担保)。 部分风险担保能使贷款方防范因政府或政府所属机构在私营项目中未能履行义务而造成的风险。这类担保可以防范各种类型的政府风险,包括政府合同付款义务,外汇可得与可兑换、法律变更、征用和国有化等风险。部分风险担保项下的商业风险完全由私营投资者承担。 费用①:前端费:0%(公共领域借款方),1%(无主权担保的借款方)。备用费:中等收入国家每年0% ~1%;其他国家 0.5% ~1%。担保费:标准贷款利差+取决于风险水平的风险溢价。 担保最长期限:公共领域借款方 20 年,非主权担保借款方 15 年,担保适用的国家、项目/行业与非洲开发银行贷款适用对象类似	如果担保被要求履行,非洲开发银行将支付适当款项,同时有权向借款方或反担保人提出权利主张。 非洲开发银行得到各评级机构高度评价: 标准普尔:高级债务 AAA,次级债务 AA+ 惠誉国际:AAA JCR:AAA 穆迪:AAA
大湖国家开发银行	不详	不详	该机构于 2004 年恢复经营活动,目前仍在对其业务进行重组

① 各开发银行提供担保通常收取三类费用:前端费,根据担保的总价值收取,包括担保的管理成本,应在担保签字时或之前交纳;备用费,与对贷款收取的承诺费相等,根据潜在贷款协议中未提款部分收取;担保费,与银行贷款利差类似,反映特定担保结构附带的风险。

续表

名称	是否允许提供对外担保	担保类型和条件	附注
西共体投资与发展银行	是	下列实体可以申请担保:成员国或其附属实体;成员国的公共和私营公司;成员国的金融机构;其他的国内实体或有意愿的实体。 优先担保行业有基础设施、农村地区开发、社会领域、工业和服务业(含金融服务业)。 费用:前端费:1%(固定);备用费:每年1.5%~5%;担保费:1.5%~4%(公共领域),6.5%~12%(私营领域)。 担保的最低金额:100万特别提款权①。 国家项目最高金额:1000万特别提款权。 地区性(即多国)项目最高金额:1500万特别提款权。 担保以所担保业务的货币计	2006年批准5项担保
东南非贸易和开发银行(PTA Bank)	是	适用资格:在东部和南部非洲共同市场地区进行的、着重于农用工业、能源、基础设施、运输、通信、制造业、矿业、服务业和旅游业的项目融资。 以下项目很容易符合东南非贸易和开发银行的贷款资格:以出口为导向的、赚取外汇和/或节省外汇的、立足于当地资源的,以及具有地区性视角的。 担保价值最低为50万美元,最高为2000万美元。 担保期限最高为10年。 担保的定价根据具体提议的不同而各不相同,根据东南非贸易和开发银行对项目和借款方风险状况的分析而定。 还应支付项目评估费用	东南非贸易和开发银行的担保业务与其贷款业务相比而言,较为有限
东非开发银行(EADB)	是	在有选择的基础上,该银行就其他金融机构为在东非共同体成员国的投资所发放的贷款,提供全部或部分担保。 适用领域包括:农业和农产品加工,工业和采矿业,旅游,基础设施(包括能源、信息和通信技术、交通和房地产及不动产开发),服务(包括教育、卫生、金融)。 最高担保额为1000万美元。 担保最高年限为10年。 担保交易不依赖收取利息获利,而是根据特定个案和对担保特定用途进行的风险评估收费。 适用法律:影响交易的成员国相关法律	

① 特别提款权是国际货币基金组织和其他一些国际组织使用的一种计价单位。

续表

名称	是否允许提供对外担保	担保类型和条件	附注
西非国家中央银行(BCEAO)	否	不适用	不适用(作为其成员国的中央银行,不从事贷款或类似的银行业务)
西非开发银行(BOAD)	是	担保条件不能公开获得	担保业务有限(该机构自2002年开始提供此类业务至今仅有6项)。担保业务明显转至西非私人投资担保基金
西非私人投资担保基金(GARI)	是	适用资格:仅适用于下列领域的私营公司:制造业、农用工业、渔业、采矿业、旅游、建筑、交通、农业、酒店业、工业相关服务。 西非私人投资担保基金对境内外贷款方发放的贷款提供担保。 担保最高年限为10年,且担保额不能超过潜在贷款额的50%。 费用:固定费用:2% ~3%;备用费:每年1.5%;担保费:不详	
中部非洲国家发展银行(BDEAC)	是	中部非洲国家发展银行在项目中的最高担保额度为拟定投资成本(不包括税款)的75%。 担保货币通常为中非法郎或其他可自由兑换的货币。 担保的适用法律为当地法律。 担保期:3年至20年 费用:固定费用:1%;备用费:每年0.75% ~1.25%;担保费:由中部非洲国家发展银行根据各个项目确定	根据中部非洲国家发展银行2006年年报,2006年没有从事过担保业务。2007年年报尚未公布
南部非洲开发银行(DBSA)	是	南部非洲开发银行可以在南非和南部非洲发展共同体地区提供以借款人为受益人的担保。 公开可得的信息有限	

附表 15：

其他可利用的担保及信用保险机构

名称	是否提供担保	担保类型和条件	附注
多边投资担保机构（MIGA）	是	最高担保额:2 亿美元 担保最高年限:15 年至 20 年 多边投资担保机构的担保仅防范以下风险： ——汇款限制（当投资人不能将当地货币兑换成外汇,汇至自己的母国时）； ——征用（当由于当地政府征用导致投资丧失时）； ——战争和内乱[防范由于战争或内乱（包括改革、起义和政变）等具有政治动机的行动导致的损失]； ——违约（防范因东道国政府违反或拒绝与投资人的契约协议而产生的损失）	多边投资担保机构是世界银行集团的一个机构
GuarantCo	是	GuarantCo 能提供各类担保产品,包括部分信贷担保和部分风险担保、第一损失担保、展期或流动性担保,并能提供特定项目可能要求的连带担保或反担保。 最小项目规模:500 万美元。 最大项目规模:1200 万美元。 担保最高年限:15 年。 GuarantCo 可以为非洲、亚洲、拉丁和中美洲以及加勒比地区的所有低收入和低中收入国家的项目提供支持。 适用领域:基础设施项目,特别是 ——能源供应,包括生产、输送和配送； ——水/废弃物服务； ——运输； ——电信； ——天然气输送、配送和储存； ——城市基础设施； ——采矿,前提条件是融资用于第三方可参与的相关基础设施服务； ——其他对相关国家基本的基础设施发展有积极影响的活动	GuarantCo 为其担保提供全额现金抵押。 GuarantCo 受英国国际发展部、瑞士国家经济事务秘书处、荷兰外交部、瑞典国际发展合作署、世界银行和奥地利开发署支持

续表

名称	是否提供担保	担保类型和条件	附注
中国出口信用保险公司	是	主要产品包括：短期出口信用保险、国内贸易信用保险、中长期出口信用保险、投资保险、担保业务；新产品包括：中小企业综合保险、外派劳务信用保险、出口票据保险、农产品出口特别保险、义乌中国小商品城贸易信用保险和进口预付款保险；主要服务有融资便利、国际商账追收、资信评估服务以及国家风险、买家风险和行业风险评估分析等	主要目的是积极配合国家外交、外贸、产业、财政和金融等政策，通过政策性出口信用保险手段，支持货物、技术和服务等出口，特别是高科技、附加值大的机电产品等资本性货物出口，支持中国企业向海外投资，为企业开拓海外市场提供收汇风险保障，并在出口融资、信息咨询和应收账款管理等方面为企业提供快捷、便利的服务

附表 16：

“一带一路”沿线及世界主要国家投资法律政策变化情况分析

国家	重要监管事件	行业	方式	趋势
“一带一路”国家				
沙特	2013 年 3 月，沙特发布新规，所有商店的出售商品必须明码标价，否则将面临最高 10 万里亚尔（约2.6 万美元）罚款。商品价签需用阿拉伯语书写，商工部将不定期组织检查	全行业	实施新规	趋紧
	2013 年 5 月，沙特拟于 2013 年 9 月 7 日起停止进口低效能标准的空调	空调	禁令	趋紧
	2014 年 8 月，沙特拟修订《外国投资法》，以鼓励高附加值产业的外国资本投资沙特市场，为外国投资者提供更多有利政策，进一步改善沙特投资环境，从而促进沙特整个国民经济的健康发展	全行业	修改法律	趋缓
	2014 年 8 月，沙特内阁会议通过了数项旨在鼓励主要跨国公司参与沙特重大项目建设的决议。根据决议，各大跨国公司将可以参与沙特基础设施、能源、信息技术、建筑工程以及运营和维护等重大项目，且不受资质评定制度的限制	全行业	取消限制	趋缓
	2015 年 9 月，沙特拟取消对外商投资批发和零售行业的限制，允许外商在上述行业独资经营。此前，外商投资沙特上述行业需要和沙方合资，且沙方占股不得少于 25%	批发和零售业	取消限制	趋缓
	2015 年 11 月，沙特公布外资公司进入沙特公共交通领域的 12 项规范条件，具体包括外方合伙人份额不得超过 70%；沙方合伙人份额不得少于 30%，且须取得沙特交通部认可的公交车运营执照等	公共交通	增加限制条件	趋紧
	2015 年 12 月，沙特拟放松限制、消除壁垒，吸引外资进入矿业领域，公平对待投资者	矿业	放松限制	趋缓
	2016 年 2 月，沙特拟向外资全面开放与矿业、医疗、教育、市政领域相匹配的四个行业，准许外资在上述领域进行 100% 直接投资，以鼓励外国投资，助力实现经济多元化	矿业、医疗、教育、市政领域	实施新政	趋缓

续表

国家	重要监管事件	行业	方式	趋势
沙特	2016 年 4 月,沙特出台外资个人在沙投资注册公司用工新规定。根据新规,无论是外国公司,还是合资公司,投资者须限定外籍员工人数不得超过总员工人数的 25%	全行业	增加限制条件	趋紧
	2016 年 6 月,沙特内阁批准接受世贸组织《贸易便利化协定》议定书。《贸易便利化协定》有助于降低国际贸易成本下降 1%	全行业	加入国际条约	趋缓
	2016 年 6 月,沙特拟于 2017 年年初启动邮政系统私有化进程。按照计划,私有化后将成立一家控股公司,下设多家子公司,分别运营邮件、快递和电子商务等业务。目前,政府正在研究是否安排沙特邮政上市或引入战略投资者	邮政	私有化	趋缓
哈萨克斯坦	2008 年 2 月,哈萨克斯坦将不再与外商新签资源开采产品分成协议	能源	禁令	趋紧
	2009 年 1 月,哈萨克斯坦对进口药品和医疗用品免征增值税	医药行业	免税	趋缓
	2009 年 6 月,哈萨克斯坦通过了“关于对部分糖果制品的进口采取临时性保护措施”的政府决议,提高糖果进口关税	农业	增加税收	趋紧
	2009 年 10 月,对 2009 年 9 月 7 日生效的“关于临时限制汽、柴油出口”的政府法令进行修订,取消了其中“禁止柴油出口”的条文	能源行业	修订法律	趋缓
	2010 年 7 月,哈萨克斯坦执行新的出口税则,对牛皮、羊毛、废铁、废铜、铝锭、铝材和铝制品、铁路零件等征收 10% ~30% 不等的出口关税,同时规定了最低量限额。另外,对柴油、重油实行一定时间内限制出口的措施	工业,能源	增加限制手段	趋紧
	2011 年 7 月,哈萨克斯坦将大幅提高白糖进口关税	农业	增税	趋紧
	2012 年 1 月,哈萨克总统纳扎尔巴耶夫 1 月 6 日签发了《哈萨克斯坦共和国国家安全法》,不准外国人超持 49% 的通讯业份额	通讯业	禁令	趋紧

续表

国家	重要监管事件	行业	方式	趋势
哈萨克斯坦	2012 年 1 月,哈萨克斯坦议会通过了对 2003 年 1 月 8 日所颁布《投资法》的修订案。对以实施投资项目为目的运入关税同盟成员国境内的技术设备及其配件和具有特殊用途的原材料等免征关税;对于哈萨克斯坦法人运入哈境内超过 5 年的原材料,若将其作为固定资产或者用于优先投资种类清单(该清单每年更新至多一次)中的投资项目,则对其免征关税等	技术设备	减税	趋缓
	2014 年 6 月,哈萨克斯坦议会下院通过了《关于对哈萨克斯坦共和国与完善投资环境有关部分法规进行修改和补充的法案》,法案规定对与外国投资者签订合同的机制与条件进行重新审定,扩大投资优惠,改善投资环境	全行业	放宽限制	趋缓
	2014 年 12 月,哈萨克斯坦工业和新技术部计划向政府提交旨在优化自由经济区运作条件的法案,解决管理公司必须为自由经济区参与者办理财政担保,缺乏返还增值税机制,应该取消自由经济区参与者之间的增值税,以及自由经济区与产品分配协议之间的增值税等法律障碍	全行业	减税	趋缓
	2015 年 5 月,哈总统下令在加工业领域内大力引进跨国公司。尤其是在农业生产方面,诸如在肉制品加工、粮食加工和蔬菜加工领域	加工业	放宽限制	趋缓
	2015 年 7 月,哈萨克斯坦议会通过对棉业领域相关法律修订草案。此次修订包括取消对棉花加工企业经营活动的所有限制,确保其灵活应对市场需求;对棉农的春播和采摘工作进行财政扶持,并签订期货合同;调整原棉收购部门对棉花的收购程序等一系列内容	棉业	取消限制	趋缓
	2016 年 1 月,哈政府制定颁布了新法,为了简化政府采购程序,法律规定采用预筛选和竞争,简化竞争和拍卖程序。所有政府采购系统将采用电子形式	全行业	简化程序	趋缓
吉尔吉斯斯坦	2013 年 1 月,吉尔吉斯政府宣布对基本药品清单以外的药品征收 12% 的供应和进口增值税	药品行业	加税	趋紧
	2013 年 4 月,吉尔吉斯《竞争法》修订案生效。修正案对该法“知识产权”方面的内容进行了调整,使之与吉现行法律保持一致	全行业	修订法律	趋缓
	2013 年 4 月,吉尔吉斯提高了部分酒品消费税	酒类行业	加税	趋紧

续表

国家	重要监管事件	行业	方式	趋势
吉尔吉斯斯坦	2014 年 1 月,吉尔吉斯总统签署了新版《自由经济区法》	全行业	修订法律	趋缓
	2014 年 5 月,吉尔吉斯总统批准《税法修正案》。根据对《税法》补充的第 126 条,吉国将对进入吉境内的外国车辆收取费用	汽车机械行业	增加限制手段	趋紧
	2015 年 4 月,吉尔吉斯颁布了《2015 ~ 2017 年推动私营经济发展规划》,根据此规划,吉政府拟优化增值税、取消出口税,并将办理进口商品所需文件数量从 11 份减少到 4 份	全行业	减免税、简化流程	趋缓
	2015 年 6 月,吉尔吉斯禁止进口右舵车辆	汽车机械行业	禁令	趋紧
	2016 年 6 月,吉尔吉斯,批准欧亚经济联盟与越南自贸协定。自贸协定批准后,将有 90% 以上的商品纳入自由贸易安排。零关税和市场自由准入安排将分两个阶段实施。在第一阶段,协定生效后马上有一半的商品适用上述安排,剩下的一半商品在为期不长的过渡期结束后适用上述安排	全行业	放宽限度、减免税	趋缓
塔吉克斯坦	2012 年 5 月,塔吉克斯坦议会下院通过了《外国公民在塔吉克斯坦法律地位法》修正案,其中规定塔可对外国公民单方面实施免签证制度	全行业	放宽限度	趋缓
	2012 年 5 月,塔吉克斯坦政府禁止国内煤炭出口	能源行业	禁令	趋紧
	2013 年 11 月,塔吉克斯坦政府确定 2014 年免缴增值和关税的法人单位分别是杜尚别市政府、在吉萨尔建设中的冶金联合加工厂、塔吉克与伊朗合资企业、在埃尼和鲁大基大街承建宾馆的公司及塔吉克电力公司	金属冶炼行业、能源行业、基础设施等	免税	趋缓
	2014 年 7 月,塔吉克斯坦通过关于转基因含量标准的政府决议,今后生产者必须在包装上标注产品的转基因含量	食品行业	增加限制手段	趋紧
	2014 年 7 月,塔吉克斯坦在独联体海关委员会第 59 次会议上同其他七国商定关于简化出口手续的条约。根据该条约,再出口时需填报的文件大量缩减	全行业	简化流程	趋缓
	2015 年 7 月,塔吉克央行对小型信贷机构的固定资本金最低要求由 400 万索莫尼提高至 600 万索莫尼	金融业	增加限制条件	趋紧

续表

国家	重要监管事件	行业	方式	趋势
塔吉克斯坦	2015 年 12 月,塔央行通过了《关于进行外币外汇交易程序》的第 211 号决议。根据此决议,塔将关停所有外币兑换点,外汇业务,包括买卖外币将在银行服务中心、各银行分行、及贷款组织本部进行	全行业	外汇管制	趋紧
乌兹别克斯坦	2012 年 6 月,乌兹别克斯坦财政部规定向国内企业销售皮棉将征收 20% 的增值税	皮棉行业	加税	趋紧
	2012 年 7 月,乌兹别克斯坦政府出台命令,2012 ~ 2104 年,乌将逐步提高保险公司注册资本最低限额	保险业	增加限制条件	趋紧
	2013 年 8 月,通过《关于进一步支持小型私营企业产品出口》的总统令。根据此令,乌外经银行将建立小型私营企业出口支持基金,并在全国设立分支机构	出口产品	国家扶助	趋缓
	2014 年 2 月,乌内阁出台法令,缩减免税进口至乌的药品种类。至此,不免除增值税的药品增加至 67 种	药品行业	增加限制手段	趋紧
	2014 年 12 月,乌总统签署总统令,扩大了必须强制结汇的小微企业出口商品清单。自 2015 年 1 月 1 日起,出口天然气、冰铜、沉积铜、铜条和型材、铜线的小微企业外汇收入的 50% 必须强制结汇,出口农产品和野生植物的外汇收入的 25% 必须强制结汇	能源、金属、农业	外汇管制	趋紧
	2015 年 1 月,乌中央银行将再融资利率由 10% 降至 9%	全行业	降低利率	趋缓
	2015 年 12 月,颁布《关于吸引外国投资者投资股份公司的补充措施》,规定:除从事生产和战略原料初加工,以及自然垄断和乌内阁批准的社会必需品和服务清单供货商外,所有外资股份公司注册资本中外资占比不得低于 15%,之前所成立的股份公司未达到此要求的,一律在 2016 年 7 月 1 日前完成整改,2016 年 7 月 1 日起新成立的股份公司亦照例办理,达不到要求的,将被注销并重组,乌总统和内阁特批的除外;外资占比达到 15% ~33% 的股份公司将根据外资比例享受不同的税收优惠政策;2020 年 1 月 1 日前外商股份分红收入给予免税优惠	全行业	放宽限度、减免税	趋缓
	2016 年 2 月,乌兹别克斯坦出台内阁令,要求 89 家股份公司吸引外国投资商,外资占比应超过 15%;64 家股份公司将通过增发向外国投资者销售不低于 15% 的股份	金融行业、能源行业、酒业、矿业等	放宽限度	趋缓
	2016 年 6 月,乌兹别克斯坦宣布自 9 月 1 日起禁止以汽车运输方式出口各类瓜果、水果和蔬菜	农业	禁令	趋紧

续表

国家	重要监管事件	行业	方式	趋势
土库曼斯坦	2012年11月,土库曼斯坦总统批准了“土自外国进口货品准入许可证管理条例”提案。许可证将由土国家标准总局颁发	进口商品	增加限制手段	趋紧
	2013年1月,土库曼斯坦总统签署《关于国有资产私有化法》和第12758号文件《2013~2016年国有企业私有化计划》	全行业	私有化	趋缓
	2014年5月,颁布《土库曼斯坦不动产登记及交易法》全文,该法规定了不动产进行国家登记及其相关交易的法定基础和程序,规范了与此相关的权利义务关系	不动产	修订法律	趋缓
	2014年10月,土库曼斯坦签发了“关于签署向伊朗供电合同补充协议”的法令,扩张电力出口	能源行业	修订法令	趋缓
	2015年3月,土库曼斯坦国民会议通过《土库曼斯坦工商会法》,借鉴国际经验适时调整土工商会职能,以推动出口型产业的发展	全行业	修订法律	趋缓
	2015年7月,土经济和发展部公布拟拍卖的国有企业清单	全行业	私有化	趋缓
	2016年4月,土库曼斯坦免除从事土库曼产品出口的非国有企业法人和私营企业主到土库曼斯坦国家商品原料交易所登记外贸合同程序,确认了免除海关税和不限制出口数量的出口商品系列清单	出口产品	简化程序、免税、放宽限度	趋缓
	2016年5月,关于“调整交通工具进口海关税率”的政令生效,上调汽车进口关税,最高达50%	汽车机械行业	增加关税	趋紧
	2016年7月,土库曼斯坦允许私营企业开展出口业务	全行业	放宽限度	趋缓
越南	2008年2月,越南规定自2009年起禁止出口钛矿	矿业	禁令	趋紧
	2008年3月,越南政府修改外资企业分销经营权,已获进口经营权的外资企业可将自己合法进口的商品,销售给在越南国内依法注册成立并享有分销经营权的企业和个体商人	全行业	放宽限度	趋缓
	2008年4月,颁布四项措施限制进口,一是严格控制用于进口的外汇来源;二是继续稳定国内市场,保证必要商品的供需平衡;三是重新规划投资和基本建设项目;四是在全民中广泛开展使用国产商品的运动	全行业	外汇管制、规划	趋紧
	2008年4月,允许外商在越南成立基金管理独资公司和分公司	金融	放宽限度	趋缓

续表

国家	重要监管事件	行业	方式	趋势
越南	2008年5月,铝土矿项目仅允许外商最多持有40%的股份	矿产	增加限制手段	趋紧
	2009年7月,越南限制对煤炭、建筑砂石的出口	煤炭、建筑砂石	禁令	趋紧
	2009年7月,越南海关总局颁布检查确定进口商品原产地的规程	全行业	增加限制手段	趋紧
	2009年8月,越南政府同意外资企业经营和销售大米,其中包括按加入WTO承诺的路线图参与出口大米,并可能在年内实施	农产品	取消管制	趋缓
	2009年12月,越南农业与农村发展部要求相关部委制定技术壁垒以审查进口农产品的质量	农产品	增加限制手段	趋紧
	2010年3月,越南对由100%进口原料加工生产的木制品和焦煤免征出口税	工业	免税	趋缓
	2010年3月,越南要求国内各生产企业限制使用进口盐,优先使用国产盐。工贸部表示,将停止分配2010年余下的盐进口配额,并对已取得配额的企业加强监控	工业	增加限制手段	趋紧
	2010年5月,越南对部分钢产品实行自动进口许可。以下进口钢产品需采取自动进口许可管理:暂进再出、暂出再进、转口和过境的钢产品;非贸易进口钢产品;直接用于生产和加工的进口钢产品	工业	放宽限度	趋缓
	2010年12月,越南财政部颁发第213号通知(213/2010/TT-BTC),决定自2011年1月1日起,将海关编码为2710的部分成品油的进口关税下调2%~6%	能源	减税	趋缓
	2011年2月,越南财政部发布通知,调整属于2710税号的汽油和油类商品进口税。具体为:煤油、重油(mazut)的进口税从原来的2%下调为0%,自2011年2月24日起施行。如此,汽油、柴油、煤油和重油的进口税均为0%	能源	减税	趋缓
	2012年1月,越南计划投资部要求企业应从外国银行融资,而不是全部从越南国内汇出外汇用于对外投资	全行业	增加限制手段	趋紧
	2012年8月,越南对配额外进口的商品将适用高关税	进口商品	增加税收	趋紧

续表

国家	重要监管事件	行业	方式	趋势
越南	2012 年 11 月,越南建设部颁布的《建材用矿产出口指导通知》将生效。该通知规定,禁止包括石灰石、水泥原料生产的添加料、东南部和西南部省份矿山的建设石材、石块、海沙、建设用沙(天然沙)、各类卵石、长石、陶土及丘陵土 8 类建材矿石的出口	建材用矿产	出口管制	趋紧
	2012 年 12 月,越南财政部预计将上调部分塑料粒子和聚酯纤维等原料的进口税	原材料	增加税收	趋紧
	2012 年 12 月,越南政府决定禁止从未进行植物检疫注册登记的国家进口农产品	农产品	禁令	趋紧
	2013 年 7 月,越南航海局起草完成《海上运输经营服务条件议定修改草案》。新草案中允许外商投资企业在联营港口经营以下三种业务:装卸货(外商投资额不超过 49%)、船舶保养和维修(外商投资额不超过注册资金的 50%)、航海救护(外商投资额不得超过注册资金的 49%)	海运	减少限制条件	趋缓
	2014 年 4 月,越南政府近日签发关于海运业务经营条件的第 30/2014/ND—CP 号议定。该议定明确规定,凡在越南从事海运业务的人需成立专营企业,且该成立的企业不能同时经营与海运业务相关的配套服务业务	海运	增加限制条件	趋紧
	2014 年 8 月,越南国家银行颁布第 19 号通知,允许外资企业同时开设外汇和越南盾账户,可使用税后越盾所得以注资或追加投资;规定外资企业在越进行投资考察阶段可开设临时外汇账户,转入前期考察所需费用。此外还把外商结束考察或项目终结资金转出手续办结时间从原来 30 个自然日调整为 30 个工作日	全行业	减少限制条件	趋缓
	2015 年 4 月,越南出台鼓励资本流出措施,与进一步放宽货币政策相配套	全行业	放宽限度	趋缓
	2015 年 7 月,67/2014/QH13 号《投资法》生效实施	全行业	修订法律	趋缓
	2016 年 7 月,越南实行外国承包商投资商在线登记制度,在招标关闭前 2 个工作日内,尚未在国家招标系统网注册确认的承包商、投资商将不得参加按《投标法》第 20、21、22、23、24、25、26 条规定的方式进行招标的标段和项目的投标	全行业	增加限制手段	趋紧

续表

国家	重要监管事件	行业	方式	趋势
越南	2016年7月，越南工贸部颁布关于越南—老挝边境贸易协定若干条款实施细则的通知。根据该通知，边贸商人进口的商品，如有老挝主管部门签发的原产地证明即可享进口关税优惠	进口商品	减免关税	趋缓
老挝	2008年6月，老挝新投资法年内出台，将按照国际惯例将现有国内、国外两个投资法合二为一，今后国内外投资者将执行同一法律；新法草案还将采纳部分国际准则和国际法则	全行业	放宽限度	趋缓
	2009年7月，老挝国会通过新投资促进法，外国投资者将可依法购买宅基地	土地	修订法律	趋缓
	2009年9月，老挝政府决定停止原料矿出口，以鼓励矿业投资企业在老建加工厂	矿业	禁令	趋紧
	2010年6月，老挝国家土地署制订《老挝国有土地使用规划》，该规划将对老挝国有土地的保护和使用予以明确	土地	修订法律	趋紧
	2011年6月，颁布了第010号《关于打击非法红木砍伐和经营行为的总理令》，要坚决停止非法砍伐、储藏和出口红木行为	林业	禁令	趋紧
	2012年5月，老挝政府暂停有关土地特许经营权审批	土地	增加限制手段	趋紧
	2012年10月，老挝政府出台关于外籍人员在老经商、务工的新规定，老方已着手在全国范围内开展针对外籍经商、务工人员的规范和清理整治行动	全行业	增加限制手段	趋紧
	2013年11月，老挝政府决定取消4家中资企业在老投资的稀土加工厂生产许可证	稀土行业	增加限制手段	趋紧
	2014年11月，老挝工贸部和农林部宣布将继续加强对国内木材加工行业管理和整顿	木材加工行业	增加限制手段	趋紧
	2015年8月，老挝与中国正式签署《中国老挝磨憨—磨丁经济合作区建设共同总体方案》	全行业	国际合作	趋缓
	2016年2月，老挝工商部部长和美国贸易代表签署一项双边贸易和投资框架协定。该协定为美国和老挝讨论知识产权、劳工、环境和能力建设等双边贸易和投资问题，以及双方在多边和区域领域进行协调提供了框架	全行业	签订协议	趋缓

续表

国家	重要监管事件	行业	方式	趋势
柬埔寨	2011年4月,柬埔寨发布《延长、暂停和停止运作投资制度》通告。主要内容有:在获得政府批准进行开发后,投资公司必须将开发进展时间表向CDC呈报,并按进度表展开运作;获得执照6个月后,若公司还未正式开始运作,须向CDC申请延长运作期,并在申请书中解释理由。每次延期6个月,最多可延期两次。CDC收到申请后,将于10日内作出批复。若二次延期后仍未能展开运作,CDC将撤销该公司执照,并在投资公司名单中除名。若投资公司暂停运作,也须向CDC呈交书面报告,说明原因和暂停运作的时间,并列出工人善后和拖欠工资的情况和解决方案。已停止运作的投资公司如不向财经部或CDC报告,将被视为违反《投资法》,公司董事将被列入黑名单	投资行业	增加限制手段	趋紧
	2014年3月,柬埔寨商业部和柬埔寨大米出口商联盟签署推行《大米出口行为准则》谅解备忘录,要求大米出口商在申请原产地证时,提供证明保证其出口的大米100%为柬埔寨大米	农业	增加限制条件	趋紧
	2015年9月,柬埔寨内阁审议并通过了《2015~2018国家债务管理战略》,扩大外债借贷规模	全行业		趋缓
	2016年1月,柬埔寨根据东协经济共同体整合之规定,于2016年1月7日发布命令降低并消除进口税	全行业	减免关税	趋缓
	2016年6月,柬埔寨经济和财政部门宣布,政府将阻止其边界所有非法进口大米行为,限制从越南合法入境的大米运输,只有生产成本在每吨300~600美元的糙米可以合法从越南进口	农业	增加限制手段	趋紧
泰国	2008年4月,开放《外商管理法》中的4类行业,包括出租、租赁、租购及应收账款买断业务,并将再增加开放12类行业,如代理、广告、酒店、饮食销售、学校教育和娱乐业等	租赁	放宽限度	趋缓
	2008年7月,为进一步吸引外商投资,泰投资促进委员会(BOI)将设立特别服务中心,对于投资总额不超过4000万铢(约800万人民币)的项目,审批时间将从40天缩减至15天;同时与泰移民局合作,为外商设立特别通道,提供便捷的入境检查、签证、工作证申请服务	投资	放宽限度	趋缓
	2009年8月,泰央行宣布放宽境外股市、债券及基金投资限制,条件是法人资产必须达50亿铢以上	金融行业	放宽限度	趋缓

续表

国家	重要监管事件	行业	方式	趋势
泰国	2011年12月,为援助受灾且无法生产及销售商品的厂商,同意豁免机器、零配件及成品商品的进口关税,上述措施适用于所有产业	全行业	免税	趋缓
	2012年12月,进一步放宽资金出境限制,将允许通过中介对国外资产进行投资,并允许中小企业(SME)直接对外国自由投资,并将允许泰国人有条件地在银行外币账户上不限制时间地持有外币	投资	放宽限度	趋缓
	2013年1月,泰国外贸厅颁布对6类产品进口加强管理的通知,分别是木薯、红葱、柑橙、猪内脏、新汽车轮胎和电器(风扇、电饭锅和灯管)	农业、汽车零部件、小家电	增加限制条件	趋紧
	2014年8月,泰国投资促进委员会(BOI)通过新版七年投资促进战略(2015~2021),根据投资的行业特点给予不同的优惠政策	全行业	减免税	趋缓
	2015年11月,泰国政府内阁审议批准修订“外商经营业务无须特别申请规定”部级法的提案。根据该草案,原本被列为外商经营企业法第3类规定的商业银行、银行代表机构、健康保险、意外保险等业务,无须再向商业部特别申请,而是分别由泰国央行、商业保险促进委员会等机构来进行监管	银行业、保险业	简化程序	趋缓
	2016年3月,泰国内阁批准了以下两项税收措施:(1)2016年4月9日~17日,普通民众可以将国内旅游的餐馆餐饮费、住宿费、导游服务费按实际支付费用抵减个人所得税,但每人不超过15,000泰铢;(2)再延长“泰人游泰国”旅游刺激措施1年,普通民众可以将国内旅游的住宿费和导游服务费按实际支付费用抵减个人所得税,但每人不超过15,000泰铢	旅游业	税收优惠	趋缓
马来西亚	2012年10月,马来西亚已决定向中国和印度尼西亚等五个国家和地区生产的钢盘条征收反倾销税	钢材	税收限制	趋紧
	2012年11月,马来西亚能源委员会修订了《电器设备批准条例1994》中强制性认证的产品清单,将其中的强制性认证产品从现有的31类调整至34类	电器设备	收紧限度	趋紧
	2013年2月,马来西亚政府表示将对来自中国、中国台湾、印度尼西亚和韩国等地的线材征收反倾销税3.03%~25.2%	电线	税收限制	趋紧

续表

国家	重要监管事件	行业	方式	趋势
马来西亚	2013年6月,马来西亚公布8项电子设备认证技术规范	电子设备	收紧限度	趋紧
	2014年,将4月毛棕榈油出口税调升至5.5%	毛棕榈油	税收收紧	趋紧
	2014年6月,土库曼斯坦与马来西亚签署联合公报,双方同意进一步加强双边关系	能源	放宽限度	趋缓
	2015年4月,马来西亚推出4项税务津贴吸引外资	全行业	税收优惠	趋缓
	2015年12月,马来西亚欢迎外商投资纺织业	纺织业	国家扶助	趋缓
	2016年2月12日,马来西亚政府宣布维持棕油零出口税	棕油	税收优惠	趋缓
	2016年1月28日,马来西亚修订2016年财政预算案	全行业	放宽限度	趋缓
新加坡	2012年,新加坡个人所得税降1.5%	全行业	税收优惠	趋缓
	从2012年2月17日起,烟草产品的消费税税率从10%提高到20%	烟草	税收收紧	趋紧
	2013年7月,新加坡发布2013年食品条例(修正案)	食品	修订法律	趋紧
	2013年10月,中国与新加坡两国将进一步推动双边金融合作,两国银行间外汇市场将推出人民币对新加坡元直接交易	全行业	放宽限度	趋缓
	2014年3月,日本最大的旅行社JTB收购了新加坡大型旅行社DTI	旅游	放宽限度	趋缓
	2014年10月,中国和新加坡即将启动人民币和新元直接交易	贸易和投资	放宽限度	趋缓
	2015年2月,中国—新加坡自贸区联委会第五次会议在新加坡举行。双方就货物贸易、服务贸易、投资等领域的具体议题交换了意见	国际贸易	放宽限度	趋缓
	2015年9月16日,新加坡副总理张志贤在首届新加坡科学峰会上透露,新加坡政府部门正拟定2016年至2020年的“科研、创新和企业”五年计划	科研	放宽限度	趋缓
	2016年5月,新加坡政府将在2016财年进行总价值约28.2亿新元的信息和通信技术(ICT)项目招标	通信	放宽限度	趋缓
	2016年6月,新加坡金融管理局的人民币金融投资将纳入新加坡官方外汇储备	金融	放宽政策	趋缓

续表

国家	重要监管事件	行业	方式	趋势
文莱	2012年7月,文莱能源部长警告不遵守新法令的油气公司将出局	能源	颁布法令	趋紧
	2012年7月,文莱首相署能源局同文莱经济发展局计划新开垦700公顷土地,用于解决石油天然气行业中小型企业工业用地短缺问题	能源	放宽限度	趋缓
	2013年3月,壳牌正积极在文莱海域进行勘探,并计划在文莱继续加大深海油气开发投资	开采	放宽限度	趋缓
	2013年5月,文莱计划未来5年新建1万套补贴住房	工业	放宽限度	趋缓
	2014年3月,文莱企业所得税率2015年将进一步下调至18.5%	全行业	税收优惠	趋缓
	2014年5月25日,文莱政府开始收紧外籍劳工准入政策,进一步鼓励企业雇用本地员工	劳工	增加审批程序	趋紧
	2015年1月,文莱摩拉港集装箱码头扩建招标	港务	放宽限度	趋缓
	2015年12月31日,文莱宣布一系列改革新政以促进经济发展,其中包括:设立外国直接投资和油气下游产业委员会,加大招商引资力度	全行业	放宽限度	趋缓
	2016年7月,文莱交通部陆路交通管理局发布公告,邀请国内外投资者参与文莱公共交通系统建设运营	交通	放宽限度	趋缓
	2016年6月,文莱宗教事务部表示,主管部门已优化文莱清真产品认证流程,企业申请清真产品证书所需时间将从以往的2个月至2年缩短到45天以内	制造业	放宽限度	趋缓
菲律宾	2012年7月,菲律宾民航局正式颁布修订的《菲律宾民用航空条例》(PCAR),取消“进口国外运输类飞机前提是必须获得FAA、EASA或加拿大运输部颁发的适航证”限制	航空	修订法律	趋缓
	2012年11月,菲律宾政府拒绝征收“短信税”	通信	税收优惠	趋缓
	2013年1月,菲律宾征收烟酒“罪恶税”	烟酒	税收收紧	趋紧
	2013年7月,菲律宾实施个人所得税法修订版	全行业	税收优惠	趋缓
	2014年12月,菲律宾将增加政府支出刺激经济,特别是用于基础设施建设方面	基础设施	国家扶持	趋缓
	2014年9月12日,菲律宾央行加息25个基点	全行业	利率收紧	趋紧

续表

国家	重要监管事件	行业	方式	趋势
菲律宾	2015 年 4 月 1 日,菲律宾出台《甘蔗法》,甘蔗行业每年将得到 20 亿比索的预算	农业	国家扶持	趋缓
	2015 年 7 月,菲律宾削减环保产品关税税率	环保行业	税收优惠	趋缓
	2016 年 4 月,菲律宾政府推出新减贫计划	基础设施	国家扶持	趋缓
	2016 年 5 月 24 日,菲律宾参众两院通过法案,将走私农产品定义为“经济破坏”	农产品	制定法律	趋紧
缅甸	2008 年 11 月,缅甸商务部边贸司通知自 11 月开始,边境贸易进出口许可证可在各边境贸易区通过互联网在线申请;LC/TT 等银行业务可通过缅甸外贸银行、缅甸投资商业银行及设在各边境贸易区的缅甸经济银行分行办理	全行业	简化流程	趋缓
	2009 年 5 月,缅甸简化从边境口岸进口化肥许可申请。只要持镇区农业公司的证明,即可直接通过边境贸易通道进口化肥	化学原料与化学制品行业	简化流程	趋缓
	2011 年 3 月,缅甸政府取消了贸易委员会,现在进出口许可证由联邦商务部负责审批	全行业	简化流程	趋缓
	2012 年 11 月,缅甸议会于 11 月 1 日通过了新外国投资法。根据该法案,缅甸允许外资投资电力、石油和天然气、矿业、制造业、饭店和旅游业、房地产、交通运输、通信、建筑和其他服务业。新法取消了缅外合资企业外资比例至少要占 35% 的规定,还取消了在一些限制领域缅外合资的外资比例不得超过 50% 的规定。按照新法,农业、畜牧水产业被确定为限制领域,但可按照法组成缅外合资企业进行投资。此外,新法还规定了一些优惠政策,如缅外合资企业从正式运营起可享受 5 年免税待遇,比原有政策延长两年	全行业	放宽限度、减免税	趋缓
	2013 年 5 月,缅甸财政与税务部签发 2013 第 735 号令,决定自 2013 年 4 月 1 日起至 2014 年 3 月 31 日止,对进口的化肥、农药和农业机械、农具,以及国产的化肥和农机、农具,免征市场销售营业税	化学原料与化学制品行业、农用机械行业	免税	趋缓
	2013 年 5 月,缅甸商务部宣布进一步放宽进口商品限制,至此可自由进口的商品种类达 593 种。本次松绑的进口商品有医疗膏药、染料、印刷油、纸张、灯泡、车灯、油漆、燃气灶、化妆品、电池原料(碳)、轮胎、纸张、渔网、饼干、钢制品、家具、抽水机等	进出口	减少限制	趋缓
	2014 年 4 月,缅甸停止原木出口	木材行业	禁令	趋紧

续表

国家	重要监管事件	行业	方式	趋势
缅甸	2014 年 5 月,缅甸海关宣布将进口手机的关税税率由之前的 10% 降低至 5%	通讯设备行业	减关税	趋缓
	2015 年 9 月,缅甸规定大米出口需预留出口总量的 2% 作为应对自然灾害的储备粮,大米储备地点需由公司负责人签字确认并与出口申请一并递交审批部门备案	农业	增加限制手段	趋紧
	2015 年 11 月,缅甸投资与公司管理局宣布,全国国内外尚未办理注册的公司若在宣布之日起两周内不办理注册,公司将被撤销	全行业	增加限制手段	趋紧
	2015 年 12 月,缅甸政府禁止从边境进口车辆与机械	汽车机械行业	禁令	趋紧
	2016 年 3 月,缅甸投资委员会发布编号 No. 26/2016 的通知,修改了在外国投资法项下需要成立合资企业才能经营的经济活动的清单。杂交种子的生产和分销、高产的和本地的种子的生产和培育、橡胶和橡胶制品的制造,外资进入都将不需要通过和缅甸本地企业合资	农业、橡胶行业	放宽限度	趋缓
	2016 年 5 月,缅甸政府宣布从 5 月 1 日开始放宽车辆和机械进口,允许滞留商品中持有许可证的车辆和农业机械办理进口手续	汽车机械行业	暂时取消禁令	趋缓
东帝汶	2008 年 2 月,通过了东帝汶税收体系的改革方案,进口税和营业税将降至 2.5%,劳务税将降至 5%,只对明显对人体健康和环境有害的货物才征收特许权税	全行业	减税	趋缓
	2009 年 10 月,东帝汶颁布“预算和金融管理”令,允许政府向外国借款	全行业	国家扶助	趋缓
	2013 年 9 月,东帝汶与越南签署双边贸易协定	全行业	签订条约	趋缓
印度	2008 年 2 月,印度内阁决定进一步放宽 FDI 限制。(1)民航业:外国企业可以投资航空货运、非定期航线、包机航线及机场地面服务,投资比例上限为 74%;允许外国企业 100% 投资飞机维修、飞行训练、直升机服务等领域。(2)石油及天然气:取消在石油产品营销行业外国投资者须在投资后 5 年内向印度合作伙伴或公众转让 26% 股权的规定;将外资对国有石油炼化企业的投资比例上限提高至 49%。(3)商品交易所:商品交易所外资投资比例上限为 26%,外国机构投资者投资比例上限为 23%,单笔外商投资不得高于 5%。(4)资信调查公司:外资对资信调查公司的投资比例上限为 49%,其投资需获得印度政府和储备银行的批准。(5)矿业:获得政府预先核准后,允许外资 100% 投资钛矿开采、分选业务	民航、石油及天然气、商品交易所、资信调查公司、矿业	放宽限度	趋缓

续表

国家	重要监管事件	行业	方式	趋势
印度	2008年2月,印度拟再次提高出口中国铁矿石关税	矿石	税收	趋紧
	2008年4月,印政府把使用本土制造的电力设备作为外国公司参与印度电力项目招标的前提	电力	增加限制手段	趋紧
	2009年2月,印度商工部工业政策促进局发布了2009第2、3号公告,分别规范了FDI企业的外资股份计算方法和限制领域内印资企业控制权向外资企业转让的行为	全行业	增加限制手段	趋紧
	2009年12月,印度商工部发布公告,修改部分有机非巴斯马蒂大米的出口限制	农业	取消限制手段	趋缓
	2010年4月,在得到财政部的肯定后,印度政府决定全面禁止烟草制造业的外资准入	烟草制造业	禁令	趋紧
	2010年8月,印度政府批准外资针对资产重组公司的大规模投资。投资方式包括购买银行不良贷款并通过注资来恢复其优良资质。投资比例可望由目前的49%提高至100%	全行业	放宽限度	趋缓
	2011年1月,印度政府宣布一项政策,允许外国直接投资进入多品牌零售行业。而根据此前实行的政策,印度政府允许外资独资经营批发企业,外资可以控制单一品牌零售企业51%的股份,多品牌零售领域则完全禁止外资进入	零售行业	放宽限度	趋缓
	2011年4月,对相关外国投资政策进行了局部调整,在这次政策调整中,印度政府通过更为灵活的政策,帮助印度公司吸引海外资本,堵塞企图通过非法途径进入某些重要领域的漏洞空间。一是农业领域,允许外国直接投资进入并发展粮种和种植业,不再对其设立限制条件下。二是解除限制,解除了对已存在的合资公司或技术实验室在同样领域再投资必须提前获得印度合资方同意的限制条件。三是证券领域,只要符合印度证券交易委员会和外汇管理法的规定,公司可自由决定有关方式,用于将可转换的债券(如信用债券、部分支付的股份,优先股权等)转化为股票	全行业	放宽限度	趋缓
	2011年5月,印度政府部分解除了对外国投资者成立有限责任公司的限制,新政策允许外国直接投资在100%允许外资进入的领域建立合伙制企业,但不允许外资在农业、种业、纸质媒体和房地产业建立合伙制企业,或进行下游投资	除农业、种业、纸质媒体和房地产业外	解除限制手段	趋缓

续表

国家	重要监管事件	行业	方式	趋势
印度	2012 年 3 月,印度颁布棉花出口禁令	农业	禁令	趋紧
	2012 年 4 月,印度对印度炼油企业自包括伊朗在内的波斯湾国家进口的石油免征所得税。该项税率最高达 40%	化工行业	免税	趋缓
	2013 年 2 月,印度央行发布《私营部门新银行牌照发放细则》,允许私营、国有、非银行金融机构实体以非经营性金融控股独资公司的形式设立银行,但自获得牌照 5 年内,外资在新设银行中持股比例不得高于 49%。5 年后,根据现行 FDI 政策,持股上限可增至 74%	银行业	增加限制条件	趋紧
	2013 年 8 月,印度下议院通过新征地法案。该法案规定,征地方必须向农村、城市地区的土地所有者分别支付最高达土地市价四倍、两倍的对价。且当公私合营项目、私营企业进行征地时,必须事先分别取得 70% 和 80% 的土地所有者同意	全行业	增加限制手段	趋紧
	2014 年 6 月,印度食品部宣布,将 6 月和 7 月的原糖出口补贴提高到 3300 卢比/吨,并将继续维持对原糖的出口补贴至 2015 年 9 月 30 日	农业	国家扶助	趋缓
	2014 年 9 月,为加快项目审批,印度政府决定将 100 亿卢比以下项目的审批权由内阁经济事务委员会下放到中央各部委	全行业	放宽限度	趋缓
	2015 年 3 月,印度上议院批准通过了保险法修正案。该修正案提高了外资进入印度保险业控股比例的上限,将外资控股印度本土保险公司的比例上限由原来的 26% 上调至 49%	保险业	放宽限度	趋缓
	2015 年 7 月,印度政府在港口设立清关及便利化委员会以确保海关货物能快速清关,为贸易商改善营商环境	进出口商品	简化程序	趋缓
	2016 年 6 月,印度食品安全与标准管理局发布修订食品产品标准及污染物、毒素和残留物草案,增加了可能引起组胺中毒的鱼的种类,同时增加了鱼和鱼类制品中组胺的限量	渔业	增加限制手段	趋紧
	2016 年 7 月,政府农业与农民福利部农业与农业合作和农民福利科发布 G/SPS/N/IND/149 号通报,对 2016 年植物检疫法草案中有关进口法规进行第 8 次修订。该修订进一步放宽 2003 年进口植物检疫法附录 VI 中 3 种商品的相关管理规定(印度进口法规)。此次修订将进一步许可更多的植物及植物材料进口到印度	农业	放宽限度	趋缓

续表

国家	重要监管事件	行业	方式	趋势
巴基斯坦	2008 年 5 月,巴基斯坦撤销了巴石油公司(PSO)、巴钢铁公司(PS)和油气开发公司(OGDC)三家大型国有公司的私有化	石油、钢铁	取消私有化	趋缓
	2008 年 6 月,加快部分项目私有化进程,以吸纳发展资金,补充急剧下降的外汇储备。苏伊南部天然气公司(SSGC)和苏伊北部天然气公司(SNGPL)未在该清单之列	除天然气外	私有化	趋缓
	2008 年 6 月,巴基斯坦政府批准 2008/09 财年私有化项目计划,会议同时作出一项“亲工人”的决定,即对于今后任何国有公司和项目的私有化,将提留 10% 的股权给该公司和项目的工人,以保障工人的权益。包括:Hazara 磷肥有限公司;重型电气制造厂(90% 股权);Jamshoro 电力公司(51% 股权);费萨拉巴德供电公司(56% 股权);巴基斯坦印刷公司(资产),巴基斯坦机床厂(90% 股权);Morafco 工业有限公司(资产);信德机电工程公司(资产);Lakhra 煤矿;Khewra 盐矿;巴钢铁公司(通过 IPO 出售 10% 股权);国际服务酒店	化肥、电力、制造、煤矿、盐业、钢铁、服务业	私有化	趋缓
	2009 年 2 月,巴基斯坦国家银行宣布经济纾困最新举措,即在出口融资计划项下,允许出口型企业延期一年向银行和金融机构偿还贷款本金	全行业	放宽限度	趋缓
	2009 年 5 月,巴基斯坦修改了关于外国建筑工程企业资格申请的规定	建筑工程	增加限制手段	趋紧
	2009 年 5 月,巴基斯坦对 2008 年出口导向型企业(EOUs)和中小企业法规作出修改。政府将对上述法规作如下修改:一是出口导向型企业包括中小企业;二是取消有关企业成立日期的限制,规定凡是 80% 产品出口的出口导向型企业,无论其在 2007 年 7 月 1 日前后成立,均可享有政府的优惠政策;三是允许出口导向型企业间相互购买债券;四是其他有关企业保证金、进出口电子文件监管、出口后审计等问题亦将在法规修改中予以完善	全行业	修订法律	趋缓
	2010 年 5 月,联邦政府讨论批准《特别经济区法案》《国家银行法修正案 2010》等一批重要法案。其中,巴基斯坦《特别经济区法案》对吸引外商投资作出专门规定	全行业	修订法律	趋缓
	2010 年 8 月,巴基斯坦在贸易政策中取消 397 种进口商品的调节税,并降低茶叶、轮胎等易走私商品的关税	全行业	减税	趋缓

续表

国家	重要监管事件	行业	方式	趋势
巴基斯坦	2010年9月,巴基斯坦政府决定取消25%的原糖进口关税,以激励原糖进口和满足国内灾后对食糖的需求	农业	免税	趋缓
	2011年2月,巴基斯坦采取多种措施促进出口。近日正式生效的巴—阿两国新过境贸易协定将极大促进巴对阿富汗出口;欧盟之前提出向巴75种商品提供单方面关税减让,尚需获得世界贸易组织批准。此外,巴基斯坦还寻求向中国出口284种商品的关税减让;巴基斯坦正在与美国商谈,争取将部分洪灾地区纳入机会重建区(ROZ),从而促进对美出口	全行业	关税减让	趋缓
	2011年7月,巴基斯坦政府已制订计划将8个国有机构私有化。该私有化计划包括发行巴基斯坦油气开发公司(OGDCL)可转换债券,出售政府持有的科特阿杜电力公司(KAPCO)、哈比卜银行(HBL)、巴基斯坦石油公司(PPL)和巴基斯坦银行(NBP)股份,以及将巴重型机械厂(HEC)、国家电力建设公司(NPCC)、费萨拉巴德供电公司(FESCO)和SME银行经营权移交给私营领域等	油气,电力行业	私有化	趋缓
	2012年11月,巴基斯坦经济协调委员会批准40万吨食糖的出口额度	农业	放宽限度	趋缓
	2012年12月,巴基斯坦决定取消食糖出口配额制度,允许糖厂自由出口食糖	农业	放宽限度	趋缓
	2013年12月,为能充分享受欧盟授予的超普惠制待遇,巴基斯坦政府决定将现行的八位海关编码与欧盟的关税编码同步	全行业	修订海关编码	趋缓
	2014年6月,巴基斯坦内阁经济协调委员会决定对土豆出口征收为期3个月的出口税(税率25%),并免征进口税	农业	免税	趋缓
	2014年9月,巴基斯坦实施新的海关估价规则,其中大幅降低了对中国产进口摩托车零配件的估价标准,使部分零配件的进口估价不到当地同类产品的四分之一	进口商品	减免关税	趋缓

续表

国家	重要监管事件	行业	方式	趋势
巴基斯坦	2015年2月,巴基斯坦政府近日颁布了《2014～2019年纺织政策》。根据新政,巴政府将向纺织行业提供约641亿卢比的资金支持,涉及退税、免税、贷款补贴以及发展补贴等方面;贴现利率将从当前7.5%的基础上再下降2%;向纺织业增值部门长期贷款提供便利,利率为9%,期限3～10年;出口额较上年增长10%的出口商将享受地方税收返还优惠,其中服装退税4%,成衣退税2%,加工面料退税1%;进口纺织机械设备免税政策再延续两年,升级改造资金优惠政策也将延续	纺织业	减免关税、退税	趋缓
	2015年6月,巴内阁经济协调委员会批准将食糖进口调节关税从20%提高到40%,小麦进口调节关税从25%提高到40%。同时将2015年120万吨小麦出口配额期限延长至7月31日	农业	增加关税,延长出口配额期限	趋紧
	2016年7月,为促进本国出口,巴基斯坦商务部发布5项法定监管令,为出口相关领域提供资金支持或税收减免。所涉法定监管令属于巴战略贸易政策框架(Strategic Trade Policy Framework)(2015～2018年)的一部分,于7月1日生效,措施包括技术升级基金、品牌推广支持、产品增值支持、产品多样化支持以及地方税退税五个方面。政府共筹措60亿卢比(近6000万美元)为上述措施提供支持	相关出口行业	国家扶助、税收减免	趋缓
	2016年7月,巴联邦政府决定重启巴基斯坦钢铁厂和果特阿杜电力公司的私有化,还宣称将通过初始公开发行(IPO)的方式对费萨拉巴德供电公司和伊斯兰堡供电公司进行私有化,并且向IMF承诺将自2016年11月起陆续对费萨拉巴德供电公司、伊斯兰堡供电公司和拉合尔供电公司的小部分股权进行IPO,并承诺将于7月15日前发布广告邀请投标人提交意向书,对发电量1600兆瓦的KAPCO实施私有化,政府将对所持有的该公司全部40.25%的国有股份实施私有化	基础设施	私有化	趋缓

续表

国家	重要监管事件	行业	方式	趋势
孟加拉	2008年4月,《2008鱼饲料与牲畜饲料法》,鱼饲料与牲畜饲料的加工、进出口、购销等均实行许可制度	渔业	增加限制手段	趋紧
	2009年9月,孟加拉政府内阁事务委员会出台了今后3年的新的进出口政策(2009~2012年),为某些新的商品进口提供了余地。进出口政策分为进口和出口独立的两个部分。海运船舶加入到孟加拉现有的6个鼓励出口的名单之中。根据新的进口政策,行驶最多不超过3年的二手车允许进口作为出租车使用;进口牛奶和奶制品必须提供不含三聚氰胺的证明;对某些重要必需的消费品放松了进口条件;成衣制造商可不用开信用证,进口所需的原材料和设备	交通,消费品,制造业	放宽限度	趋缓
	2010年1月,孟加拉高级法院发布一项裁决,撤销一项执行了9年之久的禁止政府与外国公司签订油气探勘产品分享合同(PSC)的法院禁令	能源	取消禁令	趋缓
	2010年3月,孟加拉商务部出台法令规定,所有糖类都被禁止出口	农业	禁令	趋紧
	2010年4月,允许本地或外国公司不经招标程序投资建设私营电站项目	电力	放宽限度	趋缓
	2011年8月,孟加拉政府将粮食进口量下调了22%	农业	增加限制手段	趋紧
	2011年12月,孟加拉提高手机进口门槛,禁止进口无孟加拉文输入系统的手机进入孟加拉市场	通讯行业	禁令	趋紧
	2012年12月,孟加拉中央银行近日批准9家私营公司从国外机构融资	金融	放宽限度	趋缓
	2013年10月,为促进当地旅游业发展,孟税务部门将允许新建豪华酒店在采购进口设备时享受关税优惠	旅游业	减免关税	趋缓
	2013年11月,孟议会通过2013年地理标志法,以保护传统产品的专利权	传统产品	修订法律	趋紧
	2014年6月,孟财政部2014法案明确规定,2014~2015财年要扩大土地流转征税范围,包括开征耕地流转税。土地流转税最高不超过每katha(80平方码)1,080,000塔卡,对地面上的建筑征收每平方英尺90塔卡或合同总额的4%(取高者)的税款	农业、房地产行业等	增加限制手段	趋紧

续表

国家	重要监管事件	行业	方式	趋势
孟加拉	2015年1月,孟加拉内阁通过《2015年外汇管理规定修正案》,孟央行可据此调取涉嫌洗黑钱的在孟外国自然人及实体相关信息	全行业	外汇管制	趋紧
	2015年3月,下调2015~2016财年部分企业所得税	金融、电信	减税	趋缓
	2015年12月,孟纺织黄麻部决定无限期禁止原麻进口	纺织业	禁令	趋紧
	2016年6月,孟加拉新财年出口导向型行业资源税提高到1.5%	成衣行业等出口导向型行业	增加限制条件	趋紧
	2016年7月,孟国家税收委员会宣布新财年取消转诊医院进口医疗设备免税政策,改为适用1%的税率	医疗器械行业	增加限制手段	趋紧
阿富汗	2010年5月,《所得税法》已正式实施。根据该法,各贸易企业应依据每笔商品或服务交易额代扣2%营业票据税	全行业	颁布新法	趋紧
	2012年12月,阿富汗公布所有矿业开发合同,以打消资源项目投资者和援助国的疑虑和担心,吸引更多国内国外投资	矿业	信息公开	趋缓
	2013年2月,阿富汗部长委员会命令所有阿工商企业、营业场所于2013年3月底前购买保险,否则将被禁止继续营业	全行业	增加限制条件	趋紧
	2014年12月,阿富汗总统要求公共事务部90%的人员是技术性人才、10%是管理人才,以加强对国家基础设施建设项目的控制	基础设施建设	加强控制	趋紧
	2015年7月,阿内政部颁布命令,禁止从国外进口、销售和使用玩具枪	玩具	禁令	趋紧
	2015年8月,阿富汗投资促进局拟修订投资法,以消除投资领域的障碍,增强投资者对阿富汗的信心	全行业	修订法律	趋缓
	2016年1月,阿下议院批准征收电信服务税法。根据该税法,在阿电信用户将被征收10%的税费	通信行业	增加税费	趋紧
	2016年6月,阿富汗投资促进局(AISA)启动“投资阿富汗国家计划”,希望以此吸引外来投资,振兴阿富汗经济	全行业	实施新政	趋缓

续表

国家	重要监管事件	行业	方式	趋势
尼泊尔	2010年9月,为打击日益猖獗的利用手机犯罪、手机被盗以及山寨手机销售,尼泊尔政府准备建立设备标识寄存器系统,以便利用手机串号阻止使用非法手机并帮助相关机构追踪手机信息	通讯设备行业	增加限制手段	趋紧
	2014年8月,尼泊尔农业发展部向内阁提交了尼泊尔农业发展战略草案,该草案的主要内容包括禁止外国资本投资初级农产品生产领域,且不能拥有用于生产初级农产品的土地所有权,并限制以研究为目的的种植转基因食品	农业	禁令	趋紧
	2014年12月,尼央行将允许尼泊尔商业银行在任何一家中国银行开设人民币账户,以促进进出口商使用人民币进行贸易支付和结算	全行业	放宽外汇管制	趋缓
	2015年3月,尼泊尔内阁签署的新产业政策向外国直接投资开放了新的领域。其中包括:电影、餐饮服务、乡村旅游(某些旅游业除外)以及个人服务业,如发廊、美容院、裁剪、驾驶员培训、国内快递、国内食品加工等。新政内容还包括:尼政府将保障外国投资无差别待遇和非国有化经营,若部分投资用于社会公共福利,尼政府将给予补贴;在现有投资利润汇回便利政策的基础上,相关措施将更加具体;为方便征地,将设立机构;采用BOT模式建设的水电站和基础设施项目,在所有权转交尼政府之前,投资者有权使用;提出5个优先发展的领域:水电、交通基础设施、农业(包括食品加工和草药加工)、旅游和矿业	全行业	放宽限度、国家扶助	趋缓
	2016年4月,尼泊尔食品技术和质量控制局发布G/SPS/N/NPL/22通报,发布包装饮用水和矿泉水质量标准,该标准适用于进口或出口包装饮用水和矿泉水	食品行业	增加限制手段	趋紧
不丹	2015年6月,不丹签署“孟加拉、不丹、尼泊尔和印度机动车协议”,意味着四国机动车辆可自由跨越国界	交通行业	放宽限度	趋缓
斯里兰卡	2012年3月,斯里兰卡政府已经决定提高汽车、卷烟和酒类的税收,规定在3月31日生效	汽车、卷烟、酒类	税收收紧	趋紧
	2012年1月,斯里兰卡政府决定取消纱线关税	纺织	税收优惠	趋缓
	2013年6月,斯里兰卡央行下调商业银行储备金率200个基点,至6%,2013年7月1日起生效	全行业	政策扶持	趋缓

续表

国家	重要监管事件	行业	方式	趋势
斯里兰卡	2013 年 6 月,斯里兰卡将黄金进口关税上调了 10%	矿业	税收收紧	趋紧
	2014 年 5 月,斯里兰卡中央银行宣布开始执行一系列放松外汇管制的措施	外汇	放宽限度	趋缓
	2014 年 5 月,斯里兰卡正着手对进口药品进行价格管制	药品	价格管制	趋紧
	2015 年 2 月,斯里兰卡新政府将继续实施中国出资 15 亿美元建造科伦坡港口城的项目	港口	放宽限度	趋缓
	2015 年 11 月,泰国斯里兰卡加强双方投资合作	贸易	放宽限度	趋缓
	2016 年 1 月,巴基斯坦与斯里兰卡同意签订服务贸易协定	贸易	放宽限度	趋缓
	2016 年 5 月,斯里兰卡盛邀泰商投资建厂	食品、成衣和能源	放宽限度	趋缓
马尔代夫	2014 年 12 月,马尔代夫与中国签署了《中华人民共和国商务部和马尔代夫共和国经济发展部关于中马经贸联委会框架下共同推进"21 世纪海上丝绸之路"建设的谅解备忘录》	全行业	国际合作	趋缓
俄罗斯	2008 年 3 月,俄对外国公司,进入银行市场的唯一监管方式是只允许外国银行在俄开设子行而不能开设分行,外资在俄银行法定资本中的比重将从 25.1% 提高到 30%	金融	增加资本金	趋紧
	2008 年 4 月,俄罗斯工业与能源部拒绝了俄天然气工业石油公司 2008 年 4 ~ 12 月经哈萨克对华出口石油的计划	石油	禁令	趋紧
	2008 年 4 月,《俄联邦土地确保住房和其他建设》规定在 2008 年禁止交易国有土地和土地上的资产,禁止利用土地吸引投资	基础建设	禁令	趋紧
	2008 年 5 月,俄罗斯颁布《外国对俄战略性行业投资法》,共有 42 类行业属于战略领域,外国公司计划购买属于俄罗斯战略行业的企业超过 50% 以上股份时,应该向相关机构提出交易申请并获得批准。如果投资方公司部分股份属于外国政府,那么交易额超过战略行业企业 25% 以上时,应该提出申请。拥有俄罗斯战略行业企业 5% 股份的外国投资者必须向俄罗斯政府进行备案	矿产、核能、武器、渔业、宇航业、邮政、电信、供暖、供电等 42 类行业	增加审批程序	趋紧

续表

国家	重要监管事件	行业	方式	趋势
俄罗斯	2009年4月,俄罗斯将降低石油出口关税至110美元/吨。3月1日以来石油出口关税为115.3美元/吨	能源行业	减税	趋缓
	2011年5月,俄罗斯水电公司正式启动私有化进程	水电行业	私有化	趋缓
	2011年7月,俄罗斯政府向总统提交私有化修正案	全行业	修订法律	趋缓
	2011年8月,俄罗斯政府批准俄罗斯最大的铁路货运公司——第一货运公司开始私有化	运输行业	私有化	趋缓
	2012年12月,俄罗斯政府拟对外国药品参加政府采购设限。政府草案规定,如果某种药物有两种或以上制剂在俄注册登记,则禁止同类外国药品参与政府采购的竞标(白俄罗斯除外)	药品	增加限制条件	趋紧
	2014年10月,总统签署新媒体法,根据新法案,外国、国际组织、外国法人和自然人,以及外国资本占20%以上的俄罗斯法人均不得直接或间接持有俄媒体20%以上的股份	媒体行业	增加限制条件	趋紧
	2014年12月,俄罗斯政府总理梅德韦杰夫日前签署政府令,出售俄罗斯石油公司名下19.5%的股票。媒体称,此举实质上是对俄石油公司部分股份私有化	石油	私有化	趋缓
	2015年7月,俄罗斯恢复对工业企业税收优惠,减税后俄联邦财政应征收工业企业利润税全免,地方减免60%	工业	减税	趋缓
	2015年7月,俄罗斯总统普京签署相关法律,规定从2016年1月1日起至2018年12月31日止,对中小企业暂停计划内检查。期间无论是消防、环保,还是辐射监测部门都不可以在无事先通知的情况下进驻企业	全行业	放宽限制	趋缓
	2015年9月,俄罗斯立法禁止非法集资,规定对数额较大的非法集资行为,当事人应被处以罚款100万卢布(约合1.5万美元),或强制劳动4年,以及同等期限监禁的处罚。对数额特别巨大的非法集资行为,当事人应被处以罚款150万卢布(约合2.2万美元),或强制劳动5年,以及监禁6年的处罚	全行业	禁令	趋紧
	2016年4月,俄罗斯政府已经制定商业法修正案并已提交国家杜马,修正案中向商业网点供应的商品的支付期限被缩短	全行业	增加限制条件	趋紧

续表

国家	重要监管事件	行业	方式	趋势
俄罗斯	2016年5月,欧亚经济委员会降低1780种商品进口关税税率,此次降税主要是履行俄加入世界贸易组织的降税承诺。降低后的税率将从2016年9月1日起正式施行	全行业	降低关税	趋缓
	2016年6月,俄罗斯政府拟动用国家财政预算对汽车工业予以3年期的国家扶持	汽车行业	国家扶持	趋缓
蒙古	2012年5月,蒙古国议会通过并实行了关于外资投资该国战略部门企业的法律规定。根据该法,矿业、金融业和媒体、信息及通讯业被列为三大战略部门。该法律适用于意欲投资经营蒙古国战略部门企业的外国投资者或者与该国战略部门企业进行交易的外国投资者。外国投资者在投资经营从事上述战略部门的企业时,如果其所占股份超过49%并且投资金额超过1000亿图格里克(约合7600万美元)则必须得到蒙古国政府及议会的批准	矿业、金融业和媒体、信息及通讯业	颁布法规	趋紧
	2013年4月,蒙古议会通过《战略领域外资协调法》(修订案)。根据该法,外国私有企业在蒙古投资战略领域将不再受该法约束,但外国国有企业投资战略领域都需蒙政府批准,且超过49%股份的需得到蒙议会批准	全行业	修改法律	趋缓
	2013年10月,蒙古国通过新《投资法》,减少对外国投资限制。新《投资法》规定对外国投资和蒙本国投资无区别对待,均享受同等法律保护和协调;对于投资额超过150亿图格里克(约900万美元)的投资者提供四类税种的税收稳定政策	全行业	修改法律	趋缓
	2014年6月,蒙国家大呼拉尔决定通过修改简化程序和规则,在2014~2016年启动国有资产私有化项目,对32家国企进行私有化,以刺激蒙古经济	全行业	私有化	趋缓
	2015年5月,蒙贸易发展银行在全球金融市场上成功发行有蒙古政府担保的中期债券。此次发行债券5亿美元,期限5年,票息9.375%	金融	发行债券	趋缓
	2016年6月,蒙古开通网上投资指南系统。在线系统将为投资者提供蒙古国经济及主要商业领域的相关资讯,提供法律和投资环境信息,发布投资机会及注册和许可指南	全行业	提供便利条件	趋缓

续表

国家	重要监管事件	行业	方式	趋势
格鲁吉亚	2008年1月,修改后的格鲁吉亚《海关税则法》生效,除对农产品和建筑材料征收12%和5%关税外,格鲁吉亚对90%以上其他进口商品征收零关税	全行业	减免关税	趋缓
	2013年12月,格鲁吉亚拟禁止进口基因改良作物种子	农业	禁令	趋紧
	2014年8月,格鲁吉亚拟着手修订现行税法,旨在建立公平合理高效的税收环境	全行业	修订法律	趋缓
	2015年1月,格鲁吉亚实施新环保法。新法将最大限度地严格环境污染处罚标准,违法行为将处50~5000拉里罚金不等	全行业	颁布法律	趋紧
	2015年8月,格鲁吉亚财政部颁布征收非酒精饮料消费税法令	食品	颁布法令	趋紧
	2015年12月,格鲁吉亚拟提高二手旧车进口成本,对3~6年进口车予以清关优惠,对9年以上二手车将提高消费税	交通运输业	实施新政	趋紧
	2016年3月,格鲁吉亚国家公共注册局为方便外国公民注册企业或登记财产,推出一项新的便捷服务。此前的登记调查表仅以格文书写,给外国公民注册登记造成不便,新调查表为此增加了英文对照	全行业	实施新政	趋缓
	2016年2月,格鲁吉亚议会批准减免企业税法案。根据该法案,仅对用于分配的企业利润继续征收15%的企业所得税,其余利润(再投资、留存)不再征税,银行、保险公司和微型金融机构除外	全行业	颁布法律	趋缓
阿塞拜疆	2009年11月,阿塞拜疆对《企业经营法》涉及外资企业人员构成规定进行了部分内容修改。根据修改后的法律,今后凡是在阿注册的外资企业,当地员工的构成比例应不低于90%	全行业	修订法律	趋紧
	2012年5月,阿塞拜疆国标AZS635-2012《关于四轮交通工具及其设备与部件的认证程序》的规定,从5月1日起,进口到阿塞拜疆或在阿生产的交通工具(除全驱以外),应配备ABS和至少一个安全气囊	交通运输业	实施新政	趋紧
	2014年6月,阿塞拜疆财政部公布消息,将对外资进一步开放境内保险市场。根据最新政策,从2015年1月1日起,外资占保险公司注册资本的比例上限将提高至70%,从2016年1月1日起将提高至85%,从2017年1月1日起将完全放开至100%	保险业	实施新政	趋缓

续表

国家	重要监管事件	行业	方式	趋势
阿塞拜疆	2014年8月,阿塞拜疆通过"有关利用国家财政对农产品生产者发放补贴和提供帮助的条例"修改案,当法人和自然人购买化肥时,国家财政对此的补贴将从以前的50%提高至70%	农业	提高补贴	趋缓
	2016年3月,阿塞拜疆议会三读审议通过《营业执照和许可证法》。根据该法,阿塞拜疆营业执照的种类由32个降为23个,许可证种类由300个降为80个。营业执照和许可证办理时间分别缩短至10天和7天	全行业	颁布法律	趋缓
	2016年5月,阿塞拜疆总统阿利耶夫签署国有资产私有化总统令	全行业	私有化	趋缓
	2016年5月,阿塞拜疆拟通过对电商征税的法案。该法案不仅涉及网上商品买卖,还包括网上游戏、电子交易、网上音乐和电影等产品和服务	电商	颁布法律	趋紧
	2016年6月,阿塞拜疆议会将对粮食和茶叶种植的相关法律进行审议修改,拟禁止进口转基因粮食和茶叶,对违法者将予以严厉的刑事或民事处罚	食品	禁令	趋紧
亚美尼亚	2011年9月,亚美尼亚议会经济委员会成员提交议案,对《食品安全管理办法》《行政违法处理办法》和《刑法》进行修订。此次修订草案列出了必须标注有效期的商品范围和名称,未标注有效期商品、过期商品和有效期不足30天的商品(例外商品除外)禁止进口	全行业	修订法律	趋紧
	2012年2月,亚美尼亚修订《物权登记和许可证法》,简化许可证制度,以改善企业经营环境和简化许可证发放程序的需要	全行业	修改法律	趋缓
	2012年12月,亚美尼亚将实现邮局内设立海关税收服务窗口。届时,纳税者将可以在全国900多个邮局内通过加设的缴税终端实时进行报税。此外,在部分邮政网点还将开通邮政包裹清关服务	全行业	实施新政	趋缓
	2014年8月,亚美尼亚政府提高农业贷款利率补贴,由现行的4%提高至6%。补贴提高后,农业贷款利率降至8%以下	农业	提高补贴	趋缓
	2015年1月,亚美尼亚政府已经通过法律修正,将对大型出口企业的利润税降低10倍,由20%降为2%。亚还没有符合全部法律规定条件的企业,亚美尼亚政府希望能以这种优惠吸引到更有实力的投资者	全行业	修改法律	趋缓

续表

国家	重要监管事件	行业	方式	趋势
亚美尼亚	2015 年 5 月,亚美尼亚议会通过一项修正案的一读程序,将要求雇佣外国人的亚美尼亚雇主支付额外税费	全行业	增加税费	趋紧
	2015 年 11 月,亚美尼亚议会通过了关于对边境农村地区贸易公司实施免税的修正草案	全行业	修改法律	趋缓
	2015 年 11 月,亚美尼亚政府通过决议,将对宝石、贵金属和贵金属废料进出口加强监管。今后进出口该类产品需提供国家批准的证书	宝石、贵金属和贵金属废料	实施新政	趋紧
	2016 年 7 月,亚美尼亚政府决定设立葡萄种植和酿酒发展基金,以促进葡萄种植和酿酒行业的发展、提高产品品质,以及产品在国内国际市场的竞争力	食品	设立基金	趋缓
印度尼西亚	2008 年 4 月,取消对煤炭出口限制的规定	煤炭	取消禁令	趋缓
	2009 年 10 月,限制煤炭出口量	煤炭	增加限制条件	趋紧
	2009 年 12 月,贸易部将修改有关纺织品的 2009 年第 23 号贸易部长条例,以防止越来越多的进口商滥用该条例来向印度尼西亚国内输进纺织品	纺织品	修订法律	趋紧
	2010 年 1 月,印度尼西亚贸易部将把对零售商提供保护的问题列入由贸易部编制的贸易法令草案,以便零售商不被生产商或者进口商所欺诈	零售行业	修订法律	趋紧
	2010 年 5 月,印度尼西亚农业部为推动国内大豆生产,限制大豆进口	农业	增加限制条件	趋紧
	2010 年 7 月,取消价值在 100 万美元以上的大宗商品和矿产出口必须使用信用证的限制	矿产	放宽限度	趋缓
	2010 年 8 月,印度尼西亚政府将棕榈原油(CPO)平均出口税由 4.5% 降至 3%	农业	减税	趋缓
	2011 年 1 月,印度尼西亚政府根据有关制订进口税的条例,将调高小麦进口税,从零关税调至 5%	农业	调高税费	趋紧
	2011 年 5 月,印度尼西亚贸易部通过颁布 2011 年第 10 号贸易部长条例放宽咖啡出口条件,在新条例中的放宽条件措施之一即出口商办理出口许可证时,不需再附上向印度尼西亚咖啡出口商协会(AEKI)缴纳会员费的收据。新条例的其他改变还包括咖啡实际出口呈报制度,咖啡出口商不再需要义务向贸易部呈报咖啡实际出口数目,只需通过网上呈报即可	农业	修订法律	趋缓

续表

国家	重要监管事件	行业	方式	趋势
印度尼西亚	2011年12月,在印度尼西亚的投资者可以申请免税优惠,相关的执行准则已经出台。凡有意申请免税优惠的投资者,必须把总投资额10%资金存放在印度尼西亚国民银行。投资者可以向印度尼西亚工业部或投资协调署提出免税优惠申请	全行业	免税	趋缓
	2012年5月,政府与相关部门研究有关修订药物进出口的条例,新条例将仅允许进口印度尼西亚国内尚未能生产及新发明的药品	医药行业	增加限制手段	趋紧
	2012年8月,印度尼西亚在雅加达举行木材合法认证系统(SVLK)启动仪式,宣布正式实施木材合法认证制度	木材行业	增加限制手段	趋紧
	2013年1月,印度尼西亚已与欧盟就木材加工品合法化协议内容达成原则共识	木材行业	签订协议	趋缓
	2014年1月,原矿出口禁令在印度尼西亚正式生效,印度尼西亚政府将停止所有原矿出口,在印度尼西亚采矿的企业必须在当地冶炼或精炼后方可出口	矿业	禁令	趋紧
	2014年12月,印度尼西亚金融服务管理局计划将保险业外资持股比例从目前的80%下调至60%或以下	保险业	放宽限度	趋缓
	2015年7月,印度尼西亚政府颁布了禁止二手服装进口的2015年第51号贸易部长条例	服装业	增加限制手段	趋紧
	2015年9月,印度尼西亚财政部宣布将与投资协调委员会进行合作,确定投资者在满足一定条件后享受减免税收的待遇,审批时间为25天,关于免税期的资格审核,审批时间为45天	全行业	简化审批过程	趋缓
	2016年1月,印度尼西亚投资协调委员会表示2016年将在中国设立办事处,帮助中国投资者在最短的时间内办理投资原则许可证	全行业	简化审批过程	趋缓
土耳其	2012年1月,新《土耳其商法典》在土耳其大国民议会表决通过。新法首次将国际会计准则纳入土耳其国内法,旨在增加企业透明度,与欧盟立法接轨。新法的实施将进一步改善土耳其商业环境,帮助吸引更多外来投资	全行业	颁布新法	趋缓
	2012年4月,土耳其公布新的投资激励计划,以刺激当地和外国的投资。新的激励计划旨在减少土耳其对进口中间产品的依赖,降低本国经常账户赤字,同时促进该国工业部门结构改革及平衡地区差异	全行业	实施新计划	趋缓

续表

国家	重要监管事件	行业	方式	趋势
土耳其	2014年8月,土耳其经济部拟修订关于简化工作许可和工作签证申请流程的方案,以吸引外国投资者	全行业	修订法律	趋缓
	2014年12月,土耳其拟采取相应措施限制从国外进口土耳其本国能够生产的产品,鞋制品、家具、家电和文具成为首批调整对象。根据土耳其政府2014年8月颁布的《进口制度决定附属决议》,将对除欧盟外的进口鞋制品征收10~50%的附加关税	全行业	限制进口	趋紧
	2015年1月,土耳其与欧盟计划升级贸易协定。欧土贸易协定原涵盖货物贸易,但排除农产品以及煤钢。双方均有意将现贸易协定升级为自贸区协定,扩大至服务、投资、政府采购以及市场准入等领域	全行业	自贸区	趋缓
	2015年12月,在欧盟和土耳其召开的移民峰会上,双方拟签署协议,以换取土耳其与欧盟合作应对移民危机,欧盟将给土耳其提供30亿欧元现金,并将加快其入盟进程	全行业	签订合作协议	趋缓
	2015年12月,俄总统签署对土耳其制裁案的修订案。该修正案明确规定禁止与土耳其法人签署供应商品的合同清单,以及确定与土耳其公民或土耳其法人所控制的机构签署劳务和服务合同清单	全行业	禁令	趋紧
	2016年7月,土耳其经济部发布公告,称自即日起对产自中国的焊丝焊条发起反倾销期终复审调查,并对产自中国的部分钢丝绳产品继续征收1美元/公斤的反倾销税。今年以来,土耳其政府在贸易救济领域对中国出口产品动作明显增多。其中,对原产自中国的混凝土泵和混凝土泵车、光伏组件和纺缝面料新立3起反倾销调查,对我焊丝焊条、季戊四醇、轮胎等发起3起反倾销期终复审调查,并对我甲酸钠、空调水冷系统、无框玻璃镜、钢丝绳和传送带及相关部件等5种产品作出征税或维持征税的反倾销终裁决定	机械制造业	反倾销调查	趋紧
伊拉克	2009年9月,伊拉克决定对所有在伊拉克公司包括外国公司征收35%所得税,如经特批,可以免税或按15%税率纳税	全行业	减免税费	趋缓
	2013年4月,伊拉克与约旦政府签署合作新建油气输送管道协议。项目总金额180亿美元,全长1680公里,起点为巴士拉,终点为约旦亚喀巴港,预计2017年年底完工	能源	国际合作	趋缓
	2014年4月,伊拉克拟解禁从泰国大米进口	食品	取消禁令	趋缓

续表

国家	重要监管事件	行业	方式	趋势
伊拉克	2014 年 5 月，突尼斯民航局和伊拉克民航局签订合作协议，决定恢复中断了 23 年的直航业务	交通运输业	取消禁令	趋缓
	2014 年 11 月，卡尔巴拉和纳杰夫两省议会达成协议，计划新建一条铁路来连接这两个宗教圣城，以促进两城市间宗教的交流，吸引更多的外国游客	交通运输业	实施新计划	趋缓
	2015 年 12 月，伊拉克中央银行宣布伊拉克第纳尔对美元贬值 1.37%，至 1 美元兑换 1182 伊拉克第纳尔	全行业	本币贬值	趋缓
	2016 年 7 月，国际货币基金组织宣布，向伊拉克提供 53.4 亿美元备用贷款，帮助其从油价暴跌中恢复经济并抗击极端组织"伊斯兰国"	全行业	国际援助	趋缓
阿联酋	2008 年 3 月，阿联酋经济部宣称将在半年内推出新的公司法，将允许外资在一些行业控股。目前，外商在阿联酋投资最高比例是 49%；在一些特定的领域例如保险，外资最低 25%。在阿联酋，外商独资只允许在自由区内	全行业	修改法律	趋缓
	2012 年 3 月，为提升公共服务和保证公平竞争，阿联酋拟于 2015 年开放电信市场，允许新的电信运营商参与市场竞争	电信	实施新政	趋缓
	2013 年 11 月，阿联酋中央银行向所有在阿银行发出通告，要求各行遵守信贷集中度监管规定，确保流动性和偿付能力	金融	实施新政	趋紧
	2014 年 5 月，由迪拜政府资助的世界自由区组织在迪拜成立，该组织旨在提供讨论和交流学习的平台，实现经济自由区标准化和高效运行，保护自由区的利益	全行业	自由区	趋缓
	2015 年 2 月，阿联酋保险局出台保险公司投资比例新规。新规对保险公司在各领域的投资比例做出限制，其中对阿联酋公司发行的权益工具的投资上限为 30%，对每项金融工具的投资上限为 10%；对国外公司发行的权益工具的投资上限为 20%。同时，新规要求保险公司在阿联酋银行的存款不得低于投资的 5%	金融	颁布法规	趋紧
	2015 年 4 月，阿联酋颁布新商业公司法，允许外资有条件独资。新法规定，本国资本在阿联酋境内设立的公司中不得低于 51%，但在相关部长与部门协商并报请内阁批准后，可做例外处理。此外，对于拟在证券市场进行公开募股的公司，其对个人投资者的募股不得低于 20%、对资格投资者的募股不得低于 60%	全行业	颁布法规	趋缓

续表

国家	重要监管事件	行业	方式	趋势
阿联酋	2015年7月,阿联酋总统签发2015年8号联邦修订法令。新的法令统一了所有通关手续,简化了边检流程,促进了贸易便利化程度,并将有力巩固阿联酋作为商业和投资中心的地位,从而进一步提升阿联酋的全球竞争力	全行业	修改法律	趋缓
	2015年7月,阿联酋中央银行对境内银行推出流动性风险管理新规,所有阿联酋境内银行必须遵守该规定和相关指导意见,确保阿联酋境内银行的流动性管理有序,满足巴塞尔协议III关于资本充足率及流动性的有关要求	金融	颁布法规	趋紧
	2016年1月,迪拜水电局(DEWA)宣布今年将放开可再生能源项目对私营部门资本的投资限制,并称今年将有总规模约270亿迪拉姆的可再生能源项目以独立发电厂(IPP)模式进行招标	能源	减少限制措施	趋缓
	2016年2月,阿联酋政府宣布将自2018年1月开始征收增值税,税率为5%	全行业	颁布法规	趋紧
卡塔尔	2008年1月,卡塔尔新的建筑规范于2008年1月1日起实行	建筑业	修订法律	趋紧
	2010年1月,卡塔尔政府主权财富基金QIA(卡塔尔投资局)将出资20亿卡币(约合5.5亿美元),再收购本土各商业银行5%的股份	银行业	国有化	趋紧
	2011年6月,卡塔尔证券交易所、发展银行、企业协会等达成一致协议,将开展合作研究,出台可行措施,大力扶植中小企业发展	中小企业	国家扶持	趋缓
	2011年8月,卡塔尔商贸部消费者保护司出台了对268种商品的限价令,这268种商品均为广大人民群众必需的节日生活消费品,以稳定即将到来的斋月节日期间的物价水平	生活消费品	增加限制条件	趋紧
	2012年6月,卡塔尔发布2012年第38号埃米尔令,批准卡塔尔2012~2013财年(2012年4月1日至2013年3月31日)财政预算案。其中各项预算金额均大幅增加,预算总额创历史新高	全行业	国家扶持	趋缓
	2013年7月,在卡塔尔投资局从卡前首相及其他投资人手中购买了公司50%的股份之后,卡塔尔航空已成为卡政府的全资公司	航空	国有化	趋紧

续表

国家	重要监管事件	行业	方式	趋势
卡塔尔	2014年8月,卡塔尔颁布法令将上市公司外资持股比例上限,由25%提升至49%,以吸引更多资金投入到卡股市	股市	修订法律	趋缓
	2015年3月,卡塔尔埃米尔签发埃米尔令,修订财政法。新法赋予卡财政部更多权力,以加快推进基础设施项目建设	基础设施	修订法律	趋缓
	2015年6月,根据沙特桑巴金融集团报告,为实现卡塔尔2030远景战略规划,顺利举办2022世界杯,卡塔尔政府将继续大力投资基础设施项目	基础设施	国家扶持	趋缓
	2016年1月,卡塔尔新劳动法将于2016年12月生效,新劳动法采用合同制代替保人制,对外籍劳工出入境、居留、调换工作的限制进一步放松	全行业	放宽限度	趋缓
巴林	2012年4月,巴林哈马德国王颁布《商业名称法》,禁止商业注册名称中包含政治或宗教含义	全行业	增加限制条件	趋紧
	2012年5月,巴林决定自2012年7月起,对雇用员工5人以下的中小企业,外籍员工劳务管理费由每人每月10第纳尔(26.7美元)减半至5第纳尔;对雇佣员工5人以上的企业,外籍员工劳务管理费不变,每人每月10第纳尔	全行业	降低税费	趋缓
	2012年10月,巴林政府拟出台农业领域促进计划,提高渔业、农业和家禽的生产效率,鼓励私人部门从事该领域投资,计划在未来四年内将食品本地化供应比例从20%提高至60%	农业	实施新计划	趋缓
	2013年1月,巴林拟邀请跨国油气勘探公司参与海上油气开发	能源行业	国际合作	趋缓
	2014年2月,巴林通讯国务大臣与巴林电信公司签署合作谅解备忘录,巴林电信公司将在公司现有设备的基础上,建设和运营国家宽带网络	电信	签署合作协议	趋缓
	2015年1月,由于在进口冷冻肉中检测出问题,巴林将暂停进口任何来源的冷冻肉	冷冻肉	禁令	趋紧
	2015年7月,巴林议会通过巴政府决定8月1日起取消国家财政对肉食品消费的补贴的议案	肉食品	取消补贴	趋紧
	2015年10月,巴林议会拟投票,决定是否对自巴林汇出款项征收费用。根据这一决议,对每笔自巴林汇出的钱款,将征收0.5%~1%的费用	全行业	增加税费	趋紧

续表

国家	重要监管事件	行业	方式	趋势
巴林	2015 年 12 月,巴林发布新规拟自 2016 年 5 月 1 日起,禁止进口车龄超过 5 年的民用轿车/乘用车和摩托车,禁止进口车辆超过 10 年的民用运输车辆、拖车和半拖车,但是特殊古董车除外	交通运输业	禁令	趋紧
	2016 年 2 月,巴林对香烟关税由 100% 提高至 200%,反映在零售终端,售价上涨 20%。但是由于巴林与美国签署了自由贸易协定,美国产香烟价格不受影响	香烟	提高关税	趋紧
	2016 年 5 月,巴林协商议会一致通过公司法补充案:对于此前只允许巴林人经营的行业,将允许外国公司持有 100% 股权。具体方式是:巴林通过设立法律咨询公司(壳公司),出售给外国公司,价高者得	全行业	减少限制	趋缓
科威特	2008 年 7 月,科威特工商部发布决议,取消建筑材料包括木材和水泥的进口关税	建筑行业	免税	趋缓
	2009 年 4 月,科威特出台国际贸易中使用木质包装材料的法令	木质包装	修订法律	趋紧
	2010 年 3 月,科威特工商部命令禁止进口五年产车辆	汽车	禁令	趋紧
	2010 年 4 月,科威特内阁于 4 月 12 日发布 546/2 号法令,对建筑用水泥、钢筋材料免除进口关税,并在为期一年之内停止出口	建筑行业	免税	趋缓
	2012 年 5 月,科威特对政府项目中本国职员工资作出限定,不得少于每月 250 科威特第纳尔(约合 890 美元)	全行业	增加限制条件	趋紧
	2013 年,科威特通过直接投资促进法(2013 第 116 号法案)	全行业	修订法律	趋缓
	2013 年 12 月,科威特将出台新法规限制危险玩具,法规中将要求玩具上带有警示信息,标明适用的儿童年龄,低于此年龄的儿童禁止购买。对于不带警示标示的玩具,将予罚没	玩具	修订法律	趋紧

续表

国家	重要监管事件	行业	方式	趋势
科威特	2014年7月,科威特议会通过《PPP法》,增加了对本国和外国投资商的鼓励措施,使投资商可以在政府提供的土地上开发大型项目	全行业	修订法律	趋缓
	2014年9月,科威特宣布暂停执行反投资法,也就是赢得科威特政府项目的国际承包商暂停执行在科威特再投资的规定,以吸引投资者	政府项目承包	放宽限制	趋缓
	2014年12月,科威特中小企业基金执行细则出台,凡满21岁的科威特公民,创建50万科第(不包括土地和资产)以下的中小企业,可申请该项基金	中小企业	修订法律	趋缓
	2015年2月,科威特发布了2015年第75号部长会议决定,明确了10类不允许外商投资进入的领域,即原油开采、天然气开采、焦炭生产、肥料和氮化合物生产、煤气制造;通过主管道分配气体燃料、房地产,不包括私人运营的建设项目	能源、房地产、国家安全、劳动力雇佣等行业	禁令	趋紧
	2015年9月,科威特财政大臣表示外国公司可拥有其在科所设立企业的全部所有权	全行业	放宽限制	趋缓
	2016年3月,科威特工商大臣尤素福·阿里表示,私有化法律草案预计将在两周内完成。服务行业将更接近私有化,尤其是水电、邮政、港口等,在完成对私有化机制的研究后,这些行业将在两年内向私营部门开放	服务行业	私有化	趋缓
黎巴嫩	2009年11月,黎巴嫩央行支持出售中东航空公司(MEA)25%的股份	航空	私有化	趋缓
	2010年6月,黎巴嫩内阁通过了关于免征黎工农业产品出口所得税的提案,并决定将此列入2011年预算草案	工农业	免税	趋缓
	2010年10月,黎巴嫩政府出台限制经销商利润措施以控制物价飞涨	食品	增加限制条件	趋紧
	2011年6月,黎巴嫩新一届政府发布了其施政纲领草案	全行业	修订法律	趋缓
	2011年11月,黎巴嫩停止对鸡蛋的出口补贴	农业	取消补贴	趋紧
	2012年2月,黎巴嫩出台农业促进计划,主要通过向黎农民和农产品出口商提供补贴以刺激农产品出口	农业	国家补贴	趋缓

续表

国家	重要监管事件	行业	方式	趋势
黎巴嫩	2012年8月,黎巴嫩议会批准出口型工业企业所得税减半	出口型企业	减税	趋缓
	2012年9月,黎巴嫩内阁初步同意一项少量增加税收方案,并委派财政部起草有关法令。该方案包括对彩票中奖收入、房地产、手机话费等征收一定税费,对黎内战时期建成的违章建筑处以罚款等	彩票、房地产、通信等	增税	趋紧
	2012年9月,黎巴嫩中东航空公司获批延长独家经营权至2024年	航空	国有化	趋紧
	2013年11月,黎巴嫩出台2014年经济刺激计划,总投入8亿美元,以刺激黎经济增长,带动房地产及技术行业的振兴	房地产、技术行业	国家扶持	趋缓
	2014年7月,世界银行与黎巴嫩比布鲁斯银行签署优惠贷款协定。根据该协定,世行将向比布鲁斯银行提供4500万欧元的长期低息贷款,用于资助黎中小企业实施经济发展项目	全行业	国际援助	趋缓
	2015年3月,黎巴嫩政府通过新的垃圾处理方案,根据该方案,黎拟将全国划分为六个区域进行招标,由中标的公司向其中标区域提供垃圾处理服务,合同期限为7年,可选择性延期3年	垃圾管理	修订法律	趋缓
阿曼	2009年7月,阿曼劳工大臣发布2009~2010年私营领域阿曼化比例的部长令,规定私营领域各机构、企业、组织应于每年8月15日向劳工部提交本公司年度阿曼化比例计划。各领域阿曼化比例要求如下:信息技术35%(比2009年要求比例增加1%)、高级管理8.6%、市场营销100%、基础设施和技术支持15%、应用软件和服务15%	全行业	增加限制条件	趋紧
	2011年6月,阿曼全面禁止拖网捕鱼	渔业	禁令	趋紧
	2011年10月,阿农渔部作出决定,从今年10月20日~11月15日起开放鲍鱼捕捞季节。这是3年来阿政府首次允许在其沿海捕捞鲍鱼	渔业	放宽限制	趋缓
	2013年6月,阿曼实行露天作业午间停工制度	建筑行业	禁令	趋紧
	2013年10月,阿曼人力资源部发布公告宣布,从11月1日起,将停止发放私营部门建筑劳务和保洁工人的入境签证6个月。但在规定日期之前仍继续发放此类签证	建筑劳务、保洁	禁令	趋紧

续表

国家	重要监管事件	行业	方式	趋势
阿曼	2014年8月,阿曼中央银行推出了储户存款保险业务。保险工作的实施,将降低储户在银行存款风险,万一发生危机,银行可以立即启用保险金支付储户	全行业	开展新业务	趋缓
	2015年6月,阿曼将对部分工业项目提供优惠税收政策。从7月初开始,所有的工业公司将免除利润税五年,到期后可再延长五年。特许工业机构将在项目执行期内享受产业实体免征进口关税,如机器、设备、零部件、原材料等;工业部门的实体也将享受五年免征所得税	工业	减税	趋缓
	2015年9月,阿曼矿业法草案提交专业机构审查	矿业	修订法律	趋缓
	2016年1月,阿曼国家委员会通过了企业所得税法、外国资本投资和保险公司法草案。拟向所有企业征收15%企业所得税	全行业	增税	趋紧
	2016年5月,阿曼商工部取消15万里亚尔(1里亚尔计2.6美元)注册公司资本最低限额。该项新规定适用于除合资公司外所有类型的公司,并无须注册者提交任何有关此规定的书面证明	全行业	修订法律	趋缓
也门	2008年9月,也门即将颁布的新工业法关注产业竞争力和劳动生产率。该法草案已由工业与贸易部起草完成,主要由6章组成,包括立法宗旨、发展和规范产业活动、中小企业和手工业发展、产业注册、产业调控和法律义务等内容	工业	修订法律	趋缓
	2008年12月,也门政府决定取消对于高消耗部门(包括政府机构)每月高达560亿里亚尔的柴油补贴	高消耗部门	增加限制条件	趋紧
	2009年7月,也门议会通过了一项新的法律草案,允许符合条件的外国人或机构在也门拥有不动产	全行业	放宽限度	趋缓
	2010年3月,也门批准通过了2007年颁布的《对外贸易法》的实施细则草案,并要求法律事务部完成颁布该实施细则所需要的法律程序	对外贸易	修订法律	趋紧
	2010年4月,也门政府决定对71种进口商品征收附加税,以减少国内对进口商品的需求,刺激国内产品的销售。提高关税的商品主要涉及汽车、摩托车、自行车、香烟、烟草、香水、化妆品、建筑材料、清洁用品和电器等非基本商品;也包括部分关系民生的基础性商品	进口商品	增税	趋紧

续表

国家	重要监管事件	行业	方式	趋势
也门	2010年12月,也门将在2011年年初正式实施销售税	全行业	增税	趋紧
	2011年3月,也门政府计划将卡特税提高200%,期望通过此举大规模减少卡特消费,从而达到促进经济发展的目的	卡特种植	增税	趋紧
	2013年4月,也门议会批准加入《京都公约》,以协调和简化海关手续,从而利用《京都公约》所提供的优势,恢复和发展本国经济	全行业	简化程序	趋缓
	2014年3月,也门实施新的中国出口产品检验规定。对从中国进口工业产品开始查验中国检验检疫机构出具的装运前检验证书。如果进口商不能提交相关证书,也门标准计量与质量控制局有权退运该批货物	工业产品	修订法律	趋紧
	2014年8月,也门政府宣布取消燃油补贴,汽油价格涨幅达60%,柴油价格涨幅达95%	能源	取消补贴	趋紧
	2014年11月,也门总统哈迪发布总统令,称根据也门宪法、2011年11月23日海合会倡议、2014年9月21日同胡塞武装和各政治派别签订的“和平伙伴协议”,批准组建以巴哈为总理的新一届政府,政府部长共35人。新政府成员中有75%是新任部长	全行业	修订法律	趋缓
	2015年1月,也门实施新的中国药品进口规定,中国医药企业向也门出口药品和医疗用品,必须提供由中国国家食品药品监督管理总局签发的药品质量证书(GMP)和生产许可证(Manufacturing License)	医药	修订法律	趋紧
	2016年6月,中国驻也门大使表示中方愿积极参与也门的经济重建,与也方携手推进“一带一路”建设,实现合作共赢,共同发展	全行业	国际合作	趋缓
约旦	2008年7月,约旦制定规范投资的新制度,禁止八类行业的外国投资,这些行业包括了公路客货运输服务,调查和安全服务、体育和文化俱乐部、清关服务、冶炼作坊、采矿、军火分销、手工业。新制度的目的是规范这些行业的投资,以便让约旦人专营,进而为约旦工人创造就业机会	运输、采矿等	禁令	趋紧
	2009年1月,约旦邮政启动私有化改造	邮政行业	私有化	趋缓
	2009年2月,约旦农业部近期放开了对苏丹红肉的进口限制	农业	取消限制措施	趋缓

续表

国家	重要监管事件	行业	方式	趋势
约旦	2010年10月,约旦政府近日批准一项法令,对部分商品和服务的出口免征所得税。上述商品应由约旦本地生产,但不包括磷酸盐、钾盐、水泥和化肥等。可享受免税的服务出口包括信息和通信技术服务、经济可行性研究服务、法律、工程、审计及其他咨询类服务	本地化产品除磷酸盐、钾盐、水泥和化肥,服务	免税	趋缓
	2010年12月,约旦政府起草新的投资促进法,对包括工业生产原料在内的更多的进口货物与服务免征关税。同时,该投资促进法还将对海外投资者提供更多的便利,今后海外投资者能够自由将资本及投资收益汇出境外	全行业	修订法律	趋缓
	2011年2月,约旦将制定新的投资促进法。该法案拟将取消对增值投资的各项优惠措施,仅保留对雇用本国员工及使用本国生产原料的增值投资项目的优惠待遇	全行业	修订法律	趋紧
	2011年6月,约旦财政部公布了一批新增货物及服务减免税名单,大约有150项货物及服务能够免除16%的销售税,或享受4%的优惠税率。免税商品包括糖、面粉、橄榄油、牛奶、茶叶、大米、家禽、鱼、冷冻肉及罐装食品等日常生活必需食物	农业,工业	减免税	趋缓
	2012年8月,禁止进口使用消耗臭氧层物质制冷的冰箱、空调等家电	家电行业	禁令	趋紧
	2013年8月,约旦政府决定将手机进口特别税自8%增加至16%,利润空间骤降将使约旦无法继续作为一个枢纽国家向周边国家(主要是伊拉克、黎巴嫩、叙利亚和巴勒斯坦)出口手机。此前约旦进口的手机通常有约50%转口到周边国家	通信行业	提高关税	趋紧
	2014年3月,约旦通过二手汽车进口禁令修正案。该修正案通过后,此前政府声明给予免除消费税待遇的进口车辆不受禁令约束,包括军事和安全部门官员购买免税车和残疾人购车等	交通运输业	修订法律	趋缓
	2014年7月,约旦下议院通过税收优惠提案,对女性职工占比超过30%(含)的企业给予1%的税收优惠政策	全行业	税收优惠	趋缓

续表

国家	重要监管事件	行业	方式	趋势
约旦	2014年7月,约旦将制定新的《所得税法》,以替代目前的《临时所得税法》。新法的重点是缩减免税范畴,并改进税收管理制度。新法在个人所得税征收方面没有变化,企业所得税为20%,并将免税的范畴缩减了25%	全行业	修订法律	趋紧
	2014年12月,约旦参议院批准对《可再生能源法》进行的修订。修改后的《可再生能源法》对可再生能源设备、系统和产品免征税,以鼓励本地绿色产业发展	能源	修订法律	趋紧
	2015年6月,约旦政府拟延长原定于2015年底到期的出口免税政策	通信	免税	趋缓
	2016年6月,约旦首相指示,除特殊情况,在实施政府招标项目时必须聘用约旦籍劳工	全行业	增加限制手段	趋紧
以色列	2012年7月,以色列减免数百种进口产品的关税和购置税。到2013年1月1日,将免除除内衣外的服装的关税。到2014年1月1日,工业品关税将被削减15%	全行业	减免税费	趋缓
	2013年3月,以色列议会批准将增值税从17%提高到18%,加税措施将于6月初执行。这是一年中以色列第2次提高增值税,2012年9月1日以色列增值税从16%升至17%	全行业	提高税率	趋紧
	2013年12月,以色列议会全票通过经济集中法案。该法案规定企业集团的金字塔结构不得超过两层,禁止企业集团同时控股大型金融公司和大型非金融公司,禁止公司董事同时在大型金融公司和非金融公司任职	全行业	实施新规	趋紧
	2014年1月,以色列收紧房屋转让获利税免税标准,绝大多数房屋出售方将必须缴纳房屋转让获利税	房地产	收紧免税标准	趋紧
	2014年4月,以色列完成食品进口改革意见稿,按照该稿,以色列即将采用欧盟食品进口规则,扩大非敏感食品进口的种类和数量	食品	实施新规	趋缓
	2015年3月,以色列加快“以色列军事工业公司”私有化进程	军工产业	私有化	趋缓
	2016年7月,以色列拟对在以色列进行科技研发并登记注册相应知识产权的跨国科技公司给予重大税收优惠。相较于通常25%的企业所得税税率,此次立法拟将符合条件公司的企业所得税税率降至5%~8%;股息税率将从现在的30%降到仅为5%	全行业	减低税费	趋缓

续表

国家	重要监管事件	行业	方式	趋势
以色列	2016年7月,以色列税收当局发布了汽车环保税新的计算公式,并将于2017年1月1日起施行。新环保税计算公式将使中低端汽车的进口价格上升2%~5%	汽车	实施新规	趋紧
	2016年7月,以色列批准法案,将在以色列实施部分《美国海外账户税收法》条款。根据该法案,以色列的所有金融机构须向以色列税务机关披露在以居住美国公民的相关信息,若税务机关怀疑金融机构未能完全披露符合法案规定的账户信息,或未能履行法案规定的相关义务,则其有权对相关金融机构处以5000~50000谢克尔的罚款	金融	实施新规	趋紧
摩尔多瓦	2012年11月,摩俄两国政府将共同推动摩对俄葡萄酒出口	酒类	政策扶持	趋缓
	2012年12月,摩尔多瓦将加大公路修建改造力度	建筑	政策扶持	趋缓
	2013年2月,摩尔多瓦与土耳其完成自贸区协定的谈判	全行业	政策扶持	趋缓
	2013年3月,摩尔多瓦与罗马尼亚之间即将开工建设天然气管道	建筑	政策扶持	趋缓
	2014年6月,欧盟将与格鲁吉亚、摩尔多瓦和乌克兰签署联系协定	全行业	政策扶持	趋缓
	2014年10月,摩尔多瓦和欧盟签署参与中小企业竞争计划的协定	全行业	政策扶持	趋缓
	2015年6月,摩尔多瓦制定能源发展新战略	能源	政策扶持	趋缓
	2015年11月,摩尔多瓦政府出台新版《天然气法》	能源	制定法律	趋缓
	2016年2月,摩尔多瓦经济部拟定首个百日新政工作重点	全行业	政策扶持	趋缓
	2016年3月,摩尔多瓦新政府突击落实《摩欧联系国协定》	全行业	政策扶持	趋缓
白俄罗斯	2012年8月,白俄罗斯降低石油出口关税,自369.3美元/吨降至336.6美元/吨	能源	税收优惠	趋缓
	2012年10月,白俄罗斯首次上调铁路货物运输关税	运输	税收收紧	趋紧
	2013年3月,白俄罗斯出台公车限购新政	销售	政策限制	趋紧
	2013年12月,白俄罗斯和乌克兰将建立波罗的海—黑海国际运输走廊	运输	政策扶持	趋缓

续表

国家	重要监管事件	行业	方式	趋势
白俄罗斯	2014 年 7 月,白俄罗斯限制从乌克兰进口土豆	农业	禁令	趋紧
	2014 年 10 月,白俄罗斯央行将收购莫斯科—明斯克银行	金融	放宽限度	趋缓
	2015 年 3 月,白俄罗斯和比利时将建立合资出口公司,以推动白俄罗斯企业走向欧洲市场	全行业	政策扶持	趋缓
	2015 年 7 月,亚美尼亚与白俄罗斯加强核能合作	核能	政策扶持	趋缓
	2016 年 5 月,白俄罗斯政府确定投资优先领域	投资	政策扶持	趋缓
	2016 年 6 月,白俄罗斯成立金融稳定委员会,主要任务是制定并协调保障金融稳定的有关措施	金融	政策扶持	趋缓
波兰	2012 年 4 月,波兰制定食品法规修订草案	食品	制定法律	趋紧
	2012 年 11 月,波兰私有化计划将于 2013 年年底结束	国企改造	政策收紧	趋紧
	2013 年 3 月,波兰副总理宣布扩建瓦乌布日赫经济特区	全行业	放宽限度	趋缓
	2013 年 3 月,波兰央行行长表示波兰暂不加入欧洲银行联盟	金融	收紧限度	趋紧
	2014 年 3 月,波兰对乌克兰出口下降	全行业	收紧限度	趋紧
	2014 年 11 月,波兰支持 TTIP	贸易	放宽限度	趋缓
	2015 年 3 月,波兰货币政策委员会下调利率 50 个基点	全行业	收紧限度	趋紧
	2015 年 11 月,波兰无意采用欧元	全行业	收紧限度	趋紧
	2016 年 4 月,波兰发展基金成立	基础设施	政策扶持	趋缓
	2016 年 6 月,波兰总统杜达签署劳动法修订案	用工	修订法律	趋紧
捷克	2008 年 5 月,捷克计划对 Technoexport 和 Strojimport 两家国有外贸企业实行私有化	设备、金属等	私有化	趋缓
	2012 年 11 月,捷克总理 Petr Necas 称捷克政府可能会再次尝试私有化该航空公司	航空	私有化	趋缓
	2015 年 5 月,捷克开始实施新修订的《投资鼓励法》,新法主要在投资鼓励措施和适用标准上作出一定修改。从整体看,加大了投资鼓励力度	全行业	修订法律	趋缓
	2015 年 8 月,捷克政府批准《国家交通基础设施基金管理修订案》	基础设施	修订法律	趋缓
	2015 年 10 月,捷克政府取消褐煤开采禁令	煤炭	取消禁令	趋缓

续表

国家	重要监管事件	行业	方式	趋势
捷克	2016年1月,捷克《公共合同修正案》将正式生效。根据新法规,对于仅收到一家投标申请的招标采购,政府可以不履行必须撤销此采购程序的义务。同时,新法规重新规定了投标资格,要求投标人的年营业额不得超过公共合同估值的两倍	医疗、社会保健、法律、与监狱相关的、救援,宾馆、饭店和邮政服务等	修订法律	趋缓
斯洛伐克	2012年3月,斯洛伐克央行下调2012年经济预期0.2个百分点	全行业	政策收紧	趋紧
	2012年4月,斯洛伐克拟重新征收遗产税和赠予税	全行业	税收收紧	趋紧
	2013年10月,斯洛伐克通过《可再生能源法》	能源	制定法律	趋缓
	2013年11月,斯洛伐克与波兰签署天然气管道合作协议	能源	放宽限度	趋缓
	2014年4月,斯洛伐克同意对乌克兰反向输气	能源	放宽限度	趋缓
	2014年7月,斯洛伐克将把国家对外商投资项目的最高补助比例从50%降至35%	全行业	政策收紧	趋紧
	2015年7月,斯洛伐克政府决定将天然气价格再次下调3.91%	全行业	政策扶持	趋缓
	2015年12月,斯政府决定自2016年1月1日起进一步下调电价1%。调整后电价比上一年同期将下降4.5%,价格为0.03欧元/千瓦时	全行业	政策扶持	趋缓
	2016年1月,斯洛伐克将部分食品增值税税率由20%降低至10%	食品	税收优惠	趋缓
	2016年4月,斯洛伐克新政府提交施政纲领	全行业	放宽限度	趋缓
匈牙利	2009年2月,欧盟批准匈牙利政府援助企业的计划,第一项给每家企业提供50万欧元援助资金以解决企业由于信贷紧缩面临的融资问题,第二项是以降低企业贷款利率方式提供援助	全行业	国家援助	趋缓
	2011年12月,匈牙利启动“精简政府规划”,目的是使企业负担的行政成本减少5000亿福林	全行业	国家扶持	趋缓

续表

国家	重要监管事件	行业	方式	趋势
匈牙利	2011 年 12 月,匈牙利国会表决通过《经济稳定法》。该法主要规定如下:匈牙利将自 2012 年 1 月 1 日起实施个人所得税单一税率制;新宪法有关“政府必须采取一切必要之措施使国债占 GDP 比重降至 50%以内”的规定推迟到 2016 年实行;仍留在私人养老金的匈牙利公民可在 2012 年 3 月底前决定是否回到国有养老金系统。该法为基础性法律,只有经国会 2/3 以上议员同意,才能进行修改	全行业	修订法律	趋缓
	2012 年 9 月,匈牙利国会通过一项法案,决定从 2013 年 7 月 1 日,由政府垄断烟草制品的零售权,所有商店销售烟草制品必须向政府申请特许经营权	烟草	增加限制条件	趋紧
	2012 年 10 月,匈牙利将立法禁止销售反式脂肪含量过高的食品	食品	禁令	趋紧
	2013 年 5 月,匈牙利政府决定征收新的广告税,征收对象为广告发布媒体,税基为广告净收入,税率为分级税率	广告	增税	趋紧
	2013 年 9 月,匈牙利政府拟收购匈牙利最大的工业企业之一 ISD Dunaferr 公司	工业	国有化	趋紧
	2014 年 1 月,匈牙利“养猪计划”获得政府 16 亿福林资助,该计划旨在提高生猪产量、开拓猪肉市场、健全质量体系并促进种猪发展	养殖业	国家扶持	趋缓
	2014 年 5 月,匈牙利《新土地法》正式生效实施。根据该法,匈政府将优先满足本国农民购买土地的权益,限制其他国家投机者购买行为,保障匈本地农场发展机会	土地	增加限制条件	趋紧
	2015 年 8 月,欧洲委员会批准匈牙利政府实施 2014~2020 年农村发展计划,该项计划补贴额高达 41.4 亿欧元,含欧盟资金 34 亿欧元,匈政府配套补贴 7.4 亿欧元	农业	政府补贴	趋缓
	2015 年 11 月,匈牙利布达佩斯证券交易所重归国有	证券	国有化	趋紧
	2016 年 4 月,匈牙利政府打算在 2017 年削减 200 亿福林总额的银行税,一方面刺激贷款的发放;另一方面能为银行减少开支,更好地提升服务质量	银行业	减税	趋缓
	2016 年 4 月,匈牙利政府取消周日商店禁止营业法案	零售行业	取消禁令	趋缓

续表

国家	重要监管事件	行业	方式	趋势
斯洛文尼亚	2012年7月,斯洛文尼亚投资促进署公布鼓励外商投资优惠政策	全行业	政策扶持	趋缓
	2012年11月,斯洛文尼亚经济部将外商投资补贴从原来的450万欧元提高到620万欧元	全行业	政策扶持	趋缓
	2013年4月,斯洛文尼亚拟通过提高增值税税率避免财政求援	全行业	税收收紧	趋紧
	2013年11月,斯洛文尼亚通过合并税收与关税法案	全行业	放宽限度	趋缓
	2014年3月,斯洛文尼亚发行短期债券	债券	放宽限度	趋缓
	2014年11月,斯洛文尼亚2013年研发投入增加1%	研发	政策扶持	趋缓
	2015年3月,斯洛文尼亚发行20年期国债	债券	放宽限度	趋缓
	2015年6月,斯洛文尼亚国有资产管理公司将斯第二大银行NKBM出售给美国收购型基金阿波罗全球管理公司(Apollo Global Management)和欧洲复兴开发银行(EBRD)	私有化	放宽限度	趋缓
	2016年1月,斯洛文尼亚《公共采购法》第24条开始生效。规定进行公共采购的单位,须就采购物品、预估价值、程序类型、采购及合同签订日期、合同期限等内容递交年度报告,采购计划及其补充修订计划须自颁布起10日内在公共采购网站上公布	全行业	制定法律	趋紧
克罗地亚	2008年9月,克罗地亚欲转让部分高速公路经营权	基础设施	私有化	趋缓
	2009年8月,克罗地亚对奶酪进口征收保护性关税	奶制品	增税	趋紧
	2009年,克罗地亚国家私有化基金会决定出售5家国营酒店及一家国有农业联合体	酒店、农业	私有化	趋缓
	2011年3月,克罗地亚颁布房贷资助和国家担保法律。以此为需要解决住房问题的公民提供贴息贷款和担保	房地产	修订法律	趋缓
	2012年3月,克罗地亚提高增值税率至25%,同时对部分产品增值税率由目前的23%降至10%,如食用油及油脂、儿童食品和供水	食用油及油脂、儿童食品和供水以外的其他行业	增税	趋紧

续表

国家	重要监管事件	行业	方式	趋势
克罗地亚	2012 年 8 月,克罗地亚政府通过了新的投资促进与改善投资环境法,旨在推动生产、增加出口和创造新的就业岗位,帮助克罗地亚经济克服经济危机带来的新的冲击	全行业	修订法律	趋缓
	2013 年 3 月,克罗地亚政府通过《农业用地法》最终草案。此法将对农业公司更好地使用农用耕地、促进土地整治过程,提高政府所有的农用土地特许经营的透明性等方面起到积极的刺激作用	农业	修订法律	趋缓
	2013 年 5 月,克罗地亚政府通过新《石油天然气开采探测法草案》。此草案的颁布旨在吸引大量对克罗地亚能源领域的投资	能源开采	修订法律	趋缓
	2013 年 11 月,克罗地亚政府通过消费者贷款法草案,希望该法案可以限制住银行强加给其贷款消费者的不合理收费	消费者	修订法律	趋缓
	2014 年 3 月,克罗地亚政府通过劳动法草案	全行业	修订法律	趋紧
	2014 年 5 月,克罗地亚将对网上交易征收增值税	网络交易	增税	趋紧
	2015 年 1 月,克罗地亚将实施一系列新的税收法规	全行业	修订法律	趋紧
	2015 年 5 月,克罗地亚政府决定提高燃油和烟草产品消费税	能源、烟草	增税	趋紧
	2016 年 5 月,克罗地亚确定出售康查尔公司(Koncar)、欧洲通信卫星公司(Eutelsat)、阳光海瓦尔公司(Suncani Hvar)和克罗地亚保险公司(Croatia osiguranje)4 家公司的国有股份	通信、保险等行业	私有化	趋缓
	2016 年 5 月,为更好地防范偷漏税、洗钱和资助恐怖分子等不法行为,克罗地亚引入公司受益所有人登记	全行业	修订法律	趋缓
罗马尼亚	2008 年 6 月,罗马尼亚出台新的《投资促进法》,该法案确定的可以给予优惠的投资领域主要包括:加工工业;供电、供气、供暖和空调业;供水、清洁、垃圾回收及有毒物质无害化处理;电信及信息服务业;职业培训、科技创新及研发活动;行政及其相关服务;环保项目。投资者可享受的优惠主要以国家资助形式获得,包括提供无偿补助、资金补贴以及贷款贴息等	加工、供电、供气、供水、供暖、电信、科技创新、培训、环保等	国家资助	趋缓
	2010 年 4 月,罗马尼亚出售部分政府控股的主要能源公司的股份,以在紧张的财政预算约束下促进投资	能源	私有化	趋缓

续表

国家	重要监管事件	行业	方式	趋势
罗马尼亚	2010年12月,罗马尼亚政府已通过公私合营法实施规则,构建了吸引国内和国外投资的框架。公私合营法实施规则规定了企业通过公私合营形式参与项目投资需满足的条件,包括银行担保书、过去三年在项目相关领域的营业额等。企业还需提交合作意向、预计投资额及合作方的协议等	全行业	修订法律	趋缓
	2011年5月,罗马尼亚政府在国家改革规划中提出,将由国家中小企业贷款担保基金、罗马尼亚反担保基金以及进出口银行共同出资成立一项投资基金,为有盈利能力但遇到暂时资金困难的中小企业提供融资。政府还将考虑为处于起步阶段的小型企业建立天使投资网络,引导资金由私人投资者流向未上市的小型企业	中小企业	国家资助	趋缓
	2013年1月,罗马尼亚国家铁路货运公司拟于半年内完成私有化改造	基础设施	私有化	趋缓
	2013年4月,罗马尼亚政府通过在股票交易市场上进行二次发售,以3.15亿列伊/7200万欧元的价格成功出让了国有天然气公司15%的股份	天然气	私有化	趋缓
	2014年4月,罗马尼亚通过政府令,从今年6月1日起至2015年12月31日,对企业将收益用于生产或购买技术设备、机器等再投资免征税费	全行业	免税	趋缓
	2014年7月,在罗马尼亚公路管理局注册登记的运输商可向其申请补偿4欧分的燃油消费税	运输行业	减税	趋缓
	2015年4月,罗马尼亚拟降低食品增值税至9%	食品行业	减税	趋缓
	2015年5月,罗马尼亚政府计划在2015年最晚2016年,将所持有的国有企业股份诸如布加勒斯特机场、康斯坦察港口、水电公司和罗马尼亚电信等公司的股份,在布加勒斯特证券交易所和伦敦证券交易所上市,并要求财政部和金融监管机构在今年秋天出售第一批股份	基础设施	私有化	趋缓
	2016年5月,罗马尼亚众议院全会会议通过了新的《公共采购法》及相关法律。新法采用了欧盟关于公共采购的相关指令要求并引入了所有成员国适用的规则	公共采购	修订法律	趋缓

续表

国家	重要监管事件	行业	方式	趋势
罗马尼亚	2016年5月,罗马尼亚政府出台了2016年政府投资援助政策。预算总额为2.5亿列伊(约5500万欧元)	增加就业项目	国家援助	趋缓
	2016年7月,罗马尼亚农业部正在起草法案,限制外国投资者购买可耕种土地的面积最大限额为50公顷	农业	增加限制条件	趋紧
保加利亚	2008年2月,保加利亚议会禁止国有医院私有化	基础设施	禁令	趋紧
	2008年3月,保加利亚计划修改国家财产法案,进一步放宽私人投资国家基础设施项目和租用国有土地的限度	基础设施	放宽限度	趋缓
	2009年9月,保加利亚修改了《〈投资促进法〉实施细则》,进一步降低了投资的评级门槛,以吸引更多外资	全行业	修订法律	趋缓
	2010年4月,保加利亚出售55家企业中的部分国有股份、出售部分未开发的国有土地和开放其余90%的国有土地的特许经营权	国有股份 国有土地	私有化, 放宽限度	趋缓
	2011年5月,保加利亚颁布了新的《可再生能源法》,对可再生能源市场的投资规则更加明晰以及确立起长期固定的电力优惠购买价格	能源	修订法律	趋缓
	2012年3月,保加利亚计划实现铁路运营企业的重组和私有化	基础设施	私有化	趋缓
	2012年3月,保加利亚计划完成电力输配企业国有股份(33%的少数资本控股)的私有化	电力	私有化	趋缓
	2012年4月,保加利亚私有化署已同意财政部和地区发展部出售国有不动产	土地	私有化	趋缓
	2013年12月,保加利亚议会通过《优惠关税区注册企业及其实际所有人经济和金融关系法》修正案,禁止离岸公司在保参与28项投资经营活动。包括禁止投资并购保信贷、保险、养老金、医保、矿产勘探、仓储、地产、会计、资产评估、民意调查、博彩、体育俱乐部、电视、广播和平面媒体等行业	全行业	修订法律	趋紧
	2014年6月,保加利亚经济能源部专家起草的2014~2030年能源战略草案已提交总理府,之后将提交议会表决。草案提出到2030年比目前多一倍的保加利亚家庭实现中央供暖和安装天然气的目标	能源	修订法律	趋缓

续表

国家	重要监管事件	行业	方式	趋势
保加利亚	2014年7月,保加利亚宪法法庭判决2014年1号法案,即2014年国家预算法补充条例中对新能源征收20%费用的条款违宪,同时违背了可再生能源法,予以取缔	新能源	减税	趋缓
	2015年3月,保加利亚通过《能源修正案》,取消了对光伏、风电等可再生能源的优惠政策	能源	修订法律	趋紧
	2015年3月,保加利亚议会通过农业法修正案,禁止非欧盟国家自然人或法人通过直接/间接方式在保购买农地。首次违法购地者将被处以每公顷1000列弗(约500欧元)的罚款。若是二次违法,罚款金额将增加两倍	农业	禁令	趋紧
	2016年6月,保加利亚前经济部长多布罗夫访问中国推动关于基础设施投资方面的普罗夫迪夫机场的特殊经营权问题的解决	基础设施	放宽限度	趋缓
塞尔维亚	2012年5月,塞尔维亚拟建世界最大太阳能光伏发电园	光伏	政策扶持	趋缓
	2012年11月,斯洛文尼亚和塞尔维亚重申加强合作	全行业	放宽限度	趋缓
	2013年1月,塞尔维亚将扩大塞中学汉语教学规模	教育	政策扶持	趋缓
	2013年7月,塞尔维亚将在今后8年内投资100亿欧元,发展该国的能源产业	能源	政策扶持	趋缓
	2014年8月,塞尔维亚宣布出售502家国有企业	私有化	放宽限度	趋缓
	2014年8月,塞尔维亚和黎巴嫩向立陶宛部分农产品开放市场	农业	放宽限度	趋缓
	2015年2月,塞尔维亚修改金融银行业法律	金融	修订法律	趋缓
	2015年6月,塞尔维亚对奶制品进口征税	农业	税收收紧	趋紧
	2016年1月,塞尔维亚与俄罗斯商谈加强经贸和军事合作	经贸	放宽限度	趋缓
	2016年2月,塞尔维亚成立开发署促进投资、出口和就业	全行业	政策扶持	趋缓
黑山	2015年4月,欧盟和黑山扩展入盟谈判章节	全行业	放宽限度	趋缓
	2015年6月,黑山共和国批准修订后的WTO《政府采购协定》	全行业	放宽限度	趋缓
	2016年5月,黑山正式签署加入北约协定	全行业	国际合作	趋缓

续表

国家	重要监管事件	行业	方式	趋势
马其顿	2012 年 3 月,马其顿总理格鲁埃夫斯基接受采访时表示,尽管全球经济目前不景气,但是马其顿将保持目前的低税率不变	全行业	税收优惠	趋缓
	2012 年 3 月,马其顿政府投资署为中国企业举办投资政策宣介会	全行业	政策扶持	趋缓
	2013 年 10 月,马其顿总统向中国西部商家发出邀请:来抓住马其顿机会	全行业	放宽限度	趋缓
	2013 年 11 月,加拿大和马其顿启动投资保护协定谈判	全行业	政策扶持	趋缓
	2014 年 7 月,马其顿政府增加财政预算支持道路建设	基础设施	政策扶持	趋缓
	2014 年 7 月,马其顿拟建国际金融中心	金融	政策扶持	趋缓
	2015 年 7 月,马其顿能源监管委员会(Regulatory Energy Commission)宣布下调居民用电价格 0.33%	全行业	政策扶持	趋缓
	2015 年 7 月,马其顿与其他国家一起签署了区域天然气多元化备忘录	能源	放宽限度	趋缓
	2016 年 3 月,马其顿政府在全国设立十余个技术工业开发区,对入驻园区的国内外投资者给予特殊优惠政策,并制定了《技术工业开发区法》,以保护园区内企业	全行业	制定法律	趋缓
	2016 年 7 月,阿尔巴尼亚与马其顿签署养老金权利互认协议	用工	政策扶持	趋缓
波黑	2008 年 4 月,波黑塞族共和国通过国有资本私有化修改法,今后对于不执行战略性活动,但对塞族共和国很重要的公司,塞族共和国可直接选择购买者对其进行私有化	全行业	国有化	趋紧
	2009 年 7 月,波黑部长会议通过了“怎样使波黑对外资更有吸引力”的文件,并将呈送波黑议会讨论。吸引外商直接投资的建议措施有:加强统一经济体系,提高公共基础设施管理水平、加速地区经济发展、制定外商投资战略、促进经济纠纷问题解决、简化税收体系、建立优惠制度框架等	全行业	修订法律	趋缓

续表

国家	重要监管事件	行业	方式	趋势
波黑	2010年12月,波黑塞族共和国议会通过了外国投资修改法。按该法规定,将简化投资程序,缩短外国投资者注册时间。外国投资者向某些军工业公司投资,其投资股份可提高到49%以上,但必须得到该共和国特别批准	军事	修订法律	趋缓
	2011年6月,波黑塞族共和国议会通过了公私合营企业法,该法的目的是消除行政障碍,创造有利的商业环境,吸引更多的当地和外国投资者前来投资	全行业	修订法律	趋缓
	2011年11月,波黑从欧盟进口的某些产品关税将减半,这些产品包括:纺织品和珠宝、二手车、部分乳制品、肉类、水果、蔬菜及咖啡	纺织品,珠宝,机械,农业	减税	趋缓
	2012年10月,波黑联邦政府修订外国投资法,如果联邦政府认为有充分理由,从事制造及销售用于军事用途的枪支、弹药、爆炸物和军事装备的公司中外国公司股份可以超过49%。有意从事上述业务并持有超过49%股份的外国投资者须向联邦政府提出申请,联邦政府在30天内应签发收条,如果联邦政府在30天内未能作出决定,应在下一个30天内通知申请者。联邦政府应在外国投资者递交申请之日60天内作出是否同意投资申请决定,过期则被视为批准投资申请	军事行业	修订法律	趋缓
	2013年12月,波黑塞族共和国一站式服务系统生效。公司注册改革减少手续及启动成本	全行业	简化程序	趋缓
	2015年2月,波黑部长会议首次通过国家经济改革方案。该方案将通过欧洲一体化局递交欧洲委员会,作为波黑入盟进程的重要一步	全行业	制订改革方案	趋缓
	2016年1月,波黑联邦计划企业注册的“一站式服务”最晚将于6月底建立	全行业	简化程序	趋缓
	2016年5月,波黑主席团克族成员乔维奇表示,未来3年,波黑将推进私有化进程,对40家长期亏损的国有企业进行重组或债务清理,并使用IMF贷款解决为此失业的工人的社会保障问题。除军工、能源等涉及国家核心利益的领域外,所有国有企业都将出售给私人投资者	非国家核心领域	私有化	趋缓

续表

国家	重要监管事件	行业	方式	趋势
阿尔巴尼亚	2008 年 7 月,阿尔巴尼亚准备以特许经营形式将铁路部门私有化	基础设施	私有化	趋缓
	2008 年 10 月,阿尔巴尼亚农业、食品和消费者保护部决定按欧盟标准修改农业立法,阿尔巴尼亚认为,这不仅是阿与欧盟签订的“稳定和联系协议”(SAA)中规定的要求,也是阿农业部门现代化的需要	农业	修订立法	趋缓
	2009 年 8 月,阿尔巴尼亚政府决定将进行所有国有土地私有化。根据该决定,通过私有化收购国有企业的企业主,可以购买该企业所处的国有土地	土地	私有化	趋缓
	2009 年 11 月,阿尔巴尼亚经贸能源部启动阿石油公司私有化程序	能源	私有化	趋缓
	2009 年 11 月,阿尔巴尼亚议会法律委员会决定,在旅游区已建设房屋的公民有权将所使用的土地私有化。立法程序完成后半年内开始施行	土地	私有化	趋缓
	2009 年 12 月,阿尔巴尼亚财政部从 2010 年起将按新规定根据年营业额将企业重新分类,界定中、小企业的年营业额将从 800 万列克降到 500 万,即降低增值税门槛	中小企业	减税	趋缓
	2010 年 4 月,阿尔巴尼亚央行解除外资银行资金汇出禁令	外汇	放宽限制	趋缓
	2010 年 6 月,阿尔巴尼亚将设立外国投资一站式服务机构	全行业	简化程序	趋缓
	2011 年 9 月,阿尔巴尼亚取消汽车进口关税,购买进口汽车只需交纳 20% 的增值税	汽车	免税	趋缓
	2011 年 9 月,阿部长会议讨论通过了“商人及商业公司法”修正案。根据该法案,阿国的股份制商业公司最低注册资本将由目前的 200 万列克(约合 2 万美元)提高至 350 万列克(约 3.5 万美元)	全行业	修订法律	趋紧
	2012 年 9 月,阿尔巴尼亚政府宣布“私人或企业可租用国有农业用地”	农业	放宽限制	趋缓
	2013 年 3 月,阿尔巴尼亚拟对农用机械设备进口免征增值税	农业	免税	趋缓
	2013 年 6 月,阿尔巴尼亚政府修改农用土地租赁程序,将农业用地划分为七大类并分别设定最低租金标准,成立由中央政府和地方政府代表组成的特别委员会审批租地申请	农业	修改法律	趋缓

续表

国家	重要监管事件	行业	方式	趋势
阿尔巴尼亚	2014年1月,阿尔巴尼亚将提高矿产采掘业投资准入门槛,有意投资阿矿业部门的企业在向阿许可证中心(QKL)申请相关许可前,需缴纳投资保证金、环境保证金等费用,费用约等于投资总额的10%	矿产	增加限制条件	趋紧
	2014年7月,阿尔巴尼亚议会审议通过了修订地方税体系的议案,修订了小企业税费规范	小企业	修订法律	趋缓
	2015年12月,阿尔巴尼亚政府已与地拉那里纳斯国际机场(特蕾莎修女机场)运营方达成协议,不久后将放开阿国际航线的特许经营权	航空	私有化	趋缓
	2016年4月,阿尔巴尼亚政府决定,将为涉及旅游业的项目提供高达50%的资金支持,并规定了项目建议书的条件和标准	旅游	国家扶持	趋缓
	2016年7月,阿尔巴尼亚政府将通过新的法律草案,对2008年到2011年12月31日期间所有企业的罚款、逾期申报处罚和其他税收及关税债务进行豁免	全行业	债务豁免	趋缓
爱沙尼亚	2008年3月,爱沙尼亚政府通过爱基础设施投资计划,主要用于铁路及公路改造、机场及港口建设等方面	基础设施	国家扶持	趋缓
	2009年9月,爱沙尼亚政府拟出售在爱沙电讯中的国有股份	电讯	私有化	趋缓
	2010年3月,爱沙尼亚土地管理局通过公开拍卖方式共卖出1581块土地,总面积1.67万公顷,现已入帐5.4亿克朗(约合3450万欧元)	土地	私有化	趋缓
	2013年6月,新修订的爱沙尼亚“外国人法”将简化聘用外国专家程序	全行业	修订法律	趋缓
	2013年10月,爱沙尼亚政府已于近日通过了增值税法修正案,其补充修订的主要内容有:自2014年起,增加免税商品(Tax Free)的确认方式,除现有的海关出具的纸质文件外,电子文件也可以作为所购买商品享受免税优惠的证明;自2015年1月1日起,改变有关电子通讯服务和以电子方式提供服务的征税地点的规定,将按照客户所在地原则进行征税;确定了自欧盟以外第三国邮寄入境的咖啡和茶叶的免税数量	全行业	修订法律	趋缓

续表

国家	重要监管事件	行业	方式	趋势
爱沙尼亚	2014 年 7 月,爱沙尼亚新员工登记法正式开始实行。该法实施后,企业员工登记过程大大简化,但该程序将由爱税务委员会强制执行,企业新员工必须在劳动局、卫生局等一系列国家机构注册后方可上岗	全行业	简化流程	趋缓
	2014 年 8 月,爱沙尼亚央行将商业银行存款准备金率提高了 2 个百分点,从 7% 提高到 9%	全行业	国家扶持	趋缓
	2015 年 5 月,爱沙尼亚通过养老金法案修正案,允许养老金投资于房地产、基础设施及贵金属,并且放开了养老金投资股市的限制,将养老金最高控股权由 10% 上调到 30%,并且允许养老金通过控股成为上市公司第一大股东	养老金投资	修订法律	趋缓
	2015 年 6 月,爱沙尼亚议会通过税法修正案,将进一步提高烟、酒、燃料消费税,降低劳动者应缴纳的“社会税”(养老、失业、医疗险的合称)税率,提高个税起征点,保留对企业利润用于再投资部分免征所得税的优惠政策	全行业	修订法律	趋紧
	2015 年 12 月,爱沙尼亚政府公布了 2016 ~ 2030 年油页岩行业发展规划,该规划将在国会批准后生效	油页岩行业	国家扶持	趋缓
	2016 年 4 月,爱沙尼亚政府通过决议,拨款近 300 万欧元,用于实施依达—维鲁省的就业补贴计划,宣布自 2016 年 5 月 1 日起至明年年底,凡在该地区年新招工人数超过 20 人的企业,均可享受国家给予的就业补贴:1 年内,每个新工人 50% 的工资由国家支付	招工企业	政府补贴	趋缓
立陶宛	2012 年 1 月 1 日开始,立陶宛执行税收新政策	全行业	税收收紧	趋紧
	2012 年 8 月,立陶宛对欧盟之外的第三国来立的旅客所携物品规定施行	全行业	放宽限度	趋缓
	2013 年 5 月,立陶宛决定进行新核电建设	核电	放宽限度	趋缓
	2013 年 5 月,立陶宛拟出台限制土地兼并的法律修正案	土地	修订法律	趋紧
	2014 年 12 月,立陶宛将在中国等国设立陶宛签证中心	全行业	放宽限度	趋缓
	2014 年 12 月,立陶宛即将启用欧元	全行业	放宽限度	趋缓
	2015 年 3 月,立陶宛政府批准取消移民局	全行业	放宽限度	趋缓

续表

国家	重要监管事件	行业	方式	趋势
立陶宛	2015年12月,立陶宛通过企业破产法修正案	全行业	修订法律	趋缓
	2016年3月,拉脱维亚与立陶宛加强铁路合作	铁路	政策扶持	趋缓
	2016年6月,伊朗和立陶宛签署经济合作蓝图	全行业	放宽限度	趋缓
拉脱维亚	2012年9月,拉脱维亚延长经济特区企业税收优惠	全行业	放宽限度	趋缓
	2012年10月,拉脱维亚拟通过增税提高农业土地使用效率	土地	税收收紧	趋紧
	2013年2月,拉脱维亚议会通过关于采用欧元的法案	全行业	放宽限度	趋缓
	2013年7月,拉脱维亚议会修订建筑法	建筑	收紧限度	趋紧
	2014年12月,拉脱维亚电力市场即将开放	电力	放宽限度	趋缓
	2014年12月,拉脱维亚议会批准劳动法修正案,修改了雇工合同、招聘广告、献血者休假、假期工资、新生儿父母的劳动和假期保障等法律条款,该修正案将于2015年1月1日生效	全行业	修订法律	趋缓
	2015年10月,由于拉脱维亚电力系统实现与北欧电网互联,拉脱维亚国家电力公司 Latvenergo 从2016年1月1日起将下调电价6%~8%,并且未来还将继续下调	全行业	政策扶持	趋缓
	2016年5月,拉脱维亚总统驳回移民法修正案	全行业	收紧限度	趋紧
	2016年5月,拉脱维亚加入经合组织	全行业	放宽限度	趋缓
乌克兰	2008年5月,乌克兰将允许国际金融机构从事本币证券交易	金融	放宽限度	趋缓
	2009年2月,乌克兰国有资产基金管理委员会发布命令,拟于当年3月对国有股份公司《乌克兰电信公司》进行私有化,将通过拍卖方式出售其67.79%的股份。此外,乌克兰国有资产基金管理委员会拟于2009年2月在资本市场上出售5个地方电力公司的国有股份	电力行业	私有化	趋缓
	2010年4月,乌克兰政府对一批前景看好的企业进行私有化,其中包括乌克兰国家电信公司、卢甘斯克热能公司以及数家热电厂等	电信、能源	私有化	趋缓
	2011年10月,乌克兰取消玉米和小麦出口关税	农业	取消关税	趋缓

续表

国家	重要监管事件	行业	方式	趋势
乌克兰	2011 年 11 月,乌克兰政府批准 2012 ~ 2015 年国家资产私有化计划	全行业	私有化	趋缓
	2012 年 11 月,乌克兰将全面禁止小麦出口	粮食	禁令	趋紧
	2013 年 8 月,乌克兰总统正式签署汽车回收税法案	汽车	增税	趋紧
	2013 年 10 月,乌克兰政府制定《乌克兰复兴开发银行法》草案,该行将为乌经济发展提供长期贷款	全行业	修订法律	趋缓
	2014 年 10 月,乌克兰内阁计划放开对社会食品的价格管制	社会食品	放宽限制	趋缓
	2014 年 11 月,乌克兰政府计划取消对进口节能产品税收优惠,开始征收增值税和进口关税	节能产品	增税	趋紧
	2014 年 11 月,乌克兰央行发布 685 号《关于修改〈乌克兰央行 540 号决议〉的决议》,自 11 月 3 日起取消 540 号决议规定的禁止对货物未入境的进口交易付款及禁止对货物已入境且办理清关手续超过 180 天的进口交易付款的规定	外汇市场	放宽限制	趋缓
	2015 年 7 月,乌克兰议会通过了税法修订案,免除头盔和防弹背心生产材料(纺织物)进口增值税	军备	减税	趋缓
	2015 年 7 月,乌克兰议会通过 2640 号“关于租金幅度的税法修正案”,决定在土地招租过程中可将租赁国有和公共土地的租金在现有基础上提高 12%	全行业	增税	趋紧
	2016 年 6 月,乌克兰总统签署该国议会在 6 月 2 日通过的第 4594 号《“乌克兰禁止私有化的国有企业名单”修正法案》,禁止对乌铁公共股份公司实施私有化	基础设施	禁令	趋紧
	2016 年 6 月,乌克兰议会通过法案降低二手汽车进口消费税	汽车行业	减税	趋缓
埃及	2013 年 7 月,埃及宣布免征 2 万 4000 埃镑的居民住宅税	全行业	税收优惠	趋缓
	2013 年 11 月,埃及不会对进口线螺征收防卫税	电线	税收优惠	趋缓
	2014 年 8 月,埃及修改不动产税法	全行业	修改法律	趋缓
	2014 年 12 月,埃及出台新措施,要求进口产品必须符合埃及标准	全行业	增加限制手段	趋紧

续表

国家	重要监管事件	行业	方式	趋势
埃及	2015年1月,埃及取消棉花补贴	农业	税收收紧	趋紧
	2015年7月,埃及投资部发布最新版本的审计标准	全行业	放宽限度	趋缓
	2016年3月,埃及下调钢铁企业天然气供应价格	钢铁	政策扶持	趋缓
	2016年5月,埃及将免除20%的原糖进口关税,直至2016年年末	农业	税收优惠	趋缓
亚洲国家				
日本	2008年6月,日本将对满足条件的海外投资者免除法人税	全行业	减税	趋缓
	2009年1月,日本政府为加大引资力度,决定对海外基金投资的税收制度进行修改。原则上取消对股份转让收益的征税,可适用的对象包括在日未设据点的现有基金投资,且特定投资者的出资比率不得超过25%	基金投资	减税	趋缓
	2010年6月,日本政府将采取外资优惠政策吸引海外资金在日投资和跨国企业落户日本。对新投资企业,将采取减免法人税、简化入境手续、给予大型项目补助金等措施;对已投资的企业在日新设研发机构也会采取相应的优惠政策	全行业	减税,简化程序	趋缓
	2011年1月,为吸引外资企业在日本设立亚洲地区总部和研发中心,日本提交一项名为《亚洲据点化推进法案》的新法案。法案基本框架包括税收优惠、手续简便化和提供补贴等三项措施组成。税收方面,将对满足一定条件的外资企业适用28.5%的法人税率;允许个人缓缴自外国母公司获得的新股认购期权应缴个人所得税款;减半征收专利相关费用等。手续简便化方面,对外国人工作的审查期限由1个月缩短至10天,同时修改《外汇法》关于新设立企业相关规定,简化认定手续。补贴方面,拨出25亿日元国家预算支持企业前期投资	全行业	修订法律	趋缓
	2012年2月,日本央行宣布设定1%的通货膨胀目标	全行业	放宽限度	趋缓
	2013年4月,日本央行实施超宽松货币政策	全行业	放宽限度	趋缓
	2014年4月,日本海外需求开拓支援机构(酷日本推进机构)确立了在今后5年将投资1500亿日元(约合人民币91.28亿元)的计划。在亚洲开拓市场的日本时尚企业和电影的海外语言译制片的制作企业等将成为投资对象	文化产业	国家扶助	趋缓

续表

国家	重要监管事件	行业	方式	趋势
日本	2014 年 8 月,日本央行决定继续维持之前的货币宽松举措	全行业	放宽限度	趋缓
	2015 年 12 月,日本国税厅根据《地理标志保护制度(GI)》,把日本酒指定为日本国家级别的地理标志产品	酒业	增加限制条件	趋紧
	2016 年 3 月,日本瑞穗银行与酷日本机构将在中东设立专用基金,推广日本的农产品及食品,扩大出口。日本农林中央金库与中东的政府基金等将共同出资 4 亿美元,在当地筹建农产品生产以食品流通网络	农业	国家扶助	趋缓
韩国	2008 年 2 月,韩国变更外商投资限制行业名称。将以前的 1121 种行业细分至 1145 种;并将外商投资限制行业从 28 个增加到 29 个。在外商投资限制行业中,现有的发电业被细分为核能发电业、火力发电业、水力发电业、其他发电业 4 种行业。核燃料加工业被细分为其他基础无机化学物质制造业和有色金属提炼、精炼及合金制造业 2 种行业	电力、核燃料	修订法律	趋紧
	2008 年 6 月,韩国修订《外汇交易规定》,取消投资海外房地产限额;提高企业海外资金合并管理限制限额	全行业	修订法律	趋缓
	2009 年 1 月,韩国公布《2009 年农林畜产品特别紧急关税措施》,韩政府拟自 2009 年起,对红参、绿豆等 29 种农产品实施特别紧急关税,适用期限为 1 年	农业	修订法律	趋紧
	2009 年 2 月,韩国通过了 2009 年外商投资促进措施。这些措施主要包括:一是以出让公共企业部分股份及经营权的方式吸引外商投资;二是对有利于促进经济增长或扩大就业的战略性投资项目进行集中管理;三是为挖掘有潜力的项目,政府将援助 36 亿韩元(约 1800 万元人民币)作为项目可行性调查经费;四是以欧盟、日本以及受金融危机影响较小的中东等地为重点,年内计划举办 150 场以上的海外投资说明会;五是改善外商投资环境,根据外商的意见反馈,3 月底前完成相关规定的修订和完善	全行业	修订法律	趋缓
	2010 年 1 月,韩国对绿豆、红豆等 25 种农产品实施特别紧急关税	农业	增收关税	趋紧

续表

国家	重要监管事件	行业	方式	趋势
韩国	2010年4月和10月初,韩国分别颁布了新修改的《外国人投资促进法》和《外国人投资促进法施行令》,并规定于2010年10月6日同时实施。前者修改的主要方向是鼓励和更加方便外商投资,后者主要是将服务业外商投资区指定制度具体化,并将外商投资最低金额由5000万韩元上调至1亿韩元	全行业	修订法律	趋缓
	2011年5月,为吸引外国人对罗先经济自由贸易区进行投资,韩国推出了"免3减2"、"免4减3"及"免5减3"等优惠政策	全行业	减税	趋缓
	2012年10月,韩国召开国务会议审议和议决进入海外企业重返国内支援法,根据该法规定,进入海外的韩国企业回到韩国时,韩政府将在购买土地、设备投资、工业园区、人力供应相关制度和行政程序方面提供各种支持	基础设施,工业,人力	修订法律	趋缓
	2013年10月,韩国关税厅22日发布"通过免税产业带动中小企业成长方案",鼓励中小企业投资免税店	全行业	税收优惠	趋缓
	2014年3月,韩国产业通商资源部宣布,将修改《对外贸易管理规定》,全面改变出口产品的原产地标注制度,推行"韩国加工"和"韩国组装"等新的标注制度,并从当年下半年起付诸实行	出口商品	修订法律	趋缓
	2015年6月,中韩签署中韩自贸协定,并于2015年12月正式生效实施,双方分别于2015年12月20日和2016年1月1日短期内实现了两次降税。其中韩方两次降税涉及全部税目93%的产品,50%的产品实现了零关税	全行业	减免关税	趋缓
	2015年11月,韩国与土库曼斯坦签署多项合作协议,包括土外经银行与韩国进出口银行合作的谅解备忘录;科技合作协议;避免双重征税和防止偷税漏税公约;土科学院与韩国和中亚国家友协谅解备忘录等	全行业	签订合作协议	趋缓
	2016年2月,韩国政府承诺将会为投资伊朗的韩国企业提供融资支持	工业、能源业	国家扶助	趋缓

续表

国家	重要监管事件	行业	方式	趋势
欧洲国家				
英国	2008 年 2 月,英国政府宣布将 Northern Rock 银行国有化。英国央行在对北岩银行的所有存款业务担保后,平息了客户大量提取存款的风波,出售计划失败后,决定进行国有化	金融	国有化	趋紧
	2009 年 1 月,英国政府拟推动皇家邮政部分私有化	邮政行业	私有化	趋缓
	2010 年 1 月,英国消费者通过网络购物或邮购从欧盟外购物的免税额度从单笔订单 120 镑提高至 135 镑,旅客从欧盟外携带入境个人物品的免税额度从 340 英镑提高至 390 镑。但此限额不包括烟酒,烟酒仍适用单独的限额	全行业	放宽限度	趋缓
	2011 年 11 月,英国政府公布最优先建设的基础设施项目,以吸引投资,促进英国经济增长。该批项目中包括高速公路 M1、M25 的改进工程、英国西线铁路的电气化工程、负责连接东、西伦敦价值 160 亿英镑的城市轨道交通项目、伯明翰新城站项目、Switch 岛连接线项目、英国北部的两个电厂项目、伦敦到曼城的高速铁路项目、价值 20 亿英镑的学校建设项目以及价值 5.3 亿英镑的信息高速公路项目等	基础设施	国家扶助	趋缓
	2012 年 12 月,英国为企业进行研发和创新提供的税收优惠,可能让英国成为注册发明创造和设计等专利的创新公司的避税港	全行业	税收优惠	趋缓
	2014 年 5 月,英国太阳能电站面临削减补贴	太阳能电站	削减补贴	趋紧
	2014 年 12 月,英国财政大臣奥斯本宣布,未来 5 年计划针对跨国公司征收逾 10 亿英镑的“转移利润税”	跨国公司	增税	趋紧
	2015 年 8 月,英国将实行“全球最严”银行监管规定,一旦发现银行从业人员存在不当金融行为,金融机构的首席执行官和董事会主席最高将被追缴过去 10 年的累积奖金,高级经理最高将被追缴 7 年奖金,中层和基层人员最高将被追缴 5 年奖金	银行业	加强监管	趋紧
	2015 年 8 月,英国政府启动苏格兰皇家银行私有化进程	银行业	私有化	趋缓
	2016 年 7 月,英国政府欲将企业所得税税率从 20% 降至 15%。英国将因此成为全球主要经济体中该税率最低的国家	全行业	减税	趋缓

续表

国家	重要监管事件	行业	方式	趋势
葡萄牙	2008年3月,葡萄牙的现行法律,无论投资来源于境内还是境外,均按20%进行源泉扣缴,但在某些情况下,本国纳税人可以选择逐步增加税率的方式缴纳	全行业	增税	趋紧
	2009年5月,葡萄牙政府打算收购该国的库赛科(Cosec)信用保险公司,直接干预出口信用保险市场,增加对企业出口信用保险,确保出口企业得到政府支持	保险行业	国家扶助	趋缓
	2010年7月,葡萄牙政府提供12.5亿欧元,用于中小企业发展,其中4.5亿专项用于出口企业	全行业	国家扶助	趋缓
	2011年8月,葡萄牙电信(PT),葡萄牙石油和天然气公司(GALP)和葡萄牙电力集团(EDP)讨论取消政府所持黄金股	电信,能源,电力	私有化	趋缓
	2011年11月,葡萄牙政府通过葡萄牙电力私有化招标细则	电力	修订法律	趋缓
	2012年12月,葡政府决定暂停葡萄牙航空公司(TAP)私有化项目	航空业	暂停私有化	趋紧
	2013年4月,葡萄牙政府决定取消维埃纳军用造船厂私有化项目	军工业	取消私有化	趋紧
	2013年5月,葡萄牙政府决定启动国有的储蓄总行(Caixa Geral deDepositos,简称CGD)保险业务私有化项目	保险业	私有化	趋缓
	2014年7月,葡萄牙政府决定出售在邮政公司所持有的31.5%股份,启动该公司第二阶段私有化进程	邮政业	私有化	趋缓
	2014年9月,葡萄牙部长委员会通过新的投资税收法,这是葡政府继企业所得税体制改革后另一项新的税收优惠政策,目的是加强对企业投资的支持力度	全行业	修订法律	趋缓
	2015年1月,葡萄牙政府计划在10月前开始通过国际公开招标方式,进行葡萄牙风险投资公司(Portugal Ventures)下属之“私募股权”业务部门私有化	风险投资业	私有化	趋缓
	2015年9月,葡萄牙央行决定宣布终止出售新银行项目程序,计划从今年年底起再重新启动全新的、规则更灵活的出售项目。不排除将银行分开出售的可能性	银行业	暂停私有化	趋紧

续表

国家	重要监管事件	行业	方式	趋势
葡萄牙	2016 年 1 月,葡萄牙政府向欧盟委员会正式提交《2016 年国家预算草案》,承诺将 2016 年财政赤字控制在 2.5%	餐饮业等	减税	趋缓
德国	2008 年 6 月,德国拟出台法律限制外国主权基金,对威胁国家安全或公共秩序的外国主权基金收购项目进行审核和行使否决权。该法将不预先设定重点行业,收购德国公司股份超过 25% 的项目都有可能接受审查主管部门将有权在投资完成后的 3 个月内取消该项交易。欧盟其他成员国的主权基金将不受该法律限制	全行业	增加审批程序	趋紧
	2009 年 4 月,德国政府正式启动对德房产抵押银行(HRE)的控股操作	金融行业	国有化	趋紧
	2009 年 8 月,欧委会批准德国政府为企业进行短期出口信贷担保	全行业	国家扶助	趋缓
	2012 年 8 月,德国政府考虑对德企出口核电设备及服务、参与国外核电站兴建项目提供金融担保	核电	国家扶持	趋缓
	2013 年 2 月,德国政界呼吁电网国有化	电力	国有化	趋紧
	2013 年 11 月,德国环境部公布文件宣布,从 2014 年初开始,德国民用电每度电价上涨 18%,并将废除正在实施的工业用电优惠政策,大部分工业企业均需缴纳清洁能源附加费	全行业	取消优惠政策	趋紧
	2014 年 8 月,德国经济部、内政部等联合推出《数字议程(2014 ~ 2017 年)》,计划推动工业数字化发展,支持云计算和大数据等技术研发,并实施资助新兴企业等措施	数字化行业	国家扶持	趋缓
	2015 年 7 月,德国政府在有关德国创业问题的公开回复信中作出决定,为促进德国创业氛围,将进一步制定法律,简化烦琐的“官僚程序”,如简化会计账册和记账制度,提高征税的营业额界限,以此为小型企业减负	全行业	简化审批程序	趋缓
	2015 年 12 月,德交通部长多布林特表示将收紧汽车审批规则,包括向 KBA 披露引擎软件、汽车制造商还必须定期轮换相关审计机构等	汽车行业	收紧审批流程	趋紧

续表

国家	重要监管事件	行业	方式	趋势
德国	2016 年 3 月,德国联邦经济部发布《数字化战略 2025》,计划到 2025 年德国将建成千兆光纤网络,为此政府将出资 100 亿欧元予以资助	数字化行业	国家扶持	趋缓
	2016 年 3 月,德国联邦政府通过房屋建设促进计划,该项计划包括提供建筑用地、税收优惠、简化建筑审批程序和为社会保障住房提供资金	建设行业	国家扶持	趋缓
	2016 年 5 月,德国牛奶行业陷入危机,德国政府拟出台补贴政策拿出 6000 万至 1 亿欧元的资金用作紧急援助	牛奶行业	国家补贴	趋缓
爱尔兰	2008 年 6 月,爱尔兰签署《欧盟跨境合并指令》,以促进外资进入爱尔兰并购爱尔兰企业	全行业	加入合约	趋缓
	2009 年 7 月,爱尔兰政府公布国有资产管理署立法草案,旨在收购爱尔兰各大银行的不良贷款	金融行业	修订法律	趋紧
	2010 年 12 月,爱尔兰政府向爱尔兰联合银行注资 37 亿欧元,注资后爱尔兰政府对该行的控股比例将由原先的 18.6% 升至 93%,使爱尔兰联合银行成为继盎格鲁爱尔兰银行(Anglo Irish Bank)、爱尔兰泛国建筑协会(Irish Nationwide Building Society)和 EBS 建筑协会(EBS Building Society)之后第四家被国有化的银行	金融	国有化	趋紧
	2011 年 4 月,爱尔兰财政部在一份名为《国有资产与债务审议》的报告中提出,政府可以通过出售部分国有资产以偿还部分债务	国有资产	出售	趋缓
	2012 年 12 月,爱尔兰政府拟考虑出售所持 Aer Lingus 航空公司 25% 股份	航空业	私有化	趋缓
	2013 年 4 月,爱尔兰司法和平等部出台《土地权属交易法》2013 改革法案,规定在贷款标的为无偿还能力的房屋贷款人主要私人居所或家庭居住地的情况,法庭可中止贷款人交出房屋的有关程序,而允许贷款人申请破产	全行业	修订法律	趋缓
	2013 年 7 月,爱尔兰房产税征收进入实施阶段	房地产行业	增税	趋紧
	2014 年 9 月,爱尔兰政府拟启动爱尔兰联合银行私有化进程	银行业	私有化	趋缓

续表

国家	重要监管事件	行业	方式	趋势
爱尔兰	2014 年 3 月,爱尔兰国家养老储备基金(NPRF)注资 68 亿欧元设立爱尔兰国家战略投资基金(ISIF)。该基金主要用于支持有利于爱经济增长和促进就业的工商业项目	全行业	国家资助	趋缓
	2014 年 9 月,爱尔兰政府拟宣布一项旨在帮助中小企业获得小额优惠贷款的新政策。该项新政策的最大特点是门槛低、覆盖面大。除色情、赌博和克隆研究等有争议行业以外的任何行业,只要雇员 10 人(含)以下且年营业额 200 万欧元以下的当地企业都有资格申请该项贷款	全行业	国家扶持	趋缓
	2014 年 10 月,爱尔兰央行拟限制住房按揭贷款额度,预防房地产市场泡沫	房地产行业	增加限制条件	趋紧
	2015 年 4 月,爱尔兰 40 亿欧元农村开发计划获欧盟批准,该计划资助的一系列项目包括绿色低碳农业环境计划(GLAS)、定点农业现代化计划(TAMS)、牛肉基因组计划、自然约束地区(ANC)以及农村发展行动联合计划(LEADER)	农业	国家资助	趋缓
	2015 年 9 月,爱尔兰将采取措施促使跨国公司披露纳税情况	全行业	加强监管	趋紧
	2015 年 11 月,爱尔兰政府宣布一系列措施稳定房租价格,抑制房租涨价过快。主要内容包括将涨价审查期从 1 年延长至 2 年、延长涨价提前告知期等	房地产行业	增加限制条件	趋紧
	2016 年 1 月,爱尔兰 2016 财年预算案宣布实施降低税负、增加福利等新政策,以推动国家经济继续保持复苏和增长势头	全行业	减税	趋缓
瑞典	2008 年 3 月,瑞典推迟 6 家国有大企业的私有化进程。鉴于近期的经济形势不够明朗,瑞典政府有可能将推迟包括 SBAB(瑞典住房信贷公司)和 Telia Sonera 在内的 6 家国有大、中型企业的私有化进程	金融、电信	私有化	趋缓

续表

国家	重要监管事件	行业	方式	趋势
瑞典	2009年1月,瑞典政府决定将加大针对气候变化的援外投入。瑞典政府决定将对高风险国家提供特别的支持	环境	国家扶助	趋缓
	2011年5月,瑞典出售国有电信公司Telia Sonera,但要求将网络部门划归独立国有公司管理	电信	私有化	趋缓
	2012年9月,瑞典政府计划出售其拥有的人力资源管理和培训公司Lernia,还计划在适当时机出售数家国有企业,包括Svensk Bilprovning(汽车修理公司)、Nordea(北欧银行)、SAS(北欧航空公司)和Svensk Exportkredit(出口信贷和融资企业)	汽车、金融、航空	私有化	趋缓
	2013年9月,瑞典政府计划实施第五轮减税,其中120亿克朗来自于所得税减征,30亿克朗来自于提高起征门槛	全行业	减税	趋缓
	2014年1月,瑞典部分与经济相关法律法规及修订案即将实施,主要变化包括:(1)瑞政府将实施新的增加就业抵减税收法案,瑞税收将减少约120亿克朗;(2)中年劳动者税赋降低,瑞税收将减少25亿克朗;(3)酒类消费税进一步提升,其中啤酒和葡萄酒税率增加7%,烈酒增加1%;(4)被混合添加到汽油和柴油的生物燃料将免征碳税,以鼓励环境友好型燃料技术转化;(5)瑞政府将建立补贴机制,受经济衰退因素影响,员工被迫减少工作时间和薪水减少等情况均可得到补助,相关经济损失将由政府、雇主和员工本人共担	增加就业类、酒类、能源类等行业	减税、国家补贴	趋缓
	2014年12月,瑞典进一步提高汽车二氧化碳排放税	全行业	增税	趋紧
	2015年3月,瑞典移民局颁布了瑞典紧缺职业工种招募外籍员工的新规定。一旦面试通过后,雇主可以立即为该员工申请工作签证,该员工无须离开瑞典等待签证,可立即在其工作岗位开始工作。该雇主申请工作签证的程序及要求与其他的移民工作签证一致	紧缺职业	放宽限制	趋缓

续表

国家	重要监管事件	行业	方式	趋势
瑞典	2015 年 5 月,瑞海洋和水资源管理署日前颁布新规定,任何人员如想在西海岸特定区域捕捞北极虾,均须事先获得许可。而希望获得许可的人员都须参加关于介绍该规定及特定海域价值和保护意义的培训课程	捕虾行业	增加许可	趋紧
	2016 年 4 月,瑞典政府拟对含危险化学品的日用消费品新增赋税	日用消费品	增税	趋紧
	2016 年 4 月,瑞典新预算案或对银行业增税	银行业	增税	趋紧
非洲国家				
加纳	2008 年 3 月,加纳对一揽子商业法律进行了修订,如《公司法》《加纳银行法》《竞争法》等,旨在应对全球商业竞争,减少影响私营部门发展的“瓶颈”	全行业	修改法律	趋缓
	2008 年 5 月,加纳修改和调整《投资法》,新修订的投资法将明确外国企业和本国企业从事石油资源勘探、开发、分配及市场销售等方面	石油	修改法律	趋缓
	2009 年 7 月,加纳取消原木、锯木进口税收	林业	取消税收	趋缓
	2009 年 7 月,加纳拟出台法律禁止高油耗汽车进口	汽车	禁令	趋紧
	2010 年 1 月,加纳禁止进口破坏臭氧层的化学物质及含有该类物质的产品和设备。这些物质和设备包括:碳氟化合物、卤代烷、四氯化碳等	化学物质	禁令	趋紧
	2011 年 5 月,加纳在黄金开采和销售方面的相关规定:一是 25 英亩以下的金矿仅限于加纳本国人开采,外国人只能投资开采 25 英亩以上的金矿;二是河堤 100 米范围以内不允许外国人挖金;三是加纳所有的黄金出口必须通过加纳国营的稀有金属销售公司(Precious Metal Marketing Company,PMMC)	黄金	增加限制手段	趋紧
	2012 年 2 月,加纳出台禁止外国公民在加纳从事零售业的规定,表示将给从事零售业的外国公民 4 个月的宽限期,此后将予以严厉打击	零售业	禁令	趋紧
	2014 年 8 月,加纳银行开始放松外汇管制,公布新一轮外汇管制措施	全行业	实施新政	趋缓

续表

国家	重要监管事件	行业	方式	趋势
加纳	2014年11月,加纳标准局对规定进口产品实施"产品合格认定计划"。所有要出口到加纳的"产品合格认定计划"中的规定产品自2014年10月1日起须配有合格证。没有合格证的,将由加纳标准局处以30%的罚金	全行业	增加限制手段	趋缓
	2015年11月,加纳议会通过矿业法修正案,外国人在加纳非法采金最高可判20年徒刑	矿业	修改法律	趋紧
	2016年3月,加纳贸工部长签发声明,加纳将限制每年水泥进口量,并要求水泥进口商自3月31日起至贸工部进行登记	建筑业	限制进口	趋紧
塞拉利昂	2008年3月,塞拉利昂颁布《2008塞拉利昂民航法》,鼓励私营企业积极参与民航领域的发展	民航	修改法律	趋缓
	2009年1月,塞拉利昂颁布《塞拉利昂投资与出口促进机构法》,促进塞拉利昂投资和出口活动	全行业	修改法律	趋缓
	2009年1月,塞拉利昂解除橡胶出口禁令	农业	取消禁令	趋缓
	2010年1月,塞拉利昂颁布《2010年金融法案》(The Finance Act,2010),于2010年1月1日起开始征收货物和服务税,进口及国内销售税税率为15%	全行业	修改法律	趋紧
	2011年12月,来自澳大利亚的Seacorp公司获全权负责该公司在塞拉利昂开发的唐克里里矿山生产的铁矿石海运出口业务	铁矿	放宽限度	趋缓
	2012年1月,塞拉利昂通信部宣布海底光缆公司将私有化。目前,海底光缆公司暂由塞政府全资持有。根据世行要求,塞政府将向私人投资者出售SALCAB至少50%的股份,以竞争性市场价格向塞全国民众提供国际互联网接入服务	通信行业	私有化	趋缓
	2012年2月,塞拉利昂通信部宣布海底光缆公司将私有化	通信	私有化	趋缓
	2013年2月,塞拉利昂贸工部发布公告,凡通过隆吉国际机场及各陆路口岸入境进口货物,均需按离岸价(F. O. B)的1%缴纳进口货物检验费	全行业	增加税费	趋紧
	2013年11月,塞拉利昂中央银行加强外汇管制,禁止从外汇账户自由提取外汇	全行业	增加限制手段	趋紧
	2014年1月,塞拉利昂中央银行加强外汇管制,不允许客户从美元账户提取美元现金	金融	外汇管制	趋紧

续表

国家	重要监管事件	行业	方式	趋势
塞拉利昂	2015 年 7 月,塞拉利昂环保局联合塞国税局发布公告,将对所有 2015 年 7 月 1 日以后进口到塞拉利昂的制冷设备采取许可证限制措施	通暖行业	增加限制手段	趋紧
	2015 年 10 月,塞拉利昂全国矿业委员会与本地成分局联合推动实施本地成分政策。该政策旨在通过加强外国直接投资与本地商业之间的联系,让外资企业的技术、知识和发展能力产生溢出效应,造福塞拉利昂本土经济	矿业	实施新政	趋缓
	2016 年 1 月,塞拉利昂政府取消了木材出口禁令,允许木材经粗加工后出口到国外。本次出口许可为期 6 个月	林业	取消禁令	趋缓
	2016 年 3 月,塞拉利昂为投资者提供税收优惠政策支持。如对投资者而言,如果新项目一次性投资 1000 万美元以上或对已投资项目增资 500 万美元以上,即可获得免除任何进口设备所有税收的优惠待遇	全行业	税收优惠	趋缓
赞比亚	2008 年 4 月,赞比亚将限制外国人拥有小型矿山采矿权。赞比亚公民和企业可以自由与国外投资者结成联营体申请采矿权,条件是国外投资者股权不得超过 49%	矿产	增加限制手段	趋紧
	2009 年 2 月,赞比亚财政预算提出额外投资优惠措施:(1)对特定行业提供税收优惠措施;(2)对于编码为 2710.19.20 的重质燃油,消费税从 30% 降低到 15%	工业、能源	减税	趋缓
	2010 年 7 月,赞比亚政府决定严格管理土地获得、分配和开发	土地	增加限制手段	趋紧
	2011 年 11 月,赞比亚政府将向社会公众出售政府所有的三家媒体各 35% 的股份	媒体	私有化	趋缓
	2012 年 5 月,赞比亚政府颁布玉米麸和麦麸出口禁令,并取消此前已经颁发的出口许可	农业	禁令	趋紧
	2012 年 8 月,赞比亚政府将把玉米出口审批权收归中央政府,规范和控制出口,确保本国粮食安全	农业	增加审批程序	趋紧
	2013 年 4 月,赞比亚颁布中央银行法案。该法案将赋予赞比亚中央银行监管投资者国内外资金流动的权力,减少非法资金外逃	全行业	颁布法律	趋紧
	2013 年 4 月,赞比亚政府禁止未经本地拍卖的祖母绿矿石出口,以提升采矿业的透明度	矿业	增加限制手段	趋紧

续表

国家	重要监管事件	行业	方式	趋势
赞比亚	2013年12月,赞比亚政府宣布立即停止所有传统土地买卖登记,并将尽快开展土地普查,收回非法出售的传统土地	土地	禁令	趋紧
	2014年3月,赞比亚取消禁止外币交易和进行外汇监管两项法案	全行业	减少限制措施	趋缓
	2015年1月,赞比亚国家建筑业委员会已调整工程承包企业注册制度,只有本土工程承包企业可注册六级到三级资质,外国工程承包企业只允许注册二级和一级资质	建筑业	增加限制手段	趋紧
	2015年2月,赞比亚修改增值税法第18条有关企业出口退税条款,放松对企业出口退税条件的要求,确保矿业企业乃至所有出口企业不再因此项制度而影响现金流和正常运营	矿业	修改法律	趋缓
	2015年6月,赞比亚下调矿业税	矿业	减税	趋缓
	2015年11月,赞比亚提出紧缩财政、稳定货币和创造就业等一揽子经济复苏计划,并决定不再维持现有的燃油和电力补贴,同时将停止签订新的基础设施建设合同	全行业	实施新政	趋紧
博茨瓦纳	2008年6月,博茨瓦纳实施新的贸易和工业法规,对服务业予以限制,只允许本国国民参与	服务业	增加限制手段	趋紧
	2009年4月,博茨瓦纳《进口检验标准条例》正式实施,该条例规定在进口附录名单中的产品时,必须事先申请并获取检验合格证,否则不予进口	全行业	增加限制手段	趋紧
	2010年3月,博茨瓦纳土地住房部长在议会做2010~2011年本部预算报告时表示,政府将制定措施,禁止本国公民向非本国公民出让其主要住所土地,政府考虑通过《土地控制法》控制部落土地与国有土地的转让,如同转让“自由执有”土地(私有土地)一样,在转让部落与国有土地前必须事先依法得到部长同意	土地	修订法律	趋紧
	2011年3月,博茨瓦纳决定无限期中止向欧盟出口牛肉	农业	禁令	趋紧
	2012年8月,博茨瓦纳交通与信息部宣布,博茨瓦纳电信公司(BTC)将在2年内拆分为2家公司,从而完成私有化	电信行业	私有化	趋缓

续表

国家	重要监管事件	行业	方式	趋势
博茨瓦纳	2013 年 5 月,博茨瓦纳标准局公布修订后的《进口检验标准条例》。条例更新后,强制要求符合博茨瓦纳标准的产品增加到 6 大类共 45 种	全行业	修改法律	趋紧
	2014 年 8 月,博茨瓦纳议会通过工业发展政策法案。该政策法案规定了奖励刺激手段,具体包括免费工业用地或工业用地补贴、税收减免、设厂奖励、行业保留政策以及进口补贴支持项目等	全行业	颁布法律	趋缓
	2015 年 4 月,博茨瓦纳贸易与工业部官方网站发布公告,决定于 2015 年 6 月 1 日起,对预包装食盐进口实施限制措施,禁止进口 500 克及 1 公斤的预包装食盐,且单次进口食盐不得低于 100 公斤	食品	增加限制手段	趋紧
	2015 年 5 月,博茨瓦纳暂缓征收铜矿资源税 1 年	矿业	免税	趋缓
	2015 年 6 月,博兹瓦纳议会批准通过 WTO《贸易便利化协定》	全行业	实施新政	趋缓
尼日利亚	2008 年 2 月,尼日利亚联邦政府同意与外国石油公司共同投资 150 亿美元用于 2008 年石油开发。目前,尼政府在尼日利亚壳牌、埃克森—美孚、雪佛龙、道达尔和阿吉普石油公司分别拥有 60% 的股份	石油	放宽限度	趋缓
	2008 年 2 月,尼日利亚将对 Skypower 航空地勤公司(SAHCOL)进行私有化,该公司是尼唯一的专业航空地勤公司,为 100% 政府所有的公司	航空	放宽限度	趋缓
	2008 年 3 月,尼日利亚政府计划重新制订其农业政策以吸引外国投资者	农业	修订法律	趋缓
	2008 年 6 月,尼日利亚中央银行列举国外投资者投资尼银行业条件,其最低资本金不能低于 250 亿奈拉(约折合 15 亿人民币)。任何国外个人或机构投资者都可以投资于尼现有银行,但单个国外投资人持股数量不能高于持股数量最高的单个尼国股东;国外投资人总持股比例不高于 10% 的规定继续有效,如国外资本在尼现有银行中持股已超过 10%,可以维持现状,但不许超过现有水平;如果国外银行欲并购或重组尼国银行,该国外银行应至少在尼运营 5 年以上,并在除联邦首都区之外的 2/3 州拥有分支机构,并购或重组之后,国外资本占股不得超过 40%	金融	放宽限度	趋缓

续表

国家	重要监管事件	行业	方式	趋势
尼日利亚	2009 年 1 月,尼日利亚标准局签发一份声明,要求尼摩托车头盔的进口商和销售商必须保证其进口和销售的摩托车头盔符合尼日利亚工业标准(NIS)68:1975,进口和销售的样品须提交标准局检测和登记。进口和销售不合格头盔的尼商将会受到法律的严惩	工业	增加限制手段	趋紧
	2010 年 9 月,尼日利亚国家电网所有权将继续归政府拥有,但具体管理工作将交由外国公司负责。目前,加拿大马尼托巴水电公司(Manitoba Hydro)、印度电网公司(Power Grid)和爱尔兰电力供应公司(Electricity Supply Board)为尼国家电网私有化管理项目的三家最终竞标单位	电力	放宽限度	趋缓
	2011 年 2 月,尼日利亚对电力行业实行私有化,目前正在出售尼国家电力公司(PHCN)旗下的发电公司和输送电公司	电力行业	私有化	趋缓
	2011 年 12 月,尼日利亚政府采取系列改革措施,主要有推动非石油行业经济多元化,实施经济改革日程确保宏观经济稳定,推行港口、海关部门及电力、交通基础设施等行业结构性改革,放宽石油行业管制等。据悉,尼政府目前正对国家工业政策进行审查,以吸引投资者在尼投资设厂	工业	放宽限度	趋缓
	2012 年 6 月,尼日利亚联邦政府计划对公交系统实施私有化。尼日利亚政府将专门制订公交私有化政策框架和实施计划,设立专门工作机制,并对私有化提供金融支持,这些资金将主要来自非洲发展银行、伊斯兰银行和世界银行等国际金融机构	运输行业	私有化	趋缓
	2012 年 7 月,尼日利亚联邦政府为鼓励使用本国生产的木薯加工面粉,将从 7 月 1 日调整部分粮食进口关税:小麦进口税率将由 5% 增加至 20%;糙米的进口税率从 5% 提高到 30%;大米的进口税率从 40% 提高到 50%	农业	增加关税	趋紧
	2012 年 7 月,尼日利亚联邦政府将推行进口禁令,禁止进口尼日利亚本地能生产的商品,尤其是尼日利亚拥有比较竞争优势的产品,以提高尼日利亚当地工业生产能力,创造更多就业	全行业	禁令	趋紧

续表

国家	重要监管事件	行业	方式	趋势
尼日利亚	2012年10月,尼日利亚为鼓励投资者积极参与尼道路、电厂、自来水厂等基础设施的发展,考虑采取一项临时救济措施,拟对相关基础设施投资者给予最高30%的税收抵免	基础设施	税收优惠	趋缓
	2014年11月,为了吸引更多外国投资者,尼日利亚政府批准向真实的投资者发放5年期签证。此前,外国人在尼工作签证期限通常为1~12个月不等,需要不断续签,给在尼外国企业带来极大的不便	全行业	实施新政	趋缓
	2015年6月,尼日利亚正式实施《西共体统一对外税则(2015~2019年)》和《2015年财政政策措施》,旨在提高尼日利亚进出口贸易便利化水平	全行业	实施新政	趋缓
	2015年6月,尼日利亚央行宣布禁止40类商品和服务的进口购汇业务	全行业	禁令	趋紧
	2015年8月,尼日利亚央行发布公告停止境内商业银行外币现金存款业务	全行业	禁令	趋紧
	2016年5月,尼日利亚央行开始执行灵活的外汇政策,银行间奈拉对美元汇率跌至285。尼政府自2015年3月起,奈拉与美元的官方汇率即紧盯在197~199区间,迄今为止保持不变。为保障尼政府正在推进的特定行业发展,涉及此类行业部门的用汇需求,银行间仍可使用197~199官方汇率向企业售汇	金融	实施新政	趋缓
莫桑比克	2008年2月,莫桑比克完善外国投资法,吸引更多投资。莫政府将特别在农业、旅游和矿产资源开发方面,提供有吸引力的财政激励政策,简化投资程序	农业、矿产资源	修改法律	趋缓
	2008年3月,莫桑比克推动矿业投资。莫总统格布扎已经批准了一个逐步吸引开发莫矿业资源投资计划,投资者可进入莫并运营多种矿业资源,包括煤、基础金属、铀、钛金和铜等	矿业	放宽限度	趋缓
	2009年3月,莫桑比克内阁会议决定,废止Imopetro公司燃油进口业务特许证、彻底结束其垄断行为。此前,该公司拥有多种燃料分配权,是莫桑比克唯一允许大量进口油品的公司	能源	放宽限度	趋缓
	2011年4月,莫桑比克政府计划出售10家国有企业股份。面临出售股份的公司有:莫桑比克地图公司、楠普拉棉花公司、公路与桥梁建设公司、设备租赁公司、依尼亚索诺酒店、莫桑比克螺钉厂、马波尔橡胶厂、里奥佩里纺织公司等	全行业	私有化	趋缓

续表

国家	重要监管事件	行业	方式	趋势
莫桑比克	2011年11月,莫桑比克召开水产投资国际会议。为加快渔业领域发展,莫桑比克政府实施优惠的税收政策,在发展快速地区可享受“K”类产品的优惠政策,包括相关设备免除关税及增值税等,同时在2015年之前,可享受营业额减免80%税率的优惠;2016~2025年可享受营业额税减免50%的优惠政策	渔业	税收优惠	趋缓
	2012年2月,莫桑比克内阁审批《矿产法》修订草案。根据该草案,在莫获得矿产牌照需要7~15年的时间,启动开采活动则从原来24个月缩短为12个月。在获得环境许可证、矿产使用权和土地使用证后两年内必须投产。与此同时,采矿许可证只能颁发给莫桑比克公民	矿业	修订法律	趋紧
	2014年8月,莫桑比克议会批准通过了石油和天然气法修订案。修订案主要包括:莫桑比克石油天然气公司(ENH)为莫政府的唯一代表,负责莫石油和天然气及其衍生物的生产、液化、运输和销售,参与所有项目的运营。任何有意愿参与莫石油天然气资源开发的投资者必须与ENH合作;莫石油和天然气开采量的至少25%用于国内市场,ENH负责这部分份额的管理;公司必须雇用并培训莫桑比克员工,保证他们参与运营等	矿业	修订法律	趋紧
	2015年8月,莫桑比克拟对一些进口产品(如大米、豆类、肉类和鸡蛋)征收附加费,以促进国内生产、销售和加工	农业	增加税费	趋紧
	2015年8月,莫桑比克提高进口糖的基准价格,以保护国内糖业不受进口糖“无节制地从邻国涌入”的影响	食品	实施新政	趋紧
南非	2012年2月,南非决定将从2013年开始向排污企业征收“碳税”	全行业	税收收紧	趋紧
	2012年10月,南非开征轮胎税	橡胶	税收收紧	趋紧
	2013年5月22日,南非贸易工业部公布修订根据1973年的《贸易计量法案》,由1977年11月18日的政府R2362公布的,经修订的贸易计量法规,规定自动轨道衡的新技术要求	轨道	收紧限度	趋紧
	2013年9月,南非将再度修改备受争议的矿业法案	矿业	收紧限度	趋紧

续表

国家	重要监管事件	行业	方式	趋势
南非	2014 年 3 月,南非将提高进口白糖关税	农业	税收收紧	趋紧
	2014 年 8 月,南非正收紧进口管制	全行业	收紧限度	趋紧
	2015 年 4 月 16 日,南非能源部宣布第四轮可再生能源电力独立生产采购计划招投标工作已经完成	能源	政策扶持	趋缓
	2015 年 11 月,南非政府部门投入 100 亿兰特改善南非国家电力公司资产负债状况	电力	政策扶持	趋缓
	2016 年 3 月,美国总统奥巴马称南非可以继续享有《非洲增长与机遇法案》(Agoa)项下待遇,将农产品以零关税出口至美国	农业	税收优惠	趋缓
	2016 年 6 月,南非即将进口波兰鸡肉	畜牧业	放宽限度	趋缓
肯尼亚	2012 年 1 月,肯尼亚政府对茶叶加征关税	茶叶	税收收紧	趋紧
	2012 年 2 月,肯尼亚政府对进口二手服装征用的税收从以前的 110 万先令/集装箱增长到目前的 190 万先令/集装箱	服装	税收收紧	趋紧
	2013 年 1 月,肯尼亚对其电价政策作出重大修订	电力	放宽限度	趋缓
	2013 年 12 月,肯尼亚修订资本市场法,新法赋予内罗毕股票交易所较大的自主管理权	资本	放宽限度	趋缓
	2014 年 7 月,肯尼亚增加自乌干达进口电力	电力	放宽限度	趋缓
	2014 年 12 月,肯尼亚鼓励种植特殊茶叶	农业	政策扶持	趋缓
	2015 年 1 月,由日本国际协力机构与肯尼亚地方政府合作推动的“农村经济发展计划”启动	农业	政策扶持	趋缓
	2015 年 7 月,肯尼亚废除外资所有权限制	全行业	放宽限度	趋缓
	2016 年 1 月,肯尼亚旅游部颁发《旅游税收法令 2015》,取代之前的《餐饮培训及旅游发展税收法令》,规定所有旅游部门统一收取 2% 的税	制定法律	税收优惠	趋缓
	2016 年 7 月,因供应难以满足需求,肯尼亚计划从坦桑尼亚进口玉米	农业	放宽限度	趋缓
坦桑尼亚	2012 年 2 月 1 日起实施产品符合性认证 COC,英文名称 Certificate of Conformity,属于装船前检验。所有在坦桑尼亚管制目录列表的产品都需要在发货前申请 COC,否则无法在目的港清关	全行业	收紧限度	趋紧
	2012 年 9 月,坦桑尼亚计划修改天然气钻井协议	油气	收紧限度	趋紧
	2013 年 3 月,坦桑尼亚央行出手干预外汇市场	全行业	放宽限度	趋缓

续表

国家	重要监管事件	行业	方式	趋势
坦桑尼亚	2014年5月,坦桑尼亚大型工业计划出炉	全行业	放宽限度	趋缓
	2015年8月,坦桑尼亚工贸部发布了新的营业执照法案。与之前不同的是,新法案规定任何人或组织申请或更新营业执照,都必须提供由坦税务部门出具的完税证明	全行业	收紧限度	趋紧
	2016年1月,坦桑尼亚政府大力支持工业化进程,特别欢迎和鼓励外商对加工和制造业投资	全行业	放宽限度	趋缓
	2016年6月,坦桑尼亚政府禁止出口活体动物	出口	收紧限度	趋紧
美洲及大洋洲国家				
美国	2008年4月,美国财政部制定新规定核查外国投资者军方背景,对打算收购美国敏感资产的外国投资者须向“外国投资委员会”提交该公司及其母公司所有董事会成员、高管和持有公司5%以上股份的股东的详细个人信息,包括身份证和护照号码、在政府部门或者军队服务的时间与性质等	敏感资产	增加审批程序	趋紧
	2009年4月,美国消费品安全委员会决定暂缓一年执行有关要求制造商和进口商对被规范的产品进行检测和认证的规定	全行业	放宽限度	趋缓
	2012年3月,美国宣布成立出口执法协调中心(Export Enforcement Coordination Center,简称E2C2)和信息处理部门(Information Triage Unit),以提高美国出口管制管理水平	全行业	加强管制	趋紧
	2013年5月,美国参议院投票通过法案允许征收网络销售税	互联网	征税	趋紧
	2014年5月,美国商务部长宣布“国家出口倡议”新目标:帮助企业寻求海外客户;帮助企业提高货运效率;对企业融资提供协助;帮助社区将发展贸易、吸引投资融入未来发展计划;在帮助企业拓展海外市场的同时,确保公平竞争的环境	全部	鼓励出口	趋缓
	2014年9月,美国动植物卫生检疫局宣布将批准中国5种柑橘类水果进口	食品	放松准入	趋缓
	2014年11月,美国宣布执行更严格的臭氧排放新规	环境	加强管制	趋紧

续表

国家	重要监管事件	行业	方式	趋势
美国	2015 年 3 月,美国总统奥巴马宣布成立出口执法协调中心和信息处理部门,以提高美国出口管制管理水平	全部行业	加强管制	趋紧
	2016 年美国能源署(EIA)在 3 月 8 日发布的报告中下调了 2016 年西德克萨斯中质原油价格和美国原油产量前景预测	能源	降低价格	趋缓
	2016 年 3 月,美国商务部对进口自中国等七个国家的冷轧钢征收初步反倾销税。针对中国钢铁生产商的关税税率为 265.79%	钢铁	征收反倾销税	趋紧
委内瑞拉	2008 年 5 月,委内瑞拉对钢铁公司实施国有化,包括奥里诺科钢铁公司	钢铁	国有化	趋紧
	2008 年 6 月,委内瑞拉对水泥公司实施国有化,包括墨西哥水泥公司、法国拉法基水泥公司和瑞士豪西盟水泥公司	水泥	国有化	趋紧
	2009 年 5 月,委内瑞拉政府与西班牙桑坦德集团签署协议,正式收购该集团控股的委内瑞拉银行	金融	国有化	趋紧
	2009 年 7 月,委内瑞拉政府宣布将 5 家钢铁企业收归国有,这些企业分别是:卡罗尼 Venprecar 公司、瓜亚那钢铁公司(Comsigua)、奥里诺科钢铁公司、钢铁原料公司(Matesi)及委内瑞拉钢管公司(Tavsa)	钢铁	国有化	趋紧
	2010 年 10 月,委内瑞拉最大的私营润滑剂生产企业 VENOCO 公司和最大的氮肥生产合资企业 FERTINITRO 公司收归国有	工业和农业	国有化	趋紧
	2011 年 1 月,委内瑞拉政府取消了双轨制汇率,统一为 1 美元兑 4.3 玻利瓦尔,预计原先按 1:2.6 优惠汇率进口的商品将会受到不同程度的影响	以优惠汇率进口的商品	取消优惠政策	趋紧
	2012 年 8 月,委内瑞拉决定将原优先进口产品关税清单中的 66 个产品品种调整到在申请外汇时须向外管局提供《本国无生产证明》的第 2 类进口产品关税清单中,其中包括医药用品和新闻纸。如此,一些药品和医疗耗材的进口将更加困难	医疗	增加限制手段	趋紧
	2014 年 9 月,委内瑞拉开始审核进口食品和原材料的公司,从事进口业务的公司须提交进口许可、意向函或无生产活动证明	食品业	增加显示手段	趋紧

续表

国家	重要监管事件	行业	方式	趋势
委内瑞拉	2014年10月,委内瑞拉准备提高电子商务税收	电子商务	增税	趋紧
	2014年10月,委内瑞拉政府放松车辆进口政策,规定允许个人和企业使用个人外汇以非商业性目的进口汽车,临时免除进口许可证	汽车	放松进口政策	趋缓
	2015年9月,委内瑞拉对46种进口食品免征关税	食品	免税	趋缓
哥斯达黎加	2008年4月,哥斯达黎加解除自2002年开始实施的有关禁止在该国进行矿产资源勘探开采的法令	矿产	解除禁令	趋缓
	2010年6月,哥斯达黎加政府鼓励外国投资的措施主要是《自贸区法》及其修正案,根据这些法律法规,在自贸区从事加工、制造、生产、改造、维修、出口服务等行业的外国投资企业可以享受优惠措施,包括进口原材料、零配件免税,减免租赁税,增值税等	全行业	修订法律	趋缓
	2011年6月,哥斯达黎加政府为在哥斯达黎加企业人员或有意在哥斯达黎加投资的投资商,企业执行官、代表、经理、高级技工及其近亲提供临时签证	投资	国家扶助	趋缓
	2012年4月,哥斯达黎加征收卷烟税	烟草	征税	趋紧
	2014年3月,哥斯达黎加央行公布,基准存款利率下调,由上周的6.5%下调至6.45%,降至2008年以来的最低水平	金融	降低利率	趋紧
	2014年6月,哥斯达黎加中央银行每天均抛售美元以保持汇率稳定,累计达7890万美元	金融	稳定汇率	趋紧
	2014年7月,据哥斯达黎加公共服务监管局(ARESEP)发布的消息,哥斯达黎加近日将下调汽油和柴油价格	能源	降价	趋缓
	2015年3月,哥斯达黎加公共物价管理局宣布,2015年4月起民用和工业用电价将相应下调11%~16%不等	能源	降价	趋缓
	2015年3月,哥斯达黎加公共物价管理局将于当年4月起年内第二次调高油价	能源	提价	趋紧
墨西哥	2008年4月,墨西哥提出《能源改革方案》,规定本国公司与外国公司和私营公司进行合作,以获得尖端技术和精良设备	能源	修改法律	趋缓
	2009年2月,墨西哥银行(央行)开始以直接出售美元的方式对外汇市场进行干预	金融	增加限制手段	趋紧

续表

国家	重要监管事件	行业	方式	趋势
墨西哥	2010 年 2 月,墨西哥政府开放 25 万吨蔗糖进口配额至 2010 年 5 月 20 日,将原 338 ~ 360 美元/吨的关税降至 13.8 ~ 36.6 美元/吨的优惠关税	农业	放宽限度	趋缓
	2010 年 2 月,墨西哥在实行降低关税的同时将简化非关税的手续。墨西哥经济部承诺将平均关税水平降到 5.3%,并将于 2013 年年底之前实现全面降税,使 58% 的进口产品实现零关税。同时,对进口产品的非关税限制,为进出口贸易创造更便利化的条件	全行业	减税	趋缓
	2011 年 12 月,由墨西哥联邦政府从 2009 年 1 月开始单方面减免税进程,200 多类别的商品将取消关税;工业进口的关税从 4.7% 降至 4.3%,其中钢材和钢材制成品进口关税减免程度最大	工业制成品	减税	趋缓
	2012 年 12 月,墨西哥单方面决定减免 480 种产品进口税(其中包括 165 种工业产品和 315 种农产品),工业产品和农产品将减税进入墨西哥,而无须以其他条件作为交换	工业产品和农产品	减税	趋缓
	2013 年,墨西哥开始对垃圾食品和含糖饮料征收特别税	食品	征税	趋紧
	2014 年 1 月,墨西哥开始对含糖饮料额外征税 10%,对非必须高卡路里食物征税 8%	食品	征税	趋紧
	2014 年 6 月,墨西哥中央银行发布的货币政策报告中宣布,将参考利率由 3.5% 降至 3%,利率水平达历史新低	金融	降低利率	趋缓
	2014 年 12 月,墨西哥暂停制成品进口降税进程。2013 ~ 2018 年内,将暂停削减 80 个税号的纺织品关税,这些税号项下产品的进口关税将维持在 25% 的水平	制成品	减小降税幅度	趋紧
	2015 年 7 月,墨西哥开始对快餐征收 16% 的增值税	餐饮业	增税	趋紧
	2015 年 10 月,墨西哥《2016 年财政收入法》禁止联邦电力委员会借外债	金融	禁令	趋紧
	2016 年 7 月,墨西哥经济部发布公告,对原产自中国的冷轧含硼合金钢板(硼含量≥0.0008%)征收反倾销税	钢铁	征税	趋紧

续表

国家	重要监管事件	行业	方式	趋势
厄瓜多尔	2008年4月,厄瓜多尔政府通过发布法令收回80%未被开发矿产的特许经营权	矿产	禁令	趋紧
	2008年5月,厄瓜多尔政府希望全盘收购该国私营石油公司	石油	国有化	趋紧
	2009年1月,厄瓜多尔外贸投资委员会(COMEXI)采取措施限制部分产品进口。被列为限制的进口产品有325种,分为配额控制产品、征收500%禁止性关税产品和禁止进口产品三类。(1)被禁止进口的产品大类有糖果、面包和糕点类产品、酒精饮料、纺织品、香水、化妆品、玩具、眼镜、运动鞋等16种汽车配件(CKD)。(2)另有144种产品被列为进口配额管制,主要有家用电器、美发用品(洗发液、染发液、发胶等)、轮胎、生、熟食品、扁豆、三轮车、单脚滑行车及34种其他汽车零配件等。具体配额数量将依据2008年进口数量最后敲定。(3)被征收500%关税产品则为膨化或烤制粮食产品,同时,包括苹果、土豆等	全行业	增加限制手段	趋紧
	2010年12月,厄瓜多尔公布了生产、贸易和投资组织法。厄政府给予新的投资一些优惠,主要有:(1)对新的投资者前三年减免所得税,每年1%;(2)享受经济发展特区的优惠(主要是免进口原材料和设备关税);(3)为出口产品生产过程中发生的税费的缴纳提供便利;(4)免除外汇汇出税	全行业	修订法律	趋缓
	2011年7月,厄瓜多尔对半成品鞋提高进口关税	工业	增加税收	趋紧
	2012年1月,厄瓜多尔开始全面实施税制改革提案。主要内容包括:(1)提高排气量超过1900cc的汽车进口关税,从35%增加到40%;(2)征收塑料瓶税,对每个塑料包装瓶征收2美分;(3)香烟每包增收75美分;(4)每升酒精类饮料增收2美元	工业	增税	趋紧
	2012年7月,厄瓜多尔对手机进口设立配额制	石油	国有化	趋紧
	2013年,厄瓜多尔外贸委员会(COMEX)公布第116号决议,宣布对293项产品实施进口限制措施,要求进口商在办理海关手续时出具厄标准化局(INEN)批准的产品认证证书(CERTIFICADO DE RECONOCIMIENTO)		限制进口	趋紧
	2014年4月,厄瓜多尔放宽对原产地为国外的部分原材料和制成品进口的限制	原材料制成品	放宽限制	趋缓

续表

国家	重要监管事件	行业	方式	趋势
厄瓜多尔	2014 年 9 月,厄瓜多尔外贸委员会(COMEX)出台新的限制进口政策,主要针对巧克力和糖果类产品	食品	限制进口	趋紧
	2015 年 3 月,厄瓜多尔实施临时性保护政策,对超过 2900 种商品征收特别关税	商品	征税	趋紧
	2016 年 1 月,厄瓜多尔外贸委员会制定了取消特别关税的时间表,第一阶段将于 1 月 31 日起启动,食品、饮料、机械设备和日常消费品等 1390 余种进口商品税率将首先由 45% 降至 40%,随后根据厄政府计划,税率今年 4 月将降至 26.7%,5 月降至 13.3%,最终于 6 月彻底取消。特别关税税率低于 45% 的商品,也将有自身的减免税时间表	进口商品	免税	趋缓
	2016 年,厄政府推出出口退税政策,规定符合相关要求的出口商可获得商品价值 2% ~5% 的退税额。重点支持香蕉、海产品加工和花卉产业	农业	退税	趋缓
哥伦比亚	2012 年 7 月,哥伦比亚政府拟对《矿业法》的相关规定进行调整,主要内容包括给予正规合法的探采矿行为一定的政策优惠,提高探采矿权使用费征收标准,以及制定更为合理的矿权收回制度等	矿业	修订法律	趋缓
	2012 年 7 月,哥伦比亚政府拟修改“特殊免税区”政策,工业企业可能无法再获批成立特殊免税区,而服务企业仍可继续申请成立该类免税区	工业、服务业	修订法律	趋紧
	2013 年 3 月,哥伦比亚出台对原产于中国的袜子继续征收为期 3 年的反倾销税的决议	服装	增税	趋紧
	2014 年 3 月,哥伦比亚政府颁布 2014 年第 456 号法令,决定继续对进口服装和鞋类产品额外征收从量关税	服装、鞋类	增税	趋紧
	2014 年 3 月,哥伦比亚农业部出台多项措施加大对本国水稻种植者的扶持和保护力度	种植业	政策支持	趋缓
	2015 年 1 月,哥伦比亚正式出台并公布税改法	全行业	修订法律	趋缓
	2015 年 3 月,哥伦比亚政府将重启 ISAGEN 电力公司国有股份出售进程	电力	私有化	趋缓
	2016 年 3 月,哥伦比亚公布新的海关条例	运输业	修订法律	趋缓

续表

国家	重要监管事件	行业	方式	趋势
哥伦比亚	2016年5月,哥伦比亚财政部调整养老基金投资政策,新法案对养老基金投资国内外私募基金设立了10%的上限,而与基础设施建设相关APP项目的投资包含在“另类投资”范畴内,整体投资上限为20%;同时还规定了“限制投资”范畴,包括二级市场上未认证债券等,此类投资须以满足养老基金管理署特定要求为前提	养老金投资	修订法律	趋紧
	2016年7月,哥伦比亚政府拟颁布新法令应对贸易冲击	鞋类、纺织和服装业	修订法律	趋紧
巴西	2008年5月,外国人在巴西购买土地面临更多限制	土地	增加限制手段	趋紧
	2009年4月,巴西外贸委员会决定将棕榈仁油的进口关税下调至2%,配额15万吨,有效期12个月。同时将碳素钢板的进口关税由12%降至2%,配额3万吨,有效期12个月	工业	降低关税	趋缓
	2010年8月,巴西修改航空领域产品对外共同关税的税收规则,对进口飞机、飞行训练器材以及用于飞机生产、维修、保养、改造或加工的零部件等一律免征关税	航空业	免税	趋缓
	2011年1月,巴西政府对某些非必须进口的产品(约占巴西进口总额的1%)征收更高额的关税	全行业	提高关税	趋紧
	2011年12月,巴西政府出台新规,对提高进口汽车工业产品税30%的法令进行修订。其要点是:承诺在巴西建厂的车企,其车辆进口将享受汽车工业产品税打折优惠,但并不是立即免交税率提高后的税,而是自建厂至实现65%的国产化率期间,履行了巴政府规定的每6个月应实现的目标,政府再将多交税款返还车企	汽车行业	修订法律	趋缓
	2012年9月,巴西外贸委员会宣布将对从南共市以外国家进口的100种商品关税实施临时性上调措施,从现有12%~18%上调至25%,其中包括钢铁、石化和制药等产品	工业产品	上调税收	趋紧
	2012年12月,巴西外贸委员会批准一项决议,将玩具、桃和乳制品的临时进口税延期到2014年12月31日。上述三类产品的临时进口税措施将于2012年12月31日到期,外贸委员会的延期决定旨在保护和鼓励国内相关工业和农业生产	手工业	延长临时进口税	趋紧

续表

国家	重要监管事件	行业	方式	趋势
巴西	2013 年 3 月,巴西免除所有基本生活食品以及部分卫生用品所须缴纳的联邦税	生活用品	免税	趋缓
	2013 年 5 月,巴西发展工业外贸部外贸秘书处发布第 25 号通告,将于 2014 年 3 月 25 日停止征收原产地为中国的丙烯酸丁酯(不含纯度高于或等于 99.8%,最多 2.5 升装的商用丙烯酸丁酯)的反倾销税,2014 年 4 月 9 日停止征收原产地为中国的 32～120 毫米的粘胶纤维[不含阻燃(FR),不透明,2.2 分特/51 毫米,用于制造技术的织物保护以及减缓热量的粘胶纤维]的反倾销税等	工业原料	免征反倾销税	趋缓
	2014 年 8 月,巴西政府出台一系列信贷刺激举措,先是央行决定降低银行存款准备金以增加流动性,后是财政部宣布采取措施简化不动产交易手续	金融	降低存款准备金	趋缓
	2014 年 12 月,巴西外贸商会(CAMEX)宣布,自 12 月 1 日起调整对二甲苯(PX)进口关税,由 4% 降至 0%。该项减税政策有效期为 6 个月	化工	免税	趋缓
	2015 年 3 月,巴西外贸委员会决定对进口自中国和中国香港的铝制预涂感光板征收 2.09～5.86 美元/千克的反倾销税,征税期限为 5 年	商品	反倾销税	趋紧
	2015 年 8 月,巴西外贸委员会发布公告,决定对进口自中国的加硼厚板继续征收每吨 211.56 美元的反倾销税		反倾销税	趋紧
	2016 年 4 月,巴西政府决定取消从非南方共同市场国家(Non-Mercosur)征收的玉米进口关税,为玉米进口提供便利	农业	免税	趋缓
	2016 年 6 月,巴西农业部下属的国家供应公司(Conab)已将该国大豆产量的预期下调至 9560 万吨	农业	降低产量	趋缓
澳大利亚	2008 年 2 月,澳大利亚政府颁布新的外资投资指导原则,主要包括投资者的政治独立性,投资者的行为是否合法并符合通用的商业行为准则,投资对竞争的影响,投资对政府收入、政策和税收的影响,对国家安全的影响,以及是否符合澳洲经济和大众的利益	全行业	增加限制手段	趋紧

续表

国家	重要监管事件	行业	方式	趋势
澳大利亚	2008年4月,澳大利亚考虑降低中国投资项目审批门槛,即一次性低于10亿澳元的投资项目,不用经澳外资委员会(FIRB)审批	航空、媒体、电信、军事硬件、交通等除外	放宽限度	趋缓
	2008年6月,澳大利亚新小麦出口法案,废除已实施60年的出口垄断机制,引入出口竞争机制,小麦生产者将可以自由选择有资质的出口商	农业	放宽限度	趋缓
	2010年7月,澳大利亚联邦政府示意,对于外商在南澳军事试验区域经营采矿业务的投资,政府可能将持更为开放态度	矿业	放宽限度	趋缓
	2011年8月,澳大利亚联邦政府拟对在澳大利亚投资的外国基金或聘用澳大利亚经理人的外国基金免除所得税	金融	免税	趋缓
	2012年3月,澳大利亚通过了《矿产资源租赁税2011》法律草案,并于7月1日正式实施,对利润超过0.75亿澳元的煤和铁矿石企业征收矿产资源租赁税,税率为应税利润的30%	矿业	征税	趋紧
	2012年12月,澳大利亚政府公布了新的税法草案,该法案旨在打击大型公司利用离岸控股公司进行避税的行为	全行业	修订法律	趋紧
	2014年7月,澳大利亚废除征收碳排放税	能源	免税	趋缓
	2014年9月,澳大利亚推进矿业税的废除	矿业	免税	趋缓
	2015年6月,澳大利亚政府表示,将在5年内向亚洲基础设施投资银行出资9.3亿澳元(7.19亿美元),从而成为亚投行的第六大股东	金融	投资	趋缓
	2015年6月,澳大利亚与中国签署自由贸易协定,澳方零税率税目数超过90%	部分行业	免税	趋缓
	2016年4月,澳大利亚政府接受了反倾销委员的建议,决定对中国出口到澳大利亚的钢筋和钢圈征收反倾销税	钢铁		趋紧
	2016年6月,澳大利亚新南威尔士州宣布新财年财政预算中,向外国购房者多征收4%的印花税,并从2017年1月1日起向已在澳拥有房产的海外购房者征收0.75%的附加土地税	房地产	增税	趋紧

续表

国家	重要监管事件	行业	方式	趋势
斐济	2008 年,斐济政府修订投资法规,将设立外商投资企业申请费大幅提高	全行业	增加限制手段	趋紧
	2009 年 1 月,斐济开始实施非居民外币账户计划。根据该计划,非居民可拥有外币账户和本币账户,对相当于 30 万斐元的外币存款可免利息税	金融	放宽限度	趋缓
	2010 年 1 月,斐济政府宣布将清理不必要的法律法规,进一步改善投资环境	全行业	修订法律	趋缓
	2011 年,斐济对外国投资有下列优惠政策:(1)红利免税:在企业上缴所得税后向股东分红,个人股东将享受免除红利税的待遇。(2)出口所得税优惠:所有出口企业在 2005 ~ 2010 年期间,享受 50% 的所得免税优惠。(3)投资补贴:企业 1 年内购置价值超过 5 万斐元的固定资产,可以向斐济政府申请 40% 的投资补贴	全行业	优惠政策	趋缓

(以上信息来源公开媒体,仅供参考)

附表 17：

省级商务主管部门对境外投资规制的补充规定

类别 省级商务主管部门	相关依据	接受申请的机关	申请材料（仅列出增加的材料）	申请处理时限
北京市商务委员会	网站办事指南	北京市商务委员会	无	核准项目：北京市商务委员会初审时限 15 个工作日；商务部核准时限 15 个工作日 备案：3 个工作日
上海市商务委员会	网站办事指南	上海市商务委员会；中国（上海）自由贸易试验区管理委员会；浦东新区商务委员会	核准：境内投资主体（上海公司）股东会决议 备案：境内投资主体（上海公司）股东会决议，境内投资主体（上海公司）最新财报，并购协议（附中文翻译件），受让方（原中方企业股东）营业执照复印件，受让方（原中方企业股东）股东会决议，原境外投资批准证书，清算报告或转让协议（附中文版翻译件）	核准项目：15 个工作日内将初步审查意见和全部申请材料报送商务部。申请材料不齐全或者不符合法定形式的，在 3 个工作日内一次告知申请企业需要补正的全部内容。商务部收到省级商务主管部门的初步审查意见后，在 15 个工作日内作出是否予以核准的决定

续表

类别 省级商务主管部门	相关依据	接受申请的机关	申请材料（仅列出增加的材料）	申请处理时限
广东省商务厅	广东省商务厅《关于境外投资管理的实施细则》	省商务厅负责实施管理和监督,各地级以上市、顺德区商务主管部门负责对本行政区域内企业境外投资实施管理和监督,广东自由贸易试验区南沙、横琴片区商务主管部门负责对片区内企业境外投资实施管理和监督	无	备案:受理后3个工作日; 核准:受理后核查,并在3个工作日内征求驻外使(领)馆(经商处室)意见,并在收到其回复意见后5个工作日内将初步审查意见和全部申请材料报送商务部
宁波市对外贸易经济合作局	网站办事指南	500万美元(包含500万美元)以下须县市区商务部门签发	核准事项:投资主体董事会决议,投资主体对外贸易经营者备案登记表,投资主体年度审计报告,境外机构工作条例、开办费预算表(限境外机构)原件,拟常驻人员简历及身份证复印件[限在港澳地区设立企业(机构)]复印件,国家有关部门的核准或备案文件复印件,省发展改革委员会立项批复(重点核准项目)原件或复印件,国有企业须提供省国资委备案回执 备案事项:境外并购事项前期报告表(非必要)(并购企业须提供),并购合同(非必要)(并购企业须提供),国资委批文(非必要)(境内主体拥有国有股份),外商投资企业批准证书	备案:受理后3个工作日
深圳市经济贸易和信息化委员会	网站办事指南	深圳市经济贸易和信息化委员会	无	备案:受理后3个工作日

附表 18：

我国对外签署的税收协定中
利息条款有关规定一览

项目	国家
与下列国家的协定对利息无免税规定	南斯拉夫联盟(塞尔维亚和黑山)、澳大利亚、塞浦路斯、西班牙、奥地利、①斯洛文尼亚、土耳其、②、以色列③
协定中已列明在对方予以免税的我国的银行或金融机构	新加坡:④中国人民银行、国家开发银行、中国农业发展银行、中国进出口银行、全国社会保障基金理事会、中国出口信用保险公司、中国国际信托投资公司、中国银行总行 韩国:⑤中国人民银行、国家开发银行、中国进出口银行、中国农业发展银行、中国出口信用保险公司、全国社会保障基金理事会、中国投资有限责任公司 冰岛:中国人民银行、国家开发银行、中国进出口银行、中国农业开发银行 老挝:中国人民银行、国家开发银行、中国进出口银行、中国农业发展银行 葡萄牙:中国人民银行、国家开发银行、中国进出口银行、中国农业发展银行 巴巴多斯:中国人民银行、国家开发银行、中国进出口银行、中国农业开发银行 阿曼苏丹:中国人民银行、国家开发银行、中国进出口银行、中国农业开发银行 委内瑞拉:中国人民银行、国家开发银行、中国进出口银行、中国农业银行 摩洛哥:中国人民银行、国家开发银行、中国进出口银行、中国农业发展银行 特立尼达和多巴哥:中国人民银行、国家开发银行、中国进出口银行、中国农业发展银行 文莱:中国人民银行、国家开发银行、中国进出口银行、中国农业发展银行、社会保险基金理事会 阿塞拜疆:国家开发银行、中国进出口银行、中国农业发展银行、社会保险基金理事会、中国银行、中国建设银行、中国工商银行、中国农业银行 墨西哥:中国人民银行、国家开发银行、中国进出口银行、中国农业发展银行、中国出口信用保险公司 捷克(新):国家开发银行、中国农业发展银行、中国进出口银行、中国出口信用保险公司

① 中国与奥地利协定虽有免税规定,但只适用于中国政府、中国人民银行、直接或间接提供贷款的中国银行或中国国际信托投资公司实业银行。

② 中国与土耳其协定虽有免税规定,但只适用于中国政府、中国人民银行、中国银行或中国国际信托投资公司实业银行。

③ 中国与以色列税收协定无免税相关规定,对银行和金融机构取得利息限定税率为7%。

④ 中国与新加坡税收协定第二议定书有特别规定,对除中国人民银行外协定所列实体或基金应为中国政府完全拥有并且不从事商业活动。

⑤ 中国与韩国税收协定所列的金融机构被归为“中央银行和行使政府职能的金融机构”。

续表

项目	国家
协定中已列明在对方予以免税的我国的银行或金融机构	土库曼斯坦:中国人民银行、国家开发银行、中国农业发展银行、中国进出口银行、全国社会保障基金理事会、中国出口信用保险公司 德国(新):中国人民银行、国家开发银行股份有限公司、中国农业发展银行、中国进出口银行、全国社会保障基金理事会、中国投资有限责任公司 法国(新):中国人民银行、国家开发银行股份有限公司、中国农业发展银行、中国进出口银行、全国社会保障基金理事会、因中国出口信用保险公司直接或间接担保或保险的贷款而支付的利息 丹麦(新):国家开发银行、中国农业发展银行、中国进出口银行、全国社会保障基金理事会、中国出口信用保险公司、中国投资有限责任公司 芬兰(新):国家开发银行、中国农业发展银行、中国进出口银行、全国社会保障基金理事会、中国出口信用保险公司、中国投资有限责任公司
协定中规定国家、中央银行或政府拥有金融机构贷款利息免予征税或有类似条款	日本、美国、英国、荷兰、比利时(新)、挪威、新西兰、意大利、捷克(旧)(斯洛伐克)、波兰、保加利亚、科威特、瑞士、罗马尼亚、巴西、蒙古、匈牙利、马耳他、卢森堡、俄罗斯、印度、毛里求斯、白俄罗斯、乌克兰、亚美尼亚、牙买加、立陶宛、拉脱维亚、乌兹别克斯坦、爱沙尼亚、苏丹、埃及、爱尔兰、南非、菲律宾、摩尔多瓦、克罗地亚、阿联酋、巴布亚新几内亚、孟加拉、南斯拉夫联盟(塞黑)、马其顿、塞舌尔、古巴、哈萨克斯坦、印度尼西亚、突尼斯、吉尔吉斯斯坦、伊朗、巴林、希腊、斯里兰卡、阿尔巴尼亚、格鲁吉亚、沙特阿拉伯、阿尔及利亚、卡塔尔、尼日利亚、塔吉克斯坦、埃塞俄比亚、尼泊尔、澳门、赞比亚、叙利亚、乌干达、①博茨瓦纳② 其中,中国同下列国家的协定虽归于此类,但须注意其特殊规定: 英国:在 2013 年生效的新协定中使用了“完全由政府拥有的实体”的描述。 卢森堡:政府取得的利息免税。“政府”一词包括国家银行。协定对国家银行无进一步解释。 巴布亚新几内亚、乌克兰、乌兹别克斯坦:享受免税待遇的金融机构应为政府完全拥有且行使政府职能(或履行政府职责)的金融机构。 俄罗斯:完全为其政府所有的金融机构按照双方政府协议提供贷款取得的利息,应在该缔约国一方免税。 埃塞俄比亚:免税仅限于政府、地方当局或者中央银行取得的利息。根据协定议定书,同样的优惠待遇在将来可以通过个案处理方式给予由中国政府完全拥有的金融机构因贷款、担保或保险的贷款而取得的利息。 厄瓜多尔:支付给作为缔约国另一方居民的任何金融机构的利息均可免税。 荷兰:免税仅限于中国人民银行、中国银行、中国国际信托投资公司以及“缔约国双方主管当局随时同意的其他机构”。

① 尚未生效。

② 尚未生效。

续表

项目	国家
协定中规定,须经双方同意,利息方可免予征税①	马来西亚、加拿大、泰国、越南、巴基斯坦、瑞典、中国香港
协定对利息征税税率低于或高于10%②	新加坡:7%(限于银行或金融机构)、科威特:5%、奥地利:7%(限于银行或金融机构)、以色列:7%(限于银行或金融机构)、牙买加:7.5%、老挝:5%、阿联酋:7%、古巴:7.5%、委内瑞拉:5%(限于银行或金融机构)、巴西:15%、阿尔及利亚:7%、尼日利亚:7.5%、塔吉克斯坦:8%、埃塞俄比亚:7%、中国香港:7%、澳门:7%(限于银行或金融机构)、博茨瓦纳:③7.5%

① 凡是在协定中规定"国家、政府完全拥有"或"双方同意"两者满足其一即可免税的协定均未包括在本项目中,而包括在本表的上一项目中。本项目中包括的国家和地区,其与中国的税收协定中均将"经双方同意"作为免税的必要条件。

② 中国与本项目所列国家之外的国家和地区签订的协定,利息限定税率均为10%。

③ 尚未生效。

附表 19：

可执行英国法院判决的国家和地区情况

表格 1：根据布鲁塞尔体系可执行英格兰和威尔士判决的国家和地区

奥地利	直布罗陀	荷兰
比利时	希腊	挪威
保加利亚	匈牙利	波兰
塞浦路斯	冰岛	葡萄牙
捷克共和国	爱尔兰	罗马尼亚
丹麦	意大利	斯洛文尼亚
爱沙尼亚	拉脱维亚	斯洛文尼亚
芬兰	立陶宛	西班牙
法国	卢森堡	瑞典
德国	马耳他	瑞士

表格 2：根据《1933 年外国判决互惠执行法案》可执行英格兰和威尔士判决的国家和地区

澳大利亚	马恩岛	苏里南
加拿大	以色列	汤加
印度共和国	泽西行政区	
格恩西岛	巴基斯坦	

表格 3：根据《1920 年司法行政法案》可执行英格兰和威尔士判决的国家和地区

安圭拉岛	加纳	圣赫勒拿岛
安提瓜和巴布达	格林纳达	圣卢西亚岛
巴哈马	圭亚那	圣文森特和格林纳丁斯
巴巴多斯	牙买加	塞舌尔
伯利兹	肯尼亚	塞拉利昂
百慕大	基里巴斯	新加坡
博茨瓦纳	莱索托	所罗门群岛
英属印度洋领地	马拉维	塞浦路斯
英属维尔京群岛	马来西亚	斯里兰卡

续表

开曼群岛	马耳他	斯威士兰
圣诞岛	毛里求斯	坦桑尼亚
可可斯群岛	蒙特塞拉特岛	特立尼达和多巴哥
塞浦路斯	新西兰	特克斯和凯科斯群岛
多米尼加	尼日利亚	图瓦卢
福克兰群岛	诺福克岛	乌干达
斐济	巴布亚新几内亚	赞比亚
冈比亚	圣克里斯多福与尼维斯	津巴布韦

注释:

1. 自1998年2月1日起,英国与直布罗陀之间有关法院管辖权以及承认和执行法院判决的事宜受布鲁塞尔公约的管辖,不再受1920年法案的管辖。

2. 加拿大联邦法院和英属哥伦比亚省、马尼托巴省、新布朗斯维克省、新斯科舍省、安大略省、爱德华王子岛省、萨斯喀彻温省或育空领地、西北领地—纽芬兰省、亚伯达省的任何法院。

3. 印度共和国包括:枢密令 – SI 1958 No 425 附件一列出的地区以及 Andhra Pradesh (Scheduled Areas 除外)、Assam(Tribal Areas 除外)、Bihar、孟买、Kerala、Madhya Pradesh、Madras、Mysore、Orissa、Punjab、Rajasthan、Uttar Pradesh 和 West Bengal 以及 Union Territories of Delhi、Himachal Pradesh、Tripura、Manipur and Andaman 和 Nicobar Islands。

4. 须说明的是,上述表格中的信息应以其适用的条约的不时修订而发生变化。

附表20：

英国法院、美国法院、中国香港法院、新加坡法院及中国法院的特点与区别

法院	英国法院	美国法院	香港法院	新加坡法院	中国法院
诉讼模式	1. 整体上实行“对抗制”； 2. 法官对案件分配管理权； 3. 法官对证据的主导权。	1. 整体上实行“对抗制”； 2. 审判者中立； 3. 当事人主张和举证。	采取“对抗制”	介于“对抗制”与“职权制”之间	法官主导诉讼
陪审团审理	不适用	依当事人申请可以适用	不适用	不适用	不适用
收费	由商事法院讼费评定官综合众多因素决定诉讼费用。	诉前须缴纳400美元，每开庭审理或者评定损害赔偿一次都须缴纳300美元；提出一次动议缴纳不得超过100美元，具体由法庭决定；上诉至上诉法院须缴纳500美元。	按照进行的诉讼程序进行缴付，不按照争议标的收费。	高等法院由法官在内庭或开庭审理，从第四天开始计算诉讼费用，并按照诉求的金额以天为单位计算诉讼费用。在审理14天以前，若诉讼各方能够取得庭外和解，法院将诉讼费用全额退还。	财产案件收费（根据诉讼请求的金额或者价额，按比例分段累计缴纳）。
审级	三审终审	三审终审	三审终审	三审终审	两审终审；但是有再审制度
主要特点	1. 商事法院的专业性； 2. 商事法院的灵活性与便利性； 3. 欧盟内部和英联邦国家内部的可执行性。	1. 惩罚性损害赔偿； 2. 广泛的证据开示程序； 3. 律师胜诉取酬制度； 4. 联邦法院和州法院同时可供当事人选择。	可以使用中文，地缘政治上对开行有利，同时又容易受到业界认可。	英联邦国家内部的可执行性； 地理位置和中国相对较近。	对于中国企业而言，在中国解决争议，可以在自己最熟悉的法律环境中解决争议，尽量争取对己方有利的结果。

续表

法院	英国法院	美国法院	香港法院	新加坡法院	中国法院
已签订的司法互助协议	《2001年布鲁塞尔条例Ⅰ》;《卢加诺公约》。	两个关于调整美国域外送达以及别国法律文书在美国送达的多边条约:《关于向国外送达民事或商事司法文书和司法外文书公约》;《美洲司法协助条约及议定书》。	《外地判决(交互强制执行)条例》;《内地判决(交互强制执行)条例》。	《英联邦判决相互执行法》;《外国判决相互执行法》。	
承认和执行该法院判决的国家或地区	详见附表19	无	奥地利、比利时、文莱、法国、德国、印度、以色列、意大利、马来西亚、新西兰、新加坡、中国大陆	大不列颠与北爱尔兰联合王国、奥地利、新西兰、斯里兰卡、马来西亚、温德华德群岛、巴西斯坦;文莱达鲁萨兰国、巴布亚新几内亚以及印度、中国香港(主要针对新加坡最高法院判决)	法国、意大利、西班牙、保加利亚、匈牙利、摩洛哥、突尼斯、阿根廷、阿联酋、秘鲁、波兰、蒙古、罗马尼亚、俄罗斯、土耳其、乌克兰、古巴、白俄罗斯、哈萨克斯坦、埃及、希腊、塞浦路斯、吉尔吉斯、塔吉克斯坦、乌兹别克斯坦、越南、老挝、立陶宛、朝鲜、阿尔及利亚

注释:中国和泰国、韩国、新加坡之间虽然签订有司法协助协定,但该协定范围仅限于协助调查、取证、送达司法文书,不包括相互承认和执行法院判决,其中,韩国、新加坡仅限承认中国的仲裁裁决。中国与澳大利亚之间签订的《中华人民共和国与澳大利亚政府相互鼓励和保护投资协定》中有承认和执行对方国家民商事判决或裁决的内容。

附表 21:

最高人民法院、外交部、司法部等部门颁布的与国际民商事司法协助有关的通知、司法解释或规定

（数据来源于北大法宝数据库①）

- 最高人民法院、外交部、司法部《关于我国法院和外国法院通过外交途径相互委托送达法律文书若干问题的通知》(1986 年外发〔1986〕47 号);
- 最高人民法院《关于执行我国加入的〈承认及执行外国仲裁裁决公约〉的通知》(1987 年,法(经)发〔1987〕5 号);
- 最高人民法院、外交部、司法部《关于我国法院和外国法院通过外交途径相互委托送达法律文书和调查取证费用收支办法的通知》(1990 年,外领五函〔1990〕4 号);
- 最高人民法院、外交部、司法部《关于执行〈关于向国外送达民事或商事司法文书和司法外文书公约〉有关程序的通知》(1992 年,外发〔1992〕8 号);
- 司法部、最高人民法院、外交部《关于印发〈关于执行海牙送达公约的实施办法〉的通知》(1992 年,司发通〔1992〕093 号);
- 最高人民法院、外交部、司法部《关于我国法院接受外国法院通过外交途径委托送达法律文书和调查取证收费的通知》(1992 年,外发〔1992〕18 号);
- 最高人民法院办公厅《转发外交部条约法律司〈关于我国与有关国家司法协助条约生效情况的通知〉的通知》(1994 年,法办〔1994〕50 号);
- 最高人民法院《关于终止地方法院与国外地方法院司法部门司法协助协议的通知》(1995 年,法〔1995〕4 号);
- 最高人民法院《关于承认和执行外国仲裁裁决收费及审查期限问题的规定》(1998 年,法释〔1998〕28 号);
- 最高人民法院《关于向外国公司送达司法文书能否向其驻华代表机构送达并适用留置送达问题的批复》(2002 年,法释〔2002〕15 号);
- 最高人民法院《关于指定北京市、上海市、广东省、浙江省、江苏省高级

---

① http://www.pkulaw.cn,2016 年 7 月 19 日访问。

人民法院依据海牙送达公约和海牙取证公约直接向外国中央机关提出和转递司法协助请求和相关材料的通知》(2003年,法办〔2003〕297号);

• 最高人民法院办公厅《关于就外国执行民商事文书送达收费事项的通知》(2003年,法办〔2003〕242号);

• 最高人民法院《关于涉及民事或商事案件司法文书送达问题若干规定》(2006年,法释〔2006〕5号,已被修订);

• 最高人民法院《关于涉港澳民商事案件司法文书送达问题若干规定》(2009,法释〔2009〕2号);

• 最高人民法院《关于依据国际公约和双边司法协助条约办理民商事案件司法文书送达和调查取证司法协助请求的规定》(2013年,法释〔2013〕11号);

• 最高人民法院印发《关于依据国际公约和双边司法协助条约办理民商事案件司法文书送达和调查取证司法协助请求的规定实施细则(试行)的通知》(2013年法发〔2013〕6号);

• 最高人民法院《关于进一步规范人民法院涉港调查取证司法协助工作的通知》(2013年),(法〔2013〕26号);

• 最高人民法院《关于对国外仲裁机构的裁决申请承认和申请执行是否应一并提出问题的请示的复函》(2013年,〔2013〕民四他字第43号)。

附表22：

签署《移动设备国际利益公约》及生效的国家和组织名单列表①

序号	国家或组织名称	签约日期	提交批准文件日期	生效日期
1	阿富汗	—	2006年7月25日	2006年11月1日
2	阿尔巴尼亚	—	2007年10月30日	2008年2月1日
3	安哥拉	—	2006年4月30日	2006年8月1日
4	澳大利亚	—	2015年5月26日	2015年9月1日
5	巴林	—	2012年11月27日	2013年3月1日
6	孟加拉国	—	2008年12月15日	2009年4月1日
7	白俄罗斯	—	2011年6月28日	2011年10月1日
8	不丹	—	2014年7月4日	2014年11月1日
9	巴西	—	2011年11月30日	2012年3月1日
10	布基纳法索	—	2014年12月12日	2015年4月1日
11	布隆迪	2001年11月16日	—	—
12	喀麦隆	—	2011年4月19日	2011年8月1日
13	加拿大	2004年3月31日	2012年12月21日	—
14	佛得角	—	2007年9月26日	2008年1月1日
15	智利	2001年11月16日	—	—
16	中国	2001年11月16日	2009年2月3日	2009年6月1日
17	哥伦比亚	—	2007年2月19日	2007年6月1日
18	刚果	2001年11月16日	2013年1月25日	2013年5月1日
19	哥斯达黎加	—	2011年8月26日	2011年12月1日
20	科特迪瓦	—	2015年2月9日	2015年6月1日
21	古巴	2001年11月16日	2009年1月28日	2009年5月1日
22	刚果金	—	2016年5月6日	2016年9月1日
23	丹麦	—	2015年10月26日	2016年2月1日

① 参见http://www.unidroit.org/status-2001capetown,2016年7月18日访问。目前对71各成员国/组织已生效,对12个已签约国家/组织未生效。

续表

序号	国家或组织名称	签约日期	提交批准文件日期	生效日期
24	埃塞俄比亚	2001年11月16日	2003年11月21日	2006年3月1日
25	埃及	—	2014年12月10日	2015年4月1日
26	斐济	—	2011年9月5日	2012年1月1日
27	法国	2001年11月16日	—	—
28	加蓬	—	2010年4月16日	2010年8月1日
29	德国	2002年9月17日	—	—
30	迦纳	2001年11月16日	—	—
31	印度	—	2008年3月31日	2008年7月1日
32	印度尼西亚	—	2007年3月16日	2007年7月1日
33	爱尔兰	—	2005年7月29日	2006年3月1日
34	意大利	2001年12月6日	—	—
35	牙买加	2001年11月16日	—	—
36	约旦	2001年11月16日	2010年8月31日	2010年12月1日
37	哈萨克斯坦	—	2009年1月21日	2009年5月1日
38	肯尼亚	2001年11月16日	2006年10月13日	2007年2月1日
39	科威特	—	2013年10月30日	2014年2月1日
40	拉脱维亚	—	2011年2月8日	2011年6月1日
41	莱索托	2001年11月16日	—	—
42	卢森堡	—	2008年6月27日	2008年10月1日
43	马达加斯加	—	2013年4月10日	2013年8月1日
44	马拉维	—	2014年1月16日	2014年5月1日
45	马来西亚	—	2005年11月2日	2006年3月1日
46	马耳他	—	2010年10月1日	2011年2月1日
47	墨西哥	—	2007年7月31日	2007年11月1日
48	摩尔多瓦	—	2015年6月26日	2015年10月1日
49	蒙古	—	2006年10月19日	2007年2月1日
50	莫桑比克	—	2012年1月30日	2012年5月1日
51	缅甸	—	2012年12月3日	2013年4月1日
52	荷兰	—	2010年5月17日	—
53	新西兰	—	2010年7月20日	2010年11月1日

续表

序号	国家或组织名称	签约日期	提交批准文件日期	生效日期
54	尼日利亚	2001年11月16日	2003年12月16日	2006年3月1日
55	挪威	—	2010年12月20日	2011年4月1日
56	阿曼	—	2005年3月21日	2006年3月1日
57	巴基斯坦	—	2004年1月22日	2006年3月1日
58	巴拿马	2002年9月11日	2003年7月28日	2006年3月1日
59	俄罗斯	—	2011年5月25日	2011年9月1日
60	卢旺达	—	2010年1月28日	2010年5月1日
61	圣马力诺	—	2014年9月9日	2015年1月1日
62	沙特阿拉伯	2003年3月12日	2008年6月27日	2008年10月1日
63	塞内加尔	2002年4月2日	2006年1月9日	2006年5月1日
64	塞舌尔	—	2010年9月13日	2011年1月1日
65	新加坡	—	2009年1月28日	2009年5月1日
66	南非	2001年11月16日	2007年1月18日	2007年5月1日
67	西班牙	—	2013年6月28日	2013年10月1日
68	苏丹	2001年11月16日	—	—
69	瑞士	2001年11月16日	—	—
70	瑞典	—	2015年12月30日	2016年4月1日
71	叙利亚	—	2007年8月7日	2007年12月1日
72	塔吉克斯坦	—	2011年5月31日	2011年9月1日
73	多哥	—	2010年1月27日	2010年5月1日
74	汤加	2001年11月16日	—	—
75	土耳其	2001年11月16日	2011年8月23日	2011年12月1日
76	乌克兰	2004年3月9日	2012年7月31日	2012年11月1日
77	阿联酋	—	2008年4月29日	2008年8月1日
78	英国	2001年11月16日	2015年7月27日	2015年11月1日
79	坦桑尼亚	2001年11月16日	2009年1月30日	2009年5月1日
80	美国	2003年5月9日	2004年10月28日	2006年3月1日
81	越南	—	2014年9月17日	2015年1月1日
82	津巴布韦	—	2008年5月13日	2008年9月1日
83	欧共体	—	2009年4月29日	2009年8月1日

附表 23：

签署《移动设备国际利益公约关于航空器设备特定问题的议定书》及生效的国家和组织名单列表[①]

序号	国家或组织名称	签约日期	提交批准文件日期	生效日期
1	阿富汗	—	2006 年 7 月 25 日	2006 年 11 月 1 日
2	阿尔巴尼亚	—	2007 年 10 月 30 日	2008 年 2 月 1 日
3	安哥拉	—	2006 年 4 月 30 日	2006 年 8 月 1 日
4	澳大利亚	—	2015 年 5 月 26 日	2015 年 9 月 1 日
5	巴林	—	2012 年 11 月 27 日	2013 年 3 月 1 日
6	孟加拉	—	2008 年 12 月 15 日	2009 年 4 月 1 日
7	白俄罗斯	—	2011 年 6 月 28 日	2011 年 10 月 1 日
8	不丹	—	2014 年 7 月 4 日	2014 年 11 月 1 日
9	巴西	—	2011 年 11 月 30 日	2012 年 3 月 1 日
10	布隆迪	2001 年 11 月 16 日	—	—
11	喀麦隆	—	2011 年 4 月 19 日	2011 年 8 月 1 日
12	加拿大	2004 年 3 月 31 日	2012 年 12 月 21 日	—
13	佛得角	—	2007 年 9 月 26 日	2008 年 1 月 1 日
14	智利	2001 年 11 月 16 日	—	—
15	中国	2001 年 11 月 16 日	2009 年 2 月 3 日	2009 年 6 月 1 日
16	哥伦比亚	—	2007 年 2 月 19 日	2007 年 6 月 1 日
17	刚果	2001 年 11 月 16 日	2013 年 1 月 25 日	2013 年 5 月 1 日
18	科特迪瓦	—	2016 年 3 月 1 日	2016 年 7 月 1 日
19	古巴	2001 年 11 月 16 日	2009 年 1 月 28 日	2009 年 5 月 1 日
20	刚果	—	2016 年 5 月 6 日	2016 年 9 月 1 日
21	丹麦	—	2015 年 10 月 26 日	2016 年 2 月 1 日
22	埃及	—	2014 年 10 月 10 日	2015 年 4 月 1 日
23	埃塞俄比亚	2001 年 11 月 16 日	2003 年 11 月 21 日	2006 年 3 月 1 日

① 参见 http://www.unidroit.org/status－2001capetown-aircraft，2016 年 7 月 18 日访问。目前该议定书对 64 个成员国/组织已生效，对 12 个已签约国家/组织未生效。

续表

序号	国家或组织名称	签约日期	提交批准文件日期	生效日期
24	斐济	—	2011年9月5日	2012年1月1日
25	法国	2001年11月16日	—	—
26	德国	2002年9月17日	—	—
27	加纳	2001年11月16日	—	—
28	印度	—	2008年3月31日	2008年7月1日
29	印度尼西亚	—	2007年3月16日	2007年7月1日
30	爱尔兰	—	2005年7月29日	2006年3月1日
31	意大利	2001年12月6日	—	—
32	牙买加	2001年11月16日	—	—
33	约旦	2001年11月16日	2010年8月31日	2010年12月1日
34	肯尼亚	2001年11月16日	2006年10月13日	2007年2月1日
35	哈萨克斯坦	—	2009年1月21日	2009年5月1日
36	科威特	—	2013年10月30日	2014年2月1日
37	拉脱维亚	—	2011年2月8日	2011年6月1日
38	莱索托	2001年11月16日	—	—
39	卢森堡	—	2008年6月27日	2008年10月1日
40	马达加斯加	—	2013年4月10日	2013年8月日
41	马拉维	—	2014年1月16日	2014年5月1日
42	马来西亚	—	2005年11月2日	2006年3月1日
43	马耳他	—	2010年10月1日	2011年2月1日
44	墨西哥	—	2007年7月31日	2007年11月1日
45	蒙古	—	2006年10月19日	2007年2月1日
46	莫桑比克	—	2012年1月30日	2012年5月1日
47	缅甸	—	2012年12月3日	2013年4月1日
48	荷兰	—	2010年5月17日	—
49	新西兰	—	2010年7月20日	2010年11月1日
50	尼日利亚	2001年11月16日	2003年12月16日	2006年3月1日
51	挪威	—	2010年7月20日	2011年4月1日
52	阿曼	—	2005年3月21日	2006年3月1日
53	巴基斯坦	—	2004年1月22日	2006年3月1日

续表

序号	国家或组织名称	签约日期	提交批准文件日期	生效日期
54	巴拿马	2002 年 9 月 11 日	2003 年 7 月 28 日	2006 年 3 月 1 日
55	俄罗斯	—	2011 年 5 月 25 日	2011 年 9 月 1 日
56	卢旺达	—	2010 年 1 月 28 日	2010 年 5 月 1 日
57	圣马力诺	—	2014 年 9 月 9 日	2015 年 1 月 1 日
58	沙特阿拉伯	2003 年 3 月 12 日	2008 年 6 月 27 日	2008 年 10 月 1 日
59	塞内加尔	2002 年 4 月 2 日	2006 年 1 月 9 日	2006 年 5 月 1 日
60	新加坡	—	2009 年 1 月 28 日	2009 年 5 月 1 日
61	南非	2001 年 11 月 16 日	2007 年 1 月 18 日	2007 年 5 月 1 日
62	西班牙	—	2015 年 11 月 27 日	2016 年 3 月 1 日
63	苏丹	2001 年 11 月 16 日	—	—
64	瑞典	—	2015 年 12 月 30 日	2016 年 4 月 1 日
65	瑞士	2001 年 11 月 16 日	—	—
66	塔吉克斯坦	—	2011 年 5 月 31 日	2011 年 9 月 1 日
67	多哥	—	2010 年 1 月 27 日	2010 年 5 月 1 日
68	汤加	2001 年 11 月 16 日	—	—
69	土耳其	2001 年 11 月 16 日	2011 年 8 月 23 日	2011 年 12 月 1 日
70	乌克兰	2004 年 3 月 3 日	2012 年 7 月 31 日	2012 年 11 月 1 日
71	阿联酋	—	2008 年 4 月 29 日	2008 年 8 月 1 日
72	英国	2001 年 11 月 16 日	2015 年 7 月 27 日	2015 年 11 月 1 日
73	坦桑尼亚	2001 年 11 月 16 日	2009 年 1 月 30 日	2009 年 5 月 1 日
74	美国	2003 年 5 月 9 日	2004 年 10 月 28 日	2006 年 3 月 1 日
75	越南	—	2014 年 9 月 17 日	2015 年 1 月 1 日
76	欧共体	—	2009 年 4 月 29 日	2009 年 8 月 1 日

附表 24：

伊朗、古巴、朝鲜、委内瑞拉受制裁状况概览

受制裁国	联合国制裁措施	美国制裁措施（对受制裁国的制裁，对第三方施加的义务）	欧盟制裁措施（对受制裁国的制裁，对第三方施加的义务）	违反第三方义务的后果	备注
伊朗	2006 年至 2010 年，就核问题通过了 6 个决议，分别为 1696 号、1737 号、1747 号、1803 号、1835 号、1929 号决议；具体措施包括：对特定物项的贸易制裁、运输制裁、财政金融制裁和教育制裁。	1. 对受制裁国：石油禁运；其他货物和服务贸易制裁；金融制裁等。 2. 对第三方（位于美国属地管辖下的人或实体）：在美国境内外国金融机构不得与伊朗央行及其他指定的伊朗金融机构进行金融交易；企业不得向伊朗运送大规模杀伤性武器相关物资（《防止向伊朗、朝鲜和叙利亚扩散法》）等。 3. 对于外国金融机构，如故意为如下交易提供服务或便利，将受到美国的制裁：（1）伊朗大规模杀伤性武器交易；（2）伊朗支持恐怖主义的交易；（3）与伊朗伊斯兰革命卫队及关联组织的重大交易；（4）和美国指定的与伊朗有关的银行进行的重大交易；（5）在安理会关	1. 对受制裁国：全面石油禁运；冻结资产；限制或禁止某些领域进出口；市场准入禁止；对伊投资监管（主要为石油、天然气以及核能产业）；制裁伊朗中央银行；禁止部分伊方人员入境。 2. 对第三方：禁止与伊朗进行黄金交易；禁止从伊朗采购武器或相关材料；禁止在石油、天然气产业投资等。	美国：限制违法的第三方金融机构在美开设账户	1. Sanction Wiki；2.《联合国及美国、欧盟对伊朗实施制裁相关决议、法律之研究》；3. *European Commission-Restrictive measures in force*；4.《美国制裁伊朗及其对中国的影响》

续表

受制裁国	联合国制裁措施	美国制裁措施(对受制裁国的制裁,对第三方施加的义务)	欧盟制裁措施(对受制裁国的制裁,对第三方施加的义务)	违反第三方义务的后果	备注
		于伊朗决议中被制裁的个人的行为。对于受制裁的外国金融机构,美国财政部将禁止或严格限制美国金融机构与其保持代理账户(Correspondent Account)(2010年《全面制裁伊朗,问责与撤资法案》,Comprehensive Iran Sanctions,Accountability,and Divestment Act)。			
古巴	无	1. 对受制裁国:贸易禁运、金融制裁、限制旅游(实践中监管较宽松)。 2. 对第三方:主要在金融业务方面限制,限制美境内个人与古巴交易。	无	美国:对荷兰国际集团处以6.19亿美元罚金	
朝鲜	2006年至今通过5个制裁决议,分别为2087号、1985号、1974号、1718号、1695号决议;具体措施包括:贸易禁运、冻结资产、禁止出口产品和技术、准入限制等。	1. 对受制裁国:除矿产品、农渔产品外,不向朝鲜出口其他工业产品;制裁高官。 2. 对第三方:企业不得向朝鲜运送大规模杀伤性武器相关物资(《防止向伊朗、朝鲜和叙利亚扩散法》);美银行不得进行制裁内容有关的贸易结算或跨行结算。	1. 对受制裁国:通过2013年137号条例及2011年1355号等条例,将部分朝鲜官员和企业列入"黑名单"。 2. 对第三方:禁止和朝鲜政府交易黄金、钻石和其他贵重金属;禁止同"黑名单"企业交易;去朝鲜货船要求事先通报等。	美国:违反第三方义务无法与美政府机构业务来往,参与政府计划;无法获得美各类交易许可证(例如深圳倍通、中国精密机械、大连盛辉、保利集团等企业)	1. Sanction Wiki; 2. *European Commission-Restrictive measures in force* (Art. 215 TFEU)

续表

受制裁国	联合国制裁措施	美国制裁措施（对受制裁国的制裁，对第三方施加的义务）	欧盟制裁措施（对受制裁国的制裁，对第三方施加的义务）	违反第三方义务的后果	备注
委内瑞拉	无	1. 对受制裁国：将部分个人及企业列入制裁名单；指控部分高官并实施制裁。 2. 对第三方：要求韩国禁止军工企业向委内瑞拉出售武器。根据《2014 年保护委内瑞拉人权与公民社会法案》、第 13682 号总统令、“委内瑞拉制裁规定”（31 CFR §591），美国对委内瑞拉制裁方式以禁止特定人员入境美国、冻结特定人员在美国的财产为主。	无	未查到具体违反后果	Sanction Wiki

后　记

这本书是中国国家开发银行自开展国际合作业务，服务国家“走出去”战略以来，通过汲取与总结各类境外项目中出现的法律风险与法律难题，形成的富有操作性、实用性和阅读性的成果，展示了开发性金融积极服务国家战略的轨迹与理念。

全书立足于中国企业对外发展和银行融资支持两个维度，力图把企业的关注点与银行的视角有机结合起来。篇章空间跨度较大，企业从战略规划、投资审批、持续化发展中遇到的各类法律问题，与银行法律风险控制通过看似松散，实则息息相关的结构进行了筑构和阶段性总结。由于境外法律问题是一个长期且不断发生变化的课题，本书仍难免有不完备之处，相信通过不断总结和积极创新，会不断形成新的经验与实践。本书可作为企业参考之用，但对于具体法律问题应充分做好法律调研等工作。

在本书编写中，开发银行法律事务局李化常、武靖人、张雪峰同志做了大量协调工作，杜微、郭东、燕林、赵佳星、贾杉、丁绪瑞、姜玲、赵晶、周宁、侯丁文、温肖峰、王聪、李冰清、杨艳、刘沫含、周牧同志分别承担了不同章节的编写工作。刘勇、李国华、彭图曦同志为本书的编写提供重要帮助。同时，感谢对外经济贸易大学的石静霞教授及其学生为本书提供的有关数据与资料搜集工作。此外，还要感谢法律出版社的专业人士为本书的设计、编辑与及时出版提供的支持。

不断提高运用法律思维的能力，将促使中国“走出去”战略更加稳健和成熟，创造更大的价值。

欢迎广大读者提出批评和建议。

郑之杰

2013 年 6 月

图书在版编目(CIP)数据

“走出去”的法律问题与实践/郑之杰主编. —修订本. —北京:法律出版社,2016.8
ISBN 978-7-5118-9826-5

Ⅰ.①走… Ⅱ.①郑… Ⅲ.①企业—对外投资—涉外经济法—研究—中国 Ⅳ.①D922.295.4

中国版本图书馆CIP数据核字(2016)第187100号

“走出去”的法律问题与实践(第二版) | 郑之杰 主编 | 责任编辑 王 扬 装帧设计 乔智炜

开本 787毫米×1092毫米 1/16　**印张** 43.75　**字数** 686千
版本 2016年8月第2版　**印次** 2016年8月第1次印刷
出版 法律出版社　**编辑统筹** 独立项目策划部
总发行 中国法律图书有限公司　**经销** 新华书店
印刷 中煤(北京)印务有限公司　**责任印制** 沙 磊

法律出版社/北京市丰台区莲花池西里7号(100073)
电子邮件/info@lawpress.com.cn　销售热线/010-63939792/9779
网址/www.lawpress.com.cn　咨询电话/010-63939796

中国法律图书有限公司/北京市丰台区莲花池西里7号(100073)
全国各地中法图分、子公司电话:
第一法律书店/010-63939781/9782　西安分公司/029-85388843
重庆公司/023-65382816/2908　上海公司/021-62071010/1636
北京分公司/010-62534456　深圳公司/0755-83072995

书号:ISBN 978-7-5118-9826-5　**定价**:158.00元
(如有缺页或倒装,中国法律图书有限公司负责退换)